# उत्तर आधुनिकतावाद और दलित साहित्य

# उत्तर-आधुनिकतावाद
# और
# दलित साहित्य

कृष्णदत्त पालीवाल

वाणी प्रकाशन

**वाणी प्रकाशन**

*4695, 21-ए, दरियागंज, नयी दिल्ली 110 002*

फ़ोन : +91 11 23273167 फ़ैक्स : +91 11 23275710

**शाखाएँ**

*अशोक राजपथ, पटना 800 004, बिहार*

*कॉफ़ी हाउस कैम्पस, महात्मा गांधी मार्ग, इलाहाबाद 211 001, उत्तर प्रदेश*

*महात्मा गांधी अन्तरराष्ट्रीय हिन्दी विश्वविद्यालय, वर्धा 442 001, महाराष्ट्र*

*सुल्तानिया रोड, मोतिया पार्क, भोपाल 462 001, मध्य प्रदेश*

www.vaniprakashan.com
marketing@vaniprakashan.in
sales@vaniprakashan.in

UTTAR-AADHUNIKTAVAD AUR DALIT SAHITYA
*by* Krishnadutt Paliwal

ISBN : 978-81-8143-725-9
Dalit Literature



संस्करण 2008, 2010, 2016
आवृत्ति 2020

मूल्य : ₹ 695



*सिटी प्रेस, दिल्ली-110 095 में मुद्रित*

*वाणी प्रकाशन का लोगो मक़बूल फ़िदा हुसेन की कूची से*

# विखंडन का विखंडन

उत्तर-आधुनिकता की नपी-तुली निश्चित व्याख्या संभव नहीं है। एक अर्थ-विशेष में उत्तर-आधुनिकता, आधुनिकता का अंत भी है और विस्तार भी। वह दमित अर्थ की 'उपस्थिति' है और 'अनुपस्थिति' को प्रकट करने की लीला। इस लीला में 'नयी समीक्षा' और 'संरचनावाद' के प्रति पीठ फेरने का भाव है। उत्तर-संरचनावाद का इसमें खुला खेल है और यूरोपीय 'उत्तर-इतिहास' का टूटता केंद्रवाद है। वह यूरोपीय केंद्रवाद को निर्ममता से शिव-धनुष की तरह तोड़ती है। वह बहुकेंद्रीयता की उठानभरी अवस्था है। इस अवस्था में बूढ़ी रिटायर आधुनिकता की कसक है और सभी तरह के महाख्यानकों के टूटने-बिखरने की बेचैनी और कराह।

उत्तर-आधुनिकतावाद एक ऐसा ग्लोबल खेल है जिसमें हम सब शरीक हैं। वह हमारी ही भूमंडलीय अवस्था की रामायण है। इस नवीन भूमंडलीय रामायण में हम सब का बोध बदल रहा है और हमारे सभी सांस्कृतिक-ज्ञानात्मक प्रतीक बाजारवाद में बिकने को खड़े हैं। इस दृष्टि से 'शक्ति तथा ज्ञान की अवस्था' के बदल जाने का यह नया अर्थशास्त्र, नया समाजशास्त्र है। आधुनिकता के केंद्रवाद को ध्वस्त कर वह कहीं तो 'ग्रांड नैरेटिव्स' के इतिहास का अंत है और कहीं पुरानी विचारधाराओं के अंत का अंतिम नमस्कार। इस विदाई में देश का अंत है और काल की स्थिति में तना हुआ ठसकदार उपभोक्तावाद। उत्पादन से उपभोक्ता की ओर उठता कदम। सांस्कृतिक-आर्थिक व्यवसायवाद। इस व्यवसायवाद में राष्ट्र-राज्य की सीमाओं का पूरी तरह विनाश है और वह एक साथ स्थानीयता और भूमंडलीयता दोनों है। जड़ों की ओर लौटने का प्रयत्न, निरंतरता में घटित पुनर्जन्मवाद, आत्म की ओर वापिसी।

मैंने अपनी पहली पुस्तक 'उत्तर-आधुनिकता की ओर' में कहा था कि वह नयी तकनीक की विजय है और तकनीक के प्रभाव-दबाव में मनुष्य की जय-यात्रा का पर्याय। यह पराजय-बोध नहीं है। मूलतः तो यह संपन्न पश्चिमवाद का वह नया विचार, वैचारिक-अस्त्र है जो विश्वविजय के लिए गढ़ा गया है। तकनीक का पश्चिमवादी-अश्वमेध। घोड़ा अमेरिका का है और कोड़ा फ्रांस-ब्रिटेन का। अपनी रौंद वह पूरी दुनिया में मार रहा है और 'ग्लोबल कल्चर' में विचरण कर रहा है। थकेहारे-

पुराने 'आधुनिक' इस भूमंडलीयता का विरोध करते हैं लेकिन उनके विरोध को उत्तर-आधुनिकतावाद अँगूठा दिखा देता है।

अमेरिकावाद के नव्य पूँजीवादी संसार में आज उत्तर-आधुनिकतावाद, उत्तर-संरचनावाद पर गरमा-गरम बहसें जारी हैं और यह इतना 'अनन्त आकाश' है कि आकलन हो नहीं पा रहा है। ऐसा इसलिए भी है कि रोलां बार्थ, देरीदा, मिशेल फूको, पाल डी मान आदि ने संस्कृति बोध के सभी पुराने पैमानों को या पैराडाइम्स को बदल दिया है। हिंदी की एक पीढ़ी अभी भी कांट-हीगल-मार्क्स-फ्रायड को हाँक रही है और 'आधुनिकता' ही उनकी 'तर्क-गुरु' है। इस तर्क-गुरु के हिसाब से हिंदी में सभी 'आधुनिकता' से सजे-धजे मार्क्सवादी हैं, जिनकी हिंदुत्ववादी चुटिया उनके पेट में पल रही है, खोपड़ी से गायब है। यह घटिया किस्म की नकली उत्तर-आधुनिकता में ढल रही है। इसके प्रति हिकारत का 'पाठ' पनपा है—एक हाइपर टैक्स्ट का नया भाष्य। लेकिन हम चाहें या न चाहें भारत में राजनीति-संस्कृति की स्थिति-परिस्थिति ऐसी है कि हम उससे बच नहीं सकते। हमें खोपड़ी के बल खड़े होकर उत्तर-आधुनिकता के अंतःसूत्रों को समझना पड़ेगा। क्योंकि वह पश्चिमवाद अमेरिकावाद के दबाव के कारण हमारे सोच में सक्रिय है। उसे समझे बिना न हम अपने समय को समझ सकते हैं—न इतिहास-विधाता की इतिहास-यात्रा को। वह एक विश्व-दृष्टि है, जिसमें हमारी औकात ही क्या है। यह अनुभव हम सभी को हो रहा है कि तकनीक के भूमंडलीय बाजारवाद, पूँजीवाद, उपभोक्तावाद, नव व्यवसायवाद और नव आर्थिक साम्राज्यवाद ने हमारे देश की सीमाओं को घेर लिया है। हम उनकी तकनीक और संस्कृति के दास बन रहे हैं और हमारी कोई आस्था गाँधी के 'हिंद-स्वराज' चिंतन में नहीं बची है।

मीडिया-माध्यमों ने 'यथार्थ' के साथ हमारे रिश्ते को इस कदर बदल दिया है कि हमारी इंद्रियाँ अब यथार्थ को सीधे-सीधे ग्रहण नहीं करती हैं। सूचना-क्रांति ने हमारे 'बोध' में ऐसा उलट-पलट किया है कि हमें पता ही नहीं है कि हम कब स्थानीय हैं कब भूमंडलीय। सूचना के 'अतिबोध' ने हमारी 'प्रकृति', मिथक चेतना, भाषा-व्यवहार, प्रतीक सभी को बदल दिया है। हर क्षेत्र पर (प्रकृति-संस्कृति पर) बहुराष्ट्रीय पूँजी का वर्चस्व। 'दलित' और 'ब्राह्मण' दोनों इधर लपक रहे हैं। 'ज्ञान' की जगह 'उपभोक्तावाद' का कब्जा।

इस पुस्तक के लेखों में उत्तर-आधुनिकतावाद 'इनसाइडर' की तरह मौजूद है उसे 'आउटसाइडर' मानना भूल होगी। विचारधारा के केंद्रवाद ध्वस्त होकर नए विचार केंद्रों को जन्म दे रहे हैं। अगड़ी-पिछड़ी जाति के हिंदू केंद्र इधर राजनीति ने निर्मित किए हैं इन केंद्रों में नारी-विमर्श, दलित-विमर्श, दलित-ब्राह्मण धुरी, अति पिछड़े आदिवासी जनजातियों के केंद्र। इनमें पुराना शक्ति संतुलन नए शक्ति के साँचों में समा रहा है। उठान इस देश में ब्राह्मण-विरोधी द्रविड़ आंदोलन। इस द्रविड़ आंदोलन

ने दलितों का साथ नहीं दिया जबकि दलितों ने द्रविड़ आंदोलनों का साथ दिया। रामस्वामी पेरियार के नायकत्व में चलने वाला ब्राह्मण-विरोधी आंदोलन दलितों के काम नहीं आया। दलित और दलित होते गए। दलितों के स्पर्श से बचने का नारा फूँका गया। 'पेरियार का हिंदुत्व' खतरनाक सिद्ध हुआ। उत्तरप्रदेश की मायावतीवादी बहुजन पार्टी पेरियार को दलितों का महानायक बनाकर सामने आ रही है। जबकि कांशीराम का 'पंच-पुराण' था अम्बेदकर, ज्योतिबा फुले, नारायण गुरु, छत्रपति साहू जी महाराज और रामस्वामी पेरियार। लेकिन मायावती पर पेरियारवाद का भूत सवार हुआ है और कभी 'पेरियार मेला' लगता है कभी 'पेरियार प्रतिमा'। ये सब लोग बाबा साहेब अंबेदकर को छोड़कर भागने की राजनीति कर रहे हैं। जबकि हिंदी के दलित-साहित्य की प्रेरणा के मूल में बाबा साहेब अंबेदकर का ऐतिहासिक रोल रहा है। अंबेदकर अपने चिंतन-सार में गाँधी और जिन्ना को 'खलनायक' मानते हैं। इसलिए हिंदी का दलित-साहित्य गाँधी-जिन्ना से दूर भागता है। बाबा साहेब के विचार 'मार्क्सवाद' का विरोध करते हैं। वे कभी भी कहीं भी मार्क्सवाद से सहमत नहीं हुए। उनके लिए विकल्प बना बौद्ध-चिंतन। इस दृष्टि से अंबेदकर का चिंतन मूलगामी और मौलिक है। इसी चिंतन ने 'दलित साहित्य' को दिशा-दृष्टि दी है। इस पुस्तक के सभी लेख इसी दृष्टि का स्पष्टीकरण कहे जा सकते हैं।

कुछ भी कहिए, उत्तर-आधुनिकतावाद के चंगुल से आप मुक्त नहीं हो सकते और न दलित साहित्य पर बहस को रोका जा सकता है।

—**कृष्णदत्त पालीवाल**

# अनुक्रम

# विमर्श

# उत्तर-आधुनिकतावाद का अर्थ-संदर्भ

बीसवीं शताब्दी का उत्तरार्द्ध उत्तर-औद्योगिक क्रांति का अद्भुत युग है। इस युग में समाज, संस्कृति, राजनीति, कला, साहित्य, दर्शन, संगीत, इतिहास, अर्थव्यवस्था और पूरे मानव-चिंतन में जो परिवर्तन-चक्र तीव्रगति से घूमा है—उस स्थिति-परिस्थिति की ओर ध्यान दिलाने वाला नाम है—'उत्तर-आधुनिकतावाद'। 'पोस्ट-मॉडर्निज्म' या उत्तर-आधुनिकतावाद एक व्यापक अवधारणा है—एक अत्यंत विवादास्पद पारिभाषिक शब्द। एक ऐसा पारिभाषिक शब्द जिसे परिभाषा में बाँधा नहीं जा सकता। केवल उसके लक्षणों, चिह्नों को ही परिलक्षित किया जा सकता है। तकनीकी-क्रांति के भीतर से उपजे 'परिवर्तन' की अनेक दिशाएँ हैं। यहाँ परिवर्तन की गति इतनी तीव्र है कि उसने समाज, संस्कृति, इतिहास के चिंतन को पूरी तरह रूपांतरित कर दिया है।

हम एक ऐसे युग में प्रवेश कर रहे हैं जिसने 'शक्ति' के नए मार्गों को खोलकर 'पॉवर' की पुरानी अवधारणा के ढाँचे को तोड़ दिया है। यह नया युग 'पॉवर शिफ्ट' का खेल खेल रहा है। हमारे ऑफिस, बैंक, सुपर मार्केट, एक्जीक्यूटिव सूट्स, हॉस्पिटल, स्कूल, विश्वविद्यालय, घर, धर्म, दर्शन सभी के पुराने 'पैटर्न' पूरी तरह चरमरा गए हैं और हम अजनबी नवीन राहों पर चल पड़े हैं। एक 'ग्लोबल पॉवर स्ट्रक्चर' हमारी अभ्यस्त जीवन-शैलियों को पूरी तरह बदलने की तैयारी कर उठा है। इसके पास इतनी ताकत आ रही है कि मानव-जीवन के हर क्षेत्र में क्रांतिकारी परिवर्तन के लक्षण प्रकट हो रहे हैं। इस 'मैसिव रि-स्ट्रक्चरिंग' में हम पाते हैं कि मानव-इतिहास के पुराने युग का लोप होने को है और 'ए रिवोल्यूशन इन दि वेरी नेचर ऑफ पॉवर' की स्थिति आ गई है। 'पॉवर शिफ्ट' केवल 'पॉवर' का रूपांतरण नहीं है अपितु शक्ति को रूपांतरित करने की नवीन प्रक्रिया है।

ज्ञान, धन और हिंसा तीनों मिलकर इक्कीसवीं शताब्दी का दरवाजा खटखटा रहे हैं। एक नया 'विश्व साम्राज्यवाद', 'विश्व उपनिवेशवाद' सामने खड़ा है और यह 'तीसरी दुनिया' के देशों को अपना स्थायी उपनिवेश बनाने की तैयारी में है।

इसलिए हमें शक्ति का नया नव्य पूँजीवादी अर्थ 'दि न्यू मीनिंग ऑफ पॉवर' को समझना ही पड़ेगा। यह विवशता है पर इससे बचा नहीं जा सकता। आल्विन टाफलर 'फ्यूचर-शॉक' पुस्तक लिखने के बाद 'दि थर्ड वेव' पुस्तक लिखते हैं और 'पॉवर शिफ्ट' शीर्षक अपनी पुस्तक में उत्तर-आधुनिकतावाद को समग्रता में प्रस्तुत कर देते हैं। यह तीनों पुस्तकें अलग-अलग दिखाई देने पर भी आपस में जुड़ी हुई हैं तथा तीनों मिलकर उत्तर-आधुनिकतावाद के तमाम पहलुओं का बौद्धिक बिंब समग्रता में निर्मित करती हैं। इन तीनों का विषय एक ही है—नवीन परिवर्तन। यह नवीन परिवर्तन इतना आकस्मिक है—इतने अद्‌भुत ढंग से सामने आया है कि आम आदमी इसे देखकर हक्का-बक्का है। चकाचौंध के सामने मुँह बाए खड़ा है। उसकी समझ में नहीं आ रहा है कि यह परिवर्तन-प्रवाह इतनी ताकत से कहाँ से फूट फट पड़ा है। इसलिए बुद्धिजीवियों, चिंतकों को चाहिए कि वे 'पॉवर शिफ्ट' के कारणों का गहन विवेचन-विश्लेषण करें ताकि 'राइज आव दि न्यू पॉवर सिस्टम' को पूरे फोकस से उजागर किया जा सके। मानव अपने औद्योगिक अतीत से भिन्न नव्य औद्योगिक समाज 'पोस्ट इंडस्ट्रियल सोसायटी' की झलक का झरोखा, दर्शन कर सके। विश्व मंदिर में 'अमेरिकावाद' का नया देवता स्थापित हुआ है—क्यों हुआ है और यह चाहता क्या है?

क्या यह सच नहीं है कि असीमित परिवर्तन चक्र को मीडिया एक नई ताकत दे रहा है। स्थिति यह हो गई है कि प्रचार-माध्यमों ने बाजारवाद के नाम पर मानव को ठगने का एक अराजक और पागलपन का रवैया अख्तियार कर लिया है। लेकिन आज जो 'हाई स्पीड चेंज' से 'कियाटिक' माहौल उत्पन्न हुआ है यह अचानक नहीं है, इसके पीछे कार्यरत वह शैतानी दिमाग है जो अधिकाधिक मुनाफा कमाना चाहता है। उसे भारत जैसा देश माल बेचने का सबसे अच्छा बाजार दिखाई देता है। इसलिए हमें विश्व बाजारवाद की नई ताकतों, उनकी योजनाओं और उनके पैटर्नों को समझना जरूरी है। भारत के लिए तो यह समृद्ध पूँजीवादी देशों का खुला हमला है, जिसमें गाँधी विचार-दर्शन और स्वदेशी को नष्ट करने का अभियान प्रमुख है। पश्चिमी उपभोक्ता-संस्कृति को लादने की पूरी तैयारी चल रही है। पुरानी सभ्यता-संस्कृति के मूल्यों को अपर्याप्त घोषित करने के बाद नई सभ्यता संस्कृति का तंत्रजाल बिछाया जा रहा है। एक 'नोबल बिजनेस वैटल' शुरू है। यूरोप और जापान इस 'ग्लोबल पॉवर स्ट्रगल' की अगुआई करने का 'अरमान' रखते हैं। समाज में तकनीकी क्रांति के द्वारा हर पुराने विचार को 'उत्तर' पोस्ट घोषित किया जा रहा है। ताकि नया तकनीकी शैतान अपना 'प्रजातंत्र' कायम कर सके। हमें पता है प्रथम परिवर्तन की लहर कृषि क्रांति 'एग्रीकल्चरल रिवोल्यूशन' से आई थी। दूसरी परिवर्तन की लहर 'इंडस्ट्रियल रिवोल्यूशन' औद्योगिक क्रांति से आई। तीसरी परिवर्तन की लहर या हवा 'टेक्नॉलोजिकल एंड सोशल चेंजिंग' से आ रही है, जिसका आरंभ 1950 के आसपास

से होता है। यह लहर हमें 'पोस्ट स्मोकस्टेक सिविलिजेशन' की ओर मोड़ रही है।

दरअसल, अन्य परिवर्तनों के साथ नव-औद्योगिक समाज-संस्कृति का उभार जोर पर है। यह पूरा उभार 'कंप्यूटर' पर केंद्रित है। इलेक्ट्रॉनिक्स और इन्फार्मेशन बायोटेक्नॉलॉजी के साथ नया आर्थिक तंत्र तैनात किया जा रहा है जिसमें 'श्रम' को 'सेवा' में बदलकर ठगा जा रहा है। 'डी-मैसीफिकेशन ऑफ मीडिया' के द्वारा 'निशी मार्केट्स' पाँव फैला रहे हैं। इस पूरे बाजार तंत्र में उत्पादक और उपभोक्ता दोनों 'प्रोसूमर' (Prosumer) की तरह सामने आ रहे हैं। यह पूरा तंत्र राजनीति और राष्ट्र राज्य की व्यवस्था को बदल रहा है। जब पत्रकार और समाजशास्त्री आल्विन टाफलर ने पश्चिमी देशों की बाजारवादी नीति की पोल 'थर्ड वेव' पुस्तक लिखकर खोली तो इस किताब को 'बैंड बुक' कुछ देशों में करार दिया गया। लेकिन जिज्ञासुओं ने इस पुस्तक को 'बाइबिल' की तरह पढ़ा और चीन में इस पर विस्तार से चर्चा हुई। पर भारत में ऐसा कुछ नहीं हुआ। क्यों नहीं हुआ? नव औपनिवेशिक गुलामी को स्वीकार करने में भारत को कोई हिचक नहीं है। भारत की राष्ट्र-भक्ति में 'विश्व-भक्ति' का यह इतिहास अद्‌भुत है—शर्मनाक और शोचनीय। 'माडर्न' के नाम पर दूसरों की गुलामी को तैयार भारत। पश्चिम ने उत्तर-आधुनिकतावाद की आड़ में 'न्यू थियरी ऑफ सोशल चेंज' तैयार की है जिसमें क्रय-विक्रय की राजनीति है। यह रणनीति सेक्स और राजनीति, साहित्य और कलाओं को उजाड़कर नए सेक्स फैशन के बीज बो रही है। हमारे टेलीविजन पर नंगी थिरकती कामुक नारी क्या कह रही है? खाने-पीने की चीजों का लुभावना जलवा क्या संदेश दे रहा है। माइकेल जैक्सन और मेडोना नई पीढ़ी को क्यों पागल बना रहे हैं? कंप्यूटर क्रांति क्या कह रही है? सुंदरियों की प्रतियोगिताओं का आयोजन कौन कर रहा है? बहुराष्ट्रीय निगमों के नीचे सत्ता क्यों बिछी हुई है? ग्लोबलाइजेशन—उदारीकरण, भूमंडलीकरण के पीछे हाई-टेक्नॉलोजी वाले सुपर पॉवर देशों की नीयत क्या है? सब लोग अमेरिकन अम्ब्रैला (छाता) के नीचे ही शरण क्यों ले रहे हैं।

द्वितीय विश्वयुद्ध के बाद के संसार में अमेरिका और रूस दो महाशक्तियाँ उभरी थीं। दोनों शक्ति तंत्र में संतुलन स्थापित करने का खेल खेलती रहीं। अचानक अपने ही भीतरी अंतर्विरोधों से सोवियत संघ ढह गया। उनकी अर्थ-व्यवस्था तबाह हो गई और समाजवाद का सपना चकनाचूर हो गया। देखते-देखते जर्मनी और जापान में 'इन्फार्मेशन एज' सूचना क्रांति का युग दमक उठा। चीन ने अपने ढंग से संगठित शक्ति बनना शुरू किया तथा शक्तिशाली चौधरी देश उसका दबदबा महसूस करने लगे। लंदन और फ्रांस अपनी केंद्रीयता खोने लगे और एक नया मानव समाज उभरने लगा। पुराने साम्राज्यवाद का अंत हो गया। पुराने शीत-युद्ध का नशा झड़ गया और एक 'नव-साम्राज्यवाद' एक नव्य सांस्कृतिक-राजनीतिक साम्राज्यवाद के रूप में सामने खड़ा हो गया। इसने धर्म, सेक्स, राजनीति, बाजार का चेहरा बदल दिया और इन

सभी में एक आंतरिक अंतर्योजना का दृश्य हम सभी ने पाया। कार, टेलीविजन, फिल्म, प्रिंट मीडिया, साहित्य भीतर से इतने बदलने लगे कि इस परिवर्तन की कल्पना करना कठिन है। जीवन के सभी क्षेत्र ज्ञान, धन और हिंसा के उपयोग से नवीन शक्तिवाद के साकार नाम बन गए। यह तो पॉवर शिफ्ट युग का प्रभातकाल ही था। पूरी दुनिया सभी पुरानी अवधारणाओं में विश्वास खोने लगी। ऑफिस, सुपर मार्केट, बैंक, एक्जीक्यूटिव सूट, मंदिर-मस्जिद-गिरजाघर, हस्पताल, स्कूल, घर, सभी जगह हमने पाया कि 'ओल्ड पैटर्न्स ऑफ पॉवर' में 'फ्रेक्चर' टूट-फूट हो गई है तथा एक बेहद परिवर्तनशील, क्रांतिकारी शक्ति तंत्र का नया ढाँचा उभर रहा है। यह नया ढाँचा पुराने ढाँचे को पूरी तरह उसके केंद्र से धकेल कर अपना स्थान बना रहा है। इस रेडिकल चेंज से पूरा समाज, पूरी संस्कृति बदल रही है। नस्लवादी भेदभाव, उदात्त पुराने मॉडल लड़ने-झगड़ने में नया रूप ले रहे हैं। एक नया बहुलतावाद (प्लूरलिज्म) आकार ग्रहण कर उठा है।

ध्यान में रखने की बात है कि उत्तर-आधुनिकतावाद की एक महत्त्वपूर्ण विशेषता है—बहुलतावाद या नव्य संस्कृतिवाद। यह विशेषता आभिजात्यवादी वर्चस्व के अधिनायकवादी तंत्र को चुनौती देती है और एकलवाद के विरुद्ध बहुलतावाद का समर्थन करती है। व्यापार के क्षेत्र में हम पाते हैं कि बड़े-बड़े कार्पोरेशन एक-दूसरे से जुड़ जाते हैं। कार्पोरेट जेट खड़े हो जाते हैं। बाजार की चुनौतियाँ प्रश्नों का यहाँ उत्तर पाती हैं—अपार धन-राशि पर कब्जा। पुरानी अर्थव्यवस्था में 'ब्लैक होल्स' हो जाते हैं और युद्ध तथा व्यापार का एक नया नक्शा बन उठता है। एक ऐसा नक्शा जो विश्व बाजार को अपनी मुट्ठी में रखने का संकल्प रखता है। 1989 में सोवियत पॉवर की हवा निकल जाती है—वेस्टर्न टेक्नॉलोजी के फैलने का यह सही समय है। पुरानी मोटरों की टेक्नॉलोजी और मॉडल बदल जाते हैं। जनरल मोटर्स या जीएम जो कारों की प्रीमियर निर्माता थी, केंद्र से हट जाती है और तमाम प्रीमियर कंपनियाँ निगम आ जाती हैं। अब आईबीएम का वर्चस्व टूट जाता है तथा एनईसी, हिटाची, फ्यूजू सू जैसी जापान आईसीएल विटिन में, ग्रुपबुल फ्रांस में हर जगह नई दौड़ शुरू होती है। एकदम पोस्ट-आईबीएम युग दिखाई देता है। पूरी अमेरिका के स्वास्थ्य को जिन डॉक्टरों की शरण प्राप्त थी उसमें बदलाव होता है—इंश्योरेंस कंपनियाँ आ जाती हैं—मैनेल्ड केयर ग्रुप आ जाते हैं और पूरा मेडिकल तंत्र बदल जाता है। इतना ही नहीं शक्तिशाली प्रसिद्ध पुरानी संस्थाओं को धकेलकर नई संस्थाएँ, पुराने राष्ट्रों को धकेलकर नए राष्ट्र सामने आ जाते हैं। यू.एस. की आर्थिक ताकत कमजोर पड़ती है। पर जापान की धुआँ रहित टेक्नॉलोजी नया चमत्कार कर उठती है। जापान का अतिशय राजनीति से रक्षित व्यापार फेडरेशन-कैडानरन (keidanren) अब 'एमआईटीआई' को पीछे छोड़कर आगे बढ़ता है। इतना ही नहीं पूरे यूरोप में एक नया सूचना संचार क्रांति का युग सहसा दिखाई देने लगता है। पुराने 'केंद्रवाद' सभी

क्षेत्रों में टूट जाते हैं और विकेंद्रीकरण का शक्तितंत्र आकाश-मार्ग से धरती पर उतरता है उस पर अधिकार करता है। रक्तपात रहित अधिकार। यहाँ 'मॅसल' की जगह 'माइंड' ले लेता है। पुराने बुद्धिवाद के स्थान पर नव्य बुद्धिवाद व्यापार शिक्षा की पटरियाँ बैठाता है। उसे पता है कि परिवर्तन एक आसमान से नहीं कूदा है और उसके पीछे कार्य-कारण-संबंध की शृंखला का एक इतिहास है और अर्थशास्त्रियों की प्रखर मेधा।

एक समय था कि मेडिकल ज्ञान पर वर्चस्व रखने के लिए अमेरिका के डॉक्टर 'प्रिसक्रिप्शन' तक लैटिन में लिखते थे। अब हालत यह है कि 'जरनर्ल्स' की वीडियो गति तैयार हो रही हैं। 'अमेरिकन मेडिकल एसोसिएशन' अपनी गतिविधियाँ अनेक चैनलों पर प्रसारित कर रहा है। दवाइयों के 'पेटेंट' तैयार कर रहा है और मेडिकल जगत की 'माल प्रैक्टिसिस' के केश उभर रहे हैं। सार-संक्षेप यह कि ज्ञान का वर्चस्व टूट रहा है और डॉक्टर अब 'गॉड' नहीं रह गया है—केवल मुनाफाखोर की स्थिति में आ गया है। सभी क्षेत्रों में विशेषीकृत ज्ञान फिसलकर सामान्य जन तक पहुँच रहा है। ज्ञान अब 'न्यू सिस्टम' में ढलकर 'धन' को 'दिमाग' से कमा रहा है। सूचना क्रांति का जादू जनता भोग रही है। अमेरिका और जापान में 'कंप्यूटर युग' ने ज्ञान का भूगोल-इतिहास बदल दिया। ज्ञान पर आधारित टेक्नॉलोजी ने 'पोस्ट-मॉडर्निज्म' को नया ज्ञान बिंब बना दिया। यह 'न्यू वेल्थ क्रिएशन सिस्टम' का नया अर्थ बनाता है। नवीन शक्ति तंत्र को गति दी—न्यू इलीट, कारपोरेट चीफ टेन्स, ब्यूरोक्रेट्स, मीडिया मुगल्स, मॉस प्रोडक्शन, मॉस डिस्ट्रीब्यूशन, मॉस एजूकेशन, मॉस कम्यूनिकेशन तथा मॉस डेमोक्रेसी ने मिलकर। नतीजा यह हुआ कि 'ग्लोबल पॉवर' का बोलबाला हो गया।

हर ओर से प्रश्न उठा कि 'ग्लोबलिज्म' क्या है और 'पोस्ट-मॉडर्निज्म' से क्या अर्थ निकलता है? क्या 'पोस्ट-मॉडर्निज्म' एक रेडिकल आइडियालॉजी है या मात्र मनोदशा या युग परिवेश की विशेष प्रवृत्ति? यह विद्रोह है या छलावा या फैशन? या फिर दलितों-दमितों, नारियों, अल्पसख्यकों के मुक्ति-संघर्ष का नवदर्शन? आंदोलन है या व्यापक-परिदृश्य या केवल एक छलछद्म नव पूँजीवाद? उत्तर-आधुनिकतावाद एक व्यापक संश्लिष्ट अवधारणा है। इस शब्द के अनेक अर्थ हैं—एक से एक जटिल, दुरूह और गहरा अर्थ। मूलतः यह बीसवीं शताब्दी के उत्तरार्द्ध की नव्य पूँजीवादी, नव्य साम्राज्यवादी, नव्य उपनिवेशवादी, नव्य संरचनावादी, नव्य सांस्कृतिक साम्राज्यवादी विचारधारा (आइडियोलॉजी) है। अपने समय की क्रांतिकारी प्रवृत्ति और एक ऐसा सैद्धांतिक वाद-विवाद, कला-साहित्य संवाद, विश्वभर के वर्तमान का वृत्तांत, सामाजिक-राजनीतिक परिवर्तनवाद का नव दर्शन, बहुलतावाद, केंद्रवाद को तोड़कर परिधि की ओर बढ़ता, अपनी जड़ों की ओर लौटता एक अनंत खुला विचार क्षेत्र। जिसमें सभी पुरानी विचारधाराओं, वादों-प्रवृत्तियों, संस्थानों का अंतवाद घोषित है।

एक प्रकार से यह आधुनिकतावाद का नया विस्तार है उसकी सीमाओं को तोड़ता 'पॉवर शिफ्ट' का नया विज्ञान और भूगोल। एक ऐसी चुनौती भरी विचारधारा जिसमें समस्त मानवीय चिंतन, साहित्य, व्यवस्था, विचारधारा, धर्म, दर्शन, इतिहास, आंदोलन, प्रवृत्तिवाद, सभ्यता, संस्कृति, मूल्य व्यवस्था सभी को 'उत्तर', 'पोस्ट' व्यतीत घोषित कर दिया है। जिसमें 'वाइलेन्स, नॉलेज और वेल्थ' का संश्लिष्ट त्रिक्-दर्शन है या 'माइंड-मनी-मॅसल' तीन मकारों की मायावादी लीला। एक ऐसी लीला जिसका लीला नायक कोई एक नहीं है। पल-पल परिवर्तित अर्थतंत्र की महामाया लुभावनी ठगिनी। इसके अनेक रूप हैं। अनेक मुखौटे। आदमी इस माया को भोग रहा है और यह माया आदमी को भोगकर प्रसन्न है। एक नए ढंग का विश्वयारी की चकूर का वेश्यावाद। हमारा भारत इसके चरणों में गिरकर देवी पाठ कर रहा है—इंदिरा-पाठ, राजीव-पाठ और नरसिंह-पाठ और अब अटल-पाठ। पाठ एक अर्थ अनेक, अनेक भाष्य-विमर्श, विमर्श-विश्लेषण। कथाकार मनोहर श्याम जोशी की धुन में कहें तो 'हरी' अब 'हरिया' बनकर अपने पिता की आँतों में फँसे मल को निकाल रहा है। इस काम में उसे घिन नहीं लग रही है—धन्य है—गूमांलिंग दर्शन की ध्वनि। उत्तर-आधुनिकतावाद का सबसे दिलचस्प पहलू यह है कि यह यौनवाद का पुजारी है। यहाँ संडास में सेक्स के फूल खिलते हैं।

उत्तर-आधुनिकतावाद के बुनियादी लक्षणों का अध्ययन करने पर पाते हैं कि यह आधुनिकतावाद के दशक के मुक्ति आंदोलनों के भीतर से उपजा रेडिकल आंदोलन है जिसने सभी पुरानी विचारधाराओं, संस्थानों, व्यवस्थाओं पर न केवल प्रश्नचिह्न लगाए हैं बल्कि उन्हें अप्रासंगिक करार दे दिया है। नारीमुक्ति, युवा विद्रोह, यौन क्रांति, अश्वेत-गुस्सा, मूल्यों का विधि-विधान आदि न जाने कितने आंदोलनों के 'केंद्रवाद' को ध्वस्त कर दिया। संस्कृति समाज को विभाजित स्वायत्त संरचनाओं और इकाइयों में परिवर्तित कर दिया। 'इन्फारमेशन-एज' ने पुरानी तकनीक के स्थान पर अद्भुत शक्तिशाली तकनीक विकसित की। फ्रांस-जर्मनी-चीन और यूरोप में छात्र विद्रोह हुए और युवा वर्ग व्यवस्था को बदलने के लिए पुरानी पटरियाँ उखाड़ने लगा। पुराने चिंतन, पुराने साहित्य, पुरानी कला का 'क्लासिकल' ढाँचा अनुपयोगी करार दे दिया गया। नई समीक्षा 'न्यू क्रिटिसिज्म' का विरोध प्रबलता से उभर पड़ा और शिकागो स्कूल के नव्य अरस्तूवादी आलोचक आर.एन. क्रेन ने इस पूरे आंदोलन पर प्रहार किया। 'कलाकृति' को केंद्र में रखकर कलाकृति के रूप का विश्लेषण 'नई समीक्षा' का संकल्प था। शिकागो स्कूल के क्रेन ने कृति के मूल्यांकन के लिए रूप-संरचना केंद्रित दृष्टि, सघन पाठ-विश्लेषण-पद्धति को अपर्याप्त ठहराते हुए कहा कि रूप-संरचना की यह पद्धति लघु रचनाओं के लिए भले ही ठीक हो पर बृहत् रचनाओं—उपन्यास, नाटक, महाकाव्य की दीर्घ संरचनाओं के लिए काफी है। नई समीक्षा के आलोचक ऐलन टेट को स्वयं अहसास था कि लंबी कविताओं की समस्या

अलग तरह की है जिसके साथ नई समीक्षा न्याय नहीं करती है। स्वयं 'नई समीक्षा' के विरोध में फ्रेंक कर्मोड और नार्थप फ्राई जैसे आलोचक डट गए। फ्रेंक कर्मोड ने 'नई समीक्षा' के रोमांटिक प्रतीकवादी तत्त्वों को विज्ञान-विरोधी कहा और नई समीक्षा को 'इर्रेशनल' तर्क विरोधी तक कह डाला। नार्थप फ्राई ने 'नई समीक्षा' से असंतुष्ट होकर मिथक आलोचना का पक्ष लिया। आधुनिकतावाद और संरचनावाद पर चारों ओर से आक्रमण हुआ और रिचर्ड्स तथा टी.एस. इलियट के चिंतन को निरर्थक ठहराया गया। यहाँ तक इन दोनों को 'प्रतिक्रियावादी' चिंतन का ठेकेदार कहा गया। एफ.आर. लीविस के शिष्य रेमंड विलियम्स साहित्य के समाजशास्त्रीय अध्ययन की दिशा में प्रवृत्त हुए। लेकिन उत्तर-आधुनिकतावाद ने मार्क्सवादी समाजशास्त्रीय आलोचना को महत्त्वहीन घोषित कर दिया। अखाड़ेबाज मार्क्सवादी खिसियानी सूरत लेकर 'उत्तर-संरचनावादियों' से झगड़ते रहे। पर बना कुछ नहीं। उत्तर-आधुनिकतावादियों ने कहा कि इतिहास का अंत हो गया है और मार्क्सवाद की हवा निकल चुकी है। अब तकनीकी क्रांति का युग आ गया है जिसमें पुराने विचारों-प्रतिमानों के लिए कोई जगह नहीं है। इस पूरी बहस की भनक रोलांबार्थ की पुस्तक 'द डेथ ऑफ द ऑथर' से मिलती है। 'लेखक का अंत' हो गया है तो लेखन-क्रिएशन की महिमा ही समाप्त हो गई। फ्रेंक कर्मोड ने वर्तमान युग को 'अंत के अहसास' का नया युग घोषित किया। क्यों ऐसा घोषित किया? इसका उत्तर है कि चारों ओर से ऐसी तकनीकी क्रांति का जोर उसे दिखाई दिया जिसमें उसने पाया कि तकनीकी क्रांति की ताकत ने जन-संचार की दृश्य-अदृश्य केंद्रीय व्यवस्था को विकेंद्रित कर दिया है। यही वह समय है जब जाक देरीदा 'थियरी ऑफ डीकांस्ट्रक्शन' अर्थात् विनिर्मितवाद या विखंडन का सिद्धांत प्रतिपादित कर रहे थे। साहित्य समीक्षा के क्षेत्र में देरीदा के 'विखंडनवाद' का व्यापक असर हुआ। उसने साहित्य चिंतन की कन्वेंशनल पद्धति में मौजूद 'रूप' और 'प्रकृति' की अवधारणा को पूरी तरह बदल डाला। इस समय में परिवर्तन की गति इतनी तेज थी कि समाजशास्त्र और इतिहास के क्षेत्र में मिशेल फूको ने 'विचार की प्रकृति' और 'इतिहास' की अवधारणा के बदलाव को रेखांकित किया। ज्याक लाकां ने मनोविश्लेषण के क्षेत्र में अपने विश्लेषण से क्रांति कर डाली तथा संस्कृति के निर्माण तथा बोध की प्रक्रिया को समझने-समझाने का पूरा गणित बदल दिया। उसने अपने बलबूते पर एक 'व्याख्याकार' का मठ खड़ा कर दिया। स्वयं फ्रांस के समाजशास्त्री, फ्रांसुआ ल्योतार ने इतिहास समाज को नए ढंग से 'उत्तर-आधुनिक' तत्त्वबोध से समझाया। इस अर्थ में उत्तर-संरचनावाद और उत्तर-आधुनिकतावाद नए विश्व का नया बौद्धिक सांस्कृतिक-आर्थिक पर्यावरण है, दार्शनिकता है, नई पद्धति है, नया भूमंडलीय यथार्थ। जिसका 'पाठ' 'टेक्स्ट' एक बिल्कुल नई अवधारणा की तरह समझा जाना चाहिए। यूरोप तक के विद्वान कहते हैं कि उत्तर-औद्योगिक, उत्तर-साम्राज्यवादी युग की नई रणनीति 'उत्तर-संरचनावाद' में विद्यमान

है। नैतिकता और राजनीति के आधारों के सुलगते प्रश्न इसके भीतर से उठ खड़े हुए जिन्हें ठीक से समझ पाने के लिए नीत्शे और हाइडेगर की शरण ली गई। मिशेल फूको ने 'मैडनेस एंड सिविलाइजेशन' में यह तर्कों से सिद्ध किया कि समाज विज्ञान और आधुनिक विज्ञान सभी त्रासकारी-दमनकारी हैं।

इस पूरी स्थिति-परिस्थिति के बौद्धिक पर्यावरण, भूमंडलीकरण, साहित्य, कला-संस्कृति-समाज-दर्शन-धर्म, राजनीति से जुड़े मुक्ति-आंदोलनों, कंप्यूटर, टेक्नॉलोजी, मॉस-मीडिया, मॉस-कल्चर, सूचना-संचार क्रांति, माइंड-मनी-मॅसल-पॉवर के तीन संश्लिष्ट मकारों, विखंडनवाद, विकेंद्रीयतावाद ने जो नया माहौल निर्मित किया उसे एक व्यापक नाम 'उत्तर-आधुनिकतावाद' दिया गया। एक प्रबुद्ध बौद्धिक को तो उन्नीसवीं शताब्दी के अंतिम दशकों में उत्तर-आधुनिकतावाद की रुझानें चित्रकला में ही दिखाई देने लगती हैं और वास्तुकला इसके प्रभाव को बीसवीं शताब्दी के चौथे-पाँचवें दशक में व्यक्त करने लगती हैं। आर्नल्ड टायन्वी ने स्पष्ट माना है कि 1925 के आसपास पूरे यूरोप में उत्तर-आधुनिकतावाद का दौर शुरू हो जाता है। स्वयं इहाब हसन 1920 के आसपास उत्तर-आधुनिकतावाद के उदय को स्वीकार करते हैं। कहना न होगा कि उत्तर-आधुनिकतावाद ल्योतार, मिशेल फूको, रोलांबार्थ, जां बोद्रीला, ज्यांक देरीदा, पाल डि-मान, नीत्शे के विचारों के साथ अमेरिका और अमेरिका के विश्वविद्यालयों में चर्चित-प्रतिष्ठित हो गया। कुछ समय के बाद अमेरिकी विद्वानों की व्याख्याओं-भाष्यों, टीका-टिप्पणियों, विमर्शों के साथ यह चिंतन भारत में आया। हिंदी के विद्वानों ने 1980 ई. के आसपास इसकी चर्चा शुरू की जबकि बंगाल में यह चर्चा सन् 1960 के आसपास जोर पकड़ती मिलती है। आज बीसवीं शताब्दी के अंतिम दशक में 'उत्तर-आधुनिकतावाद' की चर्चा सभी भारतीय भाषाओं के साहित्य के केंद्र में मौजूद है। भारत में कुछ लोग पढ़कर, कुछ सभा-गोष्ठियों में इसकी चर्चा सुनकर इसके पीछे दीवाने होकर दौड़ रहे हैं। हिंदी में तो हालत यह है कि उत्तर-आधुनिकतावाद का चिंतन क्या आया पागलों के गाँव में ऊँट आ गया। पश्चिमी औपनिवेशिक गुलामी का यह अद्भुत दौर है। नव उपनिवेशवाद का जादुई तमाशा काल। इससे हमारी 'स्मृति' को खतरा उत्पन्न हो गया है। स्मृति को मिटाकर ही किसी जाति को स्थायी रूप से गुलाम बनाया जा सकता है।

भारत में नवें दशक की शुरुआत ही उत्तर-आधुनिकतावाद के व्यापक प्रभाव से होती है। आज यह साहित्य, कला, संस्कृति, राजनीति, समाजशास्त्र, अर्थशास्त्र के विमर्श का केंद्रीय मुद्दा बन गया है और बनता जा रहा है। मनोविश्लेषणवादी और मार्क्सवादी शिविरों में फूट पड़ गई है और सभी नई वैचारिक पैंतरेबाजी के साथ उत्तर-आधुनिकतावाद के अनंत विस्तार में आ रहे हैं। कल के आधुनिकतावादी मार्क्सवादी आज के उत्तर-आधुनिकतावादी 'आचार्य' बनने के लिए कसरत कर रहे हैं। हर नई चीज पर लपक कर कब्जा करने की प्रवृत्ति का यह अद्भुत नमूना है।

भारत में तो देखा-समझा जाए तो आधुनिकतावाद भी ठीक से नहीं आ पाया और न 'नई समीक्षा' पर ही गहराई से कार्य किया गया। साहित्य का समाजशास्त्र भी मार्क्सवाद के बोझ से जीभ निकालकर पसर गया। इसी बीच पश्चिम से विशेषकर अमेरिका से उत्तर-आधुनिकतावाद का 'टारनैडो' बवंडर आ गया। इतना तेज बवंडर आया कि पुराने चिंतन की थुनकियों पर खड़े छप्पर और कमजोर नींव के सभी महल भरभरा कर गिर पड़े। अमेरिकी पूँजीवाद को पानी पी-पीकर गाली देनेवाले अमेरिकीवाद-डॉलरवाद का कीर्तन करने लगे। अजीब माहौल निर्मित हुआ। 'प्रगति' और 'विकास' का नारा देकर सत्ता और राजनीति अमेरिका से भीख माँगने की कला का अभ्यास करने लगी। स्वाधीन व्यक्ति-स्वाधीन चिंतन की देखते-देखते धज्जियाँ उड़ गईं। गाँधी-विचार दर्शन के 'इतिहास का अंत' हो गया। उस 'विचारधारा का अंत' हो गया जिस पर जयप्रकाश नारायण-राममनोहर लोहिया, नरेन्द्र देव कल तक खड़े थे। नए भारत का नव औपनिवेशीकरण दर्दनाक ढंग से हुआ। हर क्षेत्र में उत्तर-आधुनिकतावाद का प्रभाव इस ढंग से बढ़ा कि फिल्म, फैशन, विचार, विज्ञापन, संस्कृति, कॉमिक्स, इतिहास, धर्म, दर्शन, कला, साहित्य, मीडिया सब उत्तर-आधुनिकतावाद के क्षेत्र बन गए। उत्तर-आधुनिकतावाद अब बहु-संस्कृतिवाद या बहुलतावाद पर आधारित नया विमर्श है जिसे भारत में सहजता से स्थान मिल गया। बौद्ध-वैष्णव, शैव-शाक्त, हिंदू-मुस्लिम-सिक्ख-ईसाई, पारसी तमाम संस्कृतियों का देश भारत नए कोणों से अपने को समझने लगा।

दरअसल, उत्तर-आधुनिकतावाद हर तरह के 'केंद्रवाद' या सेंट्रिज्म को तोड़ता है और विकेंद्रीयतावाद की महत्त्व-प्रतिष्ठा करता है। इस विकेंद्रीयतावाद में क्षेत्रीयता या स्थानीयता पर पूरा बल है। मूल बात यह कि उत्तर-आधुनिकतावाद एकीकृत के बजाय विभिन्नता (डिफरेन्स) को बुनियादी सवाल मानता है और केंद्र से परिधि की ओर चल पड़ता है। इसका नतीजा यह हुआ है कि दलित, जनजातियाँ, नारी-समाज, समलैंगिक, स्त्री-पुरुष, हाशिए पर स्थित लोग, दमित-प्रताड़ित, परिधि पर स्थित जातियाँ, विरोधी-विचार, हर प्रकार के झटके-अटके-थमे वे लोग जिनकी पहचान या आवाज या (सत्ता-राजनीति संस्कृति) नहीं थी और जिन्हें आभिजात्यवादी-वर्चस्ववादी, अगड़ी जातियों-वर्गों के लोगों ने राजा की भागीदारी से बाहर या वंचित रखा था। साथ ही जिन्हें 'सांस्कृतिक संवाद' से दूर रखा गया था, अब 'पॉवर शिफ्ट' के युग में अपनी पहचान, अपनी आवाज, अपने वर्चस्व के नए समूह बनकर जी-तोड़ संघर्ष करने लगे। 'दलित-दमित' एड़ी-चोटी का पसीना बहाकर सत्ता पर कब्जा करने की राजनीति कर उठे। भारत की राजनीति में अंबेडकर के विचार-दर्शन का उदय हुआ। (देखिए अंबेडकर और भारतीय समाज व्यवस्था—कृष्णदत्त पालीवाल) अंबेडकर का प्रभाव दलित समाज, दलित-साहित्य, दलित-राजनीति में गहराया। यह पूरा दलित-विचार-दर्शन उत्तर-आधुनिकतावाद की अवधारणा पर हस्ताक्षर करता है। दलितों

और दमितों ने अपनी आवाज को उठाया है। इससे इतिहास का वर्चस्ववाद टूटा है। उत्तर-आधुनिकतावाद ने इतिहास को केंद्रित के बजाय जिस अर्थ में विकेंद्रित कहा था, उसकी पूर्ति हमें हमारे समय-समाज, राजनीति और साहित्य में दिखाई देती है। आज हमारे वाद-विवाद, संवाद का एक जरूरी मुद्दा है दलित साहित्य। इतना ही नहीं विश्वविद्यालयों के पाठ्यक्रम में दलित-साहित्य को शामिल करने का जोरदार अभियान चलाया जा रहा है। चूँकि दलित-साहित्य और ईस-साहित्य जैसा विभाजन हिंदी साहित्य की विचार-प्रकृति के प्रतिकूल है। इसलिए बहस कई मुद्दों पर हो रही है।

वास्तविकता यह है कि उत्तर-आधुनिकतावाद और उत्तर-संरचनावाद में हर अवधारणा 'फ्रेजाइल' अनिश्चयवाची है। हर 'पाठ' में अर्थ की अराजकता के कारण सब कुछ धुँधला है—नव रहस्यवादी है। टेरी ईगलटन ने 'क्रिटिसिज्म एंड आइडियालोजी' (1976) में कहा है कि, 'पाठ' में 'मुक्ति' का अर्थ अराजकता के सिवा और क्या है? स्वतंत्र अर्थ लीला सही अर्थापत्ति की शत्रु है—वह न दबे अर्थ को 'पाठ' से मुक्त कर पाती है न निष्पत्तिगत अर्थ को। शब्द-परंपरा तथा अर्थ-परंपरा को 'संस्कृति' का सहारा चाहिए। यह बात देरीदा मानते हैं कि शब्द या 'लेखन' सांस्कृतिक कर्म का स्रोत है, पर इस स्रोत तक पहुँचाना कठिन काम है।

उत्तर-आधुनिकतावाद के प्रवर्त्तक विद्वान जां-फ्रांस्वा ल्योतार यह तथ्य घोषित तौर पर सामने लाते रहे हैं कि उत्तर-आधुनिकतावाद में नए अर्थ-संदर्भ अवश्य ग्रहण हुए हैं किंतु यह आधुनिकता के युग का ही नया विस्तार है। उत्तर-आधुनिकता देखा जाए तो आधुनिकता की ही 'रि-साइट' पुनर्व्याख्या है पुनर्लेखन भी। यह सच है कि सांस्कृतिक इतिहास में कोई काल 'पूर्व' या 'उत्तर' की परिभाषा में बँध नहीं पाता है—उसे बाँधने का प्रयत्न ही अर्थहीन है। इस दृष्टि से उत्तर-आधुनिकता आधुनिकता का अंत नहीं है बल्कि उसके भीतर से फूट फट पड़ी एक अवस्था है एक ऐसी अवस्था जो सातत्य के साथ मौजूद रहती है। मूल भेद विचारों का दोनों में है और यह भेद ही आधुनिकतावाद तथा उत्तर-आधुनिकतावाद को दो काल खंडों में विभक्त करता है। यह भेद सांस्कृतिक तथा सौंदर्यबोध पर आधारित है। उत्तर-आधुनिकतावाद आधुनिकता के रैखिक विकास, प्रगति, इतिहास-गति को नकारता है तथा इस तथ्य पर जोर देता है कि एक समूह दूसरे समूहों से अपनी-अपनी सांस्कृतिक-सामाजिक संरचनाओं में भिन्न होता है। उत्तर-आधुनिकतावाद केंद्रीय वर्चस्ववाद को अँगूठा दिखाकर स्थानीयता तथा उसकी भिन्नताओं पर बल देता है। जबकि आधुनिकता केंद्रीयता, एकरूपता और सार्वभौमिकता का जाप करती रही है। आधुनिकता में पुनर्सृजन की पुकार थी जबकि उत्तर-आधुनिकता में विकेंद्रीकरण, अलग पहचान, अलग आवाज और विखंडन (वि-रचना) का बोलबाला प्रमुखता से है।

उत्तर-आधुनिकतावाद का सिद्धांत-चिंतन और साहित्य-कर्म पर गहरा प्रभाव पड़ा है। इस प्रभाव का प्रमाण यह है कि उत्तर-आधुनिकतावादी दृष्टि सभी पुरानी

समीक्षा दृष्टियों को 'पतनशील' तथा अर्थहीन मानती है। उत्तर-आधुनिकता घोषित तौर पर कहता है कि साहित्य में महान आख्यान (मेटा-नैरेटिव) का युग समाप्त हो गया है और अब कोई न तो सर्वमान्य आलोचना सिद्धांत है, न हो सकता है। इसी आधार से संरचनावाद-प्रतीकवाद-फ्रायडवाद, मार्क्सवाद, सौंदर्यशास्त्र, नई समीक्षा, अस्तित्ववादी विचार-दृष्टि, मिथकीय आलोचना को उत्तर-आधुनिकतावाद ने नकार दिया है। साहित्य के रूप और वस्तु की पुरानी अवधारणा में उत्तर-आधुनिकतावाद को कुछ भी सहेज कर रखने लायक नहीं लगता। वह 'परंपरा' शब्द की खिल्ली उड़ाता है और 'प्रासंगिकता' को प्रमाद मानता है।

सार-संक्षेप यह कि उत्तर-आधुनिकतावाद किसी शाश्वत मूल्यांकन के प्रतिमान को स्वीकार नहीं करता है। क्यों स्वीकार नहीं करता है? इस प्रश्न का उत्तर यह देता है कि साहित्य के शाश्वततावादी प्रतिमान आभिजात्य वर्गों द्वारा निर्मित-प्रतिष्ठित किए गए हैं। आभिजात्यवादी-वर्गों का वर्चस्व होने के कारण इनमें दमित-शोषित, अपमानित, आवाजरहित, अल्प-समूहों के साहित्य को न केवल 'उपेक्षित' रखा गया है बल्कि उसे हीन मानकर 'नजरअंदाज' करने की एक सुनियोजित साजिश रची गई है। उत्तर-आधुनिकतावाद पूरी ताकत से आभिजात्यवादी साजिश के चक्रव्यूह को तोड़ना चाहता है। इसलिए वह इस उपेक्षित दमित साहित्य का एक नया सौंदर्यशास्त्र, समाजशास्त्र, काव्यशास्त्र निर्मित करना चाहता है। उसका विश्वास है कि अब कोई स्वीकृत सौंदर्यशास्त्र अर्थवान नहीं है और न कोई स्वीकृत कृति कालजयी और विश्वव्यापी। 'रामचरितमानस' हो या 'कामायनी' इनकी महानता से उत्तर-आधुनिकतावाद इनकार करता है, क्योंकि इन सबमें आभिजात्य की सृजन-माया का प्रपंच है। फिर अब कोई सर्वमान्य मानदंड (केनन) भी तो नहीं है। कवित्त के प्रतिमान अब गल-सड़ गए हैं। न रस प्रतिमान है, न बिंब।

यह सब व्यर्थ का आतंक था जिससे मुक्त होना है। आज तक हम 'रामचरितमानस' या 'कामायनी' या 'राम की शक्तिपूजा' या 'गोदान' जैसी कृतियों को बौद्धिक-सांस्कृतिक-सौंदर्यात्मक तौर पर विशिष्ट मानते रहे हैं। इनकी विचार-महिमा से अभिभूत रहे हैं। लेकिन यदि हम इन कृतियों को 'डि-कंस्ट्रक्ट' विखंडन करें तो पाते हैं कि इनके पाठ (टेक्स्ट) के भीतर मौजूद उपपाठों और भाषा के पीछे छिपी आभिजात्य विचारधारा, संवेदना, रूप-योजना, लय-विधान, उपमान-योजना स्पष्ट दिखाई देने लगती हैं। ध्यान में रखने की बात है कि किसी भी 'कृति' के 'पाठ' (टेक्स्ट) को इस प्रकार से पढ़ना ही विखंडनवाद है। यह 'पाठ' पढ़ने की पद्धति 'नई समीक्षा' की 'क्लोज-रीडिंग आफ टेक्स्ट' की पद्धति से एकदम भिन्न है। इस बात को उत्तर-संरचनावाद सामने लाता भी है। उत्तर-संरचनावादी पद्धति यह मानकर चलती है कि लेखक भाषिक संरचना के द्वारा अपने वैचारिक पूर्वाग्रहों-आशयों-अभिप्रायों को कितना ही छिपाने का प्रयत्न क्यों न करे—विखंडन के द्वारा वे प्रकट हो जाते

हैं और पूरे आभिजात्यवादी छद्म की कलई खुल जाती है। उत्तर-संरचनावाद यह मानता है कि कोई भी साहित्यिक कृति अन्य पाठों की तरह एक 'पाठ' है। इस 'पाठ' में अनेक 'उपपाठ' हैं। इन अनेक उपपाठों की अनंत अर्थ-ध्वनि है—व्यंजना-वक्रोक्ति है। प्रकरण वक्रता तथा प्रबंध-वक्रतावाले पाठ चाहे जैसे हों वे सभी एक 'पाठ' हैं और एक समान हैं। किसी को किसी अन्य पाठ पर वर्चस्व प्राप्त नहीं है। पाठ अपने अर्थ-संदर्भ, अर्थ-ध्वनि और वक्रोक्ति में अनेकार्थी हैं—अनिश्चयवाची हैं—अनंतता का मुक्त क्षेत्र हैं। भाषा की अपनी सीमा है। भाषा वह कहने में अक्षम-असमर्थ है जो कहना चाहती है या कहने का दावा करती है। मूल बात यह कि हम अर्थों को प्राप्त नहीं कर सकते केवल उन्हें 'स्थगित' कर सकते हैं। उत्तर-संरचनावाद की इस तरह की कूट-कुटिल बातों के कारण ही इसे 'अर्थ का अराजकतावाद' कहा जाता है।

उत्तर-आधुनिकतावाद पूर्व सिद्धांत दृष्टि का विरोध करता हुआ भी अपने सिद्धांत निर्मित करता है, अपने पूर्वाग्रह खड़े करता है, अपनी नव-सांस्कृतिक साम्राज्यवादी 'आइडियालॉजी' को थोपना चाहता है। हमारी 'स्मृति' को मिटाकर हमें 'ग्लोबल' बनाने का जाल रचता है। युग के राम को माया-निर्मित कंचन मृग के पीछे भागने को विवश करता है और जब वे राम लौटते हैं तो अपनी 'सीता' को खो देते हैं। प्रश्न उठता है कि आस्था की सीता को खोकर क्या राम राम रह पाते हैं? उत्तर कुछ-कुछ यही होगा कभी नहीं। उत्तर-आधुनिकतावाद 'सीता' को चुराकर राम को भटकाता है-तड़पाता है। उत्तर-आधुनिकतावाद ने साहित्यिक-चिंतन की कई नई वैचारिक पद्धतियाँ-प्रविधियाँ-शैलियाँ विकसित की हैं। इन वैचारिक पद्धतियों में सांस्कृतिक-अध्ययन क्षेत्र, नव-इतिहासवाद, नवमिथकवाद, सबाल्टर्न-स्टडी (अधीनस्थों का अध्ययन), नारीवाद (फेमिनिज्म-लेस्वियनिज्म), अश्वेत पीड़ा का अध्ययन, दलित-दमित साहित्य का अध्ययन आदि को जगह मिलती है। विशेष बात यह है कि ये सभी वैचारिक पद्धतियाँ 'साहित्यिक पाठ' को असाहित्यिक-दृष्टिकोण (नारीवादी-दलितवादी, पिछड़ों की राजनीति आदि) से देखती हैं और इसी दृष्टिकोण से इनका मूल्यांकन करती हैं। चिंतन के केंद्रवाद को यही सीधी चुनौती है। यहाँ 'पोस्ट-मॉडर्निज्म' में 'लिटरेरी क्रिटिक' की अवधारणा ही गायब कर दी गई है। 'साहित्य-समीक्षक' का स्थान 'विमर्श-विश्लेषक' (डिस्कोर्स अनालिस्ट) ने ले लिया है और यह विमर्श-विश्लेषक ही 'कृति' का अपना पाठ-उपपाठ तैयार करता है, अर्थ करता है। कोई पुराना नियम-सिद्धांत नहीं मानता है—'परम स्वतंत्र न सिर पर कोई' वाला नारा देता है। मार्क्सवादी इतिहासवाद को चिढ़ाता है और तो और खुले तौर पर 'लेखन के अवसान' की घोषणा करता है। केवल यह 'पाठक' को जिंदा रखता है। 'पाठ' और 'पाठक' का खेल खेलता है। पर किसी सिद्धांतकार को नहीं मानता है। उसके लिए 'नारी' भी एक 'पाठ' है और नारी की 'योनि' भी एक अलग 'पाठ'। इन सबका बाजारवादी उपभोक्तावादी 'पाठ' है। यह पाठ ही 'नव फ्रायडवाद' है। आज सभी ललित कलाएँ

इसी नव फ्रायडवादी पाठ की नवीन प्रकृतियों का प्रदर्शन कर रही हैं। सौंदर्य प्रतियोगिताएँ नारी-देह का नया पाठ रचती हैं और नारी की गोलाई भरी मांसल जंघाएँ ग्राहक का एक नया बाजारवादी 'पाठ' खोलती हैं। हर चीज उपलब्ध है—'प्रेम' नहीं 'पैसा' दो। पवित्रता-नैतिकता दोनों नारी को भोगने में है। युगनद्धवादी दर्शन ही उत्तर-आधुनिकतावाद का नवतंत्रवाद है। हठयोगी सिद्ध-नाथ-कापालिक हमारे मध्यकाल में यह भोगवादी-यौनवादी-तृप्तिवादी खेल खुलकर खेल चुके हैं। पर आज इस खेल का मैदान बदल गया है। पद्धति बदल गई है। भारत में उत्तर-आधुनिकतावाद की अकादमिक चर्चा में नारीवाद-यौनवाद नाक में दम किए हैं। एक नारी अस्सी आदमियों के साथ संभोग करके मस्त बनती है। एक आदमी के साथ नियमित संभोग करने में वह मस्त नहीं होती। उसका स्वाद नहीं बदलता। वह ठंडी-पीली होकर ठहर जाती है। इस प्रकार की कविता 'पाठक' को भाती है। वह उसकी यथार्थ व्याख्या करता है। सभा-गोष्ठियों में इस कविता पर 'विमर्श' होता है। इस 'विमर्श' से हमारे संस्कारों की जंग छूटती है। पतिव्रतावाद के लीकवाद से मुक्ति मिलती है।

अब बहुत कुछ नया सोचने को समकालीन 'कविता' मसाला देती है। स्वतंत्रता से सोचने का मजा ही और है। उदय प्रकाश की कहानी 'आचार्य की कराह' एक नया पाठ है और मनोहर श्याम जोशी का उपन्यास 'हमजाद' एक नया पाठ। इसका उत्तर-आधुनिकतावादी पाठ-उपपाठ अनंत अर्थ देता है। अनिश्चित अर्थ के भीतर भी एक हमारा अभिप्रेत अर्थ छिपा रहता है। भारत के आचार्य महिमभट्ट पागल थोड़े ही थे जो 'अनुमानवाद' की महत्त्व प्रतिष्ठा कर रहे थे और व्यंजना का निषेध। 'क्या करें भारत के आचार्य' चिंतन में उत्तर-आधुनिकतावाद के बीज देरीदा, फूको के चिंतन से कम नहीं हैं। केवल इन बीजों के गोदाम की कुंडी खोलने की जरूरत है। लेकिन आज उत्तर-आधुनिकतावादी चिंतन तो अमेरिका का 'पेटेंट' है। अमेरिका ही ग्लोबल है अपने चिंतन में और वही सबको अपने जैसा ग्लोबल बनाना चाहता है। मोनिका-क्लिंटन के भोगवादी खेल में हमें भी शामिल करना चाहता है लेकिन हम हैं कि इस खेल में शामिल होने के पहले ही कच्छा उतारे खड़े हैं। आखिरकार हमने ही वात्स्यायन का 'काम-सूत्र' कामशास्त्र रचा है। हम पुराने भोगी हैं। इसीलिए उत्तर आधुनिकतावाद का सबसे ज्यादा स्वागत भारत के साहित्य-चिंतन और तकनीकी क्षेत्रों में किया जा रहा है। हम बाहर से टेक्नॉलोजी ला रहे हैं—मल्टीमीडिया, मल्टी-चैनल, मल्टीनेशनल्स धड़ल्ले से आ रहे हैं। विश्वयारी का यहाँ अद्भुत माहौल है। 'चले आओ बलमा रंगीले मैं बारी रे' का कीर्तन हमारे नेतागण जनता की भलाई के लिए कर रहे हैं। इतना ही नहीं हमारे उत्तर-आधुनिकतावाद ने 'ओरियंटिलिज्म' पूर्ववाद प्राचीवाद को रद्दी की टोकरी में फेंकने की तैयारी कर ली है। एडवर्ड सईद हों या हरीश त्रिवेदी 'ओरियंटिलिज्म' पर पुस्तकें लिखकर भी उस चिंतन की ओर हमें नहीं मोड़ सकते। हमने पूर्व की संस्कृतियों की स्थानीयता को पश्चिम के इतिहास लेखन से मुक्त कर

दिया है। अब भारत अपनी जड़ों को फिर टटोल रहा है। जड़ों की ओर लौट रहा है। जड़ों के साथ साँप की तरह लिपटकर 'देसीवाद' की गंध सूँघ रहा है। अज्ञेय जी की लंबी कविता 'असाध्य वीणा' का साधक प्रियंवद उत्तर-आधुनिकतावादी वीणा बजा सकता है। बजा रहा है। यह वीणा मायावती और अटल के दरबार में बज रही है, सभागण सुन रहे हैं, सब अलग-अलग 'पाठ' रच रहे हैं। पूर्व और पश्चिम का भेद मिट रहा है—'हम और वे' अर्थात् 'अन्य' में मेल-मिलाप उत्तर-आधुनिकतावाद ने करा दिया है। हम सब 'विश्वमानव', 'विश्व-दृष्टि', 'विश्वयारी', 'विश्व नर-नारी' बनने की तैयारी में हैं। 'काउ-वीफ' खाने-खिलाने में हमारी दिलचस्पी बढ़ गई है। हम कंजर्वेटिव हिंदू नहीं हैं—नहीं रहना चाहते—अमेरिका के साथ मिलकर 'ग्लोबल' बनना चाहते हैं। भारत के मॉडर्न-बौद्धिकों ने उत्तर-आधुनिकतावाद की वि-भेदीय, विकेंद्रित, विखंडनवादी विचारधारा को स्वीकार कर लिया है। विखंडनवादी विचारधारा से ही हम पूर्व और पश्चिम के समाज-साहित्य-व्यापार को समझ रहे हैं। यही दृष्टि विभिन्न भारतीय जातियों-संस्कृतियों के बीच सक्रिय है। धन्य है हमारा 'ग्लोबलाइजेशन' जिसने बिटियाँ की मांसल जंघाओं और सेक्स झूम को दिखाकर अपने कमरे को टेलीविजन से हराभरा कर दिया है। 'भोगो यह बिटिया' प्यारेलाल की आवाज उठ रही है। भूखी आँखें रूप में तृप्त हैं। वर्जनाएँ बह गई हैं। हर तरह से खुला हुआ हमारा व्यक्तित्व है। 'माइंड मनी मॅसल' अर्थात् सत्व, रज-तम तीनों गुण मिलकर मजा ले रहे हैं। सहयोग संभोग में स्वर्ग छिपा था जिसे हमने खोज लिया है। उपभोक्तावादी संस्कृति की जय हो। अरुण कमल के शब्दों में 'जिन लोगों ने माँ, बहनों की इज्जत लूटी, उनकी जय हो।' उस 'वारेन हेस्टिंग्स के साँड' की भी जय हो जिसने कहानीकार उदय प्रकाश को कहानी का नया प्लाट दिया और पाठक को मोहिनी बाई तथा चोखी जैसी युवतियों का नया चुस्त 'पाठ'। अपना-अपना 'पाठ' अपना-अपना 'विमर्श'। मुलायम कठोर चू....की चपेट में मस्त भारतीय आभिजात्यवाद ठेकेदार ठग और ठसक का दर्शन। हम सभी क्या नहीं जानते हैं कि आधुनिकता में कम उत्तर-आधुनिकतावाद में अर्थ-संदर्भ निरंतर बदलते रहते हैं। नया यथार्थ गतिशील जीवंत और मूर्त्त होने की तैयारी में है। उत्तर-आधुनिकतावाद की यह स्थापना कितनी भरोसे से भरी है कि 'कर्त्ता का अंत' वास्तविक कर्त्ता की वास्तविक-ऐतिहासिक मृत्यु। वास्तविक 'पाठक' की वास्तविकता का आत्म-साक्षात्कार। क्योंकि शब्द तो चिह्न मात्र है। बाह्य यथार्थ से इनका कोई संबंध नहीं। इसलिए 'वैचारिक विभ्रांति', बौद्धिक व्याकुलता, सांस्कृतिक-संकट, समृद्धि से उपजा भोगवाद अब 'अर्थ' नहीं रखता है—अर्थ रखता है बाजारवाद जिसको शक्तिशाली भोग रहा है—'सेवा' दे रहा है—नई कंपनियाँ खोलकर—नौकरियों के नए अवसर प्रदान कर रहा है। अब हम 'विभेद' की राजनीति के अभ्यस्त हो चुके हैं। टेक्नॉलोजी ने हमें 'टेम्ड' पालतू बना लिया है। हम भारत के सांस्कृतिक शून्यवाद पर उछल रहे हैं। हमें इस बात की कतई

चिंता नहीं है कि साहित्य इतिहास विचारधारा और लेखक पुस्तक के अंत की घोषणा करने वाले उत्तर-आधुनिकतावाद का मार्ग क्या है—ध्येय क्या है? पश्चिम पर भरोसावाद ही हमारी ताकत है? अब अविश्वास हमारी कौम का धर्म नहीं है और अमेरिका तो हमें 'विकास' और 'प्रगति' के लिए डॉलर से मदद दे रहा है। मदद देने वाले इस बादशाह के हम स्वामिभक्त सेवक हैं। परमाणु विस्फोट के बाद भारत अमेरिका के चरण चाट रहा है—अपने मंत्रियों को भेजकर कसमें खा रहा है कि हमारी 'मदद' मत रोको। हमने विस्फोट अपनी रक्षा के लिए किया है—हमें 'उधार' से वंचित मत करो—हमारे कटोरे में पैसा डालो। हमारी सत्ता का राजनीति का यह नाटक आज जारी है और 'मदद' के पैसे से माफियावाद फल-फूल रहा है। राजनीति मुटा रही है। जनजातियों को चौड़ा किया जा रहा है। ठीक बात है उत्तर-आधुनिकतावाद धार्मिक कट्टरवाद, आक्रामक जातिबाद, आनंदमग्न उपभोक्तावाद को नया 'अर्थ' दे रहा है। नया प्रजातंत्रवाद उदित हो रहा है। एक ओर जड़ों की तलाश दूसरी ओर भूमंडलीकरण में सामंजस्य बैठाया जा रहा है और कहा जा रहा है कि विरुद्धों में सामंजस्य बैठाना ही भारतीय संस्कृति की सबसे बड़ी ताकत रही है।

हम आज यज्ञ की वेदी पर बैठकर भगवान को पुकारने वाले 'भोंदू' नहीं रह गए हैं। 'ग्लोबल मैन' बनने का संकल्प ले रहे हैं। 'आध्यात्मिकता' से मुक्ति पाकर हम उत्तर-आधुनिकतावाद की विशेषताओं को समझने लगे हैं। उत्तर-आधुनिकतावाद की प्रधान प्रमुख विशेषताएँ हैं—(1) नारी तथा दमित-दलित विषयों का अध्ययन, (2) पॉपुलर कल्चरल तथा लोककलाओं का मिलाप, (3) बहुलतावाद या बहु संस्कृतिवाद, (4) वि-केंद्रीयता की सिद्धांत-दृष्टि, (5) वर्ग-संघर्ष की अपेक्षा नस्ल, जाति-लिंग, भेद पर अधिक बल, (6) महान आख्यान तथा शाश्वतावादी समालोचना सिद्धांतों से मुक्ति, (7) अर्थ की अनेकता तथा अनिश्चितता, (8) बुद्धिवाद तथा पराभौतिकवाद पर बढ़ता अविश्वास, (9) विभेद और विभिन्नता, (10) स्थानीयता और क्षेत्रीयता पर ध्यान, (11) तकनीकी क्रांति में आस्था—कंप्यूटर युग का स्वागत, (12) विभिन्न जातीय संरचनाओं में मेलजोल, (13) उपभोक्तावादी संस्कृति की ओर निर्भय यात्रा, (14) यूरोपीय विचार क्रांतियों के पिछलग्गू बनने में ही मानव-मुक्ति का स्थान, (15) इतिहास-संस्कृति दर्शन-धर्म-कला साहित्य की पुरानी अवधारणाओं-मूल्य चिंताओं से मुक्ति, (16) लोकप्रिय संस्कृति की ओर उन्मुखता, (17) युगल विपरीतता के सिद्धांत को स्वीकृति, (18) विखंडनवाद की महत्त्व-प्रतिष्ठा।

उत्तर-आधुनिकतावाद की विचार-प्रणाली इन मूल तत्त्वों पर आधारित है।

**बहुलतावाद (Pluralism) :** उत्तर-आधुनिकतावाद का एक तत्त्व है—बहुलतावाद। बहुलतावाद से तात्पर्य है एक ही समाज, व्यवस्था अथवा दर्शन के भीतर भिन्न-भिन्न लोगों, मतों, सिद्धान्तों की विविधता की मौजूदगी है। बहुलतावाद यह मानता है कि किसी समाज, व्यवस्था अथवा दर्शन में विभिन्न लोगों, मतों-सिद्धान्तों की विविधता

होना बहुत अच्छा है। भारतीय समाज हमेशा से ही बहुलतावाद का समर्थक रहा है। हमारा बहुदेववाद एक व्यापक खुलापन लिए है। उसमें एकेश्वरवादी कट्टरता कभी नहीं रही। शैवों-शाक्तों-वैष्णवों-बौद्धों-जैनों की विचारधाराएँ साथ-साथ टकराकर प्रवाहित रही हैं। यह प्रवाह मानव की उन्मुक्तता को बढ़ाता रहा है। बहुलतावाद इसी अर्थ में 'बहु-संस्कृतिवाद' का पर्याय है। अनेक देशी-विदेशी जातियाँ यहाँ आकर बसीं और एक सूत्र में बँधती रहीं। जैसे तरह-तरह के विविध रंगों का अपना सौंदर्य होता है—वैसा ही विविधता भरा सौंदर्य भारतीय संस्कृति का है जिसमें सभी लोगों, सभी जातियों, धर्मों, विचारधाराओं का आदर है और यह सत्य हमारा काव्य ध्वनित करता है।

आज हमारी राजनीति ने लोकतंत्र की बहुलतावादी नीतियों को संकट में डाल दिया है। चारों ओर जनतंत्र का विनाश है। इस विनाश पर रघुवीर सहाय 'आपकी हँसी' कविता में कहते हैं—'लोकतंत्र का अंतिम क्षण है, कहकर आप हँसे।' यह हँसी क्या कहती है? जनता के साथ राजनीति की दगाबाजी को व्यक्त करती है। यह भयानक हँसी है। जनता का जनतंत्र राजनीति के प्रदूषण से बेचैन है। सत्ता राजनीति की आड़ में साहित्य के जनतंत्र का संहार करती रही है। 'संसद से सड़क तक' की यही कहानी है। वैचारिक अल्पसंख्यकों के लिए हमारे लोकतंत्र में—विशेषकर कलाओं के लोकतंत्र में जगह कहाँ बची है। भद्र वर्ग के थोड़े से लोग लोक कला, लोक-साहित्य और लोक-संस्कृति की रक्षा से दूर हैं—यह भद्र वर्ग लोक-संस्कृति से कभी-कभार झूठी चिंता दिखाता है। पर अपनाता नहीं। इसलिए विचार का एक जरूरी मुद्दा है—बहुलतावाद। आज साहित्य और राजनीति दोनों में लोकतंत्र का आधार बहुलतावाद नहीं है। जबकि होना चाहिए। घायल बहुलतावाद ने 'अराजकतावाद' की राह पकड़ ली है—जिसका रास्ता है—जातियों-प्रदेशों की तानाशाही। भाषाओं तक के बहुलतावाद में कलह ही कलह है। आलोचना में 'वैचारिक अल्पसंख्यक' इसी बहुलतावाद की आड़ में उच्च अभिरुचि के वर्चस्ववाद को तानाशाही तक ले जाने का प्रयत्न कर रहे हैं। यह चिंताजनक परिदृश्य है। अमरीकी बहुलतावाद कृति की अद्वितीयता को नहीं मानता है पर भारत में बहुलतावादी 'कृति की अद्वितीयता' की नारेबाजी शान से कर रहे हैं। जबकि यह उन्नीसवीं शताब्दी वाली रोमांटिक धारणा है। सिद्धांत में हमारा बहुलतावाद सर्व-समावेशी है पर व्यवहार में अपवर्जी। अमेरिकी बहुलतावाद अपना जानी दुश्मन मार्क्सवाद को मानता है। भारत का बहुलतावाद अपनी महत्ता के लिए 'विचारधारा' मात्र का विरोधी है—चाहे मार्क्सवाद हो या लोहियावाद। 'पूर्वग्रह' पत्रिका की दसवीं जयंती पर सितंबर 1984 में भारत भवन भोपाल में आयोजित 'जनतंत्र समालोचना' संगोष्ठी हुई, जिसमें नामवर सिंह और अशोक वाजपेयी ने अपनी-अपनी अखाड़ेबाजी की। साहित्य में बहुलतावाद की रणनीति का यह अच्छा उदाहरण है।

**स्वायत्तता :** यह प्रश्न भी उत्तर-आधुनिकतावाद का खौलता मुद्दा रहा है। यह

मुद्दा अस्मिता-स्वत्व पहचान से जुड़ा है। अस्मिता का संघर्ष स्वत्व और पहचान की समस्याओं को जन्म देता है—भिन्नता, अन्यता, अस्मिता इसी से नाभि-नाल संबंध रखते हैं। वे समाज, वे जातियाँ जिनके हित आपस में टकराते हैं—वे यह मानने के लिए विवश हैं कि कोई ऐसा सर्वमान्य मुद्दा नहीं है जिस पर सभी सहमत हों। साहित्य और आलोचना की स्वायत्तता का नया नारा इधर फैशन में कम नहीं है—आधुनिकता से उत्तर-आधुनिकतावाद की ओर बढ़ते हुए हिन्दी में 'आलोचना की स्वायत्तता' पद को उछाला जा रहा है। मूल धारणा इधर यह बनी है कि साहित्य की आलोचना को विचारधारा का उपनिवेश बनाया जा रहा है। विचारधारा के इस उपनिवेशवाद से आलोचना को मुक्ति दिलाना है। लेकिन कठिनाई यह है कि एक नासमझ इनकार के बावजूद 'स्वायत्तता' की भी एक विचारधारा है। यह विचारध ारा व्यक्ति-संस्कारों की पर्तों से फूटती है। 'स्वायत्तता' की विचारधारा में प्रतीक मिथक तो होते ही हैं—प्रतीक स्वयं विचारधारा से उपजता है। स्वयं बहुलतावाद ने 'विचारधारा' का विरोध किया है, पर उसमें एक विचारधारा है, राजनीति है, छल-प्रपंच है। इसलिए बहुलतावादियों की आलोचना को 'स्वायत्त' कैसे माना जा सकता है। न 'पाठ' स्वायत्त है न पाठक। 'नई समीक्षा' शुद्ध आलोचना का ढोल पीटती रही, पर उसमें भी अमेरिकी शीत युद्ध की विचारधारा से कौन इनकार कर सकता है। हमें ज्यांक देरीदा का यह कथन याद है कि "मैं बहुलतावादी नहीं हूँ और मैं कभी नहीं कहता कि प्रत्येक व्याख्या समान है—लेकिन मैं चयन नहीं करता। व्याख्या स्वयं चयन करती है। मैं यह भी नहीं कहता कि कुछ व्याख्याएँ दूसरों से ज्यादा सच होती हैं। मैं कहता हूँ कुछ औरों से ज्यादा शक्तिशाली होती हैं।" आलोचनात्मक व्याख्या कैसी ही क्यों न हो उसमें साहित्यिक संस्कृति की राजनीति होती है। स्वायत्ततावादी आलोचना प्रच्छन्न राजनीति से ढँकी होती है। उसकी एक खतरनाक राजनीति है। उत्तर-आधुनिकतावाद उत्तर-संरचनावाद के 'डीकांस्ट्रक्शन' की अपनी राजनीति है। यह अराजनीतिक आलोचना नहीं है। सृजन की भाँति आलोचना भी एक सांस्कृतिक प्रक्रिया है। इस सांस्कृतिक प्रक्रिया में राजनीति घुली-मिली होती है।

**विकेंद्रीयता :** उत्तर-आधुनिकतावाद हर तरह के 'केंद्रवाद' का निषेध करता है। उसकी यात्रा केंद्र से परिधि की ओर है। समाज के विभिन्न समूह जो अभी तक हाशिए पर रहे हैं, जिनकी अस्मिता और आवाज को निरंतर दबाया गया है या जिन्हें आभिजात्यवादी-वर्चस्ववाद शक्तियों ने हाशिए पर धकेल दिया है—वे दमित और दलित समुदाय उत्तर-आधुनिक चिंतन में महत्त्वपूर्ण हो गए हैं। दलित जनता अपने प्रभुत्व के लिए संघर्ष कर रही है। इस संघर्ष का परिणाम यह हुआ है कि पुराने एकीकृत केंद्र चरमराकर टूट रहे हैं और नए-नए समीकरण अस्तित्व में आ रहे हैं। यह सच है कि ये समीकरण निरंतर बदल रहे हैं। इस बदलाव के पीछे अंबेडकरवादियों की राजनीति है। नई विचारधारा का नया पौधा उपभोक्तावाद के

झाड़-झंखाड़ में संघर्ष कर रहा है किंतु संस्कृति और संस्कृतिवाद दोनों ही बाजार में क्रय-विक्रय की वस्तु बन गए हैं।

यह प्रश्न भी बार-बार उठ रहा है कि हिंदी भाषी क्षेत्रों में महाराष्ट्र जैसा दलित आंदोलन क्यों नहीं उठ रहा है? इसका एक उत्तर है कि हिंदी भाषी क्षेत्र की समस्या महाराष्ट्र की दलित समस्या से अलग है। विशाल हिंदी क्षेत्र में दलित रचनाशीलता कभी उभरी ही नहीं। हिंदी भाषी क्षेत्र में आज भी दलित-साहित्य हाशिए की चीज है। हालाँकि अभिजनों के वर्चस्व के खिलाफ आवाज उठ रही है पर यह आवाज दक्षिण अफ्रीका के 'ब्लैक लिट्रेचर' की तुलना में बहुत धीमी है।

**स्थानीयता पर बल :** उत्तर-आधुनिकतावाद देख रहा है और वह विकेंद्रीयता के प्रश्न को स्थानीयता से जोड़कर देखता है। वैश्विकता और राष्ट्रीयता के प्रश्नों के बजाय स्थानीयता पर जोर दिया जा रहा है। स्थानीयता एक ऐसा मुद्दा है जो अपनी जड़ों की ओर लौटने, स्थिति को समझने में मदद करता है। बिहार-मध्यप्रदेश में रहने वाली जनजातियों की यातना की ओर हमारा ध्यान स्थानीयता के कारण ही गया है। राही मासूम रज़ा का उपन्यास 'आधा गाँव' एक प्रदेश विशेष के मुसलमानों की समस्याओं-शंकाओं को इसी दृष्टि से उठाता है। हिंदी के तमाम आंचलिक साहित्य को भी इस दृष्टि से देखा जाना चाहिए। इस दृष्टि से शिवप्रसाद सिंह के उपन्यास 'नीला चाँद' पर भी विचार किया जा सकता है।

विभिन्नता भी उत्तर-आधुनिकतावाद का एक महत्त्वपूर्ण मुद्दा है हालाँकि यह मुद्दा भी विकेंद्रीयता से जुड़ा हुआ है। इसका कारण यह है कि विभिन्नता और विकेंद्रीयता का क्रियात्मक रिश्ता है। ये दोनों एक-दूसरे पर आश्रित हैं और एक-दूसरे को सहारा देते हैं। उत्तर-आधुनिकतावाद ने इस बात को बार-बार अपने ढंग से रेखांकित किया है कि समाज का एक समूह दूसरे समूहों से अपनी मूल सांस्कृतिक-सामाजिक-राजनीतिक संरचनाओं के कारण संस्कृति, संवेदना, परंपरा, रीति-रिवाज, भाषा-विश्वास, लोक-रूढ़ियों, लोक-अभिप्राय के कारण भिन्नता रखता है। यह भिन्नता उनकी पूरी जीवन-प्रक्रिया की गति को निर्धारित करती है। साहित्य में इस 'भिन्नता' के कारणों पर विचार किया जाना चाहिए ताकि हम समाज-यथार्थ से परिचित हो सकें। अंतवाद की घोषणा उत्तर-आधुनिकतावाद हर साँस के साथ करता है। वह 'कर्त्ता का अंत' (सब्जेक्ट) के केंद्रीय स्थान या महत्त्व को अस्वीकार करता है। 'कर्त्ता के अंत' से तात्पर्य है कि अब मानव और मानवीय संवेदना का कोई अर्थ नहीं रह गया है। यह चिंतन का वह दौर है जिसमें 'सुपर टेक्नॉलोजी' अपना वर्चस्व स्थापित कर रही है और पुराने मानव-संसार का अंत एक यथार्थ बन गया है। सभी धर्मों, संप्रदायों, मिथकों, पराभौतिक कल्पनाओं, जादू-मंत्रों का तांत्रिक जाल छिन्न-भिन्न हो गया है और मानव आणविक विनाश की ओर बढ़ रहा है। प्रकृति और पुरुष का तादात्म्य खंडित हो चुका है और मानव ने प्रकृति को अपनी इच्छा की दासी बनाने में सफलता

प्राप्त की है। वर्तमान उस भविष्य को लिख रहा है या उसका 'पाठ' तैयार कर रहा है जो बौद्धिक सृजनात्मक चुनौती के जाल में फँस चुका है। नाजीवाद-फासीवाद-साम्यवाद-सर्वसत्तावाद ने जिस 'दमन और क्रूरता' का तांडव किया है, उसे उत्तर-औपनिवेशिक, उत्तर-साम्राज्यवादी, उत्तर-औद्योगिक समाज 'पॉवर शिफ्ट' के कारण अधिक भीषण बनाने की स्थिति में है। यूरोप तथा अमेरिका के लेखक कंसंट्रेशन कैंपों तथा टेक्नॉलोजी के अमानवीय प्रयोग को लेखन का मूल मुद्दा बना रहे हैं। हिंदी में निर्मल वर्मा 'भारत और यूरोप : प्रतिश्रुति के क्षेत्र' पुस्तक में कंस्ट्रक्शन कैंपों की बर्बरता का कच्चा चिट्ठा पेश करते हैं। मूल बात यह है कि भविष्य का भयानक बिंब रचनाओं में उभर रहा है और 'आइडियालॉजी' में मानव की नव-रचना में मानव का ही विश्वास डगमगा रहा है। यहाँ तक कि इतिहास, दर्शन, धर्म, मानव संवेदना पर प्रश्नचिह्न लग गया है। हालत यहाँ तक पहुँच चुकी है कि यूटोपिया का स्थान डिसटोपिया (एण्टी यूटोपिया) ने ले लिया है। 'गल्प' मर रही है। शीतयुद्ध समाप्त हो गया है लेकिन दूसरे देशों के विरुद्ध सैनिक अतिक्रमण, विभिन्न देशों में दहशत, धर्मांधता, जाति-धर्म, भाषा, रंग, क्षेत्र के झगड़े मानव भविष्य को 'अंधकार' में धकेल रहे हैं। प्रौद्योगिकी, मॉस मीडिया, सेक्स ने इतने सस्ते मनोरंजन के रास्ते खोल दिए हैं कि हम सोचने की ताकत खो रहे हैं—क्लासिकल-रोमांटिक युगों की पूरी इतिहास चेतना 'विस्मृति' की धुंध में खो रही है। अब सब कुछ 'पोस्ट' हो चुका है। अंत का बोध व्यापक रूप से दस्तक दे रहा है—'ऐसी ट्रेजेडी है नीच' कल्पना को ताकत देने वाले सभी आंदोलन क्षयग्रस्त हो चुके हैं और घोषणा हो रही है कि 'इतिहास का अंत' हो गया है—महान आख्यानों-महान मूल्यों-महान आदर्शों का अंत हो गया है। रोलांबार्थ ने इसी पूरी भयावह स्थिति पर विचार करने के बाद कहा है कि, 'लेखक का अंत' हो गया तथा देरीदा के 'डिकंस्ट्रशन' विखंडनवाद की ऐसी सत्यानाशी हवा चली कि सृजन के अर्थ की पूरी फसल चौपट हो गई। नव फ्रायडियन नारी के अंगों से लिपटकर मृत्युगीत गा रहे हैं—'अंगना अंग से लिपटे काँप रहे हैं।' फ्रेंक कर्मोड तक को यह अहसास हुआ कि 'अंतवाद' एक स्थायी मनःस्थिति है। यह वह मनोभूमिका है जिसने पूरे युग पर अपना कब्जा बना लिया है। 1960 में जब डेनियल बैल ने 'विचारधारा के अंत' की बात कही थी तब कौन जानता था कि वह कितना क्रूर सच बोल रहा है। बुद्धिजीवी वर्ग का अंत, सौंदर्यबोध का अंत, महान आख्यानों का अंत सच हुआ। प्रतीकवाद, आधुनिकतावाद, पूंजीवाद, मार्क्सवाद, संरचनावाद, इतिहास सब 'पोस्ट' हो गए। यहाँ तक कि रुपयावाद का अंत 'डेथ ऑफ मनी' (1992—जोयल कर्टजमन की पुस्तक) घोषित हो गया। 'वाद', 'विचार', 'इतिहास', 'रुपया' का भगवान मर गया। इतना बड़ा परिवर्तन सभ्यता-संस्कृति झेल रही है। कला-दर्शन-साहित्य-तंत्र सब बदल रहा है। और नए संस्थान, नए सामाजिक, राजनीतिक तकनीक के केंद्र उभर रहे हैं—नवीन से नवीन संरचनाओं के साथ। 'ईश्वर' की मृत्यु नीत्शे देख रहे थे और वे नवीन

मानव संभावनाओं की तलाश की चर्चा कर रहे थे। तभी सार्त्र ने कहा कि ईश्वर का कोई अस्तित्व नहीं, मानव स्वतंत्र है-स्वायत्त है। उसे अपने मूल्यों को खोजना चाहिए। मानव ने ही ईश्वर को जन्म दिया और मानव ने ही उसको निरर्थक पाकर मार डाला–'हर क्षण होती है, प्रभु की मृत्यु कहीं न कहीं/हर क्षण अँधियारा गहरा होता जाता है।' (अंधा युग)

ईश्वर के अंत के बाद मानव का अंत उत्तर-आधुनिकतावाद के क्रूर आक्रमण को पहचान देता है। मानव का स्वायत्त अस्तित्व ही टेक्नॉलोजी ने निगल लिया। 'इलेक्ट्रॉनिक मानव' अब कल्पना नहीं–यथार्थ तक आ गया है। कंप्यूटर पूरे लिखे को मिटाकर नई लिखत लिख रहा है–इसमें मानववाद को जगह नहीं है–'प्रकृति मानव', 'सुपरमैन' को जगह नहीं है। फ्रांसिस फूकोयामा 'इतिहास का अंत' 1989 लेख में ठीक कह रहे थे कि गुणात्मक परिवर्तन बुद्धि को चकराने वाले हैं और 'पॉवर' की नई अवधारणा बेहद जटिल विषय है। आलोचक लेखक की मृत्यु, कला का अंत, पुस्तक का अंत, विचारधारा का अंत, इतिहास का अंत, उत्तर-आधुनिकतावाद का नया अर्थ-संदर्भ है। अतः उत्तर-औद्योगिक का एक नया अर्थशास्त्र-समाजशास्त्र है, जिसका विस्तार बड़ा है।

उत्तर-आधुनिकता को पहचान देने वाला एक विशिष्ट तत्त्व है–'युगल-विपरीतता की दृष्टि'। युगल-विपरीतता का अर्थ है–दो विपरीत समूह एक-दूसरे से इस प्रकार जुड़े होते हैं कि एक को दूसरे से एकदम अलग कर देना संभव नहीं। और जुड़ाव में ही एक समूह दूसरे समूह पर प्रभुत्व स्थापित कर लेता है–जैसे नर-नारी संबंध में विद्यमान युगल-विपरीतता। इसमें नारी पर पुरुष प्रभुत्व जमाता है। इस प्रभुत्ववाद को खत्म करना है। 'नारीवाद' का पूरा आंदोलन इसी असमानतावाद को लेकर यूरोप में फूटा है। श्वेतों का अश्वेतों पर प्रभुत्व फिर असमानता का मुद्दा है। पुरुष काव्य शास्त्र के वर्चस्व को हटाने के लिए 'फेमिनिस्ट लिटरेरी थियरी' तैयार की जा रही है। मेरी एलिंगटन ने एक पुस्तक संपादित की है–जिसका नाम ही है 'फेमिनिस्ट लिटरेरी थियरी' (1996, ब्लैकबेल पब्लिशर्स लिमिटेड)। यूरोप में 'फाइंडिंग ए फीमेल ट्राडीशन' पर जोर है–'लेस्बियन फेमिनिस्ट' पर चर्चा हो रही है। 'वूमैन एण्ड लिटरेरी प्रोडक्शन', 'जेंडर एण्ड जेनर', 'टूवर्ड्स डिफिनेशन्स ऑफ फेमिनिस्ट राइटिंग', 'राइटिंग, रीडिंग एण्ड डिफरेन्स' तथा 'लोकेटिंग द सब्जेक्ट' के अंतर्गत मेरी एलिंगटन का संपादन एक बड़ी विचार चर्चा को वाणी दे रहा है। 'सेक्सुअल डिफरेन्स इन कंटेंपररी लिटरेरी थियरी' पर रोजी ब्राडोरी विचार करती हुई कहती है कि नारी को लेकर 'सेक्स' की पूरी अवधारणा बदल रही है। नारी को पुरुष के 'वह' की जरूरत नहीं है–नारी-नारी के साथ भी आनंद से रह सकती है–सहयोगी पा सकती है। आल्काफ 'कल्चरल फेमनिज्म वर्सिस पोस्ट मॉडर्निज्म' 1988 में 'फेमिनिस्ट थियरी' को अलग व्यक्तित्व का नाम बनाकर पेश कर रही हैं। राजनीति, समाज-साहित्य सभी से जोड़कर 'नारीवाद'

अपनी अस्मिता बना रहा है—अश्वेत महिला लेखन-श्वेत महिला लेखन से टकरा रहा है और अलग बात कह रहा है। 'ब्लैक वूमैन टाक' का नया अर्थ उभरा है। महिला-लेखन के इतने अधिक कोण यूरोप तथा साउथ अफ्रीका में उभर रहे हैं कि वह अलग से विचार का विषय बन रहा है। यह हवा हिंदी तथा भारतीय भाषाओं के साहित्य में भी आ रही है और नए सभा-मंचों-गोष्ठियों में इसकी चर्चा हो रही है कि महिला-यातना, महिला-लेखन, महिला-रति-प्रसंग पर एक नया शास्त्र आने की तैयारी कर रहा है। यह हर तरह से उत्तर-आधुनिकतावादी स्थिति है।

संस्कृति की चर्चा आते ही उत्तर-आधुनिकता लोकप्रिय संस्कृति की पक्षधरता को ग्रहण करती है। कहना चाहिए उसकी निष्ठा 'लोकप्रिय संस्कृति' (मॉस कल्चर) के प्रति है। पूरे जोर-शोर से उत्तर-आधुनिकतावाद आभिजात्यवादी कला-संस्कृति पर प्रहार करता है और उसे 'लोकप्रिय संस्कृति' से श्रेष्ठ नहीं मानता। उसका विचार है कि अन्याय-दमन के पीछे आभिजात्य-संस्कृति-भद्र वर्ग का हाथ रहा है। 'हाई आर्ट' और 'लो आर्ट' में भेद नहीं है—पर आभिजात्य कला के क्रूर पक्षों पर निगाह डालना जरूरी मानता है। उत्तर-आधुनिकतावादियों का कहना है कि आज पूरा चिंतन 'अंतर्विषयीय चिंतन' है जिसमें ज्ञान-विज्ञान कला की पूर्वनिर्धारित सीमाएँ मिट गई हैं। दो या अधिक शास्त्र मिलकर नए शास्त्रों को जन्म दे रहे हैं। सूचना, संगीत, रंगमंच, वेशभूषा, विज्ञापन, इलेक्ट्रॉनिक कम्युनिकेशन, फिल्म, फोटोग्राफी, फैशन, कॉमिक्स, कथा-साहित्य, कंप्यूटर ग्राफिक्स, चित्रकला, वास्तुकला, काव्यशास्त्र, भाषा आदि प्रत्येक कलात्मक सौंदर्यात्मक अभिव्यंजना, जीवन का हर क्षेत्र, समाज की हर वस्तु, विचार की हर एक गति एक-दूसरे में घुलमिल रही है। इसलिए ज्ञान-विज्ञान-कला-शास्त्र का पूरा चिंतन बदल गया है। गद्य ने काव्यात्मकता को थाम लिया है और काव्यात्मकता ने गद्य को। इतिहास अब 'फिक्शन' का ही नया फार्म है और कला तथा साहित्य का इतिहास-लेखन भी 'फिक्शन' का फार्म ले रहा है। पुराने साहित्य के 'फार्म' इतने ज्यादा बदल गए हैं कि हम अवाक् रह जाते हैं—'संयोग' से नई 'निष्पत्ति' हो रही है। 'अंतवाद' के भीतर से नया सृजन, नया मानव जन्म ले रहा है। इसलिए 'अंतवाद' का अर्थ पुराने का 'अवसान' और नई शुरुआत की भूमिका लेना चाहिए। निराशावाद के भीतर से फूटती आशावाद की धारा। सच बात है कि मानव की यात्रा जय-यात्रा है और संघर्षों-तकनालॉजी की क्रांतियों से वह 'ग्लोबल विलेज' विश्व गाँव निर्मित करने की तैयारी कर रहा है—पूर्व-पश्चिम का भेद मिट रहा है—काले-गोरे का भेद-भ्रम हट रहा है और आ रहा है—'ग्लोबल मैन।'

सबसे अच्छी बात यह है कि उत्तर-आधुनिकतावाद किसी भी प्रकार के 'पूर्णतावाद' को स्वीकार नहीं करता है। 'पूर्णतावाद का विरोध हर कीमत पर इसलिए करता है कि उसके अनुसार कोई विचार, कोई दर्शन, शाश्वत, पूर्ण, अंतिम और स्थायी नहीं है, सब कुछ अनिश्चित और अस्थिर है। हर अवधारणा एक भ्रम है।

हर स्वप्न एक माया-मृग छलना। हमें चार्वाकी जनों की तरह 'भोगवाद' में प्रवृत्त रहना चाहिए। उपभोक्तावादी संस्कृति 'कर्म का भोग' करती है। मजा योग में नहीं है भोग में है–भागने में नहीं–भोग के भजन में है। इंद्रियवाद सुखों की महिमा ही जीवन का रंग है। 'बाजारवाद' में हर चीज 'क्रय-विक्रय' है। उसे खरीदकर भोगने की ताकत पैदा करो। 'लहर' का नमकीन और 'न्यू मैगी' और 'सौंदर्य प्रतियोगिता' भोग का ही नया दर्शन है। नारी अब नर को भोगना चाहती है अपनी शर्तों पर। अब उसने अपनी कीमत पहचान ली है–वह पुरुष-दमन के पूरे इतिहास से बदला लेने को आमादा है। 'यौनवाद' की क्रांति का संदर्भ नया भाष्य, नया विमर्श चाहता है। उत्तर-आधुनिकतावादी रीतिवाद बनाम उपभोक्तावाद भारत को ललचा रहा है–आखिर क्यों? इस 'क्यों' में भारत का माफियावाद थिरक रहा है। 'लोकतंत्र का अंतिम क्षण है, कहकर आप हँसे' का रघुवीर सहायीय अर्थ है।

उत्तर-आधुनिकतावाद यथार्थ की नई परिभाषा 'चिह्नवाद' से करता है। यथार्थ क्या है? एक सामाजिक अवधारणा ही तो है–एक विभ्रम। यथार्थ को प्रमाणित नहीं किया जा सकता। क्योंकि संसार की हर वस्तु, हर विचार, हर स्थिति, हर कथा एक 'इमेज्ड', 'मैनेज्ड' तथा 'मैनीप्यूलेटिड' है। हम वास्तविकता को चिह्नों-प्रतिबिंबों से पहचानते हैं। हर महान आख्यान (मेटा-नैरिटिव) का अंत हो गया है और कोई यथार्थ आख्यान नहीं है–सभी कुछ 'फिक्शन' है–मानव रचित छलना। 'इस छलना में जीने को हम विवश हैं, अब हम यह कहकर उत्तर-आधुनिकतावाद से छुट्टी नहीं पा सकते हैं कि यह 'श्वेत पुरुष प्रधान यूरोप केंद्रित आभिजात्य शोविनिज्म की दृष्टि है।' अब कोई 'केंद्रवाद' नहीं है–केंद्र से परिधि की ओर यात्रा है–इस यात्रा में उत्तर-आधुनिकतावाद के सांस्कृतिक-राजनीतिक परिवर्तन गतिशील हैं। पहले जब हम स्कूल में निबंध लिखने की टेकनीक अध्यापक से पूछते थे तो वह सलाह देता था कि निबंध लिखने की शुरुआत इस वाक्य से करो 'संसार परिवर्तनशील है।' आज इस सलाह का 'नया पाठ', 'नया भाष्य' करने की जरूरत है। अब 'विमर्श-विश्लेषक' इसी ओर बढ़ रहा है। एक नए मनुष्य का जन्म हो चुका है–एक नया भविष्य।

[हिमाचल प्रदेश विश्वविद्यालय, शिमला के 'पुनर्नवा' पाठ्यक्रम के अवसर पर (11-12 सितंबर, 1998 को) दिया गया भाषण।]

# उत्तर-आधुनिकतावाद

उत्तर-आधुनिकतावाद या पोस्ट-मॉडर्निज्म बीसवीं शताब्दी के उत्तरार्द्ध में जन्मी एक ऐसी व्यापक अवधारणा है जिसे नपे-तुले शब्दों में परिभाषित नहीं किया जा सकता। केवल इस अवधारणा के लक्षणों का संकेत किया जा सकता है या फिर लंबा-चौड़ा भाष्य। जां फ्रांस्वा ल्योतार से लेकर पाल डि मान तक पश्चिम का शायद ही कोई ऐसा चिंतक हो जिसने उत्तर-आधुनिकतावाद की अवधारणा को विस्तार से स्पष्ट करने का प्रयास न किया हो। लेकिन यह प्रश्न अब भी अनुत्तरित है कि उत्तर-आधुनिकतावाद का तात्पर्य क्या है? क्या उत्तर-आधुनिकतावाद एक आंदोलन है या प्रवृत्ति। एक मानसिक स्थिति है या कोई अधुनातन विचारधारा। क्या यह चिंतन अपने से पूर्व के चिंतन, दर्शन, मूल्य, व्यवस्था, विचारधारा, संस्कृति, सभ्यता, कला, साहित्य, राजनीति, विज्ञान, धर्म, सभी को अपर्याप्त, अप्रासंगिक सिद्ध करने वाला ग्लोबल सोच है जो एक ग्लोबल ऐज में ग्लोबल मैन (विश्व मानव) को 'ग्लोबल-विलेज' विश्व ग्राम के सपने दिखा रहा है या यह नव्य-पूँजीवादी राजनीति का जादुई संसार है। मीडिया क्रांति के बहाने मीडिया साम्राज्यवाद स्थापित कर रहा है—एक ऐसा नव्य सांस्कृतिक साम्राज्यवाद जो मानववाद, आधुनिकतावाद के पूरे सोच को निरर्थक घोषित कर रहा है। समस्त ऐतिहासिक, सांस्कृतिक, नैतिक, सामाजिक सोच को नष्ट करता हुआ उत्तर-आधुनिकतावाद क्या है जिसे 'ग्लोबलाइजेशन' का नारा देकर संसार भर में कुहराम मचाया हुआ है। उत्तर-आधुनिकतावाद जिस उत्तर-आधुनिक समाज को जन्म दे रहा है उसमें विचार, तर्क की उपयोगितावादी प्रविधि के लिए ठौर नहीं है। आज हमारा यह कहने और मानने से काम नहीं चल रहा है कि समाज, संस्कृति, संवेदना, सभ्यता, अर्थव्यवस्था, राजनीति, कला-साहित्य, फिल्म, फैशन, यौन-चिंतन आदि को लेकर जो तीव्र परिवर्तन घटित हुआ है—उत्तर-आधुनिकतावाद उसी की ओर संकेतित-प्रतीकित करती एक अवधारणा का नाम है जो बेहद जटिल विवादास्पद और अनंत तक फैली मनोदशा है। एक ऐसी मनोदशा जिसमें 'इतिहास का अंत'

हो गया है—'विचारधारा का अंत' हो गया है। यहाँ तक कि 'लेखक का अंत' भी घोषित किया जा चुका है। क्या उत्तर-आधुनिकतावाद का चरम सत्य इस 'अंतवाद' में खोजा जा सकता है?

दरअसल, उत्तर-आधुनिकतावाद शब्द कई भिन्न अर्थ-संदर्भों में प्रयुक्त होने वाला शब्द है जिसमें वर्तमान की पूरी मनोदशा, माहौल, विभ्रम, परिदृश्य समाहित है। जिसमें विचार का 'केंद्रवाद' (सैन्ट्रिज्म यूरो सैन्ट्रिम) ध्वस्त हो गया है और विकेंद्रीयतावाद की प्रवृत्ति उभर रही है। दमित, दलित, नारी, अल्पसंख्यक जो कभी हाशिए पर थे, केंद्र में आ रहे हैं। परिधि से केंद्र की ओर की उनकी इस यात्रा में मुक्ति का नवीन दर्शन है और एक नए भविष्य का स्वप्न। उत्तर-आधुनिकतावाद में आधुनिकतावाद के पूरे चिंतन को चुनौती दी जा रही है। इसलिए यह कहना कि आधुनिकतावाद का ही विस्तार उत्तर-आधुनिकतावाद है—भ्रम को ही पालना है। मैं अपने अनुभव से जानता हूँ कि प्रायः विद्वान लोग उत्तर-आधुनिकतावाद की अवधारणा को स्पष्ट करने के लिए उत्तर-संरचनावाद (पोस्ट-स्ट्रक्चरलिज्म) से उससे संबंध को रेखांकित करते हुए आगे बढ़ते हैं। ऐसा करना अनुचित नहीं है। कई बार दोनों अवधारणाएँ अपना विभेद खोकर एक-दूसरे का विकल्प देती हैं। जबकि यह बात भूलने के विरुद्ध है कि उत्तर-संरचनावाद तो उत्तर-आधुनिकतावाद का दार्शनिक साहित्यिक-परिदृश्य है जिसे पर्याय नहीं कहा जा सकता। अपनी 'थ्योरी' में उत्तर-संरचनावाद दार्शनिक-साहित्यिक-सांस्कृतिक स्थापनाओं पर करारी बहस करता है। समय-समय पर विचारकों ने उत्तर-आधुनिक अवस्था और 'थ्योरी' पर ल्योतारीय मुद्रा में बहसें की हैं और भारी वैचारिक संग्राम के बाद वे इसी निष्कर्ष पर पहुँचे हैं कि उत्तर-आधुनिकतावाद और उत्तर-संरचनावाद की दार्शनिक प्रतिज्ञाएँ लगभग एक-सी हैं। हालत यह है कि एक बहस को दूसरी बहस से दूर नहीं रखा जा सकता है। क्योंकि दोनों का एक-दूसरे से नाभि-नाल संबंध है।

दूसरे विश्व युद्ध के बाद ध्वस्त होता हुआ मानव-बिंब, उत्तर-आधुनिकतावाद में अपनी पूरी विकृतियों के साथ उभरता है। जिन देशों की भूमि पर युद्ध लड़े गए वहाँ एक ऐसा बौद्धिक सोच उभरा जो पुराने से बिदकता था। इसी सोच के भीतर से नीत्शे, सार्त्र, ल्योतार, जान लकाँ, जोनाथन कुलर, आलथूसे, टेरी ईगलटन, रोलां बार्थ, देरीदा, ग्वात्री, पाल डि मान जैसे चिंतकों को उभार मिला। इन चिंतकों ने परंपरागत चिंतन की सभी प्रविधियों-मूल्यों के प्रति विद्रोह किया और कंप्यूटर ऐज या डिजिटल ऐज में मानव प्रवेश कर गया। यह इतना बड़ा परिवर्तन था कि उसका पूरा लेखा-जोखा प्रस्तुत कर पाना संभव नहीं है। उसका तो अनुमान ही हमें कँपा देता है। लेबर कैंपों, कंसंट्रेशन कैंपों, यातना-गृहों में जो हुआ या जापान के हिरोशिमा में जो हुआ वह बर्बरता-अमानवीयता का एक ऐसा इतिहास है कि कलेजा मुँह में आ जाता है।

भारत में आधुनिकतावाद की चर्चा ने ज्यादा जोर नहीं पकड़ा। यहाँ जितनी बातचीत 'आधुनिकता' को लेकर हुई, उसकी तुलना में आधुनिकतावाद पर बहुत कम। आधुनिकता को अवधारणा के रूप में ग्रहण किया और आधुनिकतावाद को आंदोलन के रूप में या प्रवृत्ति के रूप में। साहित्यिक आधुनिकतावाद के लिए टी. एस. इलियट की कृति 'द वेस्टलैंड' और जेम्स ज्वायस के उपन्यास 'यूलिसेस' 1922 को विशेष महत्त्व दिया गया। हिंदी में अज्ञेय जी के चिंतन में आधुनिकता और आधुनिकतावाद को लेकर खूब धूम रही। लेकिन देश-विदेश के विद्वानों ने आधुनिकतावाद का वैचारिक आधार फ्रेडरिक हीगेल के विचार-दर्शन में पाया। आधुनिकतावाद में अर्थ और उद्देश्य की तलाश प्रकृति या धर्म की अपेक्षा इतिहास में होने लगी। मानव-इतिहास पर बुद्धिवाद (तर्क) का वर्चस्व बढ़ गया। इस प्रकार बुद्धिवाद, विज्ञान, तर्क और विकास, प्रगति-प्रयोग का पर्याय हो गया आधुनिकतावाद। आधुनिकतावाद ने मानव प्रकृति, वैयक्तिकता, व्यक्तिवाद, संशय, अनास्था, मूल्यहीनता, स्वच्छंदतावाद-यथार्थवाद, व्यवस्था-विरोध, अतीत से विमुख होकर वर्तमान में शरण तथा हर तरह के दमन के विरुद्ध विद्रोह का रास्ता अपनाया। इस विचार-दर्शन ने साहित्य की स्वायत्तता, व्यक्ति-स्वातंत्र्यवाद, प्रयोग और कला-कला के लिए सिद्धांत को दृढ़ किया। धीरे-धीरे इस आधुनिकतावादी साहित्यिक आंदोलन में बिंबवाद, प्रतीकवाद, दादावाद, अतियथार्थवाद, अंतश्चेतनावाद, भविष्यवाद, क्षयवाद प्रवेश पाते गए। इसलिए मार्क्सवादियों ने आधुनिकतावाद को पूँजीवाद के चिंतन से जोड़कर अपना जानी दुश्मन घोषित कर दिया। आधुनिकतावादियों और मार्क्सवादियों के बीच जो युद्ध लड़ा गया उसका एक लंबा इतिहास है। लेकिन उत्तर-आधुनिकतावाद ने इन दोनों को ही नकार दिया। पश्चिम में आधुनिकतावाद 'एनलाइटेनमेंट प्रोजेक्ट' के स्वप्न को लेकर प्रथम विश्वयुद्ध से लेकर द्वितीय विश्वयुद्ध तक अपनी उपस्थिति दर्ज कराता रहा।

भारत में आधुनिकतावाद को मार्क्सवाद ने पानी पी-पीकर कोसा और उसे प्रगति-विरोधी करार दिया। फलतः यहाँ 1950 के बाद आधुनिकतावाद का जोर अज्ञेय-तारसप्तक के साथक नई कविता-काल में दिखाई दिया। लेकिन द्वितीय विश्वयुद्ध के बाद ज्ञान को आधार बनाकर जो टेक्नॉलाजिकल क्रांति हुई उसने बुद्धिवादी आंदोलनों की अवधारणाओं को धूल चटा दी। सभी ऐतिहासिक विचारधाराओं के आधार हिल गए। मीडिया समाज ने जिस बाजारवाद, उपभोक्तावादी संस्कृति को जन्म दिया, उसने ज्ञान के समाजशास्त्र, अर्थशास्त्र, राजनीतिशास्त्र में पुरानी विचारधाराओं का अंत कर दिया। इस अंतवाद ने उत्तर-आधुनिकतावाद को पूरी तरह भूमि तैयार करते हुए जमा दिया। नतीजा यह हुआ कि उत्तर-आधुनिकतावाद—नए ज्ञान-विज्ञान पूँजी (शक्ति) के सौंदर्यशास्त्र का अनेकार्थी प्रत्यय बन गया। उत्तर-आधुनिकतावाद में ज्ञान और शक्ति दोनों ने मिलकर अपनी सम्मिलित शक्ति से जो खेल शुरू किया उसे विज्ञान से लेकर विज्ञापन, साहित्य से लेकर कला-संस्कृति तक, फिल्म से लेकर

फैशन, मीडिया, यौनवाद, कॉमिक्स, नारीवाद, इतिहास-दर्शन अर्थात् जीवन का पूरा पुराना नक्शा ही बदल दिया। इस बदलाव को ही 'पैराडाइम शिफ्ट' या विश्व दृष्टि का बदलाव कहा गया जिसमें सभी 'केनन' या प्रतिमानों में परिवर्तन आया। इस परिवर्तन को ल्योतार ने 'दि पोस्ट मॉडर्न एक्सप्लेंड टू चिल्ड्रन' (1992) तथा 'दि पोस्ट-मॉडर्न कंडीशन—ए रिपोर्ट ऑन नॉलिज (1981) जैसी पुस्तकों से समझा-समझाया। इसी कड़ी में आल्विन टाफलर नामक समाजशास्त्री और पत्रकार ने तीन पुस्तकें लिखीं। 'फ्यूचर शॉक' (1971), 'दि थर्ड वेव' (1981) और 'पॉवर शिफ्ट' (1990)। भारत में इन तीनों पुस्तकों की बुद्धिजीवियों में चर्चा रही और एक जागरूकता का माहौल भी निर्मित हुआ।

हम सभी ने अनुभव किया कि हम एक ऐसे समय में जिंदा हैं कि जिसमें ज्ञान का अनंत विस्तार तो हुआ लेकिन मनुष्य की बेचैनियाँ भी उसी गति से बढ़ गईं। पुराना बहुत कुछ 'पोस्ट' हो गया और 'पोस्टी' पिछड़ेपन की गाली बन गई। पोस्ट-स्ट्रक्चरलिज्म, पोस्ट-हिस्ट्री, पोस्ट-कैपटेलिज्म, पोस्ट-इंपीरियलिज्म, पोस्ट-इंडस्ट्रियलिज्म, पोस्ट-कालनियलिज्म यानी अब अंत के बाद की शुरुआत। कुछ उत्साही बुद्धिजीवियों ने 'पोस्ट-पोस्ट मॉडर्निज्म' की आवाज को उठाया। लेकिन हमें पता है कि पश्चिम में रोज एक 'वाद' उठ खड़ा होता है और उसकी आयु बहुत कम होती है। फिर पश्चिम में युद्धों ने इतना संहार किया कि देश-परिवार-घर विस्थापित हुए। इसलिए वहाँ 'निरंतरता' पर नहीं 'परिवर्तन' पर पूरा जोर रहा। 9 मई 1968 में पेरिस में छात्र-आंदोलन का ज्वालामुखी फूट पड़ा। यह आंदोलन सांस्कृतिक क्रांति का अगुआ बना जिसमें युवकों की आजादी, लड़के-लड़कियों के मेलजोल की आजादी—यौन-क्रांति में बदल गई। नवयुवकवाद, नव वामवाद, खुला भोगवाद, देहवाद सब इसमें रिलमिल कर एक हो गया। इसमें उत्तर-आधुनिकतावाद का एक नया दर्शन ही उभर पड़ा। फ्रांसिस फूकोयामा ने (जापानी मूल के अमेरिकी प्रोफेसर) 'दि एंड ऑव हिस्ट्री एंड दि लास्ट मैन' (1991) शीर्षक पुस्तक में छोटे-छोटे गिरोहों की स्थानीयता-विभिन्नता एवं विकेंद्रीयता की विस्तृत फलक पर चर्चा की। हर तरह के अल्पसंख्यकों, छोटे समूहों ने अपनी अलग अस्मिता और स्वायत्तता की घोषणा कर दी।

रोलां बार्थ (1915-1980) ने एक निर्भीक सिद्धांतकार के रूप में भाषा, संस्कृति और साहित्य के क्षेत्र में परंपरागत अवधारणाओं को पूरी तरह तहस-नहस करने का प्रयास किया। उसने टेक्स्ट (पाठ) पर ध्यान देकर 'पाठ की बहुलार्थकता' का महत्त्व स्पष्ट किया एवं माना कि 'पाठ' मात्र अर्थ नहीं अर्थोत्पत्ति का नया संदेश है। ऐसा करने से सृजनात्मक अर्थ और आलोचना की निष्पत्ति होती है। अपनी आत्मकथा 'रोलां बार्थ बाई रोलां बार्थ' में वह अपनी चीरफाड़ से अपना ही उपहास करता है। सार्त्र से प्रभावित रोलां बार्थ ने 'पाश्चात्य दर्शन' का मजाक बनाया। उसे यह कार्य 'माइथालाजिज' (1957) जैसी कृति लिखकर करना पड़ा। उसने कहा 'एकत्व' भ्रांति

है—सत्य है—'अनेकत्व'। उस प्रकार 'बहुलतावाद' तथा सेंट्रीफुगल या 'अनेक' का समर्थन तथा 'एकत्व' या सेंट्रीमेटल' का विरोध। साथ ही 'राइटिंग डिग्री जीरो' (1953) जैसी पुस्तक लिखकर साहित्येतिहास लेखन की 'नई दृष्टि' देनी चाही। इस उग्र बौद्धिकता का ही नतीजा है कि वह साहित्य हो या कला हो वह किसी भी तरह की रहस्यमयता का विरोधी है। पाठ की पढ़त को महत्त्व देने के कारण 'दि प्लेजर ऑफ दि टेक्स्ट' (1973) जैसी महत्त्वपूर्ण पुस्तक लिखी और पाठ और पाठक की अभेदकता से उत्पन्न 'आनंद या सुख या प्लेजर' का सिद्धांत युक्त किया। काव्यानंद को मिथुनानंद से जोड़ा और माना पाठक का पाठ में निमग्न हो जाना—बिहारी का 'ते बूड़े सब अंग' वाला अनुभव। उत्तर-संरचनावादी 'थ्योरी' को व्यवहार में उतारने का काम 'एस/जेड' पुस्तक लिखकर किया। इससे पूरे फ्रांस और विश्व में बार्थ की ख्याति फैल गई। उसने बाल्जाक की उपन्यासिका 'सार्राजीन' (Sarrasine) जिसमें तीस पृष्ठ थे—उस पर दो सौ पृष्ठों की पुस्तक लिखी। कविता तो अर्थ व्यंजना की गहन भाषा होती है; किंतु कहानी-उपन्यास में बार्थ ने नई मिसाल कायम की एवं कहा—वस्तुतः प्रत्येक कलाकृति भिन्न होती है, विभेद कलाकृति की अद्वितीयता में नहीं—कृति की 'पाठात्मकता' या टेक्स्टेच्युलिटी में होती है। फिर पाठ एवं पाठक का संबंध मात्र 'भोक्ता' का नहीं है—अपितु 'अर्थोत्पन्न करने वाले उत्पादक' का है—एक बार पाठ पढ़ा जाता है फिर बार-बार लिखा-समझा जाता है—सर्जनात्मक अर्थ का उपभोक्ता पाठ-पाठक दोनों की तदाकारिता है। पाठक जब 'पाठ' को भिन्न 'दृष्टि' से पढ़ता है तो भिन्न अर्थ की प्रतिपत्ति होती है। कलाकृति में 'भाषा' बोलती है—व्यक्ति नहीं अर्थात् मनुष्य भाषा में ही बोलता है। कुछ समय बाद हाइडेगर से प्रभावित होने के बाद बार्थ ने एक प्रसिद्ध निबंध लिखा—'दि डेथ ऑफ दि ऑथर' अर्थात् 'रचनाकार की मृत्यु'। इसी निबंध में कहा, 'राइटिंग राइट्स नाट ऑथर्स' (Writing writes not Authours) अर्थात् रचना लिखती है—रचनाकार नहीं। रचना अर्थात् परंपरा-भाषा में रचना परंपरा से जन्मती है—साहित्यिक परंपरा से। रचनाकार कितना ही विद्रोही क्यों न हो अपनी साहित्यिक परंपरा से बाहर रच नहीं सकता। इस अर्थ में रचना 'संस्कृति' है। सांस्कृतिक तंत्र है, प्रक्रिया है।

बार्थ का विचार था कि प्रत्येक रचना आर्थिक विचारधारा और राजनीतिक निर्णयों की बहुस्तरीयता के आवरण में होती है। अतः कोई भी निष्पक्ष आलोचनात्मक दृष्टिकोण संभव ही नहीं है। आलोचना कर्म में जो 'निष्पक्षता', 'तटस्थता' तथा 'वस्तुनिष्ठता' की बात करता है—वह झूठा है—भ्रमग्रस्त है। बार्थ ने 'न्यू क्रिटिसिज्म' या नई समीक्षा का विरोध यह कहकर किया कि उसका पूरा रुझान 'व्यक्तिपरकता' का है। नई समीक्षा मुद्रित शब्द को आधार मानकर 'पाठ' को सीमित करती है। और 'पाठ' की पढ़त प्रक्रिया जटिल एवं बहुअर्थस्तरीय प्रक्रिया है। पाठक या प्रबुद्ध पाठक ही 'पाठ' को 'उपस्थित' बनाता है—(आलोचक सक्रियता से नए अर्थों का

सृजन ही नहीं करता—बल्कि वह कलाकृति को अस्तित्व में लाता है)। इस प्रकार रोलां बार्थ इस प्रचलित अवधारणा को ध्वस्त करता है कि रचनाकार ही 'पाठ' का मूल है—कलाकृति की अर्थवत्ता उसकी संरचना में है—रचनाकार में नहीं। अर्थात् कलाकृति एक जटिल भाषिक प्रतिमा या आइकन (Icon) है। इस प्रकार बार्थ ने पूर्व प्रचलित मानववादी धारणाओं को धूल चटाकर दम लिया। बार्थ 'फ्रॉम वर्क टु टेक्स्ट' में पाठ के 'अर्थबाहुल्य' के साथ 'संदर्भपरकता' का विचार उठाते हैं और 'अंतर्पाठ' के भीतरी संदर्भों का महत्त्व उद्घाटित करते हैं। सबसे बड़ी बात यह कि पुराने काव्य शास्त्र को अपर्याप्त सिद्ध करते हुए बार्थ 'अर्थ के अधिनायकत्व' का खंडन करते हैं। बार्थ का सबसे बड़ा प्रदेय यह है कि उन्होंने उत्तर-संरचनावाद और उत्तर-आधुनिकतावाद को चिंतन का रूढ़ि-विरोधी, क्रांतिकारी सांस्कृतिक-साहित्यिक आधार प्रदान किया।

उत्तर-संरचनावाद अपने मूल ध्येय में संरचनावाद का विस्तार नहीं है—उसका प्रत्याख्यान है, विरोध है—वैसे ही जैसे उत्तर-आधुनिकतावाद आधुनिकतावाद का विस्तार नहीं है—विरोध है। उत्तर-संरचनावादी विमर्श स्वरूप की दृष्टि से अर्थोत्पत्ति की प्रक्रिया को अनिवार्यता और तत्त्वतः अस्थिर (इशैनसिएली अनस्टेबुल) मानता है। रोलां बार्थ के बाद उत्तर-संरचनावादी तंत्र को जान लकाँ, ज्यांक देरीदा, जुलिया क्रिस्टीवा और मिशेल फूको ने विकसित किया।

जान लकाँ ने फ्रायड के सैद्धांतिक आधारों की पोल खोलते हुए एक मनोविश्लेषक की हैसियत से 'नव फ्रायडवाद' की स्थापना की। इस तरह फ्रायड का 'नया विमर्श' जान लकाँ प्रस्तुत करते हैं और अहं की केंद्रीयता के सिद्धांत को अस्वीकार करते हैं। पेरिस (1901) में जन्मे लकाँ जब फ्रायडीय विभाग के अध्यक्ष बने तो शोध को समर्पित हो गए। उन्होंने कहा कि फ्रायड की मूल दृष्टि यह नहीं थी कि अवचेतन अस्तित्व रखता है, अपितु यह कि अवचेतन संरचना रखता है। इस प्रकार लकाँ ने फ्रायड के नए 'पाठ' से तहलका मचा दिया और उसके अवचेतनात्मक विश्लेषण ने अवचेतन की देवी पर पड़े पर्दे को उठा दिया। फिर फ्रायड का स्त्री-पुरुष-लिंग-भेद सिद्धांत नारीवादियों के गुस्से का लगातार शिकार बना कि विश्व का बादशाह 'लिंग' है।

लकाँ का लेखन साहित्यिक है और रोलां बार्थ की तरह व्यंग्य-वक्रोक्ति-विरोधाभास से जीवंत। नवफ्रायडवाद की मूल स्थापना है कि समस्त चिंतन 'अन्य' के विषय में है। संवादिता के सत्य को खोजता हुआ अवचेतन ही बौद्धिक जीवन में 'रियल मॉडल' है।

उत्तर-आधुनिकतावाद के दार्शनिक-साहित्यिक संवाद को जान देरीदा ने एक नया मोड़ दिया—एक क्रांतिकारी मोड़। जान देरीदा के सिद्धांत 'थियरी ऑफ डीकांस्ट्रक्शन' को विखंडनवाद या विरचनावाद नाम हिंदी-विद्वानों ने दिया है। प्रश्न उठता है

विरचनावाद (Deconstruction) से तात्पर्य क्या है? इसका सीधा उत्तर तो यही है कि यह 'टेक्स्ट' (पाठ) की वह विशिष्ट पद्धति है जिसके द्वारा पाठ के निर्धारित अर्थ को 'विस्थापित' किया जा सकता है और विखंडित भी। विखंडन अर्थ के अद्वितीयत्व को तोड़ सकने में सक्षम है।

विरचनावाद को उत्तर-संरचनावाद उत्तर-आधुनिकतावाद का हिस्सा मानना चाहिए और माना भी गया है। ऐसा कोई पूर्व सिद्धांत या विचार या आधार नहीं है जिसे विरचनावाद ध्वस्त न करता हो। संरचनावाद और सास्यूर की अवधारणाओं के प्रभाव लेने पर भी वह खंडन में ही शांति पाता है। दार्शनिक जड़ों पर सबसे ज्यादा मट्ठा विरचनावाद ने ही डाला है और अपने नए दर्शन का विकास किया। विद्वान मानते हैं, फ्रांस के टेलक्वेल मंडली के लेखकों ने विरचनावादी पद्धति का चलन किया, किंतु दार्शनिक रूप से उसे सिद्धांत रूप से स्थापित करने का श्रेय देरीदा को ही है। देरीदा के प्रमुख विचार 'ऑफ ग्रामेटोलाजी' (Of grammatology), 'राइटिंग एण्ड डिफरेन्स' (Writing and difference) तथा 'स्पीच एंड फेनोमिना' (Speech and phenomena) शीर्षक तीन पुस्तकों में मौजूद है। इन तीनों किताबों ने अपनी विद्रोही विचार-दृष्टि से संसार को हिलाकर रख दिया है। सन् 1967 में इन पुस्तकों का पेरिस से प्रकाशन होते ही दर्शन और साहित्य की दुनिया में बड़ा भारी वैचारिक कोलाहल फूट पड़ा। इन तीन पुस्तकों के बाद देरीदा का बहुत-सा लेखन आया और उनके लेखन पर अनंत भाष्य। देरीदा ने प्लेटो, रूसो, हीगल, हाइडेगर, हुसर्ल के दार्शनिक 'पाठ' का विश्लेषण करते हुए सिद्ध किया कि सभी पराभौतिक संकल्पनाएँ कल्पित हैं—इसलिए 'शब्द केंद्रत्व' (Logocentrism) अर्थ की 'उपस्थिति' पर स्थापित है और मूलतः ध्वनि केंद्रित (Phonocentrism) की भ्रांतियों से भ्रमित।

देरीदा की पद्धति यह है कि वह पूर्व अवधारणा को 'विस्थापित' करने के लिए अर्थगत क्रम की 'हेरार्की' को परिवर्तित कर देता है। वह अपने 'पाठ' विश्लेषण से सिद्ध करता है कि अर्थ का केंद्रवाद (Centrism) कहीं नहीं है। भाषा के लाक्षणिक रूपकात्मक तंत्र की संरचना ही ऐसी होती है कि अर्थगत आधार सीमित नहीं रह सकता। शब्द और अर्थ का केंद्र 'अन्य' नहीं है क्योंकि 'अन्य' स्वयं एक केंद्र है। 'शब्द-ब्रह्म' वाला दर्शन देरीदा में व्याप्त है। फिर प्रकृति का अस्तित्व संस्कृति से पूर्व है। प्रकृति को संस्कृति रौंदकर 'मिथक' बना देती है। फिर अर्थ का 'केंद्र' कहीं नहीं है। लेकिन 'पाठ' जब पूर्व निर्धारित नियमों को अँगूठा दिखाने लगता है तो वहीं से विरचना की प्रक्रिया शुरू होती है। भाषा की अर्थगत लीला के लिए देरीदा ने एक विशेष अवधारणात्मक शब्द प्रयुक्त किया है—'डिफरेन्स' (Difference)। इस शब्द बंध में Difference 'विभेद' एवं deferment 'स्थगन' दोनों की व्याप्ति है। भाषा में अर्थ 'विभेद' से ही उत्पन्न होता है। एक पर्याय से दूसरा पर्याय 'विभेद' रखता है। 'पाठ' की एक पढ़त में देरीदा विश्वास नहीं रखते—'दुहरी पढ़त' की पद्धति

का समर्थन करते हैं और भाषा के अर्थगत अंतर्विरोध एवं विरोधाभास को वे 'एपोरिया' (Aporia) कहते हैं। विरचनावादी अध्ययन अर्थगत अंतर्विरोधों-अनिश्चयों की कलई खोल देता है। इस प्रकार भाषागत अर्थगत अध्ययन की दृष्टि से विरचनात्मक एक विद्रोही पद्धति है। यह पद्धति केवल 'अर्थ' की खोज नहीं है—अर्थ के नए संदर्भों का सृजन है। विरचनावाद इस तथ्य को खास तौर पर रेखांकित करता है कि ज्ञान एवं भाषा की समस्त अवधारणाओं के पीछे, शक्ति एवं सत्ता की लीला की क्रीड़ा सक्रिय होती है। 'डिफरेन्स', 'ट्रेस' और 'स्पेस' इन तीनों को देरीदा ने भाषा में अर्थोत्पत्ति के लिए विशेष महत्त्व दिया है। परंपरा ने 'पाठ' का जो अर्थ निर्धारित कर दिया है—अर्थ उतना ही नहीं है। ज्ञान अथवा शक्ति के खेल में जो अर्थ दबा दिए गए हैं, उन्हें नए भाष्यों से विरचनावाद खोलने का प्रयत्न करता है। आचार्य शुक्ल ने 'पद्‌मावत' का परंपरा से प्राप्त अर्थ किया था लेकिन विजयदेव नरायण साही ने 'जायसी' पुस्तक में पद्‌मावत का नया 'पाठ' प्रस्तुत किया। मूल बात यह है कि विरचनावादी अध्ययन का सीधा प्रहार परंपरागत अर्थ पर होता है। विरचनावादी पढ़त का मूल कार्य अर्थ के अनेक स्तरों का उद्‌घाटन है।

फ्रांसीसी दर्शन से प्रभावित विरचनावाद को एक समय में जितनी प्रतिष्ठा अमेरिकी विश्वविद्यालयों में मिली उतनी अन्य देशों में नहीं। अमेरिकी विश्वविद्यालयों में ख्याति मिलने का कारण था कि साहित्यालोचकों की मंडली 'न्यूक्रिटिसिज्म' से ऊब गई थी और नई राह खोज रही थी। इसी बीच वहाँ पाल डि मान (Paul De man) जैसा प्रखर प्रतिभा का आलोचक उभरा। उसकी 'ब्लाइंडनेस एंड इनसाइट' (1971) तथा 'एलीगरीज ऑफ रीडिंग' (1979) पुस्तकें बहुत प्रसिद्ध हुईं। पाल डि मान यह मानते हैं कि आलोचना मूलतः सृजनात्मक साहित्य है। वह मात्र व्याख्या का मर्म नहीं है। मान ने अनेक पाठों का मार्मिक विश्लेषण किया और लाक्षणिकता तथा वक्तृता के स्वरूप पर गहन-चिंतन। इस गहन-चिंतन से उसने निष्कर्ष निकाला 'रीडिंग इज आलवेज नेशेसेयरली मिसरीडिंग'। अर्थात् गलत पढ़त। पाल डि मान के बाद जेफरी हार्टमैन, हिल्स मिलर, बारबरा जानसन ने इस दिशा में अद्‌भुत सफलता प्राप्त की।

हिल्स मिलर ने डिकेन्स और विक्टोरियन काल पर प्रशंसनीय कार्य किया। 'फिक्शन एंड रिपीटीशन : सेवन इंगलिश नाबेल्स' (1982) शीर्षक पुस्तक विक्टोरियन उपन्यासों का विरचनावादी अध्ययन है। 'दि लैंग्वेस्टिक मोमेन्ट : फ्राम वर्ड्सवर्थ टू स्टीवेन्स' (1985) स्वच्छंदतावादी और उत्तर-स्वच्छंदतावादी काव्य का विवेचन विश्लेषण है। हार्टमेन और मिलर के बीच बारबरा जानसन का चकाचौंध कर देनेवाला उदय हुआ। बारबरा ने नारीवादी सिद्धांतों की महत्त्व प्रतिष्ठा की और 'दि क्रिटिकल डिफरेन्स' (1980) पुस्तक के लेखों से चर्चा के केंद्र में आ गई। उसने इस भ्रम से भी हमें मुक्त किया कि विरचनावाद कभी भी रूपवाद (फार्मेलिज्म) का पर्याय नहीं है। हाँ,

यह बात जरूर है कि इसमें रूपवाद के समान इतिहास का निष्कासन नहीं है। इसीलिए एक बिन्दु को उठाकर विरचनावाद के भीतर से ही 'नव-इतिहासवाद' का जन्म हुआ है।

उत्तर-आधुनिकतावाद का एक अंग है—नव-इतिहासवाद। प्रश्न उठता है कि नव-इतिहासवाद कहते किसे हैं? क्या साहित्य इतिहास-निरपेक्ष होता है या हो सकता है? यदि साहित्य को इतिहास से बाहर नहीं माना जा सकता तो उसे 'स्वायत्त' कहने का अर्थ क्या है? फिर साहित्य के परिप्रेक्ष्य में साहित्य का अध्ययन लंबे समय से किया जा रहा है और तो और राजनीतिक-सांस्कृतिक-आर्थिक इतिहास को मानवेतिहास के साथ संबद्ध करके पढ़ने की एक बड़ी गरिमावान परंपरा रही है। यह भी स्पष्ट किया जाता रहा है कि साहित्य में ऐतिहासिक स्थितियों का प्रतिफलन एक संदर्भ में दृष्टिगत भी होता है—जैसे इतिहास की परिस्थितियों को नकारकर न तो हम हिंदी भक्ति काव्य और भक्तिशास्त्र का अध्ययन कर सकते हैं न रीतिकाव्य और रीतिशास्त्र का। फिर ऐतिहासिक स्थितियाँ साहित्य में मात्र स्थितियाँ नहीं हैं और न साहित्य मात्र इतिहास की छाया। इतिहास की छाया होता हुआ भी साहित्य अपनी स्वतंत्र सत्ता रखता है। कहना न होगा कि साहित्य और इतिहास का संबंध सीधा सरल न होकर जटिल संश्लिष्ट और बहुआयामी होता है। साहित्य इतिहास की छाया होता हुआ भी उस छाया से उद्भूत नहीं है। रचनाकार देश और काल का अतिक्रमण किए बिना रह नहीं सकता। साहित्य का अध्ययन साहित्यशास्त्र के सिद्धांतों में बाँधकर या विचारधारा विशेष की हथकड़ी में जकड़कर भी नहीं किया जा सकता है। गजानन माधव मुक्तिबोध ने मार्क्सवादी विचार-दृष्टि से 'कामायनी' का अध्ययन किया। नतीजा क्या हुआ वे कामायनी का छिलका खाते रहे, गूदा फेंकते रहे। कामायनी के आंतरिक सच का साक्षात्कार नहीं कर सके। यह ठीक है कि साहित्यिक पाठ को स्वतंत्र-स्वायत्त पाठ मानकर भी अध्ययन किया जा सकता है और आलोचक उस 'पाठ' को सामाजिक, राजनीतिक सिद्धांतों की सहायता से भी विश्लेषित कर सकता है।

साहित्य को इतिहास का अनुकरण (यथार्थ) मानने वाली 'मिमेसिस थियरी' अब काम की रही नहीं है। यथार्थवादी और रूपवादी सिद्धांतों का भी कभी बोलबाला रहा। पर आज उनकी 'सार्थकता' ही प्रश्नों के घेरे में घिरी हुई है। हीगल और मार्क्स ने इतिहास और ऐतिहासिकता को साहित्य-विवेचन में भरपूर महत्त्व दिया लेकिन रूपवादियों ने साहित्यानुशीलन के लिए इतिहास को अँगूठा दिखाया। हिंदी आलोचना में गजानन माधव मुक्तिबोध को मार्क्सवादी (ऐतिहासिकता) तथा अज्ञेय को आधुनिकतावादी (रूपवादी) दो खेमों में रखकर बड़ा भारी 'आलोचना संग्राम' हुआ। इस संग्राम का नतीजा क्या हुआ? यह अलग प्रश्न है जिस पर यहाँ विचार करना अपेक्षित नहीं है। हिंदी में ऐतिहासिकता और मार्क्सवाद पर तो विस्तार से वाद-विवाद संवाद हुआ। लेकिन आधुनिकतावाद-रूपवाद-नई समीक्षा (न्यू क्रिटिसिज्म) पर बहुत

थोड़ी—और वह भी खंडनात्मक-नकारात्मक चर्चा हुई—उसे पूँजीवाद के संदर्भ से जोड़कर कोसा जाता रहा। पश्चिम में आधुनिकतावाद और मार्क्सवाद पर जब बिजली गिरी तब भी हिंदी आलोचना में मार्क्सवाद की पुकार लगाई जाती रही। अंततः मार्क्सवाद और मार्क्सवादी हिंदी आलोचना के ब्राह्मण-ठाकुरवाद को दलितवाद ने धूल चटाने का काम किया।

सन् 1960 के बाद विश्वभर में संरचनावाद, उत्तर-संरचनावाद ने 'नई समीक्षा' को डटकर ठोंक-पीट दिया। फलतः उसके समर्थकों को मैदान छोड़कर भागना पड़ गया। एक महत्त्वपूर्ण बात यह भी इस बीच हुई कि संरचनावादी और उत्तर-संरचनावादियों ने 'अर्थोत्पत्ति' या 'नए अर्थ के सृजन' की प्रक्रिया में संस्कृति के प्रकार्य (फंक्शन) को पर्याप्त आदर दिया और इन अध्ययनों में 'डायक्रॉनिक' (ऐतिहासिक) अध्ययनों को महत्त्व न देकर सिंक्रानिक (समकालिक) अध्ययनों को आगे बढ़ाया। विरचनावाद का आधार 'पाठात्मकता' पर टिका था और मिशेल फूको जैसे विद्रोही चिंतक कह रहे थे कि 'पाठात्मकता' ही सब कुछ नहीं है। ज्ञान शक्ति और सत्ता से ही 'नया विमर्श' संभव है। धीरे-धीरे सभी पुरानी नई पद्धतियों के प्रति विद्रोह बढ़ता ही गया और इस विद्रोहवाद की भीतरी शक्तियों के भीतर से साहित्यिक अध्ययन का एक नया ढब एक नया मार्ग सामने आया जिसे 'नव-इतिहासवाद' नाम दिया गया।

साहित्यिक-अध्ययन को लेकर 'वस्तुनिष्ठता', 'निष्पक्षता' और 'वैज्ञानिकता' का जाप करने वालों से पूछा गया कि क्या कलाकृति या युग या रचनाकार का 'वस्तुनिष्ठ' अध्ययन संभव नहीं है और यदि संभव है तो निरंतर बदलती मानव-चेतना के परिप्रेक्ष्य में ऐसा अध्ययन कैसे संभव है? हम व्यक्ति, विचारधारा, भाषा आदि से कैसे निरपेक्ष रह सकते हैं? जबकि भाषा तक में हमारी आत्मपरकता वस्तुनिष्ठ नहीं रह सकती। भारी बहसों के बाद नव-इतिहासवाद ने यह विचार दृढ़ता से प्रस्तुत किया कि साहित्यिक अध्ययन में 'वस्तुनिष्ठता' का सिद्धांत एकदम धोखा है—झूठ है—भ्रांति है। फिर इतिहासकार हो यह आलोचक यह भूल जाता है कि वह पूर्ववर्ती काल के साहित्य पर अपनी युगीन 'संस्कृति' तथा अपनी निजी धारणाओं, पूर्वग्रहों को पूर्ववर्ती कालों पर आरोपित कर देता है। और 'आरोपण' ही 'वस्तुनिष्ठता' का सबसे बड़ा शत्रु है। फिर 'परंपरा' में 'मौलिकता' का यक्ष प्रश्न मौजूद है और 'परंपरा' में इतिहास और संस्कृति दोनों मौजूद रहते हैं। इसे हम 'जातीय स्मृति' भी कह सकते हैं। हमारी 'परंपरा' में वेद-उपनिषद, रामायण-महाभारत, गीता-कालिदास इस कदर रचे-बसे हैं कि उन्हें जयशंकर प्रसाद, निराला, अज्ञेय और कुँवर नारायण में अलग कर पाना बहुत चुनौती भरा काम है। इसलिए इन कवियों की 'मौलिकता' पर बात करना बहुत जरूरी बात है और नहीं भी। भारतीय 'परंपरा' में जैसे शेक्सपियर का होना असंभव है वैसे ही पश्चिमी परंपरा में कालिदास का होना संभव नहीं है। इसलिए यह कहना कि कालिदास भारत के शेक्सपियर हैं, पागलपन है। साहित्य की उत्पत्ति

'संस्कृति' और 'इतिहास' से जुड़ी होकर भी गहरे अर्थ में दोनों से स्वतंत्र है। इसीलिए साहित्य का अध्ययन न तो अंतर्वर्ती मूल्यों को आधार बनाकर किया जा सकता है न बाह्य मूल्यों को आधार बनाकर। वे विद्वान जो साहित्य में अंतर्वर्ती मूल्यों की बात करते थे, वे 'रूपवादी' करार दे दिए गए। इस रूपवाद में रूसी रूपवाद तथा संरचनावाद को भी घेर लिया गया। 'नई समीक्षा' को भाषावादी रूपवादी कहा ही गया।

रूपवादियों और इतिहासवादियों के बीच निरंतर विरोध बढ़ता ही गया। बीसवीं शताब्दी के छठे दशक में इतिहास और साहित्य की 'जटिलता', 'परस्पर निर्भरता' तथा 'संस्कृति की भूमिका' पर नए ढंग से विचार करने के लिए जो नवीन विचार दृष्टि (लेकिन सर्वमान्य दृष्टि नहीं) पैदा हुई उसे 'नव-इतिहासवाद' (New Historicism) नाम दिया गया। 'नव-इतिहासवाद' की अवधारणा में इस तथ्य को निहित माना गया कि संस्कृति से साहित्य की निष्पत्ति होती है और साहित्य से संस्कृति की। क्योंकि 'भाषा' तो संस्कृति ही है और साहित्य भाषा में लिखा जाता है। यह भी कहा गया कि संरचनावाद तो भाषा की ही संस्कृति पर टिका है, उसी को स्पष्ट करने का 'विशेष तरीका'। अर्थात् भाषा की संरचना में उसकी संस्कृति का जीवंत भाव-प्रकाश मौजूद रहता है। इसलिए 'संस्कृति' की कोई भी अवधारणा 'इतिहास' और 'भाषा' से अलग नहीं हो सकती। इसलिए 'विशुद्ध रूपवाद' जैसी कोई चीज साहित्य में होती नहीं है, जो विशुद्ध रूपवाद का जाल फैलाते हैं, वे सिरफिरे लोग हैं।

आखिरकार बहुत वाद-विवाद के बाद अमेरिका के कैलिफोर्निया विश्वविद्यालय में 'नव-इतिहासवाद' के अध्ययन का श्रीगणेश हो गया। इस श्रीगणेश में के. स्टीफेन ग्रीनब्लैट तथा रेमंड विलियम्स (ब्रिटेन) की कृतियों को आधार बनाकर आगे बढ़ा गया। विशेष ध्यान आकृष्ट करने वाली बात यह हुई कि ब्रिटेन में 'नव-इतिहासवाद' के लिए एक नया पदबंध प्रयुक्त किया गया—'सांस्कृतिक अध्ययन' (Cultural Study) इस पदबंध के पीछे मिशेल फूको, आलथूसे और बाख्तिन का भी असर था और जोरदार असर था। स्टीफेन ग्रीनब्लैट की पुस्तक 'रिनेसाँस सेल्फ-फैशनिंग' (Renaissance self-fashioning) 1980 में शिकागो से छपकर रातोंरात प्रसिद्ध हुई। इस पुस्तक के दो वर्ष बाद 1982 में उसने 'जेनर' पत्रिका के एक विशेषांक में यह कहकर जोरदार धमाका किया कि 'इतिहास और साहित्यिक पाठ के संबंध पर नए सिरे से विचार करना' जरूरी है। इस विचार से यह तो स्पष्ट होगा ही कि क्या साहित्यिक पाठ को युगीन संस्कृति निर्धारित करती है अथवा कोई अन्य शक्ति। ग्रीनब्लैट ने बार-बार अपने मंतव्य को स्पष्ट करने के लिए कहा कि साहित्य न तो इतिहास का दर्पण है न उससे स्वतंत्र स्वायत्त कोई चीज। साहित्य अपने युग से अनेक स्तरीय संबंध संवाद जोड़ता है और प्रचलित बासी पद्धतियों मानदंडों को

अस्वीकार करते हुए अपना पथ प्रशस्त करता है।

ग्रीनब्लैट तथा उनके सहयोगियों के लाख मना करने पर भी 'नव-इतिहासवाद' की थ्योरी (सैद्धांतिकी) के विचारों को सूत्रबद्ध करने की मुहिम चल पड़ी। ग्रीनब्लैट ने 1987 में 'टु वर्ड्स ए पोयटिक्स ऑफ कल्चर' जैसा विचारोत्तेजक निबंध लिखकर कहा कि 'नव-इतिहासवाद' को थ्योरी बनाने की भूल नहीं करनी चाहिए। उनका कथन देखिए 'न्यू हिस्टोरिसिज्म नेवर वाज एण्ड नेवर शुड बी ए थ्योरी'। अपने विश्लेषण-विवेचन से ग्रीनब्लैट ने यह निष्कर्ष निकाला कि पूँजीवादी सौंदर्यशास्त्र का अपना विश्व है। उसका अपना अंतर्विरोधी चरित्र है। यह चरित्र ऐसा है जिसे न उत्तर-संरचनावादियों के सिद्धांतों से समझा जा सकता है न मार्क्सवादी सौंदर्यशास्त्र से। अगर हम 'पाठ' का 'सच' पाना चाहते हैं तो उसे हर तरफ से खुला रखना पड़ेगा। फिर नव-इतिहासवाद तो उस पाठ प्रक्रिया का नाम है जो साहित्यिक पाठ को युग की मनोभूमिका (टैम्पर) से जोड़कर अर्थोत्पत्ति करता है। समाज की भाँति ही नव-इतिहासवाद अर्थबहुलतावाद की ओर अग्रसर रहता है और यह मानने के लिए तैयार नहीं है कि साहित्य का अलग स्वतंत्र स्वायत्त संसार होता है। सामान्य और विशिष्ट दोनों अर्थों में साहित्य सांस्कृतिक प्रक्रिया की उपज है और यह उपज नई संस्कृति को जन्मती भी है। रचना के 'पाठ' की सर्जनात्मकता को पाना हो तो 'पाठ' को युग विशेष की सांस्कृतिक पद्धतियों के गूढ़ गहन जटिल-संश्लिष्ट संबंधों की आंतरिक बाह्य प्रक्रिया से जोड़कर ही समझा जा सकता है। साहित्यिक पाठ संस्कृति की रसायन-शाला का वह रसायन है जिसमें 'अनेक' तरह के भाव हैं। मिशेल फूको का यह विचार दृढ़ता से स्थापित हो गया कि समस्त संस्कृति एक 'पाठ' है। संस्कृति क्या है? इतिहास की 'आर्कियालॉजी'। इस 'आर्कियालॉजी' के ज्ञान-तंत्र 'एपिस्टीम' पर ध्यान लगाना चाहिए। ध्यान लगाने पर प्रबुद्ध बौद्धिक पाता है कि वहाँ एक ऐसा 'विमर्श' क्रियाशील है जो केवल पाठात्मकता तक सीमित नहीं है। 'विमर्श' का यह तरीका सभी केंद्रों को तोड़ देता है और पाठक 'अर्थ के अनंत विस्तार' में जी रहा होता है।

जोनाथन डोलीमूर ने रेमंड विलियम्स की पुस्तक 'मार्क्सिज्म एंड लिट्रेचर' (1977) से प्रभावित होकर 'नव-इतिहासवाद' को नया नाम दिया—'सांस्कृतिक भौतिकवाद।' लेकिन मिशेल फूको से 'नव-इतिहासवाद' ने नया बोध, नई अवधारणाओं को पाया। इतिहास तो पाठों से ही 'अंतर्पाठात्मकता' का अर्थ पाता है। नव-इतिहासवाद ने मिशेल फूको और आलथूसे से बहुत कुछ पाया यह बात भूलने के विरुद्ध है। दोनों ने 'विचारधारात्मक-विमर्श' (आइडियालॉजिकल डिस्कोर्स) पर पाठक आलोचक का ध्यान केंद्रित कराया और माना कि विचारधारात्मक विमर्श के लिए सत्ता-संस्थानों, मठों-संप्रदायों, धर्मों-विश्वासों पर गहन चिंतन आवश्यक है। आलथूसे ने प्राचीन विचारधाराओं को 'निरस्त' कहने के बाद कहा कि विचारधारा न ग्रंथ है न उपदेश।

विचारधारा तो 'विमर्श' का खेल है जिसमें राजनीतिक-धार्मिक तंत्र सक्रिय रहते हैं।

मिशेल फूको ने अनेक तर्कों से यह सिद्ध किया कि सामाजिक संस्थान विमर्श को उत्पन्न करते हैं उन्हें शक्ति-सामर्थ्य देते हैं। कोई भी शक्ति चाहे वह राजनीतिक हो या धार्मिक 'विमर्श' के माध्यम से ही सक्रिय रहती है और सक्रियता उसे 'स्थापित' करती है। सभ्यता-संस्कृति के सभी मानदंड 'शक्ति के विमर्श' से ही 'निष्पत्ति' पाते हैं। शक्ति, ज्ञान से पैदा होती है—सद्-असद् का ज्ञान भी 'शक्ति के विमर्श' से ही होता है। अतः केवल सत्य को जानना ही काफी नहीं है। सत्य के भीतर पैठकर उसे पाना भी होता है। इस तरह के फूकोवादी विचारों से अंग्रेजी साहित्य के अध्ययनों का एक नया रास्ता ही खुल गया। शेक्सपियर हो या नवजागरण काल सभी पर पुरानी अवधारणाओं को निरस्त करने के बाद विचार किया गया। नतीजा यह हुआ कि साहित्य के अध्ययन की एक नूतन-पद्धति का आविष्कार हुआ।

फूको के साथ सांस्कृतिक अध्ययनों के क्षेत्र में बाख्तिन के प्रभाव से एक नया मोड़ आया। बाख्तिन के साहित्यिक चिंतन में कार्निवाल की अवधारणा—जनसंस्कृति की अवधारणा की महत्त्व-प्रतिष्ठा हुई। जन-संस्कृति को वह भद्रलोक की संस्कृति से अलग करने पर बल देता है और इस दृष्टि से प्राचीन नवीन साहित्य के अध्ययन पर बल देता है। कार्निवाल पद्धति ने सबसे बड़ा कार्य किया—प्रभुत्ववादी संरचना पर चोट तथा जन को लेकर अर्थ की उन्मुखता।

नव-इतिहासवाद ने साहित्य, इतिहास, वक्तव्य, लेखन सभी को 'पाठ' की निर्मिति माना है। इतिहास, संस्कृति तथा साहित्य से नाभि-नाल संबंध स्थापित करते हुए यह भी कहा कि इतिहास भी एक प्रकार का मिथ है—गप्प है जिसका 'वस्तुपरक अध्ययन' हो नहीं सकता। शक्ति-ज्ञान के क्षेत्र बदलते रहते हैं इसलिए अनिश्चितता में भी एक गति रहती है। गति अर्थात् नए-नए क्षेत्रों की खोज। चाहे साहित्य का अर्थ हो या बाजार का अर्थ।

नव-इतिहासवाद को लेकर सबसे दिलचस्प बात यह है कि वह नारीवाद तथा उत्तर-औपनिवेशिक समाज के साथ होकर सभी पुराने मूल्यों (कैनन) पर प्रश्न उठाता है। इसका ध्यान नारी के साथ 'तीसरी दुनिया के देशों' पर है। शताब्दियों से तिरस्कृत उपेक्षितों-दलितों-वंचितों पर ध्यान देता है। साहित्यिक हलकों में यह प्रवृत्ति 'उत्तर-उपनिवेशवादी आलोचना' कहलाती है। जिन विद्वानों ने इन क्षेत्रों में महत्त्वपूर्ण मुद्दों को उठाया है उनमें एडवर्ड सईद, गायत्री चक्रवर्ती स्पीवाक, होमी भाभा, आशीष नन्दी, एजाज अहमद का नाम उल्लेखनीय है। एडवर्ड सईद की पुस्तक 'ओरिएंटलिज्म' (1978) 'कल्चर एंड इम्पीरियलिज्म' ने बौद्धिकों में विचारों का भारी कोलाहल पैदा किया है। एडवर्ड सईद का नाम फूको से जुड़ा है। वे फूको के शिष्य थे। सईद ने कहा है कि पश्चिम ने पूर्व 'ओरिएंट' को 'अन्य' मानकर अपने को उससे श्रेष्ठ माना है और हर क्षेत्र में उसका 'दमन' किया है। धूर्तता से पश्चिम ने प्राच्य-विद्याओं के

ज्ञान पर अपना कब्जा किया है। दुःख देने वाली बात यह है कि एडवर्ड सईद ने अपनी पुस्तक 'ओरिएंटलिज्म' में भारतीय संस्कृति के संदर्भों का बहुत कम जिक्र किया है—उनका 'ओरिएंट' ऐसा लगता है केवल फिलिस्तीन और अरब देशों तक सीमित है।

एडवर्ड सईद की पुस्तक 'ओरिएंटलिज्म' पर निर्मल वर्मा की टिप्पणी देखिए। 'एडवर्ड सईद जैसे आलोचक इसका सारा दोष यूरोपीय 'इंडोलाजिस्ट्स' पर थोपकर अपने को निष्कलंक महसूस करते हैं। वे यह भूल जाते हैं कि एशिया के अधिकांश देशों के 'औपनिवेशिक' बुद्धिजीवियों और पश्चिमी शिक्षित भारतीयों ने अपनी सांस्कृतिक धरोहर की पहचान इन्हीं पाश्चात्य विद्वानों के अनुसंधानों और अनुवादों द्वारा की थी। यह एक कड़वा सत्य है जिसकी ओर से आँख मूँदना अपने को धोखा देना होगा। यह सही है कि इन यूरोपीय विद्वानों ने गैर पाश्चात्य संस्कृति के सारभूत तत्त्वों को अपनी भाषा के प्रत्ययों और अवधारणाओं में ढालकर एक हद तक झुठलाया था किंतु दोष हमारा भी है कि अपनी औपनिवेशिक मानसिकता के कारण हमने उनके निष्कर्षों को जस का तस स्वीकार कर लिया जो उन्होंने हमारे अतीत, इतिहास और संस्कृति के बारे में प्रतिपादित किए थे। प्रश्न यह नहीं है कि वे निष्कर्ष अपने में कितना सही या गलत थे बल्कि यह कि जिन बौद्धिक चौखटों के भीतर से वे निकाले गए थे, क्या हमने अपनी स्वाधीन चेतना से उनका आलोचनात्मक अन्वेषण किया? श्री अरबिन्द पहले मनीषी थे जिन्होंने 'फाउंडेशन ऑफ इंडियन कल्चर' में यह विश्लेषण किया था, किंतु हमारे विश्वविद्यालयों और दर्शन के विभागों में उनका नाम आज भी नगण्य ही माना जाएगा। स्वयं सईद की पुस्तक 'ओरिएंटलिज्म' में श्री अरबिन्द का जिक्र एक बार भी नहीं आता। अन्य के संपर्क में आकर अपने को परखना एक बात है कि अन्य की आँखों से अपने को परिभाषित करना बिल्कुल दूसरी बात है।' (दूसरे शब्दों में, पृ. 38) यहाँ निर्मल ने सईद की उस मानसिकता पर चोट की है जो कला-संस्कृति की आड़ में भारत को नकारती है।

नव-इतिहासवाद में इधर क्रिस्टोफर नॉरिस, जोनाथन कुलर, जानथन गोल्डबर्ग ने फूको, आलथूसे के साथ कला-साहित्य-संस्कृति के क्षेत्र में नए चिंतन को जोड़ा है और इतिहास की अतीत तहों को 'पाठ', 'अंतर्पाठ' से उजागर किया है। आज सांस्कृतिक अध्ययनों का यह बहुत ही मूल्यवान दृष्टिकोण है जिससे साहित्य, संस्कृति, इतिहास के रिश्तों को व्यापक संदर्भों में समझा-समझाया जा सकता है। 'दि न्यू हिस्टोरिसिज्म' (1989) पुस्तक के संपादक वीसेर एच. आराम ने 'भूमिका' में ठीक कहा है—'सांस्कृतिक अध्ययनों का एक अभूतपूर्व दृष्टिकोण।'

कई बार यह प्रश्न बहुत भोले ढंग से पूछा जाता है कि 'पोस्ट-मॉडर्निज्म' या

उत्तर-आधुनिकतावाद जैसे प्रत्यय और अवधारणा का प्रयोग किसने सबसे पहले किया? विद्वानों का मानना है कि सर्वप्रथम प्रख्यात इतिहासकार ऑर्नल्ड टायन्वी ने अपनी पुस्तक 'ए स्टडी ऑफ हिस्ट्री' में ऐतिहासिक कालखंडों के अर्थ में प्रयुक्त किया। यह पुस्तक 1947 में प्रकाशित हुई थी। 'ललित-कलाओं के क्षेत्र में 'उत्तर-आधुनिकतावाद' पदबंधों का प्रयोग सर्वप्रथम कला-सिद्धांत में प्रचलित हुआ। समाजशास्त्र और साहित्यशास्त्र में उसका प्रचलन अनंतर हुआ। लेजली फेडलर के यहाँ उत्तर-आधुनिकतावाद का उल्लेख 1965 से मिलता है, जबकि साहित्यिकी का प्रसिद्ध संदर्भ इहब हसन की पुस्तक है—'दि डिसमेमबरमेंट ऑफ आर फेयस : टु वर्ड्स ए पोस्ट-मांडर्न लिट्रेचर' (1976)। लगभग इसी काल में फ्रांस में इस पदबंध का अधिक प्रचलन हुआ और डेनियल बेल बोद्रेला एवं ल्योतार ने 'उत्तर-आधुनिकता' से बतौर थ्योरी बहस करना आरंभ किया। ल्योतार्द का ग्रंथ 'दि पोस्ट-मॉडर्न कंडीशन : ए रिपोर्ट ऑन नॉलेज' (मेनचेस्टर, 1984) उत्तर-आधुनिकता पर संदर्भ का दर्जा रखता है।' (देखिए संरचनावाद, उत्तर-संरचनावाद एवं प्राच्य काव्यशास्त्र, पृ. 378, ले. डॉ. गोपीचंद नारंग, उर्दू से अनुवाद देवेश, साहित्य अकादेमी, दिल्ली से 2000 में प्रकाशित।)

ल्योतार ने 'दि पोस्ट-मॉडर्न कंडीशन' में ज्यादातर विवाद-संवाद दार्शनिक जर्मन हैबरमास से किया है। क्यों किया है यह संवाद? इसका उत्तर है कि हैबरमास 'द्वंद्वात्मक दार्शनिक' के रूप में प्रसिद्धि के सभी प्रतिमान तोड़ चुके थे और धाक चाहें ग्वात्री हों या फ्रेडरिक जैमिसन या बेंजामिन सभी पर थी। उत्तर-आधुनिकतावाद पर वर्षों तक जूझकर मदन स्वरूप ने इस क्षेत्र की एक प्रामाणिक गाइड बनाने का संकल्प किया और इस संकल्प को 'एन इंट्रोडक्शन गाइड टु पोस्ट स्ट्रक्चरलिज्म एंड पोस्ट मॉडर्निज्म' (1989 एथेन्स)। मदन स्वरूप ने फ्रांसीसी चिंतकों का विस्तार से अध्ययन किया है और जहाँ तक हो सका है, मार्क्सवाद से 'एलर्जी' का परिचय दिया है। इधर ल्योतार ने फिर से 'दि पोस्ट-मॉडर्निज्म एक्सप्लेन्ड टु चिल्ड्रिन' 1992 लिखकर विद्वानों का ध्यान आकृष्ट किया। दिलचस्प बात यह कि ल्योतार ने उत्तर-आधुनिकतावाद की थ्योरी में रच-बसकर इसे पत्रों के रूप में लिखा है। तब से लेकर अब तक उत्तर-आधुनिकतावादी संस्कृति पर बहस विचार 'कल्चरल स्टडीज' या 'सांस्कृतिक अध्ययन' के रूप में हो रहा है। कभी टेरी ईगलटन ने 'क्रिटिसिज्म एंड आइडियालॉजी' 1976 में बहस को नया मोड़ दिया था। टेरी ने 'वाल्टर बेंजामिन आर ट्र वर्ड्स ए रिवोल्यूशनरी क्रिटिसिज्म' 1981 में रेमंड विलियम्स के प्रभाव से भी अपने को मुक्त किया था। लेकिन एक दिन वे 'आफ्टर थ्योरी' पुस्तक लिखकर अपना पुराना लिखा हुआ, सभी को नकार बैठे। लेकिन इसी बीच हचचो आन लिंडा की पुस्तक 'पोयटिक्स ऑफ पोस्ट-मॉडर्निज्म' 1985 ने जोर पकड़ा और इस जोर की परिणति बेन एग्गर की पुस्तक 'कल्चरल स्डटीज एज क्रिटिकल थियरी' में हुई। इस पुस्तक ने नव-इतिहासवाद को विस्तार से समझाया। सन् 1980 में आल्विन टाफलर ने 'न्यू वेव' शीर्षक से

पुस्तक लिखी और कहा—'हमारे जीवन में एक नई सभ्यता का प्रादुर्भाव हो रहा है। अज्ञानी लोग हर जगह इस सभ्यता के आगमन को रोकने के लिए एड़ी-चोटी का जोर लगा रहे हैं। किंतु यह सभ्यता अपने साथ नई परिवार व्यवस्था, पारिवारिक चिंतन की पद्धतियाँ, कार्यकलापों का नया ढब, प्रेम, संबंध और जीवन जीने का नया अंदाज, नवीन अर्थव्यवस्था, नया राजनीतिक परिदृश्य और इन सभी से ऊपर एक नवीन परिवर्तनवाद की चेतना ला रही है। आज हजारों लोग भविष्य की इस लय से अपने को 'ट्यून' कर रहे हैं।' प्रौद्योगिकी और संबंधों के बदलाव के कारण सभ्यता में नए मरुस्थल पैदा हो रहे हैं। रिक्तता, खालीपन, निराशा, यौन क्रांति में जीवन फँस गया है। प्रथम विश्वयुद्ध के बाद ही यूरोप में बहुत कुछ खंड-खंड हो गया। मानववाद के पतन का इतिहास लिखते ही 1920 में आर्नल्ड टायन्वी ने 'पोस्ट मॉडर्न' शब्द का प्रयोग किया। यह वही समय था जब टी.एस. 'दि वेस्टलैंड' 1922 जैसी विश्व प्रसिद्ध लंबी कविता लिख रहे थे और आरवेल्ड स्पेंगलर 'दि डिक्लाइन ऑफ दि वेस्ट' (दो भाग 1922-23)। कुछ समय बाद द्वितीय युद्ध ने पुराना संसार नष्ट कर दिया। जिन देशों की जमीन पर युद्ध लड़ा गया था—अपार जनसंहार के साथ उन देशों की मानसिकता की बनावट उन देशों से भिन्न थी जिन्होंने युद्ध का त्रास झेला नहीं था सिर्फ सुनकर महसूस किया था। युद्ध के बाद की दुनिया इतनी भयावह थी कि मनोरोगों की प्रचलित धारणाओं को ध्वस्त करते हुए रोनाल्ड डेविड लैंग ने पागलपन 'स्विजोफ्रीनिया' को अपनी कविताओं में स्थान दिया और 'पागलों का मसीहा' कहलाए। ज्ञान के क्षेत्र में ऐसे आधारभूत परिवर्तन हुए कि हम सूचना संचार क्रांति युग में आ गए और पूरा समाज 'मीडिया समाज' में परिवर्तित होने लगा। ल्योतार ने 'दि पोस्ट-मॉडर्न कंडीशन' पुस्तक में परिवर्तनों-प्रभावों की चर्चा करते हुए कहा कि सबसे बड़ा परिवर्तन 'ज्ञान' के स्वरूप में आया है। कम्प्यूटर समाज में ज्ञान व्यक्तित्व का हिस्सा नहीं—बाजार का माल है—जिसकी कीमत है, जो खरीदा-बेचा जाता है। वह शक्ति अर्जन का हथियार है। 'नॉलेज इज ए प्रोडक्ट ऑफ पॉवर रिलेशन्स' लेकिन ल्योतार इस बात का संकेत देते हैं । प्रौद्योगिकी पर निर्भरता बढ़ने के कारण विकसित और विकासशील देशों के बीच दूरी कम नहीं होगी। ईश्वर की जगह कंप्यूटर ले लेगा और उसी से विश्व संचालित होगा। स्थितियों के दबाव से वैज्ञानिक ज्ञान और आख्यान (Narratives) में विरोध बढ़ेगा। ल्योतार के मत से आख्यान का अर्थ है—'सांस्कृतिक-परंपरा का सातत्य'। आख्यान अर्थात् सभी सामाजिक-धार्मिक मान्यताओं के निकष। आख्यान माने मिथक, दंतकथाएँ आदि।

उत्तर-आधुनिकतावाद में न 'मेटानैरेटिव' के लिए जगह है न इनलाइटमेंट प्रोजेक्ट को। महाख्यान चाहे राजनीतिक हो या सामाजिक—आज उसकी विश्वसनीयता समाप्त हो रही है। इतिहास के दो बड़े महाख्यान रहे हैं—पहला मानव-स्वतंत्रता का स्वप्न

जिसका आरंभ फ्रांसीसी राज्य क्रांति से हुआ। दूसरा मानव-विज्ञानों में अंतःसंबंध और एकत्व। इसका आरंभ हीगेल की जर्मन परंपरा से हुआ था। आज इन दोनों आख्यानों का चेहरा अधिनायकवादी है और मानव-स्वाधीनता पर हमलावर। विज्ञान और हाई पॉवर-टेक्नॉलोजी का लक्ष्य अधिकाधिक साधनों को जुटाना है। हमारा विश्वास न हीगेल में है न मार्क्स न तिलक में न गाँधी में। सभी महाख्यानों की विचार-धाराओं से विश्वास का अंत हो गया है। आज का समाज बहुलतामूलक असमानतामूलक दिशा की ओर बढ़ रहा है। महाख्यान के लोप के बाद इसका 'सामूहिक अवचेतन' अब राजनीतिक अवचेतन में रूपांतरित हो रहा है। मंडी-पूँजीवाद-यथार्थवाद-भाप इंजिन युग 1848, आधुनिकतावाद—एकाधिकारवादी पूँजीवाद-डीजल इंजन युग 1890 ...तीसरा उत्तर-आधुनिकतावाद—वैद्युत एवं आणविक ऊर्जा के विस्फोट का युग 1940 के बाद। उत्तर-आधुनिकतावाद—बहुराष्ट्रीय पूँजीवाद का युग है—जिसमें बहुराष्ट्रीय-निगमों की अकूत ताकत है। इस अकूत ताकत की अर्थ-व्यवस्था ने धरती, आकाश, सूर्य-चक्र पूरी प्रकृति को अपनी मुट्ठी में कर लेने की ठान ली है। इस बहुराष्ट्रीय पूँजीवाद ने उपभोक्तावादी संस्कृति को कई तरीकों से सींचकर पनपाया है। यही अमर बेल संस्कृति है जो तीसरी दुनिया के ऊपर फैलकर उसे तबाही की ओर ले जा रही है। मीडिया साम्राज्यवाद, नव सांस्कृतिक साम्राज्यवाद को पाल रहा है—अर्थात् अमरीकी संस्कृति का वर्चस्व और अन्य संस्कृतियों का उसमें विलय। ग्लोबल विलेज का अर्थ—अमरीकी संस्कृति का स्वीकार और उसकी जीवन-पद्धति में ढलना। आज का भारत इसी अमरीकी संस्कृति में ढल रहा है—ढाला जा रहा है। ताकि नए ढंग का उपभोक्तावादी समाज फैलता रहे। केंद्रहीन दूरसंचार का नेटवर्क अमरीका की देन है जिसमें हम घिरे हुए हैं। उत्तर-आधुनिक मानस की पहचान में 'पेस्टिच' (Pastiche) तथा 'शीजोफ्रेनिया (Schizophrenia) की भूमिका प्रमुख है। खंड-खंड, असंबद्ध, निरंतरता रहित कराहता-चीखता वर्तमान जिसमें वाणी या वाक् है पर सातत्य नहीं है।

लुई आलथूसे (1918-1990) उत्तर-आधुनिकतावाद में नवमार्क्सवादी चिंतन का एक बड़ा नाम है। ऐसा बड़ा नाम जिसने नव मार्क्सवादी व्याख्या में साहित्य और साहित्यिक आलोचना को अत्यंत महत्त्व से चर्चा के केंद्र में रखा। उन्हें सदैव मार्क्स का यह प्रदेय ध्यान में रहा कि मार्क्स ने हीगेल से अलग मार्ग की खोज की। आलथूसे ने लुकाच के साहित्य-सिद्धांतों की आधारभूमि से असहमति व्यक्त करते हुए मार्क्सवाद की हीगेलियन व्याख्या को ठुकरा दिया। मूलतः आलथूसे केंद्रवाद और केंद्रधारी संरचना के प्रबल विरोधी हैं। यही कारण है वे 'सामाजिक तंत्र' की अवधारणा से पल्ला झाड़कर 'सामाजिक संघटन' (Social Formation) की अवधारणा पर टिकते हैं जिसमें समष्टिपरकता (Totalily) के लिए स्थान नहीं है। 'सामाजिक संघटन' के तीन परस्पर संबद्ध धरातल हैं—'अर्थशास्त्रीय धरातल, राजनीतिक धरातल, और विचारधारात्मक

धरातल।' तीनों धरातल स्वायत्त हैं लेकिन प्रधानता अर्थशास्त्रीय धरातल की ही रहती है। सामाजिक संघटन की प्रमुख भूमिका अर्थशास्त्रीय धरातल से ही चल पाती है। 'सामाजिक संघटन' के एक छोर पर वैचारिकी, दूसरे छोर पर विज्ञान और दोनों के मध्य कला-साहित्य का स्थान है।

दरअसल, आलथूसे के सिद्धांतों में परंपरागत मार्क्सवाद को जगह नहीं है—वे कला या साहित्य को यथार्थ की व्यवस्थित समझ का या विचारधारा की अभिव्यक्ति का वाहक नहीं मानते। वैचारिकी तो वर्चस्वशाली वर्ग की वृत्तियों का गुच्छा है जिसमें ताकत ही ताकत है। यह वैचारिकी का सिद्धांत एक लेख 'आइडियालॉजी एण्ड आइडियालॉजिकल स्टेट अपराट्यूसिस' (1971) में विस्तार से सामने आया। हालाँकि आलथूसे न तो रोलां बार्थ की तरह 'नई साहित्यिकता' को न जान लकाँ की तरह 'नवफ्रायडवाद' को बहुत दूर तक स्पष्ट करते हैं बल्कि वे वैचारिकी सिद्धांत की गहराई में ही धँसे रहते हैं और इसी कोण से 'पाठ' का विमर्श करते हैं। इस 'पाठ-विमर्श' में प्रतीक बिंब-मिथक आदि सभी को जगह है। विचारधारात्मक वृत्तियाँ सामाजिक संस्थानों में पैदा होती हैं। उनका वह संदर्भ कम महत्त्व का नहीं है। नव्य पूँजीवाद का दमन तंत्र शिक्षा न्याय में जो करता है उसके पीछे सामाजिक संघटन की वैचारिकी सक्रिय होती है। सामाजिक संघटन के भीतर व्यक्ति का श्रम तंत्र है और यह व्यक्ति ही 'अर्थ' है पाठ है, भाषा है। भाषा-तंत्र में अर्थ संभावना 'विभेदों' से पैदा होती है। किसी बच्चे का या प्रौढ़ का भाषा (संस्कृति) के प्रतीक तंत्र में गहन प्रवेश के बगैर काम नहीं चलता। हाँ, व्यक्ति 'केवल सामाजिक संघटना' है न केवल भाषिक संरचना है वह तो उस वैचारिकी का हिस्सा है जिसे व्यापक सांस्कृतिक-तंत्र ने स्थापित किया है। इस कोण से वे मानते हैं कि साहित्य 'सामाजिक यथार्थ' का 'मात्र प्रतिबिंब' या छाया नहीं है। वह अपने प्रभावों-प्रेरणाओं का पुंज है। इस अर्थ में साहित्य सांस्कृतिक-सामाजिक शक्ति है जिसकी अपनी सत्ता विज्ञान से भिन्न है। विज्ञान संकल्पना है—साहित्य वैचारिकी। हमें यह नहीं भूलना चाहिए कि आलथूसे को पियरे माशेर की पुस्तक 'ए थियरी ऑफ लिटरेरी प्रोडक्शन' 1966 ने आलथूसे के साहित्य एवं वैचारिकी सिद्धांत को प्रभावित किया था। 'पाठ' एक उत्पादन है और रूप उत्पादन प्रक्रिया के दौरान बदलता है। 'पाठ' तो 'अवचेतन' होता है जिसमें विचार का प्रवेश रहता है। पाठक को कलाकृति के अवचेतन पर दृष्टि रखना आवश्यक है ताकि उसे पता चल सके कि क्या दबा दिया गया है, क्या नहीं कहा गया है। 'पाठ' की बहुलार्थकता का मार्ग वैचारिकी से ही खुलता है।

'साहित्यिक पाठ' की बहस के बीच में फ्रेड्रिक जेमिसन की दो पुस्तकें प्रकाशित हुईं तो शोर मच गया। वे दो पुस्तकें हैं—'मार्क्सिज्म एंड फार्म' 1971 तथा 'दि प्रिजन हाउस ऑफ दि लैंग्विज' 1972। इस मार्क्सवादी सिद्धांतकार को पाकर नव मार्क्सवादियों की बाँछें खिल गईं—डूबते को तिनके का सहारा मिला। जेमिसन ने 'मार्क्सिज्म एंड

फार्म' में बेंजामिन, अडूर्नो, लूकाच, सार्त्र का अध्ययन किया और द्वंद्वात्मक आलोचना का मॉडल पेश किया। उसने उत्तर-औद्योगिक समाज (पोस्ट-इंड्रस्ट्रियल सोसायटी) में सर्वसत्तावादी पूँजीवाद पर भी विचार किया और हीगेल में उसे समझने की कुंजी पाई।

जेमिसन की सर्वाधिक चर्चित पुस्तक 'दि पोलिटिकल अनकॉशंसनेस' 1981 में प्रकाशित क्या हुई—नवफ्रायडवाद, उत्तर-संरचनावाद, उत्तर-पूँजीवाद और विरचनावाद पर नए सिरे से वैचारिक संग्राम शुरू हो गया। जेमिसन के इस कथन ने कान खड़े कर दिए कि वैचारिकी सत्ता को प्राप्त करने और नियंत्रण में रखने की रामबाण प्रणाली है। इतिहास तो आर्थिक जरूरतों की क्रूरतम वास्तविकता का नाम है। इसलिए दमन प्रणालियों का बड़ा भारी अर्थ-संदर्भ है। साहित्यिक पाठ के अर्थ-संदर्भों में इन दमन-प्रणालियों की भूमिका महत्त्वपूर्ण होती है। 'अकथित' स्थल वे 'इतिहास' हैं जिनका 'दमन' किया गया है। साहित्य और जीवन में 'आख्यान' मात्र कथन पद्धति भर नहीं है अपितु वह 'एपिस्टिमोलॉजिकल कैटेगरी' अर्थात् ज्ञान-मीमांसा परक कोटि है जो 'यथार्थ' को सहज रूप में उजागर करने के लिए अपनाई जाती है। इस दृष्टि से किसी भी आख्यान की गहन व्याख्या आवश्यक है चाहे वह नचिकेता का आख्यान हो या वैदिक ऋषि शुनःशेष का। प्रश्न उठता है 'अँधेरे में' कविता में ग.मा. मुक्तिबोध शुनःशेष का आख्यान क्यों लाते हैं? एक बड़े अर्थवृत्त के लिए ही न। हमें इस आख्यान के 'पाठ' की अतींद्रिय व्याख्या में गर्क न होकर उसकी 'अंतर्वर्ती अर्थ यात्रा मूलक व्याख्या' करनी चाहिए। जेमिसन ने फ्रायड से अपनी तरह सीखा था और अपने ही ढंग से 'राजनीतिक अवचेतन' की अवधारणा को भी प्रस्तुत किया। संरचनावाद, उत्तर-संरचनावाद, मार्क्सवाद, संकेत विज्ञान, अर्थ मीमांसा-दर्शन ने साहित्य का जो काव्यशास्त्र निर्मित किया था उसे ही उत्तर-आधुनिकतावाद ने आगे बढ़ाया है। ध्यान रखना होगा कि उत्तर-आधुनिकतावाद की यह यात्रा भी केंद्र से परिधि की ओर है और परिधि से केंद्र में आने की तैयारी।

उत्तर-आधुनिकतावादी, उत्तर-संरचनावादी चिंतन में मिशेल फूको के प्रवेश का बड़ा संदर्भ है। यह ऐसा पायेदार चिंतक है कि पुरानी पटरियाँ उखाड़कर कहता है कि 'पाठात्मकता' (Textuality) का सार सर्वस्व तो 'पाठ' के विमर्श-सिद्धांत में मौजूद है। फूको को पाठात्मकता का सिद्धांत इसलिए मान्य नहीं है कि 'अर्थोत्पत्ति' के लिए 'विचारधारा' को महत्त्व देना 'पाठ' की हैसियत का अवमूल्यन है। जबकि सच यह है कि शक्ति-सत्ता का खेल ही 'पाठ' के अर्थ का निर्धारण करता रहा है और आज भी कर रहा है। 'विमर्श' की यह शक्ति ही कभी हिटलर बनती है—कभी स्टालिन। विद्वानों का मानना है कि फूको के विचारों पर जर्मन दार्शनिक नीत्शे का जादू सिर पर चढ़कर बोल रहा था—उसका 'विमर्श-सिद्धांत' भी नीत्शे के प्रभाव से बाहर नहीं है।

फूको ने प्रभावशाली सत्ता-संस्थानों की भीतरी शक्ति का अनुसंधान किया और पाया कि मानव-इतिहास के हर युग में सत्तावान-ताकतवर लोग ही यह निर्धारित करते रहे हैं कि क्या कहना है—क्या नहीं कहना चाहिए। जैसे परा अहम् इदम् का दमन करता है वैसे ही आकांक्षा का दमन शक्ति करती है। फूको की विशेषता यह है कि वह 'आकांक्षा' का पक्ष लेता है क्योंकि यही वह शक्तिहीन जन है जिन्हें केंद्र से परिधि की ओर धकेलने की सजा मिलती है। फूको (1926-1980) पेरिस में 'हिस्ट्री ऑफ सिस्टम्स ऑफ थॉट' के प्रोफेसर या आचार्य थे। उनके आचार्यत्व पर दार्शनिकता की छाप थी और अनेक कृतियों के लेखक। फूको ने 'मैडनेस एंड सिविलीजेशन : ए हिस्ट्री ऑफ इनसेनिटी इन दि एज ऑफ रीजन' (1961), 'दि बर्थ ऑफ दि क्लीनिक : एन आर्कियालॉजी ऑफ मेडिकल परसेप्शन' (1963), 'दि आर्कियालॉजी ऑफ नॉलेज' (1969), 'दि डिस्कोर्स ऑन लैंग्वेज' (1969), 'डिसप्लिन एंड पनिशः दि बर्थ ऑफ प्रिजन' (1975) तथा 'दि हिस्ट्री ऑफ सेक्सुयलिटी' (1976) वाल्यूम-I। फूको ने इतना लिखा है कि उनके विचारों को समेट पाना चुनौती है। लेकिन उनका यह कथन समस्त विचारों का सार है कि समस्त ज्ञान शक्ति की आकांक्षा (Will of power) की अर्थ ध्वनि (व्यंजना) है। अर्थात् समस्त ज्ञान 'समय' में बद्ध है—वस्तुनिष्ठ ज्ञान की बात करना भ्रम है। सच बोलना ही पर्याप्त नहीं है, सच के भीतर होना भी आवश्यक है क्योंकि सच 'अनंत' को समेटे है। कोई भी उसका भाष्य 'अंतिम' नहीं है। इसीलिए एक युग का सच दूसरे युग में बदल जाता है। हम बराबर यह विमर्श करते रहते हैं कि भक्ति युग का सच, रीति-युग के सच से कितना दूर है। क्या कारण है कि हम 'कथित' से ज्यादा अकथित अभिलेखागारों में उतरते रहते हैं और हमें उन सिद्धांतों को विवशता से मानना पड़ता है। इतिहास के विभिन्न कालखंडों में ज्ञान के अनेक रूप प्रकाश में आते रहे और उनमें परिवर्तन होता है। प्लेटो-अरस्तू, हीगेल, मार्क्स का ज्ञान कैसे 'काल' ने परिवर्तित कर दिया। फिर भी हम उनके ज्ञान का अर्जन करते हैं—'आर्कियालॉजी ऑफ नॉलेज' में उतरते हैं—'अवचेतन' में सोचते-बोलते हैं। यही कारण है कि हर युग का एक विचारधारात्मक ढाँचा होता है—कबीर के 'अनभैसांचे' की तरह। फूको इस विचारधारात्मक ढाँचे को 'एपिस्टीम' (Episteme) नाम देते हैं। राजनीति, कला, साहित्य, विज्ञान, इतिहास, कुछ भी हो शक्ति तो 'विमर्श' से ही प्राप्त होती है। फिर संसार के इतिहास और ज्ञान का कोई भी 'विमर्श' शत-प्रतिशत नहीं है—'विमर्श' हमें कम या ज्यादा सच के नजदीक होता है। इसलिए 'इतिहास' का कोई वैज्ञानिक अध्ययन नहीं हो सकता। जो विज्ञानपरक अध्ययन को वस्तुपरक अध्ययन मानते हैं वे भोले और बौड़म लोग हैं। 'विमर्श' के साथ 'शक्ति' का रिश्ता अटूट है। समस्या के दो पक्ष हैं एक वे जो 'विमर्श' की शक्ति रखते हैं, दूसरे वे जिन्हें 'विमर्श' की 'शक्ति' ही प्राप्त नहीं है—सत्ता वंचित लोग।

फूको का 'विमर्श-सिद्धांत' (थ्योरी ऑफ डिस्कोर्स) उत्तर-आधुनिकतावाद में ज्ञान गीता बन गया है। डिस्कोर्स (Discourse) या विमर्श एक ऐसी अवधारणा है जिसके अनेक अर्थ हैं। मूलतः 'विमर्श' से तात्पर्य है 'विचार की समग्रता या समग्रता में विचार', 'तात्पर्य', 'निहितार्थ', 'दृष्टिकोण', 'गहन अंतर्दृष्टि', 'धारणाएँ', 'अभिवृत्तियाँ', 'अर्थ-व्यंजना का समग्र सौंदर्य', 'अर्थ की अंतर्यात्रा से तत्त्व', 'अर्थ-मीमांसा' से प्राप्त ठोस तर्क, आदि। मजेदार बात यह है, यौन अपराध, पागलपन, उन्माद, व्याधि को 'विमर्श' का मुद्दा बनाने वाले फूको विमर्श के सैद्धांतिक आधारों को स्पष्ट नहीं करते। देरीदा का यह कथन कि अर्थ कहीं भी न केंद्र रखता है न कहीं स्थापित किया जा सकता है। अर्थ की केंद्रहीनता है 'पाठ-सिद्धांत' का बंधन विहीन विस्तार। इसी तरह फूको का 'विमर्श-सिद्धांत' भी अनंत का विस्तार है। इस स्थिति का फायदा उठाकर फूको का शिष्य एडवर्ड सईद 'थ्योरी ऑफ डिस्कोर्स' को सामाजिक, राजनीतिक, धार्मिक संघर्षों के इतिहास से जोड़कर नए अर्थों का सर्जन, पुनःसर्जन करता है। सईद ने 'ओरिएंटलिज्म' शीर्षक अपनी पुस्तक में फूको के विमर्श-सिद्धांत की दृष्टि से यह कहा कि पाश्चात्य प्राच्यविदों की कई पीढ़ियों ने 'पूर्व की छवि' को तहस-नहस किया है और उनकी सांस्कृतिक, साहित्यिक, वैचारिक पूँजी पर कब्जा करने के बाद उनकी बौद्धिक विरासत की गलत ढंग से व्याख्या की है। पश्चिम हमारे प्राच्य ज्ञान को बड़ी चतुराई से ग्रहण करता रहा है और उसके मूल को डकार कर हमें नीचा दिखाता रहा है।

हम सभी के लिए यह जानना जरूरी है कि उत्तर-आधुनिकता किसी एक सिद्धांत या विचारधारा का नाम नहीं है। यह एक ऐसा विश्व बरगद है कि इसकी अनगिनत शाखाएँ हैं। अर्थात् उत्तर-आधुनिकता में न जाने कितने सिद्धांत, विचारधाराएँ, प्रवृत्तियाँ, बौद्धिक अभिवृत्तियों का समुच्चय है। एक खास अर्थ में उत्तर-आधुनिकतावाद सूचना संचार-युग, बहुराष्ट्रीय पूँजीवाद के वर्तमान युग की उस संस्कृति का नाम है जिसका कोई केंद्रवाद नहीं है। बीसवीं शताब्दी के उत्तरार्द्ध में कला-साहित्य, मीडिया, अर्थतंत्र, मंडी-अर्थव्यवस्था, राजनीति, समाज, दर्शन आदि के क्षेत्रों में जो व्यापक परिवर्तन आए हैं उन सभी में उत्तर-आधुनिकतावाद की प्रेत-छाया है। उस प्रेत-छाया को विकसित देशों ने विकासशील देशों को दिया है। इस स्थिति के कारण उत्तर-आधुनिकता शब्द के कई अर्थ हैं, लेकिन ये अर्थ इतने व्यापक हैं कि उन्हें परिभाषाओं में बाँधा नहीं जा सकता। विद्वानों ने खूब सोचकर इतना भर कहा है कि उत्तर-आधुनिकतावाद सन् साठ के दशक के उन मुक्ति-आंदोलनों, स्वाधीनता खोजी विचारधाराओं, निरंकुश यौन-प्रवृत्तियों से निकला है जिनसे सभी पुरानी नीतियों-सिद्धांतों, विचारधाराओं का अंत कर दिया है। हर विचार पर बैठा अनुशासन टूट गया है और चिंतन की स्वाधीनता

का उफनता सागर इस नई संस्कृति में मौजूद है। सृजनात्मक आजादी का आग्रह, नारी-मुक्ति, यौन-क्रान्ति, सांस्कृतिक अस्मिता की तलाश, जड़ों की ओर लौटने का इरादा, आधुनिकतावादी फार्मूलों का खंडन, सभी पुरानी अवधारणाओं पर प्रश्नचिह्न लगाते हुए उस पर नए सिरे से विचार करने की आजादी उत्तर-आधुनिकतावाद के ठोस लक्षण हैं। इस दृष्टि से उत्तर-आधुनिकतावाद बहुलतावाद अथवा बहु-संस्कृतिवाद पर आधारित है। इसमें केंद्रवाद की अपेक्षा स्थानीयता-क्षेत्रीयता पर पूरा जोर है और एकीकृत के बजाय भिन्नता, विकेंद्रीयता, अन्यता को मूल प्रश्न के रूप में अपनाता है। दार्शनिक विचारधारात्मक, सांस्कृतिक-धार्मिक सभी तरह की पुरानी अवधारणाओं के खूँटे उखाड़ देने का नतीजा यह हुआ कि हाशिए पर स्थित समूह, विरोधी-विचार, परिधि पर स्थित दलित अश्वेत जनजातियाँ। नारी-मुक्ति की तमन्ना, समलैंगिकता, हर तरह के पहचान खोजते लुटे-पिटे लोग, सत्ता की भागेदारी में धाकड़ प्रवृत्तियों का उदय, सांस्कृतिक संवाद से वंचित रखे जाने वाले लोग, वर्चस्व के लिए संघर्ष करती भीड़ जो कर रही है वे उत्तर-आधुनिकता के लक्षण हैं। उत्तर-आधुनिकतावाद ने इतिहास की रैखिक, संयुक्त एकीकृत, केंद्रित अवधारणा को धूल में ध्वस्त करते हुए उसे पुर्तुलाकार, विभक्त, विकेंद्रित मानकर दम लिया है।

उत्तर-आधुनिकतावाद साहित्य का संबंध नए सिरे से सांस्कृतिक-राजनीतिक-आर्थिक-सामाजिक समस्याओं की सर्जनात्मक व्याख्याओं से जोड़ता है—'स्थापित' अर्थ को 'विस्थापित' करने के बाद नई पढ़त से नए अर्थ की निष्पत्ति करता है। यहाँ 'पाठ' को पाठक ही नहीं पढ़ता, पाठ भी पाठक को पढ़ता है। दोनों एक-दूसरे में समाए हुए हैं। पाठक, आधुनिकता, अजनबीपन, प्रगतिशीलता के नारे में नहीं जीता। वह उपभोक्तावादी संस्कृति और समाज का भोक्ता-निर्माता बनकर स्वतंत्र जीता है। जीने की आजादी का अर्थ लीक प्रदत्त फार्मूलों को तोड़ने से मिलता है। साहित्य-कला-दर्शन, राजनीति, अर्थव्यवस्था के परंपरागत अर्थ को ध्वस्त करने में या 'विस्थापित' करने में अर्नेस्ट कैसिरर, लोसए गोल्डमान, याकब्सन, लेविस्ट्रास, रोलां बार्थ, देरीदा, आलथूसे, फ्रेडरिक जेमिसन, जॉन लकाँ, जोनाथन कुलर, ब्राडेला, जुलिया क्रिस्टीवा, ल्योतार, पाल डि मान, मिशेल फूको, पियरे मिशेर, होमी भाभा, गायत्री चक्रवर्ती स्पीवाक, एजाज अहमद न जाने कितने बौद्धिकों का विमर्श इसमें शामिल है। इनके नए चिंतन से निकले सिद्धांत भीतर तक हिला देते हैं। इनकी विचारधाराओं के अंत की घोषणा तो आघातकारी थी। तीसरी दुनिया के देशों की हैसियत उत्तर-आधुनिकतावाद में 'अन्य' की है। भारत की सांस्कृतिक-राजनीतिक स्थिति में ऐसी परिस्थिति पैदा हुई है कि उच्च जातियों का वर्चस्ववाद कमजोर पड़ा है और राजनीति शक्ति सत्ता के क्षेत्र में पिछड़ी दमित दलित जातियाँ उभरकर सामने आई हैं। उत्तर-आधुनिकतावाद का पूरा सोच 'सबाल्टर्न' पिछड़े दमित वर्ग के साथ है। क्षेत्रीय या आदिवासी संस्कृतियाँ मुख्यधारा की संस्कृति में अपना सम्मानजनक स्थान पाने का प्रयत्न कर रही हैं।

भारतभर में दलितवाद का आंदोलन, नारीवादी आंदोलन उठा हुआ है—पूरी ताकत के साथ।

प्रश्न उठता है कि किन मूल तत्त्वों पर उत्तर-आधुनिकतावाद की विचार-प्रणाली आधारित है? उत्तर-आधुनिकतावाद की प्रधान प्रवृत्तियाँ कौन-कौन सी हैं? इन प्रवृत्तियों का उल्लेख संक्षेप में इस प्रकार किया जा सकता है।

**विकेंद्रीयता :** उत्तर-आधुनिकतावाद हर तरह के 'केंद्रवाद' को ध्वस्त करता है। उसकी पूरी यात्रा केंद्र से परिधि की ओर है। समाज का वह वर्ग जो केंद्र से हाशिए पर धकेल दिया गया था अब परिधि से केंद्र की ओर अग्रसर हो रहा है—दलित और नारी दोनों महत्त्वपूर्ण हो गए हैं।

उत्तर-आधुनिकता के फलसफे ने केंद्रीयता के साथ ही 'समग्रता' के तत्त्वों को नकार दिया है। 'केंद्रीयता' के ध्वस्त हो जाने से आधुनिकतावाद का सपना जल गया और जीवन-मूल्यों में अनिश्चितता और शोक का निवास हो गया है। इसलिए 'समग्रता' की तलाश का जीवन में अर्थ ही नहीं रहा। फिर केंद्रीयता का विचार 'अन्य' कौमों, जैनोसाइटों, कल्चरल कैंपों में लाखों-लाखों मनुष्यों का संहार। बीसवीं शताब्दी में जितना मनुष्य मारा गया, उतना पिछली किसी भी शताब्दी में नहीं। 'प्रगति', 'विकास', 'टेक्नॉलोजी' के नाम पर हजारों को उजाड़ा गया। लोग अपना घर अपनी धरती छोड़कर दूसरे देशों की धरती-आकाश की ओर जाने को विवश हुए। वे तबाह हुए पागल हुए और हत्यारे-लुटेरे बन गए। ऐसा भयावह समाज-राजनीति का नक्शा बना कि 'आइडियालॉजी' से मानव का विश्वास उठ गया। उसने भविष्य के दर्शन, मानवीय-संवेदन से पाया क्या—विनाश और पीड़ा। परिणामस्वरूप जीवन में 'यूटोपिया' का स्थान डिसटोपिया या एंटी यूटोपिया ने ले लिया।

क्या सब कुछ 'पोस्ट' हो चुका है—केवल मृत्यु का चिंतन शेष है। 1960 में डेनियल बेल ने पूरी स्थिति का अध्ययन करने के बाद अपने चिंतन को अपनी पुस्तक का शीर्षक बना दिया 'दि एंड आफ आइडियालॉजी'। विचारधाराओं का अंत। बुद्धिजीवी वर्ग का अंत। यूटोपियाओं का अंत। मार्क्सवाद, आधुनिकतावाद सभी ऐतिहासिक विचारधाराओं का अंत। पश्चिम के एक व्यक्ति ने तो 'डेथ ऑफ मनी' नाम से पुस्तक में कहा परंपरागत धन का अंत। अपने समय के विनाश से आहत दार्शनिक नीत्शे ने 'ईश्वर की मृत्यु' की घोषणा की। नीत्शे की यह विचारधारा ज्यादातर उत्तर-आधुनिकतावादी उत्तर-संरचनावादी चिंतकों को मान्य हुई। ईश्वर की मृत्यु के बाद 'मनुष्य की मृत्यु' 'सब्जेक्ट की मृत्यु' का दौर चला। 1989 में फ्रांसिस फूकोयामा का लेख छपा 'एंड ऑफ हिस्ट्री' तो बड़ा वैचारिक कोलाहल हुआ। इस लेख की मूल स्थापनाओं को विस्तृत करते हुए उसने 1991 में पुस्तक प्रकाशित की 'दि एंड ऑफ हिस्ट्री एंड दि लास्ट मैन।'

क्षेत्रीय और जातीय इतिहासों को लेकर जब बहस चली तब पाया गया कि

एक तरह का नहीं कई तरह का इतिहास है। अतः इस सोच से 'इतिहास' की पूरी धारणा ही बदल गई। पोस्ट-इंडस्ट्रियलिज्म, पोस्ट-कालोनियलिज्म, पोस्ट-इंपीरियलिज्म, लेट कैपिटलिज्म, की अवधारणाओं ने पूरा इतिहास ही बदल डाला। फलतः अभी तक के सभी सिद्धांत और वाद व्यर्थ प्रतीत होने लगे। डेनियल बेल ने 'पोस्ट-इंडस्ट्रियल सोसायटी' (1977) में तकनीकी राजनीतिक बदलावों की चर्चा करते हुए कहा कि नई मिश्रित अर्थव्यवस्था ने पश्चिमी देशों में बहुलतावाद के विचारों को सक्रिय कर दिया है। ज्ञान एवं शक्ति के समीकरण को लेकर मिशेल फूको का 'विमर्श-सिद्धांत' आया और प्रतिष्ठित हुआ। आल्विन टाफलर ने 'दि थर्ड वेव', 'फ्यूचर शॉक' और 'पॉवर शिफ्ट' 1990 में एक भयावह तस्वीर को तर्कों से प्रस्तुत किया। 'दि एंड ऑफ पॉलिटिक्स', 'दि एंड ऑफ रिवोल्यूशन' (वैगनर 1970) के विचार भी चर्चा में रहे। जॉन वातीमों ने 1991 'दि एंड ऑफ मॉडर्निटी : निहिलिज्म एंड हर्मेन्यूटिक्स इन पोस्ट-मॉडर्न कल्चर' में सभी के कान खड़े कर दिए कि बड़ा संकट सामने है। इससे पहले विक्टर लर्गिन 'दि एंड ऑफ आर्ट थियरी : क्रिटिसिज्म एंड पोस्ट-मॉडर्निटी' 1986 जैसी पुस्तक लिख चुके थे। अर्थात् सभी साहित्य-सिद्धांतों प्रतिमानों का अंत। रोलां बार्थ ने एक लेख लिखा 'दि डेथ ऑफ ऑथर'। लेखक का अंत। 1990 में ऑल्विन कर्नान ने 'दि डेथ ऑफ लिटरेचर' लिखा और कहा कि देरीदा की 'थियरी ऑफ डिकन्स्ट्रक्शन' विरचनावाद एक फैशनेबुल बकवास है।

इस 'अंतवाद' पर विचार करते हुए कहा गया कि पूरा पश्चिमवाद जब मृत्यु से आक्रांत है तो 'प्रगति' की बात करने का कोई संदर्भ नहीं बचा है।

**चिह्नवाद का यथार्थ :** उत्तर-आधुनिकतावाद ने यथार्थ और यथार्थवाद पर कड़े से कड़े प्रहार किए हैं। इसी चिंतन ने मानववाद का क्रूर यथार्थ उजागर किया। इस वर्ग के चिंतकों ने कहा कि कोई यथार्थ संसार नहीं है और जो यथार्थ दिखाई देता है वह भ्रम है। फिल्म, फोटोग्राफी, टी.वी., कॉमिक्स, ऑर्ट, कम्प्यूटर ग्राफिक्स और मास रिप्रोडक्शन ने उस उपभोक्ता मानव को जन्म दिया है जो अपनी 'स्मृति' का लोप कर रहा है। जनसंचार और लोकप्रिय संस्कृति ने कृत्रिम, उत्तेजक, संश्लिष्ट बिंबों-छवियों का वर्चस्व कायम किया है जो सतही बिखरे तत्त्वों से निर्मित है। पूरा संसार 'इमेज्ड, मैनेज्ड तथा मैनीप्युलेटेड' है। हम 'यथार्थ' को चिह्नों-संकेतों-बिंबों के द्वारा जानते हैं। दूरदर्शन 'औरत' की छवि को ऐसे परोसता है कि हम उसके यथार्थ से दूर रहें।

**मुक्त अर्थव्यवस्था और बहुराष्ट्रीय पूँजीवाद :** उत्तर-आधुनिकतावाद का एक बड़ा विश्व मुक्त बाजारवाद, उपभोक्तावादी संस्कृति, बहुराष्ट्रीय निगम, भूमंडलीकरण, विश्व-ग्राम की चिंतन भूमि में गड्डमड्ड है। विद्युत चालित यंत्रों की जगह कंप्यूटर ने क्या ली कि मानव 'कंप्यूटर ऐज' और 'मीडिया साम्राज्यवाद' की पकड़ में आ गया। बहुराष्ट्रीय निगमों के उत्पाद के लिए उपभोक्ता बनाना है तो सूचना-संचार का उपयोग

करो। इसी से सूचना संचार क्रांति हुई और मानव 'इनफार्मेशन ऐज' के साथ 'डिजिटल ऐज' में प्रवेश कर गया। उत्तर-पूँजीवाद ने उत्पादन की सारी शक्तियों को अपने नियंत्रण में ले लिया और माल बेचने के लिए एमबीए, एमसीए कल्चर का मंत्र सिद्ध कर लिया। इस प्रकार सभी कुछ को 'मंडी' में बदलकर उत्तर-आधुनिकतावाद ने मानव-संस्कृति के सभी रूपों पर कब्जा कर लिया।

**नैतिक विजन का ह्रास :** उत्तर-आधुनिकतावाद को इस बात की चिंता नहीं है—कला, साहित्य, संस्कृति, भाषा, संवेदना किसी नैतिक विजन की सृष्टि करे। इनका यौन-क्रांति में ही भरोसा नहीं है—यह भरोसा पक्का है कि 'आत्मा' नहीं है, देह है। देहवाद है जिसमें सबकुछ चलता है। 'सब कुछ चलता है' की थ्योरी को मानने के कारण उत्तर-आधुनिकतावाद में कला का अपना स्वायत्त 'स्पेस' बचा नहीं है। कला जो छायाभास की छलना है, मायाविनी। यहाँ कोई चीज किसी 'संदर्भ' और 'परिप्रेक्ष्य' का प्रतिनिधित्व नहीं करती। सबकुछ विराट स्तर पर उपभोग के लिए तैयार किया जा रहा है अतः किसी कला का कोई गहरा अर्थ नहीं है। आधुनिक संस्कृति में अभिव्यक्ति के माध्यम अखबार, बिलबोर्ड, विज्ञापन, कमर्शियल विज्ञापन, परिधान, फैशन-शो, पॉप म्यूजिक, संगीत, पुस्तक, औरत, फिल्म सबका एक 'कोलाज' बनता है। इन बिंबों के पीछे कोई तर्क नहीं है, सभी अंतर्निहित तर्क गायब हैं। वे अर्थ को 'डिकोड' नहीं 'ट्रांसकोड' करते हैं। एक उत्तर-आधुनिक वास्तुशिल्प में गोथिक विक्टोरियन और आधुनिक वास्तुकला के रूप मिल सकते हैं। लेकिन उनके एक साथ होने के पीछे का तर्क खोज पाना चुनौती है।

**संकेतों की अराजक व्यवस्था का केलिडोस्कोप :** उत्तर-आधुनिकतावाद में अनेक संकेत चिह्नों की अराजकता है कि उनके बीच कोई संबंध और यूनिटी खोजना असंभव है। पूरी संस्कृति विकेंद्रित छवियों में टूट-फूटकर बिखर गई है। जेमिसन इस स्थिति से जब विचार की जुगाड़ बैठाते हैं तो पाते हैं कि इस सबके पीछे बहुत शातिर व्यवस्था छिपी है। यह शातिर व्यवस्था ही इतनी सारी बेतरतीब छवियों, मुद्राओं, विभेदों को रच रही है। यह प्रकट नहीं होती लेकिन सारे जीवन सूत्र उसी के हाथ में हैं। यह व्यवस्था है बहुराष्ट्रीय पूंजीवाद—ऊपर से शांत भीतर से खून की प्यासी। इस व्यवस्था का एक महान अस्त्र है—टेलीविजन। उत्तर-आधुनिकता की संस्कृति को इसी टेलीविजन ने बिना थके फैलाया है। अमेरिका में दूरदर्शन सन् 1960 के आसपास आया। यही उत्तर-आधुनिकतावाद के उदय का समय था। सन् 1963 में जब कैनेडी की हत्या हुई तो लाखों लोगों ने दूरदर्शन देखा। समाज अभियंताओं ने प्रथम बार टेलीविजन की ताकत को पहचाना। टेलीविजन से ही पाया गया अनुभव यह भी था कि घटना का महत्त्व नहीं है, महत्त्व उस छवि का है जो दृश्य मीडिया क्रियेट करता है। इसी से वीडियो टेक्नॉलोजी का नया मंत्र सिद्ध हुआ। टेलीविजन ने सूचनाओं को चतुराई से मनोरंजन में बदला और मनोरंजन और विज्ञापन तो व्यापार बन गया। अब किसी

भी छवि में अर्थ खोजना जटिल स्थिति है। इसने हमारी संवेदना को कुंठित किया है और कल्पना को बाधित। मानव मस्तिष्क की विचार-क्षमता का क्षरण किया है और रेस्पांस प्रणाली को बदल डाला है। आधुनिक संस्कृति के भीतर टेलीविजन की भूमिका एक साथ धरती-आसमान छूती है।

**अंतर्विद्याश्रयी दृष्टि की महिमा :** उत्तर-आधुनिकतावाद ने ज्ञान-विज्ञान की किसी भी सीमा अथवा शुद्धतावाद को अस्वीकार कर दिया है। ऐसा समय आया है कि दर्शन को समाजशास्त्र में मिला लेने की ठानी है और समाजशास्त्र को साहित्य में। साहित्य का समाजशास्त्र, साहित्य का सौंदर्यशास्त्र, साहित्य का अर्थशास्त्र—एक या दो शास्त्र मिलकर नए-नए शास्त्रों को जन्म दे रहे हैं। देवेंद्र इस्सर ने 'उत्तर-आधुनिकता और साहित्य की नई सोच' शीर्षक पुस्तक में लिखा है—''ज्ञान-विज्ञान और कला की हर बंदिशें मिट रही हैं। यह अकादमिक सीमाएँ न केवल मनमानी हैं अपितु ज्ञान और समाज की उन्नति के लिए खतरनाक भी हैं। इसीलिए दो या अधिक ज्ञान मिलकर नए-नए विषयों को जन्म दे रहे हैं। अर्थशास्त्र, दर्शन में दखल दे रहा है। दर्शन, साहित्य-समीक्षा में। समाजशास्त्र, भूगोल की सीमाओं को पार कर रहा है और अवचेतन, राजनीति के अँधियारे गलियारे में भटक रहा है। फिल्म, फोटोग्राफ, फैशन, कथा-साहित्य, कॉमिक्स, कंप्यूटर, चित्रकला, सूचना, संगीत, मूर्तिकला, मॉडलिंग, मीडिया, मडोना, रंगमंच, भाषा, वेशभूषा, विज्ञापन, इलेक्ट्रॉनिक संप्रेषण अर्थात् प्रत्येक मानवीय कलात्मक एवं सौंदर्यात्मक अभिव्यंजना, जीवन का प्रत्येक क्षेत्र और समाज की प्रत्येक वस्तु चिंतन की हर एक् धारा एक-दूसरे से आलिंगनबद्ध हो रही है। पद्य गद्यात्मक हो रहा है और गद्य काव्यांत्मक। कथा-साहित्य को इतिहास-लेखन और इतिहास को फिक्शन का ही एक फार्म कहा जाने लगा है। शायद इसीलिए कुछ लोगों को सीमा अतिक्रमण की यह कोशिश अवैध घुसपैठ और बौद्धिक आतंकवाद दिखाई देती है। लेकिन 'जबरन प्रवेश' की इस क्रिया ने ज्ञान के किसी भी क्षेत्र को उसके जन्मजात रूप में जीवित नहीं रहने दिया है।'' (पृ. 34) ज्ञान का ऐसा कोई क्षेत्र नहीं है जिसके ऊपर उत्तर-आधुनिकतावाद ने अपनी बौद्धिक धाक कायम न की हो।

**कर्त्ता का अंत :** सदियों से चले आ रहे कर्त्ता के महत्त्व (सब्जेक्ट) या कर्त्ता की केंद्रीय स्थिति को चुनौती देकर नकार दिया। अब न राग का अर्थ रहा न रागात्मक संवेदना का। संस्कृति के सभी क्षेत्रों पर 'मीडिया' का ऐसा वर्चस्व छाया कि विश्व का दिल दहल उठा। प्रसिद्ध मीडिया-चिंतक मार्शल मेकलूहान ने साहित्य एवं संस्कृति पर इलेक्ट्रॉनिक मीडिया के प्रभावकारी वर्चस्व का अध्ययन करने के बाद कहा कि मीडिया ने एक ऐसा 'कल्चरल इंपीरियलिज्म' सांस्कृतिक साम्राज्यवाद कायम किया है कि साहित्य चिंतन की दिशा ही बदल दी है। 'दि मीडियम इज दि मैसेज' 1961 तथा 'दि इंटीरियर लैंडस्केप' 1969 दो पुस्तकों में विचार का मुद्दा यही रहा कि सूचना

संचार-क्रांति ने एक ऐसे मानव की सृष्टि की है जिसका मस्तिष्क बड़ा हो गया है और शरीर छोटा। इसी मस्तिष्क (ज्ञान) ने परिपूर्णतावाद पर कला-साहित्य-संस्कृति दर्शन के सभी सिद्धांतों पर प्रश्नचिह्न लगा दिया। हर रहस्य से पर्दा उठाने में आदमी का ज्ञान लग गया। जान लकां, जुलीया क्रिस्टीवा, आलथूसे, ल्योतार, मिशेल फूको, ज्यांक देरीदा, पाल डि मान, ब्राडेला, जेमिसन, आदि ने ज्ञान के क्षेत्र में इतना काम किया कि एक नए बौद्धिक विश्व की निर्मित ही कर डाली। फ्रांस में जन्मा जरूर था उत्तर-आधुनिकतावाद लेकिन उसने अपना किशोर काल यूरोप में तथा यौवन अमेरिका में प्राप्त किया।

**दो विपरीत समूहों का जुड़ना या 'विरोधों में सामंजस्य' :** उत्तर-आधुनिकतावाद ने युगल-विपरीतता की थ्योरी को पुष्ट किया और कहा कि इस थ्योरी को समझना उत्तर-आधुनिकतावाद के लक्षणों को जानने के लिए जरूरी है। दो विपरीत समूहों के जुड़ने का अर्थ है—दो समूहों का अभिन्न होकर जुड़ जाना। जैसे रात-दिन, स्त्री-पुरुष। जब जुड़ाव है तो एक का दूसरे पर वर्चस्व स्थापित होता है। जैसे नारी पर नर का वर्चस्व। यह वर्चस्ववाद या मर्दवाद समाप्त किए बिना समानता स्थापित नहीं हो सकती।

**अस्मिता की पहचान या अपनी जड़ों की तलाश :** उत्तर-आधुनिकतावाद ने अस्मिताओं की भिन्नता पर विचार किया है, क्योंकि अस्मिताएँ टकराती रही हैं और युद्ध हुए हैं। एक रास्ता समाज और सभ्यता को आत्मनिर्णय, स्वाधीनता का अधिकार देकर 'उदार प्रजातन्त्र' की ओर ले जाता है। इस 'ग्लोबल समाज' की बात फ्रांसिस फूकोयामा करते हैं। साथ ही चिंता भी व्यक्त करते हैं कि जीनॉम क्लोनिंग, जेनेटिक, इंजीनियरिंग, कंप्यूटर, मस्तिष्क का भविष्य क्या होगा—कोई नहीं जानता। दूसरा रास्ता सांस्कृतिक अस्मिताओं तथा विभेदों के अंत के बजाय सभ्यताओं के संघर्ष का रास्ता है। अमेरिकी विद्वान सेम्युअल हंटिंगटन ने अपनी पुस्तक 'दि क्लैश ऑफ सिविलाइजेशंस' शीर्षक पुस्तक में यह विचार स्थापित किया है कि अगला टकराव ईसाई इस्लाम संस्कृतियों के बीच होगा। भारत में हिंदू-मुसलमान टकरा रहे हैं। उधर इजरायली (यहूदी) फिलिस्तीनी टकरा रहे हैं। सांस्कृतिक धार्मिक अस्मिताओं को लेकर पूरे विश्व में बेचैनी है। अमेरिका-अफगानिस्तान का युद्ध और अमेरिका-ईराक युद्ध। एडवर्ट सईद ने 'दि क्लैश ऑफ इग्नोरेन्स' शीर्षक पुस्तक में विश्लेषण के बाद यह निष्कर्ष निकाला कि पश्चिमी पूँजीवादी सभ्यता पतन की ओर अपनी ही ऐतिहासिक शक्तियों से बढ़ रही है। इस सभ्यता के भाग्य में 'प्रेमपूर्ण संवाद' नहीं बदा है—नसीब है, ध्वंस और पागलपन, यौन-क्रांति, नपुंसकता तथा मानसिक तनावों से उपजी घातक बीमारियाँ। विश्वभर में फैलता आतंकवाद सभ्यताओं के संघर्ष का ही एक लक्षण है। इस आतंकवाद को हर कीमत पर कुचलना होगा। ऐसा किए बिना नई सभ्यता का सृजन नहीं हो सकता। यदि हम 'क्रिएटिंग ए न्यू सिविलाइजेशन' में समर्थ हो

सके तो हम पावन युग (एक्विेरियन ऐज) की देहरी छू सकते हैं।

**भाषागत क्रांति :** उत्तर-आधुनिकतावादी युग में उत्तर-संरचनावाद और विरचनावाद ने 'थियरी ऑफ डिफरेन्स' विभेद सिद्धांत और 'थियरी ऑफ रीडिंग' पढ़त सिद्धांत—पाठ सिद्धांत से जो भाषागत क्रांति की है उसने विचारधाराओं का इतिहास-भूगोल बदल दिया है। अब सांस्कृतिक राजनीति ने चुनावी राजनीति को भी घेरना शुरू कर दिया है। 'दि पॉलिटिक्स ऑफ पोस्ट मॉडर्निज्म' को हम ग्राम्शी से भी समझते हैं कि कैसे राजनीति मानव के समस्त व्यापारों को प्रभावित कर रही है। क्रिस्टोफर नोरिस ने उत्तर-आधुनिकतावाद का समर्थन करते हुए माना कि यह समग्रतावाद के खिलाफ एक ताकतवर थ्योरी है। नोरिस ने अपनी पुस्तक 'व्हाट इज रांग विद पोस्ट मॉडर्निज्म' में साम्यवाद का तर्क खोज-खोजकर समर्थन किया। लेकिन देरीदा के समग्रता विरोधी चिंतन 'थियरी ऑफ डिकंसट्रक्शन' का वे बाल बाँका नहीं कर सके। इधर ज्यादातर जोरदार वाद-विवाद समकालीन साहित्यिक-सांस्कृतिक मुद्दों को लेकर हुए हैं और 'कल्चरल-स्टडीज' की महत्ता को माना गया है। तीसरी दुनिया की समस्याएँ, अश्वेतवादी लेखन, नारीवादी लेखन, दलित-लेखन का भारतीय परिदृश्य, सबाल्टर्न हिस्ट्री का जोर, संस्कृति का सौंदर्यशास्त्र चिंतन के प्रमुख मुद्दे बने हैं। इनके भाष्यों में एडवर्ड सईद की पुस्तक 'कल्चर एंड इंपीरियलिज्म', एजाज अहमद की 'इन थियरी क्लासिस, नेशंस एंड लिटरेचर्स', होमी भाभा की 'दि अदर क्वेश्चन', गायत्री चक्रवर्ती स्पीवाक की 'इन अदर वर्ड्स : ऐसेज इन कल्चरल पॉलिटिक्स', सारा सुलेरी की 'दि रेड्रिक्स ऑफ इंगलिश इंडिया' आदि ने पूर्व के देशों का उत्तर-आधुनिकतावाद प्रस्तुत किया है।

**प्रभुत्व का संघर्ष :** उत्तर-आधुनिकतावाद ने क्षेत्रीयता और स्थानीयता पर बल दिया है। परिणामस्वरूप विभिन्न स्थानीय समूहों में शक्ति सत्ता और प्रभुत्व का प्रबल संघर्ष शुरू हो गया है। भारत जैसे देश में अंबेडकरवादी राजनीति उभर पड़ी है।

**विकेंद्रित केंद्र :** शक्ति सत्ता प्राप्त करने के संघर्ष का समाज, धर्म एवं राजनीति में नतीजा यह हुआ है कि पुराने एकीकृत केंद्र टूट रहे हैं और नए समीकरण उभर रहे हैं। आज जिसके साथ राजनीतिक समीकरण हैं, कल वह समीकरण बदल भी सकता है। ये समीकरण निरंतर बदल रहे हैं और इनका इतिहास जंगली भैंसों का इतिहास बन गया है।

**विभिन्नता :** उत्तर-आधुनिकतावाद के पाल डि मान, देरीदा, मिशेल फूको जैसे चिंतकों-सिद्धांतकारों ने इस तथ्य को बार-बार रेखांकित किया है कि विभिन्नता तथा विकेंद्रीयता का एक-दूसरे से पूरक और क्रियात्मक रिश्ता है। एक-दूसरे आपस में एक-दूसरे को दृढ़ करते रहते हैं। लोगों का एक समूह दूसरे समूहों से अपनी मूल संरचनाओं (संस्कृति, भाषा, वर्ण-रंग, संवेदना, परंपरा, लोक-विश्वास, कर्मकांड, रीति-रिवाज, भोजन-भजन शैली) के कारण विभिन्नता रखते हैं। इन विभिन्नताओं को उनके मूल कारकों के साथ 'जानना' और 'समझना' उत्तर-आधुनिकतावाद बहुत जरूरी मानता

है। 'हम' और 'अन्य' का जो संघर्ष है उसमें 'अन्य' पर ध्यान केंद्रित किया जा रहा है। विकसित देशों के लिए विकासशील देश 'अन्य' हैं। इस 'अन्य' के लिए आज क्या नहीं किया जा रहा है—पूरा अनुसंधान कार्य इस 'तीसरी दुनिया' के 'अन्य' पर ही केंद्रित हो गया है।

**लोकप्रिय संस्कृति :** उत्तर-आधुनिकतावाद ने 'संस्कृति' शब्द का इतना विस्तार कर दिया है कि उसमें 'अर्थ अनंत' की पैठ हो गई है। फिर उत्तर-आधुनिकतावाद ने आभिजात्यवाद के छद्‌म को अस्वीकार करते हुए लोकप्रिय संस्कृति का खुलकर समर्थन किया है। वह लोकप्रिय कला-संस्कृति को आभिजात्य कला-दर्शन से कम महत्त्व नहीं देता। सच्चाई तो यह है कि यहाँ 'हाई आर्ट' और 'लो आर्ट' में कोई भेद नहीं किया गया है।

**अंतवाद नारा नहीं है अनुभव है :** उत्तर-आधुनिकतावाद के ज्यादातर बुद्धिजीवियों ने 'अंतवाद' को स्वीकार किया है। मनुष्य आज प्रकृति का अंत करने में लगा है और प्रकृति यह कब तक झेलेगी। भय, संशय, विनाश से भरा मानव दो विश्वयुद्धों की विभीषिका से गुजर चुका है। उसने बीसवीं शताब्दी में आणविक युद्ध का संहार हिरोशिमा झेला है। सर्वसत्तावादी-फासीवादी, साम्यवादी—सभी ने जैसा क्रूर दमन किया है वह इतिहास की एक अविस्मरणीय व्यथा-कथा है। इधर युद्ध-लिप्सा को प्रौद्योगिकी के विशिष्ट प्रयोगों ने इतना बलशाली बना दिया है कि कल्पना कर पाना संभव नहीं है। लेबर कैंपों, कंसन्ट्रेशन में जो हुआ है वह अधिकनायकवाद का सबसे क्रूर चेहरा है।

**महाख्यानकों का अंत :** अपने निर्मम चिंतन से उत्तर-आधुनिकता ने संपूर्णता-समग्रता-सार्वभौमिकता, शाश्वतता पर बल देने वाले सभी महाख्यानकों का अंत घोषित कर दिया है। एक महाख्यान (मेटानेरेटिव) हीगेल ने गढ़ा था, दूसरा कार्ल मार्क्स ने, तीसरा फ्रायड ने। इन तीनों महाख्यानकों की आज जगह लघु-आख्यानकों ने ले ली है। महानायकों की जगह इतिहास ने लघु मानव और खलनायकों को दे दी है। उत्तर-आधुनिकता को चीजों के खो जाने का कोई गम नहीं है। न अतीत से कोई मोह। उसने वैयक्तिक आत्म सजगता और उद्देश्यपरक सक्रियता की मृत्यु को 'सेलिब्रेट' किया है। मानव की मुक्ति देखने वाला महाआख्यान मार्क्सवाद था। उसका दुःखद अंत हुआ और मानव के अंतर्जगत को खोलने-खोजनेवाला फ्रायडवाद जो मातृ-मनोग्रंथि 'ओडिपस काम्प्लैक्स' की बात करता था, गायब हो गया। जान लकाँ के नव फ्रायडवाद में उसे कोई स्थान नहीं है। फ्रेंच चिंतक ल्योतार ने 'दि पोस्ट-माडर्न कंडीशन' पुस्तक में क्रांति तथा बदलाव की विचारधाराओं पर शंका उठाकर उनके मुख पर कपड़ा डाल दिया है। ल्योतार कहते हैं विकसित औद्योगिक समाजों में नव-पूँजीवाद ने सारे मूल्यों, टेक्नॉलोजी, विज्ञान तथा मास मीडिया को अपने नियंत्रण में ले लिया है। इसलिए इस संसार के सार्वभौमिक लेखे-जोखे की बात व्यर्थ है।

**विच्छेदपरक दर्शन का संकेत :** उत्तर-आधुनिकतावाद विच्छेदपरक दर्शन के कारण इतिहास और समाज का सारतत्त्व खोजने वाले प्रयासों को 'संदेह की दृष्टि' से खोजना है। वैज्ञानिक, ऐतिहासिक, धार्मिक, राजनीतिक महाआख्यान का यह समय नहीं है। यह तो 'माइक्रो नैरेटिव्स' सूक्ष्म-विवेचनाओं, बहुलतावादी सोच तथा स्थानीयताओं के उभार का 'समय' है। उत्तर-आधुनिकतावाद के इस विच्छेदपरक दर्शन पर फ्रांसीसी विचारक ज्यां ब्राडेला का विचार है कि वस्तुओं के उपयोग मूल्य और विनिमय मूल्य जैसी मार्क्सवादी धारणाएँ निरर्थक सिद्ध हो चुकी हैं। आज छवियों, आभासों और संकेत चिह्नों की मायावी दुनिया में मनुष्य की बुनियादी आवश्यकताओं को तय कर पाना संभव ही नहीं है। यह 'हाईपर रियलिटी' को स्वीकार करने का समय है। हम साइबर स्पेस, मुक्त-प्रवाही छवियों और मीडिया नियंत्रित प्रकरणों-घटनाओं, स्थितियों के संसार में रह रहे हैं।

**स्थानीयता :** उत्तर-आधुनिकतावाद विचारधारा, विचारधारात्मक संघर्ष, राष्ट्रीयता-राष्ट्रवाद पर अपना समय बर्बाद नहीं करना चाहता। वह हर साँस में स्थानीयता पर बल देना चाहता है। एक गहरे अर्थ में विकेंद्रीयता का प्रश्न स्थानीयता से जुड़ा है। इसीलिए स्थानीय अस्मिताओं को उत्तर-आधुनिकतावाद ने नई पहचान दी है।

पिछले तीन दशकों में उत्तर-आधुनिकतावादी नव चिंतन का जो पूरा बिंब उभरता है उसमें वैचारिक कलह बहुत है। उदाहरण के लिए एजाज अहमद ने फ्रेडरिक जेमिसन के विचारों का कड़ा विरोध किया है। इस विरोध का आधार बनी है जेमिसन की पुस्तक, 'थर्ड वर्ल्ड लिटरेचर इन दि इरा ऑफ मल्टीनेशनल कैपिटलिज्म'। एजाज कहते हैं कि जेमिसन का पूरा अध्ययन पश्चिम केंद्रित मार्क्सवाद के गलत रास्ते से भटक गया है और वे उपनिवेशवादी दौर की साम्राज्यवादी जटिलताओं को समझने में अक्षम रहे हैं। इस तरह के अध्ययनों से जाहिर है कि तीसरी दुनिया के साहित्य के साथ न्याय नहीं हो सकता क्योंकि कोई भी ऐसी 'ग्लोबल थियरी' है ही नहीं जो इन देशों के साहित्य के मूल्याकंन का पथ प्रशस्त कर सके। 'विचारधाराओं का अंत' क्या हुआ, पूरा का पूरा बौद्धिक वर्ग बाजारवाद की संस्कृति में मेले का ऊँट हो गया। बौद्धिक बेचारा होता गया। इन्हीं दिनों सामाजिक-सांस्कृतिक संस्थानों में तूफान उठे जिन्हें 'आइडियालॉजी एंड इंटलेक्चुअल्स' पुस्तक ने विश्लेषित किया। साहित्य में कोई न कोई गुप्त विचारधारा होती ही है चाहे 'अंतवादी' कुछ भी कहते रहें। कभी-कभार 'रचना' विचारों को 'रिसाइकल' करती है अप्रतिबद्धता के साथ। यह भी सच है कि उत्तर-आधुनिकतावाद ने जिस मानसिक माहौल का पोषण किया है उसमें किसी एक विचारधारा की गुलामी संभव ही नहीं है।

सार-संक्षेप यह कि साहित्य-चिंतन को आज उत्तर-आधुनिकतावाद ने बहुत दूर तक प्रभावित किया है। उत्तर-आधुनिकतावाद की दृष्टि में समीक्षा की कोई भी

सार्वभौमिक पद्धति वैचारिक दमन को बढ़ावा देती है। साहित्य ने जो पुराने प्रतिमान निर्मित किए थे उन पर आभिजात्य वर्ग का कब्जा था और वे दमित अल्पसमूहों के सृजन-सौंदर्य की उपेक्षा करते रहे। इसलिए हर भाषा के साहित्य के लिए अलग तरह के प्रतिमान निर्मित करने की आवश्यकता है।

उत्तर-आधुनिकतावाद में 'साहित्य-समीक्षक' का स्थान 'विमर्श-विश्लेषक' (डिस्कोर्स अनालिस्ट) ने ले लिया है तथा वह कृति का विखंडन करते हुए 'पाठ' के भीतर मौजूद उपपाठ (सब टेक्स्ट) और भाषा के भीतर छिपी संवेदना और विचारधारा को खोज निकालता है। लेखक भाषा संरचना द्वारा अपने वैचारिक आग्रहों को कैसे और कितना भी छिपाने की कला में चतुर हो, विरचनावादी पद्धति से उन्हें गहा जा सकता है। अन्य पाठों की तरह साहित्यिक कृति भी एक 'पाठ' है। 'पाठ' अपने अर्थ में बहुलार्थक तथा अनिश्चित है। फिर भाषा की भी सीमा है। प्रायः भाषा वह कहने में पंगु मौन हो जाती है, जो वह कहने का अरमान रखती है। अतः कृति के संपूर्ण अर्थ को प्राप्त करने का दावा ही झूठ है।

उत्तर-आधुनिकतावाद के मूल तत्त्व हैं—बहुलतावाद तथा बहु-संस्कृतिवाद, विकेंद्रीयता, केंद्र से परिधि की ओर, स्थानीयता और क्षेत्रीयता, लोकप्रिय संस्कृति, परा-भौतिकवाद पर अविश्वास, नारीवाद, दलित आंदोलन, महान आख्यानों का अंत, विचारधाराओं का अंत, शाश्वत साहित्य सिद्धांतों का पतन, विरचनावाद, कर्त्ता का अंत, समग्रतावाद की समाप्ति। इन्हीं विशेष संदर्भों में उत्तर-आधुनिकतावाद पर विचार होना चाहिए।

# साहित्य में उत्तर-आधुनिकतावाद से जुड़े विमर्श

मैं इस विषय पर बोलने का अधिकारी नहीं हूँ। भारतीय साहित्य का एक सामान्य पाठक और विषय का गहन-गंभीर विस्तार। 'मति अतिरंक मनोरथ राऊ' लेकिन फिर भी थोड़ा प्रयास अवश्य करूँगा। मैं आपके सामने उत्तर-आधुनिक समय में उपस्थित हूँ और यह बहुत ही कठिन समय—अनेक चुनौतियों-प्रश्नाकुलताओं से बेचैन करने वाला समय। कभी 'धर्म' लोगों के लिए अफीम था अब अफीमवाद लोगों का धर्म बन गया है। दुनिया 'अनहोली एलायन्स' की ओर बढ़ रही है। डेविड येलप की एक सर्वाधिक चर्चित पुस्तक का नाम ही 'अनहोली एलायन्स' अर्थात् अपवित्र गठबंधन है। सूचना-विस्फोट के इस युग में 'साहित्य' नाम का ये जो शब्द है अब मुसीबत में पड़कर लुटपिट गया है। अन्य बहुत तरह के लेखन की तरह अब साहित्य 'सृजन' नहीं है—मात्र लेखन है लेखन। इस लेखन को या 'पाठ' को अन्य पाठों की तरह पढ़ा जा सकता है। अब उसे अलग से 'अतिरिक्त-गौरव' या 'सर्जनात्मकता का गौरव' देकर पढ़ने का समय नहीं रहा।

एक समय था जब फ्रांस के प्रसिद्ध साहित्य-चिंतक रोलां बार्थ ने एक विदग्ध और निर्भय साहित्य चिंतक की भूमिका अदा की थी और भाषा-संस्कृति-परंपरा, दर्शन-मिथक, आख्यान के संबंध में परंपरागत अवधारणाओं को ध्वस्त कर दिया था। हर तरह के अर्थ एकत्व को तोड़कर वे 'पाठ की बहुलार्थकता' पर डट गए। उनका विचार भाष्य गूँज उठा कि साहित्य छवियों-प्रत्ययों की अर्थोत्पत्ति का या 'सिग्नीफिकेशन' का 'मैसेज' संदेश है, मात्र 'सिग्नीफिकेशन' नहीं। यह अर्थोत्पत्ति की प्रक्रिया निर्धारित परंपरागत अर्थ को विस्थापित करती है और नए अर्थ को स्थापित। आज बार्थ को पढ़ने का अर्थ है—साहित्य के बारे में अनेक असुविधाजनक प्रश्नों से उलझना और भाषा के अवचेतन को अभिव्यक्ति के धरातल पर उछलकूद करने देना। नए अर्थ की शक्ति से अपनी शांति भंग करना, अकेले में कराहना और अपने को विदीर्ण करना। सार्त्र से प्रभावित रोलां बार्थ अस्तित्ववाद की यातनामयी गुफाओं में कनफटा जोगी बनकर प्रवेश कर गए। लेकिन 'मानव की उस मूलभूत स्वतंत्रता के अधिकार'

पर सोचते समय वे अनिवार्यतावाद के भेड़िए से भिड़ गए। इस भेड़िए ने उन्हें इस कदर घायल किया कि वे 'माइथालॉजिज' जैसी वादात्मक कृति लिखने को विवश हुए। यह भी माना कि वस्तुतः 'अनेक' ही सच है। इसलिए उसने बहुलतावादी 'सेंट्रीफुगल' अर्थ का समर्थन किया। और पाया कि प्रत्येक संस्कृति में साहित्य में सदाबहार रूढ़ियाँ होती हैं। लोक-मिथक, लोक-विश्वास ही लंबी यात्रा में घिसकर रूढ़ियों में बदल जाते हैं। बार्थ ने 'राइटिंग डिग्री जीरो' शीर्षक अपनी पुस्तक में यह प्रयास किया कि समाजवादी दृष्टि साहित्य का इतिहास कैसे लिखा जा सकता है और क्या होता है—साहित्येतिहास-दर्शन। क्योंकि प्रायः लोग साहित्य के इतिहास को नामों-युगों-तिथियों-प्रवृत्तियों-वर्गीकरणों का कबाड़खाना बनाते रहे हैं—युग की मानसिकता को नकार कर। विचारधारा के प्रति स्पष्टता न होने के कारण 'मिस्टीफिकेशन' से काम चलाने वाले लोग सांस्कृतिक-दार्शनिक और ऐतिहासिक व्यंजकों की वास्तविकता को छिपाते हैं और बौद्धिक स्वतंत्रता का नाश कर देते हैं। बौद्धिक स्वतंत्रता के बिना 'दि प्लेजर ऑफ टैक्स्ट' का उसके 'साहित्यिक पाठ' का अर्थ संदर्भ ही नहीं बनता। साहित्यिक पाठ और पाठक का संबंध रत्यात्मक 'इरोटिक' न हुआ तो 'तंत्रीनाद कवित्त रस सरस राग रतिरंग' में पूरी तरह निमग्नता का आनंद ही कहाँ है? मैथुनिक आनंद की निमग्नता का अर्थ है 'पाठ' में पूरी तरह समा जाना, पूर्ण समर्पण के साथ। 'एस जेड' में बार्थ ने फिर यह बात उठाई कि प्रत्येक कलाकृति भिन्न होती है। भिन्नता से उत्पन्न विभेद 'कलाकृति' की पाठात्मकता (टैक्स्च्युलिटी) को प्रभावित करती है। इसलिए कलाकृति में अर्थ का परिसीमन न संभव है न उचित। इसलिए 'पाठ' स्वतंत्र-स्वायत्त नहीं होता है न हो सकता है, क्योंकि वह पूर्ववर्ती लेखन से जुड़ा होता है। 'कलाकृति' का 'बंद पाठ' नहीं हो सकता—चाहे वह 'राम की शक्तिपूजा' हो या 'कामायनी'। उसका 'खुला पाठ' पाठक को यह छूट देता है कि उसमें नई अर्थोत्पत्ति को जन्म दे सके। अतः कलाकृति के 'खुले पाठ' में पाठ और पाठक का संबंध मात्र 'आस्वादक', 'भोक्ता' का नहीं है, प्रमाता सामाजिक का है जो अर्थ का उत्पादक है। यहाँ पाठक ही 'पाठ' को नहीं पढ़ता। 'पाठ' भी पाठक को पढ़ता है। बार्थ की यह 'पाठक' संबंधी अवधारणा भारतीय काव्यशास्त्र में अभिनवगुप्त के 'सहृदय' से बहुत निकट है। 'पढ़ा जाने वाला' पाठ और 'लिखा जाने वाला' पाठ द्वंद्वात्मक अर्थ प्रक्रिया से जुड़ा रहता है जिसे पाठक 'अर्थ में प्रकट' करता है। 'पाठ' को विपर्यस्त करता हुआ पाठक अर्थ बाहुल्यपरक वातावरण का निर्माण करता है। वह कलाकृति को 'उपस्थित' बनाता है। 'दि क्रिटिक एक्टिविटीज कन्स्ट्रक्ट द मीनिंग ही मेक्स द वर्क इग्जिस्ट'। इन्हीं अर्थ व्यंजनाओं से जीवन भर जूझनेवाले बार्थ ने अपने चिंतन के उत्तर-संरचनावादी दौर में एक लेख लिखा—'द डेट ऑफ द ऑथर'। यह लेख उस अवधारणा को निरस्त करता है कि 'कृतिकार' ही 'पाठ' का उत्स है।

बार्थ का मत स्पष्ट है कि 'कलाकृति' के 'पाठ' या भाष्य या व्याख्या का

एकाधिकार या अधिनायकत्व कृतिकार को नहीं है। पाठक को है क्योंकि पाठक ही 'पाठ' को उसमें सोए हुए अर्थ को जगाता है, उससे 'हृदय-संवाद' स्थापित करता है और जरूरत हुई तो 'पाठ' की 'शव-साधना' में जुट जाता है। इसलिए बार्थ 'पाठ की स्वायत्तता' का ढोल पीटने वाली समीक्षा 'न्यू क्रिटिसिज्म' या 'नई समीक्षा' से सहमत नहीं हैं। कलाकृति एक जटिल-संश्लिष्ट-अर्थबहुल व्यंजक भाषा प्रतिमा (आइकोन) है जो कृतिकार के 'वर्ल्ड व्यू' को ध्वस्त करती है। इसलिए प्रबुद्ध पाठक ही पाठ के अर्थ का निर्माता है कृतिकार नहीं। इसी विचार को लेकर 'बार्थ फ्राम वर्क टु टैक्स्ट' के संसार में दाखिल हो जाते हैं—यहाँ कोई एक दरवाजा नहीं है अर्थ का 'अनंत' पसरा हुआ है, आकाश की तरह। 'टैक्स्ट इज लाइक ए पीस ऑफ लैंग्वेज स्ट्रक्चर्ड बट डिसेन्टर्ड विदआउट क्लोजर।' पाठ का 'अर्थ बाहुल्य' दिया है—अंतर्पाठ (इंटरटैक्स्ट) में। अर्थ-संदर्भों की अर्थ व्यंजनाओं से गुँथा आलोक-दीप्त अर्थ-अनंतता में ब्रह्म-सा व्यापक विष्णु पाठ।

यह अनंतता से भरा विष्णु पाठ (व्यापक अर्थ-संदर्भों से युक्त) भाषा के संपूर्ण भाषिक तंत्र—'लांग' को थर्रा देता है और वैयक्तिक वाक् या 'पारोल' का पीछा करता है, उसे टटोलता सताता है। 'संकेतक' और 'संकेतित' में अर्थ की धमाचौकड़ी मचाता है। सास्यूर का स्थिर अर्थ सिद्धांत देरीदा के हाथों तत्त्वतः अस्थिर हो जाता है। संरचनावाद ने इस सत्य को बहुत गहराई में पाया कि कैसे अर्थ-दर-अर्थ 'निष्पत्ति' पाता है—नव्यार्थ की निष्पत्ति। कितनी दिलचस्प स्थिति रही है कि उत्तर-संरचनावादी पाँचों महत्त्वपूर्ण चिंतक (रोलां बार्थ, जान लकाँ, ज्यांक देरीदा, जूलिया क्रिस्टीवा और मिशेल फूको) अर्थ-दर-अर्थ की अर्थ बाहुल्यपरक अर्थ प्रक्रिया से जूझते रहे। जान लकां का नव्य फ्रायडवाद फ्रायड की नई पढ़त है और उसके अर्थ पर आघात करने वाली पढ़त। फ्रायड कहता था—अवचेतन अस्तित्व रखता है—लकां का कहना है कि अवचेतन न केवल अस्तित्व रखता है, बल्कि अवचेतन संरचना रखता है इसलिए लकां अहं की केंद्रीयता का निषेध कर देता है। अवचेतन का देवता 'पाठ' की पर्तों से निर्मित देवता है जिसे संस्कृति के अर्थ-संदर्भों में खोलकर समझा जा सकता है। उदाहरण के लिए निराला जी द्वारा लिखा गया शोक गीत 'सरोज-स्मृति' को लिया जा सकता है, जिसमें एक पिता निराला की व्यथा अनेक भारतीय पिताओं की व्यथा को बदलकर भारतीय समाज के अवचेतन पर सक्रिय हो जाती है और पूरे भारतीय समाज का टुच्चा-लुच्चा चेहरा पंडित और पत्रकार के संदर्भों को 'उपस्थित' बना देता है। भारतीय समाज में लड़की का पिता कितना लाचार, अपमानित और असहाय। यहाँ अवचेतन के बिंबों में अर्थ कथा चलती है। यहाँ इस पाठ की पर्तों को खोलने का समय नहीं है फिर कभी इस शोकगीत का नव्य फ्रायडवादी अर्थ पाठ करूँगा क्योंकि 'आकांक्षा की शक्ति ही अवचेतन' है, उसके लिए अलग विश्लेषण चाहिए। जानसन बारबरा ने 'अनटाइंग दि टैक्स्ट' (सं आर यंग) में दिखाया कि किस तरह

ज्यांक देरीदा ने लकाँ के अर्थ को 'विस्थापित' किया। देरीदा जानता है कि लकाँ ने न केवल मनुष्य की अवधारणा को बदला है बल्कि साहित्य की ही पूरी-पूरी अवधारणा को बदल डाला है।

देरीदा का विनिर्मितवाद (थियरी ऑफ डीकांस्ट्रक्शन) से तात्पर्य क्या है? इसका तात्पर्य है--'पाठ' या टैक्स्ट के पढ़ने की वह पढ़त-पद्धति जो टैक्स्ट के पूर्व निर्धारित अर्थ (स्थापित अर्थ) को विस्थापित करती है। उसके एकत्ववाद अर्थगत अद्वितीयत्व को 'विनिर्मिति' देती है। इसीलिए उत्तर-संरचनावाद से विनिर्मितवाद का नाभि-नाल संबंध है। अपनी उग्रता में देरीदा का विनिर्मितवाद संरचनावाद (सास्यूर की अवधारणाओं को) विदीर्ण कर देता है। मूलतः देरीदा ने यह विनिर्मितवादी पद्धति ईजाद नहीं की थी उसे फ्रांस के टेलक्वेल-संप्रदाय से पाया था। हाँ, उसे सिद्धांत रूप दिया देरीदा ने। अपने सिद्धांत की दृढ़ स्थापना के लिए उसने पुस्तक त्रिधारा को जन्म दिया--(1) ऑफ ग्रामेटोलॉजी, (2) राइटिंग एंड डिफरेन्स, (3) स्पीच एण्ड फिनोमिना। इन तीनों पुस्तकों ने साहित्य-चिंतन विश्लेषण के क्षेत्र में सुनामी लहरों को 1967 में इतना तेज कर दिया कि उस पर कोई भी मेरा वक्तव्य कम पड़ेगा। इसलिए उस पर वक्तव्य नहीं दूँगा आपके अनुमान-ज्ञान का अश्व खोलना चाहूँगा। देरीदा ने प्लेटो-रूसो से लेकर हीगेल, हाइडेगर तथा हुसर्ल तक के दर्शनपरक वक्तव्यों (पाठ) का विवेचन-विश्लेषण किया और पाया कि लेखन की उपस्थिति वक्ता के मस्तिष्क में वाक् फूटने से पहले ही उपस्थित है। उसने कहा, पुरानी अवधारणाएँ 'लोगोसेंट्रिज्म' पर आधारित हैं और 'फोनोसेंट्रिज्म' का शिकार। फलतः वक्तृत्व की 'उपस्थिति' को लेखन की उपस्थिति पर वरीयता प्राप्त है। अतः देरीदा पूर्व अवधारणा हो या पूर्व नियत अर्थ को 'विस्थापित' करने के लिए उसे 'विपर्यस्त' उलट देता है। वह पूर्व निर्धारित श्रेणीबद्ध अर्थक्रम (हेरार्की) को परिवर्तित कर देता है। वह इस धारणा को ध्वस्त कर देता है कि वक्तृत्व को लेखन पर प्राथमिकता प्राप्त है। अर्थात् अर्थ-केंद्रत्व को तोड़ता है फिर कहता है कि अर्थ का केंद्र कहीं नहीं है। साथ ही वह कहता है कि 'इन लैंग्वेज देयर आर ओनली डिफरेन्सेस विद नो पॉजिटिव टर्म्स।'

शब्दार्थ के वैयक्तिक तत्त्व चूँकि 'विभेद' संबंधों पर आश्रित हैं। अतः उनको 'उपस्थित' नहीं माना जा सकता। तथापि वह पूरी तरह अनुपस्थित भी नहीं, क्योंकि अर्थ अपनी झाँकी की झलक (ट्रेस) उन समस्त अदृश्य तत्त्वों से मूर्त्त करता है जिनके विभेद से उसकी वैयक्तिकता स्थापित हुई है। फिर शब्द ही प्रत्येक विचार और वस्तु का स्रोत है। यह वही बात है जिसे भारतीय चिंतन 'शब्द-ब्रह्म' की अवधारणा में प्रस्तुत करता रहा है। वाणी के तीन स्तर हैं--बैखरी, मध्यमा और पश्यन्ती। परवर्ती परंपरा में 'परावाणी' का विधान हुआ--किंतु परा और पश्यन्ती एक होकर ही सामने आईं। 'वाग्देवी' की अवधारणा में विश्वभर का अर्थ 'उपस्थित' हो गया। 'सिग्नेचर इवेण्ट कांटेक्स्ट' में देरीदा इस सार सर्वस्व को पा गए कि वक्तृत्व से लेखन विशिष्ट

है। अर्थात् 'कामायनी' नर-नारी के 'काम' (इच्छा-आकांक्षा) का टकराव है तो उसके साथ इच्छा-क्रिया-ज्ञान–तीनों का टकराव है और इस दार्शनिक खेल का शमन तीनों की 'क्रिया भिन्नता' में नहीं है–समरसता में है। भाषा की अर्थ क्रीड़ा के लिए देरीदा 'डिफरेन्स थियरी' को जन्म देते हैं। यहाँ डिफरेन्स के दोनों अर्थ मौजूद हैं–'विभेद' (डिफरेन्स) और 'स्थगन' (डिफरमेंट) भाषा में अर्थ 'विभेद' से निष्पन्न होता है और चूँकि अर्थ का कोई निश्चित आधार नहीं है–उसकी निश्चयात्मकता 'स्थगन' में है। देरीदा एक और पदबन्ध का प्रयोग करते हैं–'डिसेमिनेशन' अर्थात् अर्थ का बीज वपन, अर्थ-स्फोट। भाषा में अर्थ के 'विभेद और स्थगन' की यह अर्थ लीला निरंतर सक्रिय रही है। इसलिए इस विनिर्मितवादी या विरचनावादी पद्धति को देरीदा स्वयं दोहरी पढ़त का नाम देता है। अर्थात् एक पढ़त में उन अर्थों से बहस जो 'पाठ' से सामान्य अभिप्राय ग्रहण किए हुए हैं और दूसरी पढ़त में 'क्लोज रीडिंग' वह 'डिफरेन्स' और 'डिसेमिनेशन' को देखकर अर्थ और अर्थ के निरसन का नया अर्थ उन्मेष करता है। पाठ अंततः अंतर्विरोध के हत्थे पड़कर भटक जाता है–विरोधाभास का शिकार हो जाता है–जिसे देरीदा 'अपोरिया' कहते हैं। अपोरिया अर्थ के एकत्व से मुक्ति और अर्थगत अनिश्चितता-व्यंजकता का आमना-सामना। इस प्रकार विनिर्मितवाद अर्थ की केंद्रहीनता का सिद्धांत है।

उत्तर-संरचनावादी चिंतन में मिशेल फूको ने यह विचार सामने रखकर भूकंप ला दिया कि 'पाठात्मकता' (टैक्स्च्युलिटी) ही सबकुछ नहीं है। विश्व में जो शक्ति और सत्ता का खेल हो रहा है उसमें 'पाठ' का विमर्श (डिस्कोर्स थियरी) जरूरी है। पाठात्मकता के सिद्धांत तो राजनीतिक-सामाजिक 'शक्तियों' और 'विचारधाराओं' को 'अर्थोत्पत्ति' का माध्यम मानकर उनकी हैसियत को कम कर देते हैं। अतः 'शक्ति' को 'पाठ' तक सीमित करना कहाँ का न्याय है? कोई हिटलर जब राष्ट्र को युद्ध में जोतता है तो ऐसा वह 'विमर्श' की 'शक्ति' से ही कर पाता है। वास्तविक 'शक्ति' के प्रयोग को 'विमर्श' ही संभव बनाता है। कहना न होगा कि फूको के विमर्श सिद्धांत पर जर्मन दार्शनिक नीत्शे का गहरा प्रभाव है। यह भी कहा जाता है कि फूको वहाँ से अपने विचार को शुरू करते हैं, जहाँ से नीत्शे ने उसे छोड़ा था। फूको ने उस शक्ति को चुनौती दी जो सत्ता-संस्थाओं को हर युग में नसीब रही है। फूको मानते हैं, शक्ति सत्ता से संपन्न समर्थ व्यक्ति ही यह निर्धारित करते हैं कि क्या कहना चाहिए क्या नहीं। जैसे परा अहं इदम् को दबाता है वैसे ही शक्ति आकांक्षा के दमन के लिए ही प्रयुक्त की जाती है। फूको का मत है कि समस्त ज्ञान शक्ति की आकांक्षा (विल टु पॉवर) का व्यंजक है। हर तरह का ज्ञान-विज्ञान शक्ति के सत्ता-संस्थानों से जुड़कर ही नया अर्थ या भाष्य पाता है। फूको ने 'मैडनेस एंड सिविलीजेशन' पुस्तक में 'उन्माद' पर कई कोणों से विचार किया–व्यापारोन्माद, अर्थोन्माद, ज्ञानोन्माद, शक्तियों का उन्माद, काम-भोग का उन्माद न जाने कितने

अकथित व्यक्ति मन के अभिलेखागार हैं। हमें उन नियमों-सिद्धांतों को मानना पड़ता है नहीं तो 'पागल' घोषित किया जा सकता है। इतिहास के विभिन्न युगों में ज्ञान के विभिन्न रूप उप रूपों के साँचे तैयार किए गए जैसे यौन-अपराध के साँचे और वे साँचे अपर्याप्त हो गए। नए साँचों की तलाश शुरू हुई। एक युग दूसरे युग का उतना विस्तार नहीं होता जितना 'परिवर्तन' इसी अर्थ में हिंदी की आधुनिक कविता में 'छायावाद' द्विवेदी-युग का न विस्तार है न प्रतिक्रिया। वह एक परिवर्तन है—सामाजिक-राजनीतिक शक्तियों से उत्पन्न परिवर्तन। इसी अर्थ में इतिहास विमर्शगत परिवर्तनों की एक क्रमबद्ध कड़ी होती है। शक्ति के दबाव से परिवर्तमान वर्ग 'संस्कृति के अभिलेखागार' हैं। 'सकारात्मक अवचेतन' का ही दूसरा नाम हैं। हर युग के विचारात्मक ढाँचे का नाम 'एपिस्टीम' है। एक 'एपिस्टीम' युग ढाँचे की समाप्ति पर दूसरा ढाँचा (वैचारिक ढाँचा) सक्रिय होता है। इसलिए इतिहास का वस्तुपरक अध्ययन असंभव होता है। राजनीति, कला, साहित्य में शक्ति 'विमर्श' से ही प्राप्त होती है। इस अर्थ में विमर्श वह हिंसा है जो हम विचारों-वस्तुओं-प्रतीकों-मिथकों के साथ करते हैं। प्रायः दो पक्ष होते हैं—वे जो विमर्श की शक्ति रखते हैं—दूसरे वे जिन्हें विमर्श का अधिकार नहीं है।

यूरोपीय विद्वानों में इस विचार पर बहुत बहस हुई और बहस जारी है कि लिखारी लिखती हैं—लेखक नहीं। 'राइटिंग राइट्स नाट ऑथर' अर्थात् परंपरा परंपरा को लिखती है—लेखक नहीं लिखता। यह प्रश्न भी कम चौंकाने वाला नहीं है कि कब लेखक 'व्यक्ति' होता है, समाज होता है, देश होता है, कब नहीं होता। रचना प्रक्रिया पर बहसों के साथ अब यह क्षेत्र मनोविश्लेषणशास्त्र को समर्पित कर दिया गया है। लेकिन इस समस्या का सही समाधान आ नहीं सका है और समस्या जटिल पहेली की तरह आज भी हमारे सामने है। आज जो लेखन हो रहा है, उसका बड़ा भाग है—कथा-साहित्य। इसलिए आलोचना आज कविता केंद्रित आलोचना न होकर कथा केंद्रित-रचना केंद्रित आलोचना है रचनाकार केंद्रित नहीं। इसलिए मैं अपने विषय को सीमित करूँगा और 'भारतीयता' को परिभाषित करने के चक्कर में नहीं पड़ूँगा। क्योंकि 'भारतीयता' को तो कोई अरविंद-विवेकानद-गाँधी या रवींद्रनाथ ही परिभाषित कर सकता है। रवींद्रनाथ ने अपने प्रसिद्ध लेख 'भारतवर्ष में इतिहास की धारा' 1912 में यह ध्यान दिलाया है कि भारतीयता अनेक आर्य-अनार्य परंपराओं के मिश्रण से बनी है। हमारी भारतीयता सामासिक-संस्कृति से ज्यादा मिश्र-संस्कृति से बनी है अतः भारतीयता और भारतीय संस्कृति के निर्माण में आर्येतर संस्कृतियों की भूमिका को न भूलना चाहिए। 'किसी को यह नहीं समझना चाहिए कि अनार्यों ने हमें कुछ नहीं दिया। वास्तव में, प्राचीन द्रविड़ सभ्यता की दृष्टि से हीन नहीं थे। उनके सहयोग से हिंदू सभ्यता को रूप-वैचित्र्य और रस-गांभीर्य मिला।' इसलिए भारतीयता को बहुलतावादी, बहुदेववादी संस्कृति ने सींचकर रंग-बिरंगे फूलों वाले

गुलदस्ते का रूप दिया।

रवींद्रनाथ ने भारतीय संस्कृति का नया भाष्य तो किया लेकिन उसे परिभाषित करने का व्यर्थ जोखिम नहीं उठाया। 'नेशनलिज्म' पुस्तक का लेखक देशप्रेमी रचनाकार था और भारतीय इतिहास के उतार-चढ़ावों के प्रति पूरी तरह सजग। जबकि वे हमारे कविवर जयशंकर प्रसाद की तरह मानते थे कि संस्कृति सौंदर्य बोध के विकसित होने की मौलिक चेष्टा है और चित्त की वह खेती भी जिसके भीतर से निरंतर खरपतवार को बीनकर खोजकर निकालना पड़ता है। योगी अरविंद ने पुस्तक लिखी—'फाउंडेशन ऑफ इंडियन कल्चर'। इस किताब ने पश्चिमी प्राच्यवादियों को चौंकाया और सोचने पर विवश किया कि भारत का सब कुछ गड़रिया-गान, साँप-छछून्दर खेल ही नहीं है उसके पीछे एक जाति का सभ्यता का चिंतन है। हिंदी में आचार्य हजारीप्रसाद द्विवेदी पहले व्यक्ति हैं जिन्होंने संकेत दिया कि अशोक की भी अपनी स्मृति परंपरा है, आम की भी है, बकुल की भी है, चंपे की भी है। सब क्या हमें मालूम है। जितना मालूम है उसी का अर्थ क्या स्पष्ट हो सका है। उन्होंने कालिदास पर गंधर्व-यक्ष-किन्नर आर्येतर जातियों का सर्वाधिक प्रभाव माना और कहा देश और जाति की विशुद्ध संस्कृति केवल बात की बात है। सब कुछ में मिलावट है, सब कुछ अविशुद्ध है।

मैं फिर यहाँ मिशेल फूको के बाद उनके योग्य शिष्य एडवर्ड सईद पर लौटना चाहूँगा क्योंकि सईद ही फूको का प्रबुद्ध अमरीकी हस्ताक्षर है। फिलिस्तीनी है और नीत्शे के प्रभा-मंडल में फँसा हुआ। अपनी विमर्शगत ताकत से वह 'अमेरिकावाद' की सामाजिक-राजनीतिक स्थिति को 'विमर्श-सिद्धांत' से जोड़ सकता है। अद्वितीय किस्म का 'एनालिसिस्ट' है सईद। उसकी पुस्तक 'ओरिएंटलिज्म' (1978) पश्चिमी प्राच्यविदों की नाक पर घूँसा जमाने के बाद कहती है कि यूरोप का सोच आघातकारी है। हमें मालूम है कि किस तरह पश्चिमी प्राच्यविदों ने पूर्व की छवि को पश्चिमवालों की दृष्टि में धूल में ध्वस्त करने की साजिश रची है और पूर्व की सांस्कृतिक-साहित्यिक-आध्यात्मिक और दार्शनिक अवधारणाओं को उसके संदर्भों से काटकर गलत ढंग से पेश किया है। क्या यह सच नहीं है कि पश्चिम हमारे ज्ञान का दोहन करता रहा, हमें खोखला और तबाह करता रहा। इसलिए 'कल्चर एंड इम्पीरियलिज्म' पुस्तक में सईद ने कहा कि अतीत के 'पाठ' का या 'पाठों' का एकांगी अध्ययन नहीं किया जा सकता। उन पाठों के 'कुपाठ' (नॉन टैक्स्च्युअल) में जो दमित अर्थ है उसे उभारना-जगाना होगा ताकि वह पश्चिमी साम्राज्यवाद, नव-साम्राज्यवाद की बर्बरता की कहानी कह सके। हमें ज्ञान के अभिलेखागारों में चित्त-समाधि से पैठना होगा। ताकि साम्राज्यवादियों की काली करतूतों से पर्दा उठाया जा सके।

यह हमारा सौभाग्य नहीं तो क्या है पश्चिम में भारत को एक मनीषी चिंतक मिला पादाचार्य कुमार स्वामी। संस्कृत में अभिनवगुप्त को 'पादाचार्य' कहा जाता है। आचार्य बहुत हैं और आचार्यों की मजाक भी उड़ाई जाती है। लेकिन अभिनवगुप्त

की मजाक बनाने की हिम्मत किसी में नहीं। मम्मटाचार्य की भी नहीं। पादाचार्य कुमार स्वामी ने 'ईस्टर्न आर्ट', 'इंडियन एंड इंडोनेशियन आर्ट', 'द्विपक्ष' तथा 'डान्सिस ऑफ शिव' लिखकर एक जबरदस्त काम किया। पश्चिमी प्राच्यविदों की नींद तोड़ दी—कच्ची नींद तोड़ दी। इसलिए वे बच्चे की तरह बहुत रोए-चिल्लाए। पश्चिम को यह समझने में कौन-सी कठिनाई नहीं उठानी पड़ी कि काव्य विद्या है, कलाएँ उपविद्या। यहाँ काव्य को कला नहीं कहा गया। कला माने कौशल, मानवीय संस्पर्श से उत्पन्न चमत्कारवाद। इसी भारतीय चिंतन को अज्ञेय जी ने 'असाध्य वीणा' शीर्षक लंबी कविता में प्रस्तुत किया है। प्रियंवद वीणा बजाने से पूर्व कहता है 'कलाकार हूँ नहीं शिष्य साधक हूँ। जीवन के अनकहे सत्य का साक्षी।' अर्थात् कलाकार तो दिखावा करता है, सम्मोहन करता है—पच्चीकारी करता है। हमारे यहाँ कला की 'विमर्श' परंपरा है। लेकिन 'विमर्श' से पहले हम इस 'प्रतिज्ञा' को नहीं भूलते कि काव्य उस मनोमानसिकता का बिंब है जिसे कंसीव तो किया जा सकता है लेकिन प्रस्तुत कभी नहीं किया जा सकता। हिरोशिमा-नागासाकी पर तमाम कविताएँ-उपन्यास-कहानियाँ लिखी गईं। लेकिन क्या उस व्यथा को पूरी तरह लिखा जा सका जो घटित हुई। कविता-कला उस यथार्थ के आसपास चक्कर ही काट सकती है। उसके 'भीतर' के 'यथार्थ' को नहीं कह सकती। बयान बाहर व्यथा का नाम है—हिरोशिमा। उस दर्द को झेलती भाषा की झिल्ली फट जाती है।

भारतीय-परंपरा 'सेल्फ नॉट' की अहं रहित होकर जीने की परंपरा है। इसी परंपरा का अरबिंद कुमारजीव एवं कुमार स्वामी ने नए चिंतन संदर्भों में भाष्य किया है। भारतीय सांस्कृतिक मनोभूमि में 'अपने को कर्त्ता मानने का दम्भ' कभी नहीं रहा। यहाँ तो 'सर्वधर्म परित्यज्य मामेकं शरणं व्रज' की गीता पुकार रही है। हमारी पूरी संस्कृति की बुनावट में अपने को माध्यम-समर्पण मानने का यह भाव निरंतर विद्यमान रहा है। यूरोप के चिंतन केंद्र में है—'मनुष्य' जो उसे ईश्वर से जोड़ता है—जीवन जगत् से जोड़ता है। इसलिए यूरोपीय रिनेसाँ में मनुष्य की वह छवि थी जो उसने स्वयं बनाई थी। उसकी अपनी आत्मकेंद्रित छवि। किंतु भारत ने आत्म-विस्तार के बिंब में अपने विचारों-मिथकों-विश्वासों को रूप दिया। उसके अपने अनंत जीवन की लय में ही उसकी आत्मा और प्रेरणा के स्रोत छिपे रहे हैं। इसलिए हमारी 'सभ्यता' और 'संस्कृति' के केंद्र में रचनाकार रहे—वेद-उपनिषद्-रामायण-महाभारत-गीता का विचार-विस्तार रहा। पूरी प्रकृति में समाया मनुष्य रहा। केवल मानव केंद्र में नहीं रहा। केंद्र में रही 'प्रकृति' और उसके साथ साहचर्य का भाव। प्रकृति को दुहने का भाव, प्रकृति को रौंदने और उस पर स्वामित्व स्थापित करने का भाव भारतीय दर्शन में ही नहीं था, रहा प्रकृति से तदाकार होकर जीवन जीने का समग्रता बोध। इसी समग्रता के कारण जब भारत ने 'मॉडर्न ऐज' में प्रवेश किया तब वह आत्मविभाजित न था लेकिन जब भारत ने यूरोपीय आधुनिकता का सहारा पकड़ा तो उसके जुड़े

हुए तार टूटने लगे उसकी लय फट गई और जातीय स्मृति पर खतरा मँडराने लगा। क्योंकि अतीत की स्मृति को मिटाए बिना 'मॉडर्न' नहीं हुआ जा सकता।

आश्चर्य की बात यह नहीं है कि आधुनिकता ने पश्चिमी ढंग की आधुनिकता ने 'भारतीय सभ्यता' को संस्कृति को केले के पत्तों की तरह अपनी आवारा हवाओं से चीर दिया। लेकिन विडंबना यह कि इस यूरोपीय आधुनिकता ने 'प्रगति' और 'विकास' के सुनहरे सपने दिखाए। 'सेकुलर' फिलासफी का पाठ पढ़ाया और ऐसे कौशल से पढ़ाया कि उसके भीतर से जातिवाद, प्रदेशवाद, सांप्रदायिकतावाद, व्यक्तिवाद और अधिनायकवाद के अंकुर फूटकर वृक्ष बने। भारत में जहाँ तक मेरी निगाह जाती है, वहाँ तक यही कि सेकुलरवाद के नाम पर 'फूट डालो' का मंत्र सिद्ध किया और 'यूरोपीयता' को आधुनिकता का पर्याय बनाकर दम लिया। भारतीयों ने इसी यूरोपीय आधुनिकता से जो भविष्य पूजन शुरू किया था—उसी की देन है—उत्तर-आधुनिकतावाद। भारत में उत्तर-आधुनिकता एक दिन का जादू नहीं है यह उसकी परिणति है जिसे हमने 'प्रगति' के नाम पर पाया है। यह अलग बात है कि भारत के लिए यह 'प्रगति' बहुत कुछ 'दुर्गति' बन रही है। हमारी अपनी गरीबी का इतिहास अंग्रेजी उपनिवेशवादी शोषण से जुड़ा था लेकिन हम उसे भूलकर फिर उन्हीं के पीछे लग लिए जिन्होंने इस देश को दुहा था—दुधारू गाय की तरह। उत्तर-आधुनिकता ने सूचना-संपन्न और सूचना-विपन्न दोनों तरह के लोगों को जन्म दिया। भविष्य शास्त्री आल्विन टॉफलर 'फ्यूचर शॉक' लिख रहे थे और 'प्रगति' की 'थर्ड वेव' का इंतजार। यह थर्ड वेव अमेरिका-ब्रिटेन-फ्रांस में आई लेकिन तीसरी दुनिया के देशों में उजाले के उल्लू बनाकर ठहर गई। हमारे देश में नैतिक-अनैतिक टूटकर हिप्पी, बीट, जेन, अस्तित्ववादी विचारों की हवाएँ आईं और संस्कृति का राधा भाव इस सैलाब में बह गया—ढह गया। इस बार हमें अहसास हुआ कि उत्तर-आधुनिकता पूँजीवादी-समाज का नरक है जो आदमी को स्मृति विहीन करता है—अकेला करता है—यौनवादी भोग का लालची मानव बनाता है। अतः सोचने की बात है कि हमारे लिए यह प्रगति यह परिवर्तन यह सुधार यह धर्मनिरपेक्ष राजनीति, दलित आरक्षण और नारीवादी अस्मिता-विमर्श का आखिर अर्थ क्या है? हमारी समाज व्यवस्था के लिए कितना उपयोगी है यह अर्थ?

हम भारतीयों की यह परंपरा रही है कि हमने निरंतर संवाद-विवाद के अखाड़े निर्मित किए हैं—दर्शन में पूर्व-मीमांसा और उत्तर-मीमांसा के नाम पर, निर्गुण, सगुण के नाम पर न जाने कितने तर्क कितने कोणों से उठाए हैं। भारतीय काव्यशास्त्र में 'रस' पर कितनी करारी बहसें की हैं लेकिन आज हमारा मुँह यूरोप की ओर है। यूरो केंद्रित चिंतन की ओर बंगाल के नवजागरण की प्रधान प्रेरणा यूरोपीयता थी। यूरोपीय आधुनिकता जिसमें साम्राज्यवाद और मानवतावाद की कुश्ती लड़ी जाती रही। इस यूरोपीय रेनेसाँ ने भारत में आकर अतीत गौरव के नाम पर वेदों-उपनिषदों को सराहा अवश्य लेकिन उनकी मूल दृष्टि में भविष्य पूजन था, यूरोपीय आदर्शों-मान्यताओं

को जगाने फैलाने का संकल्प था, जो 'पश्चिमवाद' को भारत में स्थायी बना सके। भारत के आधुनिकीकरण की आड़ में उसका यूरोपीयकरण कर सके। अतीत की चेतना से अभिभूत भारतीय बुद्धिजीवी जब 'मॉडर्न' बनने के चक्कर में चल पड़ा तो उसे अपने सभी पुराने आख्यान मिथक प्रतीक दर्शन-साहित्य पर से आस्था उठने लगी। उसे हमारा पूरा भारतीय भक्ति-साहित्य 'रिएक्शनरी डिवोशनल (भक्ति) लिटरेचर' दिखाई देने लगा। धर्मनिरपेक्ष चेतना के प्रतिनिधि विवेकानंद-गाँधी-जयप्रकाश-लोहिया नहीं मार्क्स-लेनिन-फ्रायड-मैक्स वेवर दिखाई देने लगे। अतीत की वे गाथाएँ जो हमें गौरवान्वित करती थीं उन पर शर्म आने लगी। हमें ही हमारा सब कुछ अंधविश्वासों से भरा नजर आया। उन्नीसवीं शताब्दी का भारतीय बुद्धिजीवी जो इस देश से जुड़ा था बीसवीं शताब्दी में वही बुद्धिजीवी इस देश के चिंतन-परंपरा संस्कृति से दूर हो गया और इक्कीसवीं शताब्दी के उत्तर-आधुनिक समाज में उसकी हालत 'मीडिया क्रांति से पागल' मनुष्य की हो गई। वह अपने पाठ्यक्रमों से 'साहित्य' को उजाड़ने लगा और वहाँ 'मीडिया क्रांति' के लिए प्लॉट काटने लगा। हर तरफ से हमारी स्मृति को मिटाने पर आमादा हो गया। हर तरफ से 'स्मृति' पर आतंकवादी हमला। यही कारण है कि आज देश प्रेम, राष्ट्रीयता, भारतीयता, लोकतंत्र, धर्मनिरपेक्षता जैसी तमाम अवधारणाएँ न केवल अमूर्त्त हो गईं अपितु परेशानी का कारण बनने लगीं। जिनके लिए कभी भी भारत का अतीत सर्वोपरि था आज उनके लिए भारत का भविष्य सर्वोपरि हो गया है—वे 'गे कल्चर', 'लेस्बियन कल्चर', 'मैडोना-जैक्सन कल्चर' पर फिदा हो गए। कुँवारे मातृत्व के गीत गाने लगे। और यह सब संस्कृति की स्मृतियों को मिटाकर ही संभव हो सकता है। अंग्रेजी सभ्यता ने हमारी संस्कृति को भ्रष्ट किया था, घायल किया था, विकृत किया था, लेकिन आज तो हम स्वयं 'संस्कृति' को नष्ट करने पर आमादा हो गए।

दरअसल, अगर हम थोड़े समय पहले के आधुनिक नवजागरण पर निगाह डालें तो बहुत-सी चीजें साफ दिखाई देने लगती हैं। हिंदी में भारतेंदु, बंगला में माइकेल मधुसूदन दत्त, उर्दू में हाली, पंजाबी में भाई वीर सिंह, उड़िया में वेजवरुआ, असमिया में फकीर मोहन सेनापति, गुजराती में नर्मदा शंकर, मराठी में केशवसुत, तमिल में सुब्रह्मण्यम भारती और उनके आसपास के अनेक भारतीय साहित्यकारों की 'अंतर्वस्तु' पर विचार करें तो पाएँगे कि वह लगभग एक जैसी है। उसमें पराधीनता से मुक्ति पाने का अटूट अरमान है और अपनी उजली आधुनिक भारतीयता आधुनिकता को पाने की अदम्य लालसा। लेकिन आजादी के बाद का पूरा भारतीय साहित्य 'मोहभंग' की चेतना से भरा हुआ है और कथा-साहित्य में पश्चिमी तकनीकों का सिरफिरा अनुकरण। हमारी संवेदना में उमड़ने-घुमड़ने वाली भाव वृत्तियाँ जिस जटिल आधुनिक भाव-बोध से निर्मित हो रही हैं—उनके मूल में उत्तर-पूँजीवाद, भूमंडलीकरण, बाजारवाद, उपभोक्तावादी संस्कृति का खेल है। हिंदी में इस खेल को मनोहर श्याम जोशी खेलते

हैं कसप, कुरुकुरु स्वाहा, ट-टा प्रोफेसर, हरिया हरक्युलिस की हैरानी जैसे उपन्यास लिखकर। यहाँ संडास-दर्शन का आलम यह है कि 'प्रेशर' से व्याकुल प्रेमी के नाड़े की गाँठ नायिका नाखून और दाँतों से खोल रही है। हिंदी की ब्रह्मगाँठ मनोहर श्याम जोशी के हाथों ही खुली। हमारी संस्कृति का हरामी हरिया-दर्शन लिंग और योनि के भूगोल को भूलकर आँतों में 'मल' बनकर, गू बनकर चिपक गया। इससे बनाया गया लिंग-दर्शन हिंदी के काम आ गया। मैथिलीशरण और जयशंकर प्रसाद के सांस्कृतिक-पवित्रतावाद मानववाद को अज्ञेय और मुक्तिबोध माचिस नहीं दिखा सके। क्यों 'हम बाँधे हुए थे पट्टियाँ संस्कार की' इन संस्कारों के पहियों को राजकमल चौधरी ने खोला, धूमिल, रघुवीर सहाय ने खोला और खोला इधर कृष्णा सोबती और मनोहर श्याम जोशी ने। एक पुराने आख्यान के साँचे-ढाँचे को तोड़कर एक नया आख्यान गढ़ा मनोहर श्याम जोशी ने जिसमें अज्ञेय-अमृतलाल नागर-यशपाल-जैनेंद्र-इलाचंद्र जोशी की 'स्मृति' का रंग धुँधला पड़ गया है। कथा-क्षेत्र में जोशी जी ने 'अपूर्व' प्रयोग किए और पहले मीडिया मैन बने। व्यावसायिक पत्रकार, पटकथा लेखक, संपादक और हिंदी में उत्तर-आधुनिकतावादी लेखन के आदि प्रवर्तक।

मनोहर श्याम जोशी ने ध्यान दिलाया कि हम लोग अब अज्ञेय, कमलेश्वर, मोहन राकेश, शिवप्रसाद सिंह और नरेश मेहता की दुनिया से बहुत आगे निकल आए हैं। बीसवीं शताब्दी का बच्चा स्वाधीन भारत में जानता था कि 'संवत्सर', 'कल्प', 'पचांग', 'प्रस्थानत्रयी', 'अर्द्धनारीश्वर', 'ऋतु' का क्या अर्थ-संदर्भ था। लेकिन अब ये और इस तरह के सैकड़ों शब्द नई शहरी पीढ़ी के पल्ले नहीं पड़ते। बुद्धिजीवियों, अफसरों, बड़े व्यापारियों आदि के बच्चे न भारतीय कालगणना जानते हैं न पंचतंत्र की कहानियाँ, न हिंदी की गिनती। वे अक्सर पूछते हैं—'पापा व्हाट इज नाइंटी' जब भारत जैसे सभ्यता-संस्कृति-साहित्य-दर्शन से संपन्न और पुराने देश का यह हाल है तो नए देशों का क्या होगा? हर कहीं अमरीकी संस्कृति का वर्चस्व है और यौन स्वच्छंदता मुक्त व्यापार, समानाधिकार, अमरीकी लोकतंत्र की बात हो रही है—पूरा देश आज अमरीका का 'उपनिवेश' बनकर रह गया है और खुश है। दिमाग पर जोर न देना पड़े ऐसे 'कॉमिक्स' पढ़ने को आतुर पॉप म्यूजिक और पॉपुलर लिटरेचर, आर्ट, थियेटर का दीवाना देश फादर्स डे, मदर्स डे, सेंट वैलेंटाइन्स डे जैसे अमरीकी त्योहार मनाने को आकुल व्याकुल पीढ़ी। भारत के पर्व-त्योहार, तीर्थ, पूजास्थल सभी लुटेपिटे उदास मरियल-पीले और अर्थहीन। सभी भारतीय त्योहारों का व्यवसायीकरण अमरीका की तरह हो रहा है। त्योहारों का एक ही 'भजन' बच गया है—कार्ड भेजना, गिफ्ट भेजना। सेल्युलर फोन से दिल मिलाना, घंटों बतरस, डेटिंग और डिजाइन क्लब। गायब हो रहा है 'आल्हखंड' वाला देश। वाचिक-परंपरा वाले सूरदास और लोक-संस्कृति की कथाओं से भरे तुलसीदास, क्रांतिकारी कबीर और प्रेम दर्शन के संत जायसी, सभी अपना 'अर्थ' खो रहे हैं। असल में, साहित्य ही केंद्र से हटकर परिधि पर आ

गया है और मीडिया अब साहित्य नहीं परोसता। 'देह' परोसता है और देह के माध्यम से उपभोक्ता संस्कृति की अनेक चीजें। ये चीजें हमारा चैन तोड़ देती हैं हम जितना कमाते हैं उससे ज्यादा ऐशो-आराम पर खर्च करने को तड़पते हैं। यह 'बाला' प्राप्त करने को अधीर नारद मुनि की नई बाला तड़प संस्कृति है जिसके मूल में बेपर्दा होने और बेपर्दा करने की तमन्ना है। हर चीज प्रायोजित, कंपनियों के प्रायोजित कार्यक्रम, राजनीति की प्रायोजित सभाओं में सुंदर मुखड़ों की प्रदर्शनी। मीडिया-कंप्यूटर-इंटरनेट की पूजा और 'प्रगति' का ढोल। मारू संगीत की धुन पर थिरकता मेरा छोरा, अब माइकेल जैक्सन बनना चाहता है। उसमें आधुनिक गँवारों का अजनबीपन बढ़ रहा है—वह आधुनिकता का ग्लोबल व्यापी गाँव बना रहा है। उसमें सठियायी आधुनिक पीढ़ी के लिए जगह नहीं है। युवा आधुनिक पीढ़ी इस पीढ़ी को 'बौढ़म पापा पीढ़ी' कह रही है। यह ऐसा 'ग्लोबल गाँव' बस रहा है जिसमें बच्चा 'पापा-मम्मी' तक को बर्दाश्त करना नहीं चाहता। पड़ोसी और रिश्तेदार तो हैं ही उसके लिए कूड़ेदान-पीकदान। इस 'ग्लोबल गाँव' के 'ग्लोबल मीडिया' पर कामिस-काम-प्रसंगों का खेल चलता है और हर कोई चाहता है 'सेलिब्रिटी' होना। सेलिब्रिटी होना ही महत्त्वपूर्ण है इक्कीसवीं शताब्दी की ओर बढ़ने में। मीडिया के सामने 'नाजायज औलाद' अकेले महेश भट्ट नहीं हैं बहुत निर्देशक और अभिनेता हैं—दूरदर्शन और फिल्मों के।

समाजशास्त्री ल्योतार ने 'पोस्ट-मॉडर्न कंडीशंस' पुस्तक लिखकर यह बताया है कि सभी 'महाआख्यानों का अंत' (मेटा नैरेटिव्स) हो गया है। फिर फ्रांसिस फूकोयामा ने 'दि एंड ऑफ दि हिस्ट्री' पुस्तक लिखकर कह दिया 'इतिहास का अंत' हो गया है। फिर डेनियल वेल ने पुस्तक लिखकर कहा, 'एंड ऑफ दि आइडियोलॉजी' और रोलां बार्थ बोले 'आथर' या लेखक का अंत। इस अंतवाद से सबसे ज्यादा झटका लगा हीगल तथा मार्क्स के महाआख्यानों को क्योंकि आधी दुनिया इनके सपनों में खोई हुई थी। यही वे ऐतिहासिक विचारधाराएँ थीं जो निर्मल वर्मा के शब्दों में कहें तो 'मानववाद' की छलनाओं का केंद्र थीं और जिसमें बहुलतावादी-बहुसंस्कृतिवादी, आध्यात्मिक पवित्रता-सहिष्णुता के 'भ्रम' पालपोसकर बड़े किए थे और इनके ही शिकार थे उदार प्रजातंत्रवादी। दोनों अपनी परस्पर विरोधी प्रेरणाओं के स्रोत फ्रांसीसी राज्य क्रांति और यूरोपीय रेनासाँ, यूरोपीय आधुनिकता में पाते थे। इसे पुष्ट किया उन्नीसवीं शताब्दी की औद्योगिक क्रांति ने। लेकिन जब बीसवीं शताब्दी के अंतिग दशकों में साम्यवाद अनार की तरफ फटकर धूल में बिखर गया। वे शासन व्यवस्थाएँ जो कभी साम्यवाद से प्रेरणा पाती थीं तब उनकी मूल अवधारणाओं पर प्रश्न उठे। 'भारत और यूरोप : प्रतिश्रुति के क्षेत्र' में कहा है निर्मल ने 'हर जगह वे शासन व्यवस्थाएँ ताश के पत्तों की तरह ढह रही हैं, जो कभी मार्क्सवादी-दर्शन से प्रेरणा प्राप्त करती थीं। तब हमें उन मूल अवधारणाओं का परीक्षण करना पड़ेगा जिन्होंने

आधुनिक यूरोपीय मनीषा को स्थापित किया था। हम यह कहकर छुट्टी नहीं पा सकते कि 'साम्यवाद का पतन' सिर्फ मानववादी दर्शन का स्खलन मात्र है। हमें उस स्खलन के पीछे स्वयं मानववादी दर्शन की सीमाओं को जाँचना होगा। हम जाँचना शुरू करते हैं तो पाते हैं कि मनुष्य सृष्टि के केंद्र में है अधिक विवेक वयस्क, स्वचेतना का निर्माता और सृष्टि के सभी जीवों से श्रेष्ठ और तर्क बुद्धि संपन्न। यूरोपीय मानववाद की 'मनुष्य' के बारे में यह अवधारणा रही है। मार्क्स का मनुष्य ही इस आत्मकेंद्रित अवधारणा में नहीं था, उसका विरोध था। पूँजीवादी व्यवस्था से उस अमानवीय, आतंककारी, अधिनायकवादी व्यवस्था से जो मनुष्य का न केवल शोषण करती थी, बल्कि उसकी उस मूर्ति को तोड़ती थी जो मानववादियों ने बनाई थी। औरतों और यूरोपीय संस्कृति का आधार स्तंभ यही मानववादी दर्शन था। इसी मानववादी दर्शन ने मनुष्य केंद्रित सेक्युलर समाज की परिकल्पना को जन्म दिया। इसमें 'प्रकृति' और 'ईश्वर' को देश निकाला मिला। फलतः मानववाद की इस आतंकवादी-घमंडी-घनघनाती अवधारणा कर विरोध यूरोप में उठा। नीत्शे, टॉलस्टाय, इलियट, आर्वेल, एजरा पाउंड सभी ने इसका विरोध किया। फिर बाल्शेविक क्रांति, कम्यूनिस्ट क्रांति के बाद सोवियत रूस में यातना दमन अत्याचार का जो दौर चला उसने मानव अधिकारों का हनन किया। अंततः पास्तरनाक सोल्झेनित्सिन को पूरे साहस से रूस के भयावह यथार्थ का भंडाफोड़ करना पड़ा। भारत के प्रगतिवादी सोवियत क्रांति की बर्बरताओं, विकृतियों पर, उनकी अमानवीय, घिनौनी हरकतों को छिपाते रहे यह सब जानबूझकर कि भारत के लोगों को क्या पता है कि वहाँ क्या हो रहा है और रूसी पैसा खाकर-खिलाकर यहाँ बुद्धिवाद का तूफान गरीब के नाम पर उठा। लेकिन रूसी जनता के दमन, स्तालिन के लेबर कैंप, अनगिनत रचनाकारों की हत्याएँ, सेंसरशिप, झूठे मुकदमे, यूक्रेन का दुर्भिक्ष, चेकोस्लाविया पर चढ़ाई और संहार का पता चला तो हम चौंक उठे। नात्सी कंसंट्रेशन कैंपों में मरने वाले यहूदियों की संख्या थी साठ लाख और सोवियत शासन की अनीतियों से मरने वालों की संख्या थी तीन-चार करोड़। यहाँ देखिए न फासिज्म की तुलना में कम्यूनिज्म का रिकॉर्ड कितना शानदार है। मानववाद के चिंतन का क्रूर सच कितना पीड़ादायक। हिंदी में अज्ञेय, धर्मवीर भारती, भवानी प्रसाद मिश्र, सर्वेश्वर, रघुवीर सहाय, विजयदेव नारायण साही, निर्मल वर्मा, मनोहर श्याम जोशी, न जाने कितने इस पीढ़ी के लेखकों का मार्क्सवाद से मोहभंग हुआ। क्यों हुआ ऐसा मोहभंग? उसके कारणों, तर्कों, अमानवीय करतूतों को इतिहास के परिप्रेक्ष्य में समझना चाहिए। यहाँ 'चाहिए' से काम नहीं चलेगा उसे तो समझना ही पड़ेगा।

अंग्रेजी राज में पं. रामनरेश त्रिपाठी ने भारतीय जनता की दरिद्रता का 'पथिक' काव्य में जब वर्णन किया तो हमारा कलेजा फट गया। दीन-दरिद्रता का वर्णन तुलसी और भारतेंदु ने भी किया है लेकिन इस क्षेत्र में रामनरेश त्रिपाठी का कोई जोड़ नहीं है। 'पथिक' के रचनाकाल में ही बाबा रामचंद्र का 'अवध किसान आंदोलन' चला।

इसकी झाँकी माखनलाल चतुर्वेदी, बालकृष्ण शर्मा नवीन में पाठक पाते हैं। लेकिन आजादी के बाद के भारत में जनता की दुर्दशा, भुखमरी, बेकारी, अपमान, यातना, विवशता, श्रम के परायेपन, अमानवीयता और सत्ता की मक्कारी, टुच्चापन-कमीनापन की सर्वेश्वर और रघुवीर सहाय ने जो तस्वीर खींची है वैसी न नागार्जुन में है न केदारनाथ अग्रवाल में। हाँ, ग.मा. मुक्तिबोध में है। रामनरेश त्रिपाठी के 'पथिक' का भाव विस्तार 'चाँद का मुँह टेढ़ा' में है। लेकिन रघुवीर सहाय ने राजनीतिक कविता लिखकर 'रामदास' पर ध्यान दिलाया। राष्ट्रगीत गाते फटे सुथन्नावाले हरिचरना का 'पीड़ा भाष्य' किया और कहा, 'लोकतंत्र का अंतिम क्षण है, कहकर आप हँसे।' रचना आज स्वयं जीवन की खरी-खरी आलोचना है।

रचना ही आलोचना है—खरी आलोचना है तो फिर 'आलोचना' के उस चिंतन का क्या अर्थ जो हम 'कामायनी' पढ़ने के बाद ग.मा. मुक्तिबोध की आलोचना कृति 'कामायनी : पुनर्विचार' को पढ़कर पाते हैं—अज्ञेय के रचना कर्म पर आलोचक रामस्वरूप चतुर्वेदी की आलोचना कृति 'अज्ञेय : आधुनिक रचना की समस्या' पढ़कर। फिर अब तो रचना की तरह आलोचना को 'सृजन' स्वीकार कर लिया गया है। रचना भी 'पाठ' और आलोचना भी। उत्तर-आधुनिक बुद्धिजीवी या रचना-विश्लेषक यह मानते हैं कि लिखने के बाद हर 'पाठ' अपने रचनाकार से अलग हो जाता है। यहाँ तक कि रचना अपने रचनाकार से नाता तोड़ लेती है—वह अपना स्वायत्त-स्वतंत्र जीवन जीती है और यह जीवन अर्थबहुलता-अर्थअनंतता में जीता बदलता रहता है। रचना का 'पाठ' अपने पाठक को कई तरह से जीता है और हर पाठक 'पाठ' को नया भाष्य देता है। मूल बात यह कि पुस्तक चाहे कविता की हो या आलोचना की उसका 'पाठ' हर नए पाठक के साथ बदलता है—एक तरह से पाठक ही 'पाठ' के अर्थ का उत्पादक बन जाता है। इस तरह रचना या आलोचना का न कोई स्थायी सत्य होता है, न स्थायी व्याख्या। हर रचना को 'पाठ' उसके अंतर्निहित संदर्भों में पढ़ता है और 'क्लोजरीडिंग' देता है। रचना ही अब अपनी 'थियरी' रचती है और अपना काव्यशास्त्र। इसलिए आज 'विचार' और 'विमर्श' का सर्वाधिक क्रांतिकारी पक्ष 'पाठकवादी आलोचना' सामने लाती है। यह कृतिकार के अस्तित्ववाद को निरस्त करके नया अर्थ लाती है—अर्थ वैविध्य के साथ। वॉल्टर जे. स्लाटोफ ने 'विद रिस्पेक्ट टु रीडर्स' में यह घोषणा कर दी है कि 'पाठ' के संबंध में इतिहास के कालों को लेकर यह प्रतिबंध नहीं लगाया जा सकता कि 'भविष्य का पाठक' उसे किस रूप में पढ़ेगा और क्या अर्थ देगा। चूँकि स्वभाव-शिक्षा-परिवेश से हर पाठक अलग तरह का है—वह 'अर्थ-स्वतंत्रता' में जिएगा रचना को अपनी शर्तों पर। रोमान याकब्सन ने साहित्यिक विमर्श पर बल दिया और कहा कि 'पाठ' को पाठक ही 'अस्तित्व' देता है क्योंकि हर पाठ कई तरह से पढ़ा जा सकता है—मूल अर्थ का कर्त्ता पाठक है जो 'पाठ' के भाषा तंत्र में प्रवेश करके उसे खँगालता है, हेरता है। इस तरह

पाठकवादी आलोचना 'पाठ' की स्वतंत्रता को नहीं मानती। वह तो केवल 'पाठक' को महत्त्व देती है, क्योंकि पाठक ही 'पाठ' में सोए अर्थ को जगाकर उससे हृदय-संवाद करता है। इस सत्य को उजागर करने के लिए सूजन सलेमन ने 'दि रीडर इन द टैक्स्ट : एस्सेज ऑन ऑडिएंस एंड इंटरप्रिटेशन', जेन. पी. टाम्पकिन्स ने 'रीडर रिस्पॉन्स क्रिटिसिज्म : फ्रॉम फार्मेलिज्म टु पोस्ट स्ट्रक्चरलिज्म' और एलिजाबेथ फ्राउंड ने 'द रिटर्न ऑफ द रीडर : रीडर रिस्पांस क्रिटिसिज्म' (1987) जैसी पुस्तकों का लेखन किया, असल में, सूजन सलेमन के साहित्य-विश्लेषण का दायरा बहुत बड़ा है। वे स्वरूप और प्रकृति की दृष्टि से पाठकवादी आलोचना को छह भागों में विभाजित कर देते हैं—(1) रेहटारिक-आलंकारिक, (2) सेमियोटिक स्ट्रक्चरल—संकेत विज्ञान से संबंधित, (3) फेनोमेनो लॉजिकल—दृश्य-प्रपंच-विज्ञान-विषयक, (4) हरमेन्यूटिक्स—अर्थ-मीमांसा मूलक, (5) सब्जेक्टिव साइकोलॉजिकल—व्यक्तिनिष्ठ मनोवैज्ञानिक, (6) हिस्टोरिकल सोशियोलॉजिकल—ऐतिहासिक समाजशास्त्रीय आलोचना एक दौर था छठे दशक का जब अमेरिकी आलोचना कलाकृति के 'पाठ' को लेकर बहुत चिंतित थी और उसमें अर्थ की समस्या एक चुनौती बनी हुई थी। शैली-विज्ञान और अलंकार शास्त्रीय आलोचना आपस में झगड़ रही थीं और 'नव्य समीक्षा' पाठ की स्वायत्तता पर अड़ी थी। भला हो नार्थोप फ्राइ का उन्होंने संरचनावादी आलोचना को 'मिथक' के विश्लेषण की तमीज सिखाई। फिर तो जोनाथन कुलर ने 'स्ट्रक्चरलिस्ट पोयटिक्स' ही बना डाली। उत्तर-संरचनावाद ने अर्थ-मीमांसा पर बहुत बल दिया। क्योंकि व्याख्या (इंटरप्रेटेशन) के लिए 'अंडरस्टैंडिंग' अर्थ-ग्रहण बहुत जरूरी है। फिर अर्थ-ग्रहण की प्रक्रिया अनंत है। यह बात वेदों का पाठ-विश्लेषण करने वाले भारतीय न जाने कब से जानते थे और अर्थ-मीमांसा तो हमारे चिंतन की बुनियादी भूमि ही थी, जिसे बौद्ध दार्शनिक नागार्जुन में अद्‌भुत रूप धारण किया। चूँकि मनुष्य इतिहास के भीतर अस्तित्व रखता है। अतः उसका अर्थ समझने के लिए जरूरी है कि उसे इतिहास अर्थात् परंपरा में ही समझा जाए।

भाषा-विज्ञान को 'अर्थ-मीमांसा' नहीं समझना चाहिए। वह अर्थ-मीमांसा है भी नहीं। भाषा-विज्ञान का कार्य शब्द की व्याख्या नहीं है, बल्कि उस तंत्र की खोज है जिसमें भाषा रूपाकार ग्रहण करती है। अतः संरचनावादी काव्यशास्त्र को भी अर्थ-मीमांसा समझना भूल है। विनिर्मितवाद के प्रवर्तक देरीदा ने ध्यान दिलाया है कि अर्थ 'उपस्थिति' से मुक्त है। दृश्य-प्रपंच विज्ञान के नायक एडमंड हुसर्ल कहते रहे हैं कि हमारा बोध दृश्य जगत् जाग्रत करता है। फलतः उसी के माध्यम से हम 'वास्तविकता' एवं उसके गुणों को पहचान दे सकते हैं। इसलिए दृश्य प्रपंच विज्ञान को 'नव यथार्थवाद' (न्यू रियलिज्म) भी कहा जाता है। इधर हुसर्ल के पश्चात् दृश्य प्रपंच विज्ञान में मार्टिन हाइडेगर, ज्याँ पाल सार्त्र और मॉरिस मर्लोपांटो जैसे बड़ी मनीषाओं के आने से भारी परिवर्तन आए हैं। लेकिन इनकी चर्चा को विस्तार देने

का न यहाँ समय है, न ही कोई संगति है। यह चर्चा फिर कभी।

यहाँ संक्षिप्त चर्चा नारीवाद की जरूरी है। चर्चा तो सबाल्टर्न की भी करनी चाहिए लेकिन समय नहीं है। हाँ, नारी-विमर्श आज की चिंतन-दृष्टि का मूल प्रश्न है। नारी के अस्तित्व और अस्मिता से जुड़े प्रश्न यह मानकर चले हैं कि नारी-पुरुष में व्याप्त 'विभेद सिद्धांत' ही सभी प्रश्नों की जड़ है। 'विभेद' का अर्थ है–'जेन्डर' सेक्स-यौनभेद और जैविक तत्त्ववाद (बॉयोलॉजिकल इसंशियलिज्म')। नारी अस्मिता का मूल मंत्र सिद्धांत है–'पर्सनल इज पोलिटिकल'। व्यक्तिगत कुछ नहीं होता। वह भी राजनीतिक भाष्य चाहता है। मिशेल फूको के शब्दों में शक्ति एवं सत्ता चाहता है। फिर आज के उत्तर-पूँजीवादी समय गें 'कल्चरल कन्फ्यूजन' के साथ 'कल्चरल फ्यूजन' जारी है। औरत अब 'सेकेंड सेक्स' नहीं है–'फर्स्ट सेक्स' है। नारी-दमन-शोषण के सभी प्रश्न एक 'पाठ' हैं और ये 'पाठ' बहुत सजग-सतर्क गहन भाष्य की अपेक्षा रखते हैं। महान आख्यानों का अंत होने से नारी से जुड़े सभी 'पाठों' का 'संदर्भ' उनमें प्रवेश कर गया है। अतः 'पाठ' के पाठक को 'अनकॉमन विजडम' चाहिए। अर्थात् नारी यथार्थ को नए संदर्भों में देखने की नई दृष्टि-अंतर्दृष्टि। स्त्रियोचित परिस्थिति भी कहती है कि पुरुषों का पितृसत्तात्मक प्रभुत्व अभी तक विधिवत कायम है। पितृसत्तात्मकता एक तरह का पुरुष अधिनायकवाद साम्राज्यवाद है जिसमें पुरुष ने स्त्री को अपना 'उपनिवेश' बनाया हुआ है। सभी तरह के संस्थानों पर पुरुष वर्चस्व कायम है और पुरुष चतुरता से या कभी-कभार धूर्तता से प्रकृति और नारी का शोषण करता है। आदमी भिखारी भाव से औरत से माँगता है और उसके नरम पड़ते ही उस पर स्वामी भाव से सवारी गाँठ लेता है। क्या ही आज 'वर्जुअल रियलिटी' आभासित यथार्थ सत्य पर हावी हो गया है। कई तरह का सत्याभास सत्य का अतिक्रमण कर रहा है जिसकी वजह से 'प्लास्टिक सेक्सुअलिटी' का चलन बढ़ा है।

सिन सेगल की इधर बहुचर्चित पुस्तक आई है नाम है–'इज द फ्यूचर फीमेल' क्या भविष्य स्त्रीत्व प्रधान होगा या है। सच यह है कि यह पुस्तक नारी-मुक्ति आंदोलन की ओर उठा हुआ कदम है। इसके बाद तो नारी के विरुद्ध होने वाले अत्याचारों को लेकर एक आंदोलन ही चल पड़ा। पहले तो नारी शरीर की बनावट जटिल है और इसकी जटिलता को बढ़ाता है नारी का रजोदर्शन। प्रतिगाह उसकी देह से एक पीड़ादायक निपात। नारी-देह की संरचना में प्रकृति ने इतने पेचीदा-रहस्यमय अवरोधक खड़े किए हैं कि वह चाहकर भी स्वच्छंद जीवन नहीं जी सकती। ज्यादातर सभ्यता संस्कृतियों ने उसे भोग्या वस्तु माना है। मार्क्स ने सर्वहारा वर्ग की व्यथा पर लिखा लेकिन सेगल मानती हैं कि नारी को लेकर मार्क्सवाद-पूँजीवाद की दृष्टि एक रही है। दोनों पुरुषवादी वर्चस्ववाद के पुरोधा हैं कहीं नारी साक्षात् नरक है कहीं पुरुष की पसली, कहीं उसका जन्म से पूर्व ही वध। कहीं उसकी सुन्नत ताकि वह यौनानंद से वंचित रहे। नारी मुक्ति आंदोलन की एक पत्रिका 'स्पेयर रिब' ने प्रश्नाकुलता

से पूछा है—'सब वामपंथी स्वयं भी यह प्रश्न करें कि उन्होंने अपनी वामाओं का क्या किया?' वैसे यही प्रश्न दक्षिणपंथियों से भी पूछना चाहिए। पुरुष के विश्वामित्र मन के लिए मेनका की झलक ही काफी है। काम-सवार-कामान्ध भुजंग। फ्रायड ने ठीक ही कहा है—नर के अवचेतन मन में संसार की हर नारी को पाने की आकांक्षा रहती है। इधर नई पीढ़ी की आधुनिकाओं ने एक नया मंत्र सिद्ध किया कि वे धनिक पुरुषों को कैसे रिझा सकती हैं ताकि उनकी कंपनियों में वे पद पा सकें। इतना ही नहीं वे जूडो-कराटे भी सीख रही हैं और आदमी से ज्यादा कुत्ते के संग रहने की आदत डाल रही हैं। समलैंगिकता को सम्मान का दर्जा देने पर आमादा हैं। फ्रांस में जूलियेट मिखेल कह रही हैं कि नारियों का संघर्ष तब तक जारी रहेगा जब तक सत्ता में उनकी आधी हिस्सेदारी नहीं हो जाती। महिलाओं के क्रुद्ध तेवर से पुरुष भयभीत हैं। ऐसा लगता है कि आगे आने वाला भविष्य नारियों का है। मुझे नारी शक्ति पर भरोसा है।

# उत्तर-आधुनिकतावाद का आतंक

पोस्ट-मॉडर्निज्म के लिए हिंदी में 'उत्तर-आधुनिकतावाद' शब्द का प्रयोग प्रचलन में आ गया है। लेकिन कुछ विद्वान 'उत्तर-आधुनिकतावाद' शब्द पर आपत्ति उठाते हैं। तर्क यह देते हैं कि 'पोस्ट-मॉडर्निज्म' का अनुवाद 'आधुनिकोत्तर' होना चाहिए। जैसे 'छायावाद' के साहित्य के बाद के साहित्य को 'छायावादोत्तर' कहते हैं। वैसे ही आधुनिकतावाद के बाद 'आधुनिकोत्तर' आना चाहिए—यह 'उत्तर-आधुनिकतावाद' तो एकदम अनुवादजीवी लफड़ा है। लेकिन यदि हम ध्यान दें तो पाते हैं कि छायावाद के बाद के साहित्य के लिए भी कुछ विद्वानों ने जैसे रामस्वरूप चतुर्वेदी ने 'हिंदी साहित्य और संवेदना के विकास' शीर्षक पुस्तक में 'उत्तर-छायावाद' शब्द का प्रयोग किया है। 'छायावादोत्तर' नहीं। दरअसल, 'पोस्ट' के लिए 'उत्तर' शब्द चल पड़ा है जिसकी मूल अर्थ ध्वनि है कि हम एक ऐसे काल-विशेष में जी रहे हैं जिसमें सबकुछ 'पोस्ट' हो चुका है या होने की तैयारी कर उठा है। 'पोस्ट' एक खास तरह से 'अंत' होने की सूचना देता है। बीसवीं शताब्दी में 'इतिहास', 'दर्शन', 'संस्कृति', 'विचार-धारा', आदि सभी पर इतनी बहसें नए कोणों से की गईं कि एक तूफान-सा आ गया। घोषित तौर पर अतीत वर्तमान भविष्य पर चर्चा करते हुए कहा गया कि अब 'इतिहास का अंत' हो चुका है। सभी क्षेत्रों में 'पोस्ट' प्रबल हो रहा है 'पोस्ट हिस्ट्री', 'पोस्ट स्ट्रक्चरलिज्म', 'पोस्ट इंडस्ट्रियलिज्म', 'पोस्ट कालनियलिज्म', 'पोस्ट मार्क्सिज्म'। काल-विधाता ने इतना अधिक बदलाव किया है कि बहुत कुछ 'पोस्ट' हो गया है।

पश्चिम में प्रथम विश्वयुद्ध के बाद ही एक पुराना संकट ध्वस्त हो गया। सभी क्षेत्रों में इतने व्यापक स्तर पर विनाश हुआ कि मनुष्यता पर आधारित सभी मूल्य संदिग्ध हो गए। बुद्धिवादी तथा मानववादी मूल्यों की तो हड्डियाँ चकनाचूर हो गईं, जिन्हें बचाया नहीं जा सकता था। आस्था के भीतर निकला अनास्थावाद का दर्शन—अस्तित्ववाद का भूत। आर्नल्ड टायन्वी ने इस पूरे दौर के पतन पर विचार किया कि ऐसा क्यों हुआ कि प्रगति का इतिहास मानव विनाश का मलवा सिद्ध

हुआ। क्रूर पूँजीवादी तंत्र ने बुद्धिजीवियों की 'चीख' को निरर्थक कहा। 'इतिहास' 'प्रकृति' से विच्छिन्न होकर आदमी उस भौतिकता का शिकार हो गया जिसमें मात्र कीड़े की तरह तृप्ति-यौन-तृप्ति की लालसा रह गई। टायन्वी ने मानव-पतन के इतिहास का लेखन करते हुए 1920 में 'पोस्ट-मॉडर्न' शब्द को प्रथम बार पाया। यही समय टी.एस. इलियट के सृजन 'वेस्टलैंड' 1921-22 का क्रूर समय है। बीसवीं सदी की सर्वाधिक बौद्धिक प्रश्नाकुलता का खौलता आधुनिक कवि इलियट। ऐसा नहीं है कि प्रश्न अन्य युगों में नहीं रहे, मगर चेतन स्तर पर जितना तीव्र और गहरा संक्रमण इस 'काल विशेष' को झेलना पड़ा उतना उस ढंग का उससे पहले कभी नहीं झेलना पड़ा। संस्कृति-सभ्यता और इतिहास के किसी भी मोड़ पर मनुष्य ने अपने को इतना अकेला, असहाय और विच्छिन्न अनुभव नहीं किया होगा। यों इस प्रकार का अनुभव कवि मिल्टन ने भी किया, पर मिल्टन के अनुभव और इलियट के ट्रेजिक अनुभव में गहरा पार्थक्य दिखाई देता है। आज के युग में न तो हम फ्रास्ट की तरह आत्मा को नरक में झोंक सकते हैं न ईश्वर और आस्था को विवेक से बचा सकते हैं। इलियट के अनुसार आज का आदमी आत्यंतिक प्रश्नों की यंत्रणा से बचना चाहता है। 'मर्डर इन दि कैथीड्रल' में जनता संत टॉमस के पुनरागमन से भयभीत हो उठती है। वेस्टलैंड का सार भी यही है आधुनिक मानव की आध्यात्मिक मृत्यु हो गई है। इसी समय आस्वेल्ड स्पेंगलर की पुस्तक 'दि डिक्लाइन ऑव दि वेस्ट' (दो भाग-1922-23) में इस पूरे युग को परिभाषित करने का प्रयास करती है। हर क्षेत्र में पतन और आधुनिकतावाद से उत्पन्न केंद्रीयतावाद का आतंक। हर जगह सांस्कृतिक संशय, मूल्यांधता, बौद्धिक नपुंसकता का असहाय-आत्मनिर्वासन, आत्म-परायेपन का बोध। इस बोध को द्वितीय विश्वयुद्ध ने और गहराया। घबराए मानव ने हाईटेक मल्टी मीडिया फ्यूजन तथा ज्ञान-श्रम के बल पर एक नया रास्ता अपनाया। आधुनिकता के बाद का दौर आल्विन टॉफलर को 'फ्यूचर शॉक' (1971), 'थर्ड वेव' (1981) और पॉवर शिफ्ट' (1990) में बदलता हुआ दिखाई दिया। बौद्धिक-सांस्कृतिक अंधकार में से उभर पड़ा 'पोस्ट-मॉडर्निज्म' जिसे वर्तमान युग की चिंतन-पद्धति का प्रामाणिक परिदृश्य स्वीकार किया गया।

'साम्राज्यवाद' की पुरानी अवधारणा से भिन्न नव-साम्राज्यवाद का संदर्भ उभरने लगा। इस नव-साम्राज्यवाद के पूरे अर्थ-संदर्भ को सांस्कृतिक-राजनीतिक, आर्थिक-विचार-धारात्मक संबंधों के साथ समग्रता में 'समझना' जरूरी हो गया। मार्क्स और लेनिन के पुराने सूत्र 'पुनर्व्याख्या', 'पुनर्चिंतन' में अपनी निरर्थकता का बोध कराने लगे। मार्क्स का इतिहास-दर्शन, नव-साम्राज्यवादी तथ्यों के सामने अपनी 'बंजरता' को उजागर करने लगा। 'क्रांति' अधर में झूलने लगी। स्वयं मार्क्सवादी निराश हो गए। मार्क्सवाद को नए-नए रूप में सजाया गया। फ्रायड को पुनर्जीवित किया गया। हाबर-मास और फ्रेंकफर्ट विचारधारा के बहुत से बौद्धिकों ने मार्क्स और फ्रायड के साम्य

पर चिंतन का दौर जारी रखा। नारी-आंदोलन और तर्क की उस समस्त शृंखला को नया रूप दिया गया जिसे अभी तक वर्जित या चर्चा के योग्य नहीं समझा जाता था। विचारों की नई आँधी संरचनावाद-आधुनिकतावाद के स्तंभों को जमीन पर गिराने लगी। जोर देकर कहा जाने लगा कि संरचनावाद, आधुनिकतावाद का अंत हो गया है। नया समय नव-साम्राज्यवाद, नव-उपनिवेशवाद, उत्तर-आधुनिकतावाद का समय है। घबराकर पुरानी पीढ़ी ने पूछा—'यह उत्तर-आधुनिकतावाद क्या है?' हर देश से उत्तर आया कि युग के समग्र चिंतन को सामने लानेवाला एक व्यापक अर्थ-संदर्भ उत्तर-आधुनिकतावाद है। इस व्यापक पारिभाषिक शब्द में पुरानी विचारधाराओं के अंत की सूचना है। यह आधुनिकतावाद का नया विस्तार इस दृष्टि से है कि यह उसके पेट को फाड़कर जन्मी संतान है। इस संतान ने साहित्य, कला, संस्कृति, विज्ञान, विज्ञापन, इतिहास, समाज, दर्शन, मीडिया, फैशन, कामशास्त्र, सौंदर्यशास्त्र, अर्थशास्त्र, समाजशास्त्र जीवन के हर अंग को अपनी गिरफ्त में कर लिया है। मार्क्सवाद लेनिनवाद का सोवियत मॉडल असफल होकर उत्तर-आधुनिकतावाद के चरण चाटने लगा। चीन ने नव-पूँजीवादी बाजार-व्यवस्था की इजाजत दे दी। उत्तर-समाजवाद की स्थिति। खिसियाए हुए भारत के मार्क्सवादियों ने अपनी इज्जत बचाने के लिए कहना शुरू किया कि जिस उपभोक्तावादी-संस्कृति की चर्चा हो रही है उसे मार्क्स ने 'थियरी ऑव सरप्लस वेल्यू' में बहुत पहले देख लिया था। इस प्रकार उपभोक्तावाद की भूमंडलीय बहसों में मार्क्स को रख दिया गया। लेकिन उत्तर-औद्योगिक युग ने मार्क्सवाद की तो रीढ़ ही तोड़ दी थी। अब वह विचारधारा के रूप में बूढ़ा साँड़ था जिसमें किसी संतान को पैदा करने की ताकत नहीं बची थी।

मार्क्सवादी चिंतक अर्नेस्ट मैडेल ने 'लेट कैपिटलिज्म' शीर्षक अपनी पुस्तक में कहा कि हमें पूँजी के नए-नए रूपों की व्याख्या पुनर्व्याख्या करनी होगी। क्योंकि पूँजी का अर्थ बदल रहा है। हालत यह हो गई कि पूँजीवाद 'विश्व बाजार' या विश्व बाजारवाद की स्थिति तक पहुँच गया है। उसी ने नई तकनीकी क्रांति को संभव बनाया है और उसी ने पूरी गति के साथ 'बहुराष्ट्रीय-निगमों की सत्ता' को बाजार के वर्चस्ववाद में स्थापित कर दिया है। 'लेट कैपिटलिज्म' पूँजी का वह 'अति रूप' है जो तकनीकी क्रांति का नक्शा बदलता और दिखाता है—पूँजी का निर्माण करता है और उत्पादकता की गति को तृहद कर देता है। यह नए किस्म की 'सेवा का दर्शन' है। घर में फास्ट-फूड, सिले-आकर्षक वस्त्र, वाशिंग मशीन पहुँचाकर 'सेवा' करता है। टूरिज्म, संचार, सूचना उद्योग सभी 'सेवा' के उद्योग हैं। इसलिए उपभोक्तावाद एक नवीन उपयोगिता-क्रांति के भीतर सुरक्षित रहकर अपना प्रभाव-विस्तार करता है। विज्ञापन की 'भाषा' को बदल देता है और नए ग्राहक तैयार करता है। बाजार में नई-नई उपभोग सामग्री की माँग बढ़ जाती है। यह 'सेवा-दर्शन' पुराने उपभोक्ता के स्थान पर 'नए उपभोक्ता' को राय देता है। यह मायावादी प्रपंच इतना फैलता

है कि गृहिणियाँ रसोई में जाना तक नहीं चाहती हैं। 'मुक्त बाजारवाद' उनकी 'सेवा' करता है। इस प्रकार पूरा विश्व एक सेवा-ग्राम 'ग्लोबल विलेज' बन जाता है। भूमंडलीकरण (ग्लोबलाइजेशन) परिवार-राष्ट्र की कोई सीमा नहीं बनाता। असीम अबाध सुखवाद-इंद्रियवाद विलासितावाद का केलि-क्रीड़ा दर्शन बनता है। उत्पादन और उपभोग विश्व बाजारवाद का नव-साम्राज्यवादी 'पाठ' है। इस 'पाठ' को बहुत तरह के संदर्भों से जोड़कर पढ़ना चाहिए। यह नव्य समीक्षा की 'क्लोज रीडिंग ऑव टैक्स्ट' नहीं है। बल्कि उपभोक्ता स्वयं अपना 'पाठ' रचता है अपना अर्थ करता है। अर्थ की अनंत मुक्त संभावनाओं के लिए मुक्त क्षेत्र देता है।

यहाँ पूँजीवाद ने इजारेदार पूँजीवाद के रूप में आकर उत्पादन स्रोतों पर वर्चस्व स्थापित करने की 'प्लानिंग' की है। वित्तीय पूँजी (फाइनेंस कैपीटल) के इजारेदार बनकर बड़े बैंकों को अपनी लपेट में लेते हैं और अकूत पूँजी के मालिक बन जाते हैं। इजारेदार पूँजी ने 'नव-उपनिवेशवाद' की शक्ल अख्तियार कर ली है। कच्चे माल के समस्त स्रोतों पर कब्जा और उसका उपयोग। कच्चा माल उगाने वाले कम विकसित देशों को अपना 'उपनिवेश' बनाती है। उसे युद्ध करके 'उपनिवेश' प्राप्त नहीं करने होते हैं। बल्कि पूँजी की ताकत ही 'उपनिवेश' बना डालती है। इस प्रकार नव-साम्राज्यवाद ही बदलता हुआ 'नव-उपनिवेशवाद' है जो सभी को भ्रष्ट होने का खुला अवसर देता है। हर चीज बिकाऊ हो जाती है—औरत और ज्ञान, श्रम और साधन—सब बिकने लगता है। जॉर्ज लिचीय ने 'इंपीरियलिज्म' में कहा है कि साम्राज्यवाद क्या है? 'नियंत्रण' और 'वर्चस्व' की सत्ता के संबंधों का नाम ही तो है। इसके इतने रूप हैं कि इसे आँकड़ों में नहीं समझाया जा सकता—केवल उन रूपों का अहसास भर किया जा सकता है। इसकी सबसे बड़ी ताकत इस कार्य कुशलता में है कि यह गरीब देशों की संपत्ति को अमीर देशों की ओर ले जाने की अद्भुत क्षमता रखता है। साम्राज्यवादी दौर में इंग्लैंड ने दो काम किए थे एक तो पुराने एशियाई समाज के ढाँचों को नष्ट करना दूसरे पश्चिमी ढंग के समाज में बदलना—'मॉडर्न' बनाना, मॉडर्न नाम देकर नकलची बनाना और अपनी परंपरा संस्कृति के लिए आत्मधिक्कार का भाव जगाना। साम्राज्यवाद ने भारत में अनेक 'माडर्न' पैदा किए जिन्हें भारत की हर चिंतन परंपरा में 'पिछड़ापन' दिखाई दिया। समय आने पर इसी 'माडर्न-मैन-कल्चर' ने विश्व बाजारवाद के लिए पटरियाँ बिछा दीं। 'ग्लोबल मैन' में अमरीकीवाद का सीधा दर्शन है—वे ही 'ग्लोबल' हैं। हमें ग्लोबल बनना है तो उनके आचार-विचार को अपनाएँ। साम्राज्यवादी लूट का यह नया औजार है। विदेशी पूँजी से 'प्रगति' और 'विकास' का लुभावना खेल। जबकि दुनिया जानती है कि विदेशी पूँजी से न 'विकास' संभव है न 'प्रगति' केवल मानसिक दासता की भूमि ही जोती जा सकती है। गाँधी जी इसीलिए पश्चिमी सभ्यता को चंडाल-सभ्यता कहते थे। इसलिए गाँधी 'मॉडर्न' बनाने में बाधा देते हैं। नेहरू जी 'मॉडर्न' बनाने का रास्ता साफ करते हैं।

विश्व बाजारवाद से भारत को जोड़ने की नीति ने भारत को निर्धन तथा पर-निर्भर-पराधीन बनाया। भारत दीन और पराधीन होता गया। 'स्वाधीनता', 'स्वाधीन-चिंतन', स्वाधीन-मनुष्य बनाने का गाँधी का सपना जलाया गया। गाँधी की विचारधारा को मिटाकर ही 'मॉडर्न' बनाया जा सकता था, वही काम हुआ।

पश्चिम के पूँजीवादी देशों ने 'उत्तर-औद्योगिक युग' (पोस्ट-इंडस्ट्रियल ऐज) में पुराने चोलों को बदल डाला। 'भाप का इंजन', 'कोयले की फैक्ट्री' को राजनीति ने नया चेहरा दे दिया। विकसित देशों का अविकसित देशों पर नए ढंग का वर्चस्व स्थापित हुआ। अब सेनाओं ने देशों को नहीं जीता है तकनीकी क्रांति ने जीता है। स्वयं डैनियल बैल ने 'द कमिंग ऑफ पोस्ट इंडस्ट्रियल सोसायटी' (1974) शीर्षक प्रसिद्ध ग्रंथ में इसी सत्य का उद्घाटन किया है। डैनियल बैल के इस समाजशास्त्री चिंतन ने कहा कि, यह नए समाज का नया नक्शा है। उत्तर-औद्योगिक समाज किसी भी समाज के 'सुपर स्ट्रक्चर' उप-संरचना को बदलकर शांत होने वाले विचार-तंत्र नहीं हैं। यह वह नया समाज-तंत्र है जो पुरानी राजनीति, संस्कृति, परंपरा, सभी को पछाड़कर अपना प्रभुत्व कायम करता है। नए प्रबंधन के नाम पर 'उपेक्षित जनों' को नई राजनीतिक चेतना देता है और वे अपने अधिकारों के लिए संघर्ष करते हैं। इसमें समाज वस्तु उत्पादक अर्थव्यवस्था या उत्पादक व्यवस्था में बदल जाता है। इसमें तकनीक-दक्ष जन उभरते और यही लोग समाज की गति को तय करते हैं। नई-नई बौद्धिक तकनीकों से पूरे समाज को नियंत्रित कर लिया जाता है। तकनीक ने सब कुछ बदल दिया। पुराना ज्ञान-विज्ञान, अर्थ-तंत्र आदि। कहना न होगा कि तकनीकी क्रांति के बल पर ही समृद्ध देशों ने नव-साम्राज्यवाद की नवीन अवधारणाओं को जन्म दिया। प्रत्यक्ष तौर पर मानव ने देखा कि सूचना क्रांति और इलेक्ट्रॉनिक क्रांति ने 'माडर्न सोसायटी' की सोच को बदल डाला। इतना ही नहीं कंप्यूटर-सिद्धांत राजनीति और अर्थतंत्र की दिशा तय करने लगे। कंप्यूटर-सिद्धांत ने 'अनंतता' को 'विश्वास' में बदल दिया और बाजार को 'प्रबंधन योग्य' बनाने में भारी मदद की। व्यापार के सिद्धात, शक्ति के सिद्धांत, अर्थशास्त्र-समाजशास्त्र के सिद्धांत कहना चाहिए उन्नीसवीं शताब्दी के सिद्धांतों का पूरा इतिहास और गणित बदल डाला। तकनीक, कंप्यूटर, सेटेलाइट, क्वैंटम आदि ने एक नए 'ज्ञान-विश्व' में मानव को खड़ा कर दिया। सेल थियरी, साइबरनेटिक्स, सूचना सिद्धांत ने सिद्धांतों के भीतर सिद्धांत जटिलता को जन्म दिया। 'बौद्धिक तकनीक' ने 'बौद्धिक संपदा' पर हकदारी का पॉव फैलाया। नव-साम्राज्यवाद के इस तरह अनेक रूप सामने आए और आ रहे हैं। हर तरह वैज्ञानिक ज्ञान का इस्तेमाल पूँजीपति ने 'तकनीक' से करने की राह निकाल ली। तकनीक ने गरीब समाजों को चकित करते हुए अपने छाते के भीतर ले लिया। खूब सोच-समझकर डैनियल बैल ने 'एंड ऑफ आइडियोलॉजी' में तकनीक की निर्णयात्मक भूमिका को स्वीकार किया। तकनीक एक राजनीति है, एक विचारधारा

है, एक संस्कृति की नियामिका शक्ति है। आज अमेरिकी की बौद्धिक तकनीकी क्रांति की तस्वीर आँखों के सामने है कि वह हर पेटेंट पर अपना अधिकार चाहता है। सच बात है कि तकनीकी संरचनाओं का शक्ति तंत्र संस्कृति का अपने ढंग से संहार करता है और बदलकर सांस्कृतिक, नव-साम्राज्यवाद की दिशा दिखाता है।

औद्योगिक क्रांति और तकनीकी क्रांति पर 1950 के बाद पश्चिम में खुलकर बहसें शुरू हुईं। चेकोस्लोवाकिया में 1967 में एक व्यापक 'अध्ययन-अभियान' चलाया गया जिसका विषय था तकनीकी क्रांति से आ रहे बदलाव और उन बदलावों का प्रभाव। इस बात पर गंभीरता से विचार किया गया कि 'श्रम' की जगह 'तकनीक' और 'माल' की जगह 'सेवा' का क्या संदर्भ। उत्पादन शक्तियों में आ रहे बदलावों ने पूरे 'बाजार' का इतिहास-भूगोल बदल दिया। आल्विन टाफलर ने 'फ्यूचर शॉक', 'थर्ड वेव' तथा 'पॉवर शिफ्ट' में तीन शक्तियों के सहयोग को तकनीकी क्रांति का कारक माना है। ये तीन शक्तियाँ हैं—माइंड, मनी और मसल। इन तीनों का सहयोगी ही बाजार पर राज्य करता है। टाफलर ने उस पश्चिमी समाज का भीतरी विश्लेषण किया जिसके भीतर परिवर्तन चक्र तीव्र हुआ। इतना तीव्र बदलाव 'फ्यूचर शॉक' लिखकर ही संकेतित प्रतीकित किया जा सकता था। इन संकेतों में नव-साम्राज्यवाद, नव-उपनिवेशवाद, लेट-कैपिटलिज्म और नव-औद्योगिक समाज के उन चेहरों को देखा जा सकता है जो अनाप-शनाप लाभ कमाने की चतुराई रखते हैं। शोषण का यह साँप कितना जहरीला है। इसका अनुमान टाफलर के लेखन से मिल जाता है। मिटती हुई पुरानी मूल्य-व्यवस्था और उभरती हुई बाजारवादी व्यवस्था 'ग्लोबल मैन' का एक नक्शा पेश करती है। 'फ्यूचर शॉक' का एक अध्ययन भाग है—'टेमिंग द टेक्नॉलोजी'। तकनीकी-क्रांति पर काबू पाने वाली शक्तियाँ क्या प्रभाव डालती हैं? इसका उत्तर है कि तकनीकी क्रांति से पूरा बौद्धिक-पर्यावरण दिमागी-भन्नाहट-खीझ से भर जाता है। नए ढंग के 'तनाव' और 'संघर्ष' पैदा होते हैं। इन 'तनावों' और 'संघर्षों' को न झेल पाने के कारण 'मनोवैज्ञानिक झटका' (साइकिक शॉक) लगता है और यह स्थिति मानव को एकांत विक्षिप्तता (अत्यधिक यौन लगन) की ओर ले जाती है। भोग-व्यभिचार और लंपटपन की सभी अर्थ-रेखाएँ तकनीकी क्रांति मिटा देती हैं। इसलिए बौद्धिक तकनीकी क्रांति का यह एक भयानक वर्चस्ववादी चेहरा है। डार्विन के विकासवाद की भविष्यवाणियाँ और कहीं चाहे सत्य सिद्ध न हुई हों पर यहाँ तकनीकी क्रांति से नए उपनिवेश बनाना और उन पर राज्य करने वाली 'शक्ति-सिद्धांत' धारणा सत्य सिद्ध हुई। पहले भी कहा गया था कि डार्विन पूँजीपतियों के दलाल हैं लेकिन 'लेट-कैपिटलिज्म' में उनका नशा सिर चढ़कर बोल रहा है। स्वयं 'लेट-कैपिटलिज्म' के लेखक अर्नेस्ट मैडेल यह कहते रहे हैं कि तकनीकी क्रांति, विकसित देशों के पूँजी संचय और विज्ञान के योग-सहयोग का परस्पर मिलन का प्रतिफल है। वह ज्ञान में पूँजी के प्रवेश की ताकत है।

तकनीकी क्रांति ही 'विश्व बाजारवादी अर्थव्यवस्था' को सुदृढ़ करती है। जब प्रथम तकनीकी क्रांति, औद्योगिक-क्रांति के युग में हुई थी तब कृषि-केंद्रित, उद्योग केंद्रित समाज के ढाँचे को तोड़ा गया। शहरीकरण की अंधी दौड़ शुरू हुई। गाँव अपने ढंग से उजाड़े गए—गाँव का माल 'गति की मशीन' से शहर डकारने लगा। फिर तकनीकी क्रांति ने दूसरा चरण उठाया और पूँजी की होड़वादी रस्साकशी शुरू हुई। भाप के इंजनों ने एक नया सामाजिक ढाँचा निर्मित किया जिसमें अपने ढंग से 'हुनरमंद' कारीगर की माँग थी। भाप का इंजन बिजली के इंजन में बदलते ही उत्पादन बढ़ गया। इस मशीनी क्रांति ने पूँजी को तीसरे चरण में पहुँचा दिया। इसे ही आल्विन टाफलर ने 'थर्ड वेव' कहा है। यही उत्तर-औद्योगिक तकनीकी क्रांति है। अंधाधुंध उत्पादन वितरक संस्थानों का जन्म एम.बी.ए. कल्चर और एम.सी.ए. कल्चर का रोजगार उत्पन्न करने लगा। प्रबंधन के लिए एक नया ताकतवर दिमाग और जिस्म चाहिए। अधिक धन के लोभ में 'प्रतिभाशाली' विद्यार्थी एम.बी.ए. और एम.सी.ए. की ओर भाग पड़े। इन्होंने उत्पादित माल से बाजार को 'कैप्चर' करने का कमाल किया और इन्हीं के लालच-लगाव ने उपभोक्तावादी समाज को जन्म दिया।

पूँजी ही ताकत है और ताकत वर्चस्व को जन्म देती है। इस अर्थव्यवस्था ने युद्ध-व्यवस्था को तकनीकी क्रांति में घसीट लिया। कंप्यूटर, कैलकुलेटर, सैटलाइट, अणु-अस्त्र आदि सभी 'साइबरनेटिक नॉलेज' के हाथ में आ गए। कंप्यूटर अब हर तरह का जादू करने लगा। आँकड़ों का विश्लेषण क्षण भर में कर उठा। उत्पादन के साधनों का अत्यधिक उत्पादन नए प्रभुत्ववाद का मंत्र ज्ञान बना। प्रकृति का बड़े पैमाने पर दोहन शुरू हुआ और ऑटोमेशन की दौड़ ने तकनीकी-क्रांति को विशेष ऊँचाइयों पर पहुँचा दिया। चंद्रमा और बुध ग्रह मानव के पैरों के निशान ले उठे और युद्ध-आयुद्ध सोचने भर से बेचैन। हथियारों को एकत्र करके ही अमरीका महाशक्ति बना और विश्व बाजारवाद का सबसे बड़ा चौधरी भी। जापान ने इसी युग में तकनीकी-क्रांति से अपने को संपन्न समर्थ बनाया। वह अमेरिकी पूँजी के वर्चस्ववाद के चक्कर में नहीं आया। जबकि 'तीसरी दुनिया के देश' अमेरिका की 'कृपा' पर जीने लगे। क्या स्थिति-परिस्थिति बनी है कि भारत और पाकिस्तान परमाणु विस्फोट के प्रयोग करने के बाद अमेरिका के चरण चूम रहे हैं। 'माई कल्चर' का यह अद्भुत लीला-नाटक है। दोनों देशों के मंत्रीगण अमेरिका द्वारा लगाए गए प्रतिबंधों को हटाने के लिए अमेरिका जाकर गिड़गिड़ा रहे हैं। 'डफली बाजि रही भारत भिखारी की' का यह नया गायन-नादन है। 'विकास' और 'निर्माण' के नाम पर कटोरा लेकर हम भीख माँग रहे हैं और भारत में 'तिरंगा' की शान और स्वदेशी की बात से जनता को मूर्ख भी बना रहे हैं। जनता को मूर्ख बनाने की कला का नाम ही 'नेता' है और देश को 'लूटनेवाला' ही देश-रक्षक। मशीन, रोबोट, 'कंप्यूटर का प्रचलन', श्रम को सेवा में बदलना यह सब भारत में उत्तर-आधुनिकतावाद के तंत्रजाल हैं। उत्पादन

के 'वेस्टेज' से नदियाँ पटकर सड़ रही हैं, खेत-गली, हर जगह 'प्लास्टिक युग' की तबाही है। तनाव-युद्ध, आतंकवाद, भुखमरी, किसानों द्वारा आत्महत्याएँ, सड़क-कोठे का शरीरवाद-यौनवाद, ऑफिस में नौकरी देने के बहाने 'सेक्स' लूट पर देश चल रहा है। पर्यावरण प्रदूषण, बौद्धिक प्रदूषण, सांस्कृतिक प्रदूषण का नव-साम्राज्यवाद उमड़कर गरज रहा है। पूरा देश माइकेल जैक्सन और मेडोना की पकड़ में है। भारतीय सांस्कृतिक-संवेदना की कुतिया लार डालकर अमेरिकी 'बुल-डॉग' खोज रही है ताकि सांस्कृतिक संबंध-परिषद में नए रिश्ते दृढ़ हों। भारत में उत्तर-आधुनिकतावाद की यह नई कृष्ण-लीला है रति-रस से भरपूर। अब आप यह नहीं कह सकते कि नव-साम्राज्यवाद बढ़ते हुए पूँजीवाद का विकसित चरण है। यहाँ विज्ञान, उत्पादक और तकनीक तीनों का अद्भुत ताल है, लय है, तादात्म्य है। तकनीकी क्रांति से उत्पन्न माफियावाद-गुंडावाद का अर्थव्यवस्था पर कब्जा है। नेता इन माफियाओं के 'गुलाम' हैं। भारत में इसी गुलाम वंश का नवउपनिवेशवाद फल-फूल रहा है—'हरम', 'हरामी' और 'हमदम' इसी विचार-क्रांति के बच्चे हैं। यही कभी-कभी जातिवाद का धर्म-युद्ध करवा देते हैं—धर्म-राजनीति-संस्कृति-कला-साहित्य में इन्हीं की 'ठकुरायत कायम' है। यही साहित्य कला का नया ठाकुरवाद है—ठाकुर पूजा दर्शन का सिद्धांत-शास्त्र।

उत्तर-आधुनिकतावाद का दर्शन-सूत्र है—'संसार एक शॉपिंग कॉम्प्लैक्स' है। इस 'शॉपिंग कॉम्प्लैक्स' के लिए क्षमता पैदा करो, इसे भोगो। मूल बात यह कि बहुराष्ट्रीय निगमों का पूँजीवाद ही ताकत (नव-साम्राज्यवाद) है। इस बहुराष्ट्रीय निगमों के पूँजीवाद ने सभी सीमाओं को तोड़कर, 'विश्व बाजारवाद' या 'विश्व पूँजीवाद' को जन्म दिया है। तकनीकी क्रांति का जादू ही बहुराष्ट्रीय निगमों का 'विकास' मॉडल है। यह मॉडल विकसित देशों ने बनाया है और अविकसित देशों को अपने 'अम्ब्रेला' में लाने का षड्यंत्र रचा है ताकि अविकसित देश कच्चा माल उगाने वाले और उत्पादित माल को खरीदने वाले 'उपनिवेश' बने रहें। विकसित देशों की पूरी राजनीति इधर ही सक्रिय है। यह औपनिवेशिक गुलामी का दूसरा चरण है। 'विकास' तथा 'प्रगति' के नाम पर यूनेस्को के माध्यम से आनेवाली अनेक योजनाएँ क्या हैं? बहुराष्ट्रीय निगमों की, बहुराष्ट्रीय कंपनियों की बहुराष्ट्रीय समाज बनाने की तैयारी। यह तैयारी भारत-पाकिस्तान-बंगलादेश आदि को एक पिछलग्गू यूरोपीय उपनिवेश बनाने की मौन-योजना में चल रही हैं। क्या हमें नहीं पता कि कश्मीर को लेकर भारत-पाकिस्तान विवाद में 'चौधरी' कौन बनना चाहता है। क्या यह नया महंतवाद-चौधरीवाद नहीं है। धमकाना फिर पकड़कर बधिया कर देना। फिर अपनी गाड़ी में मचाकर काढ़ना और पालतू गुलाम बना लेना। अमेरिका से योजनाओं के लिए पैसा उधार माँगने मार्क्सवादी ज्योति बसु, समाजवादी मुलायम सिंह, राष्ट्रीय जनता दल के लालू यादव, भारतीय जनता दल के जसवंत सिंह और कांग्रेसी नेताओं का पूरा दल अमेरिका भाग रहा है। 'डॉलरवाद' की विजय क्रांति ने सभी को 'बकरी' बना दिया है। इसलिए

हमारा पूरा आधुनिकीकरण उधारीकरण पर चल रहा है। भारत में इस तरह के उधारीकरण-आधुनिकीकरण के दो विरोधी रहे हैं—गाँधी और राममनोहर लोहिया। आज दोनों को ही कौन 'अप्रासंगिक' करार दे रहा है—बहुराष्ट्रीय पूँजीवाद की समर्थक ताकतें। हमारे यहाँ बहुराष्ट्रीय निगम, बहुराष्ट्रीय कंपनियाँ, 'मल्टीनेशनल्स' तेजी से आए हैं और विदेशी पूँजी का बेलगाम निवेश बढ़ रहा है। कहना चाहिए पूँजी का गति से सामाजिकीकरण हुआ है—इसी में नारी-दलित और पिछड़ों को आगे बढ़ाने का एक 'मुद्दा' उठाया गया है। वस्तुतः यह उत्तर-आधुनिकतावाद का महत्त्वपूर्ण मुद्दा है। इधर बहुराष्ट्रीय कंपनियाँ पिछड़े समाज में अपनी पूँजी का 'प्रभुत्व' कायम कर रही हैं।

बहुराष्ट्रीय निगमों, बहुराष्ट्रीय कंपनियों की माँग के अनुकूल पूरी शिक्षा-व्यवस्था को ढाला जा रहा है। बदला जा रहा है। भारत का हर विश्वविद्यालय, 'प्रोफेशनल प्रोग्राम' चलाने के लिए पागल है। केंद्रीय विश्वविद्यालयों के उपकुलपति अपने पदभार को ग्रहण करते ही पहला भाषण देते हैं—'अब मैं तमाम प्रोफेशनल कोर्स' शुरू करूँगा ताकि नवयुवकों को रोजगार मिले। नवयुवकों को अब समाज-विज्ञानों के 'मूल्य' नहीं चाहिए केवल 'रोटी-मक्खन' कमाने की 'आर्ट' चाहिए। एम.बी.ए., एम.सी.ए. की शिक्षा में पैठ देखिए। कंप्यूटर शिक्षा स्वयं इस बदलाव का 'लाउडस्पीकर' बनकर समाज में बज रही है। व्यापारिक घरानों का रवैया आई.आई.टी. और मैनेजमेंट संस्थानों की ओर बढ़ रहा है पैसा कमाकर देने वाली शिक्षा। यह 'मैनेजमेंट युग' का ही प्रभाव है कि साहित्य-कला-दर्शन-इतिहास-समाजशास्त्र की कद्र एकदम कम हो गई है। 'लेखक का अंत' हो गया है। 'विचार का अंत' हो गया है। 'मूल्यों' पर आधारित पूरी समाज-व्यवस्था का अंत हो गया है। बहुराष्ट्रीय निगम अपनी पूँजी, अपनी तकनीक, अपने ब्रांड, अपने संस्थानों से पूरे समाज को बदलते हैं और उनकी स्थानीयता को नया रंग दे देते हैं। पुरानी ईस्ट इंडिया कंपनी का यह नया आधुनिकीकरण है जिसमें तकनीकी क्रांति की विजय यात्रा है। 'ग्लोबल रीच' पुस्तक के लेखक रिचर्ड जे. बार्नेट बहुराष्ट्रीय निगमों के 'चरित्र' पर विचार करने के बाद कहते हैं नई तकनीक और नई विचार-क्रांति से मजबूत ये लोग पूरे संसार को एक इकाई, एक विश्व-ग्राम (ग्लोबल विलेज, ग्लोबल मैन, ग्लोबलिज्म, ग्लोबलाइजेशन) बनाने के चक्कर चला रहे हैं। विश्व-मानव के लिए विश्व-संस्कृति की कोशिश इसी भूमंडलीकरण की प्रक्रिया का एक अंग है। बहुराष्ट्रीय निगमों का नव-साम्राज्यवाद या नव-सांस्कृतिक साम्राज्यवाद एकछत्र राज्य है। पूरी धरती को जीतने का साकार-स्वप्न। यह कोई रहस्यवाद नहीं है, जीत भरा व्यापारवाद है, यही 'ग्लोबलिज्म' है। बहुराष्ट्रीय निगमों की अंतर्राष्ट्रीयता 'मल्टीनेशनल कार्पोरेशन और वर्ल्ड पॉवर्स' की संगठित शक्ति का नतीजा है। यहाँ 'राष्ट्र' 'राज्य' की संकल्पनाएँ मिलकर पीछे की गई हैं और राजनीतिक विचारधाराओं की सीमाओं को छिन्न-भिन्न कर एक अनंत-विस्तार के मरुस्थल में पहुँचा दिया गया।

स्वयं एडवर्ड सईद 'न्यू सोवरिन' में यह मानने को विवश हो गए कि निगमों ने इतिहास-भूगोल-राजनीति की विचारधाराओं की सीमाओं को तोड़कर इतनी ताकत पैदा कर ली है कि इस ताकत से टक्कर कई राष्ट्र भी मिलकर नहीं ले सकते हैं। यही पूँजी केंद्रित विश्व वर्चस्ववाद है। टाफलर ने 'पॉवर शिफ्ट' पुस्तक में ठीक कहा है कि बहुराष्ट्रीय निगमों ने बिना रक्तपात किए 'सत्ता' का केंद्र 'शिफ्ट' कर दिया है। पुराने केंद्रवाद को तोड़कर विकेंद्रीयतावाद में शक्ति को ईजाद किया है। अब गरीब देश वे हैं जिनके पास सूचना-क्रांति, तकनीकी क्रांति की चकाचक नहीं है। अविकसित देशों को तकनीकी दृष्टि से संपन्न बनाने की तैयारी विकसित राष्ट्रों में चल रही है। गरीब जनता के संपन्न मालिक 'पिछड़ापन' हटाने का सपना दिखा रहे हैं। लेकिन इतिहास गवाह है जिन-जिन देशों ने विदेशी पैसे लेकर 'प्रगति' और 'विकास' का स्वप्न देखा वे देश बर्बाद हो गए। उनका पूरा आर्थिक-सामाजिक ढाँचा तबाह हो गया। गोरी कौमों ने काली कौमों को कैसे गुलाम बनाया—यह 'ट्रेजेडी' एक बड़ी सामजिक कथा से जुड़ी है। नस्लवाद, फैमिनिस्ट मूवमेंट, लेस्बियन कल्चर इसी तरह के नव-साम्राज्यवाद के भीतर से उठे जिनका विरोध आज काली जातियाँ कर रही हैं। पर 'विरोध' में दम नहीं है। वे सभी 'डॉलरवाद' पर पल रही गुलाम जातियाँ जो हैं। अब शरीर की ताकत कुश्ती-विजय का जमाना नहीं है। बहुराष्ट्रीय निगमों के बुद्धि-तंत्र, बैंकिंग-व्यवस्था, कौशल, स्किल, बाजारवाद की गहरी पकड़ का जमाना है। क्या इसे 'तकनीकी उपनिवेशवाद' कहने में कोई हिचक है? कदापि नहीं। पूरी दुनिया ग्लोबल शॉपिंग सेंटर है जिसमें निवेश करो-धन कमाओ और ईश्वर-धर्म दोनों के भय से मुक्त होकर भोग करो। पाप का सिद्धांत मध्ययुगीन है—उससे 'पोस्ट मॉडर्न मैन' का नमस्कार। 'यौन-शिक्षा' अनिवार्य करो ताकि भोग को 'ग्रंथियों' से मुक्त होकर भोग सकें। यही नव-फ्रायडवाद का नया नक्शा है। निगम, हमारी इच्छाओं का 'साम्राज्य' बनाते हैं और लुभावने ब्रांडों-विज्ञापनों से उन पर कब्जा करते हैं—कब्जा करके लगन का पागलपन नई पीढ़ी में भरते हैं। 'ग्लैमर' का कमाल देखना पाना आज के हर मॉडर्न युवक का अरमान है।

आधुनिक लोग आज जिसे 'मीडिया साम्राज्यवाद' कहते हैं वह जनसंख्या सैटलाइट का रूप नहीं तो क्या है? इन सैटलाइटों के माध्यम से ही पूरा विश्व, पूरे विश्व का सच्चा बाजार जुड़ा है। इस मीडिया साम्राज्यवाद का नायक खलनायक दोनों ही अमेरिका है। इस विश्व वर्चस्ववाद को 'मीडिया इंपीरियलिज्म रिविजेटेड' नाम से भी जाना जाता है। कभी-कभार बुद्धिमान लोग इसे यूरोप के अन्य देशों से अलग करने के लिए 'अमेरिकीवाद' नाम भी देते रहे हैं। इसी अमेरिकीवाद का एक प्रसिद्ध मुहावरा है—'मेडीसन एवेन्यू'। यही तो वास्तविक विश्व सांस्कृतिक-साम्राज्यवाद का शीर्ष विचार है। इसी के चक्कर में आकर आज 'तीसरी दुनिया के देश' आ गए हैं। इस हद तक पागलपन के साथ इन्हें और कहीं कुछ दिखाई ही नहीं देता।

भारत जैसा देश भारतीय-भाषाओं का गला घोंट कर अंग्रेजी भाषा के सांस्कृतिक साम्राज्यवाद को समर्पित है। हमारे ऊपर बहुत तरह के सांस्कृतिक साम्राज्यवाद का हमला अमेरिका ने किया है। लेकिन हम हैं कि 'वसुधैव कुटुंबकम्' की खामख्याली में जी रहे हैं। पेट से आगे सोचने की हमारी शक्ति बची भी कहाँ है।

सांस्कृतिक-साम्राज्यवाद बहुत व्यापक बहुत जटिल अवधारणा है। इसे न तो सीधे-सीधे परिभाषित किया जा सकता है न व्याख्यायित। केवल इसे कुछ चिह्नों-प्रतीकों-ब्रांडों के जरिए अनुभव किया जा सकता है। 'कल्चरल इंपीरियलिज्म' की एक भुजा—मीडिया (मीडिया-साम्राज्यवाद) है तो दूसरी भुजा—व्यापार (व्यापारिक साम्राज्यवाद) है। यह दशभुजा दशानन है। हर रूपवती सीता को अंकशायिनी बनाता हुआ 'मॉडर्न रावण'। उसकी सोने की लंका आज पूरा विश्व है और वह 'हनुमानों', 'अंगदों', 'नील-नलों' को डायरेक्टरों के पद दे रहा है—'लूटो-खाओ, मौज मनाओ' का मूल नारा है—'मोटो' है लक्ष्य है। 'विश्व-मानव', 'ग्लोबल-मैन' बनने का अर्थ है अपनी-अपनी 'जातीय-अस्मिता' को मिटाकर अमेरिकी साम्राज्यवाद के झंडे के नीचे आ जाना। सांस्कृतिक साम्राज्यवाद नहीं चाहता कि हमें 'परंपरा', 'दर्शन', 'साहित्य', 'धर्म-कला', कुछ भी याद रहे। वह पूरी तरह हमारी 'स्मृति' को मिटाना चाहता है। स्मृति को मिटाकर ही किसी जाति को गुलामी के अंधकार में धकेला जा सकता है। निर्मल वर्मा और अज्ञेय को 'स्मृति' को मिटाने की चिंता अपने लेखों में यों ही नहीं है। उसके पीछे बहुत गहरी बात है।

# उत्तर-आधुनिकतावाद में स्त्रीवादी विमर्श का जादू

कितनी दिलचस्प स्थिति है कि आपके चारों तरफ एक ऐसा वैचारिक आलोक पैदा हो रहा है जिसमें स्त्री-विमर्श की सांस्कृतिक-राजनीतिक कोण से 'समाज-टीका' की जा रही है। एक तरह से यह स्त्री-विमर्श विषय की दृष्टि आधुनिकतावादी 'इन लाइन्टेनमेंट' या प्रकाश-लोक का जागरण है, जिसे विश्व भर में स्त्री-विमर्श और उत्तर-आधुनिकतावाद के नए अर्थ-संदर्भों की युक्ति में नत्थी-वक्रताओं के रूप में देखा जा रहा है। यह भी कहा जा रहा है कि यह एक ऐसा विचारोत्तेजक अर्थ-मीमांसा का पहलू है जिसमें नारी की आदिम यातना से लेकर आजतक की पीड़ादायक स्थिति-परिस्थिति का 'डिस्कोर्स' या विमर्श किया जा सकता है। समाज और संस्कृति की नई इक्कीसवीं शताब्दी में सबसे बड़ी माँग है नारी-विमर्श के सभी पहलुओं पर मर्दवादी जोश से मुक्त होकर सोचना-विमर्श करना। उत्तर-आधुनिकतावाद के सामाजिक 'लैंडस्केप' में यह स्त्री-विमर्श अब मात्र चौंकाने वाला 'फीचर' नहीं है। बल्कि यह तो अब कई तरह के फीचरों का ज़ादुई क्लस्टर है। उत्तर-आधुनिकतावाद के दर्शन में 'फेमिनिस्ट थियरी' प्रवेश कर रही है और उसका एक विशिष्ट काव्यशास्त्र गढ़ा जा रहा है। स्त्री-विमर्श की सभी परिभाषाओं में यह सत्य निहित रहा है कि आप कुछ भी कहिए। आपको यह विचार मानने के लिए विवश होना पड़ेगा कि स्त्री-विमर्श एक सामाजिक और राजनीतिक 'फोर्स' है—ऐसी फोर्स या दुर्गा-शक्ति जो मर्दवादी अत्याचारों को रौंदकर दम लेगी। स्त्री-पुरुष का पूरा इतिहास-भूगोल गणित इस शक्ति ने अपनी चेतना के जागरण से बदल दिया है।

उत्तर-आधुनिकतावादी स्त्री-विमर्श का यह 'ग्लोबल रिनांसा' वैश्विक नवजागरण स्त्री-पुरुष शक्ति की परंपरागत अवधारणाओं को न केवल बदल रहा है बल्कि ध्वस्त कर रहा है। हिंदी-साहित्य में यह चर्चा सुभद्रा कुमारी चौहान के सृजन और चिंतन को लेकर उठी है। इसी चर्चा का विस्तार देश-भर में होने वाले महादेवी वर्मा के

चिंतन को लेकर हुआ है। महादेवी वर्मा की 'शृंखला की कड़ियाँ', 'स्मृति की रेखाएँ' आदि ऐसी कलाकृतियाँ हैं जिनमें स्त्री-विमर्श का एक दमनकारी काव्यशास्त्र अपनी पूरी संभावनाओं के साथ मौजूद है। यह वर्ष जैनेंद्र कुमार का जन्म-शताब्दी वर्ष है और इसमें प्रबुद्ध पाठकों-पत्रकारों, खास काट के अन्य कलाओं से जुड़े बौद्धिकों का ध्यान जैनेंद्र के स्त्री-विमर्श पर जा रहा है। ध्यान जाने पर हम पाते हैं कि हिंदी कथा-साहित्य में जैनेंद्र पहले कथाकार हैं जो इस क्षेत्र का प्रवर्तन करते हैं। इस प्रवर्तन का श्रेय इसलिए भी हम देते हैं कि 'परख' की कट्टो, 'सुनीता' की सुनीता, 'त्यागपत्र' की 'मृणाल' जैसी नारियाँ भारतीय समाज के बदलते चेहरों की चिंताओं-प्रश्नाकुलताओं, समस्याओं और बेचैनियों को नारी को केंद्र बनाकर अभिव्यक्ति देती हैं। स्त्री-विमर्श का एक उत्तर-आधुनिक 'पाठ' यहाँ उपस्थित है। इस 'पाठ' को हम देरीदा के 'पढ़त-सिद्धांत' या थियरी ऑफ रीडिंग से पढ़ते-गुनते हैं तो पाते हैं कि स्त्री-व्यथा के उस दमित अर्थ से हम साक्षात्कार कर सकते हैं जिसे शक्ति और सत्ता के खेल ने दबा दिया है। इस पद्धति से पाठक निर्धारित अथवा पूर्व निश्चित स्थापित अर्थ को 'विस्थापित' करने या विपर्यस्त करने के दौरान श्रेणीबद्ध-अर्थक्रम की 'हेरार्की' को प्रतिवर्तित कर देता है। ऐसा हम इसलिए भी करते हैं कि किसी भी कृति का अर्थगति केंद्र तो कहीं नहीं होता है। उसे तो पाठक वर्ग अर्थबहुलता के अनंत-अनंत अर्थ संसार में सृजित करता है।

'त्यागपत्र' उपन्यास की 'मृणालिनी' की यातना को 'यातना के भीतर पुरुष समाज से मिलनेवाली यातना' में देखा जा सकता है जिसमें नारी अस्मिता का सांस्कृतिक संकट गहरा होता जाता है। यह हमारा वह समाज है जो स्त्री को जीने का हक तक देने को तैयार नहीं है। इधर स्त्री-विमर्श को लेकर मोहन राकेश के नाटकों पर 'आषाढ़ का एक दिन' की मल्लिका, 'लहरों के राजहंस' की सुंदरी और 'आधे-अधूरे' की 'सावित्री' पर अर्थ केंद्र की 'उपस्थिति' पर वैचारिक संग्राम हो रहा है। इनका अर्थ हम भाषा के उस 'विभेद' से पाते हैं जो भाषा के अंदर उनमें और दूसरे संकेतकों के मध्य अर्थ की निष्पत्ति करता है कि आज भी कितनी लाचार है औरत जो मर्दवाद की मार से मूर्च्छित है।

वस्तुतः स्त्री ही वह प्रकृति है, जिसे मर्दवाद की संस्कृति सदैव प्रदूषित करती है विकृत करती है और साहित्य में रीतिवाद की संस्कृति बन जाती है। स्त्री का रीतिकाल सभी देशों में किसी न किसी रूप में दिखाई देता है। अभी हाल में अमेरिका गें गुरिलग औरतों ने एकजुट होकर एक स्त्री को 'खलीफा' बनाकर अपनी यातना को वाणी दी। इस्लाम की परंपराओं का मर्दवाद आज भी स्त्री के लिए कितना क्रूर है—यह दर्द उसी का फटता हुआ ज्वालामुखी था। स्त्रियाँ मस्जिदों में जाकर नमाज नहीं पढ़ सकतीं? कितनी विचित्र बात है यह। स्त्री-विमर्श के एक वैचारिक अवतार का नाम तसलीमा नसरीन है न। कुछ भी कहिए एक लोक जागरण को उसने अपने

लेखन से पैदा किया है। स्त्रीवादी विमर्श के इस ताकतवर उभार से स्त्रीवादी राजनीति में धार पैदा हुई है। समाजशास्त्र, अर्थशास्त्र, राजनीतिशास्त्र, धर्मशास्त्र और साहित्य से जुड़े विश्वभर के विचारक आज सीधी भाषा में कह रहे हैं कि सभी समाजों में स्त्री की आकांक्षाओं को रौंदा गया है। सभी समाजों ने सांस्कृतिक मनोभूमिकाओं में स्त्री को पुरुष से नीचे रखा है। इतना ही नहीं सभी समाजों में सुंदर स्त्रियों का तो विवाह हो जाता है, असुंदर लड़कियों से नफरत। उन्हें कोई 'लिफ्ट' नहीं देता। इस अपमान, घृणा, उपेक्षा, अकेलेपन से घबराकर ही समलैंगिक विवाह, लेस्बियन कल्चर ने उभार पाया है। हैटरो सेक्सुएलिटी (विपरीत लिंगी आकर्षण और रति) की पक्षधरता टूटी है और इस पश्चिमी हवा को भारत में भी अपनाया जा रहा है।

स्त्रीवादी-विमर्श में 'हसबेंड' या पति को लेकर बड़ा भारी महाभारत मचा हुआ है। स्त्रियों का एक बड़ा वर्ग 'पति' की जगह 'लाइफ पार्टनर' शब्द का प्रयोग करना उचित समझता है। 'पति' शब्द में मर्दवादी भेड़ियावाद की हिंसा-गुर्राहट, धमकी, स्वामित्व, अधिकारवाद की दुर्गंध आ रही है। 'पति' का यहाँ सीधा अर्थ हो गया है न केवल स्त्री को अपनी इच्छाओं से नचानेवाला, उसकी देह पर अपना एकाधिकार रखने वाला। उसे शारीरिक-मानसिक-सामाजिक-आर्थिक यातनाएँ देने वाला। उसकी हर साँस की छाती पर सवार रहने वाला, उसे रौंद कर घरेलू नौकरानी की तरह काम कराने वाला आदि-आदि। अभी अमेरिका के हार्वर्ड विश्वविद्यालय में एक बौद्धिक बहस के दौरान एक पुरुष के वक्तव्य पर स्त्रीवादियों और स्त्रीवादियों के विरोधियों के बीच ऐसा संग्राम हुआ कि पुरुष-बौद्धिकों को नाक पर घूँसा खाना पड़ा। इसकी रिपोर्ट 'रीजन' पत्रिका की 'कांट्रिब्यूटिंग एडीटर' कैथी यंग ने प्रस्तुत की है। संस्थान के प्रमुख अर्थशास्त्री लॉरी समर्स के खिलाफ अविश्वास प्रस्ताव पारित किया। क्यों पारित किया गया प्रस्ताव? उन्होंने 'नेशनल ब्यूरो ऑफ इकनॉमिक रिसर्च' में कुछ इस तरह की बात नारी और नौकरी को लेकर कह डाली कि वहाँ मौजूद स्त्रियाँ भड़क गईं। नारी-विरोध का बयान मीडिया में आया तो अनेक तरह के स्त्रीवादी संगठन, नस्ल और लिंगगत भेदभाव के विरोधी संगठन पुरुष-वर्चस्ववादी बयान को लेकर उसके विरोध में डट गए। समर्स द्वारा अपने वक्तव्य पर माफी माँगने पर भी उन्हें माफ नहीं किया गया। अपितु उनके खिलाफ 15 मार्च को अविश्वास प्रस्ताव पारित किया गया।

ऐतिहासिक विरोध बहस के इसी दौर में हार्वर्ड विश्वविद्यालय में गायिका-अभिनेत्री जाडा पिंकेट स्मिथ के द्वारा 26 फरवरी को दिए गए एक वक्तव्य पर फिर वाद-विवाद उठ खड़ा हुआ। दरअसल, पिंकेट ने नारियों को यह संदेश दिया कि वे बच्चे, दाम्पत्य-सुख और कैरियर इन तीनों का आनंद लेने के लिए आजाद हैं। इस आजादी में मर्दों को खलल डालने का कोई अधिकार नहीं है और यदि वे खलल डालेंगे तो

उन्हें इसके परिणाम भुगतने होंगे। पिंकेट के इस वैचारिक वक्तव्य से हेटेरो सेक्सुएलिटी (विपरीत लिंगी-संबंध) को संस्कृति की आधारशिला मानने वाले भड़क उठे। सौभाग्यवश पिंकेट का वक्तव्य या भाषण हार्वर्ड की पत्रिका 'हार्वर्ड क्रिसमन' में छपा। भाषण क्या छपा हार्वर्ड के उभयलैंगिक, समलैंगिक, लेस्बियन, ट्रान्स जेन्डर और इन गुटों से जुड़े अन्य मित्र संगठनों में आग पर चढ़े दूध में मानो उबाल आ गया जो भल-भलकर दूध बाहर गिराने लगा। कुछ-कुछ ऐसी ही स्थिति बनी। पिंकेट स्मिथ के भाषण में मौजूद 'परंपरावादी अंधवाद' का पुरजोर विरोध हुआ। यह माँग भी उठी कि भविष्य में संस्थान वक्ताओं को पूर्व निर्देश दे कि वे किसी को अपने विचारों से जाति, धर्म, वर्ग, लिंग के आधार पर आहत न करें। प्रश्न उठता है कि भारत में हेटेरोसेक्सुएलिटी की पक्षधरता क्या मौजूद नहीं है? इस प्रश्न का उत्तर है कि ज्यादातर हेटेरोसेक्सुएलिटी को ही संस्कृति का आधार मानते हैं। समलैंगिकता और लेस्बियन पर भारत अभी हक्का-बक्का है और इसका समर्थन करने में लाचार है। भारत की 'पार्वती-संस्कृति' में 'लेस्बियन संस्कृति' को अपनाने वाले उसके विषय में बात करने वालों को 'बौद्धिकों का लफंगापन' ही करार दिया जा रहा है। हम इसे 'मानव-स्वभाव' न मानकर 'विकृति' मानते हैं। शोध करने वाले विद्वान कहते हैं कि समलैंगिक रिश्ते आज भी दो प्रतिशत से लेकर पाँच प्रतिशत तक हैं। शायद नीदरलैंड दुनिया का अकेला देश है, जहाँ 'समलैंगिक विवाह' को कानूनी स्वीकृति हासिल है। लेकिन पश्चिमवाद उत्तर-आधुनिकतावाद के भीतर जो दुनिया आकार ग्रहण कर रही है उसमें किसी भी विचार, धर्म, वर्ग, परंपरा को वर्जित ठहराना संभव ही नहीं है। इस संस्कृति में 'सब चलता है' और कोई आहत महसूस नहीं करता। एक लड़की नंगी होकर खंभे पर चढ़ जाती है और कूल्हे-स्तन हिलाकर सभी को रिझाती है। उसकी देह पर उसका अधिकार है। वह जो चाहे कर सकती है। इस सबको लेकर परंपरावादी पादरीवाद चीखता है। विक्टोरियन नैतिकतावादी समाज-संस्कृति के ठेकेदार गुर्राते-गरजते हैं। लेकिन उनकी आवाज नक्कारखाने में तूती की आवाज बनकर रह जाती है। भारत में पश्चिमवादी स्त्रीवादी विमर्श की हवा तेजी से इधर चल रही है। भारत का मन इस हवा में 'मौज-मस्ती' करने का अभ्यास कर रहा है। वे लड़कियाँ 'उपस्थित' हैं जो विवाह, पति, बच्चे, परिवार, सभी को अपने लिए निरर्थक पा रही हैं। क्या यह रामधारी सिंह दिनकर की कृति 'उर्वशी' का नया संस्करण नहीं है? क्या यह राजकमल चौधरी की कृति 'कंकावती' का नग्न अर्थ विन्यास नहीं है? क्या यह अकवितावादी कवियों का स्त्री-देह पर लिखा सांस्कृतिक व्याकरण नहीं है। अब हम गर्दवादी किसी नैतिक तानाशाही का समर्थन नहीं कर सकते। 'कन्या' और 'कन्यादान' के पवित्रतावाद में हमें रूढ़िवाद के सड़ते गोबर मल-मूत्र की बदबू आ रही है। प्रश्न उठता है कि क्या पश्चिमवाद के नकलची हम लोग पश्चिमी संस्कृति से आई इस स्त्रीवादी विमर्श चेतना को समर्थन न दें। रघुवीर सहाय की कविता में स्त्रियों की

भारी उपस्थिति और यह लय 'पढ़िए गीता। बनिए सीता। फिर किस्मत में लगा पलीता' को रोक दें। क्या आपको हमारी पश्चिमी संस्कृति से प्राप्त 'आधुनिकता' गवारा नहीं है? अब तो 'सीता-संस्कृति' भी बाजारवाद का अभिन्न अंग है। अब सीता ने राम से प्रसन्न रहना छोड़ दिया है। वे रावण को प्रेम पत्र लिखकर बुला रही हैं। 'पति' की बोरियत नामंजूर। भारत की इलीट-संस्कृति में रावण ही भोग करा सकता है। अब रावण 'परिधि' को छोड़कर 'केंद्र' में आ रहा है और राम संस्कृति 'केंद्र' छोड़कर 'परिधि' पर जा रही है। है न उत्तर-आधुनिकतावाद के स्त्रीवादी विमर्श का जादू।

अब निर्गुण-सगुणवादी भक्ति-चिंतन का पूरा अर्थ उलट-पुलट गया है। कबीर ने नारी-निंदा में चक्रवर्तित्व हासिल किया हुआ है। अब कबीर के दिन लद गए कोई क्षितिमोहन सेन और हजारीप्रसाद द्विवेदी कबीर को अब बचा नहीं सकता। मर्दवाद के जोश में हर समय कबीर का नारी को गाली देना, कोसना, कुलच्छिनी कहना, माया कहना अब बर्दाश्त नहीं किया जाएगा। दलित कबीर हर समय नारी को गाली क्यों देते हैं? निकालिए उन्हें पाठ्यक्रम से बाहर। और जायसी का 'पद्‌मावत' तो 'सती-प्रथा' का परम भागवत है। निकालिए उसे पाठ्यक्रम से बाहर। वह हमारी 'मॉडर्न' लड़कियों को सतीप्रथा के जहरवादी समुद्र में ले जाता है। ऐसे ही तुलसीदास की 'नारी-निंदा' का राग अब बर्दाश्त नहीं। हटाइए बाबाजी को दूर और हिंदुत्व के कीचड़ में दफना दीजिए। केवल अब कृष्ण-भक्तिकाव्य पढ़ाइए। रीतिकाल के ग्रंथों को जला दीजिए। हर समय नारी केलि-काम-क्रीड़ा-कौतुक। पूरा स्त्रीवादी विमर्श एक वैचारिक आंदोलन के रूप में मौजूद है और मर्दवादी पतन की माँग कर रहा है। इसलिए स्त्रीवादी विमर्श और स्त्रीवादी विमर्श की सैद्धांतिकी का विकास सामाजिक-राजनीतिक परिवर्तन की माँग करता है।

स्त्रीवादी विमर्श का आरंभ 'सेकेंड वेव' की अवधारणा के साथ 'थर्ड वेव' के दौर में है। सन् 1968 का स्त्रीवादी आंदोलन अब 'इतिहास' बन गया है लेकिन उसकी 'प्रेरणा' जीवित है। अब नर-नारी समानता का आधार दोनों को समान अवसर प्रदान करने का संकल्प है। काते मिलेट ने 'सेक्सुअल पॉलिटिक्स' पुस्तक में या फिर सुलामिथ फायर स्टोन ने 'दि डायलेटिक्स ऑफ सेक्स' का जो सपना देखा था—वह अब साकार होने जा रहा है। उन्नीसवीं-बीसवीं शताब्दी का महाबली स्त्रीवादी विमर्श अब इक्कीसवीं शताब्दी में अपनी शक्ति का जादू दिखाना चाहता है। समय की उपभोक्तावादी संस्कृति नारी देह पर जो इतिहास-भूगोल की इबारत लिख रही है वह नकारने की चीज नहीं है? विश्वभर में स्त्रीवादी राजनीति ने अपनी शक्ति और सत्ता की धाक जमा रखी है। 'वूमैन्स लिबरेशन' का नया 'पाठ' पढ़ा जाना चाहिए पूरी सावधानी के साथ। यह ल्योतार की बात 'पोस्ट मॉडर्न कंडीशंस' पुस्तक की घोषणा के साथ कि स्त्री के पुराने महाआख्यान (मेटा-नैरेटिव) का अंत हो गया है।

अब यह पूछने का समय नहीं है कि 'ह्वाट इज फेमिनिज्म' स्त्रीवादी विमर्श क्या है, क्यों है? स्त्रियों का जिस-जिस रूप में 'दमन' किया जाता रहा है उसे नए सामाजिक-सांस्कृतिक रूपांतरण में नया अर्थ और नई दिशा देने की सभी से अपेक्षा है। सिमोन डे बुआर का विचार कि स्त्री को कब तक 'अदर' माना जाता रहेगा और मर्दवादी सोच इस 'अन्य' को कब तक पीसता रहेगा? क्या इस चिंतन का कोई अंत नहीं है।

# देरीदा का डमरू

लगभग दो दशकों तक बीसवीं शताब्दी की समीक्षा में बहसों के तूफान से परिवर्तन लाने वाले चिंतक ज्यांक देरीदा के 'विनिर्मितिवाद' के सिद्धांत को अब दफनाने की मुहिम चल रही है। उन्हें अब यह खुला खेल फर्रुखावादी झेलना पड़ रहा है क्योंकि नई समीक्षा की पीढ़ी ने उनका साथ न देने का मन बना लिया है। यह पीढ़ी उन्हें 'फासीवादी-प्रतिक्रियावादी' सोच का चिंतक घोषित कर रही है। देरीदा का विनिर्मितवाद या 'थियरी ऑफ डीकांस्ट्रक्शन' 'पाठ' या टैक्स्ट के निर्धारित अर्थ को 'विस्थापित' करने की अध्ययन पद्धति है। लेकिन इस पद्धति की एक अपनी 'हिडिन पॉलिटिक्स' या गुप्त राजनीति है जो मार्क्सवाद की विचार-पद्धति को जड़ से उखाड़ने का संकल्प लेकर जन्मी है। एक समय था 1981 के आसपास का जब देरीदा ने 'पोजीशंस' के एक 'इंटरव्यू' में धड़ल्ले से कह दिया था कि मार्क्स और लेनिन का 'टैक्स्ट' बहुत पेचीदा है—संश्लिष्ट-जटिल खोपड़ी खा जाने वाला 'टैक्स्ट'। उसका सरलता से 'भाष्य' नहीं किया जा सकता। इसलिए मार्क्स-लेनिन के 'पाठ' से अर्थ के ध्वन्यर्थ को पा लेना लोहे के चने चबाना है। हीगेलियन परंपरा से उनके अलगाव पर जोर देकर मार्क्स-लेनिन के 'पाठ' की बहु-व्यंजकता को पा लेना लगभग असंभव कार्य है।

आज विचार का एक महत्त्वपूर्ण मुद्दा यह भी है कि देरीदा मार्क्सवाद विरोधी क्यों रहे हैं। यहूदी मार्क्स का यहूदी देरीदा विरोध क्या है, क्यों है और क्या कहता है यह विरोध। इस विरोध का 'निर्वचन' बहुत लंबे-चौड़े विचारों की व्यथा भरी 'रामायण' का अर्थ है जो मार्क्स के एकत्ववादी अर्थ के केंद्रवाद को तोड़कर धूल में ध्वस्त कर देता है। मार्क्सवादी तो मार्क्सवाद के प्रेतों को अपने अंडरवियर में छिपाए घूम रहे हैं। उन्हें सावन के अंधों की तरह मार्क्सवाद को विचारधारा और उस विचारधारा से जुड़ी पुरानी विचारधाराओं का अंत दिखाई नहीं देता। इसलिए दिखाई नहीं देता कि उनका तो गढ़ा हुआ खूँटा ही उखड़ रहा है और कौन इस पीड़ा को बर्दाश्त कर सकता है। फिर देरीदा का रवैया मार्क्सवाद विरोधी है। इसलिए मार्क्सवादियों की एक भारी भीड़ देरीदा के विनिर्मितिवादी सिद्धांत को प्रतिक्रियावादी

कहकर उन पर हर संभव ईंट-पत्थर फेंक रही है और 'प्रति क्रांतिकारी' कहकर गलिया रही है। इस तरह गाली देने की मार्क्सवादियों की पुरानी आदत है। पुरानी आदत जल्दी नहीं बदलती। फिर देरीदा के चिंतन की राजनीति मार्क्सवादी की तिजोरी को तोड़कर उसका मालमत्ता डकार जाना चाहती है। देखिए न, इधर हमारे उत्तर-आधुनिकतावाद के प्रसिद्ध आलोचक एजाज अहमद ने 'इन थियरी' में इस तरह के तर्क बाण छोड़े हैं कि मार्क्सवाद घायल होकर मूर्च्छित पड़ा है।

हीगल के पूर्ण ज्ञान का दावा नीत्शे और देरीदा को हँसने के लिए मजबूर करता है। पूर्णता एक असंभव तरह का पागलपन है जो चिंतन और इतिहास गति के विरुद्ध है। ज्ञान की राजनीति कैसी ही ताकतवर राजनीति क्यों न हो वह अपनी अपूर्णता में ही शोभा पाती है, पूर्णता में तो वह जड़वाद में बदल जाती है। ज्ञान निश्चयात्मक बुद्धि का केंद्र नहीं हो सकता क्योंकि उस पर अज्ञान की फिसलन भरी काई जमी हुई है और इस 'काई' से ज्ञान को न 'नव्य अरस्तूवादी' मुक्त कर सके हैं न कांटवादी। हेडेगर जैसा दार्शनिक भी इस ज्ञान भूमि पर 'त्राहि-त्राहि' करता नजर आता है। उनकी दृष्टि में सत्य की अवधारणा का 'रूपक' अनुभवजन्य है—विज्ञान नहीं है। हीगल के 'इतिहास का तर्क' विनिर्मितवाद में पानी पड़े आटे की तरह हो जाता है—पिलपिला-चिपकना और रगड़ खाने को तैयार। हीगल की अवधारणा का इतिहास और 'चेतना' दोनों नीत्शे को बहुत चुनौती नहीं देते हैं। इसीलिए नीत्शे से प्रभावित देरीदा ऐतिहासिक व्याख्या की 'सत्ता' को लेकर तर्क से रगड़ करते हैं। और इतिहास की 'व्याख्या' को फिर से देरीदा चुनौती देते हैं। इतिहास में विचार और घटनाएँ तभी नया 'अर्थ' और 'संदर्भ' पाती हैं जब उन्हें नई पढ़त से समकालीनता में पढ़ने का जागरूक प्रयत्न किया जाता है। समकालीनता को आधार बनाकर पाठक जब भवभूति के 'उत्तर-रामचरित' का 'पाठ' उठाता है तो उससे रचना के साथ नया संवाद बनता है। यहाँ 'पाठक' ही 'पाठ' को नहीं पढ़ता—'पाठ' भी 'पाठक' को पढ़ता है। इस नई पढ़त (क्लोज रीडिंग) में नए अर्थ-बिंब पूरी दीप्ति से दमक उठते हैं। रचना की 'नई व्याख्या' लगातार नए ऐतिहासिक बोध की तलाश बन जाती है और उसमें 'वस्तु' और 'रूप' का द्वैत खत्म हो जाता है—अद्वैत वेदांत में नव्य वेदांत का, न्याय में नव्य न्याय का, सर्जना में नई सर्जनात्मकता का यह नया निष्पत्तिवाद है। इस निष्पत्तिवाद में रचना में निहित, अलंकार, रूपक, प्रतीक, मिथक, लाक्षणिकता से भरा अनुमान सभी अपनी 'कैद' से मुक्त हो जाते हैं। कहना न होगा कि देरीदा का विनिर्मितवाद मार्क्सवादी समीक्षा को उसके एकार्थवाद से मुक्त करना चाहता है। मार्क्सवादी-समीक्षा जिस अनेकार्थता को दबाने के चक्कर में रहती है, उस 'पाठगत खेल' को देरीदा पसंद नहीं करते हैं।

हमें ध्यान में रखना चाहिए कि क्यों मार्क्सवादी आलोचक टेरी ईगलटन 'अनेकार्थता' को अस्वीकार करते हैं जबकि वे 'टैक्स्ट' को आलंकारिक मानते हैं।

उनके सामने प्रश्न 'पाठ' की अनेकार्थता का नहीं, कृति की व्याख्या है और व्याख्या की वैधता है। देरीदा का 'डीकांस्ट्रक्शन' सभी तरह की वैधताओं को चुनौती देता है। यह वैधता का प्रश्न फूको में खतरनाक मोड़ लेता है और एजाज अहमद साहेब का विचार तर्क तब और मजबूत हो जाता है जब वे कहते हैं कि ऐसे तमाम प्रमाण मौजूद हैं जिनके आधार पर कहा जा सकता है कि मार्क्सवाद का आंतरिक अरमान है—उत्तर-संरचनावाद को अपने में लपेटकर तगड़ा होने का। लेकिन दुर्भाग्य यह है कि वह जितना ही लपेटना चाहता है, उतना ही टूटता जाता है। इस लपेट से टूटते मार्क्सवादी उन लोगों पर 'अज्ञानी अशिक्षित' कहकर हमला करते हैं जो उनके विरोधी हैं। इस अंधे विरोध के कारण मार्क्सवाद नवमार्क्सवाद नवइतिहासवाद के चिंतन की हवा निकल गई है। देरीदा के विनिर्मितवाद से घबराए थके मार्क्सवादी कह रहे हैं कि देरीदावाद, एक तरह का 'टैक्स्चुअलमिस्टसिज्म' अर्थात् पाठ मूलक रहस्यवाद है—भ्रांतिवाद है। मार्क्सवादी 'पाठ' का कुपाठ है। यह द्वंद्वरहित विचार-प्रक्रिया है, इसीलिए पूँजीवादी राजनीति का सांस्कृतिक साम्राज्यवाद है। भारतीय चिंतन का ब्राह्मणवाद। ऐसा ब्राह्मणवाद जो अपनी वर्चस्ववादी ताकत से मार्क्सवाद का गला दबाता है। इसीलिए मार्क्सवाद की साहित्यिक सैद्धांतिकी में उत्तर-संरचनावाद से तनाव बढ़ा है।

इधर विद्वानों के एक हलके में यह चर्चा जोर पकड़ती रही है कि देरीदा के चिंतन पर नीत्शे के विचारों की दूर तक छाप है। नीत्शे के शून्यवाद से ही देरीदा ने विनिर्मितवाद के अंतःसूत्रों को निर्मित किया है। यह तथ्य भी यहाँ महत्त्वपूर्ण है कि नीत्शे के शून्यवाद से मार्क्सवाद की तनातनी बनी रही है और इसी तनातनी की भीतरी ताकत से उत्तर-संरचनावाद की छवि निखरी है। फिर यह तनातनी मामूली नहीं है कि आपस में समझौता कर लें। दोनों परस्पर विरोधी भिन्न दृष्टियाँ हैं और इनमें किसी, 'फ्यूजन' की संभावना नहीं है। संभावना इसलिए भी नहीं है कि दोनों की विचारधारा या 'एपिस्टिमोलॉजी' एकदम अलग है। नीत्शे और देरीदा दार्शनिकों की परंपरा का विस्तार करते हैं जबकि अपनी अद्भुत अपूर्व ख्याति के बावजूद मार्क्सवाद को 'दर्शन' के क्षेत्र में जगह नहीं मिली है। ऐसी स्थिति के कारण मार्क्सवाद आर्थिक-सामाजिक चिंतन तो है—गहन तत्त्व मीमांसा से भरा दर्शन नहीं है। दर्शन में 'अर्थमीमांसा' की गहराई रहती है और आर्थिक-राजनीतिक चिंतन में सामाजिकता विस्तार-संदर्भ। अपनी दार्शनिक समझ से ही देरीदा ने हीगल के चिंतन के अनेक पक्षों पर विचार किया और सार-संक्षेप में पाया कि हीगल की रूपकात्मकता में अर्थों का अतिविस्तार है और अर्थ विस्तार हीगल की व्याख्याओं-अवधारणाओं को ही अंतर्विरोधों से भर देता है। हीगेलीय इतिहास तो 'दोमुँहा' है जिसे किसी भी तरह से पढ़ा जा सकता है उसमें अर्थ की चिपकन और धसकन दोनों है। आप उस द्वंद्ववाद का क्रांतिकारी पाठ भी उठा सकते हैं और प्रतिगामी पाठ भी आसानी से कर सकते हैं। यहाँ संदर्भ की अनिश्चितता नहीं है 'संदर्भ' का छपना है।

मार्क्सवादी व्याख्यावाद की बखिया उधेड़कर रख देते हैं। मार्क्सवादी व्याख्या का अर्थगत सत्य फूको को हमेशा संदेह में घिरा हुआ दिखाई दिया है क्योंकि मार्क्सवाद 'व्याख्या' को स्वतंत्र नहीं छोड़ता। वह उस पर अपनी विचारधारा को लादकर मार देता है। अपनी व्याख्या की अनेकार्थक छवियों से देरीदा ने येल और जान्हापकिंग विश्वविद्यालयों में अनेक प्रतिभाओं को अपनी ओर आकृष्ट किया। एक बार तो ऐसा लगा कि पूरा विश्व देरीदा के प्रभामंडल में आ गया है। लेकिन शीघ्र ही उसका प्रबल विरोध उभरा। क्योंकि देरीदा ने विनिर्मितवाद में 'अर्थ' को 'राजनीति' तक ले जाने का 'अरमान' पूरा किया। 'अर्थ' के इस खुले खेल में कोई नियमबद्ध संहिता की जकड़न नहीं है। इसलिए इस 'खेल' में सबसे बड़ा एक और नाम जुड़ गया—'पाल डि मान'। पाल ने देरीदा को एक गंभीर हाशिया दिया और 'कृति' की 'संस्कृति' को आभ्यंतर में उतरकर देखने का 'विजन' अपनाया। 'नव्य समीक्षा' में रचना का आदर प्रथम कोटि का है और समीक्षा को दोयम कोटि सम्मान। इस भेद दृष्टि से आहत पाल डि मान ने माना कि रचना और उसका व्याख्याता दोनों समान आदर के पात्र हैं—न कोई बड़ा है न कोई छोटा। 'पाठ' से 'व्याख्या' नीची नहीं है, हर स्तर पर बराबर है। ज्याफ्री हार्टमैन ने 'सेविंग द टैक्स्ट' पुस्तक लिखकर देरीदावाद का झंडा लहराया। देरीदा की अवधारणाओं की गुलामी के साथ नहीं, उनसे काफी हद तक मुक्त रह कर एक नया देरीदा निर्मित किया।

पाल डि मान की 'एलीगरीज ऑफ रीडिंग' पुस्तक विनिर्मितवादी 'टैक्स्ट' की एक अद्भुत व्याख्या है। उनका पूरा झुकाव आलंकारिक पाठ के संदर्भ की ओर है। अलंकार भाषा को व्याकरण की एकार्थता से मुक्त करता है क्योंकि आलोचना व्याख्यात्मक नहीं वरन् लाक्षणिक है। लाक्षणिक में रूपक-वक्रोक्ति, ध्वनि-व्यंजना सभी का समावेश है। फिर अलंकार साहित्यिक भाषा के भाव जगत में मेहँदी की तरह रचे होते हैं। इसलिए आलंकारिक पाठ की व्याख्या में अनेकार्थता का जादू सिर चढ़कर बोलता है। पाल डि मान को नीत्शे याद आते हैं और कहते हैं इसी मनोभूमिका में पढ़त हमेशा गलत (पाठ का कुपाठ) होती है। 'रीडिंग इज ऑलवेज नेसेसरली मिस रीडिंग'। अर्थात् अर्थ निकला कि आलोचना अन्योक्ति भरी लक्षणा होती है। पाल के इस विचार को हार्टमेन, हिल्स मिलर और बारबरा जानसन ने नया आलोचनात्मक संदर्भ देकर आगे बढ़ाया है। इस अध्ययन में बारबरा ने नारीवादी विमर्श को कार्यान्वित किया है। उनकी मान्यता रही है कि प्रत्येक नारी दोहरी अनिश्चयात्मक भाषा बोलती हुई विनिर्मितिवादी होती है। मूल बात यह कि बारबरा जानसन की दृष्टि देरीदा और पाल डि मान से भिन्न रही है। उसने देरीदा के विभेद सिद्धांत में लिंग-विभेद की अवधारणा को भी आदर से समाविष्ट कर लिया है। इसीलिए उनकी पुस्तक 'दि क्रिटिकल डिफरेन्स' प्रकाशित होते ही पाठकों के हृदय में बस गई। लेकिन इन सभी को देरीदा के डमरू की ध्वनियाँ ही मानना चाहिए।

इस देरिदाई विचार पर ध्यान दिया जाना चाहिए कि देरीदा का विनिर्मित सिद्धांत 'अंतिम शब्द' का दावा नहीं करता। कोई भी अर्थ अंतिम नहीं है और न कोई भाष्य या व्याख्या। पाठ या टैक्स्ट में अर्थ की अस्थिरता अर्थात् अनंतता या बहुलार्थकता होती है। अर्थ का 'स्थगन' भी। इसी कोण से विनिर्मित लेखन एवं भाषा के भीतर 'अनेकार्थकता' (व्यंजना-व्यापार का विस्तार) की सजा को स्वीकार करता है। टैक्स्ट के भीतर बाहर की आवाजाही सिर्फ 'समीक्षा' की सर्जनात्मकता की वृद्धि करती है। वह 'भाव-विभाव' से आगे बढ़कर अपने अर्थ को खोलती है—किसी 'सत्य' की कसम नहीं खाती। सत्य की कसम से बचने के कारण मार्क्सवादी समीक्षक देरिदाई समीक्षा पर नाक-भौं सिकोड़ते हैं। लेकिन विनिर्मिति या विखंडन से न ईगलटन बच पाते हैं न पियरे माशेरे। संरचनावादी, उत्तर-संरचनावादी सरपट में ईगलटन 'टैक्स्ट' को आलंकारिक मान बैठे और पियरे माशेरे 'यादृच्छिक' और भाष्यपरक। इसलिए यहाँ मार्क्सवादियों की हालत ऐसी हुई कि वे गुड़ खाते हैं गुलगुलों से परहेज करते हैं। फिर 'लेखन' के रूप में सत्ता के सवाल को लेकर भी मार्क्सवादियों ने कम तगड़ा शीर्षासन नहीं किया। जबकि देरीदा कह रहा था 'लेखन' विचार और सिद्धांत की सत्ता को संभव बनाने का नाम है जिसमें न केवल सत्ताएँ लिखी जाती हैं बल्कि उनके संप्रेषण का 'खेल' खेला जाता है। ऐसा वे 'ज्ञान के उत्खनन' के माध्यम से करने का प्रयत्न करती हैं जिनका पहले से ही निर्धारित 'डिकोडिंग' (वि-संहिताकरण) संभव नहीं होता। (दे देरीदा रीडर)। मूल बात यह कि देरीदा ने 'पाठ', 'पठन' एवं 'लेखन' की सत्ता-महत्ता को न केवल विचार के केंद्र में ला खड़ा किया बल्कि 'पाठ' को पढ़ने की नई तमीज भी बौद्धिक समाज में पैदा करने की पहल की। उसने 'पाठ' के इस संदर्भ की ओर भी संकेत दिया कि 'हर तरह के लेखन में गुप्त राजनीति विद्यमान रहती है।'

मैंने अंग्रेजी शब्द 'डीकांस्ट्रक्शन' के लिए 'विखंडन' शब्द से परहेज किया है। जबकि हिंदी में 'विखंडन' लड़खड़ाते हुए चल पड़ा है। जबकि सही अर्थ संदर्भ में 'डीकांस्ट्रक्शन' को 'विनिर्मिति' कहना चाहिए। क्योंकि स्थापित अर्थ को विस्थापित करके नए अर्थ का सर्जन या दमित अर्थ की तलाश या नए सिरे से अर्थ को गढ़ने की तैयारी का विचार उसमें प्रमुख है। विनिर्मितवादी विद्वान खुले तौर पर कहते रहे हैं कि 'डीकांस्ट्रक्शन' के अंतःसूत्र दार्शनिक देरीदा को नीत्शे और हेडेगर से मिले थे लेकिन अपनी प्रज्ञा से देरीदा ने 'डीकांस्ट्रक्शन' को चिंतन के क्षेत्र में नया कुरुक्षेत्र बना दिया। देरीदा ने अपने चिंतन से ऐसा भूकंप पैदा किया है कि सभी समीक्षा के पुराने जर्जरित महल गिर पड़े। देरीदा ने इस चिंतन को जन्म तो फ्रांस की भूमि में दिया लेकिन यह चिंतन तगड़ा होकर फैला अमेरिका के विश्वविद्यालय में। यहाँ तक कि पूरे यूरोप में देरीदा के विनिर्मितिवाद का डमरू बजता हुआ सुनाई दिया। विनिर्मितिवाद ने पहले से चली आती हुई 'समीक्षा' पद्धतियों एवं उनके सैद्धांतिक

सूत्रों पर प्रश्न-चिह्न लगा दिए। इन प्रश्नचिह्नों से समीक्षा का भाष्य-कर्म आहत भी हुआ और संदेह का घेरा भी बढ़ता गया। एक 'संकटहीन संकट' में फँसी समीक्षा। पूरे साहस के साथ देरीदा ने कहा कि टैक्स्ट के नाम पर 'समीक्षा' की पढ़त जारी है--वह भ्रांतिमूलक है—अर्थ-संदर्भ से भटकाने वाली। क्योंकि 'विनिर्मिति' का अर्थ ही है समीक्षा के भीतर मौजूद संकट से जूझकर मूलार्थ की खोज। यूरोपीय समीक्षा ने तो संकट का सामना किया लेकिन हिंदी-समीक्षा में 'संकट' पर ही मार्क्सवादी आलथी-पालथी मारकर बैठ गए और ईगलटन की 'ऑफ्टर थियरी' पुस्तक आने पर और ज्यादा दहाड़े। ईगलटन के मार्क्सवादी समीक्षा सिद्धांत के मोहभंग ने हिंदी के मार्क्सवादियों को सताया तो पर चेताया नहीं। देरीदा ने पश्चिमी दर्शन की बुनियादें हिला दीं। उसका विरोध इतना पनपा कि हर तरफ से उस पर आक्रमण शुरू हो गए। संरचनावादी समीक्षा, नव्य समीक्षा, अस्तित्ववादी समीक्षा और मिथकवादी समीक्षा के 'चौधरी' उलटे मुँह गिरे और 'नव-इतिहासवाद', नव-वामपंथवाद ने मार्क्सवादी समीक्षा की चट्टानों को तोड़कर उनका चूरा बिखरा दिया। आखिरकार, इतिहास का अंत एक प्रकार से विचारधाराओं का अंत, कर्ता का अंत, लेखन का अंत भी तो था। फूकोयामा ने रोलां बार्थ का इस केंद्रीय मुद्दे पर साथ दिया। नव्य समीक्षा और मार्क्सवादी समीक्षा के पैरोकारों ने देरीदा के खिलाफ हस्ताक्षर अभियान चलाने की राजनीति भी जमकर की। पूरी एशिया का यथास्थितिवादी रूढ़िवादी तबका भी 'उत्तर-संरचनावाद' से ऐसे बिदकने लगा जैसे पानी से पागल। उत्तर-आधुनिकतावाद और विनिर्मितिवाद से हिंदी-विभाग ऐसे पगलाए कि उसके लिए विनिर्मितिवाद का कोई न अर्थ बना न सम्मान न इसे जानने-समझने का संकल्प ही जागा। हिंदी-विभागों के आचार्य (प्रोफेसर), उपाचार्य (रीडर), व्याख्याता (लेक्चरर), डॉ. रामचंद्र शुक्ल और आ. नंददुलारे वाजपेयी, नगेंद्र, नामवर की समीक्षा-कुंजियों पर अपने को ऐसे टेके रहे—जैसे अजवाइन खाकर सुहागिनें रहती हैं ताकि गर्भधारण न करना पड़े। 'नए' से भयभीत हिंदी-विभाग आखिरकार कब तक रहेंगे। एक दिन बकरी की तरह मिमियाते हुए अंग्रेजी विभागों की देखादेखी उनके पीछे चल पड़ेंगे।

हिंदी में समाजवादी प्रगतिवादी आलोचकों के पेट में पानी हो गया है कि देरीदावाद उनकी चली हुई दुकान बंद करवा देगा। देरीदावाद में 'पाठ' के नाम पर भाषा की कबड्डी एक खतरनाक रवैया अपना रही है। रस-अलंकार, रीति का क्या होगा। देरीदावाद ने तो पूर्व और पश्चिम के सभी समीक्षा केंद्रों में सुनामी लहरों से 'सबकुछ' को पछाड़कर फेंक दिया है। विनिर्मितिवाद ने पश्चिमी साम्राज्यवादी केंद्रों को इस तरह तबाह कर दिया है कि समीक्षा के 'उपनिवेश' मुक्ति की तलाश में निकल पड़े हैं। वैसे साम्राज्यवाद उपनिवेशवाद तो पश्चिमी दर्शन की धमनियों में धँसा हुआ है—'अन्य' (अदर) को घेरकर पीटकर ही काबू में करने की पुरानी नीति में वे माहिर रहे हैं। उन्हें यह 'विचार' परेशानी में 'एंग्जाइटी' में डाले हैं कि देरीदावाद

साम्राज्यवाद से पिंड छुड़ाकर मानव को अराजक बनाना चाहता है। देरीदावाद का एक अर्थ साम्राज्यवादियों के लिए हैं—'अराजकतावाद' अर्थात् बे-सिर-पैर की समीक्षा पद्धति। देरीदावाद जब पश्चिमी दर्शन की 'विनिर्मिति' में उतरता है तो पाता है कि पश्चिमी दर्शन तो (लोगोसैंट्रिक) वाक्-केंद्रित विचार है। भारतीय सैद्धांतिकी में मौजूद अद्वैतवाद-साम्राज्यवाद-विरोधी दर्शन है—क्योंकि उसमें 'अन्य' की अवधारणा ही नहीं है। अपनी 'विनिर्मिति' में अद्वैतवाद शब्द और अर्थ, शिव और पार्वती की तरह अभिन्न और अखंड हैं। पश्चिमी दर्शन खंड-खंड के भेद-प्रभेद पर टिका है, चाहे हेगेल हो या देरीदा। यह बात भूलने के विरुद्ध है।

फ्रांसीसी मूल के विद्वान रेने जिरार्ड ने 1966 में बाल्टीमूर में (जान हॉपकिन्स के नए स्थापित मानव शास्त्र के केंद्र) संरचनावाद पर एक सम्मेलन का आयोजन किया। यह वह समय था जब अस्तित्ववादी संरचनावादी अपने अस्तित्व की लड़ाई लड़ रहे थे। देरीदा इस आयोजन से पूर्व ही क्लोद लेवी स्त्रास को खरी-खोटी सुना चुके थे और उत्तर-संरचनावाद के अंतर्गत विनिर्मितिवाद (थियरी ऑफ डीकांस्ट्रक्शन) की व्याख्या कर चुके थे। संयोगवश इस सम्मेलन में जान लकां, पाल डि मान, रोलां बार्थ, लूसए गोल्डमान आदि भी देरीदा के साथ हिस्सेदारी कर रहे थे। इस सम्मेलन में लेवी स्त्रोस शामिल नहीं हुए। देरीदा का आलेख था—'स्ट्रक्चर्स, साइंस एण्ड प्ले इन दि डिस्कोर्स ऑफ दि ह्यूमन साइंसेस'। इस आलेख में संरचनावाद की देरीदा ने कठोर आलोचना की। इस सम्मेलन में देरीदा के शिक्षक हिप्पोलाइट (प्रसिद्ध हेगेलियन फ्रांसीसी चिंतक) ने देरीदा से एक बहुत ही असुविधाजनक प्रश्न किया कि वह अपने चिंतन में जा कहाँ रहा है। देरीदा ने हैरानी की मुद्रा में उत्तर दिया कि खुद नहीं जानता कहाँ जा रहा हूँ। इस उत्तर पर हिप्पोलाइट ने फिर जिज्ञासु भाव से पूछा—'संरचना क्या है? तुम संरचना को मेरे लिए कैसे परिभाषित करोगे।' इसका देरीदा ने उत्तर दिया—'स्वयं संरचना की अवधारणा, मैं सामान्य रूप से कर रहा हूँ, उस खेल को बयान करने में अब समर्थ नहीं रही। संरचना को केंद्रित होना चाहिए। लेकिन यह केंद्र या तो विचार हो सकता है जैसा कि शास्त्रीय मीमांसा में स्रष्टा था। ...या कुछ ऐसा हो जो 'मुक्त खेल' को संभव बनाता है। अतः मेरा विचार है कि और जैसा कि मैंने कहा भी है, निस्संदेह, इसे संरचना की आलोचना के रूप में समझा जा सकता है।' देरीदा के इस दार्शनिक उत्तर से गोल्डमान भड़क गए तथा उन्होंने कहा कि देरीदा का भाषा विध्वंसक (डिस्ट्रक्टिंग) है। देरीदा ने गोल्डमान के आरोप का प्रतिवाद करते हुए कहा, "मैंने जो भी कहा है— उसका कोई 'विध्वंसक' अर्थ नहीं है। जहाँ-तहाँ मैंने 'डीकांस्ट्रक्शन' शब्द का प्रयोग किया है। अर्थात् जो भाषा हमारे व्यवहार में आती है, उसकी विच्छिन्नता और संकेतों के प्रति सतर्क रहने की जरूरत है और यह विध्वंस नहीं है।"

देरीदा के सामने यह प्रश्न बराबर परोसा जाता रहा कि क्या 'डीकांस्ट्रक्शन'

की सैद्धांतिकी राजनीतिक पद्धति में कोई भारी परिवर्तन लाने में समर्थ है? देरीदा का उत्तर है कि वह वर्तमान राजनीतिक कोड्स और कार्यक्रमों को अपनी प्रविधि से समाविष्ट करने में असफल रहा है। समस्या यह है कि देरीदा का 'पाठ' खुद डीकांस्ट्रक्शन की माँग करता है। क्योंकि देरीदा को वास्तविकता की बजाय स्वप्न-क्रीड़ाओं में आनंद आता है। देरीदा स्वयं 'डीकांस्ट्रक्शन' शब्द के लोक-प्रचलन को लेकर चकित थे क्योंकि यह शब्द प्रयोग सामान्य रूप से प्रयुक्त हुआ था और दिलचस्प बात यह कि यह शब्द एकदम विशिष्ट स्थान पा गया। देखते-देखते फ्रांस-अमरीका-यूरोप के विश्वविद्यालयों में इस शब्द की दुंदुभि बजने लगी। इस शब्द-प्रयोग ने देरीदा का भाग्योदय ही कर दिया। जबकि सच्चाई यह है कि 'डीकांस्ट्रक्शन' की प्रेरणा-भूमि और स्वीकृति-भूमि में नीत्शे और हाइडेगर का हाथ कम नहीं है। लेकिन देरीदा ने 'डीकांस्ट्रक्शन' को एक विशेष सैद्धांतिकी और उसकी अवधारणा में ढालकर 'अपूर्व-अर्थ' दिया। देरीदा के सामने अति यथार्थवाद, यथार्थवाद, अस्तित्ववाद और नव्य समीक्षा के कई संकट उपस्थित थे। यहाँ तक कि नीत्शे-कामू का नाम लेकर इसे फासीवाद-पूँजीवाद तक से जोड़ा गया और एक पूरी राजनीति का गणित लगाकर बताया गया कि देरीदा लोकतांत्रिक मूल्यों की बजाय अराजकतावाद का सेनापति है। चतुर मार्क्सवादियों ने सीधे-सीधे देरीदा को 'फासिज्म का चाकर' घोषित कर दिया। शीत-युद्ध के दिनों की राजनीति में देरीदा को फटकारते हुए 'प्रतिक्रियावादी' कहना मार्क्सवादियों को 'सूट' करता है। इस पूरी पृष्ठभूमि को समझने के लिए हमें एजाज अहमद की 'इन थियरी' को टटोलना चाहिए जिसमें उन्होंने उत्तर-संरचनावाद पर इस तरह के आरोप लगाए हैं। हालत यहाँ तक पहुँची कि 'डीकांस्ट्रक्शन' थियरी के गंभीर चिंतक और पक्षधर पाल डि मान तक को फासिज्म से जोड़कर कोसा गया। नाजीवाद से भी उनके नाभि-नाल संबंधों की खोज-बीन की गई और प्रयास यह रहा कि 'डीकांस्ट्रक्शन' के सिद्धांत को मटियामेट कर दिया जाए। लेकिन कुत्ते भौंकते रह गए और हाथी निकल गया।

यहूदी देरीदा तो निरंतर यातना झेलती संस्कृति की ही उपज थे। यूरोप में शायद ही किसी जाति ने इतना संहार झेला हो जितना यहूदियों ने। हर तरफ से यहूदियों को घेरा गया और हिटलर तो धरती पर से यहूदियों को मिटाने का संकल्प लेकर चला था। उसकी नीतियों के कारण लाखों यहूदियों का संहार हुआ। कुछ बचकर फ्रांस तथा यूरोप के अन्य देशों में चले गए और बन गए। देरीदा पर यहूदी-यातना के निशान रहे ही होंगे। इसी यहूदी यातना के इतिहास ने उन्हें प्रश्नाकुल बनाया और 'संदेहों का मसीहा' भी। सभी को ज्ञात है कि अधिनायकों की दुनिया में प्रश्न नहीं होते। प्रश्न जहाँ होते हैं वहाँ अधिनायक रह नहीं पाते क्योंकि प्रश्न मानवीयता के पहलू खोलते हैं और लोकतंत्रात्मक समाज का समर्थन करते हैं।

देरीदा (जन्म 1930-मृत्यु 8 अक्टूबर 2004) को समझने के लिए उस पृष्ठभूमि

को जानना जरूरी है जिसने उसकी मानसिकता को गढ़ा है। उनका बाल्यकाल अकेलेपन के अभिशाप में व्यतीत हुआ और वे घर-परिवार में रमे नहीं। उन्नीस वर्ष की उम्र में अध्ययन के लिए अल्जीरिया से फ्रांस पहुँचे और इस नए परिवेश ने उनकी मनोभूमिका में भारी हलचल उत्पन्न की। यह नीत्शे-सार्त्र-कामू, हुसेर्ल, हाइडेगर के विचारों का समय था। हर जगह अस्तित्ववादी विचारों का कोलाहल। देरीदा ने ईकोल नॉर्मेल में दर्शन-विभाग में पढ़ने का मन बनाया और दाखिला ले लिया। उन पर सार्त्र का ऐसा प्रभाव पड़ा कि वे उसके विचारों से अभिभूत रहे। हीगेल, हाइडेगर, हुसेर्ल में देरीदा डूबे। लेकिन किसी से भी आतंकित नहीं हुए। इसलिए उनके विनिर्मितिवाद के विचारों पर किसी का आतंक नहीं है—प्रभाव बहुतों का है। 1957 में देरीदा ने 'दि आइडियालॉजी ऑफ लिटरेरी ऑब्जेट' (साहित्यिक वस्तु की वैचारिकता) पर अनुसंधान कार्य का मन बनाया। 'स्पीच एंड फिनोमिना', 'राइटिंग एंड डिफरेन्स' तथा 'ऑफ ग्रामेटोलॉजी' के रूप में अपनी अवधारणाओं की व्याख्या करने के साथ उनकी महत्त्व प्रतिष्ठा के लिए आवश्यक कदम उठाए, सेमिनारबाजी की और पूरे विचार का थीसिस—'दि टाइम ऑफ थीसिस : पंक्चुएशंस' को प्रकाशित किया। संयोग ऐसा बना कि अपने चिंतन-मनन-अनुसंधान के दौर में हुसेर्ल से कई बार टकराए। टकराहट का कारण था, वे समस्याएँ जिनसे देरीदा ने स्वयं जूझ रहे थे और वे समस्याएँ हुसेर्ल के दर्शन में पहले से मौजूद थीं—थोड़े भिन्न रूप के साथ। देरीदा ने 'दर्शन' को 'साहित्य' में खींचकर सकून पाया और विनिर्मितिवाद में साहित्य की महिमा को प्रतिष्ठित स्थान दिया। इतना ही नहीं देरीदा हुसेर्ल की पुस्तक 'दि ओरिजिन ऑफ ज्योमेट्री' पर अलग से विचार किया और पाया कि हुसेर्ल के दार्शनिक विचारों की भाषा में अलंकार बहुत सी कीमती वैचारिक हरकतों को छिपा देते हैं। इस तरह देरीदा हुसेर्ल के दर्शन में और लेखन में 'अलंकारों' को खोजते हुए दर्शन को समस्याग्रस्त बनाने की ओर उन्मुख हुए। उन्होंने अपने विचारों में 'साहित्य' की तरफदारी की और 'लेखन' तथा 'साहित्यिकता' का पक्ष स्पष्ट किया। इस तरह 'विनिर्मिति' की रणनीति सामने आई तथा 'विनिर्मित' को व्यावहारिक रूप पाने का सौभाग्य मिला। विनिर्मिति के इसी दौर ने दर्शन को मिथक से बाहर निकाला और कहा कि ज्ञान के समाजशास्त्र में हर तरफ से 'विनिर्मिति' सक्रिय रहती है। इस विनिर्मिति में ताकत यह रहती है कि ज्ञान की अनेक वैध अवधारणाएँ चुनौती पाती हैं और उनका भाष्य बदलता है। ध्यान देने की बात यह है कि विनिर्मिति की थियरी दार्शनिक अभिप्रायों, साहित्यिक सैद्धांतिकी की पुरानी रूढ़ियों से संबंधित नहीं है—उसका गहरा रिश्ता सार्थक संरचनाओं, आंलकारिक रूपकों, सत्ताओं, सांस्थानिक संरचनाओं आदि से है। देरीदा बड़ी सावधानी के साथ करते यह हैं कि 'विनिर्मिति' को 'सांस्थानिक' बनाए जाने की रणनीति को विफल कर देते हैं। इस दौर में होता यह है कि देरीदा का डीकांस्ट्रक्शन स्वयं शब्दार्थ के अनिश्चय को रेखांकित कर देता है। इस शब्दार्थ अनिश्चय के कारण

विनिर्मिति को किसी परिभाषा में कैद नहीं किया जा सकता न कोई उसके प्रयोग का 'फार्मूला' ही ईजाद किया जा सकता है। देरीदा के चिंतन के दो महत्त्वपूर्ण शब्द हैं—विभेद (डिफरेंस) और स्थगन (डिफरमेंट)। देरीदा की पूरी रणनीति इन दो शब्दों में बसती है। इन दो शब्दगत अवधारणाओं को गहे हुए वे प्रत्येक 'पाठ' टैक्स्ट को 'संदेह' से शुरू करते हैं और अर्थ को भाषा के अन्वय में स्वीकार नहीं करते। हमेशा अर्थ में रपटन रहती है। ऐसी रपटन जिससे स्थिर नहीं रहा जा सकता है। विभेद और स्थगन का अर्थ न पूर्व निर्धारित है न कोश में कैद। वे 'पाठ' या टैक्स्ट के व्यंजकों (सिग्नीफायर) के सातत्य में कार्यरत रहते हैं और उनकी भीतरी कार्यवाही अर्थ की अनेक पर्तों को खोलती है। इस तरह भाषा पर जमी अर्थ की निश्चितता की पर्त लगातार बर्फ की तरह पिघलती रहती है। अपने विचार और चिंतन के क्षितिज का विस्तार करते हुए देरीदा ने साहित्य की सैद्धांतिकी को प्रथम दर्जे में ला दिया। रचना और आलोचना को समान रचनात्मक दर्जा देकर उसे इस धारणा से मुक्ति दिलाई कि आलोचना रचना की पिछलग्गू होती है। इस तरह देरीदा ने आलोचना कर्म को उसका खोया हुआ सम्मान दिलाया।

आलोचना का दायित्व है कि वह देश और काल में निरंतर बदलते हुए मनुष्य और संदर्भ को पारिभाषित करे। विजयदेवनारायण साही के प्रसिद्ध लेख 'लघुमानव के बहाने हिंदी कविता पर एक बहस' में यह विचार आया है कि साहित्य तो यह काम करने के लिए अपनी प्रकृति से मजबूर है। साही जी ने लिखा है, "मेरी समझ में आलोचना का काम साहित्यिक कृति की संवेदना को जबरदस्ती खींचकर पाठक तक पहुँचाना नहीं है। आलोचना सिर्फ इतना कर सकती है कि पाठक के जो भी वैचारिक या धारणात्मक पूर्वग्रह, जाने या अनजाने, अपनी उपस्थिति या अनुपस्थिति के कारण, पाठक को उस ओर उन्मुख होने से रोक रहे हैं, जहाँ से काव्य का 'प्रभाव' प्रकाशित हो रहा है। उन्हें विनष्ट करके पाठक को एक उचित तत्परता की अवस्था में छोड़ दे। मंत्रजगत की एक स्थूल उपमा के द्वारा हम यों कह सकते हैं कि रेडियो की सूई को एक उचित लहर मान पर लाकर लगा भर देना आलोचना का काम है, बाकी ट्रांसमीटर से आता हुआ गायन तो रेडियो सेट स्वयं पकड़ेगा। अब अगर वहाँ से गायन आ ही न रहा हो, या आवाज में गड़बड़ी हो, जो आलोचक गानेवाले के स्वर से स्वर मिलाकर गा नहीं सकता।" (छठवाँ दशक, पृ. 260) साहित्य की समीक्षा को एक पश्चिमी आलोचक ने 'कॉमन परसूट' एक 'सहयोगी प्रयास' कहा है। इस 'सहयोगी प्रयास' का अर्थ है—पुरानी फिजूल की बकवास से बचना और रचना के नए अर्थ-संदर्भों की तलाश तथा अर्थ की पुनर्सर्जना। अभी तक हिंदी आलोचना इस 'सहयोगी प्रयास' से दूर रही है इसलिए आलोचना में न अज्ञेय के साथ न्याय हो पाया है न जयशंकर प्रसाद के साथ। अनेक महत्त्वपूर्ण रचनाकारों की घोर उपेक्षा से हिंदी आलोचना भरी पड़ी है। आज देरीदा का विनिर्मितिवाद हिंदी

के इन उपेक्षितों के प्रति साहित्यिक न्याय का एक रास्ता दिखाता है। वह उन अस्त्रों का निषेध करता है जिन्हें अरस्तू से लेकर टी.एस. इलियट तक हम प्रयुक्त करते रहे हैं। मार्क्सवादी-मनोविश्लेषणवादी आलोचना का 'ब्राह्मणवाद' भी देरीदा के द्वारा ध्वस्त किया जाता है। वह सभी प्रकार की विचारधाराओं की गुलामी भोगती आलोचना से रचना को मुक्ति दिलाना चाहता है। वह अरस्तू से टकराकर चिंतन का क्रम उलट देता है कि दर्शन से साहित्य बड़ा है। विनिर्मिति के आधार से उसने सिद्ध करना चाहा है कि साहित्य तो दर्शन से महान है–बड़ा है, खुले सोच का तरीका है। इस तरह देरीदा ने परंपरावादी सैद्धांतिकियों को धूल में ध्वस्त करके दम लिया। उसने सिद्ध किया कि आलोचना भी 'लेखन' है उसके 'पाठ' से नया अर्थ विनिर्मिति होता है। यह तो विनिर्मितिवाद का एक तरीका है। इसलिए रचना की तरह आलोचना भी रचनात्मक है–जैसे रचना 'पाठ' में अर्थ की नव निष्पत्ति करती है। वैसी ही आलोचना 'पाठ' (टैक्स्ट) में अर्थ की नव निर्मिति करती है। इसलिए दोनों में न कोई छोटा है न बड़ा। रचना और आलोचना में वर्णवादी भेदभाव नहीं चलेगा। कारण, दो दिखाई देने पर भी दोनों में एक तरह का अभेदवादी-अद्वैतवाद व्याप्त है।

देरीदावाद की सबसे महत्त्वपूर्ण विशेषता है कि वह किसी भी 'पाठ' (टैक्स्ट) में मौजूद अर्थ को निश्चित और समग्र नहीं मानता। किसी भी 'पाठ' की अंतिम व्याख्या नहीं हो सकती। क्योंकि हर 'पाठ' की रीडिंग-मिसरीडिंग कुपाठ है और कुपाठ में स्थायी अर्थ रिसता रहता है–बह-बहकर बाहर आता रहता है–पाठ एकार्थी नहीं, अनेकार्थी होता है। अपने इस विचार की पुष्टि के लिए देरीदा ने कुछ साहित्यिक पाठों की 'विनिर्मिति' की। इस दौर में उसने दर्शन की भाषा को आलंकारिक या रूपक निर्भर पाया। उसे यह तर्क भी हाथ लगा कि दर्शन भी साहित्य जैसा बनकर दर्शन नहीं रहता–साहित्य बन जाता है। इस तरह विरचनावाद (डीकांस्ट्रक्शन) 'पाठ' टैक्स्ट के अध्ययन की वह पद्धति है जिसमें पाठ के 'निर्धारित' अर्थ को 'विस्थापित' किया जाता है। विनिर्मितिवाद को उत्तर-संरचनावाद का अंग मानने का अर्थ है–सास्यूर की अवधारणाओं से निर्मिति संरचनावाद के आधार को पलट देना। और घोषित करना कि परंपरावादी कोई भी सिद्धांत न काम का है न पावन। हर कीमत पर उत्तर-संरचनावाद अर्थगत एकत्व के खिलाफ आवाज उठाता है। फलतः देरीदा उन समस्त दार्शनिक जड़ों को विस्थापित करके उन पर मट्ठा डालता है जिनसे उसके स्वयं के दर्शन का विकास हुआ है। यह सच है कि रोलां बार्थ और जान लकां की पीठ पर आने वाला देरीदा हर प्रकार की व्यक्तिपरकता का विरोधी है। फिर देरीदा ने प्लेटो, रूसो, हीगेल, हुसेर्ल, हाइडेगर के दार्शनिक 'पाठ' का 'भाष्य' करके बताया कि अर्थगत स्थायी आधार नहीं होता। सभी आधार अनिश्चित और भ्रांतिमूलक हैं।

किसी भी अवधारणा के पूर्व निर्धारित अर्थ को विस्थापित करने की देरिदाई पद्धति यह है कि वह पहले से चले आते हुए अर्थगतक्रम या हेरार्की को परिवर्तित

कर देता है–जैसी यह यूनानी अवधारणा कि वक्तृत्व प्रधान है और लेखन गौण। देरीदा तर्क से सिद्ध करता है कि लेखन की बहुत सी विशेषताएँ वक्तृता में पहले से ही उपस्थित रहती हैं। इसलिए अर्थ का कोई केन्द्र नहीं है। फिर शब्द और अर्थ के वैयक्तिक तत्त्व विभेदात्मक संबंधों पर आधारित होते हैं, इसलिए उनको पूरी तरह 'उपस्थित' कहना 'भ्रांति' होगी। जबकि वह पूरी तरह 'अनुपस्थित' भी नहीं है। क्योंकि अर्थ अपनी झलक (trace) उन समस्त अदृश्य तत्त्वों की सहायता से दिखाता है जिनके विभेद से उनकी वैयक्तिक छवि निर्मित पाती है। इसलिए 'पाठ' में निर्धारित अर्थ नहीं होता। ध्यान देने की बात यह है कि पुरानी यूरोप की सैद्धांतिकी यह मानकर चलती रही थी कि पाठ का एक स्थायी निश्चित अर्थ होता है। 'पाठ' की विनिर्मिति या विखंडन के बाद साहित्य वह नहीं रहता कि उसे इतिहास की तरह पढ़ा जा सके। इसी विचार को बृहत्तर संदर्भ में उठाते हुए जोनाथन कुलर ने 'आन डीकांस्ट्रक्शन' शीर्षक अपनी पुस्तक में देरीदा को खोलने-खखोलने के बाद पाया कि उसका चिंतन संरचनावाद का 'विस्तार' जैसा भाव लिए है जिसमें पुरानी दृढ़ चिपकन से मुक्ति पाने का आग्रह प्रबल है। जोनाथन कुलर की बात में दम इसलिए है कि अपनी पुस्तक 'स्ट्रक्चरल पोयटिक्स' में वे संरचनावाद और सास्यूर पर विस्तार से कह चुके थे कि कांट और ह्यूम का तर्कवाद क्या संदेहवाद नहीं था। ह्यूम जीवन को अधूरी एकांगी दृष्टि से ही देख सके। उनमें समग्रता गायब होती गई। उधर कांट ने ज्ञान को मानव-चेतना के निर्धारण में सहायक माना। कहना न होगा कि संरचनावाद में चेतना और पदार्थ की एकमेक क्रीड़ा का रहस्य छिपा है। इस दृष्टि से कालरिज और उनका युग पर विचार करने वाले काफी दूर तक संरचनावादी हैं क्योंकि 'कृति' और 'युग' अर्थात् चेतना और पदार्थ पर वे अटके हुए हैं। शब्दों में 'यादृच्छिक' संबंध होने के कारण उनका अर्थगत गणित सीधा नहीं होता। जटिलता और 'एम्बीग्युटीज' अर्थगत कुटिलताओं से भरा होता है। देरीदा को संरचनावादी काव्यशास्त्र में मौजूद 'साहित्य की स्थिर अर्थवादी व्याख्या' का सिद्धांत मान्य नहीं है क्योंकि 'कलाकृति' के जटिल अर्थतंत्र को समग्रता में पकड़ पाना सहज काम नहीं है। इसलिए संदर्भ-प्रसंग पर आधारित व्याख्या केवल परीक्षापयोगी है और कामचलाऊ। उसका गंभीर अर्थ-व्यंजना से कुछ लेना-देना नहीं है। कुंजीवादी आलोचना और हल्की एकेडमिक आलोचना तो कोल्हू का बैल बनकर 'पाठ' का तेल निकाल देती है और उससे खली को कर देती है अलग। यहाँ अंतर्वस्तु और रूप का अभिन्नत्व भंग हो जाता है। विश्व समीक्षा में नव्य-आलोचना (न्यू क्रिटिसिज्म) और संरचनावाद 'कलाकृति' की संरचना पर पिले रहे और उससे 'कलाकृति' की रीढ़ ही दरक गई। फायदा न पाठक को मिला न रचना को। कलाकृति की समीक्षा का यह नव्य-आलोचनावादी दौर निरर्थक ही रहा।

अमेरिका में लगभग चार-पाँच दशकों तक नव्य-समीक्षा, संरचनावादी या

भाषावादी की तूती बोलती रही। इस तूती की बोलती देरीदा ने बन्द की। देरीदा ने संरचनावादी भाषा चिंतन को चुनौती दी और 'वाचिक' के स्थान पर 'लिखित' को महत्त्व दिया। उसने प्रश्न उठाया कि 'लिखित' का स्थान दोयम दर्जे का क्यों? जबकि वाचिक भाषा तो 'लिखित' में ही अपनी शक्ति का सर्जनात्मक विस्फोट करती है। सास्यूर ने 'लेखन' को दबाने की भूल की। इस भूल ने लेखन के विचार को ही दबा दिया। सास्यूर से गरमाए देरीदा ने 'ऑफ ग्रामेटोलॉजी' अपनी पुस्तक में दार्शनिकों, भाषा-वैज्ञानिकों, नृतत्त्वशास्त्रियों का 'डीकांस्ट्रक्शन' किया। लेखक के ज्ञान में कैद 'लेखन' को मुक्त किया और यह भी कह दिया कि 'लेखन' में लेखक जज्ब हुआ रहता है और लेखक की उपस्थिति में 'लेखन' में अर्थ को संभव बनाता है। लेखक न होगा तो 'कृति' न होगी और कृति न होगी तो 'ज्ञान' रहेगा किसमें। अदृश्य हो जाएगा। इस कोण से 'पुस्तक' स्मृति है, परंपरा है, ज्ञान का भंडार गृह है। उसका मिजाज 'लोगोसेंट्रिक' है—शब्द केंद्रित है। हर पुस्तक के सीमांत पर 'लिखना' शुरू होता है। प्रश्न उठता है—'लेखन' क्या है? देरीदा का उत्तर है कि 'राइटिंग' लेखन 'सप्लीमेंट' पूरक है। क्योंकि वह ऐसे विचार या बिंदु को संकेतित प्रतीकित करता है जहाँ एक पूरक दूसरे पूरक का 'पूरक' बन जाता है। अर्थात् लेखन पूरक का 'पूरक' है और वह 'चिह्न' बनकर 'वाक्' की जगह हथिया लेता है।

'ऑफ ग्रामेटोलॉजी' में देरीदा का ध्यान अरस्तू पर इसलिए भी गया कि अरस्तू के लिए बोले गए शब्द प्रथम हैं। लिखित शब्द दूसरे स्थान पर। अर्थात् वाक् प्रथम स्थान पर है लेखन दोयम। इस स्थिति में लेखन का अर्थ वाक् में है। सभी मनुष्यों में अनुभव अलग-अलग होने से लेखन एक-सा नहीं है न एक जैसी ध्वनियाँ। देरीदा 'वाक्' और 'लेखन' में सत्य तलाशते हैं। प्रथम 'पाठ' अनुकूल दूसरा पाठ प्रतिकूल। भारतीय योगशास्त्र में अनुलोम-प्रतिलोम योग की साँस प्रक्रिया जैसा। पहला 'पाठ' अर्थ के नजदीक लाने की कोशिश। दूसरा पाठ लेखक के दबाये गए अर्थों को पाने का प्रयत्न। दार्शनिकों के 'लिखित' पर संदेह देरीदा को गहरे अर्थों में संदेहवादी बना देता है। भाषा के भीतर 'वाक्' का वर्चस्ववाद क्या है? लिखित पर 'वाक्' का वर्चस्ववाद। देरीदा भीतरी बात को बाहर लाकर कहते हैं, 'लेखन' को जितनी शक्ति से नकारा जाता है, उतनी ही शक्ति उसके रूपकों-अन्योक्तियों में ज्यादा भर जाती है। पश्चिमी तत्त्व-मीमांसा न जाने कब से स्थायित्व को रौंदकर विकृत करती रही है। नतीजा यह हुआ कि 'वाक्' ने लेखन को बहुत अधिक क्षत-विक्षत किया है। देरीदा इन दबे हुए लेखन को खोलकर पढ़ाने की जुगाड़ बनाते हैं। ताकि तत्त्व-मीमांसा के दबे को वापिस पाया जा सके। इसीलिए उनका पूरा जोर 'लोगोसेंट्रिज्म' वाक्-केंद्रिकता पर है। देरीदा का दर्द यह है कि लेखन को पश्चिम में दोयम दर्जे का माना गया और इस भूल को सुधारना चाहिए। दरअसल वाक् केंद्रिक विचार उसके ध्वनि केंद्रिक विचार से पश्चिम में आया है कि लेखन 'सप्लीमेंट' है—दोयम दर्जे का है। गणित

बना 'वाक्' दर्शन लेखन तर्क। हीगेल के लिए दर्शन स्वयंभू सत्य की तलाश हो, पर देरीदा के लिए नहीं है। हीगेल के लिए 'वाक्' प्रकृत सत्य है और लेखन गढ़ा हुआ सत्य। देरीदा अपने तर्क से हीगेल के इसी 'पाठ' की विरचना करते हैं और पाते हैं कि 'लिखित' में प्रकृत वाक् की विद्यमानता रहती है। दर्शन हमेशा आलंकारिक भाषा में अपने को बनाता है। उसमें रूपक की दुर्गम घाटियाँ रहती हैं, जिनमें घुसकर लौटना कठिन काम होता है—आदमी 'गूँगे का गुड़' हो जाता है—सैना-बैना से समझाना चाहता है और समझा कहाँ पाता है। अर्थ की विरचना दबाई गई अर्थ ध्वनियों को उनकी घाटी में पकड़ना है। अभिनवगुप्त के संलक्ष्य क्रम ध्वनि में प्रवेश पाकर अर्थ की तलाश। व्यंजना से व्यंजित को पाने की तैयारी। मानव भाषाई विक्षिप्तता का शिकार है, भाषा में अर्थ का मनमानापन है। ईश्वर तक भाषा का मनमानापन लिए है। ओल्ड टेस्टामेंट में वह आदम से हिब्रू बोलता है—बाइबिल में अंग्रेजी कुरान में अरबी और गीता में संस्कृत। भाषा को लेकर यह मनमानी पता नहीं क्या है, क्यों है। भाषा का व्याकरण शास्त्र अर्थ पाने की सुविधा जुटाता है वह भाषा में व्याप्त अर्थों की न तो निष्पत्ति करता है न उनका भाष्य। इससे थककर मिखेल कासे ने एक निराली पुस्तक ही लिख डाली—'कनवर्सेशन अबाइट दि इनविजिबिल'। रोलां बार्थ जिनकी मृत्यु 1980 में हुई कहा करते थे हमारा 'प्रकृत' के प्रति आग्रह एक राजनीतिक शब्द विन्यास है जबकि हमारी पूरी सभ्यता 'अप्रकृत' तौर तरीके अपनाकर जी रही है और गर्व का अनुभव कर रही है—हम वह कर रहे हैं, जो हमें नहीं करना चाहिए। हीगेल के आदर्श पर यही हमारे 'यथार्थ' का तमाचा है। देरीदा 'ऑफ ग्रामेटोलाजी' में 'लेखन' के प्रथम बार 'सही-संदर्भ' देने का अरमान रखते हैं और वाक्-केंद्रिकता को नकारते हैं अपने 'संदेहवाद' के साथ। देरीदा दर्शन और साहित्य के बीच कोई सरल रेखा नहीं खींचते। वे कभी भी सरलीकरण की शरण में नहीं गए। तभी तो देरीदा ने पाल वेलरी को धता बताई जो दर्शन को साहित्य की एक शाखा घोषित करते रहे। पाल वेलरी दर्शन का अध्ययन साहित्य के रूप में करने का पक्ष रखते हैं जिसे देरीदा ठुकरा देते हैं। क्यों ठुकरा देते हैं? देरीदा वाक् और लेखन में से किसी एक को भी रिड्यूस नहीं करना चाहते। विरचना या बिनिर्मिति 'पाठ' में मौजूद तर्क और 'बोध' के प्रभेद पर निगाह रखती हैं जो 'पाठ' भेद से अलग-अलग होते हैं। हर 'पाठ' की अपनी माया होती है—संजाल होता है, भीतरी पाठ संकट होता है—संकट पर संकट की गहरी पर्तें जमी होती हैं। फिर 'पाठ' की ताकत यह है कि एक पाठ दूसरे पाठ से संवाद करता है—ऐसा कोई 'पाठ' नहीं जो केवल 'दर्शन' में कैद हो जाए या केवल साहित्य में। या फिर बाहरी प्रभावों में जकड़ जाए। मूल बात कि लेखन निरंतर अंतर्पाठीय (इंटर टैक्स्चुअल) क्रिया-प्रक्रिया-प्रवाह है जो कहीं रुकता नहीं है—'अनंत यात्री' की तरह है। वह निरंतर व्रजन प्रव्रजन करता है अर्थात् चलता रहता है। लेकिन ध्यान रखने की बात यहाँ यह है कि

अंतर्पाठीयता विधाओं का घपलावाद नहीं है, वह चीनी, विवेक-वयस्कता का अंतर्दर्शन है—अर्थ का विभेदपरक साक्षात्कार। कहीं भी और कभी भी देरीदा, दर्शन को साहित्य का पर्याय नहीं मानते हैं। दोनों की अभेदकता की ध्वनि यही है कि दोनों में सोचने का अपना एक ढंग है। इस तरह 'डीकांस्ट्रक्शन' पद्धति नहीं है—अर्थ-सातत्य की प्रक्रिया है, पढ़त का नया ढंग।

दरअसल, विनिर्मितिवाद या विखंडन की महत्त्व-प्रतिष्ठा का श्रेय केवल देरीदा को ही नहीं है उसके साथ एक दुर्निवार एक नाम और जुड़ा है और वह नाम है—फ्रांसीसी चिंतक पाल डि मान का। पाल डी मान 'नव्य आलोचना' के घोर-विरोधी तथा 'ब्लाइंडनैस एंड इनसाइट' पुस्तक के पैरोकार सर्जक। मान ने प्रथम बार आधुनिक साहित्यशास्त्र पर 'विनिर्मितिवाद' को लागू किया और उसका ऐसा 'पाठ' किया कि परंपरागत साहित्यशास्त्र की हड्डियाँ-पसलियाँ तक न बच पाईं। साहित्य शास्त्र का विरचनावादी सबेरा पाल डि मान के हाथों ही संभव हुआ। न्यू क्रिटिसिज्म या नई समीक्षा का अंधापन कहाँ था। यह प्रश्न उठाते हुए पाल डि मान ने उत्तर दिया कि जहाँ वे अपनी सैद्धांतिकी सबसे ज्यादा अंतर्दृष्टि संपन्न दिखाई देते थे वहीं पर उनका पूरा अंधापन जमा होता था। नई समीक्षा का मानना था काव्य एक शाब्दिक निर्मित है और इस शाब्दिक निर्मिति के अर्थ की आलोचक को व्याख्या करनी है। अपने मूल में 'नई समीक्षा' अमेरिकी साम्राज्यवादी पूँजीवादी रणनीति का हिस्सा थी केवल रूपवाद का तामझाम ओढ़कर आई थी और 'आवयविक' संरचना उसका केंद्रीय मंत्र था। यह केंद्रीय मंत्र 'सेवन टाइप्स ऑफ एम्बीग्युटी' का जाप था जिसके 'तनाव सिद्धांत' में शब्द अर्थ की क्रीड़ा थी जिसमें बात तो 'अन्विति' की होती थी पर उसका मूलाधार ही दूषित था—अपवित्र साम्राज्यवादी नियत से भरा। आवयविक रूपकों-अन्योक्तियों की अर्थ-अन्वितियों तनावों पर टिकी 'नई समीक्षा' ने 'क्लोज रीडिंग' का दम भरा था। इस नई समीक्षा दृष्टि ने हिंदी में रामस्वरूप चतुर्वेदी से लेकर नामवर सिंह तक को अपने मायाजाल में ऐसा फँसाया कि राम नाम तो भूल गए (मूल भावार्थ) ईंट दबाए व्याख्याता बन गए। नई समीक्षा की अंधता और अंतर्दृष्टि का खुला खेल 'नई कविता के प्रतिमान' में लक्ष्मीकांत वर्मा ने और 'कविता के नए प्रतिमान' में नामवर सिंह ने खेला। नई समीक्षा के प्रतिमानों से नए हिंदी साहित्य का पूरा समर लड़ा गया समाजवाद मार्क्सवाद का मुखौटा लगाकर। 'लेखन' को दोयम दर्जे का मानकर चलने वाली आलोचना ने 'आलोचना' से पाठक का विश्वास उठा दिया। 'साहित्यिक टैक्स्ट' में अनुभूति की ईमानदारी का जाप धोखा सिद्ध हुआ और 'आलोचनात्मक पाठ' पर पश्चिमी साम्राज्यवाद का प्रभुत्व बढ़ता गया। इस अवधारणा को सिर पर चढ़ाया गया कि साहित्यिक पाठ में प्रामाणिक अर्थ निवास करता है। इन सिरफिरी अवधारणाओं के केंद्रवाद को देरीदा ने तोड़ने की प्रथम पहल की। इस पहल को पाल डि मान ने आगे बढ़ाते हुए कहा कि साहित्यिक आलोचनात्मक

पाठ को उसी सजगता से पढ़ा जाना चाहिए जिस सजगता से गैर-साहित्यिक पाठों का 'विमर्श' किया जाता है उन्हें भीतर से पढ़ा जाता है—एक पाठ दो पाठ-पाठों के अंतर्पाठ और अंतर्पाठों की नवीन अर्थ-व्यंजनाओं के साथ।

अंतर्पाठों को रचना की अर्थ-व्यंजनाओं के साथ इसलिए पढ़ा जाना चाहिए कि आलोचना और रचना दोनों ही सृजन हैं पुनर्नवा भाष्य। विरचना या विखंडन में कृति पर बिना आक्रमण के विजय नहीं मिलती क्योंकि रचना तो आलोचक को अपनी पीठ ढोने से इनकार करती है उसे पीठ से उतारकर दम लेती है। दोनों में यह संघर्ष कभी कम नहीं होता। फलतः व्याख्याता आलोचक न आचार्य बन पाता है और न अधिनायक। वह एक 'सहयोगी-प्रयास' में दंभ छोड़कर निर्वैयक्तिक भाव से अपने 'स्व' को 'अन्य' में विलय कर देता है। रचना और आलोचना के इस साधारणीकरण पर पाल डि मान बड़ा संतोष पाते हैं। आलोचना के क्रम की 'हैरार्की' उलट जाती है। इस उलट-पलट में रूपकों की आलंकारिक जटिलता की झिल्ली फट जाती है और नया अर्थ शिशु जन्म लेता है रुदन के साथ। यही विनिर्मित की अर्थच्छाया है। अर्थदीप्ति से भरा अनुमानवाद। जिसे संस्कृत काव्यशास्त्र में शब्द-शक्तियों को पीछे धकेलकर महिम भट्ट प्रकाश में लाते हैं। अनुमानवाद अर्थात् अनेकार्थवाद। अर्थ का अनंत-अनंत आकाश। पाल डि मान ने अपनी वैयक्तिक प्रतिभा से अनुमानवाद तक अपनी पहुँच बना दी थी और इसी पहुँच से पुस्तक लिखी 'एलीगरीज ऑफ रीडिंग' पढ़त की अन्योक्तियाँ क्या हैं। भाषा की वक्रताओं में निहित 'अर्थगत अनुमानवादी छवियाँ'। इस कोण से देरीदा और पाल डि मान के लिए विरचना या विनिर्मिति एक 'समर्थ एक्टिविटी' है कोई पूर्व निर्धारित फार्मूला नहीं।

देरीदा 'ऑफ ग्रामेटोलॉजी' में तमाम बहस के बाद इस सार-सर्वस्व पर पहुँचे कि 'लेखन' में 'वाक्' की प्रकृत शक्ति निहित रहती है। उनके सामने साहित्य और दर्शन का पुराना झगड़ा भी बरकरार था कि दर्शन बड़ा है या साहित्य। देरीदा ने सीधी लड़ाई पश्चिमी दर्शन से लड़ी और दर्शन में व्याप्त साम्राज्यवादी तत्त्ववाद को चुनौती देकर ध्वस्त किया। देरीदा के लिए किताब का अंत लेखन की शुरुआत है अर्थात् लेखन और भाषा के भेद से अर्थ पर नए सिरे से विचार को प्राथमिकता देना ही 'विरचना' है। इसी कोण से देरीदा ने सास्यूर के व्याख्यावाद का खंडन किया। क्योंकि वह अर्थ की 'उपस्थिति' का भाष्य मात्र है। देरीदा ने कहा है कि संरचनावाद की व्यवस्था का ठेका भाषा विज्ञान को नहीं देना चाहिए। क्योंकि भाषा विज्ञान का ऐतिहासिक अध्ययन 'डाइक्रोनिक' गति पर चलता है—उसे विज्ञान तभी कहा जा सकता है जब वह संरचनाओं के 'सिंक्रोनिक' अध्ययन की ओर अपनी पहल करे। स्वयं देरीदा भाषा-विज्ञान की सभी हदों को तोड़कर 'ऑफ ग्रामेटोलॉजी' तक पहुँचे हैं। वे 'वाक्' की सैद्धांतिकी का निषेध करते हैं और लेखन को प्राथमिकता देते हैं। विनिर्मितिवाद क्या है? लेखन का नया काव्यशास्त्र ही न। इस काव्यशास्त्र में

'लेखन' की रणनीति है। वह उसमें ऐसी अवधारणाओं, पदावलियों का प्रयोग करते हैं जिससे अर्थ अस्थिर बना रहे—कहीं फिक्स न हो सके। वह 'डिफर' और डैफर' का खेल खेलता रहे और पुरानी सैद्धांतिकी को पछाड़ता चले। लेखन में सांस्कृतिक कार्य-व्यापारों के स्रोत सक्रिय रहें और लेखन पुराने अर्थ विधान को तहस-नहस करता रहे। वे रूसो और लेवी स्त्रास के प्रकृति और संस्कृति की अवधारणाओं में सक्रिय संरचनावाद को ठुकरा देते हैं—क्योंकि उसने वाक् (प्रकृति) प्रथम है लेखन (संस्कृति) दोयम दर्जे की चीज। लेवी स्त्रास जैसे चिंतक 'प्रकृति' और 'संस्कृति' के दो पाटों में फँसकर 'संस्कृति' को भाषा की तरह हिंसा मानने का विचार ही दुहराते तिहराते रहते हैं। फिर लेवी स्त्रास की दृष्टि में लेखन हिंसा है। उपनिवेश बनाने की छद्म नीति। संस्कृति की लिखित संहिताएँ क्या हैं? भाषा की हिंसाएँ ही संहिताएँ हैं जिन्हें व्याकरण और संबंधों को आधार बनाकर परोसा जाता है। 'पाठ' की हिंसा प्रकृति में नहीं संस्कृति में अंतर्व्याप्त है।

देरीदा पूरी ज्ञान-साधना के बल से लेवी स्त्रास, रूसो, सास्यूर के लेखन को भीतर से खँगालते हैं और उन तत्त्वों को पाते हैं जो एक निश्चित राजनीति के कारण दबा दिए गए हैं। उनकी समस्या यही है कि जो दबा हुआ है उसे कैसे मुक्त किया जा सके। इस तरह देरीदा मुक्ति का काव्यशास्त्र निर्मित कराने के अभिलाषी चिंतक हैं। उनका यह विचार भूलने के विरुद्ध है कि 'टैक्स्ट' में बाह्य कुछ नहीं है—लेखन एक आंतरिक प्रक्रिया है जिसकी अर्थ लय में व्यंजना अनेक मुखों से अपनी अर्थ निष्पत्ति करती है।

प्रश्न उठता है कि देरीदा के विनिर्मितिवाद का मार्क्सवाद से क्या रिश्ता है और रिश्ता है भी कि नहीं। इतना तो सच जरूर है कि देरीदा मार्क्सवादी 'बहुलार्थकता' से अभिभूत रहे हैं। यह बात 'पोजीशंस' का एक 'इंटरव्यू' सामने लाता है कि देरीदा मार्क्स लेनिन की 'टैक्स्ट' को गंभीरता से लेते थे और उसकी कोई भी टरकाऊ-चलताऊ सरलीकृत व्याख्या को नापसंद करते थे। फिर यूरोप पर 'साम्यवाद' की ढील जरूर हो रही थी—समाप्त नहीं हुई थी। आलथूसे, लूकाच, तोदोरोव, ग्राम्शी और मारकूज के तर्कों ने मार्क्सवाद को नया अर्थ संदर्भ प्रदान कर दिया था। ग्राम्शी ने जेल में बंद होने पर भी मार्क्सवाद में बुद्धिजीवियों की भूमिका को अच्छा-खासा महत्त्व दिया। फ्रेंकफुर्ट विचारधारा ने मार्क्सवाद को मनोविज्ञान के साथ लाने का प्रयत्न किया जिसका अर्थ मार्क्सवाद का वह रुतबा ही था जो कम होने पर भी चमक बरकरार रखे था। माहौल ऐसा बना था कि सार्त्र ने मार्क्सवाद को न केवल अस्तित्ववाद से बल्कि अंतश्चेतनावाद से जोड़ने की जोरदार पहल की। इसी दौर में मारकूज ने इसे न केवल मुक्ति आंदोलनों से जोड़ा बल्कि इससे नववामपंथ को दिशा और दृष्टि दी। इस विचार की भूमि इतनी दृढ़ हुई कि युग-चेतना से संबद्ध होकर रेमंड विलियम्स ने 'सांस्कृतिक भौतिकवाद' के नवीन विवेचन से तमाम बुद्धिजीवियों को चौंका दिया और कई तो

मार्क्सवाद का कीर्तन करने लगे। कई कोनों से आवाज उठी कि भले ही मार्क्सवाद को दर्शन के क्षेत्र में स्थान न मिला हो पर वह 'विज्ञान' तो माना ही जा सकता है। भारी वैचारिक कशमकश के बाद सार्त्र भी मार्क्सवाद के निकट आए।

इस पूरे माहौल का नतीजा यह हुआ कि विनिर्मितिवाद के प्रवर्त्तक देरीदा को उत्तर-संरचनावाद के भीतर एक लेख लिखना पड़ा। शीर्षक दिया—'मार्क्स के प्रेत'। देरीदा ने 'मार्क्सवाद' की विनिर्मिति को शुरू किया और कहा कि जहाँ तक मेरा संबंध है यदि मार्क्स में कुछ 'डीकांस्ट्रक्शन' की आवश्यकता है तो वह उसमें मसीही चिंतन का तनाव भर है। संसार में मार्क्सवाद उस समय तक अपनी महिमा कायम रखेगा जब तक धनी देश अपने पास मीडिया कल्चर, सुपर मार्किटों, निर्धन देशों में मानवाधिकारों के धोखाधड़ी से भरे सरोकारों, भ्रामक उदारतावाद और विनम्रतामूलक अर्थ व्यवस्था के साथ अपनी मनमानी पर आगादा रहेंगे। लेकिन इस तथ्य को भी नहीं भूलना चाहिए मार्क्सवाद जो विस्फोटक क्रांति के गर्भ से पैदा हुआ है वह अंततः एक विस्फोटक विघटन का शिकार होकर पतनशील भी हुआ है। (ज्यांक देरीदा स्पेकटर्स ऑफ मार्क्स, दि स्टेट ऑफ दि दैट दि वर्ग ऑफ मीनिंग एण्ड दि न्यू इंटरनेशनल)। क्या विडंबना है कि उस समय यह हवा चल पड़ी कि देरीदा का विनिर्मितिवाद पूरी तरह प्रतिक्रियावादी है। इस तरह की हवा की पुष्टि एजाज अहमद ने 'इन थियरी' में भी की है। इधर हिंदी में उत्तर-संरचनावाद के विरोधी देरीदा को बेसिर-पैर की सुनाते ही रहे हैं और आगे बढ़कर देखें तो मार्क्सवादियों का एक टुकड़ा ऐसा भी रहा है जो मार्क्सवाद और उत्तर-संरचनावाद को एक-दूसरे का घोर विरोधी घोषित करता रहा है। इन मार्क्सवादियों का कहना है कि देरीदा का विनिर्मितिवाद वस्तुतः इतिहास और राजनीति को अलग रचने की एक शकुनी चाल है। यह है तो 'टैक्स्चुअल मिस्टिसिज्म' का छलावा ही। अतः मार्क्सवाद से विनिर्मितिवाद का रिश्ता बड़ा ही जटिल और पेचीदा है। फिर यह भी सोचने की बात है कि देरीदा पर नीत्शे का जादू भी सिर चढ़कर बोला है। नीत्शे का शून्यवाद और मार्क्सवाद में छत्तीस का आँकड़ा रहा है और यह वाद-विवाद उत्तर-संरचनावाद में कई बार चीख भरता मिलता है। हीगेल का 'पाठ' तो द्वंद्ववाद और इतिहास की चीख को और गहराता है और हीगेल की आलंकारिता—देरीदा का सिरदर्द रही है। हीगेल के 'पाठ' में इतना भयानक खुलापन है कि उसे किसी भी तरह से (इंटरप्रेट) व्याख्यायित किया जा सकता है। प्रतिगामी रूप में भी और क्रांतिकारी रूप में भी इसे पढ़ा और गढ़ा जा सकता है।

कुछ भी कारण रहे हों। यह देखकर एक अजीब सुख का अनुभव होता है कि देरीदा ने हीगेल पर जमकर माथापच्ची की। हीगेलीय विचारों में मौजूद चेतना और इतिहास को देरीदा ने विरचना या विखंडन का मन बनाया। हीगेल की आलंकारिकता में परस्पर विरोधी गुणों की टकराहट और उनके लेखन में अराजक तत्त्वों की भरमार। इस स्थिति ने उन्हें हीगेलीय भाष्यों पर भीतर से चोट करने पर

विवश किया। भीतरी भाष्य में देरीदा ने पाया कि 'पाठ' में मौजूद द्वंद्ववाद और इतिहास मूलतः 'वाक्' और 'लेखन' के रगड़ खाते जोड़ हैं जिन पर 'विमर्श' जरूरी है। यही वह मूल बिंदु है जहाँ से देरीदा ज्ञान की पूर्णता के विचार की ओर उन्मुख हुए। इस ज्ञान के दावे पर हीगेल डटे हैं। लेकिन नीत्शे संशयग्रस्त हैं। देरीदा के मन में भी प्रश्न उठता है अपूर्ण अपर्याप्त भाषा में ज्ञान की पूर्णता क्या संभव है? क्या ज्ञान की पूर्णता में ही अज्ञान का अंधकार नहीं दिया है। पहले तो बुद्धि ही ज्ञान की निश्चयात्मकता को तर्क से काटकर गिरा देती है। अनुभव में तर्क की अवधारणा बड़ी गड़बड़ करती है। बुद्धि कहती है ज्ञान रूपकात्मक है—वैज्ञानिक नहीं। इसी ज्ञान की राजनीति के भीतर बैठा नीत्शे हँस रहा है और कह रहा है—मूर्खो ज्ञान की संपूर्णता एक पक्का भ्रम है—पकी हुई बुद्धि की उलटबाँसी। 'पूर्ण ज्ञान' का तर्क 'इतिहास का अर्थ' नहीं पा सकता। इसलिए इतिहास ऐतिहासिकता, चेतना, पदार्थ का ज्ञान क्या 'विरचित' किया जा सकता है। प्रसाद की 'कामायनी', दिनकर की 'उर्वशी', धर्मवीर भारती की 'कनुप्रिया' को कैसे विनिर्मिति में ढाला जा सकता है—रूपकात्मक भाषा की झिल्ली में, कभी नहीं। इन कृतियों की चेतना और ऐतिहासिकता की राजनीति को 'लेखन' से पाना जटिल तो है—असंभव नहीं। अर्थात् इनको पढ़ा तो जा सकता है लेकिन इनकी अंतर्पाठात्मकता के व्यंजकों के साथ। इन व्यंजकों में समय की राजनीति का अजगर साँस से उस अर्थ को खींचकर दबा रहा है जिसे विनिर्मिति से खोलना है।

देरीदा के विनिर्मितिवाद में हम हीगेलीय इतिहास और चेतना की राजनीति के सूत्रों को उधड़ते पाते हैं। 'सत्ता' की व्याख्या में इतिहास की व्याख्या और इतिहास की व्याख्या में संरचनावाद, फिर संरचनावाद की व्याख्या में 'वाक्' और पुराना इतिहास-भूगोल-समाज। इसी इतिहास और दर्शन की व्याख्या में न जाने कितने मार्क्सवादी खेत रहे हैं। स्वयं आलथूसे से और फ्रेडरेक जेमेसन इतिहास बोध में ऐसे फँसे 'रूप और अंतर्वस्तु' से बाहर नहीं आ सके। टैक्स्ट' तो अनंत का अनंत अर्थ है। उसका हर अलंकार, लक्षण, रूपक, एक संरचना रखता है। स्वयं भाषा के अवचेतन में एक संरचना है—और फ्रायड नव फ्रायडवादी जान लकां उसे पढ़ना चाहते हैं और मिथक प्रतीक बिंब रूपक इन सबका जाल आड़े आता है। इन सभी रूपकों में अर्थ-मीमांसा करने पर 'ज्ञान' झाँकने लगता है। लेकिन यह काम संरचनावाद-मार्क्सवाद के वश का नहीं है। यह तो उत्तर-संरचनावाद ही 'लेखन' थियरी से संभव कर सकता है। मार्क्सवादी ऐतिहासिकतावादी विमर्श पर आकर अटक जाता है। जबकि देरीदा के लिए यहाँ कोई लटकन भटकन नहीं है। देरीदा तो 'पाठ' की विचारधारा खोजने के आदी हैं लेकिन मार्क्सवादी नहीं। यह अकारण नहीं है कि मार्क्सवाद के प्रसिद्ध सिद्धांतकार टेरी ईगलटन बीसवीं शताब्दी के अंत और इक्कीसवीं शताब्दी की शुरुआत में 'आफ्टर थियरी' पुस्तक लिखते हैं। कभी ईगलटन मार्क्सवाद इतने सक्रिय थे उनके

विचारों का 'पाठ' पूरे राजनीति के तंत्र को खोलता था और आलोचना तथा वैचारिकता के संबंध के सूत्रों को जोड़कर एक विचार-दर्शन खड़ा कर देता था। जब 1956 के आसपास फ्रांसीसी फिलासफी का स्वरूप बदलने लगा और उधर ख्रुश्चेफ ने सोवियत संघ की कम्युनिस्ट पार्टी में एक गुप्त भाषण देकर स्टालिन की यातनाओं का नक्शा पेश किया तो खोपड़ियाँ भन्ना उठीं। उधर हंगरी में स्वतंत्रता-संग्राम का गला घोंट दिया गया, तो मार्क्सवाद साम्यवाद पर चुप्पी तोड़कर वाद-विवादों की दहाड़ें सुनाई देने लगीं। फ्रांस में इन ध्वनियों को ऐसे सुना गया जैसे जंजीरों में बँधे जंगली कुत्ते सुनते हैं और सावधान हो जाते हैं। मूल बात यह है कि मार्क्सवादी दहाड़ें धोखा दे गई हैं और थियरीज का अंत हो गया। विचारधाराओं के अंत की डेनियल वैलीय घोषणाओं के साथ। यह मान लिया गया कि 'अर्थ-क्रीड़ा' कोई परिवर्तन नहीं कर सकती। 'अर्थ क्रीड़ा' में बुर्जुआजी जीती है-भोगती है और नया बाजारवाद लाती है—उपभोक्तावादी-संस्कृति के लुभावने विज्ञापनों के शोर को लेकर। यहाँ मार्क्सवाद में स्वयं देरीदा पाते हैं कि 'आधार और अधिरचना' के अंतर्पाठ ढीले पड़े हैं और अर्थ-संदर्भ का तनाव लटक गया है। मार्क्सवादी समीक्षा का 'एकार्थवादी' ढाँचा अधिनायकवाद की ओर है। देरीदा का विरचनावाद यह रपट दिए बिना रह नहीं पाता है। मार्क्सवाद 'अनेकार्थता' को दमन का शिकार बनाता है—देरीदा इस दमन के विरुद्ध अभियान चलाता है। यही बात नए ढंग से फ्रांसिस फूकोयामा कहते हैं। मिशेल फूको का शिष्य एडवर्ड सईद 'कल्चर एंड इम्पीरियलिज्म' में त्रासदी के उस इतिहास (साम्राज्यवाद) पर व्यंग्य करता है। शक्ति एवं ज्ञान के खेल में ताकतवर का साथ देता है। फूको का विखंडन खुद सांस्कृतिक प्रक्रिया को 'पाठ' के भीतर से खींचकर निकाल लेता है और 'संस्कृति' के कई आधारों-संरचनाओं की पोल खोल देता है। 'टैक्स्ट' के भीतर चलने वाला 'सत्ता' का देव-दानव द्वंद्व। टैक्स्ट इस अर्थ की अनेकार्थता को 'व्याख्या' देती है—अनेकार्थतावादी व्याख्या।

अद्भुत बात यह है कि पश्चिमी दर्शन की परंपरा को कूट-फटककर देरीदा ने विनिर्मितिवाद को एक पाठ केंद्रित आंदोलन के रूप में स्थापित कर दिया। अमरीका में यह आंदोलन सुनामी लहरों की तरह फैला और इसके विचार-सूत्र येल और जान हापकिन्स जैसे विश्वविद्यालयों में वेद-मंत्र बन गए। नई समीक्षा की भूमि पर नव्य समीक्षकों को देरीदा ने मात दी और उत्तर-संरचनावाद का झंडा फहराया। जैसे पुण्य में पाप छिपा रहता है वैसे ही प्रसिद्धि में बदनामी के बीज। हर जगह देरीदा पर बहस और पक्ष-विपक्ष की साहित्यिक राजनीति का माहौल। विरोधी माहौल में देरीदा कैक्टस की तरह पनपे और पूरे जीवट के साथ अपने विरोधियों से घमासान किया। हर 'पाठ' एक प्रकार की अर्थगत हिंसा है। उनका यह सिद्धांत वाक्य-व्यवहार में जैसे सच साबित हुआ। देरीदा द्वारा 'लेखन' की नए सिरे से व्याख्या एक युग-प्रवर्त्तनकारी कार्य सिद्ध हुआ और अनेक परंपरागत सैद्धांतिकियों पर प्रश्नचिह्न लगा दिए। एडवर्ड

सईद ने 'ओरिएंटलिज्म' के एक छोर पर खड़े होकर कहा कि 'डीकांस्ट्रक्शन' क्या है? टैक्स्ट की राजनीति एवं संस्कृति का भाष्य-पुनर्भाष्य। देरीदा को भारी समर्थन पाल डि मान से मिला और सहानुभूति ज्याफ्री हार्टमैन से। दोनों ने माना कि 'टैक्स्ट' में 'मतभेद' रहता ही है और यह मतभेद ही नए अर्थ-क्षितिजों की ओर निगाह ले जाने का 'संकेत' देता है। अर्थ-क्षितिज में अनंतता का विचार बीज। दिलचस्प बात यह कि रोलां बार्थ जैसा प्रश्नाकुल विद्वान 'नई-समीक्षा' के व्यक्तिवाद को लेकर बेचैन था और कुछ-कुछ इसी तरह की बेचैनी हार्टमैन में थी। 'नई समीक्षा', 'रचना' को सिर पर उठाकर आलोचना की हैसियत कम करती थी। कम क्या करती थी आलोचना को दोयम दर्जे का काम मानती थी। हार्टमैन ने इस पर सोचा और निर्भय होकर कहा कि 'आलोचक' की हैसियत रचनाकार से कम नहीं है। वह 'रचना' का 'व्याख्याता' मात्र नहीं है। नए अर्थ की निष्पत्ति करने वाला सर्जक है। आलोचक सृजन का सृजन-नया सृजन करता है। वह न भाँड है न प्रचारक न व्याख्याता न मात्र आस्वादक। इस बात को हार्टमैन ने अपनी किताब 'सेविंग दि टैक्स' में उठाकर बड़ा नाम कमाया। उन्होंने देरीदा को फिर से 'रि-क्रियेट' किया। उनके कथनों पर विस्तार से टीका की। उन्होंने देरीदा पर पुस्तक लिखी और देरीदा विरोधियों को तर्कों से ध्वस्त किया। इस तरह देरीदावाद को सच्ची महत्त्व प्रतिष्ठा हार्टमैन के हाथों ही मिली। क्यों यह प्रश्न उन्होंने उठाया कि व्याख्या क्या है? और उत्तर दिया–युग की मनोभूमिका को निर्मिति करने वाली स्थितियाँ और उनका सजग-भाष्य। यही कार्य जेनेवा-स्कूल ने व्यापक स्तर पर किया भाष्य-स्वातंत्र्य को आदर देकर। इससे 'नई समीक्षा' और संरचनावादी समीक्षा की जमी धूल तो झड़ी ही रचना की 'स्वायत्तता' और 'व्यक्ति-स्वातंत्र्यवाद' का भूत भी भाग खड़ा हुआ। अब आलोचक स्वयं एक 'टैक्स्ट' बन गया और 'टैक्स्ट' उसके भीतर से उसे कोंच-कोंच पूछने लगी कि सच्ची अर्थ स्थिति क्या है, क्यों है। 'टैक्स्ट' का भीतर से प्रश्न पूछने का अर्थ है–टैक्स्ट के अर्थ-संसार की बहुलता को भीतर से निर्मिति करना, उसमें जोड़ना और प्रतीयमान अर्थ-ध्वनि का स्फोट। यह देरीदावाद के पाठ के काफी नजदीक है।...एक व्यापक अर्थ में पॉल डि मान तो भारतीय ध्वनिवादी ही है जो भाषा के भीतर धँसते हैं और दबे हुए अर्थ को मुक्त करते हैं। पाल डि मान ने 'एलीगरीज ऑफ रीडिंग' में रीडिंग की अनेक प्रविधियों को 'डीकांस्ट्रक्शन' का हिस्सा बनाया है। उनका पूरा बल 'पाठ' के अलंकारशास्त्रीय पक्ष पर है और अलंकारशास्त्रीय पाठ का रूपवाद संदर्भवाद ही उसकी गाँठें खोलता है। मान की मूल स्थापना यह है कि आलोचना व्याख्यात्मक नहीं वरन् लाक्षणिक है–सर्जनात्मक है। इसलिए वह उसी श्रेणी में गिनी जानी चाहिए जिसमें सर्जनात्मक साहित्य गिना जाता है।

थोड़ा-सा पीछे मुड़कर एक बार देरीदा को फिर देखते हैं तो पाते हैं कि देरीदा के समय में शीत-युद्ध विशेषकर साहित्य में शीतयुद्ध जारी था। बीसवीं शताब्दी के

तीसरे-चौथे दशक में शीत-युद्ध ने छठे दशक ऐसी उठा-पटक की कि विचारधारा का स्थान 'थियरी' लेने लगी। ऐसी खिचड़ी पकी थियरी और विचार-पद्धति या आइडियालॉजी को लेकर कि पूरी स्थिति उलटपलट कर धुँधलके में खोने लगी। अस्तित्ववाद का दर्शन और साहित्य किर्केगार्द, कामू, सार्त्र, नीत्शे, हाइडेगर को लेकर 'संत्रास' और 'एंग्जाइटी' या चिंताओं-समस्याओं-मूल्यहीनताओं से कराहता हुआ मिला। आधुनिकता का प्रोजेक्ट पनपा और 'स्मृति' को मिटाने की दौड़ लगने लगी।

यूरोप में 1968 से 1980 के वर्षों में परिवर्तन-चक्र बहुत तेजी से घूमा। शीतयुद्ध के दौरान पनपे मूल्य लगभग अपने दिन पूरे कर गए। फासीवाद ने आदमी को भीतर से भयभीत कर दिया और नाजी यातना शिविरों ने मानव-मूल्यों को धूल में ध्वस्त कर दिया। दूसरा विश्वयुद्ध इतिहास की छाती का वह घाव जो कभी भरा नहीं जा सका। फासीवाद, पूँजीवाद और मार्क्सवाद ने इसी समय अपने पैर फैलाना शुरू किया और सभी तरह के मानववाद अपनी छलनाओं में दानव बनते नजर आए। संपूर्ण मोहभंग की त्रासदी घटित हुई। कहना चाहिए हर तरह का 'यूटोपिया', 'डिसटोपिया' में बदल कर विकृत हो गया। स्थितियाँ ऐसी बनीं कि मानव होने का अर्थ ही खो गया। इस स्थिति में भी लुकाच और ग्राम्शी 'मार्क्सवादी' का नया अर्थ करने में पीछे नहीं हटे। मार्क्सवाद-फ्रायडवाद और अस्तित्ववाद की तिगड़ी एक-दूसरे से अकड़कर दूर हटते दिखाई दिए। देरीदा ने इसी दौर में 'मार्क्स का प्रेत' जैसा बहुचर्चित लेख लिखा। फिर उसने मार्क्सवाद के 'पाठ' की विनिर्मिति-विखंडन-विरचना का संकल्प दुहराया। उसके सामने अब मार्क्सवाद के साथ 'मास मीडिया कल्चर' का नया संसार उपस्थित था जिसमें नए 'डिस्कोर्स' जारी थे। मिशेल फूको की 'डिस्कोर्स थियरी' बौद्धिकों के विचार केंद्र में थी। हाबरमास और मारकूस मार्क्सवाद में प्राण फूँकने का अरमान लेकर उसकी 'व्याख्या' कर रहे थे। सांस्कृतिक भौतिकवाद, सांस्कृतिक साम्राज्यवाद, नववामपंथ और तमाम तरह के मुक्ति आंदोलन एक नया 'मानव-बिंब' बना रहे थे। 1968 में एक महत्त्वपूर्ण ऐतिहासिक मोड़ छात्र-आंदोलन के साथ आया। पेरिस के छात्र सड़कों पर उतार आए। स्थिति को बिगड़ते हुए देखकर 'क्लोद लेवी-स्त्रास' ने भयाक्रांत मुद्रा में कहा यदि वे पुस्तकालयों तक पहुँच गए तो क्या होगा? (दे. कैलाश वाजपेयी, आधुनिकता का उत्तरोत्तर) प्रकाशित करते हैं और पिकासो डेढ़ सौ चित्रकृतियों का कामशास्त्र रचते हैं। इटली से लेकर अमरीका तक समलैंगिकता की हवा जोरों पर है और नारी में आकर्षण ही नहीं बचा है। द्वितीग विश्वयुद्ध का क्षत-विक्षत यूरोप है जिसमें बूढ़ों को कोई घास नहीं डालता। केवल युवाओं की हवा है और उन युवाओं की विशेष जो अतीत से नफरत करते हैं। लेकिन भविष्य से संघर्ष करने के नाम पर जिनके पास सिर्फ 'सेक्स' है। यंत्र-सभ्यता इन युवाओं के पीछे है लेकिन इन्हें यांत्रिकता से चिढ़ है। रूसी छात्रों का गुस्सा 'आजाद' नहीं है। पाबंदी में गर्क। लेकिन यूरोप के एक करोड़ सत्तर लाख युवाओं का आक्रोश बढ़

रहा है। इटली, चेकोस्लोवाकिया, जापान, जर्मनी, फ्रांस, स्पेन, पुर्तगाल, इंडोनेशिया, अमरीका और भारत में छात्र-आंदोलन खौलते पानी की शक्ल दे रहे हैं। जापान का युवा-आक्रोश तोक्यो विश्वविद्यालय जला रहा है और फ्रांस यदि डेनियल कोहन बेंदी का आवास पत्र छीनता है तो पेरिस शांत नहीं रहता। पेरिस में बीस हजार छात्र नारा लगाते हैं—'हम सब जर्मन यहूदी हैं।' पूरे यूरोप के युवा अनार्किस्ट, माओइस्ट, टेररिस्ट, सिचुएशनिस्ट और माओइस्ट नाजी दलों में विभक्त हैं। पेरिस 'स्नैप स्टाइक' से भरा पड़ा है। युवा वर्ग की सूचनाएँ 'त्यल क्यल' के लेखक दे रहे हैं। छात्र नेता कह रहे हैं—'फ्रांसीसी समाज सड़ रहा है। अपने को सुसंस्कृत कहने वाला समाज विलासिता में मग्न है। सूअरों से भरे इन सांस्कृतिक केंद्रों को बदलना होगा।' ये युवा लिपटकर (लड़के-लड़कियाँ) प्यार के चुंबन लेते हैं और विद्रोह के नारे उछालते हैं। युवा लोग मारकूज को पढ़कर नववामपंथ में जी रहे हैं। माओ को सराह रहे हैं और मार्क्स पर प्रश्न-चिह्न। युवाओं को विश्वास है कि क्रांति का वाहक यदि कोई हो सकता है तो युवा बुद्धिजीवी वर्ग। यह है वह संक्षिप्त तस्वीर जो छात्र आंदोलनों को सामने लाती है और समलैंगिक देह-व्यापार पर फिदा है। वह विवाह-बंधन में बँधना नहीं चाहता। और 'आर यू हाट इनफ फार मैन' वाला परिवेश है जिसमें 'अधनंगी जवान रिसेप्शनिस्ट' लड़कियाँ पूरी कंपनियों को नचा रही हैं। उनके बिना कंपनी नहीं चलती। यदि आप हाट हैं तो 'डायल ए टॉप जॉब इन वेटिंग फॉर यू'। यह है व्यापार सभ्यता का सौभाग्य भरा समय। हीडोनिज्म भोगवाद का आलम।

यही वह समय है—फ्रांस का नया साहित्यांदोलन 'त्यल क्यल' चल रहा है। त्यल-क्यल कविता का नया आंदोलन है, जिसे 'त्यल-क्यल' पत्रिका के संपादक फिलिप सोरोन मंच दे रहे हैं। फ्रांस का भभ्भड़ी समाज रंगीनी में खोया हुआ नारी अंगों पर झूम रहा है। नारी अंगों का खेल नया रीतिकाल लाया है—हर चीज बिकाऊ, हर चीज भीतर से खोखली। यहाँ तक 'खोखला आदमी' बनाकर तैयार किया गया है। हर बात में बाजारूपन। मैकलूहान इसी समाज में डेनियल वेल की तरह विचार झाड़ रहे हैं—नंगापन, कमीनापन और औरतों की गुलामी में डूबा युवा समाज। थियोडोर रोजेक प्रतिसंस्कृति के प्रतिमानों को बढ़ा रहे हैं और मिशेल फूको ज्ञान और शक्ति-सत्ता का 'विमर्श-सिद्धांत' जाप के साथ ला रहे हैं। लेस्ली फील्डर, नॉर्मन ब्राउन का आधुनिकतावाद गल रहा है और रिचर्ड वासन का नाम 'उत्तर-आधुनिकतावाद' जवान हो रहा है। सूजन साटोंग की तरह वासेन 1969 में 'नोट्स ऑन ए न्यू सिन्सिबिलिटी' छपवा रहा है। फ्रांस की साठोत्तरी पीढ़ी ने 'त्यल-क्यल' के दस वर्ष पूरे कर लिए हैं और चर्चा चल रही है कि विधाओं में दूरी क्यों है? निबंध क्यों कविता नहीं हो सकता। विधाओं के आधार पर साहित्य का वर्गीकरण गया गुजरा बुर्जुआ व्यवहार है। त्यल-क्यल कविता आंदोलन फ्रांसीसी समाज के सांस्कृतिक दृष्टिकोण के खिलाफ उपजा है और माओ से प्रेरणा। अब रूस और अमरीका में दूरी दिखाई देती है।

वस्तुतः दूरी नहीं है। रूस का मन अमेरिका में अटका भटका हुआ है। अब सार्त्र पुराने समाज का 'मैले हाथ' नाटक वाला चिंतक है और आलथूसे नए समाज की चिंता में मग्न। साहित्य-कला-संस्कृति में ल्योतार मेयेर की पुस्तक (1963) 'दि एण्ड ऑफ रेनेसां' की धूम है और सूजन साटोंग एक नई संस्कृति की बांग दे रही है। एरिक काहलन 'दि डिसइंटेग्रेशन आफ आर्ट' पुस्तक में शोक ग्रस्त है कि यह कैसा विनाश हो रहा है। मारकूस की 'इरास एंड सिविलिजेशन' और 'वन डाइमेंशनल मैन' पर सांस्कृतिक नगरी पेरिस लट्टू है। यही वह माहौल है—1966 से आरंभ होने वाला जिसमें देरीदा का विनिर्मितिवाद या विरचनावाद पनप रहा है। यहाँ मिशेल फूको ने ज्ञान और शक्ति की परस्पर अंतःक्रिया पर सैद्धांतिक बहस शुरू कर दी है और कहा है कि ज्ञान ही शक्ति है। मिशेल फूको ने ज्ञान और शक्ति की अवधारणा को विस्तार के साथ स्पष्ट किया और कहा कि ज्ञान ही 'सत्ता' बन गया है।

दिलचस्प बात यह भी है कि सन् 1966 तक देरीदा अपना विनिर्मितिवाद का सिद्धांत विचार-चर्चा के केंद्र में ला चुका था और उसकी तमन्ना फ्रायडवाद पर सोचने-विचारने की थी। क्योंकि यूरोप में एक तरह के बुद्धिजीवी 'फ्रायडियन माडर्निडी' के भक्त थे और उसका उदार लोकतंत्रवाद आकर्षण का कारण बना हुआ था। फ्रायड के 'टैक्स्ट' को डीकांस्ट्रक्शन' करते हुए देरीदा ने पाया कि उसके मूलार्थ और बहुलार्थ में सभ्यता-संस्कृति, राजनीति, धर्म, सामाजिक संरचना, काम के गहन अनुभव खेल आदि न जाने क्या-क्या मौजूद हैं और उनमें पश्चिमी सभ्यता के मूल्यों के पतन के प्रश्न उठाए गए हैं। सन् 1968 में देरीदा ने 'एंड्स ऑफ मैन' पर एक भाषण दिया और इसी दौर में फ्रेंक कर्मोड ने ध्यान दिलाया कि हम सभी यौन-क्रांति, हिप्पी क्रांति आदि तमाम क्रांतियों के बाद भी 'पतन के अहसास' युग में जीने को अभिशप्त हैं। हमारा दुर्भाग्य यह है कि नारी मुक्ति आंदोलन, वीट-जनरेशन, अश्वेत मुक्ति आंदोलन, युवा-विद्रोहों के अनेक रूप हमारे भीतर जीवन के प्रति आस्था नहीं जगा पाते। हमारे पतनशील मूल्यों ने जीवन की आंतरिक लय को तोड़ दिया है और हम सभी भटकने को बिवश हैं। इसी समय 'प्राहा वसन्त' का उत्सव हुआ तो जीवन-दूध की जली बदबू का अहसास बढ़ गया। सभी ने मास-मीडिया-कल्चर को कोसा और कहा कि तकनीकी क्रांति ने मास-मीडिया की केंद्रीय व्यवस्था को विकेंद्रित करके सभी को विकृतियों में धकेल दिया है। ल्योतार की पुस्तक 'पोस्ट मॉडर्न कंडीशंस' की विचार ध्वनि को दुहराया कि सभी 'मेटा नैरेटिव्स' खत्म हो चुके हैं और 'मेटा केनन' तथा 'मेटा थियरी' इस तरह अवसान को प्राप्त हो रही हैं कि जीवन का पूरा समाजशास्त्र बदल रहा है। इस बदलाव ने साहित्यिक-सांस्कृतिक विमर्श सांस्कृतिक पतन का रोना रोया था और ऑसवाल्ड स्पेंगलर 'दि डिक्लाइन ऑफ दि वैस्ट' (1918-1923) में भौतिक प्रगति पर आधारित आधुनिकता को पतन का कारण माना था। पश्चिमी आधुनिकता की अवधारणा में 'विध्वंस का इतिहास' अपने नरक के

साथ मौजूद है। आधुनिकता से 'उत्तर-आधुनिकता' तक की अंतर्यात्रा हजार-हजार प्रश्न लिए खड़ी है। वर्जीनिया वुल्फ ने 1910 में घोषित कर दिया कि मानव प्रकृति हमेशा के लिए बदल गई है। फिर 1968 के आसपास यह अनुभव किया गया कि साहित्य के पढ़ने का तरीका और उसका पाठक ही बदल गया है। इसी समय देरीदा ने 'थियरी ऑफ डिफरेन्स' की महत्त्व-प्रतिष्ठा करते हुए कहा कि सिग्नीफाइड और सिग्नीफायर को अलग करने की प्रक्रिया बहुत सहज नहीं है। क्वेंटन स्किन्नर ने 'दि रिटर्न ऑफ दि ग्रेंड थियरी इन ह्यूमन साइंसिस' में नई सैद्धांतिकी के उदय पर विचार करते पाया कि जान लकां और उसके शिष्यों ने लेखक के मनोविश्लेषण के नए आयामों की मीमांसा की है और हैबरमास और फ्रेंकफुर्ट की विचारधारा के सदस्यों ने मार्क्स और फ्रायड में कई साम्य खोजे हैं। नारी-आंदोलन के बाद पूरा समाज उत्तर-संरचनावाद, विखंडनवाद और अन्य आक्रामक गिरोहों की अलगाववादी लहरों के भँवरों में आ गए और चिंतन के क्षेत्र में नींव हिलाने वाला भूकंप आ गया। (दे. देवेंद्र इस्सर, साहित्य और स्वतंत्रता प्रश्न-प्रति प्रश्न) पश्चिमी चिंतन के इन नए आंदोलनों पर देवेंद्र इस्सर ने बहुत विस्तार से विचार किया है। इसी विचार-अग्नि को कैलाश वाजपेयी ने 'शब्द सागर' शीर्षक पुस्तक के लेखों में 'नए विमर्श' से प्रस्तुत कर दिया है। हिंदी में यह विचार युवा-पीढ़ी के सामने अनेक कोणों से उठाया जाता रहा है कि उत्तर-आधुनिकतावादी विश्व में कैसे फ्रायड को जान लकां, मार्क्स को मिशेल फूको, सास्यूर को देरीदा ने कैसे अपदस्थ किया है। ज्यांक देरीदा और पाल डि मान ने विनिर्मितिवाद या विखंडनवाद को विश्व-समीक्षा में अगुआ बनाने में गंभीर प्रयत्न किए।

क्रिस्टोफर नोरिस ने उत्तर-संरचनावादी सैद्धांतिकियों में सबसे ज्यादा महत्त्व दिया ज्यांक देरीदा को। नोरिस ने देरीदा की विनाशात्मक (एपॉकेलियटिक) भाषा में अंतर्निहित अनेकार्थी व्यंजनाओं को सही ठहराया। लेकिन वे यह कहना भी नहीं भूले कि विरासत में मिली मानववादी शब्दावली और उसकी अवधारणाओं को विनष्ट कर पाना संभव नहीं है। फिर भी देरीदा 'पाठ' के भीतर भाषा की ऐसी कार्यवाही करने में दक्ष हैं कि वह पुरानी युक्तियों, अभिप्रायों को काफी हद तक ध्वस्त कर सके। असल में नोरिस तो देरीदा में भाषा के विध्वंसात्मक 'होलोकास्ट' से चकित हैं। ध्वंस के भीतर से ऐसी सर्जनात्मक आलोचना अपने में 'अपूर्व' है। देरीदा के 'पाठ' में प्रेत ही प्रेत मँडरा रहे हैं और वह फूको पर डेकार्ड के गलत 'पाठ' का आरोप भी लगा रहा है।

आज देरीदा का विनिर्मितिवाद संदेह के घेरे में घिर गया है और उस पर हर तरफ से आक्रमण हो रहे हैं। क्या विडंबना है कि 'पालिटिक्स' और 'फ्रेंडशिप' के लेखक देरीदा के मित्र दिनोंदिन कम होते जा रहे हैं।

# ज्यांक देरीदा : चिंतन का नया अफलातून

बीसवीं शताब्दी के परिपाटीबद्ध पांडित्य को फ्रांस के विद्रोही दार्शनिक, भाषाविद् और साहित्य-चिंतक देरीदा (1930-2004) ने न केवल तोड़ और मोड़ कर नई दिशा-दृष्टि दी है, बल्कि ऐसी प्रश्नाकुलताओं को जन्म दिया है जिनसे सोचने-समझने की चिंतन पद्धति का विकास विश्वभर में हुआ है। पेनक्रेटिक कैंसर से पीड़ित चौहत्तर वर्षीय देरीदा का शनिवार 8 अक्टूबर 2004 को पेरिस में देहांत हुआ तो पूरे विश्व के बौद्धिक समुदाय ने इस असहनीय क्षति से अपने को उबारने में असमर्थ पाया। सहसा इस ओर भी ध्यान गया कि देरीदा तो सन् 1960 के बाद के समय के प्रबल दार्शनिक—आलथूसे, जान लकां, सार्त्र, रोलां बार्थ, मिशेल फूको, पेरी बाद्रिए आदि की पीढ़ी के सर्वाधिक चर्चित और विवादास्पद चिंतक थे। फ्रांस-अमेरिका, यूरोप और एशिया में देरीदा के विनिर्मितिवाद के सिद्धांत (थियरी ऑफ डीकांस्ट्रक्शन) से एक भूकंप सा आया जिसकी थरथराहट आज भी महसूस की जा रही है। ज्ञान के निर्माण और आविष्कार में काम आने वाली भाषा की अवधारणा को, भाषा के शब्दों से अर्थग्रहण में काम आने वाली सभी परंपरागत पद्धतियों को, अर्थ के रीतिवाद को इस कदर ध्वस्त किया कि अर्थ-मीमांसा और दृश्य पटल-विज्ञान का एक अद्भुत आंदोलन ही चल पड़ा। इस आंदोलन ने न्यू क्रिटिसिज्म, अस्तित्ववाद, संरचनावाद की बहुत-सी धारणाओं को धूल चटाकर उत्तर-आधुनिकतावाद के चिंतन का विस्तार किया। इस विचार-विस्तार का एक अंग उत्तर-संरचनावाद (पोस्ट-स्ट्रक्चरलिज्म) है जिसके केंद्र में है—साहित्य और आलोचना के क्षेत्रों पर विचार। देरीदा ने यूरोपीय वर्चस्ववाद के संसार की प्रचलित अवधारणाओं, पद्धतियों-प्रविधियों को रौंद कर इतिहास विधाता का रथ उस ओर मोड़ दिया जिस ओर 'विनिर्मिति' और 'विखंडन' का खेल खेला जा रहा था।

देरीदा का 'बिनिर्मितिवाद' से अभिप्राय है—पाठ (टैक्स्ट) के अध्ययन की वह पद्धति जिसके द्वारा न केवल निर्धारित अर्थ को 'विस्थापित' किया जा सके बल्कि अर्थगत अद्वितीयत्व को 'विखंडित' करके दबे हुए अर्थ का ग्रहण और भाष्य किया जा सके। इसी विनिर्मितिवाद की पद्धति से देरीदा ने प्लेटो, अरस्तू, कांट, हीगेल,

फ्रायड, मार्क्स, नीत्शे, हुसेर्ल, हाइडेगर, सार्त्र और मिशेल फूको आदि की संरचनाओं को (पाठ को) नए सिरे से पढ़ा और उनका ऐसा पुनर्पाठ किया कि वे सब टूट-फूटकर बिखर गए। दार्शनिक परंपराओं में जो 'सत्य' भरोसे से भरा लगता था वह भाषा में डगमगाने लगा। देरीदा की यह यूरोपवाद-पश्चिमवाद को खुली चुनौती थी। इस चुनौती से भड़कनेवाली आग ने एक झगड़े, एक अंतहीन विरोध को जन्म दे दिया। यूरोप ने देरीदा पर चौतरफा आक्रमण किए। लेकिन वे डटे रहे। विरोधों के सामने झुककर समझौता करना देरीदा के चिंतन का चरित्र नहीं रहा है। देरीदा ने संरचनावादी सास्यूर और दार्शनिक हेडेगर, हुसेर्ल की बहुत-सी अवधारणाओं को अपने चिंतन का आधार बनाया और उनकी पुरानी छवि का भंजन भी पूरी उग्रता से किया। उनके लिए कोई भी पुराना सिद्धांत और पद्धति इतनी पवित्र नहीं है कि उसका वे विनिर्मिति और विखंडन में विभेद और स्थगन में नया भाष्य न कर सकें। अपनी इसी ताकत से देरीदा ने अर्थगत-एकार्थवाद की सभी संकल्पनाओं को पुराने धनुष की तरह खंड-खंड कर दिया। पुरानी सभी दार्शनिक अवधारणाओं की जड़ों को 'विस्थापित' करके देरीदा ने अपनी दार्शनिक साहित्यिक विनिर्मितिवादी पद्धति का श्रीगणेश किया। वैसे देखा जाए तो विनिर्मितिवादी पद्धति का चलन फ्रांस की 'टेलक्वेल मंडली' के लिखनेवालों में हुआ। किंतु उसको दार्शनिक रूप से स्थापित किया अल्जीरिया में जन्मे यहूदी माता-पिता के पुत्र देरीदा ने।

देरीदा ने उत्तर-संरचनावादी विचार-प्रवाह के भीतर से अपने युग के विशिष्ट परिवेश या 'मिलिपू' को अपनी 'पाठ' से संबंधित धारणाओं, विचारों, उद्देश्यों, मंतव्यों, प्रणालियों को देखा और पाया कि एकार्थवादी सभी पद्धतियों का भंडाफोड़ निहायत जरूरी है। ऐसी मनोभूमि देरीदा की तभी बन गई थी जब वे अल्जीरिया में आरंभिक शिक्षा पा रहे थे। दर्शन में गहरी दिलचस्पी के कारण वे फ्रांस के विश्व प्रसिद्ध बौद्धिक केंद्र 'इकोले नार्मले सुपीरियर' पहुँचे। कुछ समय के बाद अमेरिका के हार्वर्ड विश्वविद्यालय में अध्ययन किया और वहाँ मन न लगने के कारण फिर से फ्रांस लौटे और अध्यापन किया। फिर केलीफोर्निया विश्वविद्यालय में ह्यूमेनिटीज के प्रोफेसर रहे। फ्रांस में ऐसा भी समय आया जब वे 'इकोले देस हैतुस एतू दे एन साइंसेज' के निदेशक हो गए। उन्होंने पदों में अपने को भरमाया नहीं और अपने चिंतन-संदर्भ को उजागर करने के लिए अस्सी के लगभग पुस्तकें लिखीं। उनका लेखन इतना प्रसिद्ध हुआ कि उन पर एक हजार के लगभग लघु-प्रबंध और शोध-प्रबंध लिखे गए तथा हजारों बार विद्वानों ने उन्हें अपने निबंधों में उदाहरणों से याद किया। देरीदा की तीन पुस्तकों से विचारों का ऐसा कोलाहल हुआ कि यूरोप भौचक्का रह गया। वे तीन पुस्तकें हैं—(1) ऑफ ग्रामेटोलॉजी, (2) राइटिंग एंड डिफरेन्स तथा (3).स्पीच एंड फेनोमिना। सन् 1967 में ये पुस्तकें पेरिस में छपीं और इनका अंग्रेजी अनुवाद रातोंरात किया गया। हम भारतीय देरीदा से इस रूप में जुड़े कि 'ऑफ ग्रामेटोलॉजी' का अनुवाद

गायत्री चक्रवर्ती स्पीवाक ने किया तथा उस पर 'भूमिका' लिखकर देरीदा के चिंतन का विस्तृत और बौद्धिक सांस्कृतिक अध्ययन प्रस्तुत किया। कहना न होगा कि गायत्री की यह 'भूमिका' देरीदा की पुस्तक से भी ज्यादा लोकप्रिय होकर एक नया पाठक इतिहास बनाती है। इस सुविचारित भूमिका में गायत्री ने ध्यान दिलाया कि देरीदा ने दर्शन में अपने पूर्वगामी या पूर्वगामियों में विशेषकर हीगेल, नीत्शे, फ्रायड, हाइडेगर, हुसेर्ल आदि को अस्वीकार न करते हुए अपने को उन सभी दार्शनिक खोज के पथ का पथिक माना है। इस तरह देरीदा ने दार्शनिक परंपरा का उच्छेदन न करके उसका नैरंतर्य और बौद्धिक विस्तार किया। देरीदा ने अपनी द्वंद्वात्मक तार्किकता की धार से भाषा के 'लाक्षणिक' स्वरूप पर निर्मम जर्राही की और सिद्ध किया कि परंपरा ने जो अर्थ-निर्धारित किए हैं अर्थ मात्र उतने नहीं हैं। उन्होंने अर्थ बहुलता और अर्थ अनंत की खोज का संकेत दिया। ज्ञान और शक्ति के खेल में जो अर्थ दब गए हैं या फिर दबा दिए गए हैं देरीदा उन्हें खोलते हैं—पूरे ध्यान केंद्रण से। इस प्रकार 'पाठ' की सूक्ष्म गहन पढ़त का देरीदा ने चलन करके विद्वानों की आँखें खोल दीं।

देरीदा की पढ़त-पद्धति का सर्वाधिक प्रभाव साहित्यिक अध्ययनों पर पड़ा—विशेषकर ऐंग्लो-सैक्शन-क्रिटिसिज्म अर्थात् ब्रिटेन-अमरीकी आलोचना पर। वास्तविकता यह है कि देरीदा की यह पद्धति अर्थ के विभेद (थियरी ऑफ डिफरेन्स) और स्थगन (थियरी ऑफ डिफरमेंट) पर आधृत है जिसमें सर्वाधिक ध्वंस पारंपरिक अर्थ का किया जाता है। अर्थ 'उपस्थिति' से 'अनुपस्थिति' अर्थात् पाठ के भीतर रहता है। पाठ से पाठक का संवाद होता है—अर्थ का सृजन होता है और 'पाठ' अपनी विनिर्मिति और विखंडन का बीज बो देता है। 'पाठ' में अर्थोत्पत्ति की मूल नई संरचनाएँ निहित रहती हैं। विनिर्मितिवादी पढ़त का कार्य उसकी गाँठें खोलना है। दमन से अर्थ को मुक्त करना है। फिर अर्थ का विभेद और स्थगन करता क्या है? अनुपस्थिति अर्थ के 'अन्यत्व' (अदरनेस) की ओर संकेत करता है। संकेतक और संकेतित इस संकेत में मौजूद रहते हैं। इस प्रकार विनिर्मितियादी अध्ययन अर्थ के एक 'प्रकार' से दूसरे 'प्रकार' पर प्रभुत्व को विस्थापित करता है।

ध्यान देने की बात यह है कि फ्रांसीसी दर्शन की कोख से जन्मी विनिर्मितिवादी अध्ययन पद्धति को अमेरिकी विश्वविद्यालयों में अद्भुत ढंग से प्रसिद्धि प्राप्त हुई। विद्वानों की राय यह है कि येल विश्वविद्यालय में साहित्य के नामी-गिरामी आलोचकों की एक ऐसी प्रबुद्ध मंडली विद्यमान थी, जो (न्यू क्रिटिसिज्म) 'नई समीक्षा' से मुक्ति चाहती थी। वे जो चाहते थे वही कुछ देरीदा के विनिर्मितिवाद में मिल गया। इस मंडली में जेफरी हार्टमैन, जे. हिल्स मिलर और हेरल्ड ब्लूम, बारबरा जानसन जैसे विद्वान शामिल थे। इधर बड़ा जादू यह हुआ कि पाल डि मान जैसा प्रखर प्रबुद्ध आलोचक अमरीकी समाज में देरीदा को स्थापित करने के लिए संकल्पबद्ध होता

दिखाई दिया। पाल डि मान चकित थे कि कैसे देरीदा अर्थ की 'उपस्थिति' में 'अनुपस्थिति' को अंकित कर देते हैं। इसे वे 'झलक' (ट्रेस) कहते हैं। 'ब्लाइंडनेस एंड इंसाइट' तथा 'एलीगरीज ऑफ रीडिंग' नामक दोनों पुस्तकों में पाल डि मान ने संकेत दिया कि कैसे आलोचक 'अंधेपन' का शिकार हो जाता है। आलोचक व्याख्यात्मक नहीं मूलतः 'लाक्षणिक' है। इसीलिए उसकी कोटि नहीं है जो सृजनात्मक साहित्य की है। फिर पढ़त (रीडिंग) सदैव और अनिवार्यतः भ्रमात्मक गलती 'मिसरीडिंग' पढ़त होती है।

देरीदा के साहित्य सिद्धांतों को आगे बढ़ाने में जेफरी हार्टमैन, जे. हिल्स मिलर तथा बारबरा जानसन की महत्त्वपूर्ण भूमिका है। विनिर्मितिवादी अध्ययन में बारबरा जानसन ने नारीवादी सिद्धांतों को कार्यान्वित किया है और जोर देकर कहा है कि नारी तो मूलतः विनिर्मितिवादी होती है—वह सदैव दोहरी भाषा बोलती है। नारी अपनी 'दमनकारिता' को अंततः खोलने का साहस रखती है और 'अनिश्चिततात्मकता' को झटक देती है।

बारबरा ने देरीदा के विभेद सिद्धांत में लिंग के विभेद की अवधारणा को और जोड़ दिया है। उनके प्रसिद्ध आलेखों के संग्रह का नाम है—'क्रिटिकल डिफरेन्स'। देरीदा ने अपनी क्रांतिकारी मेधा से उत्तर-संरचनावाद की शक्ति को धाक में बदल दिया। रोलां बार्थ, जूलिया क्रिस्टीवा, जान लकाँ, मिशेल फूको तथा देरीदा पाँचों उत्तर-संरचनावादी हैं और इनमें बार्थ एवं क्रिस्टीवा का मूल क्षेत्र साहित्य है, लकाँ का मनोविश्लेषण तथा फूको और देरीदा का प्रशिक्षण की दृष्टि से दार्शनिक। फिर मिशेल फूको ज्यादातर मुद्दों पर देरीदा से असहमत हैं। फूको कहते रहे हैं कि 'पाठात्मकता' ही पाठ-ब्रह्म नहीं है। विश्व में जो शक्ति का खेल हो रहा है उसमें 'पाठ' के 'विमर्श' (डिस्कोर्स) सम्मिलित हैं। 'पाठ' सिद्धांत राजनीतिक-सामाजिक शक्तियों को अर्थ की उत्पत्ति के माध्यम मानकर उसकी वर्चस्ववादी हैसियत को कमजोर बना देते हैं। मुसोलिनी-स्टालिन और हिटलर 'पाठ' से ज्यादा विमर्श हैं और इन्हें विमर्श-सिद्धांत से ही चौतरफा टटोला जा सकता है—विनिर्मितिवाद से बहुत दूर तक नहीं।

देरीदा पर ज्यादा धमक हुसेर्ल और हाइडेगर की है। फूको पर नीत्शे की। इसलिए विचारधारा और दृष्टिकोण की भिन्नता स्वाभाविक है। 'देरीदा' मानते रहे हैं—पश्चिमवादी पराभौतिकता की जितनी भी अवधारणाएँ हैं—वे 'लोगो सेंट्रिज्म' शब्द-केंद्रत्व पर स्थापित हैं और मूलतः 'फोनोसेंट्रिज्म' ध्वनि केंद्रत्व की माया-मृग मरीचिका में भ्रमित हैं। वे समझते हैं कि वक्तृत्व की 'उपस्थिति' को 'लेखन' की उपस्थिति पर वरीयता प्राप्त है। देरीदा ने प्लेटो से लेकर रूसो, हीगेल, हाइडेगर, हुसेर्ल के (पाठ) दर्शनपरक वक्तव्यों का भाष्य करके कहा है कि उनकी सभी वैचारिक अनुसंधानमूलक व्याख्याएँ वायवी हैं—भ्रम हैं। कारण, लेखन अर्थात् शब्द की उपस्थिति

पाठक के मस्तिष्क में पहले से 'उपस्थित' होती है। किसी अवधारणा के निर्धारित अर्थ को 'विस्थापित' करने की देरीदा की पद्धति यह है कि वह परिपाटीबद्ध अर्थगत क्रम की 'हैरार्की' को परिवर्तित कर देता है। उदाहरणार्थ ग.मा. मुक्तिबोध ने 'कामायनी : पुनर्विचार' में या विजयदेव नारायण साही ने 'जायसी' में परिपाटीबद्ध अर्थगत क्रम की हैरार्की को बदलकर कहा है कि 'कामायनी' तो फैंटेसी हैं, और 'पद्मावत' कुजात कवि की रचना, जिसमें सूफी सिद्धांतों की क्रीड़ा नहीं है।

प्रश्न उठता है कि देरीदा की विनिर्मितिवादी अध्ययन पद्धति के प्रति हम भारतीय इतने जिज्ञासु क्यों हैं? इस प्रश्न के कई उत्तर हो सकते हैं लेकिन सामान्य उत्तर यह है कि देरीदा की पद्धति में बुद्धमत के शून्य-सिद्धांत की अंतर्ध्वनि मौजूद है। सूजन हेण्डेलमैन ने अपनी पुस्तक 'दि स्लेपर्स ऑफ मोड्स' तथा राबर्ट मैग्लिओला ने अपनी पुस्तक 'देरीदा ऑन दि मेंड' में बौद्ध-चिंतक नागार्जुन की चर्चा को उठाया है। हालाँकि क्रिस्टोफर नोरिस ने 'डीकांस्ट्रक्शन थियरी एंड प्रैक्टिस' में बौद्ध चिंतन के दार्शनिक तंत्र पर चुप्पी साध ली है। खैर, यह उनकी चालाकी। लेकिन रॉबर्ट मैग्लिओला ने माना है कि देरीदा को लेकर बौद्धमत का शून्यवाद ध्यान देने योग्य है।

भारत एक ऐसा देश है जहाँ चिंतन एवं भाषा, दर्शन और भाषा की प्रकृति और अर्थ समस्या पर विचार का इतिहास बहुत पुराना है। मीमांसा, न्याय, वैशेषिक बुद्ध और जैन चिंतन परंपराओं में 'भाषा-दर्शन' पर विचार बराबर होता रहा। यह परंपराएँ इतनी तगड़ी रही हैं कि आचार्यों ने मूल पाठों पर विस्तृत भाष्य लिखे। व्याकरणाचार्यों-दार्शनिकों, काव्यशास्त्रियों ने काव्य-भाषा और अर्थ की समस्याओं पर सूक्ष्म-गहन विचार किया। पाणिनि ने अष्टाध्यायी में संस्कृत-भाषा की संरचना के सिद्धांत गढ़े तो कात्यायन ने उस पर वार्तिक लिखा। पतंजलि ने पाणिनि और कात्यायन दोनों के मूल पाठों की टीका 'महाभाष्य' के नाम से लिखी। व्याकरण परंपरा के चिंतक भर्तृहरि ने 'वाक्यपदीय' नाम से भाषा-दर्शन पर विचार किया। नागेश भट्ट ने 'स्फोटवाद' जैसा ग्रंथ लिखा जिसमें अर्थ बहुलता और अर्थ-मीमांसा की चर्चा है। शब्द और अर्थ की समस्या पर मीमांसकों ने करारी बहसें उठाईं और जैमिनी ने 'मीमांसा-सूत्र' प्रस्तुत किया। इसी पर शबर ने विस्तृत भाष्य लिखा। फिर तो ऐसा वाद-विवाद शुरू हुआ कि कुमारिल भट्ट—शंकराचार्य, प्रभाकर के वाद-प्रतिवाद का सिलसिला मध्य युग तक चलता रहा।

'शब्द-ब्रह्म' की अवधारणा ने शब्द के अनेक अनंत अर्थ-तंत्र को उजागर किया और माना कि अर्थ का कोई एक केंद्र नहीं होता है। नागार्जुन और दिङ्नाग ने शून्यवाद और अपोहवाद में ऐसी स्थापनाएँ की हैं जिनकी समानताएँ देरीदा के सिद्धांत में मिलती हैं। भाषा-दर्शन और अर्थ-दर्शन को नाट्यशास्त्र, काव्यशास्त्र ने चिंतन के केंद्र में रखा। नाट्यशास्त्र पर अभिनवगुप्त ने 'अभिनव-भारती' टीका की। आनंदवर्धन

के 'ध्वन्यालोक' पर अभिनव ने ध्वन्यालोकलोचन में विचार किया। ध्वनि-सिद्धांत तथा वक्रोक्ति-सिंद्धात शब्द-अर्थ के भीतर ही रमे रहे।

देरीदा का विनिर्मितिवादी चिंतन यूरोप के लिए चाहे मेले का ऊँट हो लेकिन हम भारतीयों के लिए देरीदा के चिंतन का गहरा अर्थ-संदर्भ है। देरीदा का भाषा-चिंतन भारतीय भाष्य-परंपरा, अर्थ-मीमांसा परंपरा को नई अंतर्दृष्टि दे सकता है। रचना का आदि-सत्य अनिश्चित होता है और सत्य पाने का दावा झूठ। इस ढंग को अपनाने पर हम यूरोप के एकार्थवादी अर्थजाल से भी मुक्ति पा सकते हैं।

# भूमंडलीकरण की राजनीति से जन्मा शैतान

आधुनिकतावाद-उत्तर-आधुनिकतावाद ने भूमंडलीकरण की राजनीति को इतना जटिल रूप दे दिया है कि उसके रहस्यों को समझ पाना चुनौती भरा हुआ है। बीसवीं शताब्दी के अंतिम दशक से इक्कीसवीं शताब्दी का दशक एकदम भिन्न चेहरा लिए हुए। इस नए चेहरे में तनाव के साथ रिसते घावों की पीड़ा भरी छवि है जिसमें 11 सितंबर की विनाश लीला का आँसू भरा इतिहास कराह रहा है। इस स्थिति से एक बात साफ है कि दर्दनाक त्रासदी की स्थिति-परिस्थिति ने भूमंडलीकरण की पुरानी अवधारणा को पूरी तरह परिवर्तित कर दिया है। हम सभी को अच्छी तरह ध्यान है कि सन् 1990 के आसपास 'भूमंडलीकरण' नाम से जन्मे शब्द और शब्द अवधारणा ने मुक्त बाजारवाद में दमकते सिक्के की तरह स्थान बना लिया था। लेकिन उस समय भी 'भूमंडलीकरण' का वास्तविक अर्थ स्पष्ट नहीं था। अपने बहुत सीमित अर्थ में 'भूमंडलीकरण' का अर्थ था—मुक्त बाजारवाद और अमरीकी विश्व-दृष्टि।

सोवियत यूनियन के सन् 1991 में पतन के बाद भूमंडलीकरण की राजनीति और अर्थ-तंत्र नीति ने अपनी स्थिति को न केवल मजबूत किया बल्कि हर तरफ इसका हल्ला सुनाई देने लगा। साम्यवाद के विनाश का प्रभाव बहुत दूर तक पड़ा। उसके बाद यूरोप तथा एशिया के बहुत से देशों ने अपनी व्यापार-नीति में मुक्त बाजारवाद को खुले दिल से हवा दी। चतुरता के साथ 'मुक्त' बाजारवाद की स्थिति में सुधारवाद का नारा भी लगाया गया। इस सुधारवाद के पीछे तर्क यह दिया गया कि अधिकाधिक जमा विदेशी पूँजी की राशि को आर्थिक-विकास के क्षेत्रों में लगाना आवश्यक है। ताकि आर्थिक-दृष्टि से विपन्न देशों की माली हालत में सुधार किया जा सके। इस बहाने के साथ अमीर देशों ने गरीब देशों पर अपना जाल फैलाना शुरू कर दिया। जाल लंबा-चौडा शक्तिशाली था। इसलिए संपन्न देशों ने लाभ भी खूब कमाया। इस जालवाद का दूसरा नतीजा यह हुआ कि संपन्न देशों ने गरीब देशों के बाजार पर अपना वर्चस्व आसानी से स्थापित कर लिया। विदेशी जाल से दूसरी दुनिया के बाजार पटने लगे और व्यापारी वर्ग खुश नजर आया। विश्व के

वित्तीय बाजारवाद में धीरे-धीरे गति आने लगी और अमेरिका का वित्त-भंडार एक नए कुबेरवाद की ओर बढ़ता दिखाई दिया। पूँजीवादी साम्राज्यवाद का यह शतरंजी खेल अद्‌भुत अपूर्व था।

अमेरिका ने भूमंडलीकरण और मुक्त बाजारवाद की सफलता के लिए खुले हाथों पुरानी जमा पूँजी को खर्च किया और बदले में तीस प्रतिशत दर तक मुनाफा कमाया। संपन्न देशों के अर्थशास्त्रियों ने 'भूमंडलीकरण' की प्रशंसा में चारण-भाट परंपरा को भी मात दे दी। इन अर्थशास्त्रियों ने एक वातावरण तैयार किया कि तीसरी दुनिया के देशों को लगने लगा कि अब 'दरिद्रता' का विश्व से अंत होने वाला है। गरीब देशों में थोड़े समय के लिए यह विश्वास भी दृढ़ हुआ कि मुक्त बाजारवाद से ही गरीब देशों का विकास किया जा सकता है। हम सभी यह स्वप्न देखने लगे कि पूरे विश्व में समृद्धि और खुशहाली का युग आने वाला है।

अचानक एक दिन हम सभी के हाथों के तोते उड़ गए जब हमने पाया कि सन् 1977 में थाईलैंड की मुद्रा बट्ट का अवमूल्यन हो रहा है। बट्ट के अवमूल्यन का प्रभाव यह पड़ा कि पूर्व एशिया के बाजार में इस 'क्राइसिस' से तहलका मच गया। यह पहला अवसर था जिसने विश्व-बाजार की अर्थव्यवस्था के सामने चुनौतीपूर्ण संकट उत्पन्न किया। शिव धनुष की तरह जिस विश्वबाजार व्यवस्था को हम अखंड शक्ति से संपन्न समझते आ रहे थे, खंड-खंड हो गई। लेकिन सौभाग्यवश एशिया की अर्थव्यवस्था इस संकट के भँवर को पार कर गई। जापान देश धन के उफान से गुजर चुका था। लेकिन अभी उसके पैर मजबूत थे। यही स्थिति चीन और कोरिया की थी। अमेरिका में धन के उफान का युग चल रहा था। इसलिए विश्व के वित्तीय-बाजार में थाई बट्ट के भूकंप से भारी विनाश नहीं हुआ। यूनाइटेड स्टेट्स ने 'सुपर पॉवर' के रूप में अपनी छवि को स्थायी रूप दिया और पूरे विश्व के सिर पर हाथ रखते हुए रक्षा के अपने संकल्प को दुहराया। विश्व की जन्म-कुंडली बनाने वाले ज्योतिष-विशारद पंडितों ने आश्वस्त भाव से घोषणा कि आगे का समय शुभ-लाभ का श्रीगणेश तेजी से करेगा। इस प्रकार सन् 1990 के बाद अमेरिका के हाथों विश्व बाजारवाद की बागडोर पूरी तरह आ गई। अमेरिका ने अर्थव्यवस्था के नायक की भूमिका को निरंतरता से निभाना शुरू किया। उसने शक्तिशाली सामरिक केंद्रों का निर्माण किया और अमेरिका के शक्ति-तंत्र से उठे आर्थिक बादलों की वर्षा से विश्व बाजारवाद का भूमंडलीकरण आंदोलन बहुत तगड़ा हो गया। एशिया के देशों पर आनेवाली किसी भी आर्थिक विपत्ति का सामना करने के लिए अमेरिका ने 'इमरजेन्सी इंटरनेशनल मोनेटरी फंड' को सहायता देकर मजबूत किया।

दरअसल, भूमंडलीकरण के पूरे दृश्य पटल को रंगीन बनाने में अमेरिका ने महत्त्वपूर्ण भूमिका अदा की। धन उधार लेने वाले बहुत से देश 'डफली बाज रही भारत भिखारी की' जैसा गीत गाते हुए भी अमेरिकी सहायता के कारण राहत की

साँस लेने लगे। भूमंडलीकरण के 'गॉड-फादर' बने अमेरिका ने इसी दौर में यह भी कहा कि धन उधार लेने वाले देशों को अपनी बाजार व्यवस्था में सुधार करना चाहिए। बाजार व्यवस्था में सुधारों के उपाय की बात से कई देश भड़के। मलेशियन प्रधानमंत्री माहाठीर मोहम्मद ने 'भूमंडलीकरण' की तीव्र आलोचना की। इतना ही नहीं इन्होंने 'भूमंडलीकरण' को पूरी तरह अस्वीकार करने की आवाज बुलंद की एवं कहा कि मलेशिया अपनी बाजार व्यवस्था के हानि-लाभ से स्वयं ही निपटेगा। इस देश में अमेरिका को टाँग फैलाने की जरूरत नहीं है। भूमंडलीकरण पर यह पहला विरोधी जोरदार हमला था। लेकिन भूमंडलीकरण के हिमायती वकील अब भी पूरे विश्वास से कह रहे थे कि विश्व मानव की आर्थिक-सामाजिक स्थिति के सुधार में 'भूमंडलीकरण' को नकारना आत्मघाती प्रयास होगा। यह भी कहा गया कि एडम स्मिथ के अर्थशास्त्र का सपना जिसे उसने 'दि वेल्थ ऑफ नेशन्स' शीर्षक पुस्तक में प्रस्तुत किया है उसे भी 'भूमंडलीकरण' ही साकार कर सकता है। लेकिन इसी समय एक जटिल प्रश्न यह भी उठा कि क्या 'भूमंडलीकरण' मुक्त बाजार की विश्व नीति का प्रतिनिधि बन सकता है। इस प्रश्न के उत्तर में कहा गया—'कभी नहीं।' भूमंडलीकरण का विरोध करने वालों ने कहा कि यह पूँजीवादी राजनीति का वह चेहरा है, जो मानव मंगलवाद का मुखौटा लगाए हैं, साधुवेश में शैतान है—इस शैतान को पहचानना ही होगा। भूमंडलीकरण की अमेरिकी राजनीति का विरोध करने वाले आज भी पूरे आत्मविश्वास से कह रहे हैं कि 11 सितंबर 2001 में जो विनाश का तांडव नृत्य अमेरिका में हुआ, वह भूमण्डलीकरण आधुनिकीकरण मुक्त बाजारवाद की उस व्यवस्था का ही नतीजा था, जिसने अमीर और गरीब देशों की खाइयों को बढ़ाया है। अमीर देश और ज्यादा अमीर हो रहे हैं और गरीब देश और ज्यादा गरीब। भूमंडलीकरण की अमरीकी राजनीति को तबाह करने के लिए अमरीकी विश्व व्यापार केंद्र और पेंटागन को ध्वस्त किया गया है। इस तरह के विचार जापान के प्रसिद्ध चिंतक ताकामित्सु साबा ने स्पष्ट रूप से व्यक्त किए हैं। उनका मानना है कि पूरे विश्व में भूमंडलीकरण ने असुरक्षा एवं भय का बीज वपन किया है। विश्व विजेता के बाजारवादी नायक को पराजित करने की यह प्रथम भयंकर शुरुआत है। इस घटना से अमेरिका को सबक लेना चाहिए। उत्तर-औद्योगिक युग की मुक्त बाजार व्यवस्था को छिन्न-भिन्न करने का हौसला कई कोणों से सोचने को हमें बाध्य करता है।

सूचना-संचार-क्रांति– इनफार्मेशन टेक्नॉलोजी और भूमंडलीकरण की राजनीति के विरोधाभास खुलकर सामने आने लगे हैं। विश्व-व्यापार केंद्र का ध्वंसीकरण एक प्रतीक है। जॉन यार्ड केपन्स ने यह तर्कों से सिद्ध करना चाहा है कि विश्व की मुक्त बाजार व्यवस्था के भीतरी असंतुलन और अस्थायी तत्त्व को दूर किए बगैर हम आगे नहीं चल सकते। सभी देशों की आर्थिक व्यवस्था पर अलग-अलग विचार करने के बाद ही मुक्त बाजारवाद पर बात करनी होगी। ऐसा करके ही मुक्त बाजारवाद

के अंतर्विरोधों, असंतुलनों से बचा जा सकता है और एक सहमति भरी दिशा पाई जा सकती है। यदि ऐसा न किया गया तो कई अन्य तरह के भीषण विस्फोटों की संभावना बनी ही रहेगी। समय आ गया है कि विश्व व्यापार व्यवस्था में अपेक्षित सुधार होने ही चाहिए। बहुत से अर्थशास्त्री अब दबी जुबान कहने लगे हैं, विश्व हित चिंतन की दृष्टि से एक अंतर्राष्ट्रीय विचार केंद्र की स्थापना होनी चाहिए जिसमें सभी देश अपना पक्ष रख सकें। संपन्न देशों का एकाधिकारी संगठन अपने प्रभुत्व से सभी देशों को चलाने में असमर्थ सिद्ध हो चुका है। अतः एडम स्मिथ के अर्थशास्त्रीय सिद्धांतों के पुनर्भाष्य, पुनर्विश्लेषण और विमर्श की जरूरत है। इस दिशा में मिशेल फूको का 'विमर्श-सिद्धांत' हमारी काफी मदद कर सकता है।

विश्व अर्थव्यवस्था पर खुले दिमाग से विचार करने के लिए तीन महत्त्वपूर्ण पक्षों पर ध्यान केंद्रित करना होगा। प्रथम तो हमें मानकर चलना होगा कि अमेरिकी भूमंडलीकरण नीति से मानव का विश्वास उठ रहा है—क्यों उठ रहा है। इन कारणों की तह में जाना होगा। दूसरे अगड़े और पिछड़े देशों के बीच की दूरी को कम करने के उपाय सोचने पड़ेंगे। तीसरे भूमंडलीकरण के आर्थिक-सांस्कृतिक नव साम्राज्यवाद, नव उपनिवेशवाद के विकृत पक्षों से मानव मुक्ति दिलाते हुए अनेक संस्कृतियों की स्वायत्त-अस्मिताओं को रक्षित रखने की नीतियों को अपनाना होगा। देशों की सांस्कृतिक-अस्मिताओं का विनाश करने वाला भूमंडलीकरण अब चल नहीं सकेगा। विश्व बाजारवाद का अमेरिकी चौधुरीवाद समाप्त करना होगा क्योंकि इस बाजारवाद का शोषण अब बर्दाश्त नहीं किया जा सकता। ब्रिटिश समाजशास्त्री अंडोनी गिड्डन्स ने जिस विश्व की 'विश्व गाँव' के रूप में संकल्पना की है वह बहुत अधूरी है—अमेरिकी ढंग का 'विश्व गाँव' न भारत को मंजूर होगा न चीन को न ईरान-इराक को। हमें इस यथार्थ से आत्म-साक्षात्कार करना होगा कि सभी देशों की अपनी परंपराएँ हैं, धर्म-दर्शन-भूगोल है—अस्मिताएँ हैं। अमेरिकी 'विश्व गाँव' का मॉडल खतरनाक सिद्ध हो रहा है। इससे बचना होगा।

कुछ ही वर्ष पहले पंद्रह देशों के यूरोपियन यूनियनों ने मिलकर एक यूरोपीय संघ की स्थापना की थी। यह यूरोपीय संघ वाणिज्य व्यापार के क्षेत्रों के उद्देश्यों को ध्यान में रखकर बनाया गया था। आज 'यूरो' इन्हीं देशों की एक साझा मुद्रा है। पहले अमेरिकी डॉलर के कंपटीशन में 'यूरो' मुद्रा का प्रचलन किया था। पूरे यूरोप को ध्यान में रखकर ब्रिटेन के समाजशास्त्री और अर्थशास्त्री प्रायः सलाह देते रहे हैं कि यूरोपीय संघ की भाँति एक अलग संस्था बनानी चाहिए। ऐसा लगता है मानो 'ग्लोबल विलेज' को बनाने वाले भिन्न-भिन्न सांस्कृतिक संगठनों को देखते हुए यह बड़ा विचार प्रस्तुत किया गया था। विश्व के वित्तीय संकट को रोकने के लिए एक वैश्विक बाजार न्यायाधीश चाहिए जो अंतर्राष्ट्रीय स्तर पर निर्णय ले सके। एक विचार यह भी हो सकता है कि संयुक्त राष्ट्र संघ के अंतर्गत 'आर्थिक सुरक्षा परिसर' जैसी

कोई चीज स्थापित की जाए। ऐसी किसी भी स्थिति पर जितनी जल्दी पहुँचा जाए उतना ही अच्छा होगा। आज की दुनिया एक ऐसी त्रासद स्थिति से गुजर रही है कि वह किसी विराट् आर्थिक संकट का सामना करने की हालत में नहीं है। वास्तव में, अभी समय है कि संभावित वैश्विक आपात् स्थितियों के लिए अंतर्राष्ट्रीय स्तर पर प्रयास किए जाएँ। 11 सितंबर 2001 के हमले को आगामी वित्तीय संकट की स्थिति के रूप में देखा जाना चाहिए। पूरी निष्ठा, लगन के प्रयासों से ही नई दुनिया को संकटों से उबारा जा सकता है। यह संभव है कि राष्ट्र-दर-राष्ट्र आर्थिक विषमताएँ चौड़ी हों जिसमें आवश्यक हो कि वैश्विक जोखिम प्रबंध तंत्र की स्थापना करनी पड़े। यह अमेरिकी विद्वान हिन्टगन द्वारा घोषित 'क्लैश ऑफ सिविलाइजेशन' सभ्यताओं के टकराव का संकट नहीं है या आधुनिकतावाद और परंपरावादी दृष्टिकोण की मुठभेड़ ही है या ईसाई और इस्लाम धर्म की टक्कर नहीं है यह तो उत्तर-औद्योगिक समाज के भीतर से उत्पन्न हुआ संकट है जिसे विश्व अर्थ तंत्र की विसंगतियों-विषमताओं से उत्पन्न नतीजा कहा जा सकता है।

# उत्तर-आधुनिक समाज में प्रतिरोध की आवाज

यह खबर हृदय में पीड़ा उत्पन्न करने वाली है कि अमेरिकी अत्याचारों का विरोध करने वाली सुसान सैटैग का पिछले दिनों निधन हो गया। वे लंबे समय से कैंसर से जूझ रही थीं लेकिन बीमारी के सामने घुटने कभी नहीं टेके। विश्व-संदर्भ में 'प्रतिरोध' का महत्त्व समझने वाले बुद्धिजीवी कलाकार और समाजशास्त्री इस अनुभव से गुजरते रहे हैं कि अमेरिकी समाज में इसका क्या अर्थ है। फिर सुसान तो प्रखर बौद्धिकता की वह वाणी थीं, जो न चूकना जानती थी न झुकना। एक साहित्यकार के रूप में वे अमेरिकी सत्ता-संस्थान की बखिया उधेड़ने में लग जाती थीं तो अपना हृदय 'लोकहृदय' में निमग्न कर देती थीं और निमग्नता मानवता के पावनता जनित विवेक की ऊँचाइयों का स्पर्श करती थी। एडवर्ड सईद की 'कल्चर एंड इंपीरियलिज्म' तथा 'ओरियंटलिज्म' वाली प्रतिरोधी भूमिका में रहना जोखिम का कार्य था और इस भूमिका में सुसान रहीं। सुसान के चले जाने से संसार के बौद्धिक समाज को एक ऐसी क्षति हुई है कि जिसे शब्दों में व्यक्त नहीं किया जा सकता। अमेरिकी अन्याय का अदम्य विरोध उन जैसी बौद्धिक ताकत से कर पाना क्या संभव है?

उत्तर-आधुनिकतावाद का वह बिंब और विचार, जो 1950 और 1960 के आरंभ में निर्मित हो रहा था उसमें सुसान सैटैग की एक सबसे अलग आवाज थी। इसी आवाज ने उन्हें अमेरिकन संस्कृति में सांस्कृतिक आलोचक के रूप में पहचान दी और यह पहचान नई चिंतन शक्ति का पर्याय होकर विश्व में प्रसिद्ध हुई। उनकी पुस्तक 'अगेंस्ट इंटरप्रिटेशन' (1966) ने 'न्यू सेंसिबिलिटी' (नई संवेदना) की अवधारणा से विश्व भर को चिंतन के चौकन्नेपन से चमत्कृत कर दिया। अपनी अवधारणा को स्पष्ट करते हुए कहा—नई संवेदना का सर्वाधिक महत्त्वपूर्ण तर्क यह उपस्थित तर्क बना है कि 'हाई' और 'लो' संस्कृति के बीच की विशिष्टता कम से कम सार्थक दिखाई देती है। आधुनिकतावाद में मौजूद सांस्कृतिक आभिजात्यवाद के पाखंड को सुसान ने उत्तर-आधुनिकतावाद के भीतर प्रस्तुत अपनी 'न्यू सेंसिबिलिटी' की अवधारणा से अस्वीकार कर दिया। उनके मत से यह अर्थ ध्वनित है कि अस्वीकार का जितना

साहस उत्तर-आधुनिकतावाद उत्तर-संरचनावाद के चिंतन में विद्यमान है, उसकी आधुनिकतावाद कल्पना तक नहीं कर सकता। आधुनिकतावाद पेटभरों की चालाकी का छलवाद है और उत्तर-आधुनिकतावाद एक ऐसी मानसिकता है जो चिंतन के हर क्षेत्र में अस्वीकार का स्वर बुलंद करती है। साहित्य, धर्म, दर्शन, इतिहास, समाजशास्त्र, राजनीति और विज्ञान के परंपरागत चिंतन को उत्तर-आधुनिकतावाद चुनौती के स्तर पर पराजय देता है। समाज, दर्शन, परंपरा, साहित्य, कला, संस्कृति, विचारधारा की पुरानी संरचनाओं के ध्वस्त होने का अर्थ परिवर्तन की वह दिशा-दृष्टि है जो नए संवादों, नए वैचारिक अखाड़ों, सिद्धांतों, संशयों, पीड़ाओं, रूपों, संभावनाओं की निष्पत्ति करती है। विज्ञान और टेक्नॉलोजी, मीडिया-क्रांति, यौन-क्रांति, नारीवादी-विमर्श ने मानव यथार्थ का रूप ही नहीं बदला यथार्थ का बोध भी बदल दिया है। 'पाठ' से ज्यादा उस पाठक में अर्थ निहित है जो 'पाठ' की गहराई में गोता खाकर नया अर्थ-संदर्भ (मोती) लाता है। उत्तर-आधुनिकतावाद की 'न्यू सेंसिबिलिटी' की अवधारणा ने न केवल हाई आर्ट और पॉपुलर कल्चर की विभेदीय रेखाओं को धूल चटा दी है अपितु साहित्य की उत्तर-संरचनावादी—नई थियरी ऑव रीडिंग—पढ़त-शैली के सलीके-तरीके को भी बदल दिया है। साहित्य पढ़ने का अर्थ है—नए सिरे से पाठ को पढ़ना, डीकांस्ट्रक्ट करना। साहित्य को सांस्कृतिक अध्ययन के दायरे में पढ़ना-गुनना। अर्थ-संस्कृति का नया विमर्श (डिस्कोर्स) करना। भाष्य से ऐसा संवाद करना कि वह दमित अर्थ को उजागर कर दे।

सुसान ने 'दि एस्थेटिक्स ऑफ साइलेंस' (1967) शीर्षक अपनी पुस्तक में यौन का सौंदर्यशास्त्र इस खूबी के साथ प्रस्तुत किया था कि उससे उत्तर-आधुनिकतावाद के चिंतन में एक नया मोड़ आया। उन्होंने 'कलाकृति' के सौंदर्य को लेकर सास्यूर, देरीदा, जूलिया क्रिस्तीवा, ब्राद्रेला आदि से अपना विरोध व्यक्त किया। विखंडन, भाष्य और विश्लेषण को 'कलाकृति' के सौंदर्य पर प्रहार माना। इस विरोध के मूल में उनका तर्क है कि व्याख्या विश्लेषण कलाकृति के प्रकृत सौंदर्य को विकलांग बनाता है—खंटित करता है। रूप को उजाड़ देता है। उनके यौन के सौंदर्यशास्त्र का सार यह है कि कला-सौंदर्य की अनिर्वचनीयता उसे धर्म और अध्यात्म में खींच ले जाती है और यह खींचतान कला को क्षति पहुँचाती है। अध्यात्म की निरंतर नवीन व्याख्या 'डी-मिस्टीफाई' की ओर बढ़ता कदम होना चाहिए। धर्म की अवधारणा में एक छलना रहती है—एक 'आइडियोलांग' अपनी विचारधारा में उसे झुठला भी सकता है। उसका सदुपयोग-दुरुपयोग भी कर सकता है। बीसवीं शताब्दी की विचारधाराओं ने धर्म और अध्यात्म के नाम पर अपने को ऐसा फींचा है कि आत्मा का सत्य ही खँडहर में बदल गया। दो विश्व युद्धों के संहार ने मानवीय यातना को कितना बढ़ाया। इन भीषण त्रासदियों के भीतर के आँसू अभी भी गीले हैं। रचनाकार समय की यातना के मौन को न अभाषित रहने देता है न अपरिभाषित। निराला की 'राम की शक्ति

पूजा' का संघर्ष और 'सरोज-स्मृति' की पीड़ा का मौन बुद्ध या क्राइस्ट का मौन नहीं है न गाँधी का। लेकिन निराला उस दर्द को अभाषित नहीं रहने देते। शब्द अर्थ और अस्तित्व के अंतर्गुम्फित संबंध में ही इन रचनाओं का सत्य निहित है—इस सत्य को रचना के बाहर भाष्य पर विश्लेषण से नहीं पाया जा सकता। रचना का सच कलाकृति के भीतर होता है। बाहर जो विश्लेषण है—'कामायनी' हो या 'उर्वशी'—नगेंद्र करें या ग.मा. मुक्तिबोध केवल छिलका उतारते रह जाते हैं—उसका साक्षात्कार छूट जाता है। कलाकृति का समग्र अर्थ हम 'पाठ' या 'टैक्स्ट' में पाते हैं—'जानकार पाठक' बनकर। क्योंकि 'जानकर पाठक' को साहित्यिक परंपरा, साहित्यिक विधियों-प्रविधियों के साथ साहित्य के सिद्धांतों—थियरीज की जानकारी होती है।

पाठकवादी (रीडर ओरियेन्टिड क्रिटिसिज्म) आलोचना का क्रांतिकारी मॉडल सैटैग के दिमाग में घूमता रहा है जबकि उन्हें पता था कि इस मॉडल को किसी थियरी या विचारधारा के अंतर्गत नहीं पेश किया जा सकता। वाल्टर जे. स्लाटोफ ने 'विद रिस्पेक्ट टू रीडर्स' 1970 में कहा था कि पाठ की निर्धारित व्याख्या अन्याय है, प्रत्येक पाठक के अनुभव, पूर्वाग्रह, मूल्य, बोध का स्तर अलग होता है। इसलिए कलाकृति के सौंदर्यानुभव की कोटियाँ अलग होती हैं—'सहृदय पाठक' एक आदर्श अवधारणा है लेकिन गतिशील, अनंत तक फैली हुई। पाठक पर जोर देने से तात्पर्य है—'पाठ' की स्वायत्त हैसियत पर प्रहार। जोनाथन कुलर ने संरचनावादी काव्यशास्त्र 'स्ट्रक्चरलिस्ट पोयटिक्ट' (1975) पुस्तक में संरचनावादी पढ़त सिद्धांत को दृढ़ किया। अर्थ-मीमांसा ने उत्तर-संरचनावाद के साहित्यिक सिद्धांत पर न केवल नई बहस को उठाया, बल्कि अर्थ-मीमांसा की भाष्य कला को निरूपित किया। भारत में अर्थ-मीमांसा का आरंभ वेदों के पाठ-विश्लेषण से हुआ और यहाँ प्राचीन पाठों के भाष्य का एक गौरवपूर्ण सिलसिला रहा है। उधर पश्चिम में हाइडेगर के लिए 'बीइंग एंड टाइम' में दृश्य-प्रपंच विज्ञान के साथ अर्थ-मीमांसा का नूतन अर्थ-प्रकाश सामने आया। मनुष्य इतिहास के भीतर 'अस्तित्व' रखता है—इस दृष्टि से इतिहास-परंपरा को समझना हो तो उसको भीतर से समझना होगा। रचना कर्म ऐतिहासिक स्थिति की उपज है—उसमें युग की मनोभूमिका 'मिलिपु' सक्रिय रहती है। यहाँ यह बात भूलने के विरुद्ध है कि भाषा-चिंतन को अर्थ-मीमांसा नहीं कहा जा सकता है। भाषा-विज्ञान का कार्य शब्द अर्थ का भाष्य या विमर्श नहीं है। बल्कि उस तंत्र की खोज है जिसमें वाणी रूपाकार ग्रहण करती है। जर्मन दार्शनिक एडमंड हुसेर्ल ने संकेत दिया है कि दृश्य-प्रपंच विज्ञान (फेनोमेनालॉजी) की सहायता से 'पाठ' में मौजूद 'बोध' का पता लगाया जा सकता है। इस दृष्टि से दृश्य-प्रपंच विज्ञान को नव-यथार्थवाद कहा जा सकता है। वुल्फ गांग ईजर ने 'दि इम्पलाइड रीडर' तथा 'दि एक्ट ऑफ रीडिंग : ए थियरी ऑफ एस्थेटिक रिस्पॉन्स' (1978) में सौंदर्यशास्त्र का दृश्य-प्रपंच विज्ञान

की सहायता से नया आधार प्रस्तुत किया। इसी पूरी स्थिति-परिस्थिति ने सुसान को विवश किया कि वे कला और कलाकृति में 'न्यू सेंसिबिलिटी' को बार्थ और देरीदा की छाया से मुक्त करें। उनकी मुक्ति प्रयास की दृष्टि को काफी दूर तक समर्थन मिला और आज भी उनकी दृष्टि धूमिल नहीं हुई है। यह दृष्टि है—'पाठ' स्वयं अभिप्रेत पाठक पैदा करता है और नवीन आस्वाद की भूमि तैयार करता है। हिंदी में अज्ञेय, मुक्तिबोध, रघुवीर सहाय और भवानी प्रसाद मिश्र ने अपने पाठ से अभिप्रेत पाठक उत्पन्न किए हैं। इन पाठकों ने जड़ीभूत सौंदर्य की आस्वाद रुचियों पर प्रहार किया है।

सुसान सैटैग ने 'स्टाइल्स ऑफ रेडिकल विल' (1969) तथा 'आन फोटोग्राफी' (1977) जैसी अपनी पुस्तकों में उत्तर-आधुनिक मानस की पहचान को मुकम्मल संदर्भ दिया है। इन संदर्भों में सांस्कृतिक सिद्धांतकार मार्शल मेकलूहान के चिंतन की गूँज है। यह वह समय है जब जीवन और जगत का हर क्षेत्र सूचना टेक्नॉलोजी से प्रभावित हुआ। कंप्यूटर और टेलीकम्यूनिकेशन के मेल ने युग में एक ऐसा अद्‌भुत चमत्कार किया कि मनुष्य की परिकल्पना ही बदल गई। इलेक्ट्रॉनिक मीडिया के अग्रदूत मार्शल मेकलूहान का विचार है कि भविष्य में तीव्र गति से कंप्यूटर टेक्नॉलोजी का विकास सूचना-समाज में नए सांस्कृतिक परिदृश्य निर्मित करेगा। पिछड़े प्रिंट मीडिया से उसका पूरी तरह संबंध टूट सकता है। क्योंकि कंप्यूटर साक्षरता प्रिंट साक्षरता को नाक-भौं सिकोड़कर रद्द करती है। फूकोयामा ने 'इतिहास के अंत', लियोतार ने 'महा आख्यानों के अंत', डेनियल बेल ने 'विचारधारा का अंत' और लायनल ट्रिलिंग ने 'लेखक के अंत' की सूचना दी तो अमेरिकी समाज का दिल दहल गया। अमेरिकी पत्रकार और समाजशास्त्री आल्विन टॉफलर ने घोषणा की कि ऐसा 'फ्यूचर शॉक' शताब्दी के अंत में लगनेवाला है कि उस आघात से मानव का मानसिक संतुलन बिगड़ सकता है। मेकलूहान ने 'अंडरस्टैंडिंग मीडिया' और 'मीडियम इज दि मैसेज' में इन तथ्यों को उजागर किया कि माध्यम कैसे मानव के जीवन मूल्यों को प्रभावित कर सकता है। माध्यम मानव को अपनी जकड़ में लेकर उसे तबाही देता है। समाज की मनोवैज्ञानिक संरचनाओं की प्रकृति को प्रभावित करता है और यह प्रभाव पारिवारिक पद्धतियों में परिवर्तन लाता है। मेकलूहान के इस विचार बिंब को सुसान सैटैग ने कई कोणों से उठाकर 'अमेरिकावाद' की निंदा की है। 'प्रगति', 'विकास', 'मीडिया', 'संस्कृति', बाजारवाद के नाम पर अमेरिका जो अन्याय कर रहा है, शोषण का जाल बिछा रहा है उसे सुसान निंदनीय कहती हैं। अपनी अंतिम पुस्तक 'रिगार्डिंग दि पेन ऑफ अदर्स' में प्रश्नों की बौछार। इस बौछार में 'सामूहिक स्मृति' को प्रश्नों के घेरे में लिया गया है। पश्चिम में 'स्मृति' को लेकर जो हंगामा हो रहा था उसे सुसान ने समझने के बाद कहा कि मानव के लिए सोचने को बचा क्या है—समाज को लीलती उपभोक्तावादी संस्कृति, यौन-क्रांति, आत्म-निर्वासित व्यक्ति की व्यथा,

पूर्वी देशों की भाषा-संस्कृति को मिटाकर 'नव साम्राज्यवादी' गुलामी, बहुलतावाद के नाम पर अधिनायक की सत्तामूलक राजनीति। इस स्थिति में स्मृति के दंशों को समेटने-सहने की लाचारी ही बचती है। आदमी की स्मृति का विस्तार उसे पागल कर देगा। इसलिए स्मृति सीमित रहे, इसी में खैर है। दो युद्धों की स्मृति भयानक है—मानव की बर्बरता का इतिहास। बीसवीं शताब्दी का रक्त-रंजित इतिहास।

सुसान ने चाम्स्की और हटिंग्टन की राह अपनाते हुए अमेरिकी राजनीति, सत्ता-व्यवस्था के अन्यायों की जोखिम उठाकर निंदा की है। उनके संसार से चले जाने के कारण वह आवाज थम गई है और सांस्कृतिक नव-साम्राज्यवाद तगड़ा हो रहा है। बेहया है।

# आज तो हिंदुत्व ही स्वर्ण-मृग है

भारतीय राजनीति का यह अंधायुग अद्भुत है। इसमें विचार-शून्यता का आलम यह है कि भारतीय सांस्कृतिक-प्रतीकों के दीपकों को जलाने के नाम पर बुझाया जा रहा है। 'मंदिर', 'रथ' और 'राम' हमारे सांस्कृतिक मानस में जलते हुए ऐसे प्रतीक हैं जिनसे 'धर्म' का कोना प्रकाशित होता रहा है। किंतु आज इस 'धर्म' की अवधारणा में 'पेमा पुमर्थो महान' प्रेम ही महान पुरुषार्थ की अर्थ-ध्वनि गायब है। इसमें 'धर्म' महानता खोकर घृणा और अलगाववाद, असहिष्णुता और जातिवाद का पर्याय हो गया है। राजनीतिज्ञों ने धर्म को ऐसा साँप बना दिया है कि जिसमें सांप्रदायिकता का विष भयानक रूप में मौजूद है। 'सेक्यूलर' के ढोंग ने धार्मिक-भावना से जुड़ी सभी तरह की मनोवृत्तियों को सांप्रदायिकता के कीचड़ से पाट दिया है। यहाँ यूरोप की नकल पर 'सेक्युलरिज्म' के खोटे सिक्के को चलाया और पश्चिमीकरण की विकृतियों को दावत दी। अर्थशास्त्री ग्रेशम की बात याद है कि असली सिक्के को नकली सिक्का जिस प्रकार बाजार से गायब करता है उसी प्रकार असली आदमी को नकली आदमी गायब करता है। हमारे यहाँ इन नकली आदमियों ने नकली राजनीति को जन्म दिया है जिसमें खोटे शब्दों का व्यापार चल रहा है। मौके-बेमौके यही नकली आदमी 'मंदिर-मस्जिद' की राजनीति चला देता है और हजारों साल से हमारी जातीय-स्मृति, जातीय अवचेतन में बसे 'राम' को उभारकर हमें पागल बना देता है। मजा यह है कि जो 'राम-मंदिर' का नशा पिलाता है—उसे न 'राम' से मतलब है न 'मंदिर' से। उसे तो केवल वोट लेकर 'सत्ता' को हथियाने का काम करना है।

किसी को नहीं पता 'भारत-उदय-यात्रा' का क्या भावार्थ है? क्या भाष्य है? इसी तरह यह उछालू विचार कि 'धर्म निरपेक्षता' का मूल है—हिंदुत्व'। जगह-जगह पूछता फिरता हूँ—क्या है हिंदुत्व का तात्पर्य? न इसका उत्तर शंकराचार्य के पास है न वल्लभाचार्य के पास न रामानंद के पास है न कबीर-तुलसी के पास। न गाँधी जी के पास है, न राममनोहर लोहिया के पास। केवल इसका तात्पर्य भारतीय जनता

दल के नेताओं के पास है—हिंदुत्व माने गोलवरकरवाद। सत्ता पाने के लिए सांप्रदायिकता से उत्पन्न उन्मादवाद-छलवाद-कपटवाद। आज 'हिंदुत्व' ही वह कपट का स्वर्ण-मृग है जो युग की 'सीता' के नाश पर तुल गया है। सीताहरण करनेवाला रावण प्रसन्न है। इसीलिए 'सीतात्व' संकट में है। वह 'सीता' की बाजारवाद में कीमत जानता है और उसे 'ग्लोबलाइजेशन' का रस छकाकर उपभोक्तावादी-संस्कृति में रमाना चाहता है। इस बार 'राम' के साथ 'हनुमान' नहीं हैं क्योंकि हनुमान ने रावण के यहाँ बड़े पद की नौकरी पा ली है। इस बार 'राम' के साथ भारतीय फिल्मों के अभिनेता होंगे। इसीलिए जिसकी जैसी औकात है उसी को ध्यान में रखकर उन्हें खरीदा जा रहा है। इनमें से ज्यादा तो वे पिटे हुए चेहरे हैं, जिन्हें अभिनय तो आता नहीं है, केवल कूल्हा मटकाने में निपुण हैं।

इस बार कूल्हावाद की जय, नंगी देहों के जादू की जय, उन जंघाओं की जय जो हर तरह का जोखिम झेल सकती हैं। उस अयोध्या की जय, जिसमें राम मंदिर चाहे बने न बने लेकिन 'सत्ता' में आने के बाद 'विचार' तो किया ही जा सकता है। दरअसल, हम 'राम मंदिर' पर इतने दिनों से विचार कर रहे हैं कि विचार जल से दुर्दिन के बादल घिरे हुए हैं। वायुनंदन हनुमान होते तो इन दुर्दिन के बादलों को उड़ा देते। वे 'राम' के साथ नहीं हैं इसलिए दुर्दिन के बादल घिरे हुए हैं। इन दुर्दिनों में गाँधीजी के 'राम-राज्य' का वायदा किया जा रहा है। यह 'राम-राज्य' अर्थात् 'फीलगुड' अर्थात् बहुराष्ट्रीय कंपनियों की गुलामी से प्राप्त सुख। कीचड़ में पड़े हुए सूअर की मस्ती, फक्कड़पन और लापरवाही। इसमें 'स्वतंत्रता' का भाष्य होगा—सांस्कृतिक साम्राज्यवाद की चादर लपेटकर सोने का आनंद। ताकि समाजवाद-साम्यवाद के मच्छरों से बचाया जा सके। इन्हीं मच्छरों ने आजादी के पूर्व और बाद में समानतावाद का डेंगू बुखार फैलाया है।

नारीवाद-दलितवाद के जो नए रोग इस समाज को लग रहे हैं—उन्हें 'रामवाद' की दवा से ही ठीक किया जा सकता है। यौनवाद, शराबवाद, लूटवाद, हत्यावाद का इस राम-राज्य में स्वागत है क्योंकि इनके बिना तो राम राज्य की रौनक ही धूल में मिल जाएगी। आखिरकार धर्म-निरपेक्षता का मूल 'हिंदुत्व' मानने वालों को 'भारतीयता' की रक्षा तो हर कीमत पर करनी है।

बुद्धि हो तो क्या सिद्ध नहीं किया जा सकता। कौन-सा तर्क नहीं गढ़ा जा सकता। 'भारतीयता' का 'विमर्श' फूकोवादी ढंग से ज्ञान और शक्ति से जोड़कर किया जा सकता है। रघुवीर सहाय की कविता का 'रामदास' चौराहे पर गुंडों का छुरा खाकर मरता है—तो मरने दीजिए। 'भारतीयता' में महामानव, महानायक पर ध्यान देना होगा—साधारण मानव, सहज मानव, लघुमानव, भुक्खड़ मानव, धुर्रा किसान को इसमें जगह नहीं है। इस भारतीयता में उन अभिनेताओं को जगह है जो 'भारतीय-सांस्कृतिक परंपराओं' को खौलाकर 'घंत-मंत' का चक्कर चला रहे हैं। उन

राजाओं-रानियों, बड़े नेताओं के पुत्रों-पुत्रियों को जगह है—जो 'भारत' को समझ कर क्या करेंगे। भारत का 'इतिहास' तो 'गप्प' है—अब तो उसकी 'गाँधी दैट इज महात्मा' मानकर व्याख्या होगी और खोजा जाएगा कि गाँधी जी ने गरीब बस्तियों में जाकर कितनी बार गरीब लड़कियों से प्यार किया, और इस प्यार के विषय में पिछड़े लोगों का क्या विचार है। ध्यान देने की बात यह है कि विचार भारतीय दृष्टिकोण से नहीं होगा, सेक्यूलर अमरीकावाद के भक्त रंजीत गुहा की 'थियरी' के आधार पर होगा।

'भारतीयता' का सही माहौल तो तभी बनेगा जब वी.एस. नायपॉल इसकी मखमली व्याख्या करेंगे। अरविन्द, महर्षि रमण, विवेकानंद, तिलक, गाँधी और लोहिया जी तो इसकी खद्दरवादी खुरदुरी व्याख्या करते रहे हैं। खद्दर और खद्दरवाद से 'भारतीयता' की पीठ छिल गई है और पेट में छाले पड़ गए। अब खद्दरवाद को नमस्कार लाइलोनवाद का अभिनंदन। लाइलोन का निक्कर पहने बूढ़े 'स्मार्ट' लगते हैं। लाइलोन की टी-शर्ट से बूढ़ा भारत जवान लगता है। चिकनी टाँगें खोले लड़कियाँ 'क्यूट' लगती हैं और महिलाओं की जवानी साड़ी में छिप जाती है—देखनेवालों को मजा ही नहीं आता। आज तो एडवरटाइजमेंट का युग है, जो जितना खुला प्रदर्शन कर सकता है उतना ही 'माडर्न' है उन्मुक्त और संकीर्णताओं से दूर। अतः भारतीयता जीवन जीने की वह शैली है जो संकीर्णताओं से मुक्त है। संकीर्णताओं से मुक्त करने में 'सौंदर्य प्रतियोगिताएँ' बहुत उपयोगी हैं। स्कूल-कॉलेज, विश्वविद्यालयों, संस्थाओं, होटलों में इन सौंदर्य प्रतियोगिताओं का आयोजन 'भारतीयता' और भारतीय-संस्कृति को विश्व बाजार दे रहा है। इसमें भारतीय माल की खपत का एक गौरवशाली इतिहास है। सीता और गीता का जमाना गया। एक 'नई भारतीयता' परोसी जा रही है—संकीर्णतावाद, रूढ़िवाद, पापवाद, परलोकवाद, पवित्रतावाद से मुक्त भारतीयता। यह भारतीयता 'अपसंस्कृति' नहीं है। परंपरा और परिवर्तन का पर्याय है। इस परिवर्तनवाद से राम मंदिर भी बनेगा और राम-राज्य भी आएगा।

चुनाव की राजनीति में बहके एक बड़े नेताजी कितने आत्मबल के साथ कह रहे हैं कि हमें गाँधी के सपने को साकार करना है। यह सपना तभी साकार होगा जब गाँधी के सपने के सुराज पर आधारित राम-राज्य कायम होगा। अर्थात् पोरबंदर में जन्मे सुदामा को अब लाचार होकर बालसखा कृष्ण के पास नहीं जाना पड़ेगा। उन्हें मल्टीनेशनल कंपनी में एक्जीक्यूटिव की नौकरी मिल जाएगी। भारत में 'कंप्यूटर-ऐज' आ गया है—नौकरियाँ ही नौकरियाँ। जो 'विकास' और 'प्रगति' का मॉडल राजग सरकार ने अपनाया है उससे कांग्रेसी शासनकाल के 'विनाश' से तो मुक्ति मिलेगी ही।

भारतवाद, पश्चिमवाद का पर्याय हो जाएगा। भेद मिट जाएगा तो अभेद अर्थात् भारतीय चिंतन का अद्वैतवाद—प्रेम भक्तिवाद जीत जाएगा। इसीलिए उन्हें राम रथ

यात्रा की प्रेरणा सोमनाथ के मंदिर से मिली है। सोमनाथ मंदिर के पुनर्निर्माण की प्रक्रिया से ही अयोध्या में राम-मंदिर का भविष्य में निर्माण होगा। कभी विवेकानंद ने कहा था कि भारत के लोगों को सभी देवी-देवताओं से ध्यान हटाकर 'भारत माता' पर ध्यान केंद्रित करना चाहिए। आज हमारे कई नेता लोग अपने को विवेकानंद समझ रहे हैं और उनका ध्यान भारत माता को विश्व-दृष्टि बनाने में लग गया है—वे 'भारत माता पड़ी राक्षसों के बंधन में' वाली कवि उक्ति को झूठ सिद्ध करने पर आमादा हैं।

अमेरिका-जापान से उधार लेकर जो देश विश्व शक्ति एवं 'विश्व-गुरु' बनाने का अपने मतदाताओं को सपना दिखा रहा है—उसके पास 'विकास' के नाम पर कहानी वाली लोमड़ी का वह आलस्य है जो सर्दी के नाम पर रात में कुछ कहती है—सवेरा होते ही कुछ और कहने लगती है। इस लोमड़ी को पूरे पाँच वर्ष मिले लेकिन इसने 'भाषा', 'संस्कृति', 'शिक्षा-शोध', 'विज्ञान-टेक्नॉलोजी', बेकारी-भुखमरी, सांप्रदायिकता-धर्मांधता के लिए क्या किया? यह सोचकर ही हृदय में पीड़ा होती है। जनता को इनसे कितनी आशा थी और ये ग.मा. मुक्तिबोध की कविता 'अँधेरे में' के जुलूस में शामिल डोमा जी उस्ताद निकले। 'लोकतंत्रवाद' को केवल, 'संघवाद' बनाया और 'राम-राम जपना पराया माल अपना' के मंत्र को सिद्ध किया। सच है—'राजनीति जब भागती है तो उसके पैरों से छल-छद्म की धूल उड़ती है।' राजनीति का नाम लेकर 'नीति' से ही हाथ धो बैठे।

क्या बात है कि आप अपना 'फीलगुड' का नारा अंग्रेजी में देते हो। और इस नारे का अर्थ-संदर्भ, विचार-भाष्य समझने में साधारण जनता असमर्थ। 'फीलगुड' एक 'आर्ट फार आर्ट सेक' जैसा कलावादी-भाववादी नारा है। इस नारे का 'निहितार्थ' तो अभिनवगुप्त के भाष्य से भी नहीं हो पाता। क्योंकि यह नारा अमूर्त्त-अरूप और रहस्यवादी नारा है—इसमें वह ठोस-मूर्त्त विचार-भूमि नहीं है जिसमें चित्त को चैन मिल सके। तंत्रवादी अघोरवाद की ध्वनि है, हठयोगी, कुंडलिनी के नाम पर लुभावना जहरवाद है।

अगर भारतीय भाषाओं में आप नारा तक देने में अक्षम सिद्ध हुए हैं तो सोचिए—आपकी 'भारत माता' क्या है? 'भारतीयता' क्या है? भारत माता की 'भाषा' क्या है? शायद आपको पता नहीं है। यदि पता हो तो भी आपको जानना होगा कि भाषा ही जातीय अस्मिता होती है—संस्कृति होती है—राम-सीता होती है—भावना का धर्म-मंदिर होती है। मानसिक गुलामी का जो शब्दकोश नेताओं के पास है—वही 'सेक्युलरिज्म' को 'धर्मनिरपेक्षता' कहकर उसकी भ्रष्ट-व्याख्या करता है। शब्दों का संस्कार हमारी बौद्धिक चिंताओं से नाभि-नाल संबंध रखता है। इस सच को राजनीति भूल गई है। यूरोप के राजनीति-शास्त्र में 'सेक्युलरिज्म' और 'रिलीजन' का जो अपना अर्थ-संदर्भ रहा है उसका हमारे इतिहास-धर्म-संस्कृति से दूर तक का रिश्ता नहीं है।

हिंदुत्व किसी कीमत पर 'चर्चवाद' नहीं है—'धर्म' की हिंदू-अवधारणा को ठुकरा कर 'हिंदुत्व' की बात करना किसी को शोभा नहीं देता। डॉ. लोहिया दृढ़ता से यह बात कहते थे कि धर्म एक दीर्घकालीन राजनीति है और राजनीति अल्पजीवी धर्म। लेकिन लोहिया हों या गाँधी, अरविंद हों या विवेकानंद उनकी बात आज की राजनीति में सुनता कौन है? उनका तो मक्कारी से 'उपयोग' भर किया जा रहा है, हाय री भारत माता।

# धर्म : राजनीति-साहित्य के नए पाठ की जरूरत

भारतीय राजनीति पर धर्म का निरंतर कसता शिकंजा अब पूरे 'समाज' को बेचैन किए हुए है। राजनेता जब मन में आता है अपने स्वार्थ सिद्धि के लिए कभी 'रथ' लेकर निकल पड़ता है, कभी 'अश्वमेध' यज्ञ का धर्मशास्त्र लेकर। 'धर्म' से जुड़े सभी पवित्र प्रतीक इस कदर 'घिनौने' हो गए हैं कि हृदय में पीड़ा होती है। राजनीति का 'त्रिशूल' छाती में चुभता है तो धर्मवाद याद आता है। हिंदी साहित्य में कबीर और जायसी के 'पंथ' चलाकर कविता को धर्म की बदबूदार 'परिस्थिति' में आखिरकार कौन घसीट रहा है? कौन है जो संत रामानंद के इतिहास-भूगोल को धता बताकर अपना उल्लू सीधा कर रहा है। मनुष्य की सामाजिक सत्ता को उसकी एकांत अध्यात्म सत्ता से यह 'धर्मवाद' न केवल विच्छिन्न कर रहा है बल्कि मानव की सामूहिक चेतना पर गहरे घाव दे रहा है।

इस नई शताब्दी की शुरुआत का भारत साफ देख रहा है कि जितनी आइडियालॉजी हैं, जितनी विचारधाराएँ हैं, जितने भी धर्मशास्त्र आचार शास्त्र हैं उनका झूठापन उजागर हो गया है। मानव की हालत को बदलने वाले शास्त्र खोपड़ी के बल शीर्षासन कर रहे हैं और 'समाज' तथा 'व्यवस्था' पर उत्तर-उपनिवेशवाद काबिज हो गया है। कुछ ऐसे भी सिरफिरे लोग हैं जो 'इतिहास के अंत' को या 'लेखक के अंत' को अस्वीकार करते हैं। अस्वीकार करने के पीछे तर्क यह देते हैं कि मनुष्य इतिहास में जीता है। ऐसे लोग मार्क्स-लेनिन के मायाजाल से निकलकर बाहर आने में थरथराते हैं। मार्क्सवाद एवं संरचनावाद की सहभागिता जोर से कहती रही है कि हर पाठ की अंतर्वैयक्तिक संरचनाएँ मूलतः समाज विशेष से उत्पन्न और घोषित होती हैं। ये मानसिक संरचनाएँ क्या हैं? निरंतर बनती-बिगड़ती जीवन-दृष्टियाँ जो जीवन-वास्तव की टकराहट से जन्म लेती हैं। सामान्य जन के भाव या विचार में इन परिवर्तित विश्व दृष्टियों का रूपाकार अस्पष्ट होता है लेकिन बड़े कवियों या बड़े चिंतकों में ये मानसिक संरचनाएँ स्पष्टता से आलोकित होती हैं। गाँधी जी और लोहिया, निराला और अज्ञेय का साहित्यिक पाठ हमारे समक्ष वह सब उघाड़ देता

है जो युग की आत्मा में कसकता-कराहता रहा है ऊपर से चिंतक या कवि कितना ही हँसमुख क्यों न दिखाई दे। अंततः हम पाते हैं अंतर्जगत ही 'अंतर्वस्तु' को रूपायित करता है। विचार या रचना का रूप ही अंतर्वस्तु की शक्ति को तय करता है। इस रूप को हम 'रूपवाद' का नाम नहीं दे सकते—देंगे तो गलती करेंगे। विचार को विकृत-संदर्भ में ले उड़ेंगे। हिंदी में अभी-अभी हमारे कितने ही लोग गुजराती कवि राजेंद्र शाह को मनमाने ढंग से लूटने-पीटने लग गए थे। कविवर के वक्तव्य को छद्म धार्मिकता का रूप-रंग दे दिया गया। इन हड़बड़ियों में इतनी क्षमता ही नहीं थी कि वे कवि राजेंद्र शाह के वक्तव्य का सतही अर्थ निकालने के बजाय गहन दार्शनिक और काव्यात्मक अर्थ दे सकें। हर कला का एक धर्म होता है—विचारों की पवित्रता और पवित्र विचारों से प्रेरित रचनाकार का मानवतावाद। इसलिए राजेंद्र शाह की बात का जो बतंगड़ बनाया गया है, वह हिंदी के धर्मनिरपेक्षतावादी सोच या झूठे सेक्युलरिज्म की पोल खोल देता है।

राजेंद्र शाह एक तरह से गुजराती में वही हैसियत रखते हैं जैसी हिंदी में अज्ञेय। आप कहेंगे कि अज्ञेय जी की हिंदी-आलोचना में क्या कम छीछालेदर है? उन्हें एक विचारधारा के खूँटे से बँधे आलोचक 'नीचट कलावादी' कहते रहे हैं। लेकिन अज्ञेय जी की कीचड़ उछाल आलोचना ने उन्हें हर विचार-मंच का नायक बनाकर दम लिया है। चिंतक हो, कवि हो, हिंदी में एकांगी-विकृत 'पाठ' की एक विकृत मानसिक बीमारी ने अपने पाठक का बहुत अहित किया है। हम इसी मानसिक विकृतिवाद के कारण न तो योगी अरविंद को समझ सके न विवेकानंद को, न गाँधी को समझ सके न राममनोहर लोहिया को। इधर जब से हमने निर्मल वर्मा और रामस्वरूप चतुर्वेदी को 'हिंदुत्व' में घसीटना शुरू किया है तब से हमारी बुद्धि का निकला हुआ दिवाला कष्ट दे रहा है। मनोहर श्याम जोशी की रूपकात्मक भाषा में कहें तो यह नया 'कन्या-कष्ट' दे रहा है। हिंदी-आलोचना के बेकाबू अराजकतावाद का एक अच्छा उदाहरण है—राजेंद्र शाह का घिराव।

राजनीतिक विचार हो या रचना-कर्म की व्याख्या विमर्श हो। ध्यान देने की बात है कि रचना के सामाजिक तंत्र से ज्यादा 'सामाजिक संघटन' के आधारों पर गहराई से सोचना पड़ता है क्योंकि कहीं से अर्थ प्रवाहित हो रहा होता है। इस अर्थ का कोई एक केंद्र नहीं है। जॉर्ज लूकाच की केंद्रधारी संरचना का विरोध अंततः लुई आलथूसे को करना ही पड़ा। आलथूसे के अनुसार 'सामाजिक संघटन' जैसे पदबंध में तीन परस्पर भिन्न किंतु आपस में गुँथे हुए और भीतर तक जज्ब धरातल रहते हैं। अर्थशास्त्रीय धरातल, राजनीतिक धरातल और विचारात्मक धरातल। विचारात्मक धरातल में ही संस्कृति-सभ्यता, धर्म-दर्शन, इतिहास, पुरातत्त्व, भूगोल, जीव विज्ञान, दृश्य-प्रपंच, विज्ञानों की अर्थ-मीमांसा सक्रिय रहती है। अर्थशास्त्रीय स्तर के प्रबल होने पर भी सामाजिक संघटन या सोशल फार्मेशन में 'धर्म' की अग्रणी, अकूत

वर्चस्ववादी भूमिका होती है। इसका यह अर्थ निकालना भ्रामक होगा कि राजनीतिक चिंतन या रचना के सामाजिक संघटन का मूल 'धर्म' ही है—अर्थशास्त्रीय बाजारवाद उपभोक्तावाद नहीं। भारत जैसे सांस्कृतिक-धार्मिक, बहुलतावादी देश में किसी एक पंथ या धर्म या विचार को अंतिम नहीं मान सकते। अनेकांतवादी व्याख्याओं-विमर्शों की हैसियत को यहाँ कबीर हों या जायसी, सूरदास हों या तुलसीदास कम करके नहीं व्याख्यायित किया जा सकता। यदि हम अपने व्यक्तिगत-सिद्धांत को आधार बनाकर राजनीतिक-चिंतन और रचना-कर्म पर विचार-विमर्श करेंगे तो 'पाठ' ही गलत हो जाएगा। कबीर को यही कारण है कि केवल दलित-साहित्य के एक कोण से या अंबेडकरीय चिंतन से नहीं व्याख्याति किया जा सकता। इसका कारण है कि कबीर के अर्थ का कोई एक केंद्र नहीं है। वह तो पाठ हद से बेहद हो जाने की तैयारी में अर्थ-निष्पत्ति पाने का पाठ है। कबीर काल को निचोड़कर अमृत पीने की तैयारी में लगा मानव का संकल्पात्मक मन है। फिर कृति अथवा कला की कोई महान रचना पाठक को किसी सामाजिक-धार्मिक संघटन की 'व्यवस्थित समझ' नहीं देती, न ही वह किसी वर्ग-विशेष की 'आइडियोलॉजी' की अभिव्यक्ति मात्र होती है। वह पुराने शास्त्रों को तोड़कर समय का फिर समाजशास्त्र गढ़ती है। यही 'पुनर्विचार' या 'पुनर्भाष्य' है। हिंदी में ऐसा पुनर्भाष्य हमने न तो गाँधी-लोहिया के विचार-दर्शन का किया है न कबीर, जायसी, प्रसाद और मुक्तिबोध, रेणु की रचनाओं का। वैचारिकी का सिद्धांत अपनी केंद्रवर्ती हैसियत प्रेमचंद तक के साहित्य में खो देता है क्योंकि प्रेमचंद का रचनाकर मन स्वाधीनता आंदोलन की लहरों से टकराकर अनेक अर्थों का विस्फोट करता है। इसलिए प्रेमचंद और निराला के 'पाठ' को नए सिरे से पढ़ने की जरूरत है। पाठक ही इस पाठ को नई आधुनिक दृष्टि से नहीं पढ़ता है। यह पाठ भी आधुनिक पाठक को कई कोणों से पढ़ता है। हमें जॉन लकाँ के 'नव-फ्रायडवाद' और रोलां बार्थ के पाठ की पढ़त के सिद्धांत को अभिनव अंतर्दृष्टि से ग्रहण करना होगा। बाबरी मस्जिद और राममंदिर का हम वही अर्थ या 'पाठ' नहीं उठा सकते जो इतिहास और इतिहासकार उठाते रहे हैं। जनता के लोकचित्त में भी इसका 'पाठ' मौजूद है कि जो बाबरी मस्जिद को लेकर हुआ है, वह हमारे राजनीतिक पतन की चरम गाथा है। आज भी लोकमानस में हिंदू-मुस्लिम एकता की जो आंतरिक लय मौजूद है, वह राजनीतिक कुकर्मों से आहत तो हुई है, नष्ट नहीं हुई है। इसी संदर्भ के दृष्टिकोण से गुजरात के दंगों को देखते हैं तो पाते हैं कि हिंदुस्तानी जिंदगी की आंतरिक लय वहाँ टूटी अवश्य है पर मरी नहीं है। इसलिए गुजरात के 'पाठ' की पढ़त-प्रक्रिया में पाठ का सुख न मिले लेकिन संकट के गहरे बोध के यथार्थ के भीतर से तो हम पूरी तरह गुजरते ही हैं।

घटना हो, कथा-गाथा हो, मिथक प्रसंग हो, गप्प हो, प्रकरण हो, रति-लीला का विलाप या सौंदर्य हो, धार्मिक-संवेदना का जादू हो हमें इनमें से किसी के भी

पाठ अवयवों को 'विभेद' से व्याख्यायित करना होगा। हमारे पास अर्थ-प्रतीकों-संकेतों, निहितार्थों को छानने की छलनी के कई स्तर होने चाहिए। पहले एक बड़ी छलनी से हम व्याख्यात्मक और सेमेटिक (अर्थगत) संदर्भों को छान लें। यह करने के बाद हम प्रतीकात्मक और प्रकार्यात्मक छलनियों का उपयोग करें। अर्थ-बहुलता का महीन मैदा छनकर गिरने के बाद सांस्कृतिक-संदर्भों की छलनी का प्रयोग करें। इस प्रक्रिया से गुजरते ही हम 'पाठ' के मात्र 'उपभोक्ता', 'सहृदय' या 'सहचर', 'आस्वादक' नहीं रहते। बल्कि गहरे अर्थों में अर्थोत्पन्न करने वाले उत्पादक हो जाते हैं। पाठक 'पाठ' में अर्थ की परंपरागत अर्थ-सरणियों से अलग एक भिन्न अर्थ की सृष्टि करने लगता है। इस सामान्य पाठक की अर्थ सर्जना शक्ति को हमने अपने यहाँ पहचाना ही नहीं है। हम यह पाने लगते हैं कि साहित्य ही साहित्य को लिखता है–साहित्यकार नहीं। यदि पूर्ववर्ती लेखन उपस्थिति न रखता हो तो रचनाकार कुछ नहीं रच सकता। पूर्ववर्तियों ने जो लिखा रचा है–अगली रचना उसी का विस्तार और परिष्कार है। रचना तो सभ्यता-संस्कृति, धर्म-दर्शन, भाव-भाषा की जिस साहित्यिक परंपरा में पोषित है उससे लाख विद्रोह करने पर भी वह उसे छोड़ नहीं सकती। परंपरा के अस्वीकार में ही परंपरा के स्वीकार का साहस छिपा होता है। यह सत्य आलोचक विजयदेव नारायण साही ने 'लघुमानव के बहाने हिंदी कविता पर एक बहस' जैसे निबंध में कई उदाहरणों से सिद्ध करने की चेष्टा की है। आज यह कहना कि साही जी के पास 'विचारधारा' का प्रतिमान या खूँटा नहीं था–हास्यास्पद लगता है। साही जी विचारधारा को ओट में रखकर 'विमर्श' करते थे क्योंकि वे जानते थे कि कोई भी रचना अपने सांस्कृतिक-धार्मिक-साहित्यिक तंत्र की परिधि से बाहर न लिखी गई है, न लिखी जा सकती है।

आज पाठक की बौद्धिक अभिवृत्ति में 'व्यक्तिपरकता' को स्थान नहीं है। बड़ा चिंतन या लेखन व्यक्तिपरकता का अतिक्रमण करता है। पढ़त की प्रक्रिया इकहरी नहीं होती–बहुस्तरीय जटिल और सांस्कृतिक अनुगूँजों से भरी होती है। इसमें राजनीतिक-धार्मिक सभी तरह के अर्थ-संदर्भ अपने-अपने सौंदर्य से दीप्त-प्रदीप्त होते रहते हैं। इसमें राजनीतिक-धार्मिक अवधारणाओं की, भावों-प्रभावों की एक अटूट कड़ी पूरे सातत्य के साथ सक्रिय रहती है। कवि राजेन्द्र शाह हों या राम मंदिर का मसला हो इन सभी को पाठक स्वयं नया 'पाठ' देता है–यह सत्य आज किससे छिपा हुआ है।

# भूमंडलीकरण की राजनीति के विरुद्ध

भूमंडलीकरण (ग्लोबलाइजेशन) की राजनीति से जुड़ी अमेरिका की आर्थिक नीतियों के तीव्र विरोध ने अब विश्व भर में एक आंदोलन का रूप धारण कर लिया है। पूरे विश्व में 'एंटी ग्लोबलाइजेशन' की लहर दिखाई देने लगी है। सभी देशों के थके-हारे यूनियनिस्टों में नई जान पैदा हो रही है और अपने ढंग से कम्युनिस्टों ने संगठित होना शुरू कर दिया है। इसे नव मार्क्सवाद की एक उठान भी कहा जा सकता है। इन नव मार्क्सवादियों का कहना है कि 'अमेरिकावाद' का क्रूर पूँजीवादी चेहरा अब काफी साफ नजर आने लगा है कि वह कैसे 'तीसरी दुनिया' के गरीब देशों का शोषण करना चाहता है। भूमंडलीकरण के जाल में फँसते देश अपनी कला-संस्कृति को तो नष्ट करने की ओर बढ़ ही रहे हैं—एक खास तरह की गुलामी उनका पीछा कर रही है।

भूमंडलीकरण की राजनीति के विरुद्ध नाराज युवक-युवतियों ने एक मई 2001 को 'एंटी ग्लोबलाइजेशन' प्रोटेस्ट मार्च की। पुलिस ने इन गुस्साए युवकों को खदेड़ना शुरू किया। सत्ता का दमनचक्र ऑस्ट्रिलियन एक्सचेंज स्टॉक सिडनी तथा मास्को में शुरू हुआ। मास्को में युवा रूसी राष्ट्रीय बोलशेविकों ने अपनी भुजा विरोध के लिए खड़ी की। पेरिस से संवाददाताओं ने खबर दी है कि पुलिस तथा एंटी ग्लोबलाइजेशन प्रदर्शनकारियों में सड़कों पर खुला मुकाबला हुआ। पूरे विश्वभर में 'मे-डे' मजदूर-दिवस भूमंडलीकरण के खिलाफ विरोध प्रदर्शनों के तूफान से थरथरा गया। युवा-पीढ़ी का यह गुस्सा नव पूँजीवाद और राजनीतिक भ्रष्टाचार की नीतियों के खिलाफ था जिसमें गरीब को जीने के अधिकार से ही वंचित कर देने की साजिश हो रही है।

युवा-पीढ़ी के गुस्साए प्रदर्शनकारियों तथा पुलिस अधिकारियों के बीच ऐसा घमासान हुआ कि जर्मनी तथा ऑस्ट्रेलिया में दर्जनों पुलिस अधिकारी तथा प्रदर्शनकारी घायल हुए। इस मौके का लाभ उठाकर पुलिस अधिकारियों ने वामपंथी विचारधारा से जुड़े युवकों को बेरहमी से पीटा और गिरफ्तार किया। साथ ही यह बयानबाजी

भी की गई कि उन युवकों को गिरफ्तार करना इसलिए जरूरी था कि वे हुल्लड़बाजी में शरीक थे और असामाजिक कार्य कर रहे थे। यह सच कहने की हिम्मत नहीं की गई कि वे गुस्साए युवक 'एंटी ग्लोबलाइजेशन' मार्च कर रहे थे।

लंदन की अपनी चालाकी जगत-प्रसिद्ध है। वहाँ भूमंडलीकरण के खिलाफ प्रदर्शन करने वाले युवकों को पुलिस ने बार-बार चेतावनी दी कि वे पिछले वर्ष के इतिहास की पुनरावृत्ति न करें। वहाँ पर शांतिपूर्वक प्रदर्शन हुए और लाल आँखों से सत्ता-पक्ष यह देखने को विवश हुआ। कहना न होगा कि प्रत्येक देश में नई युवा शक्ति ने आर्थिक-राजनीतिक नीतियों के खिलाफ गुस्सा जाहिर किया। इन सभी का मानना था कि ग्लोबलाइजेशन की नीतियों से एक ओर बेकारी फैल रही है और दूसरी ओर ग्लोबल पूँजीवाद का जहरवाद तगड़ा प्रभाव छोड़ रहा है। अमेरिकी नीति से जुड़े अर्थशास्त्रियों ने जिस 'ग्लोबल विलेज' पूरा विश्व एक गाँव का नारा दिया था—वह कपटी-छली हथकंडा है। उस हथकंडे से वे पूरी दुनिया को तबाह कर देना चाहते हैं। मानव की स्वतंत्रता को गुलामी की ओर ले जा रहे हैं।

ऑस्ट्रेलिया में माहौल बहुत गरम था। वहाँ के प्रमुख शहरों में, अराजकतावादी और ट्राटस्कीवादी ग्रीन गुफ्स, विश्वविद्यालयों, कॉलेजों के विद्यार्थियों, स्कूली बच्चों ने काफी देर के लिए ट्रेफिक जाम कर दिया। बड़े-बड़े व्यापारिक अड्डों पर विरोध जाहिर करते हुए प्रदर्शन किए। मेलबोर्न, सिडनी तथा ब्रिसबेन में कुछ स्थानों पर प्रदर्शनकारियों का गुस्सा बेकाबू होकर हिंसा में बदल गया। पुलिस तथा प्रदर्शनकारियों के बीच जमकर टकराव हुआ। नतीजा यह हुआ कि वहाँ दर्जनों प्रदर्शनकारी घायल हुए तथा उनकी गिरफ्तारियाँ की गईं। यह भी कहा गया कि इन प्रदर्शनकारियों को एकत्रित करने का कार्य उसी संगठन ने किया था जिसने 'विश्व अर्थशास्त्र-संगठन-समिति' को मेलबोर्न में उखाड़ने की कोशिश की थी। सितंबर के आखिरी सप्ताह में होने वाली इस समिति के सामने गड़बड़झालावाद पैदा किया था। यह वही लोग हैं जो डब्लू.टी.ओ. विश्व-व्यापार-संगठन को सिएटल में 1999 में उखाड़ने में लगे थे। इन्हीं 'एंटी ग्लोबलाइजेशन' से जुड़े प्रदर्शनकारियों ने वहाँ हो-हल्ला किया और विचार नहीं होने दिया। इधर यूनाइटेड नेशन्स यूनिवर्सिटी के एक प्रकाशन 'दि रोल ऑफ दि वर्ल्ड ट्रेड आर्गेनाइजेशन इन ग्लोबल गवर्नेन्स' पर भूमंडलीकरण का विरोध करने वालों को भारी आपत्ति है। आपत्ति करने वालों का कहना है कि भूमंडलीकरण को 'पृथ्वी का स्वर्गीकरण' सिद्ध किया जा रहा है जबकि यह सच्चे अर्थों में अमेरिकी-नारकीकरण की नागिन नीति है। भूमंडलीकरण की आर्थिक नीतियों का विरोध क्यूबेक हो चुका है और हर तरफ से यह हवा बनाई जा रही है कि भूमंडलीकरण की नीतियाँ विश्व भर के मानव को संपन्न समृद्ध बनाने का कार्य करेंगी। यह भी कहा जा रहा है कि मानव का भविष्य भूमंडलीकरण में ही है। जी-सेवन से जुड़े सात देश—ब्रिटेन, कनाडा, फ्रांस, जर्मनी, इटली, जापान तथा यूनाइटेड स्टेट्स—एक

सी भाषा भूमंडलीकरण को लेकर बोल रहे हैं। इनमें से सभी पर व्यापारवाद का उन्माद छाया हुआ है–उन्हें 'तीसरी दुनिया' के देशों के हितों की चिंता नहीं है। इन सभी को 'तीसरी दुनिया' के देशों में अपना बाजार दिखाई देता है जहाँ वे अपना माल बेचकर मुनाफा कमा सकें। 'विकास' तथा 'प्रगति' का मॉडल खतरनाक है–यह परंपरागत समाजों की भाषा-कला-संस्कृति-साहित्य-इतिहास को उजाड़ने पर आमादा है। यह सात देश जानते हैं कि 'तीसरी दुनिया' के देशों की 'स्मृति' को नष्ट करके ही उन्हें भूमंडलीकरण की गुलामी में धकेला जा सकता है। इसलिए बहुत ही सुनियोजित तरीके से भूमंडलीकरण के लाभों का कीर्तन किया जा रहा है। बिके हुए भ्रष्ट अमेरिका-इटली-फ्रांस-ब्रिटेन के अर्थशास्त्री भूमंडलीकरण को 'मानव के भाग्य का प्रभात' कह रहे हैं। क्यों कह रहे हैं? इसलिए कि गरीब देशों को गुमराह किया जा सके। इनके श्रम-साधनों तथा कच्चे माल पर कब्जा किया जा सके और उन देशों के बौद्धिकों को सस्ते पैसे में खरीद कर अपना उल्लू सीधा किया जा सके। एक नए तरह की सामाजिक, आर्थिक, राजनीतिक, बौद्धिक गुलामी की योजना को समृद्ध देश भूमंडलीकरण का नाम दे रहे हैं।

दरअसल, भूमंडलीकरण की राजनीति बड़ी जटिल-पेचीदा है। नव मार्क्सवादियों का विश्वभर में दावा है कि वे नव-पूँजीवादी, उत्तर-साम्राज्यवादी-उपनिवेशवादी ताकतों के इरादों को समझकर ही 'विरोध-विद्रोह' कर रहे हैं। ब्रिसबेन में छह सौ गाते-झूमते हाथ में विरोध-पट्टों को हिलाते प्रदर्शनकारियों (प्रोटेस्टर्स) ने अपनी ताकत से शहर की दुकानों को बंद करवाया। जबकि सिडनी में प्रदर्शनकारियों और पुलिस के बीच हाथापाई का घमासान चलता रहा। बर्लिन में पाँच सौ विरोध-प्रदर्शनकारियों ने रातोंरात सड़कों पर बैरियर्स–रुकावटें खड़ी कीं और उनमें आग लगा दी जब पुलिस ने पानी की बौछार का बहाना लिया। दोनों तरफ से घमासान का रूप यह था कि बोतलों और पत्थरों से लड़ाई लड़ी गई। लगभग नौ हजार अधिकारियों ने पूरे देश में हिंसा रोकने का कार्य किया 'जर्मनी का मजदूर-दिवस' हिंसा-उत्पाद का दिन बना रहा।

दक्षिण कोरिया में बीस हजार विरोध प्रदर्शनकारी युवा टिड्डी-दल की तरह उमड़ पड़े। उन्होंने प्रेसीडेंट किम डे जुंग की आर्थिक नीतियों की आलोचना-भर्त्सना की। दक्षिण कोरिया में पुलिस तथा प्रदर्शनकारियों में जगह-जगह हो-हल्ला हुआ। युवा-शक्ति ने अपना विरोध कई रूपों में व्यक्त किया। इस सशक्त नववामवाद की ताकत से सरकार चिंतित हुई है और इन पर काबू पाने का विचार कर रही है।

लंदन में लगभग छह हजार पुलिस तैनात की गई। यह भी कहा गया कि पिछले वर्ष विरोध-प्रदर्शनकारियों ने भारी नुकसान पहुँचाया था–इस बार यह नहीं होने दिया जाएगा। विरोध-प्रदर्शन का रूप संपत्ति को नष्ट करना नहीं होना चाहिए। यदि आगजनी की गई तो सरकार को विवश होकर सक्रिय होना पड़ेगा। वहाँ किंग क्रॉस स्टेशन पर प्रदर्शनकारियों ने शांतिपूर्ण ढंग से प्रदर्शन किया तथा तीस मिनट

तक यातायात व्यवस्था को ठप रखा। बार-बार यह नारा आकाश में उछाला गया कि 'पूँजीवाद को उखाड़ फेंको और नई बेहतर ताकतों को लाओ।' यहाँ बेहतर ताकत मायने—कम्युनिस्ट-शासन। पेरिस में सैकड़ों प्रदर्शनकारी 'ग्लोबल कैपिटल' को मक्कारों का षड्यंत्र भरा ड्रामा (नाटक) कहकर कोसते रहे। वहाँ हजारों कर्मचारियों की मार्क्स तथा स्पेन्सर, मॉडलीनेक्स, डानोने तथा अन्य अंतर्राष्ट्रीय कंपनियाँ छँटनी कर रही हैं। पेरिस में ही नहीं ताइवान में भी अंतर्राष्ट्रीय कंपनियाँ कर्मचारियों की छँटनी कर रही हैं। बेकारी और भुमखरी फैल रही है। इसलिए ताइवान में हजारों की तादाद में विरोध के झंडे लहराते कर्मचारियों की टोलियाँ दिखाई दीं। यहाँ सभी कार्यकर्त्ता अपनी नौकरी की सुरक्षा की माँग कर रहे थे। ताइवान में बहुत-सी कंपनियाँ अपना कारोबार बंद कर रही हैं और वहाँ से खिसकना चाहती हैं।

सार-संक्षेप यह कि पूरा विश्व 'एंटी ग्लोबलाइजेशन' शक्तियों के बारे में सोचने को विवश है। यह एक 'नई परिस्थिति' है—यह 'नई परिस्थिति' नव मार्क्सवाद को साथ लेकर उत्तर-पूँजीवाद, उत्तर-साम्राज्यवाद-उपनिवेशवाद के विरोध में पैदा हो रही है। जापान में भी यूनियनिस्ट संगठित हो रहे हैं। पर वे यहाँ भारत की तरह थके और पस्त दिखाई देते हैं। क्योंकि उनकी जड़ें जापानी जनता में बहुत कमजोर हैं।

# ग्लोबलाइजेशन की हिटलरशाही

बहुराष्ट्रीय कंपनियों-निगमों की व्यापार-नीति में निहित हिटलरशाही ने जापान में एक जबरदस्त तहलका मचा रखा है। मेरे मित्र नाकामूरा साहब इसे 'ग्लोबलाइजेशन की हिटलरशाही' का नाम देते हैं। वे प्रायः इस विषय पर बहुत ही गंभीरता से सोचते हैं और समय निकालकर विश्वविद्यालय के कमरे में आकर कहते हैं—'कोनिचवा' फिर कहते हैं—'आपने सुना है क्या कि आज कल जापान में प्राइवेट कंपनियाँ मजदूरों-कारीगरों की छँटनी कर रही हैं। चालीस-पचास साल की उम्र के लोगों की जब छँटनी होती है तो वे इस गम को बर्दाश्त नहीं कर पाते। पागल हो जाते हैं—आत्महत्या कर लेते हैं या अन्य किसी 'एबनॉर्मलिसी' के शिकार हो जाते हैं। अब से कुछ समय पहले जापान में नौकरियाँ पक्की (स्थायी) होती थीं। नौकरी करने वाले मेहनत करते थे और चैन की छानते थे। अब इन नई कंपनियों की नौकरियों में जीना हराम है।' वे कह रहे हैं और मैं ध्यान से सुन रहा हूँ। वहाँ उनके विचारों का सारांश दे रहा है।

तेजी से बदलते—'फास्टेस्ट ग्रोइंग सेक्टर्स ऑफ जापानूस वर्क फोर्स' माहौल की हालत यह है कि अस्थायी नौकरियाँ दी जा रही हैं। इस तरह की अस्थायी नौकरियाँ पाने वालों की संख्या सन् उन्नीस सौ तिरानवे में पाँच लाख सत्तर हजार के करीब थी जो हाल के वर्षों में तिगुनी-चौगुनी हो गई है। स्थायी नौकरियों का क्षरण और अस्थायी नौकरियों की हवा का आलम। इस स्थायी-अस्थायी नौकरियों के मसले को लेकर अर्थशास्त्री-समाजशास्त्री तथा लेबर एक्सपर्ट दो तरह की बात कह रहे हैं। कुछ का विचार है कि अस्थायी नौकरियाँ तेजी से प्रगति करने की दिशा में एक अच्छा संकेत हैं—धनात्मक संकेत हैं। इससे विपरीत सोचनेवालों का कहना है कि अस्थायी नौकरियों के द्वारा न केवल कर्मचारियों का शोषण किया जा रहा है बल्कि उनके भविष्य के साथ खिलवाड़ किया जा रहा है और यही नव्य पूँजीवाद का सही चेहरा है—मजदूरों के श्रम पर मुनाफाखोरी। पहले पक्षवालों का मानना है कि अस्थायी नौकरियों वाला कदम स्वागत के योग्य इसलिए है कि अस्थायी नौकरी करने वाले

कर्मचारियों को अपनी योग्यता, कार्य-क्षमता दिखाने का खुला अवसर मिलता है। इस मुक्त बाजारवाद की व्यवस्था में मालिक चतुर-बुद्धिमान 'स्किल्ड वर्कर' चाहता है। मालिक अच्छे कर्मचारियों को चुनकर रख लेता है और काम करने में फिसड्डी-ढीले कर्मचारियों से मुक्ति पा जाता है। योग्य कर्मचारी खूब काम करते हैं और बहुत अच्छा वेतन पाते हैं। यह व्यवस्था कार्य करने वालों की कद्र करती है। लेकिन दूसरे पक्ष के लोग जो इस व्यवस्था की आलोचना करते हैं उनका कहना है कि अस्थायी कर्मचारी रखने और उन्हें निकालने की छूट का बहुराष्ट्रीय कंपनियाँ अनुचित फायदा उठाती हैं। बहुराष्ट्रीय कंपनियाँ अपने हितों की रक्षा के लिए कर्मचारियों के हितों की हत्या कर देती हैं। फिर उनके शोषण की कोई सीमा नहीं रहती है। वे अस्थायी कर्मचारियों से डटकर काम लेती हैं क्योंकि स्थायी नौकरी पाने के लालच में ये अस्थायी कर्मचारी हाड़-तोड़ मेहनत करते हैं। इनकी मेहनत का महत्त्वपूर्ण पाने के बाद बहुराष्ट्रीय कंपनियाँ इन अस्थायी कर्मचारियों को निकाल देती हैं और फिर से नए कर्मचारियों की अस्थायी पदों पर भर्ती कर लेती हैं। कर्मचारियों के शोषण का यह अनंत सिलसिला चल पड़ता है और चल रहा है। कर्मचारियों का शोषण करने में माहिर ये बहुराष्ट्रीय कंपनियाँ फुल-टाइम स्थायी कर्मचारी रखती ही नहीं हैं–पार्ट टाइम टेंपरेरी नौकरियाँ देकर कर्मचारियों को अपनी मुट्ठी में रखती हैं।

दरअसल, अभी कुछ दिनों से यह नया कानून जापान में व्यवहार में आया है कि बहुराष्ट्रीय निगमों-कंपनियों में अस्थायी कर्मचारी रखे जा सकते हैं। इससे पहले जापान में सरकारी आदेश था कि कर्मचारियों को स्थायी नौकरियाँ देने पड़ेंगी और बहुराष्ट्रीय कंपनियाँ उन्हें मनमाने ढंग से कार्य मुक्त नहीं कर सकती हैं। नौकरी से हटाने से पहले कर्मचारी को नौकरी के एवज का भुगतान मिलेगा। इस 'भुगतान-नियम' के कारण कंपनियों ने कर्मचारियों को तंग करने के लिए नए रास्ते ईजाद किए थे। कर्मचारी को इस तरह से परेशान करना कि वह खुद तंग आकर नौकरी से त्याग-पत्र दे दे ताकि उसे भारी भुगतान न करना पड़े। बेचारे कर्मचारीगण बहुराष्ट्रीय कंपनियों की ज्यादतियों के कारण अकेले पड़ जाते थे–दो-चार साल चुपचाप नौकरी में समय काट लेने पर या तो अर्द्ध-विक्षिप्त होकर त्यागपत्र दे देते थे या आत्महत्या कर लेते थे। जापान में आत्महत्याएँ बहुत होती हैं। इन आत्महत्याओं के पीछे नौकरी की निराशा का ज्यादा हाथ होता है। आधुनिक जीवन के अनकहे दर्दों में सबसे बड़ा दर्द नौकरी में त्रास पाना, ऐसे स्थान पर तबादला कर देना जहाँ आपकी गति न हो। आपकी उम्र चालीस-पचास, परिवार का बोझ, इधर नौकरी की यातना का अनकहा असीम दर्द। आधुनिक नौकरीपेशा मानव जापान में ऐसी त्रासदी का शिकार न हो इसलिए पहले कड़े कानून बनाए गए थे। लेकिन अब इन कानूनों में ढील दे दी गई है तो बहुराष्ट्रीय कंपनियाँ शेर हो गई हैं–शिकार पर टूटती हैं। इस वर्ष दिसंबर में प्राइवेट कंपनियों ने यह नया नियम पास करवाया कि अस्थायी नौकरियों या पदों

को स्थायी पदों में बदला जा सकता है किंतु यह निर्णय कंपनी की आर्थिक स्थिति के आधार को ध्यान में रखकर ही लिया जा सकता है। यदि कंपनी के मालिक कर्मचारी दोनों पक्ष सहमत हों तो अस्थायी नौकरियों की कार्य अवधि काफी लंबे समय तक नए कांट्रेक्ट के अनुसार बढ़ाई जा सकती है। इस स्थिति ने अस्थायी पदों पर काम करने वाले कर्मचारियों में नवीन आशा का संचार किया कि अधेड़ उम्र में भी वे नौकरी बरकरार रख सकेंगे। इससे शारीरिक रूप से अपंग तथा अधेड़ उम्र के थके लोगों को भी कार्य पाने की नई संभावना बनती दिखाई देगी।

इस पूरी स्थिति पर विचार करने वाले एक अर्थशास्त्री का कहना है कि अस्थायी पदों की यह पूरी स्थिति दुर्भाग्यपूर्ण है। दोनों में से कोई नहीं कह सकता कि नई स्थितियाँ अधेड़ उम्र, वृद्धावस्था की ओर बढ़ते तथा शारीरिक रूप से विकलांग स्त्री-पुरुषों के लिए नौकरियों की संभावनाएँ पैदा करेंगी। जबकि व्यापार में घाटा बढ़ रहा है तथा व्यापारी प्रतिदिन व्यापार संकट की आड़ लेकर नौकरियों में कटौती कर रहे हैं। व्यापार में मंदी का माहौल एक पीड़ादायक स्थिति है। जापान की एक प्रमुख कंपनी पसोना (Pasona Inc.) इस तरह का एक नया प्रयोग करना चाहती है जिसमें अधेड़ उम्र के लोगों को नौकरियाँ मिलें। इस कंपनी की महिला अधिकारी नाकासे का कहना है कि वे विश्वविद्यालयों से निकले ग्रेजुएटों तथा अंडर ग्रेजुएट में शिक्षा पा रहे युवक-युवतियों को भी नौकरी देने का इरादा रखती हैं। साथ ही साथ उन युवक-युवतियों को भी जिन्होंने अपनी पहली नौकरी दो-तीन वर्ष काम करने के बाद छोड़ दी। जापान की एक अन्य प्रमुख कंपनी 'मैन पॉवर जापान कंपनी' ने अभी हाल में इसी नवीन नियम व्यवस्था के अंतर्गत तीन सौ लोगों को नौकरियाँ दी हैं। 'फॉरेन एफीलिएटेड इंटरप्राइजेज' ने भी इधर काफी दिलचस्पी दिखाई है और नई नौकरियाँ देने का वायदा किया है। योशी काजु हाशीगुची इस कंपनी के प्रमुख बाजार प्रबंधक हैं और वे नए जापानी युवक-युवतियों को नौकरी देने में लगे भी हैं। लेकिन अतीत की तुलना में वर्तमान अस्थायी कर्मचारी ज्यादा तनाव में हैं। उन्हें हर समय नौकरी छूटने का खतरा दिखाई देता रहता है। 'यूनिचार्म, के.के. कंपनी' अधेड़ उम्र के कर्मचारियों की बेरहमी से छँटनी कर रही है–नवीन नियम व्यवस्था का लाभ उठा रही है। इस कंपनी का कहना है–'अब हमारी कंपनी की इतनी शाख और शोरहत है कि नए से नए अच्छे लोग आना चाहते हैं। लेकिन अपने व्यापार के मजबूत कदमों को कायम रखने के लिए हम अधिक स्थायी नौकरियाँ नहीं दे सकते। हमें टेंपरेरी पदों पर ही लोगों को रखना पड़ेगा ताकि हम इनमें से कुछ योग्य कर्मठ लोगों को सोच-समझकर नौकरी में स्थायी रूप से खपा सकें।'

जापान में बहुत-सी 'इंपलायमेंट एजेंसीज' सक्रिय हैं। इनमें कुछ रोजगार-एजेंसियों का मानना है कि नया सिस्टम पूरी तरह से पुरानी व्यवस्था को तबाह करने पर आमादा है। जापान का आदमी नौकरी में सुरक्षा चाहता है। वह स्वभावतः असुरक्षित

जीवन जीने का आदी नहीं है। वह साकुरा-प्रेम से भरा फूलों की तरह का प्राणी है। उसका मन भी साकुरा फूल की तरह है जो पूरी तरह खिलता है। जब बहुराष्ट्रीय निगमों में काम करने वाले कर्मचारियों की नौकरी चली जाती है तो वे टूट जाते हैं। कंपनियाँ इन्हें घोड़ों की तरह जोतती हैं और इनकी नाक में नकेल डालकर रखती हैं। पर ये इतने परिश्रमी और ईमानदार होते हैं कि उफ नहीं करते हैं। कार्य के प्रति अद्‌भुत निष्ठा के प्रतीक हैं—जापान के कर्मचारी। कामचोरी नहीं करते। लेकिन कंपनियाँ जब अपनी जरूरत के अनुसार 'स्टाफ-कट' या छँटनी करती हैं तो अस्थायी नौकरी वालों पर गाज गिर जाती है। वैसे भी जापानी समाज में अकेलापन इस कदर बढ़ रहा है कि चिंता का विषय है। हर समय अकेले कमरे में टेलीविजन का साथ है—मानव से हृदय खोल कर हँसने बातचीत करने का माहौल ही नहीं है। 'अंतर्गुफावासी' हो गया है जापानी समाज। पश्चिमीकरण तथा आधुनिकीकरण की तीव्र प्रक्रिया ने आदमी को आत्मनिर्वासन में फेंक दिया है। ऐसी स्थिति-परिस्थिति में रहने वाले व्यक्ति की नौकरी यदि चली जाती है या प्राइवेट कंपनियाँ कभी-कभार विवश होकर बंद हो जाती हैं तो नवीन व्यवस्था व्यंग्य बनकर रह जाती है। तोक्यो मेट्रोपॉलिटन गवर्नमेंट के एक सर्वे के अनुसार इस उत्तर-पूँजीवादी समाज में नई कंपनियाँ बढ़ी हैं—लेकिन स्थायी पदों पर सैंतीस प्रतिशत लोगों को ही भर्ती किया गया है। शेष सभी पदों पर अस्थायी पार्ट टाइम कार्य करने वालों से काम चलाया जा रहा है। इस पूरी 'नव्य-व्यवस्था' से जापानी समाज का ढाँचा लचपचा गया है। निश्चय ही यह चिंताजनक स्थिति है। धुनी-परिश्रमी ईमानदार पुरानी पीढ़ी रिटायर हो रही है और नई युवा पीढ़ी जनसंख्या में कम है। जापान अन्य देशों से काम करने वालों को बुलाने की सोच रहा है। लेकिन उन लोगों को स्थायी नौकरी तथा स्थायी निवास नागरिकता देने की समस्या है और यह समस्या बहुत ही जटिल है क्योंकि इस समस्या के अनेक पहलू हैं।

अमेरिका और चीन का मुक्त बाजारवाद भी जापान के बाजार को चूसने लगा है। सामाजिक-राजनीतिक स्तर पर इन देशों पर भी सोचा जा रहा है। 'एंटी ग्लोबलाइजेशन डिमांसट्रेटर्स' अमेरिकावाद तथा उससे जुड़े 'वर्ल्ड ट्रेड ऑर्गनाइजेशन' के खिलाफ प्रदर्शन करने का अरमान रखते हैं। क्यूबेक सिटी में मिलने वाली समिति के विरोध की तैयारियाँ हो रही हैं। इन विरोध प्रदर्शन करने वालों का कहना है कि बहुराष्ट्रीय निगमों-कंपनियों की व्यापार नीति गरीब देशों को तो बर्बाद करने की है ही। धनी देशों को भी नाश की दिशा में मोड़ रही है। क्यूबेक सिटी में तो विद्यार्थियों का एक बड़ा समूह भी इस समिति की बैठक का विरोध करना चाहता है। पूरी स्थिति गरम पानी की तरह खौल रही है। 'एंटी ग्लोबलाइजेशन' से जुड़े प्रदर्शनकारियों को पुलिस कनाडा में घुसने नहीं दे रही है।

# तुच्छ विषय के गुलाबजामुन

उत्तर-आधुनिकतावाद के नव्य सांस्कृतिक-साम्राज्यवाद ने साहित्य में महान अवधारणाओं की क्षमता वाली विचारधारा का अंत कर दिया है। एलेक्जेण्ड्रिया तथा रोम के वाग्मिता शास्त्र विशारदों ने जो उदात्त की व्याख्या के निबंध और ग्रंथ लिखे थे—उनकी आज हँसी उड़ाई जा रही है। लांजाइनस के निबंध 'उदात्त के विषय में' को लेकर खिल्ली उड़ाई जा रही है और कहा जा रहा है कि प्लेटोवादी दार्शनिक प्लोटिनस के प्रत्यय उत्तर-संरचनावादियों के दिमाग में पागलपन पैदा कर रहे हैं। कांट के 'क्रिटिक ऑफ दि प्योर जजमेंट' को उत्तर-आधुनिकतावादी छूत की बीमारी मान रहे हैं। उदात्त और सुंदर की सभी व्याख्याएँ प्रश्नों के घेरे में आ गई हैं। विचित्र बात इस बीच यह घटित हुई है कि उदात्त विषय-वस्तु, अंतर्वस्तु से इधर का रचनाकार डरकर भागने लगा है। विचारों की गरिमा का न कोई अर्थ बचा है न इतिहास। नव्य इतिहासवाद पुराने विचारों के कीड़ों को मारने की तैयारी नहीं है तो क्या है? नव्य फ्रायडवादी पूरे जोर से मुक्त-यौनवाद पर केंद्रित होकर 'नारी' को नया पाठ (टैक्स्ट) मानकर कह रहे हैं। सब कुछ यही है—धर्म-कर्म-आह्लाद-प्रमाद का अग्निकुंड-नारी योनि। नारी पुरुष के बीच कोई संबंध सेतु है तो यही यौनवाद है। इस विचार पर इंग्लैण्ड-अमेरिका के नव्य सौंदर्यशास्त्री अपनी मुहर ठोंक रहे हैं।

राजवंशों-परिवारों की नारियाँ हमारे देखते-देखते यौन-भोग के सुख का भाष्य कर रही हैं। यौन-परिधि के भीतर के भयावह किंतु दिलचस्प विषय पश्चिम का पूरा मीडिया उछाल रहा है। नारी शरीर ही पूरा खेल का मैदान है—आखेटक संस्कृति का नया अध्याय। इधर जापानी समाज की नई पीढ़ी में 'ब्रिटिश रॉयल फेमिली स्कॅंडल' की बड़ी धूम मची हुई है। इस चर्चा में इतना 'रस' आ रहा है कि क्या कहना। तुच्छ विषय के गुलाबजामुन कितने मीठे हैं जिनमें सोच के टुच्चे-लुच्चेपन की चाशनी भरी हुई है। राजवंश की राजकुमारियाँ, रईस दुल्हनें और सेक्स वर्कर्स तीनों का सोच एक जैसा हो गया है। यौन-भोग-चर्चा आज की अखंड रामायण का पाठ और पढ़त है। सम्पुट होता है 'मेरे पति 'गे' समलैंगिक संबंध के अभ्यासी नहीं हैं।' सनसनीखेज

पत्रकारिता से जुड़े पत्रकार राजघराने की पुत्रवधू से प्रश्न पूछ रहे हैं—'क्या आपके पति 'गे' हैं'। पुत्रवधू राजघराने की लक्ष्मण रेखा को लाँघकर उत्तर देती है कि 'मेरे पति 'गे' नहीं हैं। 'गे' होते तो मेरे साथ कैसे रहते।'

मीडिया तंत्र से जुड़े नामी-गिरामी रूपर्ट मर्डोक इन पत्रकारों के कानों में सीटी मार रहे हैं। इधर रूपर्ट मर्डोक से जुड़े एक सनसनीखेज पत्रकारिता के पत्रकार ने ब्रिटेन के राज-परिवार की भीतरी खबर देकर तहलका कांड खड़ा कर दिया। कहा जा रहा है कि अखबारों ने 'रॉयल फेमिली' के सम्मान को छार-छार करने का इरादा पक्का कर लिया है। यदि ऐसा इरादा न होता तो मीडिया महारानी एलिजाबेथ द्वितीय के पुत्र राजकुमार एडवर्ड की पत्नी सोफी से छलकपट के द्वारा एक इंटरव्यू लेकर तूफान न खड़ा कर देता। महारानी के सबसे छोटे पुत्र की पत्नी सोफी शादी से पहले ही एक व्यवसाय चला रही हैं। इस व्यवसाय से जुड़े अनेक मुद्दों को अखबारों के स्तंभों से जुड़े पत्रकार जब तब अपनी आलोचना का निशाना बनाते रहते हैं। पत्रकारों का मानना है कि महारानी की पुत्रवधू सोफी अपने व्यवसाय में राजपरिवार के संबंधों को भुनाती हैं। मसलन, इसी वसंत माह में सोफी एक डोरचेस्टर होटल में एक अरब व्यापारी के साथ खाने-पीने गई। यहाँ पर शेख ने सोफी से उसके फर्म से जुड़े व्यवसाय की बातचीत की। यह शेख और कोई नहीं एक पत्रकार था, जिसने शेख का रूप धारण कर छल-कपट से सोफी से पूरी बात को उगलवा लेने का प्रयत्न किया। इस प्रयत्न में पत्रकार को सफलता मिली। दरअसल, इस चतुर पत्रकार ने अपने को अरब व्यापारी शेख होने का नाटक रचा। यह पत्रकार एक टेप-रिकॉर्डर छिपा कर ले गया ताकि सोफी और शेख की पूरी बात को दर्ज किया जा सके। यह पत्रकार 'न्यूज ऑफ दि वर्ल्ड' का संवाददाता था जिसका रविवारीय चार मिलियन के करीब बिकता है—'टेब्लाइड टैड इज मर्डोक्स ब्रिटिश फ्लैगशिप'।

सोफी जिनकी पहचान 'काउन्टिस ऑफ वैसेक्स' के रूप में है—वे एक 'पब्लिक रिलेशन फर्म' चलाती हैं। लेकिन उनकी कुछ करतूतें ऐसी हैं कि अखबार प्रायः कहते रहते हैं कि 'इस पागल लड़की सोफी को ब्रिटिश रॉयल फेमिली के साथ जोड़कर कन्फ्यूजन मत पैदा करो।' मूल बात यह है कि सोफी राजवंश की लड़की नहीं है। सामान्य परिवार के बीच पली लड़की है। इसलिए उसे राजवंश-परंपरा से प्राप्त तमीज नहीं है। उसके व्यवहार, आचरण में राजवंश की न रॉयल ठसक है—न मर्यादा। राजवंश की मर्यादा को ताक पर रखकर वह कुछ भी अनाप-शनाप बक देती है। राजपरिवार की महारानी की बुराई करने में उसे शर्म नहीं आती। वह सोच ही नहीं पाती कि एक राजवधू के रूप में राजपरिवार की बुराई करने का ब्रिटेन में क्या असर पड़ता है। शेख के रूप में अरब व्यापारी यानी पत्रकार के सामने सोफी ने अपनी सास एलिजाबेथ द्वितीय को लेकर कुछ ऐसी बातें कह दीं जो शर्मनाक हैं। महारानी पर बहू ने कीचड़ क्या उछाला—मीडिया ने शोर मचा दिया। दर्जनों ब्रिटेन की पत्र-पत्रिकाएँ

इस खबर से भर गईं। कवर पेज कहानी बन गई। ब्रिटेन की जनता ने ब्रिटिश राजपरिवार की इस खबर को चस्का ले-लेकर पढ़ा और अनेक तरह के भाष्य किए।

इस भाष्य का नतीजा इतनी दूर तक दिखाई दिया कि राजकुमारी डायना की प्रेम कथा को ताजा किया गया कि कैसे वे राजपरिवार की लक्ष्मण रेखा लाँघकर एक व्यापारी के साथ चहलकदमी कर उठी थीं। उस समय भी पत्रकारों ने राजकुमारी डायना का पीछा करने में कोई कोर-कसर नहीं छोड़ी थी। डायना को लेकर अफवाहों का पहाड़ खड़ा हो गया था जो उनकी दर्दनाक मौत के बाद भी सक्रिय रहा। डायना की मृत्यु के साढ़े तीन साल बाद उनके प्रेम को लेकर गरमागरम चित्र छपे—उस डायना के चित्र जिसे 'जन-मन की राजकुमारी' कहकर सम्मान दिया जाता रहा है। डायना के वैयक्तिक-जीवन की कहानी के अनेक पहलू गढ़े गए—फंतासी भरे पहलू। इससे डायना प्रसंग से भरी किताबों-पत्र-पत्रिकाओं की बिक्री खूब बढ़ी। बाजारवाद का नया चेहरा ही डायना प्रसंग से उभरकर सामने आया। पत्रकारिता और बाजारवाद के संबंधों को उत्तर-आधुनिक युग ने नए ढंग से भाषित-परिभाषित करना शुरू किया। घटना, प्रसंग, स्थिति, कथा-गल्प गढ़कर कैसे बाजारवाद पैदा किया जा सकता है। फिर राजवंशों की प्रेम-कथा तो वह कीमती माल है जिसे बेचकर हजारों डॉलर कमाया जा सकता है। इस कला का पूरा गणित रूपर्ट मर्डोक को पता है—वे इस कला में उस्तादों के उस्ताद हैं। इसलिए इस बार उन्होंने अपनी इसी कला से राजवधू सोफी पर हाथ साफ किया। जादूगर मर्डोक चर्चा के केंद्र में आए। सोफी ने अपने व्यापार के चक्कर में अरब व्यापारी शेख (पत्रकार) के सामने राजपरिवार को लेकर नासमझी से वह सब बक दिया जो बाद में खबरों का चटपटेदार मिर्च-मसाला बना।

सोफी को जब पता चला कि शेख अरब व्यापारी तो 'न्यूज ऑफ वर्ल्ड' से जुड़ा एक पत्रकार-संवाददाता है तो उसके होश उड़ गए। सोफी ने पत्रकार की खबर का खंडन करते हुए कहा कि उसने गलत बयानबाजी की है। पत्रकार उसे ब्लैकमेल कर रहा है। लेकिन सच्चाई तो छिपाकर रखे गए टेप रिकॉर्डर में दर्ज थी। अतः तहलका मचा—पूरा बकिंघम पैलेस हिल गया। मर्डोक से जुड़े संपादकों ने कहा कि सोफी सच को झुठलाना चाहती है। मूल बात यह है कि ब्रिटेन के राजपरिवार और मीडिया के बीच एक युद्ध शुरू हो गया है—जिसे 'पैलेस एंड प्रेस' का युद्ध नाम दिया जा रहा है। यह भी कहा जा रहा है कि महारानी पर कीचड़ उछालने के पीछे सोफी की मंशा क्या है? राजकुमार चार्ल्स और उनकी प्रेमिका कोमिला पार्कर प्रसंग तथा ब्रिटेन के प्रधानमंत्री टोनी ब्लेयर और उनकी पत्नी चैरी को लेकर अनाप-शनाप ढंग की सोफी की बयानबाजी का क्या तात्पर्य? इन खबरों का जनता भाष्य न करे तो करे क्या?

प्रेस से अनुरोध किया जा रहा है कि वह राजवंश से जुड़ी, प्रधानमंत्री टोनी से जुड़ी बहुत-सी अभद्र खबरों के अंशों को प्रकाशित न करे। इस बात पर वाद-विवाद

हो रहा है कि सोफी के पति 'गे' हैं या नहीं। यदि वे 'गे' नहीं हैं तो सोफी के विवाह को हुए दो वर्ष तो बीच चुके हैं—अभी तक उनके संतान क्यों नहीं हो रही है? जबकि सोफी पूरे गर्भाधान के प्रयत्न कर रही हैं। क्या तमाशा है कि अखबार अपने मुख-पृष्ठ पर 'वर्ल्ड इक्सक्लूसिव इंटरव्यू' शीर्षक से हेडलाइन देता है—''सोफी : माइ एडवर्ड इज नॉट गे'' अखबार वाले सोफी के बयानों की तारीफ कर रहे हैं कि वह निर्भय, ईमानदार और दमदार महिला है। यह ठीक है कि उसकी महारानी सास उसके वचनों से आहत हैं, पर सोफी को झूठ बोलना नहीं आता है। इस बीच सोफी ने अपनी सास से लिखित माफी माँगी है कि वे उसे क्षमा कर दें। सोफी ने प्रधानमंत्री टोनी ब्लेयर तथा अन्य लोग जिनकी उसने बुराई की है—पत्र लिखकर क्षमा-याचना की है।

प्रश्न उठता है—पूरा नंग-नाच करने के बाद अब क्षमा याचना का क्या अर्थ?

राजपरिवार से जुड़े किसी भी तरह के 'स्केण्डल' का ब्रिटेन ही क्यों पूरे यूरोप में बड़ा बाजार है। राजपरिवार, मीडिया तथा बाजारवाद के इस जटिल-घनिष्ठ रिश्ते को कई कोणों से समझने की जरूरत है। व्यवसाय से जुड़ी राजवधू सोफी ने बाजारवाद के हिसाब-किताब से अरब व्यापारी शेख से भेंट वार्ता व्यापार सिद्धि के लिए की थी। यह अलग बात है कि उन्हें लेने के देने पड़ गए। प्रेस ने 'सोफी स्केण्डल' उछाला तो वे तो चर्चा के केंद्र में आ गईं। वैसे उन्हें कोई पूछने वाला नहीं है।

# उत्तर-आधुनिक समाज और दृष्टिकोण

उत्तर-आधुनिक समाज ने 'दृष्टिकोण' परिवर्तनवाद के क्षेत्र में क्रांति पैदा की है। परंपरागत सोच ध्वस्त हो रहा है और उत्तर-औद्योगिक समाज ने 'केंद्रवाद' को खिसकाकर एक 'नया समाज' सामने प्रस्तुत कर दिया है। यह 'नया समाज' 'डिजिटल ऐज' का समाज है जिसमें 'टेक्नॉलाजिकल-रिवोल्यूशन' का हर तरफ धूम-धड़ाका है। यह नया समाज 'ग्रामीण समाज' की 'स्मृतियों' को विशेषकर मिथकों-प्रतीकों-कथाओं-विश्वासों को नष्ट कर रहा है। यह उत्तर-पूँजीवादी समाज शहरीकरण और व्यक्तिवाद में गर्क 'आत्म-निर्वासन' की पीड़ा-यातना को ला रहा है।

बदलते हुए सोच का ही नतीजा है कि अब जापान जैसे विकसित देश में पहले तो पति-पत्नी संतान पैदा ही नहीं करना चाहते। शिशु 'स्वतंत्र-जीवन' को जीने में बाधक है—उसे न तो 'पालने' का समय है न उससे कोई अपेक्षा ही शेष बची है। पुराना समाज लड़कियों के पैदा होने पर दुखी और लड़का पैदा होने पर खुशी से छाती तानता था। किंतु 'नया समाज' स्पष्ट घोषणा कर रहा है कि हमें 'बेबी ब्याय' लड़का नहीं चाहिए। यदि बच्चे को जन्म देना ही पड़े तो 'लड़की' चाहिए। सदियों से एशिया के परंपरागत समाज में 'पुत्र-कामना' रही है। 'कन्या-कामना' नहीं। भारत और चीन में कन्या जन्मते ही मारने या एकांत में छोड़ आने, धोखे से लड़की के बदले लड़का बदल लाने की न जाने कितनी घटनाएँ घटित होती रही हैं। चीन में 'सिंगिल चाइल्ड' का नियम बना तो 'पुत्र-कामना' वाले माता-पिता 'कन्या-जन्म' से बचने के तरीके खोजने लगे। कन्या पैदा हो गई तो कहीं उसे अकेला छोड़ आए।

दिलचस्प बात यह है इधर जापान में ऐसा परिवेश बना है कि पचहत्तर प्रतिशत माता-पिता 'शिशु' के रूप में कन्या की कामना कर रहे हैं। पहले तो जापान में शिशु जन्म की दर ही घट रही है और इस समस्या को लेकर समाज चिंतित भी कम नहीं है। यहाँ संतानोत्पत्ति का अभियान चलाया जा रहा है—एक पूरी युद्धोत्तर पीढ़ी बूढ़ी और शिथिल हो रही है। बच्चे बहुत कम हैं। स्कूलों-कॉलेजों में बच्चों की संख्या निरंतर कम हो रही है। अविवाहित लड़कियों के बच्चों का भी समाज

स्वागत कर रहा है। उनके प्रति नफरत का भाव नहीं है। यहाँ 'सिंगिल पैटेंट हुड' की अवधारणा को सम्मान प्राप्त है और बच्चों को सरकार की ओर से संरक्षण और नागरिक अधिकार। बच्चे के पालन-पोषण के लिए सरकार 'धन' देती है—प्रतिमाह सहायता।

नए जापानी समाज का मानना है कि छोटी बालिकाएँ 'क्यूटर' तथा आसानी से 'हैंडिल' होती हैं और भावनात्मक रूप से 'एक्सीसिबल'। इसलिए इस 'फास्ट एजिंग सोसायटी' में उन्हें ज्यादा पसंद किया जाता है। फिर लड़कों की अपेक्षा लड़कियाँ अपने वृद्ध पिता-माता की देखभाल में दिलोजान से लग जाती हैं—उनमें माता-पिता के प्रति राग-प्रवृत्ति की अधिकता 'प्रकृति' की देन है। अधिकांश जापानी माता-पिता अपनी 'फिमेल इन्फेन्ट्स' की फसल को पनपाने में यह विश्वास को लेकर लगे हैं कि उनके हाथ-पैर थकने पर लड़कियाँ उनका सहारा बनेंगी। दरअसल माता-पिता का यह रागात्मक आवेग इधर के वर्षों में इस कदर उमड़ा है कि 'बेबी गर्ल्स' को लेकर मैगजीन तथा अत्यधिक बिकने वाले पुस्तकों में इस विचार चर्चा की बाढ़ आ गई है। शिशु जन्म की सलाह देने वाली 'परसनाजाइल्ड एडवाइस सर्विसेज' की बन आई है। वे बहुत पैसा लेकर सलाह देती हैं—'सेक्स सेलेक्शन' पर। छोटे से छोटे चिकित्सालयों में डॉक्टर बता देता है कि 'जेलीपिंक' (Jelly Pink) की सहायता से कन्या और जेली-ग्रीन की सहायता से लड़का पैदा किया जा सकता है। इस प्रकार वहाँ जाकर माता-पिता अपनी इच्छानुसार लड़का या लड़की जो भी चाहें उसका चुनाव कर सकते हैं।

ज्यादातर युवा माता-पिता 'लड़का' नहीं चुनते। क्यों नहीं चुनते या चाहते? इस प्रश्न के उत्तर में वे कहते हैं कि 'लड़के न तो हमारी बात सुनते हैं और न हमारी परवाह करने को तैयार हैं। उन्हें काबू में रख पाना भी कठिन काम है।' सत्ताईस वर्षीया युमि यामागुचि ने मुझे बताया है कि वे 'कन्याजन्म' में ही अपने जीवन का 'मंगल' देखती हैं। उन्होंने यह भी कहा, 'हम पूरे वर्ष 'सेक्स-सेलेक्शन' को लेकर किताबों पत्रिकाओं-डॉक्टरों तथा अन्य सलाहकारों से मिलते रहे। फिर हमारे कन्या पैदा हुई उसका नाम अमी रखा है। अब वह प्यारी बच्ची देखिए उछल रही है। हँस रही है। इसमें मैं अपना बचपन देख रही हूँ—पुनर्जीवित बचपन।'

यहाँ एक कठिन प्रश्न बार-बार पूछा जाता है कि पिता क्या चाहता है? यदि एक ही बच्चा पैदा करने का नियम हो तो ज्यादातर पिता 'पुत्र' प्राप्त करना चाहते हैं। ऐसी स्थिति के कारण 'सेक्स सेलेक्शन' को लेकर माता-पिता में झगड़ा खड़ा हो सकता है। कारण, प्रश्न 'तर्क' का नहीं, 'भावना' का है और पूरे सामाजिक परिवेश की उसमें गूँज है। यह सच है कि इधर महिलाओं ने आर्थिक-सामाजिक क्षेत्र में जो स्तर प्राप्त किया है—वह 'पुरुष प्रधान' समाज को चुनौती देने की स्थिति में आ गया है। ज्यादातर वे 'कार्य' जिन्हें पुरुष करते थे। उनका आंतरिक गणित बदल

गया है। सूचना-संचार क्रांति के क्षेत्र में लड़कियाँ अब लड़कों को पीछे छोड़ रही हैं। वैसे भी अब लड़का होना भारी मुसीबत में पड़ना है। यदि लड़का पढ़ाई-लिखाई में पीछे रह जाता है तो माता-पिता उसे कोसते हैं। यदि पढ़ता-लिखता है तो उसे अच्छे स्कूल, कॉलेज, विश्वविद्यालय में भेज पाना (प्रवेश दिला पाना और खर्च झेल पाना) लोहे के चने चबाना है। यह ठीक है कि जापानी समाज का झुकाव लड़कियों की ओर है—लेकिन 'पुत्र-ग्रंथि' से समाज मुक्त नहीं है।

'सेक्स-सेलेक्शन टेक्नोलोजी' की प्रामाणिकता में तो संदेह नहीं है। लेकिन 'नैतिक-मूल्यों' से जुड़े प्रश्न उठ खड़े होते हैं। जापानी समाज का एक हिस्सा तो यह कह रहा है कि ईश्वर के क्षेत्र में मनुष्य को अपनी टाँग नहीं अड़ानी चाहिए। हम तो 'प्रकृति' की पूजा करते हैं और परंपरागत प्रकृति-चिंतन में दखलंदाजी ठीक नहीं है। अतः लड़का या लड़की के जन्म का प्रश्न 'प्रकृति' को हल करना चाहिए—'सेक्स सेलेक्शन टेक्नोलोजी' को नहीं।

इक्कीसवीं शताब्दी का 'व्यक्तिवाद' खंड-खंड होते समाज का दर्द होगा जिसकी सही दवा मिल पाना कठिन काम है। मानव की 'विजय-यात्रा' में 'प्रकृति पर अधिकार' की पुकार और प्रेरणा है। लेकिन 'प्रकृति' को 'दास-बनना' स्वीकार नहीं है।

# दलित-चिंतन

# उत्तर-आधुनिक परिदृश्य में दलित-साहित्य-विमर्श

आज देश में कई तरह के दलित हैं और कई किस्म के दलित आंदोलन हैं। इन आंदोलनों में कई तरह की विचारधाराएँ हैं और नाना प्रकार के वैचारिक मुद्दे। इन मुद्दों में दलित-अस्मिता को परिभाषित करने की समस्या कम चुनौती भरी नहीं है। आज की दलित अस्मिता के साथ इतिहास और भूगोल, राजनीति और समाज व्यवस्था, वर्ण, वर्ग, जाति, धर्म आदि के कई भँवरदार प्रश्न जुड़े हुए हैं। विज्ञान, शहरीकरण, औद्योगिकीकरण के प्रश्नों को आधुनिकता, उत्तर-आधुनिकता के संदर्भ ने एक नया चेहरा दे दिया है जिसमें हिंदू समाज के साथ दलित कहाँ तक जुड़े हैं जैसे प्रश्न जुड़े हुए हैं। इधर पुरानी दलित अस्मिता और नई दलित अस्मिता में जमीन-आसमान का फर्क आ गया है। परिवर्तनवाद के सामाजिक चक्र ने 'जातिप्रथा' के स्वरूप को भी भीतर-बाहर से झकझोरा है। नया दलित-विमर्श समतामूलक, शोषण-मुक्त, आत्म-सम्मानपूर्ण, छुआछूत रहित समाज बनाने के लिए प्रतिबद्ध दिखाई देता है। सत्ता-राजनीति की शक्ति प्राप्त करने के लिए दलित कई स्तरों पर संघर्ष कर रहे हैं। इस संघर्ष का ही नतीजा है कि कई राज्यों में दलित मंत्री, मुख्यमंत्री हैं और दलित-संगठन शक्ति संचित कर रहे हैं। मार्क्सवादी ब्राह्मणवाद को दलित-शक्ति खदेड़कर पछाड़ रही है। उन्हें न सवर्ण सहानुभूति की जरूरत है—न मार्क्सवादी मानववाद की। गाँधी और लोहिया से भी वे 'नमस्कार' कर चुके हैं क्योंकि इन दोनों से ही उनका कष्ट दूर होनेवाला नहीं है। और तो और अंबेडकरी धर्मांतरण की नीति से भी दलितों को राहत की राह नहीं मिल रही है। इसलिए वे अपना रास्ता स्वयं तलाश रहे हैं—नई राहों के अन्वेषी बनकर। भारतीय समाज व्यवस्था में व्याप्त बहुलतावाद, बहुलतावादी संस्कृतिवाद का उनके लिए अलग अर्थ-संदर्भ है। वे इस अर्थ-संदर्भ को उसकी बुनियाद से खँगालने का अरमान रखते हैं इसलिए 'जाति-प्रथा' के पूरे 'पाठ' या टैक्स्ट-सब टैक्स्ट को नए 'पर्सपेक्टिव' में एक खास 'एप्रोच' के साथ सोचने पर या 'विमर्श' पर आमादा हैं।

पुरानी जड़ों की ओर लौटते हैं तो अर्थ-संदर्भ की सृजनात्मकता का संकट

गहरा होता दिखाई देता है। वेद-उपनिषद, गीता और शंकराचार्य उन्हें वैरी दिखाई देते हैं। क्योंकि इन सभी ने मिलकर ही वर्ण, जाति और धर्म के तिगड्डे को तगड़ा किया है। इसलिए दलित चिंतन इस तिगड्डा की जड़ों पर मट्ठा डालकर खोदना चाहता है। इन तीनों की जड़ें पाताल तक इतनी गहरी गई हुई हैं कि इन्हें खोदने के लिए काफी समय और साहस चाहिए। कोरे साहस से काम चलने वाला नहीं है। ब्राह्मणों में ऐसा लचीलापन है कि वे टूटते नहीं हैं और मजबूत हो जाते हैं और ज्यादा संगठित और ज्यादा दाँव-पेंच सीखकर चतुर-चतुर्भुज द्विज का मायालोक रच लेते हैं। नया बाजारवाद बुद्धि और अर्थ के मेल से निर्मित नया ब्राह्मणवाद नहीं है तो क्या है? एक तरह का ग्लोबल ब्राह्मणवाद। यह ग्लोबल ब्राह्मणवाद दलित आंदोलनों से ध्यान हटा रहा है और पूरे दलित विमर्श की हवा निकालने में कामयाबी हासिल कर रहा है। दलित केंद्रवाद को ध्वस्त कर रहा है और खाता-पीता दलित मध्यवर्ग, उच्च वर्ग या अभिजन उसके सामने चमगादड़ का मेहमान बनकर लटक रहा है। झंडा, डंडा और मुस्टंडा की राजनीतिक धुरी में अपने को खोया-खोया महसूस कर रहा है। दलित का नया अर्थ है—गरीब देश तीसरी दुनिया के देश—जिनका शोषण-पूँजीवाद या नव ब्राह्मणवाद करता है। जाति प्रथा का मारा दलित और नव सांस्कृतिक साम्राज्यवाद का मारा दलित देश, अंग्रेजी भाषा से पिटती संसार भर की दलित भाषाएँ अस्मिताएँ अपने अस्तित्व की गुहार कर रही हैं। इस तरह दलित केंद्रवाद अपनी धुरियाँ छोड़ रहा है। 'सबाल्टर्न हिस्ट्री' में इसकी अलग तरह की खोजी छवि उभर रही है। यहाँ लोक का कच्चा माल कूट-फटककर बौद्धिकतावाद की पत्तल में परोसा जा रहा है। बौद्धिकतावादी पत्तल में जो हलुआ परोसा गया है—उसका नाम है—उपभोक्तावाद-देहवाद-यौनवाद-अमेरिकावाद। जिसमें 'इतिहास' और 'विचारधारा' का अंतवाद घोषित किया जा चुका है और 'थर्ड वेव' अर्थात् नव औद्योगिक समाज की सूचना संचार क्रांति की उत्ताल तरंगें, युग सागर के तटों से टकरा रही हैं। इन तटों पर मगरमच्छ, घड़ियाल लेटे सोच रहे हैं कि मछलियों को कुछ समय और उछले-कूदने का मौका दे दो।

भारतीय साहित्य के दलित-साहित्यकारों, चिंतकों, सिद्धांतकारों, पैरवीकारों का यह कहने से काम अब नहीं चलेगा कि सवर्णों ने सवर्ण-साहित्य के तो हिमालय खड़े कर दिए लेकिन दलित साहित्य के टीले तक खड़े नहीं किए? क्यों दलित साहित्य नहीं लिखा या नाममात्र को लिखा। इसलिए दलित को दलित साहित्य लिखना पड़ रहा है या दलित ही दलित साहित्य लिख सकता है, गैर-दलित नहीं। हिंदी में प्रेमचंद और निराला का दलित स्वर दलित-साहित्य के सिद्धांतकारों की सहमति नहीं पा सका। क्यों नहीं पा सका? इसके अनेक तर्क हैं और उन तर्कों की तह में जाना यहाँ विषयांतर होगा। केवल इस ओर ध्यान देना चाहिए कि डॉ. रामविलास शर्मा जैसे प्रगतिशील आलोचक को दलित-विमर्श के सिद्धांतकार 'वेदाक्रांत' आचार्य कहते हैं। दूसरी बात

यह है कि डॉ. शर्मा द्विज-साहित्य और दलित-साहित्य जैसा विभाजन साहित्य के लिए घातक मानते हैं। साहित्य जोड़ता है—बाँटता नहीं है—भाव उत्पन्न करता है, मानवीयता, मनुष्यता का विकास करता है।

लेकिन इस तर्क का क्या जवाब है कि हिंदी साहित्य से अलग है दलित साहित्य। इसलिए दलित साहित्य को हिंदी साहित्य की एक शाखा कहना अनुचित है। दलित साहित्य की अलग स्वायत्त-सत्ता है—अस्मिता है, शास्त्र है, विचार-दर्शन है। ऐसा दलित साहित्य के सिद्धांतकार जोर देकर रेखांकित करते हैं। दलित साहित्य की अलग राजनीति है। मार्क्सवाद की अलग राजनीति। मार्क्सवादी सींग कटाकर दलित साहित्य में घुसना चाहते हैं—दलित साहित्य को सराहते हैं। लेकिन दलित साहित्य वाले अपनी विवेक-वयस्कता से मार्क्सवादियों को दूर रखते हैं। क्योंकि वे मार्क्सवादियों के 'चरित्र' को भीतर बाहर से जानते हैं। स्वयं डॉ. अंबेडकर जीवनभर मार्क्सवादियों से बिदकते रहे। इधर आलग यह है कि हिंदी दलित साहित्य के शास्त्रकार, डॉ. रामविलास शर्मा, आचार्य रामचंद्र शुक्ल, आचार्य हजारीप्रसाद द्विवेदी आदि हिंदी के मूर्धन्य आलोचकों से बिदकते दिखाई देते हैं। इन हिंदी के आलोचकों ने भारतीय संस्कृति, वेद-साहित्य, रामायण-महाभारत, शंकराचार्य, रामानंद की दुनिया से अपने विचार-सूत्रों को दृढ़ किया है। इधर इन पर तिलक-विवेकानंद, अरविंद-गाँधी का प्रभाव भी कम ज्यादा पड़ा है। इस पूरी भारतीय साहित्य की परंपरा-साहित्य, धर्म-दर्शन में अस्पृश्यों-दलितों पर ध्यान बहुत कम दिया गया है। 'दलित' शब्द तो आर्य समाज के प्रवर्त्तक स्वामी दयानंद में प्रथम बार 'उद्धार' की दृष्टि लेकर आता है। गाँधी जी ने दलितों को 'हरिजन' संबोधन दिया था, जिसे राजनीति ने आज कलंकित कर दिया है। फिर गाँधी जी तो वर्ण-व्यवस्था एवं जाति-व्यवस्था के समर्थक थे और इसीलिए डॉ. अंबेडकर की उनसे खुली टक्कर होती रही। स्वयं आचार्य शुक्ल वर्ण-व्यवस्था के समर्थक आलोचक हैं। फिर तुलसीदास के महिमा गायक। उनसे दलित विरोध स्वाभाविक है। लेकिन डॉ. रामविलास से दलित विरोध केवल इसलिए कि वे भारतीय-संस्कृति के नए भाष्यकार हैं और आर्य-आक्रमण के सिद्धांत को स्वीकार नहीं करते। डॉ. रामशरण शर्मा 'प्राचीन भारत में शूद्र' में आर्यों को आक्रमणकारी मानते हैं। इस सिद्धांत को डॉ. रामविलास शर्मा स्वीकार करना तो दूर कपोल-कल्पित और अतार्किक साम्राज्यवादी सिद्धांत पाते हैं। हिंदी साहित्य में डॉ. रामविलास शर्मा ही क्यों—महाकवि जयशंकर प्रसाद भी 'आर्य-आक्रमण-सिद्धांत' को निराधार मानते हैं।

'कथा-क्रम' दलित विशेषांक नवंबर-2000 के अतिथि संपादक श्री मुद्राराक्षस ने अपने संपादकीय वक्तव्य में डॉ. रामविलास शर्मा और उनके मार्क्सवादी चिंतन को प्रहार का मुद्दा बनाया है। मुद्राराक्षस जी ने लिखा—'वेद मुग्ध मार्क्सवादियों को सद्यःप्रसूता की प्रसूति गृह में ही हत्या करने वाले लोग भारतीय संस्कृति के वाहक लगते हैं। और कौत्स या ऐलूष जैसे वेद-विरोधी विचारक असुर और पिशाच। उन्हें

इसलिए कबीर भी पसंद नहीं आते। रामविलास शर्मा ने अपनी लगभग डेढ़ हजार पृष्ठों की किताब में तुलसीदास पर तो डेढ़ सौ पृष्ठ खर्च किए हैं और समूचे बौद्ध दर्शन और इतिहास पर केवल इसके एक तिहाई पृष्ठ लिखे और वे भी यह सिद्ध करने के लिए कि बुद्ध कर्मफल और वर्ण-व्यवस्था के समर्थक थे। अपने लक्ष्य को साधने के लिए मुद्राराक्षस जी ने पूरे लक्षण को ही भटका दिया। इस तरह की आलोचना ने ही आलोचना में संदर्भवाद का गला घोंट दिया है। हम सभी को पता है कि 'भारतीय संस्कृति और हिंदी प्रदेश' (दो भागों में) लिखनेवाले डॉ. रामविलास शर्मा का उद्देश्य 'बुद्ध को कर्मफल और वर्ण-व्यवस्था का समर्थक' सिद्ध करना नहीं था। ऋग्वेद की श्रम और संस्कृति पर डॉ. शर्मा ने बहुत गंभीर अनुसंधान किया है। उन्होंने लिखा है—'कर्म के अनुसार वर्णों में भेद हुआ, यह बात सही है। एक बार जब वर्ण बन गए तब उनके अलग-अलग धर्म निर्धारित किए गए। किंतु वर्ण-व्यवस्था के उद्भव से पहले एक धर्म की कल्पना चली आ रही थी। उसका संबंध किसी वर्ण-विशेष से नहीं था। वह सभी मनुष्यों के लिए था।' (भारतीय संस्कृति और हिंदी प्रदेश, भाग 2, पृ. 232)। अतः वर्ण-व्यवस्था और कर्मवाद पर आरंभ से विचार करने का यह अर्थ कैसे किया जा सकता है कि डॉ. रामविलास शर्मा वर्ण-व्यवस्था में विश्वास करते हैं और बुद्ध को घेरकर वर्ण-व्यवस्था का समर्थक सिद्ध करने पर आमादा हैं।

रही जन-समर्थन की बात। कबीर को तुलसीदास जितना जन-समर्थन कभी नहीं मिला। कहते हैं कि कबीर को साहित्य में प्रतिष्ठित करने वाले हजारीप्रसाद द्विवेजी जी जीवन के अंतिम दौर में तुलसीदास पर एक पुस्तक लिखना चाहते थे। क्या ही वे इस इच्छा के साथ ही संसार से विदा हो गए। निराला जी और डॉ. रामविलास शर्मा दोनों ही तुलसीदासमय रहे। इसका यह अर्थ नहीं है कि वे कबीर की उपेक्षा करने के लिए ऐसा करते हैं। दोनों के ही मन में कबीर के प्रति स्थायी श्रद्धा का भाव है। मनमाने ढंग से कबीर की उपेक्षा का दोष इन दोनों के मत्थे मढ़ना तर्क नहीं है—अराजकता है। दलित साहित्य की वकालत का ऐसा नशा किस काम का है जो आपको हास्यास्पद बना दे। डॉ. रामविलास शर्मा को 'वेद मुग्ध मार्क्सवादी' कहना ऐसी ही हास्यास्पद स्थिति है। संस्कृत ग्रंथों में श्रम का ठेका केवल शूद्रों ने ही नहीं उठाया है—वैश्यों ने भी उठाया है—वे भी पशुपालन और खेती करते थे। इसलिए यह कहना कि हर शिल्प-कार्य से जुड़े शिल्पी को हिंदू ग्रंथ शूद्र कहते थे—कोटा सरलीकरण है—मयदानव की कथा में मयदानव का शिल्प कर्म किसके प्रेरक भाव से महनीय बनता है? अमरकोष में शिल्पी को शूद्र का पर्याय माना गया तो इसका मायने यह कैसे लिया जा सकता है कि यह अर्थ सभी को स्वीकार्य है। यह भ्रम नहीं होना चाहिए कि हिंदू धर्म मनुस्मृति या अमरकोष ही है। इसमें किसी धर्मशास्त्र का हुक्म नहीं चला न चलेगा। क्योंकि हिंदू धर्म में वाद-विवाद-संवाद की बहुत पुरानी परंपरा रही है—चाहे धर्म हो, दर्शन हो, काव्य-शास्त्र हो, जातिप्रथा

हो, बहस जारी रही है।

प्राचीन भारत की संस्कृति का सबसे पीड़ादायक प्राचीन पहलू यह है कि इस संस्कृति के भीतर से पुरोहितवाद तगड़ा होता गया। इसी पुरोहितवाद ने ऋग्वेद के बाद वर्ण-व्यवस्था को ढाल बनाकर समाज को द्विज-संस्कृति और द्विजेतर-संस्कृति या शूद्र संस्कृति में विभाजित कर दिया। इतना ही नहीं इस पुरोहितवाद ने वेद-भाषा देव-भाषा को आर्य-भाषा कहकर इस पर कब्जा कर लिया। भाषा ही अस्तित्व है, व्यक्तित्व है, अस्मिता है। अतः आर्य-भाषा या संस्कृत-भाषा की आड़ में पुरोहितवाद का विष वर्ण-व्यवस्था और जाति-व्यवस्था में प्रवेश कराया गया। इसी ने देव-भाषा और म्लेच्छ-भाषा का समर तैयार किया—जिसमें मुखभाषा और पदभाषा का अगड़ा-पिछड़ा बीज भाव मौजूद मिलता है। इसमें ब्राह्मण, क्षत्रिय, वैश्य तीनों का तिगड्डा तो मुख-संस्कृति, द्विज-संस्कृति की गोद में बैठ गया और श्रम करने वाला, शिल्प कर्म में प्रवृत्त रहने वाला, कमजोर, निर्धन, शोषित वर्ग को पद-संस्कृति, शूद्र-संस्कृति की खाई में धकेल दिया गया। यहीं से एक ऐसी संस्कृति का जन्म हुआ जिसने सर्वनाश के बीज बोए। पूरे छल-प्रपंच का कपट जाल यह कहकर डाला कि 'जन्मना जायते शूद्रः संस्कारात द्विज उच्यते। वेदपाठात् भवेत विप्रः ब्रह्म जानाति ब्राह्मणः।' जन्म से सभी शूद्र हैं—संस्कार से द्विज हो गए। वेदपाठ से विप्र और ब्रह्मज्ञान वाले ब्राह्मण। संस्कार माने पूजा-पाठ, यज्ञोपवीत, यज्ञ-कर्म आदि। इन संस्कारों के पास शूद्र को फटकने तक की मनाही। विराट-पुरुष के पैरों में जनेऊ कैसे पहना जा सकता था। इस प्रकार शूद्रों को शास्त्र-वंचित कर दिया गया। शिखा, सूत्र, गायत्री, स्वधा और वेद-पाठ का अधिकार देकर द्विजों की समाज में एक संस्कृति विकसित की गई। आर्य-संस्कृति ने अनार्य-संस्कृति के बीच 'कृष्णयोनीः', 'त्वचं कृष्णामे' तथा 'दस्यूत् विशः' के अलगाववादी 'पाठ' की महत्त्व-प्रतिष्ठा कर डाली। अपने को द्विजों ने 'हिरण्यकेशी', 'सूर्यत्वचः' और 'देवभाषा' के आभिजात्य में लपेट कर खड़ा किया। इसी अलगाववाद ने परवर्ती-परंपरा में द्विज-संस्कृति और शूद्र-संस्कृति को खींचकर बड़ा किया। द्विज-संस्कृति ने 'ब्राह्मण-ग्रंथ विधि' और 'यज्ञ-उपासना' का कर्मकांड गढ़ डाला तथा शूद्र-संस्कृति को शिल्प और कृषि-तंत्र के कठोर श्रमवाद का पालन कराया। इस शूद्र-संस्कृति में व्रात्यों को भी समेट लिया गया और यहीं से यज्ञ-संस्कृति के विरोध का सांस्कृतिक युद्ध गहराया। द्विज-संस्कृति ने बहुदेवतावाद, लीलावाद, अवतारवाद, कर्मवाद को अपने माया-जाल से दृढ़ किया और इस ढंग से दृढ़ किया कि इसके सामने शूद्र-संस्कृति लाचार हो गई। द्विज-संस्कृति की सांस्कृतिक-श्रेष्ठता से आकृष्ट होकर शूद्र-संस्कृति ने उसका अनुकरण किया। इतना ही नहीं द्विज-संस्कृति ने ब्राह्मण-ग्रंथों के साथ श्रौत सूक्त, शिक्षा, कल्प, निरुक्त, पुराण, स्मृति-ग्रंथ, नाट्यशास्त्र, काव्य-शास्त्र, और दर्शनशास्त्र के ग्रंथ रच डाले। इस प्रकार नेमिषारण्य की परंपरा ने वशिष्ठ और विश्वामित्र-परंपराओं में समाज को जकड़ लिया। ऋषि-मुनि,

साधक, यती-योगी, संत-महात्मा, ज्ञानी-भक्त सभी ने शक्ति और सत्ता के तंत्र को प्रत्यक्ष परोक्ष विधि से अपना 'मॉडल' बना लिया। रामायण-महाभारत ने इस मनोभूमिका को देव-मानव 'पैटर्न' में ढाला तथा पूरी जातीय स्मृति में ब्राह्मण मिथकों ने वर्चस्व कायम किया। आचार्य-उपाध्याय, भूदेव और पुरोहित मिलकर सांस्कृतिक विचार-मंडल के प्रवक्ता और अधिनायक बन गए। यही कारण है कि डॉ. अंबेडकर बार-बार इसी पुरोहितवाद के वर्चस्व को कोसते मिलते हैं।

वैदिक-चिंतन परंपराओं को बौद्ध चिंतन परंपरा ने चुनौती दी। इस चुनौती का नतीजा यह निकला कि बुद्ध ने एक सामाजिक-धार्मिक क्रांति का विचारधारात्मक प्रवर्त्तन किया। ब्राह्मण-पुरोहितवाद ने बौद्धिक लड़ाई का इसी समय संकल्प लिया। बौद्ध धर्म के अनुयायी राजा व्रहदथ मौर्य की पुष्यमित्र शुंग ने हत्या (180ई.पू.) करके ही चैन पाया। विद्वान मानते हैं कि इसी काल में 'मनुस्मृति' की रचना हुई। इस प्रकार 'मनुस्मृति' एक परंपरा के समाज-शास्त्र की उपज है जिसे स्वीकृति और विरोध दोनों का ही सामना करना पड़ा। 'मनुस्मृति' की आचार-संहिता को सर्वमान्य स्वीकृति कभी नहीं मिली। इसलिए 'मनुवादी' अपने ही केंद्रों में पिटते-लुटते रहे। व्यापक हिंदू धर्म ने पुराण, रामायण, महाभारत पर भी प्रश्न उठाए और व्यवस्थाओं-विचारधाराओं पर वाद-विवाद का सिलसिला जारी रहा। हिंदू-धर्म की यह विशेषता रही है कि वह धार्मिक-क्रांतियों, प्रतिक्रियाओं, प्रतिक्रांतियों, आंदोलनों, विचार-गोष्ठियों में कभी भी एकमत व्यक्त नहीं करता। इसीलिए अनेक 'पंथ' अनेक 'धर्म' और बहुलतावादी सांस्कृतिक-चिंतन इसकी आंतरिक सृजन-लय को खंडित नहीं होने देता है। 'गीता' के किसी एक भाष्य पर सहमति नहीं है। शंकर भाष्य, तिलक भाष्य और गाँधी भाष्य तक निरंतर खोपड़ियाँ टकराती हैं। 'गीता' में श्रीकृष्ण ने 'वर्ण-व्यवस्था' का समर्थन किया। फिर वाद-विवाद हुआ और हो रहा है। 'गीता' केवल ब्राह्मणवादी विचारधाराओं की स्थापना का बीड़ा उठाकर नहीं रची गई। वह तत्कालीन समाज व्यवस्था के भीतर से अनेक सत्यों को उभारने के लिए रची गई। श्रीकृष्ण का यह कहना कि वैश्य हो, शूद्र हो, स्त्री हो, कोई हो, जो मेरी शरण में आएगा, उसे अपनाया जाएगा, ठुकराया नहीं जाएगा। पीछे से 'गीता' ही भक्ति-मार्ग, भारतीय भक्ति आंदोलन की क्रांतिकारी भूमिका निर्मित करती है।

बाबा साहब ने विरोध-विद्रोह और उत्तेजना में 'मनुस्मृति' की होली जलाई और 'गीता' की कठोर आलोचना की। उसी समय यह प्रश्न उठा कि भारतीय समाज में बौद्ध, चार्वाकी-लोकायती रहे अवश्य लेकिन कभी वर्चस्व प्राप्त नहीं कर सके। क्यों वर्चस्व प्राप्त नहीं कर सके? उन्हें ब्राह्मणवाद-पुरोहितवाद-सवर्णवाद ने रौंद डाला और इस ढंग से रौंदा कि उनकी रीढ़ टूट गई। बाबा साहब का विचार विवादास्पद है कि गीता का प्रधान-विचार, हिंसा, चतुर्वर्ण व्यवस्था, वेदांती विचारधाराओं की स्थापना तथा बौद्ध धर्म की स्थापनाओं को समाप्त कर हिंदू धर्म के केंद्रवाद को

दृढ़ करना है; यह विचार सही नहीं कि गीता ने दलित-हिंसा का प्रसार किया। गीता में पारिवारिक कलह की समस्या है और न्याय-संघर्ष की तार्किक स्थापना ही मूल विषय है। इतिहास समाज की गति में ब्राह्मणवाद भी चूर हुआ और बौद्ध चिंतन परंपराओं का पतन भी सामने आया और दोनों की ही विकृतियों ने इस समाज को नया कीचड़ दिया। इधर उत्तर-आधुनिकतावाद ने सभी विचार-धाराओं का 'अंतवाद' घोषित करते हुए एक नई समाज-व्यवस्था पैदा कर दी। उत्तर-आधुनिकतावाद ने गाँधीवाद, मार्क्सवाद, अंबेडकर आदि को धूल में ध्वस्त कर दिया और समाज एक नई दिशा में चल पड़ा। यह दिशा पश्चिमवाद की ओर खुलती है—जिसकी देन है—सूचना संचार-क्रांति। ऐसा नया शहरीकरण, भूमंडलीकरण जिस पर बाजारवाद, सांस्कृतिक साम्राज्यवाद हावी है। यह बाजारवाद कृषि समाज को ध्वस्त करके 'स्मृति' मिटाने पर आमादा है। और देवभाषा को धकेल कर अंग्रेजी का वर्चस्व कायम कर चुका है। इसलिए आज प्राचीन न्याय-अन्याय का होना अपना संदर्भ खो चुका है। द्विज-संस्कृति तथा शूद्र-संस्कृति की खोजबीन आज मात्र अकादमिक मुद्दा रह गया है जिस पर कितने लोग ध्यान देते हैं। आज सभ्यताओं के नए संघर्ष फुफकार रहे हैं। और उस ओर ही ध्यान केंद्रित हो रहा है। इस ध्यान केंद्रण से पूरे विश्व का सिर गरम है, भन्नाया हुआ है, बेचैन है और भयंकर यातनाओं को मानव झेल रहा है। हर विश्वास खंडित हो गया है और हर मूल्य कलंकित। सांस्कृतिक राष्ट्रवाद और सांस्कृतिक जनवाद के बीच भी रहस्यपरक भ्रमात्मक द्वंद्व-युद्ध हो रहा है क्योंकि यह सत्ता की राजनीति का रावण चेहरा है। इन सभी के निर्वचन-प्रवचन हो रहे हैं। लेकिन शब्द की ही सत्ता नहीं बची है केवल बचा है उपभोक्तावादी संस्कृति का उन्माद।

आज यह कहना कि धार्मिक कारकों ने राजनीतिक कारकों और अवधारणाओं की शक्ल ग्रहण कर ली है, ज्यादा ठोस तर्क है। राजनीतिक आकांक्षाओं की विचारधाराओं में मौजूद 'खोखलापन' भी किसी से छिपा नहीं है। 'हित' और 'ऋत' की राजनीति को सांस्कृतिक साम्राज्यवाद के अजगर ने लील लिया है। दरअसल, भारतीय समाज की कई परतों वाली जटिल बुनावट का रूप इतना विचित्र है कि विश्व के अन्य समाजों की तुलना 'चक्करदार' दाँव-पेंच में फँसा देती है। इसलिए, तुलना से जो सरलीकरण खोजे गए हैं, वे काम के नहीं हैं, हमारी समझ को धार नहीं देते—उलटे कुंद करते हैं। आर्यों ने भारत पर आक्रमण किया या नहीं अभी तक तय नहीं हो पाया। आर्यों के आदि देश के कई सिद्धांत बने और विचार खेत की खाद बन गए। आर्य-अनार्य संघर्ष के कितने सिद्धांत खूब गढ़े गए, पर हल क्या निकला। वही ढाक के तीन पात रहे। पश्चिमी नस्लवाद की समाज व्यवस्था से भी हमने भारतीय वर्णवाद-जातिवाद, छुआछूत, ऊँच-नीच, अगड़े-पिछड़े कितने विवाद उठाए। लेकिन वे सब सरलीकरण ही सिद्ध हुए। शूद्र-संस्कृति, दास, दलित को उत्पीड़न

से जोड़कर भी देखा लेकिन विचार उलझते ही गए। प्रश्न उठता है कि क्या प्राचीन भारत के शूद्र-आधुनिक भारत के 'दलित' कहे जा सकते हैं क्योंकि वर्ण-व्यवस्था जाति-प्रथा में भारी परिवर्तनकारी स्थितियाँ दिखाई देती हैं। आज 'दलित' की परिभाषा क्या है? इस पर इतना विवाद है कि दलित साहित्य के शास्त्रकार शीर्षासन कर रहे हैं। दलितों के इतने भेद-प्रभेद हैं कि भेद-प्रभेद की ध्वनिवादियों की परंपरा उसके सामने पानी भरती है। दलित विमर्श की अवधारणा शिव की उलझी वे जटाएँ हैं जिन्हें सुलझा पाना चुनौती है। हम सभी महसूस कर रहे हैं कि हर रोज दलित विमर्श की 'फ्रिजाइल' अवधारणा में दम फूल रही है और 'दलित' शब्द की हर परिभाषा आधी-अधूरी-अपर्याप्त।

पुरानी शूद्र संस्कृति के शूद्र केवल शिल्पकार, कृषि-कर्मी, मजदूर, अधिकार वंचित, निर्धन, दास ही नहीं थे उनमें सुदास जैसे राजा भी बहुत थे जिनके यहाँ वशिष्ठ-परंपरा, विश्वामित्र-परंपरा के लोग पुरोहिताई करते थे और इन वशिष्ठों के शक्ति पुत्र भी सुदासों के संकेत पर मारे जाते थे। कोल-किरात, भील, निषाद भी दलित थे। वनवासी, आदिवासी थे और उनमें भी राजा थे निषादराज जैसे लोग। अगर यह मान लेते हैं कि आर्य आक्रमण ने यहाँ के निवासियों की भूमि छीनकर दास बनाया, शूद्र बनाया और स्वामी बन बैठे तब शूद्र राजाओं के स्वामीवाद का क्या उत्तर होगा? फिर 'आर्य' शब्द का अर्थ अनिश्चित है। यह जाति की श्रेष्ठता से कम आर्य (आर्य भाषा) की श्रेष्ठता से ज्यादा जुड़ा है। 'आर्य' की अर्थ-व्यंजना में अहंवाद का बिंब निर्मित नहीं होता क्या? फिर रवींद्रनाथ के प्रसिद्ध निबंध 'भारतवर्ष में इतिहास की धारा' की स्थापना कहती है—'किसी को यह नहीं समझना चाहिए कि आचार्यों ने हमें कुछ नहीं दिया। वास्तव में, प्राचीन द्रविड़ लोग सभ्यता की दृष्टि से हीन नहीं थे। उनके सहयोग से हिंदू सभ्यता को रूप-वैचित्र्य और रस-गांभीर्य मिला। द्रविड़ तत्त्वज्ञानी नहीं थे पर उनके पास कल्पना शक्ति थी, वे संगीत और वास्तुकला में कुशल थे। सभी कलाओं में वे निपुण थे।' इसी राह पर चलकर पाते हैं कि हिंदू धर्म अनेक मेल-मिलापों का मुरब्बा है। आर्य-द्रविड़ गाथा को खगोलते हुए रवींद्रनाथ को कहना पड़ा—'वैष्णव धर्म में एक ओर भगवत गीता का विशुद्ध, उच्च धर्मत्व है तो दूसरी ओर अनार्य ग्वालों में प्रचलित देवलीला की विचित्र कहानियाँ भी उसमें सम्मिलित हैं। वैष्णव धर्म का आश्रय लेकर जो लोक-प्रचलित पौराणिक कथाएँ आर्य-समाज में प्रतिष्ठित हुईं उनमें प्रेम, सौंदर्य और यौवन की लीला है। प्रलाप पिनाक के स्थान पर बाँसुरी के स्वर हैं। भूत-प्रेत के स्थान पर यहाँ गोपियों का विलास है, जहाँ वृंदावन का चिर वसंत और स्वर्गलोक का चिर ऐश्वर्य है। आभीर संप्रदाय प्रचलित कृष्णकथा वैष्णव धर्म में घुलमिल गई है।' यक्षों, गंधर्वों-नागों, आभीरों जैसी अनार्य जातियों का इतिहास शूद्र संस्कृति में किस अर्थ की निष्पत्ति करता है तय कर पाना सरल नहीं है। प्रश्न उठता है—अस्पृश्य कैसे बनाया गया—'जाति-प्रथा'

के इतिहास की यह अँधेरी गुफा कहाँ से खुलती है। अनेक जातियाँ आती रहीं, तस्वीर बदलती रहीं। इस तस्वीर को इस्लाम और अंग्रेज ने नया रंग दिया—रंगवाद-नस्लवाद-धर्मवाद का। क्या हम वी.टी.राजशेखर की स्थापना मान लें कि 'भारतीय अस्पृश्यों और अफ्रीकियों' के पूर्वज एक थे। (दि ब्लैक अनटचेबल्स ऑफ इंडिया)। काले-गोरे का फर्क प्राचीन इतिहास में दृढ़ होता तो राम और कृष्ण काले न होते। सीता गौरवर्ण हैं—राधा गौर वर्ण की हैं—लेकिन द्रौपदी काली है—श्यामा है और द्रौपदी से ज्यादा सुंदर कौन है? कोई नहीं? हमारे बहुदेवतावाद के सिद्धांत में न रंग भेद है न जाति-भेद। नस्लभेद भी नहीं है। सत्यवती के पुत्र कृष्ण द्वैपायन वेदव्यास की पुत्र-परंपरा क्या ध्वनित करती है। ज्ञान कोई भी अर्जित कर सकता था—चाहे वे श्रीकृष्ण हों या दासी पुत्र विदुर।

क्या विदुर से बड़ा कोई धर्म-शास्त्र, नीति-निपुण हो सकता है। विदुर-पूजा होती है—पूरी परंपरा उनके सामने नतमस्तक है। सवर्ण-दंभ वाले विदुर से नफरत क्यों नहीं करते? इन अनेक प्रश्नों से एक प्रश्न फूटता है कि अंग्रेजों ने हमें 'आर्य-आक्रमण सिद्धांत' में घेरकर खड़ा किया और नस्लवादी यूरोपीय संस्कृति की अवधारणाओं से भारतीय-संस्कृति को जानने-समझने की कोशिश की। अंग्रेज साम्राज्यवादी-संप्रदायवादी इतिहास की नकल करके भारतीय इतिहासकारों ने भी उनकी दृष्टि को आगे बढ़ाया। नतीजा यह हुआ कि उन्होंने अनेक भारतीय अवधारणाओं की व्याख्या को गलत दिशा दी। औपनिवेशिक मानसिक दासता के अभिशापों ने भारतीय धर्म, दर्शन, भाषा का पूरा गलत पाठ किया। ब्राह्मणवाद और संस्कृतवाद की धारणा को भी यूरोपीय मानसिकता के इतिहासकारों ने ही यहाँ पनपाकर बड़ा किया। इसी ने कृष्णवाद और धर्मवाद की राजनीति का जहरवाद पैदा किया। आधुनिक भारत दो प्रकार की राजनीति में विभक्त हो गया। (1) प्रगति के लिए जातिवाद-वर्णवाद का समर्थन करने वाला। (2) प्रगति के रास्ते सबसे बड़ी बाधा के रूप में जातिवाद-वर्णवाद को सत्यानाशी रूप में प्रस्तुत करने वाला। पहली धुरी में गाँधीवाद और दूसरी धुरी में अंबेडकर। दोनों लंबे समय से टकराते चले आ रहे हैं। इस टकराहट के बहुत संतोषजनक परिणाम सामने नहीं आए हैं। हो सकता है आगे इस टकराहट से नया मार्ग निकले। लेकिन गलत यह है कि हिंदू-इस्लाम संघर्ष जोरों से चला और कहा गया कि संस्कृत भाषा और साहित्य को जब तक समूल नष्ट नहीं किया जाएगा इस देश में कोई भी प्रगतिशील रास्ता नहीं बनाया जा सकता। हमारे बौद्धिकों ने मैकाले को अपना गुरु मान लिया है और उसी के नक्शे कदम पर चल रहे हैं। इधर 'बौद्धिक' का एक नया अर्थ सामने आया है—'अंग्रेजी ज्ञान से संपन्न मार्क्सवादी व्यक्ति'। लेकिन इस अर्थ को प्रयत्नों के बावजूद उत्तर-आधुनिकतावादी लोग स्वीकृति नहीं दे रहे हैं। उत्तर-आधुनिकतावादी सभी मान्यताओं पर मुँह बिचका रहे हैं।

आर्य-आक्रमण सिद्धांत को माननेवाले कहते हैं कि आर्यों ने यहाँ की स्त्रियों

को हथिया लिया—उनके बच्चों को पाला। यदि ऐसा हुआ तो आर्य-भाषा भारत की ही सिद्ध हुई—विदेशी कैसे। महात्मा ज्योतिबा फुले का यह विश्वास ही हमारे लिए झूठा पड़ जाता है कि आर्य विदेशी थे। असल में जैसे आर्य समाज पर ईसाईवाद की धमक पड़ी वैसे ही ज्योतिबा फुले पर भी ईसाई मिशनरी चिंतन का कब्जा रहा है। इसलिए उनकी इतिहास दृष्टि गुमराही का शिकार हो गई। ईसाईवाद के प्रचार की सबसे बड़ी बाधा रही है सवर्णवाद। जिसने उन्हें पास नहीं फटकने दिया—उन्हें 'फिरंगी' कहकर उनके प्रति अपनी घृणा को व्यक्त किया। भारतीय लोकगीतों में इस 'फिरंगी' घृणा की मनोभूमिका को कई रूपों में पाया जा सकता है जैसे 'बहिना बनो न फिरंगी शर्म करो जी'? अच्छी बात यह हुई है कि इधर के वर्षों में मोहनजोदड़ों-हड़प्पा की खुदाई से प्राप्त देव-प्रतीकों, पशु-प्रतीकों के आधार पर आर्य-आक्रमण सिद्धांत को ढोल की पोल सिद्ध कर दिया है। इन नई खोजों को विशेषकर पुरातात्विक खोजों को आधार बनाकर ही डॉ. रामविलास शर्मा ने आर्य-आक्रमण सिद्धांत तथा आर्य भाषा-सिद्धांत को अस्वीकार कर दिया है। अतः आर्यों का आदि-देश भारत है—कोई अन्य देश नहीं। आप इसे 'आर्य भारत व्याकुल मनोदशा का निर्णय' मत मानिए—पुनर्विचार का 'सारांश' कहिए। अब 'अवेस्ता' से ऋग्वेद के साम्य को दिखाना बेकार हो गया है और इस अबौद्धिक जड़ता का तर्क माना जाने लगा है। स्वयं डॉ. अंबेडकर 'आर्य-आक्रमण' सिद्धांत को नहीं मानते हैं और कहते रहे हैं कि उनके पास पर्याप्त पुष्ट प्रमाण हैं कि आर्य बाहर से नहीं आए। इस आर्य-आक्रमण सिद्धांत को डॉ. अंबेडकर ने दलित समस्या के रूप में देखा और पाया कि काले मूल निवासियों पर गोरे आर्यों ने आक्रमण किया ही नहीं। सच बात यह है कि शुरू से ही भारत विविध भाषाओं-संस्कृतियों की भूमि रहा है। साथ ही अस्पृश्य कभी भी आर्य-द्रविड़ों से अलग नस्ल के नहीं रहे। उनके शरीर एवं रंग को भारत के भूगोल ने निर्धारित किया। अतः यदि अस्पृश्य पर विचार करना हो तो आर्य-द्रविड़-सिद्धांत काम नहीं करेगा। श्रम-व्यवस्था, आर्थिक-व्यवस्था पर विचार करना होगा जिसमें स्वामी-दास संबंध की सत्ता रही है। संपन्न स्वामी समुदाय ने विपन्न समुदायों से दास-कर्म करवाया। कूट-पीटकर उनसे श्रम करवाया और श्रम से उत्पन्न धन को हड़पते रहे। प्राचीन भारत के सामंतवाद में बहुत-सी विकृतियों की जड़ें खोजते ही दृष्टिगत होने लगती हैं। यह गरीब श्रमजीवी वर्ग ही 'दलित' है जो खेतों की जुताई, बुआई, कटाई, गहाई, निराई का काम करता था और पशुओं को पालता था। इन्हीं के साथ बढ़ई, लुहार, कुम्हार जुड़े हैं और इनसे थोड़ा भिन्न काम करने वाले सुनार, पनिहार, पनवाड़ी, मूर्तिकार स्थापत्य कलाओं से जुड़े लोग थे। इनके पास हुनर थे। इस प्रकार 'विद्या' वाले लोग अलग थे—'उपविद्या' वाले अलग। 'उपविद्या' में कलाएँ थीं—चौंसठ कलाएँ—बहत्तर कलाएँ या अनगिनत कलाएँ। प्राचीन भारत का रईस कला की कद्र करना जानता था; किंतु आज का पूँजीपति कला-संस्कार से ही पूरी तरह

कटा हुआ है। ऐसे ही 'विद्या' को बेचा नहीं जाता था किंतु आज कौन-सी विद्या है जिसे बेचा न जाता हो। 'मार्केट इकोनोमी' ने पूरा प्राचीन सोच ही बदल दिया है।

दरिद्रता-विपन्नता-साधनहीनता ने पहले भी समाज में भेद किए थे और आज भी वे भेद रूप बदलकर मौजूद हैं। भारत का प्राचीन साहित्य दरिद्र ब्राह्मणों-शूद्रों, आदिवासियों की व्यथा कथा से भरा पड़ा है। इसी व्यथा ने 'दरिद्र नारायण' के मिथक का विस्तार किया। इसका अर्थ यह हुआ कि हमें ब्राह्मण और ब्राह्मणवाद की मार्क्सवादी-समाजवादी अवधारणा को मिलाकर एक नहीं कर देना चाहिए। दोनों के भेद को समझे बिना हमारी पूरी समझ ही गड़बड़ा जाती है। आज आप उपन्यास रचते हैं और उसमें दिखाते हैं कि एक सुंदर ब्राह्मण बाला ने एक 'दलित' से विवाह कर लिया—बड़ा क्रांतिकारी कदम उठाया। लेकिन इस तरह के अनुलोम, प्रतिलोम विवाहों से हमारी समाज व्यवस्था पटी पड़ी है। अप्सराओं को राक्षस उठा ले जाते हैं—फिर शक्तिशाली लोग उन्हें राक्षसों-दानवों-निषादों के चंगुल से मुक्त करते हैं। पुरोहितों के पीछे कन्याएँ पागल रहती थीं। पुरोहितों के पास लड्डू-पेड़े-रबड़ी की इफरात थी और गरीब को रोटी के भी लाले थे। कल तक चाहे शूद्र हो या ब्राह्मण अपनी लड़की के लिए वर की तलाश करने में यह जरूर पूछते थे कि लड़के के पिता के पास कितनी खेती है। यह अलग बात है कि आज लड़कियाँ—देहात के खेतिहर लड़के से ब्याह नहीं करना चाहती हैं—वे शहर के रिक्शावाले तक के पीछे दौड़ रही हैं। शहरीकरण ने कई तरह से भारतीय गाँवों में तबाही मचाई हुई है। शहरीकरण ने 'अस्पृश्य-अछूत-शूद्र' समस्या को काफी दूर तक दबा दिया है—मुक्त नहीं किया है लेकिन गाँवों में जिस रूप में अछूत-समस्या थी उसके रूप-रंग को बदल दिया है। सवर्णों के घर में डोम जाति की स्त्रियाँ खाना बना-खिला रही हैं। शहरीकरण में धनी वर्ग को नौकर-चाकर तो चाहिए ही। गाँव में जो वर्णवादी लोग शूद्रों-अछूतों की छाया-छूत से दूर रहते थे, वे आज शूद्रों-दलितों-अस्पृश्यों के हाथ खाना-पानी क्या कहीं छोड़ पाते हैं। इसलिए अब नारा है—'सब चलता है' और यही उत्तर-आधुनिकतावादी कदम है। इधर के नए व्यवसायों ने भी 'जाति-प्रथा' की कट्टरता को छीलकर अलग कर दिया है। डॉक्टर लड़का डॉक्टर लड़की से ब्याह करना चाहता है। वह जाति के चक्कर में बहुत कम पड़ता है। ऐसी स्थिति के कारण 'दलित विमर्श' करते समय अपने समाज और व्यवसाय के परिवर्तनों पर ध्यान देने की जरूरत है। ब्राह्मणों के लड़के पुरोहिताई-पंडिताई नहीं करना चाहते। संस्कृत नहीं पढ़ना चाहते। वे अंग्रेजी पढ़कर मल्टीनेशनल कंपनी में इज्जत की कमाई चाहते हैं। सच बात है कि वेद-मनुस्मृति का संसार ही ध्वस्त हो चुका है फिर उसे याद कर-कर के लड़ने-मरने की क्या बात है कि द्विज-संस्कृति ने शूद्र-संस्कृति पर जुल्म किए हैं। उनके जुल्मों का बदला लेना ही होगा। भारत में राजनीतिज्ञ घृणा की यह राजनीति कर रहे हैं और कह रहे हैं

कि हमें मनुवादियों से अपना हिसाब किताब चुकता करना है। मनुवादियों और शूद्रों-दलितों का आमना-सामना गोली और गड़ासे से राजनीति करा रही है। इन्हीं का माफिया तंत्र बम फोड़ रहा है और वनों को काट रहा है। संसद से सड़क तक नफरत की राजनीति कर रहा है। वह सब काम कर रहा है, जो समाज विरोधी है, देश-विरोधी है, मानव-विरोधी है। राजनीति ने ही शिक्षा-साहित्य में माफियावाद को मजबूत किया है। संस्थाओं-क्लबों-ठेकों-व्यापारों को लपेट लिया है। समाज में माफिया तंत्रों से निर्मित एक ऐसा तेंदुआवाद पैदा हुआ कि चारों ओर भय व्याप्त है।

सचमुच लोक जागरण के नाम पर यह नए किस्म का अंधकार युग है—घोर कराल काला कलियुग है। इसमें न तुलसी के लिए स्थान है, न कबीर के लिए, न गाँधी-अंबेडकर के लिए। दलित-साहित्य-विमर्श आज के साहित्य की वह राजनीति है जिसमें धर्मवीरों की गुर्राहट है और नामवरों की मुश्किल। उन धर्मवीरों ने साहित्य के पुराने ब्राह्मणवादी मठों पर हल्ला बोल दिया है। देखिए, क्या होता है।

# अंबेडकर और बौद्ध-धम्म : चिंतन के आयाम

डॉ. अंबेडकर ने अपने चिंतन-मनन के खास दौर में बौद्ध और उनका धम्म पुस्तक लिखकर बौद्ध धर्म की अवधारणा पर दलित भाष्य प्रस्तुत किया। इस दलित भाष्य पर विचार करने के लिए जरूरी है कि उनके दृष्टिकोण के कई पहलुओं पर ध्यान केंद्रित किया जाए। भारत के विभिन्न जाति-समूहों, तबकों के बीच उपस्थित विवादों और मतभेदों के शांतिपूर्ण समाधानों पर भी ध्यान देना आवश्यक है। आजकल व्यवहार में लोकतंत्र की उदारतावादी अवधारणा और मुक्त बाजार व्यवस्था के हितों की आपसी होड़ बढ़ गई है। 'विश्व-ग्राम' और 'विश्व-मानव' की अवधारणा ने पुरानी सभी अवधारणाओं को रद्द कर दिया है। सभी तरह की विचारधाराओं के अंत का यह ऐसा संकटपूर्ण दौर है कि सभी पुरानी अवधारणाएँ निरर्थक प्रतीत होने लगी हैं। बहुसांस्कृतिक समाज के चरित्र में ऐसी गिरावट आई है कि गाँधी, मार्क्स, लोहिया, अंबेडकर आदि सभी का मॉडल गला हुआ दिखाई देने लगा है। इतिहास के मलबे के भीतर से निकला 'बहुलतावाद' का कीड़ा भी कम बेचैन नहीं है। भारतीय समाज क्या बहुलतावाद सहयोग की भूमि से पतित होकर विखंडन की ओर आ गया है।

उन्नीसवीं-बीसवीं के सांस्कृतिक-सामाजिक-राजनीति-धार्मिक नवजागरण ने गाँधी लोहिया और अंबेडकर के विचारों को नया विचार आलोक दिया था। 'नव-जागरण' की अवधारणाओं ने शक्ति-सत्ता, व्यक्ति-समाज, धर्म-राजनीति की पुनर्व्याख्या का उत्साह दिखाया। प्रत्येक प्रमुख राजनीतिक इकाई में नए विचार-केंद्र का उदय हुआ। चारों तरफ अस्मिताओं ने नवाचार और आकार गठित किया। इन्हीं के साथ राजनीतिक संबंधों के तंत्र ने अर्थ-बहुल समाज-संदर्भों का ताना-बाना खड़ा किया। शक्ति के बुनियादी स्रोत विवाद-चक्र में घूम उठे। शक्ति-सत्ता का केंद्र राजनीतिक ढाँचा—भीतरी-बाहरी स्थितियों में परिभाषित होने लगा। विचार-केंद्र की परिधि के फैलने से सामाजिक-आर्थिक संघर्षों के नए मिजाज खुलकर सामने आए और एक तरह के 'जन-समाज' का उदय हुआ। इस समाज में समरूपीकरण और धार्मिकीकरण की नैसर्गिक प्रवृत्तियाँ थीं। इन्हीं प्रवृत्तियों के अंतःसंघर्ष ने व्यावसायिक, प्रशासकीय, प्रबंधकीय और लोक

मंगलकारी रुझानों के विस्तार का अवरुद्ध मार्ग खोल दिया।

भारत में एक खास राजनीति के तहत बौद्ध धर्म को चर्चा में लाने का श्रेय बाबा साहब अंबेडकर को दिया जाना चाहिए। भारत में बौद्ध धर्म की एक हलचल धर्मपाल जी ने महाबोधि मंदिर बौद्धों के लिए हासिल करके पैदा की। पूरी दमखम से 'महाबोधि सोसायटी' की स्थापना की और 'महाबोधि' पत्रिका का प्रकाशन दायित्व उठाया। उनके इस कार्य से भारत में पालि-भाषा-साहित्य एवं 'धम्म' को एक नवीन जीवन प्रकाश मिला। इस दौर में अयोतीदास ने बौद्ध धर्म को मद्रास में पल्लवित किया। इससे दलितों में नया उत्साह जाग्रत हुआ। लेकिन पूरी तरह बौद्ध आंदोलन को बाबा साहब ने जब नया प्रारूप दिया तो बड़ों-बड़ों का ध्यान आकृष्ट हुआ। उन्होंने 1935 में एक क्रांतिकारी कदम उठाते हुए कहा कि सभी अछूतों को हिंदू धर्म का परित्याग कर देना चाहिए। उनके आवाहन पर बंबई प्रेसीडेन्सी के चांभार और मेघवाल जातियों के कुछ सदस्यों ने बौद्ध धम्म स्वीकार किया। इतना ही नहीं सन् 1950 तक बाबा साहब ने 'अप्पदीपो भव' अर्थात् अपने प्रकाश दीप स्वयं बनो बौद्ध-सिद्धांत दर्शन के अनुसार निर्णय लिया कि वे बौद्ध धम्म ग्रहण कर लेंगे। यह निर्णय उन्होंने हिंदू धर्म से बेहद असंतुष्ट होकर लिया। क्योंकि हिंदू धर्म में उन्हें अछूत दलित उद्धार की रंचमात्र आशा भी नहीं दिखाई दी।

दरअसल बाबा साहब के लिए उनका अनुभव ही प्रमाण था। वे खूब भोग चुके थे कि उच्च वर्ण के लोग इतने असहिष्णु हैं कि वे अछूतों से घृणा करते हैं और उनके कार्यों को सम्मान नहीं देते हैं? अछूतों को जीवन-यापन के लिए छोटे-से-छोटे काम करने पड़ते हैं। जैसे मरे हुए पशुओं को उठाना, हर तरफ की सफाई करना आदि। आखिरकार वे हिंदुओं की जूठन, उतरन और घृणा को लेकर कब तक जी सकते। इतना ही नहीं उनसे कहा जाता था कि जिस जाति में तुम पैदा हुए हो वह पिछले पापों का भोग है। बहुत भारी गुणा-भाग लगाने के बाद बाबा साहब इस परिणाम पर पहुँचे कि अछूतों-दलितों की अशिक्षा एवं गुलामी का प्रधान कारण हिंदू धर्म है। हिंदू धर्म का मूलाधार जाति व्यवस्था पर आधारित है और यह व्यवस्था दलित-संगठन की शत्रु है। इस जाति व्यवस्था की भीतरी जकड़न के कारण ही भारत न तो कभी अखंड एकता में बँध सका न ही अपनी स्वतंत्रता देवी की रक्षा करने में समर्थ हुआ। इस टूट-फूट से कमजोर देश को बाहरी आक्रांताओं ने रौंद डाला। हिंदू-धर्म के भीतर ऐसे अभिशाप व्याप्त हैं कि वह 'धर्म' के नाम पर कभी संगठित नहीं हो सका। अतः खूब सोच-समझकर बाबा साहब ने दलित संगठन, दलित स्वाभिमान को रक्षित रखने का एक ही विकल्प दिया कि हिंदू धर्म को त्यागकर बौद्ध धम्म अपना लेना चाहिए। प्रश्नाकुल मुद्रा में उन्होंने कहा, "एक प्रश्न है जिसका उत्तर हर धर्म को देना जरूरी है। धर्म किस प्रकार की राहत मानसिक या नैतिक रूप से दबे-कुचले जातियों को दे सकता है? यकीनन हिंदू धर्म बिल्कुल नहीं। क्या हिंदू यह आशा

रखते हैं कि करोड़ों पिछड़ी जातियों तथा दलितों में जन्मे लोग धर्म से बंधे रहेंगे जो उन्हें किसी प्रकार की मानसिक और नैतिक राहत नहीं पहुँचाता? ऐसी आशा करना ही व्यर्थ है। हिंदू धर्म एक ज्वालामुखी के द्वार पर खड़ा है जो उसे कभी भी जला सकता है। आज ऐसा दिखाई देता है कि वह ज्वालामुखी शांत है परंतु ऐसा नहीं है। जैसे-जैसे करोड़ों लोगों में जागृति आती जाएगी और उन्हें यह अहसास होने लगेगा कि उनकी आज की गिरावट तथा दयनीय हालत हिंदू धर्म के सामाजिक-दर्शन के कारण है यह ज्वालामुखी फिर से फट पड़ेगा और चारों तरफ इसकी आग ही आग बिखरने लगेगी।'' (बुद्ध और उनके धर्म का भविष्य महाबोधि पत्रिका-1950 में प्रकाशित लेख)

इतिहास सांक्षी है कि बाबा साहब की इस विचार अग्नि की वर्षा का असर दक्षिण में विशेषकर मद्रास में तो दिखाई दिया और वहाँ शूद्र-ब्राह्मण संघर्ष ने कठोर रूप धारण किया। लेकिन राम-कृष्ण-गौतम की जन्मभूमि उत्तरी भारत में यह असर बहुत ही कम दिखाई दिया। भगवानदास जी ने 'भारत में बौद्ध धम्म का पुनर्जागरण एवं समस्याएँ' पुस्तक में उत्तरी भारत की स्थिति को लेकर लिखा–''उत्तरी भारत में अधिकतर शूद्र जातियों ने 'कायरता' या 'भक्ति' का रास्ता अपनाया। परंतु अछूतों की कुछ जातियों ने कुछ समय तक विरोध-प्रदर्शन जरूर किया। जिनमें आत्मसम्मान और परिवर्तन की इच्छा थी, उन्होंने आत्म-सम्मान, प्रगति और हिंदू धर्म की गुलामी से मुक्ति पाने के लिए धर्म परिवर्तन कर लिया। वे ईसाई, सिक्ख, या मुसलमान बन गए। परंतु बड़ी संख्या में लोग बाबा साहब अंबेडकर के फैसले का इंतजार करते रहे और उनका वफादारी से साथ देते रहे।'' (पृ. 26) भगवानदास जी की दृष्टि में बाबा साहब ने आखिरकार कई कारणों से बौद्ध धम्म चुन ही लिया।

1. बौद्ध धम्म दुनिया के महान धर्मों में से एक है और भारत उसका जन्मस्थान है।
2. बौद्ध धम्म, समता, करुणा, मैत्री, त्याग और सेवा की शिक्षा देता है।
3. बौद्ध धम्म में जात-पाँत, रूढ़िवाद और अंधविश्वास के लिए कोई स्थान नहीं है।
4. बौद्ध धम्म में नैतिकता और सामाजिक जिम्मेदारी को अधिक महत्त्व दिया गया है।
5. बौद्ध धम्म अन्य (ईश्वर और चमत्कारों पर भरोसा रखने वाले) धर्मों की तरह आत्मा परमात्मा, चमत्कारों और पुनर्जन्म पर विश्वास नहीं रखता बल्कि व्यक्ति को स्वावलंबी बनाता है और सामाजिक जिम्मेदारी सिखाता है।
6. बौद्ध धम्म विज्ञान से नहीं टकराता। यह एक वैज्ञानिक-धर्म है।
7. बौद्ध धम्म अपनाने पर एक व्यक्ति ऊँची विरासत, ऊँची परंपराओं और

ऊँची संस्कृति का उत्तराधिकारी तथा अंतर्राष्ट्रीय बौद्ध समुदाय का सदस्य बन जाता है जबकि इस्लाम या ईसाई धर्म अपनाकर वह प्रेरणा के लिए दूसरे देशों और सभ्यताओं की ओर देखता है।

8. बौद्ध धम्म ब्राह्मण धर्म का बेहतर विकल्प है जिसे आने वाले समय में बहुत लोग अपना लेंगे।
9. आज हिंदू धर्म जात-पाँत, रूढ़ियों, अंध-विश्वासों, त्योहारों और रीति-रिवाजों के सहारे खड़ा है। इसे जिंदा रखने के लिए लोगों का अज्ञानी-अनपढ़ और ऊँची-नीची जातियों में बाँटे रखना जरूरी है अधिकतर लोगों को अनपढ़, अज्ञानी, पिछड़ा हुआ और बँटा हुआ रखकर ही तथाकथित ऊँची जातियाँ अपनी सत्ता शक्ति और उच्च स्थान को कायम रख सकती हैं। पर यह अब अधिक समय तक संभव नहीं। पिछड़ी जातियों में भी जागृति आने लगी है।

बाबा साहब के विचारों में विशेष बात यह है कि वे मार्क्सवाद को पास फटकने तक नहीं देते। मार्क्सवाद जिस सपने को साकार करना चाहता था—वह अपने अंतर्विरोधों से ही धूल में ध्वस्त हो गया है। बाबा साहब ने अपने जीवन के अंतरंग साक्षात्कार को करते हुए कहा—'मानव मात्र की उन्नति के लिए धर्म अथवा धम्म की नितांत आवश्यकता है। कार्ल मार्क्स के कुछ अनुयायी मानते हैं कि धर्म निद्रा लानेवाली अफीम मिली औषधि है, कार्ल मार्क्स का यह कथन चुटकी भर नमक के तौर पर लिया जाए। जो लोग ऐसा कहते हैं, उनके लिए धर्म का कोई मतलब नहीं, कोई महत्त्व अथवा अर्थ नहीं। अपने बीच भी ऐसे बहुत से लोग हैं जो 'खाओ-पियो और मौज करो' के सिद्धांत में विश्वास रखते हैं। वे चाहते हैं कि नाश्ते के लिए रोटी और मक्खन, दोपहर को खाने के लिए सुस्वादिष्ट भोजन, सोने के लिए आरामदेह उम्दा बिस्तर, अपने समय बिताने को सिनेमा हो। उनके जीवन में धर्म को कोई स्थान नहीं है। कुछ सीमा तक मैं उनसे इत्तिफाक नहीं करता। अपने पिताजी की गरीबी के कारण इन विलासिताओं का उपभोग करने का मुझे अवसर नहीं मिला। अपने जीवन की संध्या तक अत्यधिक कष्ट झेला और कठोर परिश्रम किया। तो भी इसने मुझे अधार्मिक नहीं बनाया। गरीबों को किस प्रकार की कठिनाइयाँ झेलती पड़ती हैं मैं स्वयं जानता हूँ।' बाबा साहब के लिए धर्म-परिवर्तन का अर्थ धर्म से मुक्ति कभी नहीं रहा। वे धर्म या धम्म का संबंध आचरण की पवित्रता और नैतिकता से जोड़ते रहे हैं। उनका कथन उसी मानसिकता की अभिव्यक्ति देता है—भगवान बुद्ध के धर्म में ईश्वर के लिए कोई स्थान नहीं। बौद्ध धम्म में ईश्वर की मान्यता को नकार कर उसके स्थान पर नैतिकता को स्वीकार किया गया है।

भारत में बौद्ध धर्म के दो बड़े शत्रु हैं—हिंदू धर्म और इस्लाम धर्म। बौद्ध धम्म पर पहला शक्तिशाली आक्रमण हिंदुओं की ओर से हुआ। कुछ समय बाद

अरबों, तुर्कों, पठानों, अफगानों ने इसे खदेड़कर मार डालने का जोरदार अभियान चलाया। बुतपरस्ती (बुद्ध परती) को कुफ्र कहकर अफगानिस्तान से लेकर सिंध तक तबाही का एक इतिहास भी रचा गया। लाखों की संख्या में भिक्षु तलवार के घाट उतार दिए गए। पुस्तकालयों-विश्वविद्यालयों को जलाकर खाक किया गया। भारत के पुरोहितवाद ने भी बौद्धों को पानी पी-पीकर कोसा। लेकिन ब्राह्मणों में कुछ ऐसे महान चिंतक भी रहे हैं, जो उपनिषद की विचारधारा के भाष्यकार थे तथा बौद्ध धर्म को आदर देते थे। यह कितनी अद्भुत बात है कि भगवान बुद्ध के जीवनकाल में ही अनेक ब्राह्मण उनके शिष्य बने जैसे महाकश्यप, मौदग्ल्यायन, रेवत, नागसेन, नागार्जुन, असंग, वसुबंधु, सारिपुत्र आदि शिष्ट ब्राह्मण थे। थेरगाथा-थेरी भाषा में ब्राह्मणों का उल्लेख बार-बार आता है। बुद्धघोष, अश्वघोष, जैसे रचनाकार ब्राह्मण थे और यह सच भी छिपाने की चीज नहीं है कि चीन, बर्मा, कंबोडिया, श्रीलंका, कोरिया, जापान आदि देशों में भी बौद्ध धम्म को ज्यादातर ब्राह्मण ही ले गए। बौद्ध विद्वानों में राहुल जी, भरत सिंह उपाध्याय, जगन्नाथ उपाध्याय, जगदीश कश्यप आदि सभी ब्राह्मण हैं। भारत में अशोक, मिनांडर, हर्षवर्धन, कनिष्क जैसे राजाओं ने बौद्ध धर्म को सींचने-पनपाने का जोरदार कार्य किया तो पुष्यमित्र शुंग, शशांक तथा मिहिरकुल जैसे राजाओं ने बौद्धों का संहार भी कम नहीं किया। लेकिन बौद्धों ने ब्राह्मण व्यवस्था से टक्कर लेने में कभी घुटने नहीं टेके। बुद्ध और महावीर दोनों क्षत्रिय राजकुमार हैं, लेकिन इतिहास को खींचकर वे दीन-हीन की ओर ले गए। उन्होंने वशिष्ठी-विश्वामित्री परंपरा का पालन नहीं किया। आधुनिक काल में आजाद भारत में जवाहरलाल नेहरू जी ने बौद्ध धम्म को बड़ा सम्मान दिया। अपने इसी सम्मान भाव को अभिव्यक्ति देने के लिए उन्होंने बुद्ध की 2500वीं जयंती को धूमधाम से मनाया और 'भारत में बौद्ध धम्म के 2500 वर्ष' नामक ग्रंथ का गरिमा के साथ प्रकाशन किया।

यह भूलने के विरुद्ध है कि भारत में बौद्ध धर्म को कुचलने-चबाकर थूकने का कार्य भी ब्राह्मण विद्वानों ने किया। सातवीं-आठवीं शताब्दी के ब्राह्मण विद्वानों में अधिकांश ऐसे थे जिन्होंने बौद्ध विहारों में शिक्षा प्राप्त की थी और बाद में इन्हीं विद्वानों ने बौद्ध धर्म का खंडन किया। इस तरह के विद्वानों में अग्रगण्य हैं—शंकराचार्य। शंकर को 'प्रच्छन्न बौद्ध' कहा भी जाता है। उन्होंने चार धाम या धर्मपीठ कायम करके बौद्ध धर्म का संहार किया। ब्राह्मण धर्म का पुनर्भाष्य किया। इसी परंपरा को अपने तर्कों से कुमारिल भट्ट तथा मंडन मिश्र ने जीवंतता प्रदान की। इन्होंने बौद्ध-ग्रंथों के उत्तमांश को ब्राह्मणों के ज्ञान के लिए दुहने का काम किया। इस प्रकार बौद्ध धर्म ब्राह्मण-धर्म में घुलता चला गया। वह नष्ट नहीं हुआ, विलीन हो गया। बौद्ध विलीन काल ने जाति-व्यवस्था को दृढ़ किया तथा अस्पृश्यता का भयंकर रूप हिंदू धर्म में दिखाई देने लगा। हालत यहाँ तक पहुँच गई कि ज्यादातर बौद्ध धम्म के

भिक्षुओं ने हिंदू धर्म स्वीकार कर लिया। इन्हीं में से कुछ अगड़ी, कुछ पिछड़ी जातियों में खप गए। भारत का रामायण काल (वाल्मीकि रामायण) तो यहाँ तक कह उठा कि 'यथा हि चोरः स तथा हि बुद्धस्तथागतं नास्तिक मत विद्धि।' (अयोध्या कांड) अर्थात् जैसे चोर दंडनीय है वैसे ही वेद विरोधी बुद्ध भी दंडनीय है। 'भविष्य पुराण' ने तो शाक्य सिंह को बहुमाया प्रवर्तक कहते हुए 'गौतमाचार्य दैत्य' तक कह दिया है। हिंदू धर्म में एक बड़ी वैचारिक क्रांति का महान बिंदु तब जुड़ गया जब अवतारवाद का सिद्धांत यह स्थापना लेकर आया कि अधर्म का नाश करने और धर्म की स्थापना के लिए स्वयं ब्रह्म धरती पर अवतार धारण करता है। इस अवतारवाद के सिद्धांत को अमर 'गीता' ने किया और पुराणों ने अवतारवाद का लीला विस्तार। रामानुजाचार्य, राघवाचार्य, मध्वाचार्य, निम्बार्काचार्य, वल्लभाचार्य, रामानंद जैसे आचार्यों ने हिंदू धर्म को शक्ति मंत्र का दृढ़ आधार दिया। अवतारवाद के सिद्धांतकारों ने अक्ल लगाने के बाद बुद्ध को विष्णु के अवतारों में महिमामय स्थान दे दिया। धर्म की रक्षा करने वाले विष्णु ने जाति व्यवस्था तथा वर्णाश्रम धर्म को समाज में दृढ़ किया। इस प्रकार भारत में विष्णु ने बौद्ध धर्म और बुद्ध को अपने भीतर समाविष्ट कर लिया। इस प्रकार हिंदू धर्म ने 'विरुद्धों के सामंजस्य' सिद्धांत को पुनर्नवा रूप दे दिया। श्रीकृष्ण ने 'गीता' में विचार-निष्कर्ष रूप में कह दिया—'सर्वधर्म परित्यज्य मामेकं शरणं ब्रज' अर्थात् सभी धर्मों को त्यागकर मेरी शरण में (श्रद्धा भक्ति भाव से) आओ।' गीता की इस घोषणा का भारतीय समाज पर बहुत व्यापक और गहरा प्रभाव पड़ा। श्रीकृष्ण के योगी और भोगी व्यक्तित्व ने बुद्ध को जनता के सामने आभाहीन कर दिया।

इस देश में आठवीं शताब्दी में एक ऐसा समय भी आता है कि दक्षिण भारत में धर्म प्रचार के लिए ईसाई मिशनरी आने लगे। जनता के कुछ भाग ने इस धर्म को स्वीकार भी कर लिया। दसवीं-ग्यारहवीं शताब्दी में इतिहास-विधाता का रथ फिर मुड़ गया। इस समय की बारहवीं शताब्दी में तुर्कों-अफगानों के आक्रमण शुरू हुए। हिंदू धर्म ने बौद्ध धर्म को तो लील ही लिया था। अब खतरा तो इस्लामी-आक्रांताओं से था। इस खतरे को हिंदू आचार्यों ने पहचाना और धार्मिक आंदोलन को दार्शनिक आंदोलन का रूप दिया। इसी के भीतर से वैष्णव आंदोलन उठा और उसमें शूद्रों को स्थान मिला। अखिल भारतीय भक्ति आंदोलन ने तो ब्राह्मण तथा शूद्र दोनों के लिए भक्ति का राजमार्ग खोल दिया। भक्ति आंदोलन जात-पाँत विरोधी तेवर लिए आया। इतना ही नहीं इसने हिंदू-मुसलमान दिलों को भी जोड़ने का अपूर्व कार्य किया। शिव, राम, कृष्ण की भक्ति को बढ़ावा दिया गया। इस भक्ति आंदोलन को बौद्ध धम्म के नाश के लिए नहीं चलाया गया। यह इतना विराट सांस्कृतिक आंदोलन था कि पूरा देश भक्ति-सागर में निमग्न होता चला गया। कबीर और रैदास भी इसमें निमग्न हुए। रविदास चमार को चमारों ने धर्म गुरु मान लिया। राजपूत में जन्मे शिवनारायण को डोमों-मेहतरों ने धर्म-गुरु बनाया। अष्टछाप के कृष्ण भक्तों में शूद्र

थे—कृष्णदास अधिकारी। ऐसा जादू हुआ कि शूद्र जुलाहे, कबीर-पंथी और लुहार-बढ़ई विश्वकर्मा शर्मा बन गए। इस भक्ति आंदोलन के पूरे इतिहास को डॉ. अंबेडकर ने ध्यान से समझा और खोजा है। भक्ति आंदोलन की आंतरिक शक्ति में निहित ब्राह्मण-शूद्र एकता के सूत्रों को पाने के कारण ही बाबा साहब उस ओर से दूर तक चुप रहे हैं।

भक्ति आंदोलन की पूरी स्थिति पर बाबा साहब ने यह मार्मिक टिप्पणी की है—"संत आए। महात्मा आए। उनके आने से कुछ धूल तो उड़ी। परंतु आदमी का स्तर ऊँचा नहीं हो सका।" भक्ति आंदोलन की सुधारवादी हवा के थमते ही सामंतवाद का विकृत चेहरा उभरा। इसी सामंतवाद ने नारी तथा शूद्र को तबाही की ओर धकेलकर दम लिया। इसी कुलीनतावादी तंत्र की सामंती व्यवस्था के विरुद्ध विद्रोह करने का लोहिया जी और बाबा साहब अंबेडकर ने मन बनाया था। दोनों ने ही हिंदू धर्म की जाति प्रथा की विकृतियों पर विचार किया तथा इन विकृतियों से मुक्ति के उपाय भी सुझाए। यही कारण है कि दोनों में काफी हद तक समानता के बिंदु हैं। दोनों चिंतकों का विचार रहा है कि पिछड़ी जातियाँ सदियों से अगड़ी जातियों की नकल में अपना जीवन बर्बाद करती रही हैं। पिछड़ी जातियों को इस नकल से मुक्ति दिलाने का अभियान बाबा साहब चलाते हैं और विकल्प के रूप में बौद्ध धम्म चुनते हैं। वे बौद्ध धम्म को हिंदू धर्म का एक अंग नहीं मानते हैं—जैसा कि अन्य विद्वान मानते रहे हैं। वे क्षण भर भी ब्रह्म-समाज, प्रार्थना-समाज, आर्य-समाज जैसे सुधार-आंदोलनों की छूत-छाया से दूर रहे। तिलक और गाँधी भी इन्हें संतोष नहीं दे सके। इसलिए हिंदू धर्म और हिंदुत्व का रास्ता छोड़कर उन्होंने अपना एक अलग विचार आंदोलन खड़ा किया। यह विचार आंदोलन न तो राम-कृष्ण-शिव को महत्त्व देता न वेदों, उपनिषदों, पुराणों, रामायण, महाभारत को अपना आदर्श मानता है। पूरे संकल्प के साथ बाबा साहब ने 14 अक्टूबर 1956 में बौद्ध धम्म को ग्रहण कर लिया। उनके साथ लाखों की संख्या में पिछड़ी जाति के लोगों ने बौद्ध धर्म ग्रहण कर लिया। इस जनजागरण की शक्ति को देखकर बाबा साहब ने बौद्ध धम्म में दीक्षा लेने वालों के लिए बाईस प्रतिज्ञाएँ या नया प्रतिज्ञा-संविधान तैयार किया। यह प्रतिज्ञाएँ इस प्रकार हैं, जिन्हें 'बौद्धों की बाईस प्रतिज्ञाएँ' नाम से लोक ख्याति प्राप्त हुई है। नागपुर में 14 अक्टूबर 1956 को बाबा साहब ने इन प्रतिज्ञाओं को दिलाया।

1. हम ब्रह्मा, विष्णु और महेश को कभी ईश्वर नहीं मानेंगे और उनकी पूजा कभी नहीं करेंगे।
2. हम राम और कृष्ण को ईश्वर नहीं मानेंगे और उनकी पूजा कभी नहीं करेंगे।
3. हम गौरी, गणपति, इत्यादि हिंदू धर्म के किसी भी देवी-देवताओं को नहीं मानेंगे और न ही पूजा करेंगे।

4. ईश्वर ने कभी अवतार धारण किया है, इस पर हमारा विश्वास नहीं है।
5. बुद्ध, विष्णु के अवतार हैं, इसे हम कभी नहीं स्वीकार करेंगे। ऐसे प्रचार को हम धोखा और झूठा प्रचार समझते हैं।
6. हम श्राद्ध कभी नहीं करेंगे और न ही कभी पिंडदान करेंगे।
7. हम बौद्ध धर्म के विरुद्ध किसी भी आचरण को नहीं करेंगे।
8. हम कोई भी क्रिया-कर्म, पूजा-पाठ ब्राह्मणों से नहीं करवाएँगे।
9. हम इस सिद्धांत में विश्वास करते हैं कि सभी मानव एक समान हैं।
10. हम समानता की स्थापना के लिए हर संभव प्रयत्न करेंगे।
11. हम बुद्ध के अष्टांग मार्ग का पूरी तरह पालन करेंगे।
12. हम बुद्ध द्वारा उपदिष्ट पारमिताओं का पूरी तरह पालन करने को वचनबद्ध हैं।
13. हम प्राणी मात्र के ऊपर दया-करुणा का भाव रखेंगे ताकि हृदय का विस्तार हो सके।
14. हम चोरी नहीं करेंगे।
15. हम झूठ नहीं बोलेंगे।
16. हम व्यभिचार नहीं करेंगे।
17. हम शराब नहीं पिएँगे।
18. हम अपने जीवन को बौद्ध-धर्म के तीन तत्त्वों अर्थात् ज्ञान, शील और करुणा के आदर्शों में ढालेंगे।
19. हम मनुष्य मात्र के उत्कर्ष के लिए हानिकारक और मनुष्य मात्र को असमान और नीच मानने वाले हिंदू धर्म का पूरी तरह से परित्याग करते हैं और बौद्ध धर्म स्वीकार करते हैं।
20. बुद्ध का धर्म ही सद्धर्म है। ऐसा हमारा विश्वास है।
21. हम यह मानते हैं कि हमारा नया जन्म हो रहा है।
22. हम यह पवित्र प्रतिज्ञाएँ करते हैं कि आज से हम बुद्ध धर्म के अनुसार आचरण करेंगे।

मानवीय बुद्धि यदि भगवान बुद्ध को धर्म सेनापति सारपुत्र की तरह (महापरि-निब्बाण-सुत्त) तौलना चाहती है तो वह स्वयं ही तुल जाती है। मूल बात यह है कि बुद्ध शासन व्यक्ति-प्रधान नहीं है—विचार-प्रधान है—विचार-ज्ञान-संवेदनात्मक अनुभूति प्रधान है। हाँ, यह बात जरूर है कि शाक्य गौतम ने उरुवेला की भूमि में जिस ज्ञान का साक्षात्कार किया था—वह उनके साधनाशील शिष्यों के माध्यम से ही समाज में मिट सका था। जिसे हम बौद्ध-संस्कृति के सामूहिक नाम से पुकारते हैं। इस संस्कृति ने समस्त विश्व को विचार-आलोक से भर दिया था और इसकी अभिव्यक्ति विश्व भर के साहित्य और कला-चिंतन क्षेत्रों में हुई। बुद्ध का यह चिंतन मानव को

उसकी समस्याओं का समाधान दे सकता है। इस विश्वास के साथ ही डॉ. अंबेडकर उसकी ओर गए थे। यह विचार अनेक बार दुहराया गया है कि बहुतों के हित के लिए ही तथागत का आविर्भाव हुआ था—'बहूनं वत अत्थाय उपज्जन्ति तथागता।' इस पर डॉ. भरत सिंह उपाध्याय ने 'बुद्ध और बौद्ध साधक' पुस्तक में लिखा है, 'बहुतों का, सबका, हित क्या है, इसके लिए आज हमारी भी खोज चल रही है। इस संबंध में हमें देखना चाहिए कि तथागत की क्या दृष्टि रही। फिर ऐसा लगता है कि तथागत के शिष्यों के रूप में हम स्वयं रहे थे। यह अतिभावुकता नहीं कही जा सकती। सारिपुत्र, आनंद और महाकाश्यप हमारे ही ढाई हजार वर्ष पूर्व के जन्मों के नाम हैं। हमें कम से कम अपने आपको तो पहचानना चाहिए।' (पृ. 6) बुद्ध का पूरा जीवन अनासक्ति योग की साधना और सिद्धि का पर्याय है जिसमें स्व-निरपेक्षता प्रधान रही है। बाबा साहब इसी मार्ग पर दलित जातियों को डालना चाहते थे जिसमें जाति बंधन विहीन समाज हो। वे जानते थे कि बुद्ध का जीवन पैंतालीस वर्ष तक रात-दिन लोक कल्याण चिंतन में बीता था और 'अहं' कभी पैदा तक नहीं हुआ। वे अति मानुषी शक्ति का दावा कभी नहीं करते। केवल मानवीय पुरुषार्थ की महिमा गाते हैं।

सन् 1950 में 'महाबोधि' पत्रिका में डॉ. बी.आर. अंबेडकर का एक बहुचर्चित लेख प्रकाशित हुआ। 'बुद्ध और उनके धर्म का भविष्य' इस लेख में विश्व के चार धर्म संस्थापकों का उल्लेख है—बुद्ध, ईसा, मोहम्मद और कृष्ण। इन चारों व्यक्तित्वों तथा धर्म प्रचार की प्रणालियों को समझने के बाद भी बाबा साहब को बौद्ध धर्म ही श्रेष्ठ प्रतीत हुआ। बुद्ध अन्य धर्म संस्थापकों से इस अर्थ में भिन्न हैं कि वे अपना आत्म निषेध अर्थात् अपने व्यक्तित्व का त्याग करते हैं। जबकि पूरी बाइबिल में ईसा जोर-जोर से कहते मिलते हैं कि वे ईश्वर पुत्र हैं। मुहम्मद का दावा है कि वे ही पृथ्वी पर अल्लाह के पैगम्बर (संदेशवाहक) हैं। रहे कृष्ण वे तो स्वयं को ईश्वर घोषित कर देते हैं। केवल गौतम बुद्ध ही सामान्य मनुष्य बनकर धरती पर रहे—छलरहित-दंभ रहित। बुद्ध मार्गदाता बने हैं—मोक्षदाता नहीं। कृष्ण, ईसा तथा मुहम्मद अपनी वाणी को दिव्य ईश्वर-वाणी कहते हैं। पर बुद्ध ऐसा कोई दावा नहीं करते। भगवान तथागत तथा (सत्य) आगत (खोजी) ने महापरिनिर्वाण सूत्त में प्रियवर आनंद से कहा कि उनका धर्म तो तर्क-विवेक अनुभव की संपदा पर टिका है। तर्क से बौद्ध धर्म में संशोधन किया जा सकता है क्योंकि बुद्ध वचन, ब्रह्म-वचन नहीं है। इतना कहने के बाद बाबा साहब बौद्ध धर्म की तुलना हिंदू धर्म से करते हैं। क्यों करते हैं? हिंदू धर्म ही उनकी समस्या था और इस समस्या से ही वे मुक्ति चाहते थे। इस संबंध में उन्होंने कहा—

1. हिंदू धर्म एक ऐसा धर्म है जो नैतिकता की नींव पर स्थापित नहीं किया गया। हिंदू धर्म में जो थोड़ी बहुत नैतिकता है भी वह उस धर्म का मूल

और अभिन्न हिस्सा नहीं है। वह धर्म में अंतःस्थापित नहीं की गई है। ...जबकि बुद्ध का धर्म ही नैतिकता है। यह नैतिकता बौद्ध धर्म में अंतःस्थापित है।

2. यदि बौद्ध धम्म नैतिकता नहीं है तो कुछ भी नहीं है। यह सच है कि बौद्ध धम्म में ईश्वर का कोई स्थान नहीं है। बल्कि ईश्वर के स्थान पर उसमें नैतिकता है। जो स्थान अन्य धर्मों में ईश्वर का है वही स्थान बौद्ध धम्म में नैतिकता का है।
3. धर्म शब्द की वैदिक व्याख्या शब्द के किसी भाव में नैतिकता का बोध नहीं कराती। धर्म को जिन अर्थों में ब्राह्मणों ने प्रतिपादित कर स्पष्ट किया है और जिन अर्थों में जैमिनी ने अपनी पूर्व-मीमांसा में प्रस्तुत किया है वह धर्म कर्मकांडों या अनुष्ठानों की कुछ रस्में अदा करने अथवा रोमन धर्म की भाषा में कहें तो धार्मिक रीतियाँ करने के अतिरिक्त और कुछ नहीं था। ब्राह्मणों के लिए धर्म का अर्थ भजन-पूजन, याग-यज्ञों तथा देवताओं को बलि देने जैसे कर्मकांडों से संपन्न करना था। ब्राह्मणी वैदिक धर्म का यही सार था। इसका नैतिकता से कोई लेना-देना नहीं था। इस प्रकार बाबा साहब ने 'धर्म' की बहुत ही क्रांतिकारी व्याख्या की है।
4. बुद्ध ने 'धम्म' शब्द का जिस तरह प्रयोग किया था उसका धार्मिक कर्मकांडों और रस्म रिवाजों से कोई सरोकार न था। वास्तव में, धर्म के रूप में याग-यज्ञों और भजन-पूजन को उन्होंने सीधे-सीधे अस्वीकार कर दिया था। अनुष्ठान-कर्मकांड के स्थान पर उन्होंने नैतिकता को धर्म के सार रूप में स्थानापन्न बनाया था।
5. बुद्ध संसार के ऐसे प्रथम धर्मोपदेशक या आचार्य थे जिन्होंने नैतिकता को धर्म का सार, उसका प्राणतत्त्व और उसकी नींव बनाया। यहाँ तक कि कृष्ण भी इस पुरानी अवधारणा के जाल से स्वयं को मुक्त नहीं कर सके। भगवद्गीता के 'निष्काम कर्म' सिद्धांत, जिसे 'अनासक्ति योग' भी कहा जाता है। x x x जो बात ध्यान में रखने वाली है वह यह है कि कृष्ण तक के लिए धर्म में नैतिकता का कोई स्थान नहीं था।
6. बौद्ध धर्म तथा हिंदू धर्म में भिन्नता का दूसरा बिंदु है—'हिंदू' धर्म की अधिकृत शिक्षा और उपदेश 'असमानता' है। क्योंकि चातुर्वर्ण का सिद्धांत असमानता की शिक्षाओं का ठोस मूर्त्त रूप है। इसके विपरीत बुद्ध समानता के प्रबल समर्थक थे। वे चातुर्वर्ण के प्रबल विरोधी थे।
7. बुद्ध ने न केवल चातुर्वर्ण के खिलाफ तर्क संगत उपदेश दिए और संघर्ष किया बल्कि इसको जड़ से उखाड़ फेंकने के लिए सब कुछ किया। हिंदू धर्म के अनुसार न तो शूद्र और स्त्रियाँ ही धर्माचार्य बन सकती थीं और

न वे दोनों संन्यास ग्रहण कर ईश्वर तक पहुँच सकते थे।

8. बुद्ध चातुर्वर्णीय सिद्धांत के खिलाफ अपना विरोध त्यागने के लिए तैयार न थे। यही कारण है कि ब्राह्मण धर्म, बौद्ध धर्म के प्रति इतनी तीव्र घृणा, विद्वेष और विरोधी भाव रखता है, जितना कि जैन धर्म के प्रति भी नहीं रखता है।
9. भगवद्गीता चातुर्वर्ण के सिद्धांत का पूरा पोषण और समर्थन करती है। x x x यदि चातुर्वर्ण सिर्फ वेदों के आप्तवचनों पर ही निर्भर रहा होता तो मैं निश्चित तौर पर कह सकता हूँ कि यह बहुत पहले ही समाप्त हो चुका होता। भगवद्गीता का यह शरारती और भ्रामक सिद्धांत ही है, जो चातुर्वर्ण जाति व्यवस्था का जन्मदाता है। स्पष्टतः एक चिरंतन नवजीवन दे दिया।
10. धर्म व्यक्ति की सामाजिक विरासत या उत्तराधिकार का हिस्सा होता है। व्यक्ति का जीवन और गौरव इसके साथ जुड़ा होता है। किसी व्यक्ति को अपना धर्म त्याग करना आसान नहीं होता। स्वदेशानुराग और स्वदेशाभिमान इसमें आड़े आ सकता है।
11. एक ऐसा प्रश्न है जिसका प्रत्येक धर्म को उत्तर देना होगा। और वह प्रश्न यह है कि पीड़ितों और दलितों को वह कौन-सी मानसिक एवं नैतिक राहत प्रदान करता है। यदि वह ऐसी राहत नहीं प्रदान करता है तो वह नष्ट हो जाएगा।

बाबा साहब का मानना था कि हिंदू धर्म दलितों-पिछड़ों को कोई नैतिक राहत प्रदान नहीं करता है। इसलिए इस धर्म में विखंडन होना लाजिमी है। हिंदू धर्म की यह अपेक्षा ही गलत है कि बिना कोई नैतिक मानसिक राहत दिए दलित इसमें मरते-खपते रहेंगे। इस हिंदू धर्म का ज्वालामुखी भीतर-ही-भीतर धधक रहा है। इस स्थिति के कारण दलित-पीड़ित अपमानित जनों में जब कभी ज्ञान का नवजागरण आएगा, वे तर्क से ही इस सत्य को पा लेंगे कि उनकी दुर्दशा के लिए हिंदू धर्म का सामाजिक दर्शन ही जिम्मेदार है। हमें याद रखना चाहिए कि रोमन साम्राज्य में ईसाइयों के द्वारा मूर्तिपूजक अनेकेश्वरवाद को उखाड़ फेंका गया था। इसका मूल कारण था कि अनेकेश्वरवाद उन्हें नैतिक शक्ति न देकर भ्रमजाल में फँसाता था। इस तर्क को पकड़कर बाबा साहब ने कहा कि 'जो रोम में हुआ, निश्चित रूप से वही भारत में भी होना लाजिमी है। हिंदू जनमानस जब भी चेतेगा और प्रबुद्ध होगा तो निश्चित रूप से वह बौद्ध धम्म की शरण में ही जाएगा।' मूल अर्थ यह कि बौद्ध धम्म से हिंदू धर्म की तुलना ही व्यर्थ है। क्योंकि हिंदू धर्म में नैतिकता के लिए स्थान नहीं है। यह न भूलना चाहिए कि नैतिकता ही धर्म है और यदि वह नहीं है तो समाज का खंड-खंड होना सुनिश्चित है। इसलिए धर्म को तर्कपरक, बुद्धिपरक, विवेकपरक होना ही चाहिए। यदि न होगा तो वह धर्म नहीं है, मायाजाल

है, प्रपंच है। धर्म को सामाजिक नैतिकता की संहिता के रूप में स्वतंत्रता, समानता और बंधुत्व के मौलिक सिद्धांतों को स्वीकार करना होगा। यदि हम ध्यान दें तो पाते हैं कि बाबा साहब के विचारों पर फ्रांसीसी जन क्रांति की नवजागरणवादी चेतना का गहरा असर है। सच बात है कि फ्रांसीसी क्रांति ने पूरे विश्व को नवजागरण की दिशा और दृष्टि प्रदान की थी।

भारत और विश्व के धर्म-सिद्धांतों पर निगाह डालने के पश्चात डॉ. अंबेडकर इस निष्कर्ष पर पहुँचे हैं कि 'धर्म को गरीबी का गुणगान और पवित्रीकरण नहीं करना चाहिए। जिनके पास धन-दौलत है उनके द्वारा संपत्ति का त्याग करना एक आदर्श स्थिति हो सकती है किंतु निर्धनता एक आदर्श स्थिति कदापि नहीं हो सकती।' निर्धनता को महिमामंडित करना धर्म को विकृत करना है। धर्म का सबसे विवेक सम्मत रूप है बौद्ध धम्म। इसलिए सर्वश्रेष्ठ मानव-धर्म है, मानव-व्यक्तित्व का निर्माण करना। प्रश्न है कि क्या कोई ऐसा धर्म है जो इन सभी कसौटियों को पूरा करता हो। जहाँ तक मैं जानता हूँ इन सभी कसौटियों पर खरा उतरने वाला एक मात्र धर्म बौद्ध धम्म ही है। दूसरे शब्दों में बौद्ध धम्म एक ऐसा धर्म है जिसको विश्व ग्रहण कर सकता है। यह नहीं समझना चाहिए कि बुद्ध ने केवल अहिंसा की शिक्षा दी है। यह भी सच है कि बुद्ध ने अहिंसा का पाठ पढ़ाया था और यह एक महान सिद्धांत का पाठ है। संसार में ऐसा कोई धर्म प्रवर्त्तक नहीं है जो गौतम बुद्ध से समानता रखता हो। गौतम का 'धम्म' राजनीतिक-सामाजिक-बौद्धिक स्वतंत्रता को सम्मान से स्थान देता है। इसी दृष्टि की महिमा से प्रभावित बाबा साहब 'विश्व बौद्ध मिशन' की स्थापना करना चाहते थे। साथ ही वे 'बौद्ध धम्म' की बाइबिल जैसी धम्म पुस्तक तैयार करने की सलाह भी देते हैं। इस 'धम्म' पुस्तक में चीनी धम्मवाद, बुद्ध के चुनिंदा प्रवचन और संक्षिप्त बुद्ध चरित को समाविष्ट करना उन्हें बौद्ध संस्कार के लिए अपेक्षित लगता था। बाबा साहब को जापान के जैन-बुद्धिज्म या ध्यान-संप्रदाय का ज्ञान कम था—ज्ञान होता तो वे ध्यान-साधना की निंदा न करते। वे कभी-कभार तो यह चर्चा करते हैं कि भिक्खु-संघ को कुछ बातें यीशुवादी या ईसाई मिशनरियों से सीखना चाहिए। इस प्रकार धर्म के नाम पर वे एक नए राजा राममोहन राय बनने की तैयारी कर रहे थे जिसमें उन्हें सफलता नहीं मिली। ईसाई धर्म एशिया में सेवा का मुखौटा लगाकर फैलाया गया जिसे 'रामकृष्ण-मिशन' वाले पहचानते हैं—विवेकानंद पहचानते हैं। बौद्ध धर्म अपनी ताकत से एशिया में फैला है, प्रेम के बल पर तलवार के बल पर नहीं। चीन, कोरिया, जापान ने उसका नूतन और आधुनिक भाष्य किया। जापान कभी भी मार्क्सवाद के पीछे पागलों की तरह नहीं भागा। जबकि भारत उसको लेकर अंधा हो गया। जापानी जाति को धर्म ने संगठित किया है लेकिन भारत में 'धर्म' के नाम पर राजनीतिक नरक पैदा किया गया। आज विश्व हमसे प्रश्न कर रहा है कि भारत की बहुसांस्कृतिक, बहुलतावादी उदार लोकतांत्रिक व्यवस्था

को लकवा क्यों मार गया है?

बाबा साहब ने 1956 में बी.बी.सी. लंदन में एक वार्ता दी थी जिसका शीर्षक था—'मैं बौद्ध धर्म को क्यों पसंद करता हूँ।' इस वार्ता में दो प्रश्नों पर विचार किया कि बौद्ध धम्म वर्तमान स्थितियों में कितना प्रासंगिक है? और दूसरा कि बौद्ध धम्म को पसंद करने के पीछे बीज-भाव क्या है? इन दोनों प्रश्नों के उत्तर इस प्रकार दिए—

1. मैं बौद्ध धम्म को इसीलिए पसंद करता हूँ क्योंकि यह एक साथ तीन सिद्धांत देता है जो दूसरा कोई धर्म नहीं देता। दूसरे सभी धर्म 'ईश्वर', 'आत्मा' और 'मृत्यु' के बाद के जीवन में उलझे हुए हैं। बौद्ध धर्म अंधविश्वास और अलौकिकता के मुकाबले में प्रज्ञा (ज्ञान) सिखाता है। यह करुणा (प्रेम) सिखाता है। यह समता (समानता) की शिक्षा देता है। बौद्ध धर्म के ये तीनों सिद्धांत मुझे आकर्षित करते हैं।
2. दुनिया कार्ल मार्क्स और साम्यवाद (कम्युनिज्म) की चढ़ाई का सामना कर रही है। मार्क्स को इसका जनक कहा जाता है। मार्क्सवाद और कम्युनिज्म का संबंध सांसारिक मामलों से है और उसने दुनिया की धार्मिक व्यवस्था की नींव को हिला दिया है। यह स्वाभाविक है क्योंकि आज धार्मिक व्यवस्था का संबंध सांसारिक व्यवस्था से नहीं है। परंतु यह सभी सांसारिक व्यवस्था का आधार है। सांसारिक व्यवस्था (भौतिकवादी व्यवस्था) बहुत दिन नहीं चल सकती। यदि इसे धर्म की स्वीकृति नहीं है।
3. मैं दक्षिण पूर्व एशिया के देशों के कम्युनिज्म की ओर मुड़ने पर बहुत हैरान हूँ। इसका मतलब है कि वे बुद्ध धर्म को नहीं समझते हैं। मेरा दावा है कि बौद्ध धर्म मार्क्स और उनके कम्युनिज्म का पूरा उत्तर है। रूसी साम्यवाद का लक्ष्य खूनी क्रांति लाना है।

बाबा साहब बौद्ध धम्म के प्रेमवाद के पूरे मन से समर्थक थे। वे मार्क्सवादी हिंसा के सिद्धांत का कई लेखों में डटकर खंडन करते हैं। वे हमेशा कहते रहे, अतः दक्षिण पूर्व के देशों को रूस के जाल में कूदने से सावधान रहना चाहिए। वे इसमें से निकल नहीं पाएँगे। उनके लिए आवश्यक है कि वे बौद्ध की शिक्षाओं को सही रूप में पढ़ें तथा उन्हें राजनीतिक स्वरूप दें। गरीबी है और वह हमेशा रहेगी। रूस में भी गरीबी है परंतु इसे मानवीय स्वतंत्रता की कुर्बानी देने का बहाना नहीं बनाया जा सकता। इस कथन की व्यंजना है कि मानवीय स्वतंत्रता के लिए बाबा साहब 'संत' हो जाते हैं। बौद्ध धम्म की शिक्षाएँ और सिद्धांत दृष्टि ही लोक मंगल का आधार बन सकती है—मार्क्सवाद नहीं। वे कई बार दुहराते हैं—'बौद्ध धर्म सामाजिक सिद्धांत है।' इसी सिद्धांत दृष्टि से लोकमंगलकारी नवजागरण की महत्त्व प्रतिष्ठा की जा सकती है। यही वह तर्क है कि बौद्ध धम्म लोक कल्याण का समाज दर्शन

है। बौद्ध धर्म तार्किक धर्म है और उसमें अंधविश्वास के लिए स्थान नहीं है तथा यह सामाजिक समानता का गरिमावान सिद्धांत है। इस सिद्धांत के प्रचार-प्रसार के लिए उनका अरमान यहाँ तक था कि बौद्ध धर्म को वे ईसाई धर्म की 'बपतिस्मा' की तरह दीक्षा विधि चालू करना चाहते थे। "हमें आम आदमी के बौद्ध बनने के लिए बपतिस्मा जैसी दीक्षा-विधि चालू करनी चाहिए। केवल पंचशील का उच्चारण ही काफी नहीं है। इसमें कुछ अन्य बातें भी जोड़ी जानी चाहिए ताकि वह महसूस करे कि अब वह हिंदू नहीं है। बल्कि एक नया आदमी बन गया है।" (दे. बाबा साहब द्वारा बर्मा की बौद्ध शासन समिति को भेजा गया पत्र)

इस पत्र में बाबा साहब ने बौद्ध आंदोलन को निर्भय भाव से चलाने का संकल्प भी व्यक्त किया। उन्हें अपने अनुभव से ज्ञात था कि शुरू में इस आंदोलन में कुछ निचली जातियों के लोग ही शामिल होंगे। लेकिन बौद्ध शासन समिति को वह गलती नहीं करनी चाहिए जो ईसाई मिशनरियों ने भारत में की थी। शुरू-शुरू में ईसाई मिशनरियों ने ब्राह्मणों को ईसाई बनाने का जाल फेंका। उनकी राजनीति का आधार यह था कि यदि ब्राह्मण अपना धर्म परिवर्तन कर लेंगे तो उनकी देखा-देखी समाज के पिछड़े वर्गों के लोग एकदम धर्म-परिवर्तन को तैयार हो जाएँगे। लेकिन ईसाई मिशनरियों की यह राजनीति धोखा दे गई—ब्राह्मण धर्म के अगुआ थे वे अपना धर्म परिवर्तन क्यों करते। हिंदू धर्म पर उनका वर्चस्व था। ईसाइयों को जब तक अपनी भूल का ज्ञान हुआ, तब तक बहुत समय नष्ट हो चुका था। झख मारकर ईसाई मिशनरी निचली जातियों को धर्म-परिवर्तन की ओर ले गए। कुछ अछूतों ने ईसाई धर्म अपनाया भी। लेकिन स्वाधीनता आंदोलन के राष्ट्रवाद—नवजागरणवाद ने 'धर्म-परिवर्तन' को रोक दिया। गिब्बन ने 'दि डिक्लाइन एंड फॉल ऑव दि रोमन इम्पायर' शीर्षक पुस्तक में यह तथ्य स्पष्ट किया है कि ईसाई धर्म गरीब, उपेक्षित, और निचले तबके में ही पहले-पहल आसन जमा पाया था। स्वयं गिब्बन ने ईसाई धर्म को 'पद-दलितों-तिरस्कृतों का धर्म' कहकर उसका उपहास किया है। दरअसल में, धर्म तो गरीब का ही सहारा है—अमीर का नहीं।

बाबा साहब बौद्ध धम्म में नवजागरण लाने की आंतरिक अभिलाषा रखते थे और उसके लिए सुझाव भी उनके पास थे—जैसे बौद्ध धर्म की एक संक्षिप्त बाइबिल के रूपाकार की पुस्तक तैयार होनी चाहिए जिसमें बौद्ध धर्म के समाधि-ध्यान आदि पक्षों पर जोर न देकर सामाजिक-नैतिक पक्षों पर केंद्रण हो। क्योंकि बौद्ध ग्रंथों का तो एक विशाल भंडार है। इस भंडार को पढ़ पाना, समझ पाना कठिन है। दूसरा यह कि धर्म-परिवर्तन की दीक्षा विधि का निर्धारण तथा व्यवहार। जैसे ईसाई धर्म में 'बपतिस्मा' की दीक्षा-विधि अपनाई जाती है—उसी तरह की कोई दीक्षा-विधि को अपनाना। बौद्ध धर्म के प्रसार के लिए बौद्ध धर्म प्रचारकों की नियुक्ति करना। इसके साथ बौद्ध गुरुकुलों की स्थापना करना। जहाँ बौद्ध धर्म के साथ अन्य धर्मों का

तुलनात्मक अध्ययन किया जा सके। बाबा साहब के बौद्ध धर्म आंदोलन को भीतर-बाहर से समझने पर यह बात भी समझ में आने लगती है कि उन पर मिशनरियों की कार्य-पद्धति का प्रभाव था। वे उनकी कार्य-पद्धति को एक मॉडल के रूप में अपनाना चाहते थे। ऐसा प्रभाव न होता तो वे यह न कहते कि बौद्ध-विहारों में रविवार के दिन सामूहिक पूजा तथा धर्म प्रवचन का आयोजन पूरी निष्ठा से किया जाना चाहिए। बौद्ध विहारों के निर्माण की भी उनकी योजना थी। वे मद्रास, दिल्ली, नागपुर, बंबई जैसे बड़े शहरों में बौद्ध विहार, बौद्ध मंदिर बनाने का इरादा रखते थे और बौद्ध विद्यालय, बौद्ध-विश्वविद्यालय भी स्थापित करना चाहते थे। उनके दिमाग में नालंदा-तक्षशिला की स्मृतियाँ कौंध रही थीं। बौद्ध साहित्य पढ़ने के लिए वे हिंदू-मुसलमान, सिख-ईसाई सभी धर्मों के लोगों को आमंत्रित करना चाहते थे। लेकिन उनके इन विचारों को दलित राजनीति ने धकेलकर पीछे कर दिया और पासवान-मायावती जैसी राजनीतिक धुरियाँ सत्ता की राजनीति में गर्क हो गईं। एक महत्त्वपूर्ण बात यह भी है कि इधर की मीडिया क्रांति ने भी नई पीढ़ी का ध्यान गाँधी, अंबेडकर से हटाने का काम अपने ढंग से किया है। दूरदर्शन के चमत्कारवाद में नई पीढ़ी बहुत कुछ भूलती जा रही है और देहवाद का भोगवादी-दर्शन एक नया नशा बन गया है।

डॉ. अंबेडकर ने बौद्ध-विवाह पद्धति का एक प्रारूप भी तैयार किया था। प्रमाण यह कि उन्होंने 4 दिसंबर 1956 में सिविल लाइंस, दिल्ली से एक पत्र लिखा था कि बौद्ध विवाह-पद्धति बहुत आसान है। उसमें न होम है न सप्तपदी। अर्थात् हिंदू विवाह-पद्धति का इसमें अनुसरण नहीं है। इस रीति का सार केवल यह है कि वर और वधू के बीच पानी का भरा हुआ मिट्टी का एक नया मटका स्टूल पर रखा जाए। वर और वधू दोनों स्टूल के दोनों तरफ खड़े हो जाएँ। वे दोनों सूती धागा पानी के मटके में रखें तथा उसका एक सिरा अपने हाथ में पकड़ लें। कोई मंगल सूत्र का पाठ कर दे। वर और वधू दोनों को सफेद कपड़े पहनने चाहिए। प्रश्न उठता है सफेद कपड़े क्यों रंगीन कपड़े क्यों नहीं? इस तरह के प्रश्नों का बाबा साहब के पास कोई उत्तर नहीं था। या वे इस तरह के असुविधाजनक प्रश्नों का उत्तर देना नहीं चाहते थे। बाबा साहब ने बौद्ध पद्धति से विवाह का 'मंगल सूत्र' इस प्रकार तैयार किया था।

**मंगल भावना–**

**सब्बे सत्ता सुखी होन्तु, सब्बे होन्तु च खेमिनो।**
**सब्बे भद्रानि पस्सन्तु मा कञ्चि, दुक्ख मागमा॥**

(सभी प्राणी सुखी हों, सभी सानंद से जिएँ, सभी का कल्याण हो, कोई भी दुखी न हो)

**मंगल सूत्र**–एक समय की बात है कि भगवान बुद्ध श्रावस्ती के निकट जैतवन नामक उद्यान में अनाथपिंडक द्वारा बनवाए गए बौद्ध मठ में निवास कर रहे थे। उस समय एक दिव्य देवता जैतवन में आया और भगवान बुद्ध को अभिवादन करने के बाद कहने लगा, कि इस लोक-परलोक में सुख-प्राप्ति की आशा से न जाने कितने मनुष्य आए गए किंतु किस प्रकार से कल्याण-पथ प्राप्त हो, यह उपाय न बता सके। अतएव आप ही कल्याण पथ को प्राप्त करने का उपाय कीजिए। भगवान बुद्ध बोले।

**असेवना च बालानं पंडितानञ्च सेवना।**
**पूजा च पूजनीयानं एतं मंगलमुत्तमं॥**

मूर्खों की संगति से दूर रहना, विद्वानों का सत्संग, पूजनीयों की पूजा करना उत्तम मंगल है।

**पति रूप देसवासो च पुब्बे च कत पुञ्ञता।**
**अत्त सम्मापणिधि च एतं मंगलमुत्तमं॥**

सुख प्रदेश में वास करना, पुण्याचरण, शुभ संकल्प करना उत्तम मंगल है।

**बाहु सच्चञ्च सिप्पञ्च विनयो च सुसिक्खितो**
**सुभासिता च या वाचा एतं मंगलमुत्तमं॥**

बहुश्रुत होना, शिल्प-विद्याओं में प्रवीणता, विनय, सुशिक्षित और मधुर वचन बोलना मंगल है।

**माता-पितु उपट्ठानं पुत्तदासस्य संगहो।**
**अनाकुला च कम्मन्ता एतं मंगलसुत्तमं॥**

माता-पिता की सेवा, स्त्री-बच्चों का पालन, पाप रहित व्यवसाय करना उत्तम मंगल है।

**दानञ्च धम्मचरिया च आतकानं च सगहो।**
**अन वज्जानि कम्मानि एतं मंगलमुत्तमं॥**

दान देना, धर्म का आचरण करना, अपने कुटुंब का पालन-पोषण करना, निर्दोष कर्मों को करना मंगल है।

**आरति विरति पाया, मञ्चयाना च सञ्चमो।**
**अप्पमादो च धम्मेसु एतं मंगलमुत्तमं॥**

मानसिक व्यभिचार से अनासक्ति, शरीर और वचन से पाँवों में विरक्त, नशे की वस्तुओं का त्याग, धर्म में प्रवृत्ति मंगल है।

**गारवो च निवातो च संतुट्ठी च कतन्यता।**
**कालेन धम्मसवणं एवं मंगलमुत्तमं॥**

पूजनीयों का आदर, विनीत रहना, संतुष्ट रहना, कृतज्ञता-ज्ञापित करना, धर्म का पालन मंगल है।

**खंती च सोवचस्सता समणानञ्च दस्सनं।**
**काले न धम्मसाकच्छा एतं मंगलमुत्तमं॥**

क्षमाशील होना, गुरुओं के आदेश का पालन करना, श्रमणों के दर्शन करना, धर्म-चर्चा करना मंगल है।

**तपो च ब्रह्मचरिपञ्च अरिय सच्चान दस्सनं।**
**निब्बाण सच्छिकिरिया च एतं मंगलमुत्तमं॥**

तपस्या करना, ब्रह्मचर्य का पालन, आर्य-सत्य (दुःख, दुःख का कारण, दुःख निरोध और दुःख निरोधों के उपायों को करना) निर्वाण का साक्षात्कार उत्तम मंगल है।

**अट्ठस लोकधम्मेहि चित्तं यस्स च कंपति।**
**अशोकं बिरजं खेमं एतं मंगलमुत्तमं॥**

लाभ-अलाभ, यश-अपयश, निंदा-प्रशंसा, सुख-दुःख इस प्रकार के लोक-धर्मों के द्वारा चित्त का विचलन न होना, शोक, राग, द्वेष, मोह से रहित होना, क्षमाशील होना मंगल है।

**एतादिसानि कत्वान सब्बत्थमपराजिता।**
**सब्बत्थ सोत्थि गच्छन्ति, तं तेसं मंगलमुत्तमंति॥**

अड़तालीस मंगल कर्मों में प्रवृत्त होना, जय प्राप्त करना यह सभी के लिए उत्तम मंगल है।

बाबा साहब के विचार की महिमा यह है कि वे बौद्ध धर्म से 'मंगलसुत्त' लेने के साथ दस पारमिताएँ भी अपनाने का आदेश देते हैं ताकि मानव जीवन में शील और सदाचरण की स्थापना बनी रहे। दस पारमिताएँ इस प्रकार हैं–

1. **दान**–वस्तुदान, अभयदान, धर्मदान, ज्ञान-दान।
2. **शील**–सदाचार, नैतिकता, कर्त्तव्यपरायणता।
3. **नैष्क्रम्य**–अनासक्ति, त्याग, सात्विक कर्म।
4. **प्रज्ञा**–ज्ञान, विद्या, और चित्त-समाधि में जाकर जीना।
5. **वीर्य**–पराक्रम, लोक सेवा का व्रत, लोक जागरण।

6. **शांति**–मन-वचन का संयम, सहनशीलता, धैर्य-धन।

7. **सत्य**–पंचशीलों का पारायण, धर्म पर अडिग रहना।

8. **अधिष्ठान**–संकल्प की दृढ़ता।

9. **मैत्री**–प्राणिमात्र के प्रति प्रेम।

10. **उपेक्षा**–आसक्तियों की उपेक्षा।

धर्म-परिवर्तन के पश्चात् डॉ. अंबेडकर–एम.ए., पी-एच.डी., डी.एस.सी., एल. एल़.डी., डी.लिट, बैरिस्टर एट लॉ, सदस्य राज्यसभा ने 26 अलीपुर, सिविल लाइन्स, दिल्ली से 30 अक्टूबर 1956 को श्री डी. वलीसिन्हा, महासचिव, महाबोधि सोसायटी ऑफ इंडिया, कलकत्ता 700012 को पत्र लिखकर कहा कि बौद्ध धर्म की शिक्षा-दीक्षा का भारी तैयारी के साथ प्रबंध करना होगा। इस कार्य में बौद्ध भिक्षुओं को लगाना होगा ताकि वे साधारण आदमी को सम्मान से बौद्ध धर्म की शिक्षा दे सकें। इस अवसर को पाकर भिक्षुगण प्रसन्न होने चाहिए। यह महान और बहुत रचनात्मक कार्य है। इस कार्य के लिए जरूरी है–भारतीय भाषाओं का सीखना जबकि भारतीय भाषाओं के सीखने में भिक्षुओं की रुचि नहीं है। वे पालि भाषा तक ही सीमित रहना चाहते हैं। समय के अनुकूल उन्हें अपना विचार परिवर्तन करना होगा। उन्हें ईसाई मिशनरियों की तरह सामाजिक प्रचारक बनना होगा। आज भिक्षुओं की स्थिति यह है कि वे अकर्मण्यता के शिकार हैं। न वे अर्हत हैं, न सामाजिक कार्यकर्त्ता। इस शोचनीय स्थिति से भिक्षुओं को उबारना होगा। हम उन्हें जापानी विवाहित प्रचारकों की तरह प्रोटेस्टेंट ईसाइयों जैसे धर्म प्रचारक बनाएँ। इसके लिए हमें उनके प्रशिक्षण काल एवं बाद के जन-प्रचारक जीवन के लिए संसाधनों की व्यवस्था करनी होगी।

'महाबोधि पत्रिका' में नागपुर से धर्म-परिवर्तन का पूरा प्रचार करते समय ध्यान में रखना होगा कि 'महाबोधि' का विशेषांक इस बार काफी धूमधाम से प्रकाशित हो और उसमें निम्नलिखित बिंदुओं का उल्लेख करना न भूलें।

1. कि प्रथम दिवस पर तीन लाख अस्सी हजार लोगों ने बौद्ध धर्म ग्रहण किया। क्योंकि पहले दिन काफी लोग समारोह की समाप्ति पर पहुँचे थे। अतः अगले दिन के कार्यक्रम का प्रथम विषय धर्म समारोह ही रखा गया।
2. 16 अक्टूबर 1956 को शाम के समय एक कान्फ्रेंस रखी गई। वहाँ भी धर्म परिवर्तन समारोह हुआ जिसमें तीन लाख लोगों ने धर्म परिवर्तन किया।
3. समाचार-पत्रों की खबर के अनुसार मेरे आने के बाद अकोला में पुनः धर्म परिवर्तन समारोह हुआ जिसमें 20,000 लोगों ने धर्म परिवर्तन किया।
4. एक मराठी समाचार-पत्र 'नवयुग' ने नागपुर में धर्म परिवर्तन समारोह में भाग लेनेवाली भीड़ के बहुत अच्छे चित्र प्रकाशित किए हैं।

5. मुझे सभी ओर से धर्म परिवर्तन के लिए पत्र आ रहे हैं।

इस पत्र से ज्ञात होता है कि बाबा साहब अंबेडकर को धर्म परिवर्तन आंदोलन में जनता का भारी समर्थन प्राप्त हुआ। इतना भारी समर्थन कि वे इस स्थिति से उत्साहित होकर भिक्खु और उपासकों को बौद्ध धर्म की मूल शिक्षाओं को देने के लिए एक विचार गोष्ठी का आयोजन करना चाहते थे ताकि बौद्ध धर्म के नव जागरण को जन-जन तक पहुँचाया जा सके।

बाबा साहब कई कोणों से बौद्ध धर्म पर विचार करते रहे हैं। इसी विचार का परिणाम है—'भारत में बौद्ध धर्म की समस्याएँ' जैसा निबंध। इस निबंध का आरंभ ही वे इस कथन से करते हैं कि भारतीय जनता के एक वर्ग की बौद्धिक धर्म में दिलचस्पी बढ़ती जा रही है। प्रश्न उठता है कि यह वर्ग कौन है? स्पष्ट उत्तर है कि दलित वर्ग, उत्पीड़ित वर्ग। बौद्ध धर्म की पहली समस्या रही है बुद्ध ने प्रव्रज्या क्यों ग्रहण की? जिस समय सिद्धार्थ ने प्रव्रज्या ली उस समय उनकी आयु उनतीस वर्ष थी। इसलिए वृद्ध, रोगी, मृत्यु को देखकर विराग जागने वाली कथा का तर्क कमजोर पड़ जाता है। दूसरी समस्या चार आर्य सत्यों से उत्पन्न होती है। यदि दुःख आर्य सत्य है और स्वभावतः जीवन दुःख है तो यह सिद्धांत जैसे बौद्ध धर्म की जड़ पर ही प्रहार करता है। इसी प्रकार तीसरी समस्या है—'आत्मा', 'कर्म' तथा 'पुनर्जन्म' का सिद्धांत। बुद्ध ने 'आत्मा' के अस्तित्व से इंकार किया लेकिन 'कर्म' तथा 'पुनर्जन्म' के सिद्धांत को स्वीकृति प्रदान की। प्रश्न उठता है कि 'आत्मा' नहीं है तो 'पुनर्जन्म' किसका? 'पुनर्जन्म' का सिद्धांत आज कई तरह के भ्रम उत्पन्न करता है। भ्रम उत्पन्न होने का कारण यह है कि 'पुनर्जन्म' ब्राह्मण चिंतन परंपरा का सिद्धांत है।

यह भी चौथा प्रश्न काफी असुविधाजनक प्रश्न है कि भगवान तथागत ने भिक्षु संघ की स्थापना किस उद्देश्य के लिए की? इस तरह के प्रश्नों के उत्तर डॉ. अंबेडकर ने अपनी पुस्तक 'बुद्ध और उनका धम्म' में दिए हैं और तत्कालीन सामाजिक व्यवस्था को केंद्र में रखकर नया विमर्श प्रस्तुत किया है। 'बुद्ध और उनका धम्म' जैसी पुस्तक लिखने से पहले 30 मई 1936 में उन्होंने दादर (बंबई) में एक भाषण दिया था, जिसका विषय था, 'धर्म परिवर्तन क्यों?' इस भाषण में कहा था कि यह महार परिषद, धर्म परिवर्तन की घोषणा पर विचार करने के लिए खास तौर पर बुलाई गई है। मेरी दृष्टि में हमारे लिए आज जीवन-मरण का प्रश्न है। इसलिए भी कि यह प्रश्न बड़ा महत्त्वपूर्ण है। जितना यह विषय महत्त्वपूर्ण है उतना ही गंभीर भी है। इस गंभीर विषय पर विचार इसलिए भी जरूरी है कि ताकि आप सभी इस पवित्र पथ को अपनाने से पूर्व अच्छी तरह विचार कर सकें और समझ सकें। ऐसी स्थिति के कारण इस विषय के सामाजिक-धार्मिक दृष्टिकोण पर विचार करना ही चाहिए। दलितों पर जो अमानुषिक अत्याचार होते रहते हैं उनको भी विचार के केंद्र में रखना होगा।

उन्होंने कहा, 'पाठशालाओं में बच्चों को प्रवेश कराते समय कुओं पर पानी भरने संबंधी अधिकार को माँगने पर और विवाहों में घोड़े पर दूल्हा को बिठा कर ले जाने के अधिकार माँगने पर स्पृश्य लोगों द्वारा मार-काट की घटनाएँ रोज हो रही हैं। इसके अलावा ऐसे बहुत से उदाहरण भी दिए जा सकते हैं जहाँ पर अस्पृश्यों को अच्छे कपड़े पहनने पर उन्हें मारा गया। पानी लाने के लिए पीतल और ताँबे के बर्तनों के उपयोग करने पर छीना ही नहीं गया, बल्कि हमारे लोगों के घरों को आग लगाकर जला भी दिया गया है। हमारे कुछ लोगों के ब्राह्मण बनने की धुन में जनेऊ के धारण करने पर उन्हें पेड़ों से बाँधकर जलाया गया है। मृत पशुओं के न उठाने पर और मृत पशुओं के मांस न खाने पर मारधाड़ की घटनाएँ रोज हो रही हैं।' ऐसे अनेक उदाहरण हैं, जो दलितों-अस्पृश्यों पर क्रूर अत्याचार की व्यथा-कथा के दास्तान हैं। इसलिए दलितों को अन्याय-अपमान के प्रतिरोध के लिए कमर कस लेना चाहिए।

**कारण–**

1. जब तक हिंदू धर्म है तब तक अस्पृश्यता को मिटाया नहीं जा सकता।
2. सामाजिक असमानता के खिलाफ जीवन-मरण का संघर्ष करना होगा।
3. शक्ति-संगठन के अतिरिक्त अन्य मार्ग ही नहीं बचा है।
4. धर्म परिवर्तन किए बगैर शक्ति-संचय और शक्ति-संपादन नहीं हो सकता।
5. आत्मोन्नति के लिए धर्म की आवश्यकता है।
6. हिंदू धर्म में रहकर दलित की उन्नति असंभव है।
7. हिंदू धर्म में सहानुभूति, समता, स्वतंत्रता और बंधुत्व का अभाव है।
8. हिंदू धर्म में मानवता के लिए स्थान नहीं है।
9. अहंकारी और ढोंगी हिंदुओं के साथ मत रहिए।
10. हमें सामाजिक स्वतंत्रता को लेना ही होगा।
11. हिंदुओं के देवता राम और कृष्ण हैं। ये देवता जाति-पाँति को मानते हैं। इसलिए नाम परिवर्तन न करें, धर्म परिवर्तन करें।
12. हिंदू शब्द जाति-पाँति वाचक है। बौद्ध धर्म जाति-पाँति विहीन है। और अब हिंदू धर्म में सुधार की गुंजाइश नहीं है। हिंदू सुधारक ढोंगी हैं।
13. गाँधीजी सुधारवादी हैं। ये केवल हिंदू जाति-पाँति में सुधार चाहते हैं। यह कैसे संभव है।
14. धर्म परिवर्तन से राजनीतिक अधिकार नष्ट नहीं होंगे।
15. हिंदू धर्म के सिद्धांत मुझे अच्छे नहीं लगते। ये बुद्धि पर आधारित नहीं हैं। मेरे स्वाभिमान के विरुद्ध हैं। आध्यात्मिक और सांसारिक दोनों दृष्टिकोणों से धर्म परिवर्तन बहुत जरूरी है।
16. जिस धर्म (हिंदू धर्म) में मानवता के आचरण करने पर रोक लगी हो, वह

धर्म नहीं है। केवल सिरफिरे लोगों का अलंकार मात्र है।

बाबा साहब 'हिंदू धर्म' से इतने ज्यादा नाराज थे कि अगर कोई कह देता था कि बौद्ध धर्म तो हिंदू धर्म का अंग है, हिंदू धर्म से बौद्ध धर्म को अलग किया ही नहीं जा सकता। इस तरह की कोई भी तर्क-बुद्धि बाबा साहब के तन-मन में आग लगा देती थी। आखिरकार 15 अक्टूबर 1956 में नागपुर में भाषण दिया—'हम बौद्ध क्यों बनें?' इस भाषण का ऐतिहासिक महत्त्व है। इसे भुलाया नहीं जा सकता। इस विचार को बाबा साहब सोते-जागते उठाते रहे हैं कि बुद्ध धर्म को पुनर्जीवित करने की आवश्यकता है। उन्हें लगता था कि बुद्ध ने संगठन में कमी रहने दी जिसके कारण बौद्ध धर्म के छिद्रों में वेदों का गंदा पानी भर गया है। इस गंदे पानी को बाहर निकालना है।

बाबा साहब का बौद्ध धर्म और भारतीय इतिहास का अध्ययन करते समय 'आर्य-अनार्य संघर्ष' के इतिहास पर ध्यान गया था। अपने को नागवंशी अनार्य घोषित करते हुए उन्होंने कहा :

1. भारत में बौद्ध इतिहास का अध्ययन करने वाले जानते हैं कि जिन लोगों ने बौद्ध धर्म का प्रचार आरंभ किया वे नाग लोग थे। ये नाग लोग अनार्य थे। आर्यों और नागों के मध्य घोर शत्रुता थी। आर्य-अनार्यों के बीच अनेक युद्ध लड़े गए। आर्य लोग नागाओं को समूल नष्ट कर देना चाहते थे। इससे संबंधित अनेक कथाएँ पुराणों में मिलती हैं। एक कथा यह है कि आर्यों ने नागों को भस्म कर दिया। अगस्त्य मुनि ने एक नाग को बचा लिया था और हम उन्हीं नागों के वंशज माने जाते हैं।
2. आर्यों द्वारा नागों को पराजित किया है—दमन किया। मुक्ति के लिए नागों को एक महान पुरुष की आवश्यकता हुई और भगवान बुद्ध के रूप में उन्हें वह महान विराट व्यक्तित्व प्राप्त हो गया। भगवान तथागत ने उन्हें विनाश से बचाया। नागों ने प्रसन्न होकर भगवान बुद्ध के 'धम्म' को संसार में फैलाया। ये लोग नागपुर के निवासी थे—नागपुर नागों ने ही बसाया।

इस नागपुर में नाग नदी प्रवाहित रही है। इससे यह विश्वास भी दृढ़ होता है कि नागजन इसी नदी के तट पर बसते थे। इस प्रकार 'आर्य-आक्रमण-सिद्धांत' को बाबा साहब ने स्वीकार किया है। मूलतः इस सिद्धांत को स्वीकार करना ही अनेक तरह के भेदभावों, प्रवादों-भ्रमों की जड़ है। विदेशी साम्राज्यवादी इतिहास इसी 'आर्य-आक्रमण-सिद्धांत' पर लगे हुए थे। ताकि इस देश के जनमानस को एकता के सूत्र में न बँधने दें।

हिंदू धर्म के बहुत से प्रचारक वीर सावरकर जैसे लोग बौद्ध धर्म की कठोर और हृदयहीन आलोचना करते थे। इसी आलोचना के विरोध में डटने का डॉ. अंबेडकर

ने मन बनाया। इस मन संकल्प को पाकर बहुत से आर.एस.एस. और कांग्रेस जनों ने बाबा साहब की 'क्रूर आलोचना' की। कुछ तो बहुत ही मर्मभेदी और कुछ अशिष्ट हैं। कुछ लोगों ने अपने निर्बल वर्ग और दरिद्रता से पीड़ित अनुयायियों को भ्रमित करने के लिए मुझे दोषी ठहराया है क्योंकि उनके अनुसार जो मार्ग मैंने चुना है वह वर्तमान में प्राप्त होने वाली सुविधाओं और प्राथमिकता से उन्हें वंचित करेगा। कुछ कहते हैं, मैं उनके उद्धार के लिए कुछ भी करूँ, अछूत अछूत ही रहेंगे। बहुत से लोग उन्हें यह राय भी देते थे कि हिंदू धर्म की ढर्रेदार राह छोड़ना दलित समाज को भारी पड़ेगा। इस तरह के विचार तरुणों के साथ वृद्धों में भी भय-अनिश्चय, आशंका को जन्म देते थे। इसलिए इस सवाल का जवाब देना मुझे अनिवार्य है। शंकाओं और भय का निवारण निश्चित रूप से हमारे आंदोलन को सशक्त करेगा। इस प्रश्न पर मैं बहुत-सी बातें कहना चाहूँगा। जो लोग कहते हैं कि इससे हममें आर्थिक निर्बलता और पिछड़ापन पनपेगा उन्हें सबसे बड़ी चिंता है पाखाना फेंकने, चमड़ा चीरने और चमड़ा कमाने जैसे घृणित कारोबार की। मरे हुए जानवरों को हटाने से संबंधित उनकी चिंता है। महार और चमार मरी हुई गायों और भैंसों को उठाना बंद करें। मैं यह नारा दे चुका हूँ कि महार और चमार मृत पशुओं का मांस मत खाएँ। लगभग 30 वर्ष पूर्व मैंने यह आंदोलन छेड़ा था। इससे हमारे सवर्ण दोस्तों को काफी आघात पहुँचा है।

सवर्ण हिंदू अपनी मृत माताओं को दफनाने को स्वयं जाते हैं लेकिन जिन गाय-भैंसों का दूध पीते हैं उनके मृत शरीर को बाहर खींच कर ले जाने की उम्मीद दलितों-पिछड़ों से करते हैं। इस उम्मीद की जड़ में ही गहरे अंतर्विरोध हैं। मैंने यह सवाल हिंदुओं के सामने रखा तो वे चिढ़ गए। मैंने उनसे कहा कि तुम अपनी मृत माताओं की लाशें हमें उठाने दो तो हम सहर्ष तुम्हारी गायों और भैंसों की भी लाशें उठा लेंगे। इस पर ब्राह्मणों और अन्य हिंदू संवाददाताओं के अनेक पत्र 'केसरी' में प्रकाशित हुए। ऐसे ही एक पत्र के माध्यम से 'एक चित्त-पावन' ब्राह्मण ने यह सिद्ध करने की कोशिश की कि मृत पशुओं की लाशें उठाना बंद कर देने की आशा में अछूत अत्यधिक आर्थिक घाटे में पहुँच जाएँगे। आँकड़े देकर कट्टरपंथी चित्त-पावन ब्राह्मणों के प्रतिनिधि पाक्षिक ने जिसका संपादन लो. वा. तिलक करते थे, अपनी दलील को मजबूत किया। उनके अनुसार पशुओं की लाशें उठाने वाले चमार, उनके चमड़े, दाँत, सींग और हड्डियों की बिक्री से 500 रुपयों से लेकर 600 रु. तक वार्षिक कमा लेते हैं। इस तरह के तर्क बाबा साहब के जले पर नमक छिड़कने का काम करते रहे। इस तरह के तर्क देनेवाले यह नहीं सोचते हैं कि दलित-महिलाओं के पास न तो आवास है न तन ढँकने को वस्त्र न अनाज पैदा करने के लिए भूमि। नतीजा यह है कि वे दीन-हीन-विपन्न असहाय और शोषित हैं। इसी बात को उठाते हुए उन्होंने सवर्ण-समाज को उत्तर दिया, 'बेहतर है आप हमें अकेला छोड़ दें। अपना

भला-बुरा सोचने में हम पर्याप्त सक्षम हैं और हमारे नुकसान के बारे में आपको इतनी व्याकुलता क्यों है तो क्यों नहीं भेज देते अपने रिश्तेदारों को जो गाँवों में जाकर मृत पशुओं को ढोने-चीरने-कमाने का काम करें और 500 रुपए वार्षिक प्राप्त करें।'

दरअसल डॉ. अंबेडकर के मन में यह विचार दृढ़ता से समाया हुआ था कि आर्थिक लाभ से आत्म-सम्मान बहुत महत्त्वपूर्ण है। उन्होंने कहा, 'मात्र आर्थिक उन्नति के लिए ही नहीं, हमारा संघर्ष इज्जत और आत्म-सम्मान के लिए है।' एक उदाहरण देते हुए यह स्पष्ट किया कि, 'बंबई में एक बस्ती है जहाँ वेश्याएँ रहा करती हैं। वे तन का व्यवसाय करने वाली औरतें सुबह 8 बजे सोकर उठेंगी और मुहल्ले में सस्ते किस्म के होटल में काम करने वाले मुसलमान लड़कों को चीख-चीखकर पुकारेंगी—'सुलेमान, ओ सुलेमान, मेरे लिए कीमा रोटी ले आ।' वे रोज कीमा-रोटी चाय का आनंद लेती हैं। मगर हमारी महिलाएँ खाने को कीमा-रोटी चाय रोज नहीं लेतीं। यहाँ तक कि वे साधारण रोटी और चाय को तरसती हैं। चाहें तो वे घृणा और पाप की जिंदगी गुजारकर दौलत बटोर सकती हैं। लेकिन उन्हें अपनी मान-मर्यादा और इज्जत का ज्यादा ख्याल है। यह तो इज्जत और आत्म-सम्मान का प्रश्न ही है जिसके लिए हम संघर्ष कर रहे हैं।' सम्मान से जीना मानव का मौलिक अधिकार है जो इस अधिकार को छीनता हो—चाहे देश हो, समाज हो, धर्म हो, व्यक्ति हो—उसके खिलाफ आवाज बुलंद करनी चाहिए। अन्याय को मौन सहने से अन्याय करने वाले का मनोबल बढ़ता है। अतः 'भेड़िया गुर्राता है तुम मशाल जलाओ' का सिद्धांत ही ठीक है। बाबा साहब ने कहा है कि 'इस उद्देश्य को प्राप्त करने के लिए जो हो हमें करना है—हम बड़ी से बड़ी कुर्बानी देने को तैयार हैं। हम मानवीय मूल्यों के लिए संघर्षरत हैं जिसे सवर्णों ने हमें देने से इनकार कर रखा है।' इस विचार बिंदु के कारण वे जीवन भर सवर्णवाद जातिवाद का विरोध करते रहे हैं।

हमारे अखबारवाले तो भाड़े के टट्टू हैं—डरपोक और प्रगतिशीलता का मुखौटा पहने छलिया। यही छलवाद पत्रकारिता को चरे जा रहा है, खबर को घुमाना, छिपाना, मिस्टिफाई करना पत्रकार सीख गए हैं। पत्रकारों के इस चरित्र से दुःखी डॉ. अंबेडकर कहते रहे हैं कि 'लेकिन ये अखबार वाले! पिछले चालीस सालों से मेरे पीछे पड़े हैं, इन लोगों ने मुझे बदनाम किया है। इन लोगों ने मेरे विचारों को गलत तरीके से प्रस्तुत किया है। इन्होंने मेरे भाषण को तोड़ा-मरोड़ा है। मैं चाहता हूँ कि ये अखबार नवीस, समझदारों जैसा पेश आना, सोचना, और जिम्मेदाराना तथा सही तरीके से लिखना सीखें जिससे विश्व सच्चाई से अवगत हो सके और उनके बारे में बेहतर धारणा का निर्माण हो सके।' कहना होगा कि पत्रकारों की स्थिति में आज भी वही ढाक के तीन पात हैं। ज्यादा बदले नहीं।

आरक्षणवाद को बाबा साहब के दिमाग की उपज ही कहना चाहिए। हमारे साम्राज्यवादी शासक तो 'फूट डालो' का मंत्र जपने वाले तांत्रिक सिद्ध थे—अगड़े-पिछड़े

हिंदुओं-मुसलमानों को भैंसा-युद्ध में डाले ही रहते थे। लेकिन बाबा साहब आरक्षणवाद से दलितों की मदद करने का यथार्थ स्वप्न देखते थे। इसी स्वप्न में लोहिया ने रंग भरे थे। कारण, पिछड़ी जातियाँ थमी हुई थीं, समाज में कीचड़ भर गया था उसके लिए अगड़ा-पिछड़ा टकराव जरूरी था—इतिहास की अनिवार्यता थी। इसी अनिवार्यता को विश्वनाथ प्रताप सिंह ने मंडल-कमंडल में भरकर एक नया पथ निकाला, जिसके विरोध में सवर्ण राजनीति ने राक्षसी पंजा फैलाया। आज बहुत से विद्वान-बौद्धिक तो आरक्षणवाद को ही इस देश की राजनीति के पतन का कारण मानते हैं। इन सवर्ण नेताओं-बुद्धिजीवियों का कहना है कि आरक्षणवाद से जातिप्रथा दृढ़ होती है—अलगाववाद-घृणावाद-हिंसा-लूटपाट को शक्ति मिलती है और संप्रदायवाद का प्रेत तगड़े से तगड़ा होता जाता है। आरक्षणवाद के बाद सवर्णवाद को काबू में करने की मंत्र शक्ति नहीं है। लेकिन बाबा साहब आरक्षणवाद में दलित वर्ग की उन्नति का गणित खोजते थे। बौद्ध धर्म अंगीकार करने पर हमें बहुत-सी चीजों का परित्याग करना होगा। जहाँ तक आरक्षण आदि जैसी सुविधाओं का संबंध है, मैं आपको आश्वस्त करना चाहता हूँ कि वे समाप्त नहीं होंगी। समारोह के बाद सर्वप्रथम समस्या जिस पर अपना ध्यान केंद्रित करूँगा, इन सुविधाओं की समस्या होगी। सुविधाओं की निरंतरता के लिए एक रास्ते की जरूरत है जो हमें न्यायालय तक ले जा सकता है। x x x मुझे और मेरे शब्दों पर विश्वास करें। मेरे विरोधियों की वाणी में लेशमात्र भी सत्यता नहीं है।

इतिहास साक्षी है कि बाबा साहब ने धर्म-परिवर्तन की घोषणा से एक तूफान ला दिया था। उन्होंने गहन-गंभीर विचार किया था कि कौन-सा धर्म अपनाना चाहिए और क्यों अपनाना चाहिए। 'मेरे धर्मांतरण का सवाल तो सभी जगह चर्चित हुआ लेकिन आश्चर्य यह है कि किसी ने मुझसे कारण नहीं पूछा कि आखिरकार सभी धर्मों में से मैंने बौद्ध धर्म ही क्यों पसंद किया? धर्म-परिवर्तन के किसी भी आंदोलन में पूछा जाने वाला यह एक महत्त्वपूर्ण प्रश्न है।' उन्होंने सन् 1935 में 'नासिक' से हिंदू धर्म परित्याग करने का आंदोलन आरंभ किया था और तब से निरंतर संघर्ष का मार्ग अपनाया। सन् 1935 में 'येवला' की एक सभा में जोरदार प्रस्ताव रखा कि हमें हिंदू धर्म का परित्याग कर देना चाहिए। अपनी बात को इस प्रकार उठाया, "यद्यपि हिंदू पैदा हुआ—क्योंकि इस पर मेरा वश नहीं था। पर हिंदू के रूप में मरूँगा नहीं, यह मेरे वश की बात है।" धर्म परिवर्तन के बाद उन्हें लगा जैसे वे हिंदू धर्म के नरक से मुक्ति पा गए हैं। वे सभी लोग धर्म परिवर्तन के बाद ऐसी ही मुक्ति का अनुभव करें। यह उनकी हार्दिक इच्छा थी। 'मैं अंधभक्त नहीं होना चाहता। मैं भेड़ जैसी मानसिकता को नापसंद करता हूँ, जो लोग बौद्ध धर्म की शरण में जाने का संकल्प रखते हैं, उन्हें अपने आचरण को सुधारना होगा।'

मार्क्सवाद की धर्म-दृष्टि की कठोर आलोचना करते हुए उन्होंने धर्म को जीवन

का मूलाधार माना। वे 'धर्मनिरपेक्षतावाद' के चक्कर में नहीं पड़े। उन्होंने कहा कि मानवमात्र की उन्नति के लिए धर्म अथवा धम्म की नितांत आवश्यकता है। कार्ल मार्क्स के कुछ अनुयायी मानते हैं कि धर्म निद्रा लाने वाली अफीम मिली औषधि है। कार्ल मार्क्स का यह कथन चुटकी भर नमक के तौर पर लिया जाए। जो लोग कहते हैं कि उनके लिए धर्म का कोई महत्त्व नहीं है, कोई अर्थ नहीं। अपने बीच भी ऐसे बहुत से लोग हैं जो 'खाओ पिओ और मौज करो' उक्ति के अनुयायी हैं। बाबा साहब सफेदपोश मक्कारी से भरी भोगवादी-संस्कृति के हरामीवाद पर बहुत खिन्न हैं। यही वर्ग है वह जो भूतों की बरात में कनात-सा तनता है। उदरम्भरि भर अनात्म हो जाता है और किसी व्यभिचारी का बिस्तर बन जाता है और पूरे समाज को कलंकित कर देता है। जगह-जगह वे संत समर्थ गुरु रामदास का स्मरण करते हैं। ऐसा लगता है कि उनके लिए संत रामदास एक प्रेरणा रहे हैं। स्फूर्ति-उत्साह और शक्ति के लिए आवश्यक है—आंतरिक ज्ञान-संवेदना से प्राप्त निर्भय-भाव। यह निर्भय ही अन्याय से लड़ने की मनोभूमिका को निष्पन्न कर सकता है। इसी से आत्मबल, आत्मविश्वास, आत्म-चैतन्यता और आत्म-प्रकाश प्राप्त हो सकता है।

इसी मानसिकता के भीतर से यह विचार प्रस्फुटित हुआ है कि—

1. अभाग्यवश असमानता और अन्याय के धरातल पर आधारित हिंदू-दर्शन के रहते उसमें उत्साह पनपने की कोई गुंजाइश नहीं। और जब तक अछूत दासत्व परंपरा वाले पैशाचिक हिंदू धर्म की गुलामी स्वीकार करता रहेगा अपनी जिंदगी को बेहतर बनाने के लिए कभी आशा, स्फूर्ति और उत्साह प्राप्त नहीं हो सकता। वह अधिक से अधिक कुछ सैकड़े बाबू बना देगा। बेचारा बाबू अपना पेट पालने के अतिरिक्त और कुछ भी करने में समर्थ नहीं हो सकता। उन बाबुओं को अन्याय और अनेक प्रकार के शोषण से बचाने के लिए हमें 'सुपर क्लर्कों' अर्थात् अधिकारियों की आवश्यकता पड़ेगी। सामान्य अछूत समुदाय को इससे कोई लाभ होनेवाला नहीं है। हिंदुत्व से अनुसूचित वर्ग के लोग उत्साह और स्फूर्ति कभी भी नहीं पा सकते।
2. यदि आप मुझे अपने अनुभव उद्धृत करने की अनुमति दें तो मैं बताऊँ कि मैंने शिक्षा कैसे पाई है। गरीबी के कारण शरीर पर महज धोती पहनकर मैं स्कूल जाया करता था। x x x स्कूल में एक महिला चपरासी थी जो मराठा जाति की थी। उसके लिए मेरी किताबों का बस्ता तक अछूत था। पानी पिलाने की बात तो और है उसके लिए प्यास लगने पर मुझे नल की टोंटी तक छूने की इजाज़त नहीं थी। और तो और बंबई के एलिफिंस्टन कॉलेज तक में छुआछूत का भेदभाव था। इन परिस्थितियों से क्या अपेक्षा की जा सकती है।
3. मात्र शिक्षा से ही छुआछूत नहीं मिटाया जा सकता। ब्रिटिश शासनकाल में

वाइसराय की कौंसिल का मैं सदस्य था। लॉर्ड लिनलिथगो वाइसराय थे। सामान्य शिक्षा के लिए एक निश्चित धनराशि आबंटित होती थी। उसमें से तीन लाख रुपए मुस्लिम विश्वविद्यालय अलीगढ़ और इतनी ही धन राशि बनारस हिंदू विश्वविद्यालय को स्वीकृत थी। एक दिन वाइसराय से बातचीत के दौरान मैंने इस विषय को उठाया। मैं वाइसराय से बोला कि 3,00,000 रु. अलीगढ़ मुस्लिम विश्वविद्यालय और इतना ही धन बनारस हिंदू विश्वविद्यालय को उपलब्ध कराया गया है। अछूत न तो हिंदू हैं न ही मुसलमान। वे लोग इन दोनों कौमों से कहीं अधिक पिछड़े हुए हैं। अनुसूचित जाति की शिक्षा के लिए भी उनकी जनसंख्या के अनुपात में धनराशि आबंटित की जानी चाहिए। लॉर्ड लिनलिथगो ने मुझसे कहा कि इस संबंध में मैं जो कुछ भी कहना चाहता हूँ उसे लिखित रूप में दूँ। मैंने एक मेमोरेंडम प्रस्तुत किया। यूरोपियनों का दृष्टिकोण सामान्यतया सहानुभूतिपूर्ण था। उन्होंने मेरे प्रस्ताव पर सहमति प्रकट की और अनुसूचित जाति की शिक्षा के लिए 3,00,000 रुपए स्वीकार किए।

4. इस दरमियान सरकार अन्य मदों पर धन व्यय करती रही। मगर अनुसूचित जाति की शिक्षा के लिए निर्धारित धन राशि को रोके रही। एक बार फिर मैं लॉर्ड लिनलिथगो के पास गया और इस मसले पर उनसे सीधी बातचीत की। मैंने वाइसराय से सवाल किया—लॉर्ड लिनलिथगो—क्या मैं 500 ग्रेजुएट्स से बेहतर नहीं हूँ? 'हाँ, वास्तव में, आप हैं।' लॉर्ड लिनलिथगो ने उत्तर दिया। x x x मुझे वाइसराय से स्वीकार कराना था कि विदेश के विश्वविद्यालय का शिक्षा प्राप्त व्यक्ति भारत के विश्वविद्यालयों में शिक्षा प्राप्त एक साथ पचासों ग्रेजुएट्स की अपेक्षा अधिक योग्य होता है।
5. मैं एक बार गाँधी जी से मिलने गया। गाँधी जी ने मुझे बताया कि वह 'चतुर्वर्ण' में विश्वास करते हैं। छोटी वाली अंगुली नीचे और अंगूठा को ऊपर रखते हुए और अपने हाथ की ओर इशारा करते हुए और फिर हथेली को मेज पर रखते हुए x x x मैंने पूछा किस किस्म का चतुर्वर्ण, चतुर्वर्ण से आपका क्या तात्पर्य है? कहाँ से शुरू होता है, कहाँ समाप्त होता है। इस प्रश्न का गाँधी जी संतोषजनक उत्तर नहीं दे सके।
6. एकरूपता के अलावा हिंदुओं में समानता का अभाव है। इस धर्म और इस सामाजिक व्यवस्था ने हमें नष्ट किया है। और यह यहीं रुकने वाला नहीं है। यह स्वयं हिंदुओं को नष्ट करेगा और आखिर में भारत को भी।
7. मैं निरर्थक हिंदू धर्म को दोषी ठहराता हूँ। यह धर्म किसी को नहीं बचा सकता।
8. हमारे देश ने बार-बार स्वाधीनता क्यों खोई? आए दिन हम विदेशी हुकूमत

में क्यों जकड़े गए? क्योंकि यह देश कभी भी एक होकर शत्रु के समक्ष खड़ा नहीं हुआ। समाज का एक छोटा वर्ग ही सामने आया और जिसे शत्रु ने पराजित किया वही विजेता बन गया। इसका प्रमुख कारण है कि हिंदुओं की विनाशकारी जाति-प्रथा।

9. सन् 1939-45 की अवधि में द्वितीय महायुद्ध लड़ा गया। x x x देश में 'चतुर्वर्ण' की अनोखी व्यवस्था के कारण यदि अधिकांश क्षत्रिय खेत रहे तो उनके स्थान पर नई भर्ती नहीं हो सकी। क्षत्रिय और मात्र क्षत्रिय ही युद्ध का अधिकारी था। यही कारण था कि देश अनेक बार गुलाम बना। कारण, यदि हम शस्त्र-ग्रहण से वंचित न किए गए होते तो इस देश ने न कभी स्वतंत्रता गँवाई होती और न ही इसे पद दलित कर कोई विजेता ही बन सका होता।
10. हिंदुत्व किसी की रक्षा नहीं करता। हिंदू धर्म में किसी के लिए मोक्ष (salvation) नहीं है। हिंदू धर्म के सिद्धांतों के अनुसार केवल तथाकथित ऊँची जाति के लोग ही लाभान्वित हुए। मेरे इस कथन में तनिक भी अतिशयोक्ति नहीं है। शूद्रों अथवा अछूतों को क्या मिल पाया।
11. एक ब्राह्मण की पत्नी जैसे ही गर्भवती होती है हाईकोर्ट के जज के किसी रिक्त स्थान के बारे में सोचती है। लेकिन जब हमारी महिलाएँ गर्भवती होती हैं तो वे नगरपालिका के मातहत जमादार की जगह से अधिक और कुछ सोच नहीं पातीं। यदि हमें कोई आशा है तो वह केवल हिंदू धर्म को त्यागने और बौद्ध धर्म स्वीकार करने में ही है।
12. बौद्ध धर्म का मौलिक सिद्धांत है—समानता। भगवान बुद्ध के समय जिन भिक्षुओं ने बौद्ध धर्म ग्रहण किया उनमें 75 प्रतिशत ब्राह्मण जाति के और शेष 25 प्रतिशत भिक्षु शूद्र थे। इतने पर भी बौद्ध धर्म शूद्रों का ही धर्म समझा जाता था।

संसार में अस्पृश्यता और अलगाववाद, जातिवाद और वर्ण-व्यवस्था के विरुद्ध आवाज उठाने वाला गौतम बुद्ध जैसा व्यक्तित्व दूसरा नहीं है। 'थेरी-गाथा', 'थेरगाथा' के विचारों की मूल ध्वनि यह है कि बौद्ध धर्म एक ऐसा धर्म है जो जाति प्रथा को मान्यता प्रदान नहीं करता। डॉ. अंबेडकर अपने जर्मन प्रोफेसर श्री विंटरनित्ज को याद करते हैं जिन्होंने उन्हें 'दि वाटर गैंग रिबेलियन डेथ्थ' नामक पुस्तक पढ़ने की सलाह दी है। इस पुस्तक का सार-सर्वस्व यह है कि जीवन को गतिशील बनाने के लिए धर्म ही प्रेरणा-शक्ति है। रोम में जिस समय ईसाइयत ने प्रवेश किया था, लोग दरिद्रता से पीड़ित थे। एक समय आया जब इन दलितों-गरीबों ने ही ईसाई धर्म स्वीकार कर लिया। श्री गिब्बन की एक प्रसिद्ध पुस्तक है—'रोमन साम्राज्य का पतन' यदि वे आज जीवित होते तो संपूर्ण यूरोप में ईसाई धर्म की शक्ति को देखकर

चकरा जाते, अपना मत बदल देते।

भारत में ऐसे हिंदुओं की कमी नहीं रही है जो बौद्ध धर्म को अछूतों का धर्म सिद्ध करने में ही अपनी पूरी शक्ति लगा देते हैं। ये लोग 'गौतम बुद्ध' को 'भो-गौतम' कहकर उपहास करते हैं—अनादर का भाव दर्शाते हैं। लेकिन बौद्ध धर्म में इतनी अधिक जीवट है कि यह भारत के बाहर एशिया यूरोप में फैला। भगवान तथागत पूरे विश्व में कला-दर्शन के कारण ही विश्व-हृदय के अधिपति हो गए। सर्वाधिक मूर्तियाँ विश्व में कलाकारों ने भगवान अमिताभ की ही बनाई हैं। भारत से बौद्ध धर्म के विलुप्त होने का कारण यवनों द्वारा भारत पर आक्रमण है जिसमें लाखों बौद्धों का संहार हुआ—अनगिनत बौद्ध मंदिर ध्वस्त कर दिए गए। भयाक्रांत भिक्षु तिब्बत, चीन जैसे देशों में भागकर गए। बौद्ध धर्म ने पीड़ित-प्रताड़ित मानवता के घावों पर मरहम लगाने में कभी देर नहीं की। विपत्तियों को झेलकर यह धर्म शक्ति पाता रहा। इसलिए बौद्ध धर्म सिद्धांतों के आगे 'दास कैपिटल' छोटा बच्चा ही सिद्ध होता है।

संसार में सर्वप्रथम गौतम बुद्ध ने ही कहा है कि तब तक शांति स्थापित नहीं हो सकती जब तक समानता और स्वतंत्रता के सिद्धांत पर मानव-समाज का निर्माण नहीं किया जाता है। बौद्ध धर्म बहुजन हिताय, बहुजन सुखाय धर्म है जिसका जन्म ही मनुष्य की मनुष्यता की रक्षा के लिए हुआ है। इसलिए मानव मुक्ति का एक ही राजमार्ग है—बौद्ध धर्म की शरण में जाना। बाबा साहब इसी विश्वास से बौद्ध धर्म में गए थे। उन्हें क्या पता था कि भारत टैड इज इंडिया एक दिन पश्चिमीकरण-आधुनिकीकरण के चक्कर में पागल हो जाएगा। नवसाम्राज्यवाद इस देश में देहवाद, कामुकतावाद, उपभोक्तावादी संस्कृति के बाजारवाद को पनपने का पूरा अवसर देगा। विश्व मानव बनने के चक्कर में हम अपनी संस्कृति परंपरा का मूल्यवान समय गँवाकर नकलची बनकर रह जाएँगे। उत्तर-आधुनिकतावाद हमारी छाती पर सवार होकर कहेगा—बौद्ध धर्म की बात मत करो। यह विचार ही निरर्थक हो गया है।

# दलित साहित्य : विभाजन की राजनीति

दलित साहित्य के भीतर विभाजन की राजनीति से जुड़े प्रश्न मुझे मथते रहे हैं। पहला यक्ष प्रश्न तो यही है कि हिंदी साहित्य के इस नए उत्तर-आधुनिकतावादी आंदोलन को जातिवादी रंगत की राजनीति से क्यों नाथ दिया गया है। दलित साहित्य और गैर दलित साहित्य, अगड़ी जातियों द्वारा रचा गया वर्चस्ववादी साहित्य और पिछड़ी जातियों द्वारा सृजित पीड़ा-यातना का साहित्य जैसे विभाजन को मानने और मनवाने के प्रयास के पीछे दलित साहित्य की राजनीति का 'हिडन एंजेडा' क्या है? दलित साहित्य से जुड़े दलित आंदोलन और दलित साहित्य का जो ताकतवर चक्रवात उठा था वह कमजोर क्यों हो गया है? एक कोने से यह आवाज भी उठ रही है कि दलित साहित्य को 'साहित्य' कहना भी चाहिए या यह कोरा प्रचारवाद का रचना के नाम पर हुल्लड़ है। यह हुल्लड़ जातिवादी घृणा की दीवार को हिंदी प्रदेशों में और चौड़ा कर सकता है तथा हिंदी प्रदेशों के ब्राह्मणवाद को इससे सुरक्षित पोषण मिल सकता है। क्योंकि दलित साहित्य वाले गौतम बुद्ध के इस सिद्धांत को अँगूठा दिखा रहे हैं कि बैर से बैर का अंत नहीं हो सकता। बैर का अंत अबैर, प्रेम से ही हो सकता है।

कल तक दलित साहित्य के आंदोलन को जो प्रगतिवादी सराहते हुए थकते नहीं थे, वे अचानक रहस्यमय ढंग से 'चुप' क्यों हो गए हैं। वे तो रातोंरात दलित साहित्य का सौंदर्य-शास्त्र, समाज-शास्त्र, साहित्य-शास्त्र और अर्थशास्त्र निर्मित करने का 'अरमान' लेकर चले थे—उस संकल्प की हवा किसने निकाल दी है? दलित साहित्य में 'प्रगतिशीलता' को हम न तब कम पाते थे न अब कम पाते हैं। आज क्यों साहित्य की राजनीति करनेवालों को 'दलित साहित्य' घाटे का धंधा दिखाई देता है और 'नारीवादी-विमर्श' फलता-फूलता व्यापार। 'नारीवादी-विमर्श' नारी देह और नारी-समस्याओं से जुड़ा एक तरह का रीतिवाद है। कामुकतावादी साम्राज्यवाद की स्वतंत्रता या मुक्ति का विस्तार। 'बनिए सीता' की राजनीति से इसका इतिहास-भूगोल एकदम अलग है। यह बात महत्त्वपूर्ण बात है कि दलितवाद दमनवाद में नारी भी एक मुद्दा है।

इस 'पाठ' का पाठक बाजारवाद, पूँजीवाद, भूस्वामी वर्ग और भूमंडलीकरण की राजनीति से उपजा पाठक है। यह विशिष्ट पाठक, साहित्य का 'भावक, 'सुमनस', 'सहचर' या 'सहृदय' नहीं है। यह 'राजनीतिक पाठक' दलित साहित्य की भीतरी बाहरी राजनीति समझकर उस 'पाठ' का 'भाष्य' या 'विमर्श' करता है। दलित साहित्य के मत्स्येन्द्र नाथों, सरहपाओं और गोरखनाथों के विचारों को धूल में ध्वस्त होते देखा जा सकता है। साहित्य के रामानंदी-संप्रदायों ने दलित साहित्य से मुँह मोड़कर 'नारीवादी' विमर्श का कीर्तन-भजन शुरू किया है। हिंदी प्रदेशों के दलित नेता अपनी प्रेरणाएँ ज्योतिबा फुले, अम्बेडकर, नारायण गुरु, कुमार आशान से तो ले रहे हैं लेकिन हिंदी प्रदेश के नवजागरणवादी आंदोलनों से बहुत कम। हिंदी प्रदेशों के संस्कृतिकर्मी भी दलित साहित्य से पता नहीं क्यों नहीं जुड़ पाए। इसलिए भी दलितवाद की आवाज का असर लुटा-पिटा दिखाई देता है।

सच तो यह है कि हिंदी समाज में साहित्य आज निचले पायदान पर है और वैचारिक दरिद्रता के कारण लगभग प्रभावहीन, ठंडा और उपेक्षित। आज से दो-तीन दशकों से पूर्व साहित्य की केंद्रीय स्थिति थी। इतना ही नहीं साहित्यकारों की तूती बोलती थी, चाहे प्रेमचंद हों या अज्ञेय या मोहन राकेश। लेकिन आज समाज का सर्वाधिक उपेक्षित रिरियाता जीव है—साहित्यकार। इसका कारण है कि साहित्यकार ने 'आइडियालॉजी' की हथकड़ी पहनकर अपना गुट बनाया। गुटबंदी दलबंदी के चक्कर में 'पार्टी साहित्य' लिखा। जनता की समस्याओं, चिंताओं को अभिव्यक्ति देने वाला, स्वाधीन चिंतन का विकास करने वाला साहित्य नहीं लिखा। अपनी इस 'ऊँच निवास नीच करतूती' के कारण उसके शब्द का पतन हो गया। अब न साहित्यकार के पास लुटाने के लिए क्रांतिकारी विचार हैं न कोई सामाजिक हैसियत, न ही वह अब 'सत्ता' के लिए कोई खतरा है। हिंदी में न जाने कितने साहित्यकार थे आजादी के आंदोलन के वर्षों में, जिनके लेखन से सत्ता थर्राती थी। आज हालत यह है कि ज्यादातर हिंदी के साहित्यकार सत्ता के सामने बिछे हुए हैं। सत्ता उनसे कोई खतरा महसूस नहीं करती। पूँजीपतियों से पैसा लेकर पत्र-पत्रिकाएँ निकालते हैं। सभा-गोष्ठियाँ करते हैं और जन करुणा का नाटक करते हैं। नर-संहारों का ये रचनाकार विरोध करते हैं, दलित की व्यथा पर कविता-कहानी-उपन्यास आदि लिखते हैं लेकिन इनकी कोई नहीं सुनता। क्या कहें कहते शर्म आती है कि भारतेंदु, निराला, प्रेमचंद तक की किताब को कहीं से निकाल देने में विरोध नहीं होता। पूरा समाज केवल खा-पीकर अचेत पड़ा है उसमें सोच का माद्दा ही गायब। और हमारी सत्ता? साहित्यकार को जरा भी घास नहीं डालती। कोढ़ में खाज यह कि हिंदी भाषी समाज साहित्यकार को गौरव की वस्तु मानना तो दूर महत्त्व ही नहीं देता। ऐसी भयावह स्थिति के कारण दलित साहित्य पर चुप्पी का तर्क साफ है। ठग, कोढ़ी, विकलांग, दलित अपने समय की प्रसिद्ध पुस्तक 'कन्फेशन्स आफ ए ठग' में जिस स्थिति को प्राप्त थे, उसी स्थिति

में अभी भी कायम हैं। इस पुस्तक में 'ठग' के साथ कवि अर्थात् साहित्यकार भी हैं। यह पुस्तक भारतीय समाज का दस्तावेज है जिसे आज के संदर्भों में 'पाठ' के रूप में पढ़ना चाहिए।

मराठी-गुजराती, कन्नड़ या तमिल भाषाओं के दलित साहित्य की बात छोड़ दें और केवल हिंदी के दलित साहित्य की ही बात करें तो हिंदी के दलित साहित्य में एक भी ऐसी अविस्मरणीय कृति नहीं है जिसे हिंदी को दलित साहित्य की देन कहा जा सके। हिंदी में दलित-साहित्य लिखा न जा रहा हो ऐसी बात नहीं है। लेकिन जो लिखा जा रहा है, वह बेहद सतही और सन्नाटापरक है। उस पर थोड़ी बहुत चर्चा तो की जा सकती है, लेकिन 'क्लासिक संवेदना' का स्तर नहीं पाया जा सकता। लेकिन जिसे हिंदी का 'ब्राह्मणवादी-साहित्य' कहकर कोसा जा रहा है—उसमें 'अपूर्व अविस्मरणीय' काव्य-नाटक-उपन्यास हैं—निबंध-संस्मरण और अद्‌भुत आकस्मिक काम है। विचार को गंभीरता से न लेने वाले लोग बिना किसी बड़ी तैयारी के हिंदी साहित्य के दंगल में कच्छा पहनकर कूद पड़े हैं। इसलिए जम नहीं पा रहे हैं। मात्र कोलाहल से बात नहीं बनती साहित्य तो 'साधना' है तप है—भीतर का ताप है, चित्त को राँधने-खौलाने के बाद का निचोड़। साहित्य केवल विवाद नहीं है, वैचारिक प्रतिबद्धता भी नहीं है, वह शब्द में अर्थ का पूरा समाज है। वक्त-वक्त की खंडित स्मृतियाँ-तल्खियाँ, विसंगतियाँ जो जीवन-परिदृश्य को झनझनाकर आलोकित कर देती हैं, साहित्य नहीं हैं। लेकिन जब भारतेंदु 'अंधेर नगरी' या प्रेमचंद 'ठाकुर का कुआँ' से वक्त की व्यवस्था को उघाड़कर रख देते हैं उस समय वे रचना से वक्त में एक ऐसा छेद या सूराख कर रहे होते हैं कि हम उसके साथ आर-पार देख सकें। उस समय न भारतेंदु बनिया होते हैं, न प्रेमचंद कायस्थ। वे मात्र सर्जक होते हैं। देश और काल, जाति और धर्म से ऊपर उठे हुए। वे समय का दस्तावेज पाठक की ओर सरकाकर कहते हैं, इसे गौर से पढ़ो-गुनो और स्मृति में सुरक्षित कर लो। लेकिन आज दुर्भाग्य यह है कि हम प्रेमचंद और निराला के दलित व्यथा-कथा वाले लेखन को दलित साहित्य में स्थान देने के लिए तैयार नहीं हैं। हम प्रेमचंद-निराला को गैर-दलित रचनाकार घोषित करते हैं। यह हमारा दलित-गैर-दलित विभाजन क्या एक अंधी गली में ले जाकर हमें नहीं छोड़ देता?

यदि दलित ही दलित की व्यथा को समझ सकता है, लिख सकता है, गैर-दलित उस व्यथा को नहीं समझ सकता है अगर वह दलित व्यथा पर लिखता है तो मात्र 'सहानुभूति का साहित्य' ही दे सकता है। दलित व्यथा का सच्चा यथार्थ दर्द वह जज्ब नहीं कर सकता। वह दलित व्यथा की करुणा का सच्चा मानस-बिंब सृजित नहीं कर सकता। 'जाके पैर न फटी बिवाई। सो का जानै पीर पराई।' यह बात साधारण लोगों के लिए तो ठीक है। लेकिन इस कहावत को रचनाकार पर लागू नहीं किया जा सकता। कारण, 'रचनाकार' के अपने विशिष्ट गुण हैं। रचना के समय

रचनाकार का हृदय लोक का हृदय हो जाता है। वह अपने-पराये की भेद-बुद्धि से दूर होकर सृजन करता है। वह आचार्य शुक्ल के शब्दों में अपना हृदय लोक-हृदय में मिला देता है, परकाय प्रवेश की क्षमता प्राप्त कर लेता है और लोक चित्त-वृत्तियों के केंद्र में पैठकर लोक-भावभूमि से साक्षात्कार करता है। लोक-संवेदना का अर्थ है, 'विभाव' का व्यापार और निज मोह संकट निवारणता की ताकत से भाव-योग की साधना। भाव-योग की साधना का तप ही रचनाकार को जाति, धर्म, राजनीति, वर्ग, वर्ण, संप्रदाय, देश और काल का अतिक्रमण करने की क्षमता देता है—या सिद्धि से संपन्न करता है। इसलिए रचनाकार 'अन्य' को वाणी में रचता है—अन्य के लिए। भारतीय काव्यशास्त्र ने रचना और रचनाकार के इसी व्यापार को 'साधारणीकरण' सिद्धांत से स्पष्ट किया है। पश्चिमवाले इसे 'निर्वैयक्तिकता का सिद्धांत' (थियरी ऑफ इम्पर्सनलाइजेशन) कहकर नाम देते रहे हैं। देश-विदेश के इस सृजन प्रक्रिया चिंतन सिद्धांत का। सार केवल इतना ही है कि रचनाकार जाति, धर्म, वर्ण, राजनीति में बँधा 'व्यक्ति-मानव' नहीं होता, वह 'समूह मानव' या सामूहिक अवचेतन से संपन्न मानव होता है जिसके सृजन में समाज बोलता है। उस समाज में वर्तमान के साथ अतीत के पुरखे भी बोल रहे होते हैं और जातीय-स्मृतियाँ, जातीय-बिंबों-प्रतीकों, स्वप्नों, मिथकों, फंतासियों की सृष्टि कर रहे होते हैं। भारतीय काव्यशास्त्र के बहुत लंबे चिंतन का निष्कर्ष यही रहा है कि साहित्य का विभाजन जाति, धर्म, लिंग, वर्ण, देश को आधार बनाकर नहीं किया जा सकता। यदि इस आधार से विभाजन किया जाएगा तो वह सांप्रदायिकता से युक्त अनर्गल होगा—भ्रामक और स्वार्थी राजनीति से प्रेरित। साहित्य का दलित-गैर-दलित विभाजन ओछी-टुच्ची और स्वार्थी राजनीति को ही बढ़ावा देगा। वह क्षुद्र-मंगल तो कर सकता है—लोकमंगल नहीं कर सकता। दलित साहित्य को लेकर ज्यादा पैर पटकने की बात अभी इसलिए नहीं है कि हिंदी में अभी इसकी समृद्ध परंपरा नहीं है। हिंदी दलित साहित्य का अभी पहला चरण ही उठा है और जल्दबाजी में उठा है। जातिगत दुराग्रह के कारण अभी भी वह संघर्षशील जनता की संवेदना का सर्जन नहीं बन पाया है। अंबेडकर, नारायण, गुरु, महात्मा फुले तथा कबीर-रैदास के वैचारिक स्रोतों से भी वह ठीक नहीं जुड़ पाया है। कबीर पर धर्मवीरीय व्याख्याओं की झपट ने हिंदी पाठक को चक्कर में डाल दिया है कि ब्राह्मणवादी सोच का नाश कैसे हो? ब्राह्मणवादी प्रतिमानों से दलित साहित्य की परख और विभाजन की दिशा क्या कम पीड़ादायक है। यही हालत मार्क्सवादी प्रतिमानों से दलित साहित्य की परख करने पर होती है। दलितों का जानी दुश्मन ब्राह्मणवाद है—मार्क्सवाद नहीं। इसलिए ब्राह्मणवादी साहित्य से दलित साहित्य को हर कीमत पर दूर रखने की साहित्यिक राजनीति पनप रही है। इस राजनीति से 'जाति-प्रथा' दृढ़ हो रही है और जातिवाद का जहरवाद फैल रहा है। इस तरह का विभाजन हमें तोड़ रहा है—घृणा में गर्क कर रहा है—हमें जोड़ नहीं रहा। साहित्य का उद्देश्य

है–मनुष्यता का विकास, परिष्कार और यह उद्देश्य अधर में लटक गया है।

'अंतर्राष्ट्रीयतावाद' एक ऐसी मायाविनी अवधारणा है कि वह अच्छे-अच्छों को उल्लू बनाकर दम ले रही है। इस मायाविनी के मोहपाश में दलित-राजनीति करने वाले भी कम नहीं फँसे हैं। कभी जिनेवा में कभी डर्बिन में दलित-मीमांसा का अंतर्राष्ट्रीय प्रयास करते हैं। भारत की अगड़ी जातियों के द्वारा किए गए अत्याचारों को लेकर वहाँ रोते-गाते हैं–अपनी दलित आल्हा गाते हैं। पश्चिमी रंगवाद-नस्लवाद से वे भारतीय दलितों की पीड़ा को जोड़कर अल्पसंख्यकों की राजनीति करने का अरमान रखते हैं और भ्रम फैलाते हैं कि अंतर्राष्ट्रीय मंच से जुड़ने में दलित और दलित चिंतन को फायदा होगा। दलित समस्याओं को मानवाधिकार की परिधि में हल किया जा सकेगा–यह बहुत विवादास्पद प्रश्न है। हिंदुस्तान के बहुसंख्यक समाज से कटकर दलित-चिंतन और साहित्य, क्या पश्चिम की ब्लैक लिटरेचर के पेट में विलुप्त नहीं हो जाएगा। उसकी अपनी स्वतंत्र-स्वाधीन अस्मिता का क्या होगा? डॉ. अंबेडकर के उन विचारों का क्या होगा जिनमें वे बौद्ध चिंतन तो स्वीकार करते हैं, पश्चिमवाद-मार्क्सवाद-गाँधीवाद को नहीं। यदि हिंदी का दलित साहित्य 'दलित-मुक्ति आंदोलन' से जुड़कर हिंदू धर्म की जाति-वर्णवादी क्रूर अमानवीय व्यवस्था का विरोध करना चाहता है तो उसे गैर-दलितों को साथ लेकर चलना होगा। डॉ. अंबेडकर की पत्रिका 'मूकनायक' का नायक संप्रदायवाद की राजनीति में जकड़ा नहीं जा सकता। यह 'मूकनायक' संपूर्ण विरोध की ध्वनि है। बाबुराव बागुल ने दलित साहित्य का सैद्धांतिक ढाँचा 'क्रांति-विज्ञान' नाम देकर खड़ा करना चाहा था लेकिन हुआ क्या? वह मार्क्सवाद के पिटारे में लुप्त हो गया। इधर मार्क्सवाद स्वयं मरते हुए जानवर की तरह ढेर हो रहा है।

दरअसल, कुछ चतुर चालाक लोग 'दलित साहित्य में विभाजन की समस्या' को इस रूप में भुनाना चाहते हैं कि वह आभिजात्य बौद्धिक बहसों के मकड़जाल में फँस जाए। दलित और स्त्री-विमर्श की राजनीति भी करते रहें और मूल मुद्दे को भटका दें। सवर्ण-साहित्य और अवर्ण-साहित्य का क्या कोई ऐसा साहित्य-समाज हो सकता है जिसमें 'श्रीमान' और 'महंत' 'प्रगतिशीलता' का झंडा लिए न खड़े हों। 'प्रगतिशीलता' नारा है, फार्मूला है–'घी-शक्कर' खाने का। इस छद्म प्रगतिशीलता का ही नतीजा है कि विश्वविद्यालयों के पाठ्यक्रमों में दलित साहित्य को स्थान तो दे दिया जाता है लेकिन उसके प्रति सम्मान का भाव नदारद है। कमोबेश यही स्थिति प्रमुख पत्रिकाओं के 'दलित साहित्य' विशेषांकों की है। प्रगतिशील-चिंतन का वैचारिक-मंच एक चाँदी का वर्क है जो सच्चाई को छिपाने के लिए चढ़ाया जाता है। सवर्ण पूँजीपतियों के पैसे से पत्रिका निकालते हैं और डकार में प्रगतिशीलता जपते हैं। हिंदी में दलित साहित्य के लिए हर साँस में कबीर, रैदास, पलटू, रज्जब और भक्ति-आंदोलन के कवियों की देन का जाप किया जाता है। दलित साहित्य और सवर्ण साहित्य की

परंपरा में निर्गुण-सगुण काव्य को मथा जाता है और कह दिया जाता है कि निर्गुण साहित्य (दलित साहित्य) क्रांतिकारी-विद्रोही सगुण साहित्य (सवर्ण साहित्य-कृष्ण और रामकाव्य परंपरा का साहित्य) क्रांतिकारिता के दाँत उखाड़नेवाला, पुरोहितवादी-ब्राह्मणवादी, भूस्वामी वर्ग, पूँजीपति हितों का रक्षक, शास्त्र की जड़ता से भरा प्रगतिगामी साहित्य। अर्थात् निर्गुण में लोक बोलता है सगुण में शास्त्र। भक्ति आंदोलन के साहित्य को लेकर यह बेहद अतार्किक-विभाजन धर्म-निरपेक्षतावादियों ने चलाया है। ऐसा इसलिए कहना पड़ रहा है कि कृष्ण काव्य की भक्तिकालीन परंपरा में 'लोक' लोक-संस्कृति और लोक-मन निर्गुणवादियों से कम नहीं है। आचार्य शुक्ल का यह कथन सच नहीं है कि निर्गुणिया संत लोक-विरोधी थे लेकिन यह कथन सच है कि इन कृष्ण भक्त कवियों ने जनता के हृदय में नई उमंग का संचार किया और जीवन जीने की चाह बनी रहने दी। भक्तिकाल के रामकाव्य में चाहे कोई दलित कवि न हो किंतु तुलसी का संत भाव दलितों के साथ है—ब्राह्मणवाद पुरोहितवाद के साथ नहीं है। सामंतवादी समाज के अमूल्य तुलसी के नायक राम ध्वस्त करते हैं।

दलित साहित्य और सवर्ण साहित्य का विभाजन हिंदी के भक्तिकाव्य के साथ न्याय नहीं कर पाता है। ठीक वैसे ही आधुनिककाल के हिंदी-साहित्य के लिए यह विभाजन अप्रासंगिक और भेदवादी मनोवृत्ति को सामने लाता है। हिंदी-उपन्यासों की दलित-अस्मिता में नागार्जुन के 'बलचनमा', मधुकर सिंह के 'सहदेव राम का इस्तीफा', रामदरश मिश्र 'जल टूटता हुआ', अमृत लाल नागर 'नाच्यो बहुत गोपाल', रांगेय राघव 'कब तक पुकारूँ', शिवप्रसाद सिंह 'अलग-अलग वैतरणी', जगदीशचंद्र 'धरती धन न अपना', 'कभी न छोड़े खेत', कृष्णा अग्निहोत्री 'टपरेवाली', हिमांशु जोशी 'कगार की आग' जैसे उपन्यासों को अनदेखा कर क्या हिंदी दलित साहित्य को पूरे इतिहास-भूगोल में समझा जा सकता है? इसका एक ही उत्तर है—इन्हें नकारना भूल होगी। वही भूल जो दलित साहित्य की दलितों द्वारा लिखे जाने की सीमा बाँधने पर हमने प्रेमचंद और निराला के साथ की है। दलितों ने जैसे नैमिशराय जी ने 'अपने-अपने पिंजरे', ओमप्रकाश वाल्मीकि ने 'जूठन', सूरजपाल चौहान ने 'तिरस्कृत', श्योराज सिंह बेचैन ने 'चमार की आत्मकथा' जैसी महत्त्वपूर्ण आत्मकथाएँ लिखी हैं। लेकिन इन आत्मकथाओं का मूल्यांकन दलित-अस्मिता पर लिखे गए हिंदी के नामी-गरामी उपन्यासकारों के उपन्यासों को साथ रखकर ही किया जाना चाहिए।

दलित साहित्य की राजनीति करनेवालों ने ऐसा माहौल बना दिया है कि कई मुद्राओं में यह प्रश्न पूछा जाता है कि क्या दलित साहित्य केवल दलित ही लिख सकते हैं—अन्य गैर-दलित क्यों नहीं। यहाँ 'केवल' पर विवाद है—भोगे हुए यथार्थ की प्रामाणिक अनुभूति और अनुभूति की ईमानदारी पर नहीं। दलित की 'स्वानुभूति' का यथार्थ गैर-दलित की 'सहानुभूति' में आ कैसे सकता है? इस दलित-विमर्श के तर्क से नाराज सवर्ण साहित्यकारों का एक दल अपने को दलित साहित्य का अगुआ

आग्रहपूर्वक घोषित करता है। फलतः दो तरह का दलित साहित्य टकराता है जिसमें वाद-विवाद ज्यादा है, संवाद कम। कौन-सा दलित साहित्य 'जेनुइन' और सच्चा है और कौन-सा 'फेक', झूठा-भ्रमात्मक। चूंकि सवर्ण दल में दलित साहित्य लिखने वाले 'विचारधारा' के नाम पर ज्यादा संगठित हैं और 'अन्याय शोषण से मुक्त समाज' के लिए नारेबाजी करने वाले पुराने घुटे हुए उस्ताद हैं। 'प्रतिबद्ध' पापी हैं। इसलिए इन नए दलित-विमर्श वालों का टिकना मुश्किल हो रहा है। साहित्य के लोकतंत्र पर मार्क्सवाद का कब्जा है और उनका लेखन भी हिंदी में सशक्त है। भली-बुरी बात कहने और लिखने की आजादी है। यदि ऐसा न होता तो डॉ. रामविलास शर्मा अपने विचारों की धार से यशपाल के उपन्यासों को साड़ी-जम्पर उतारवाद का विकृत साहित्य न कह पाते। फिर दलितों को यह भी समझना चाहिए कि उत्तर-भारत में दलित राजनीति का डंका तो बजा पर दलित साहित्य किनारे उपेक्षित ही पड़ा रहा। वह दक्षिण भारत की तरह सामने नहीं आया। बंगला ने दलित साहित्य की दक्षिण भारत से न प्रेरणा ली न नकल की। लेकिन हिंदी ने मराठी से प्रेरणा भी ली और अब तो नकल पर भी आमादा है। हिंदी दलित साहित्य की यह शोचनीय स्थिति है। मराठी में प्रदेश बोलता है, हिंदी भाषी क्षेत्रों में देश। दोनों की समस्या का रूप अलग है।

दलित साहित्य की आड़ में वामपंथी राजनीति का रवैया अपनाने से क्या दलित विमर्श को ताकत मिल सकती है। इस प्रश्न का उत्तर बहुत ही पेचीदा और चुनौतीपूर्ण है। हाँ, क्या सच है कि दलित ही सच्चा दलित लेखन कर सकता है। इस विचार से अपने ढंग का दलित लेखन करने वाले वामपंथी क्षुब्ध हैं। दलित-विमर्श की राजनीति ने 'जातिप्रथा' और 'सवर्ण वर्णवाद के वर्चस्ववाद' को चुनौती नहीं दी केवल 'सत्ता पर कब्जा' और 'आरक्षण' के आमों का स्वाद चखने के लिए उठा-पटक की। वे भूल रहे हैं कि 'आरक्षण' से 'जातिवाद' खत्म नहीं होता बल्कि दृढ़ होता है। शिक्षा न्याय पद पाने का अर्थ—मानसिक विकास है—'आरक्षण' से सुविधाभोगी होकर भटक जाना नहीं। भारतीय लोकतंत्र में वोट की राजनीति जातिवाद के आधार पर चल रही है और इसी से धर्म, सांप्रदायिकता, हिंसा, अपराधीकरण, भूमंडलीकरण की आर्थिक नीतियों के काले तेंदुओं को शिकार मिल रहा है। 'जातिप्रथा' से जुड़ी स्थिति-परिस्थिति को नकारकर जो दलित राजनीति हो रही है, उसमें दलित और दलित बन रहा है। उसका दमन-शोषण बढ़ रहा है।

हिंदी में पश्चिमवाद के पिछलग्गू विद्वानों की एक पीढ़ी इधर तैयार हो रही है। यह पीढ़ी न तो भारत की सामाजिक-सांस्कृतिक परंपराओं से परिचित है, न मिथक चेतना से। हिंदी दलित साहित्य को ये लोग आधुनिकता के आईने में देखने का शोर मचा रहे हैं। ये लोग चालाक इतने हैं कि हिंदी दलित या मराठी दलित शब्द संदर्भ से बचते हुए 'दलित' शब्द को गह लेते हैं और उसे समाजशास्त्रीय बौद्धिकता की

चादर में लपेट देते हैं। भारतीय भाषाओं के साहित्य से अनभिज्ञता के कारण पश्चिम इनकी शरणस्थली है। पश्चिम के माल को हिंदी में खपा रहे हैं, लेकिन इससे हिंदी-समाज का कुछ हित होने वाला नहीं है। 'आधुनिकता' का चिंतन हिंदी दलित साहित्य से हमारा ध्यान हटाता है और उत्तर-आधुनिकतावाद की ओर धकेल देता है। हिंदी के दलित साहित्य से पाठक का ध्यान हटाने की यह खतरनाक राजनीति है।

दलित-साहित्य-विमर्श में विभाजन का प्रश्न महत्त्वपूर्ण इसलिए है कि इसी से अनेक भ्रांतियाँ फैलती रही हैं। यह कहा जाता रहा है कि साहित्य या दलित साहित्य के विभाजन का आधार 'जाति-प्रथा' नहीं हो सकती। जाति के आधार पर साहित्य का विभाजन मानवता और चिंतन की सबसे बड़ी पराजय होगी। जो भी व्यक्ति 'रचता' है वह मानव-मात्र की संवेदना का अंग बने और संवेदना मानव की जड़ताओं, क्षुद्रताओं को छोड़ने की दिशा में प्रवृत्त हो। इसलिए साहित्य में दलित-गैर-दलित का विभाजन नहीं चल सकता। सच तो यह है मानव का अलग-अलग रहना ही नहीं चल सकता। साहित्यकार की न कोई 'जाति' होती है न कोई 'धर्म' होता है। वह तो देश और काल का अतिक्रमण करने को भी 'स्वभाव' से विवश है। कबीर ने कहा था—'जाति न पूछो साधु की' तो इसका सीधा अर्थ यही था कि साधु की जाति और धर्म नहीं पूछा जाता। इसलिए मैं मानता हूँ कि देर-सबेर साहित्य में यह जो 'विभाजन की राजनीति' चल रही है यह माहौल बदलेगा। आज जिसे 'पॉलिटिक्स ऑफ आयडेंटिटी' कहते हैं, यह अस्मिता के संकट की राजनीति का जोश कम होगा। अपनी अस्मिता की पहचान बनाने के लिए शुरू-शुरू में इस तरह की राजनीति में दूध की तरह के उबाल आते हैं। बड़े आग्रह के साथ लोग अपनी 'पहचान' को रेखांकित करते-करवाते हैं ताकि वे 'विस्थापित' न दिखाई दें। हाशिए पर पड़े लोगों का साहित्य भी हाशिए पर न चला जाए। यह खतरा तो रहता ही है। इस खतरे से मुक्त होने के लिए ही दलित साहित्य कई कंठों से पुकारता-चिल्लाता आया। आज वह अकेले कंठ की पुकार नहीं है—साहित्य की मुख्यधारा का अंग है। इसलिए उसमें उछालवाद भी कम हुआ है और सर्जनात्मक प्रक्रिया और चिंतन की दिशा में भी परिवर्तन दिखाई देता है। दलित साहित्य के झंडाबरदारों को समझ में आ गया है कि विभाजन ब्राह्मण, साहित्य, ठाकुर साहित्य, बनिया साहित्य, शूद्र साहित्य और इन चारों का उपविभाजन अनेक विभाजनों की छीछालेदर को जन्म देगा। और यह पूरा कार्य साहित्य के मूल 'चरित्र' के ही विपरीत होगा। इसलिए आज साहित्य के 'विभाव' पर ध्यान देने की आवश्यकता है, विभाजन पर नहीं। अनेकता में एकता, भेद में अभेद, द्वैत में अद्वैत स्थापित करना ही साहित्य का उद्देश्य रहा है। इसी को 'पेमा पुमर्थो महान' कहकर 'भावक' का ध्यान आकृष्ट किया जाता रहा है।

आज तो समाज में साहित्य और साहित्यकार दोनों की स्थिति को खतरा उत्पन्न हो गया है। भविष्य में साहित्य किस रूप में बचेगा (बचेगा भी या नहीं) कोई नहीं

कह सकता। क्योंकि उत्तर-पूँजीवाद समाज में यह आवाज बार-बार उठ रही है कि हम साहित्य क्यों पढ़ें? साहित्य-रचने और पढ़ने की प्रासंगिकता क्या है। कारण, साहित्यकार गुजरात हो या अन्य कोई प्रांत नरसंहारों, सांप्रदायिक दंगों, धार्मिक उत्पातों, नारी पर होने वाले अमानवीय कृत्यों आदि का पिछले वर्षों की तुलना में ज्यादा बुलंद आवाज में विरोध कर रहे हैं। पर 'सत्ता' के बहरे कान उसे नहीं सुनते। या फिर 'सत्ता' इतनी ढीठ हो गई है कि सुनकर भी अनसुना कर देती है—अपने संगठन के दम पर। अगर अंग्रेज प्रेमचंद की पहली किताब को जब्त करता था, तो उसका अर्थ-संदर्भ था। आज का शासक 'किताब' को ही कूड़ा समझे बैठा है।

दलित के लिए जगह ही नहीं है। उसके संस्कारों में भ्रष्टाचार स्थायी भाव बनकर बस गया है जिसमें नैतिक-अनैतिक की वाणी ही मर गई है। 'सब कुछ चलता है' की राजनीति में सभी पवित्र मिथक अपना अर्थ खो बैठे हैं। 'सत्ता' में साहित्य के प्रति जो हिकारत का भाव पनपा है उसके प्रति पूरे हिंदी समाज में पत्ता तक नहीं हिलता। कभी-कभार कोई लेखक-पत्रकार-आलोचक दर्द से कराहता है और चुप हो जाता है। इस स्थिति का 'भाष्य' यह है कि हिंदी समाज ही साहित्य के महत्त्व से बेखबर होता जा रहा है। 'सत्ता' के चारण अपना चालीसा गा रहे हैं जिसमें 'सत्ता' के नायक को दुर्गा, हनुमान, श्रीकृष्ण, राम सिद्ध किया जा रहा है। कहीं 'रथ' यात्रा हो रही है और कहीं हनुमान मुद्रा का आरोप। पूरे के पूरे सामाजिक-जीवन से तिलक-गाँधी-नेहरू, जयप्रकाश, लोहिया, अंबेडकर नदारद हो रहे हैं। इन नेताओं की असली छवि को गायब करके 'नकली छवि' पेश की जा रही है। समाज और साहित्य पर अर्थशास्त्री ग्रेशम का सिद्धांत सही बैठ रहा है। उनके सिद्धांत का सार-सर्वस्व यह है कि असली सिक्के को नकली-खोटा सिक्का गायब करता है। असली आदमी को नकली आदमी गायब करता है। असली विचार को नकली विचार गायब करता है। साहित्य में प्रेमचंद-निराला-मुक्तिबोध-रघुवीर सहाय की वकत कम हो रही है और दल वाले छुटभैयों के घटिया साहित्य पर वाजपेयियों-सिंहों के भीषण-भाषण, अग्राह्य लेखन की भरमार हो रही है। 'नीचट कलावादी' और 'पीवट प्रगतिवादी' से आज का साहित्य 'कीचड़' में धँस गया है। आज का रचना-कर्म और पाठक दोनों ही मजाक और व्यंग्य हैं।

हालत यह है कि हिंदी का मध्यमवर्गीय समाज हिंदी-साहित्य से नफरत करता है। वह आजकल अंग्रेजी के पीछे है। पहले इस समाज में संतों-फकीरों, रचनाकारों की आवाज सुनी जाती थी और अब नहीं सुनी जाती। साहित्य को समझने वाला 'भावक' समाज के हाशिए से बाहर हो गया है और संगीत, नृत्य, मूर्ति शिल्प की अधोगति है। ऐसे में दलित साहित्य की चर्चा तो होती है लेकिन गहराई से नहीं। कबीर-तुलसी-निराला और अज्ञेय ही संकट में नहीं हैं—'हिंदी' संकट में है। अगर विश्वविद्यालयों के हिंदी विभाग और पत्रकारिता दलित साहित्य की चर्चा न करें तो

इन पर बात करने वाला नहीं है। विश्वविद्यालय के विभागों से हिंदी आज नहीं तो कल भागने वाली है—तब साहित्य का क्या होगा। इसलिए दलित साहित्य और द्विज साहित्य के 'विभाजन' को सामने लाकर 'हिंदी-साहित्य' पर भस्मासुरी हाथ मत रखिए। हिंदी का उच्च वर्ग समाज, हिंदी की पुस्तक नहीं पढ़ता। मध्यवर्ग में बहुत कम लोग हिंदी पुस्तकें पढ़ते हैं। ऐसी स्थिति के कारण साहित्य के विभाजन की राजनीति से हमें बचना होगा।

# दलित साहित्य और दलित चेतना पर मँडराता भूमंडलीकरण का संकट

पश्चिम की दिमागी गुलामी से चिंतित होना तो दूर भारत जैसा तीसरी दुनिया का देश भूमंडलीकरण की राजनीति में 'प्रगति' और विकास' का नाम जाप कर रहा है। गाँधी-लोहिया और अंबेडकर उसके लिए मुखौटे हैं, जिन्हें वह राजनीतिक नाटक में उतारता-बदलता रहता है। हम सब भारतीय नव-उपनिवेशवाद के एक ऐसे दौर से गुजर रहे हैं जिस पर भूमंडलीकरण का वर्चस्व कायम है। भूमंडलीकरण का नया अर्थ-संदर्भ भी आज समझना चाहिए। क्योंकि इसके भाष्य का दायरा अनंत होने के कारण अर्थ-बहुलतावाद का दायरा भी आकाश छूने लगा है। उत्तर-आधुनिकतावाद के भूमंडलीकरण को न तो कोई लियोतार ही परिभाषित कर सकता है न कोई फ्रांसिस फूकोयामा। पहले इसमें जातिवाद का दलित संदर्भ उठा था कि पिछड़ी गैर-द्विज जातियाँ जो किनारे पर पड़ी थीं उन्हें केंद्र में लाकर महत्त्व देने का प्रयत्न हो। लेकिन नव-उपनिवेशवाद के बहुराष्ट्रीय-निगमवाद, सूचना-संचार क्रांति और नए ढंग के फौजीकरण ने फिर से दलित समस्या को रौंद दिया है। अंतर्राष्ट्रीय मंचों पर नस्ली-भेदभाव को नकारने का षड्यंत्र चल रहा है और दलित समस्या की देशी संरचना को डरबन सम्मेलन की आँख से डराया जा रहा है।

भूमंडलीकरण मात्र नारा नहीं है, न कोई आंदोलन बल्कि यह एक यूरोप का वह दृष्टिकोण है जिसमें शक्ति-सत्ता और गर्भित अर्थ प्रणालियों के कई जटिल-संदर्भ निहित हैं। यदि एक संदर्भ वित्तीय पूँजी के भूमंडलीकरण का है तो दूसरा आर्थिक उदारीकरण, निजीकरण का है, तीसरा संदर्भ बाजारवाद, विश्व गाँव, रोजगारों पर हमला और हड़पवाद, विश्व व्यापार संगठन से जुड़ा है। तो चौथा विश्व बैंक, विश्व-व्यापार संगठन, ग्लोबलाइजेशन और अंतर्राष्ट्रीय मुद्रा कोष, तीसरी दुनिया के कच्चे माल पर कब्जा, मुनाफाखोरी के भ्रष्ट फार्मूलों को ईजाद करना, खेती पर नए अधिकार का हथकंडावाद, जैव संपदा की चोरी, सूचना-प्रौद्योगिकी में आई क्रांति,

मल्टीमीडिया की सेक्सुअलिटी का देहवाद, नारी देह की कीमत में अनाप-शनाप वृद्धि, फैशन परेड में मैडोना-कल्चर का वर्चस्व, विश्व सुंदरी प्रतियोगिताओं की आड़ में मिथुन-मुद्रा-सा सहज सुखवाद, स्त्री-संसार में लिंग-पूजा का चार्वाक-दर्शन, साहित्य में नव रीतिवाद का जोर जैसी अनेक बातें हैं। इन बातों में भारतीय सवर्ण-पवित्रतावाद और दलित कला के श्रमवाद को कहीं भी न जगह है न सम्मान। धर्म का स्थान सांप्रदायिक ताकतों को मिल गया है और ईश्वर-उपासना भक्ति पूजा का स्थान—फाइवस्टार कल्चर, फार्म हाउस के भीतर-बाहर फैला उपभोक्तावादी माफिया तंत्र का मायावाद, हिंसा, अपहरण को दलित संदर्भों में जो बात और महत्त्वपूर्ण बात अंबेडकर, ज्योतिबा फुले, भगवानदास, दया पवार, प्रकाश लुइस, कांचा ऐलय्या, डी.आर. नागराज आदि ने कही थी उसका गला दबा दिया गया है। हमारे यहाँ धार्मिक आधार पर जो गोलबंदी राजनीति में चल रही है और उसमें जातिवाद का गरम मसाला जोरों से डाला जा रहा है, वह दलितों के लिए हानिकर है। डॉ. लोहिया कहते थे कि धर्म और राजनीति का रिश्ता बिगड़ गया है। धर्म दीर्घकालीन राजनीति है और राजनीति अल्पकालीन धर्म। डॉ. अंबेडकर को 'धर्म' में आस्था कम न थी और अगर सामने गाँधी और हिंदू-धर्म हो तो बौद्ध धर्म में आस्था बहुत अधिक। हिंदू धर्म को डॉ. अंबेडकर पैशाचिक धर्म कहते थे जिसके धर्म-जाति-वर्ण चिंतन में न समानता को स्थान है न स्वतंत्रता को।

इधर जाति धर्म आधारित गठजोड़ों और चुनावी समीकरणों में हिंदुत्व का घी डालकर जो यज्ञ किया है उसकी रावण-लीला पर आँखें डबडबाई हुई हैं। नरम हिंदूवाद और गरम हिंदूवाद क्या है। वशिष्ठी परंपरा और विश्वामित्री परंपरा का पुनर्जन्म। इस पुनर्जन्म में सुदास राजा विश्वामित्र की ओर मिलकर पुरोहितवाद की ध्वजा वशिष्ठ के पुत्र शक्ति को जीवित आग में झोंककर मारने की तरकीब सोच रहा है। कांग्रेस और संघ परिवार द्वारा चालित सांप्रदायिक राजनीति के बढ़ते कदम दमदार क्यों लगते हैं। क्योंकि वे दोनों ही 'सत्ता के लिए पागल भूत' बन गए हैं। इन दोनों से सेकुलर भारत तो खैर क्या बनता—गाँधी का भारत ही खंड-खंड हो गया है। सांप्रदायिक शक्तिवाद सत्ता को बहुसंस्कृतिवाद के नाम पर गुमराह कर रहा है। दलित साहित्य और दलित साहित्य के सौंदर्यशास्त्र को गढ़ने में लगे दलित-पंडितों को इस बात का बोध तक नहीं है कि नव उपनिवेशवाद का नया दौर उनकी पूरी भूमि को तहस-नहस करने का नगाड़ा बजा चुका है। शरण कुमार लिंबाले जैसे लोग मार्क्सवाद से गलबहिया डालकर नया खेल खेलने का सपना देख रहे हैं। उन्हें नहीं पता है कि नव-साम्राज्यवादी सांस्कृतिक नाटक का अंत होने वाला नहीं है। उनकी चिंता भूमंडलीकरण को लेकर होनी चाहिए। लेकिन वे भूमंडलीकरण में दलितों की हिस्सेदारी को लेकर उछल-कूद कर रहे हैं। भूलना नहीं चाहिए कि भूमंडलीकरण एक ऐसा विश्व दैत्य है जो राष्ट्र-राज्य संबंधों को रौंदकर दलित-संघर्ष की ही हवा निकालने पर आमादा है। नवउदारवादी

पूँजीवाद भूमंडलीकरण के उस अखाड़े का ताकतवर पहलवान है, जो नए लोकतंत्र की रूप-रचना को विकृत करके, उसके तहत दलितों जैसे हाशिए पर पड़े तबकों को आर्थिक-सामाजिक प्रणाली से भीतर ही भीतर फाड़कर रख देगा। नई विश्व व्यवस्था में बाजारवाद और नस्लवाद-वर्णवाद की दमनकारी संरचनाएँ अंतर्गुम्फित हैं। भारत का अर्थतंत्र, समाजतंत्र इस नई विश्व व्यवस्था में जितना ही चमकेगा, उतना ही दलित-शोषित संघर्ष कमजोर पड़ेगा। उत्तर-आधुनिक परिदृश्य के जादू में खोया दलित तबका 'प्रगति' के नाम पर उनकी अधीनता में चला जाएगा। नव उपनिवेशवाद का दौर तो दलित गुलामी का एक नया अध्याय ही रचेगा। श्वेत जातियों के प्रति भारतीय मानस का परंपरागत आकर्षण और अनुरक्ति नारी के नवरीतिवाद का रुतबा ही बुलंद करेगा। कालों के प्रति तिरस्कार का स्थायी भाव जातिवाद-वर्णवाद के विभाव-विधान को पुष्ट करेगा। उपभोक्तावादी संस्कृति में सुरा-सुंदरी और सौंदर्य का तिगड्डा बन रहा है। इस बात को समझने की जरूरत है कि नववर्ष में केवल राजधानी दिल्ली में पचास करोड़ का दारू-व्यापार हुआ। अन्य देह-व्यापार कितने हुए यह न बतलाना ही बेहतर है। हमारा दूरदर्शन अधनंगी नारी देहों को किस अजब-गजब तरीकों से हमारे घरों में परोसता रहा कि युवा पीढ़ी मस्तवाद में मस्तराम बन गई। इस मस्तराम कल्चर की तकनीकी व्याख्याओं में हमें जाना चाहिए। आधुनिक समाज बनाने की हमारी दीर्घकालीन तैयारी भूमंडलीकरण की जिस परियोजना का अंग है उसमें समता के भीतर विषमता, भेदभाव, रंगभेद, शोषण, हिंसा, आतंक, लूट, विध्वंस, बलात्कार, माफियावाद की विजय पूँजीवाद की ऊँची ध्वजा का कमाल जुड़ा हुआ है। हमने अतीत में प्राणांतक उपनिवेशवाद को निरंतर झेला है और आजादी के बाद सपनों को निरंतर जलते देखा है। लेकिन अब शोषण उत्पीड़न दमन का रूप परिस्थितियों ने ऐसा बदला है कि सभी सामाजिक नैतिकता पवित्रता की संरचनाएँ धूल में ध्वस्त हो गई हैं। प्रश्न हिंदू-इस्लाम-सिक्ख-ईसाई का नहीं रहा है। प्रश्न है आज कौन नव साम्राज्यवादी शक्ति के स्रोत से जुड़ा है।

भूमंडलीकरण की प्रक्रिया ने दलित और नारी को नवपूँजीवाद की विनाश-लीला में धकेल दिया है। दलित और नारी की पुरानी संरचनाएँ अब पराजित हो गई हैं और नई संरचनाएँ जाति-वर्ण को भुलाकर उभर रही हैं। दरअसल आज नारी संरचना का इतिहास-भूगोल अंतर्राष्ट्रीय मंच पर इतना जटिल और जोखिम भरा हो गया है कि फौजवादी वर्चस्ववाद तन रहा है। आतंकवाद की राजनीति में देशों के युद्ध हो रहे हैं, नए संगठन बन रहे हैं और एशिया के ही बड़े-बड़े दो चौधरीवादी राष्ट्र एशिया के कमजोर देशों की चमड़ी उधेड़ने पर आमादा हो गए। पूरा देश विदेशी कपड़ों, जूतों-फीतों, रंगों, फिल्मों, फैशन परेडों, तोहफों से पट गया है। सांस्कृतिक और साभ्यतिक टकराव में 'बेटी' की देह दबाने वाले विदेशी कारों में मौज ले रहे हैं। शिक्षा में नव्य पूँजीवाद नाग की तरह घुसकर बैठ गया है। इस जटिल यथार्थ को

सबाल्टर्न हिस्ट्री वाले उभारना चाहते हैं। लेकिन उनकी सुनता कौन है। एक सांस्कृतिक-राजनीतिक टकराव का कीड़ा शिक्षा की जड़ में लग गया है। इस कीड़े को हम ब्रिटेन-अमेरिका से लाए हैं। पिछड़े समाजों को कामकाज पर लगाने के नाम पर अर्थशास्त्री अमर्त्यसेन इस कीड़े को मारने की दवाई सुझा रहे हैं। लेकिन हमारी सरकार भूमंडलीकरण, निजीकरण का कीर्तन कर रही है। दिल्ली में मेट्रो रेल चलाकर बुनियादी समस्याओं से ध्यान हटा रही है। 'मुफ्त का चंदन घिस मेरे नंदन' वाली कहावत का अर्थ तो अब खुला है हमारी जनता के लिए। अमेरिका ने आतंकवाद का नाश करने के लिए संस्कृति-सभ्यता का जो अफगान युद्ध लड़ा है उसके नतीजे सामने हैं। पाकिस्तानी तेंदुए धर्म की काली चट्टानों में अँगड़ाई ले रहे हैं। शिकार पा रहे हैं और गुर्राहट से भरे हैं।

'नई विश्व व्यवस्था' का जो विचार अमेरिका के राष्ट्रपति जॉर्ज डब्ल्यू बुश के पिता ने अपने राष्ट्रपतित्व काल में व्यक्त किया था उसका नजारा तब स्पष्ट हुआ जब रूस की साम्यवादी सरकार का पतन रेत की दीवार की तरह हो गया। सोवियत रूस के ढहने के बाद विश्व बैंक, विश्व व्यापार संगठन तथा अंतर्राष्ट्रीय मुद्रा कोष की अगुआई में विश्व-व्यापारवाद, नव्य-पूँजीवाद का मुनाफाखोर दर्शन और नव सांस्कृतिक साम्राज्यवाद संसार भर पर सवारी करने का अरमान गरमाने लगा। यह नव पूँजीवाद और नव सांस्कृतिक साम्राज्यवाद जिस पर आधारित था वह था कार्पोरेट पूँजीवाद। इसे दूध पिलाकर तगड़ा कर रहा था—विश्व बैंक और विश्व व्यापार संगठन। इस कार्पोरेट पूँजीवाद ने अपना वर्चस्ववाद कायम किया। यही वर्चस्ववाद आठ पूँजीवादी देशों का चौधरीवाद है। बहुराष्ट्रीय कंपनियों के दफ्तरों में बैठे मैनेजर 'मैनुपुलेशन' की कला ज्ञान नीति में उस्ताद होकर गरीब देशों की जन्म कुंडलियाँ देखने लगे। इन कुंडलियों की भविष्य रेखाएँ सबसे ज्यादा अनुकूल थीं भारत के लिए। उन्होंने भारत को ललचाने वाला 'मदद' से बना कनक-मृग भेजा। हमारी सीता अर्थात् नारी उसे देखकर ललचा गई। भारत के राम उस मृग के पीछे भागे और भाग रहे हैं। इस बार रावणों ने मौका पाकर हजार-हजार भँवरी बाइयों को मसल-कुचल डाला। हमें याद आए दिनकर जी 'कितनी द्रुपता के बाल खुले कितनी कलियों का अंत हुआ।' लेकिन इस जलते वसंत को देखकर राजनीति खिलखिलाती रही। उसे पता है कि भारत का मानस ही ऐसा है कि उसे साधु और सुधारवाद के नाम पर ही छला जाता रहा है। फलतः सत्ता और विपक्ष दोनों ही कपट मृग का रूप धारण कर दौड़े और पुनः कपट मुनि बनकर काबिज हो गए। इन सभी ने लोकतंत्र, उदारतावाद, पूँजीवाद की नई परिभाषा गढ़ने में मशक्कत की और कहा करें क्या विचारधाराओं का अंत हो गया है अर्थात् गाँधी-मार्क्स-लोहिया-अंबेडकर की ऐतिहासिक विचारधाराओं का अंत हो गया और नई विचारधारा हम लोग ला रहे हैं—नव्य पूँजीवाद-नव्य सांस्कृतिक साम्राज्यवाद की अमेरिकी विचारधारा। जिसमें न जाति, धर्म, वर्ण, प्रदेश का चक्कर

है—केवल मस्तवाद है, बहुराष्ट्रीय निगमों के माल से भरा मस्तवाद।

सामाजिक-सांस्कृतिक-राजनीतिक रूप से भारतीय लोकतंत्र का यह नया विचार अद्भुत केलि-क्रीड़ा विलास का भंडारा कर रहा है। यही तो सेकुलर या लौकिक का भारतीय संशोधित-संपादित संस्करण है। इसका 'पाठ' भी अर्थबहुलता से संपन्न है और हमारी युवा पीढ़ी भौतिकवाद की व्यावहारिक लूट में थिरक रही है। होटलों-क्लबों, फार्म हाउसों, कमरों, पार्कों-विश्वविद्यालयों, कॉफी हाउसों आदि में रमण कर रहा है। देश भर में लोहियावादी-अंबेडकरवादियों को अँधेरे में धकेलकर लोकायती, चार्वाकी, वाममार्गी तांत्रिक और महासुखवादी पनप रहे हैं। मध्यकाल के तांत्रिकों, कापालिकों, कौलों, सहजयानियों, नाथों-सिद्धों ने चाहे नारी रति का आनंद कम उठा पाया हो। लेकिन फार्म हाउसों-क्लबों ने संगीत-कला-नृत्य-प्रदर्शन, एडवरटाइजमेंट, सौंदर्य प्रतियोगिताओं के नाम पर उपभोक्तावाद का गूढ़ार्थ हस्तामलक कर लिया है। दिलचस्प बात यह है कि इसमें द्विज और गैर-द्विज दोनों समान आनंद ले रहे हैं। क्या हमारा नव लोकतंत्रवाद इस भूमंडलीकरण की प्रक्रिया का परिणाम नहीं है। वर्चस्ववादी सत्ता की संरचनाएँ जिस विकट-विकृत स्थिति को जन्म दे रही हैं उसका सबसे ज्यादा नुकसान दलितों को होगा। हाशिए पर पड़े गरीबों-पीड़ितों, अन्त्यजों, आदिवासियों को होगा। क्यों होगा? क्योंकि ये बड़े समुदाय 'विकास' के दायरे से पीछे छूटे जा रहे हैं। 'विकास' के नाम पर इन्हें इनकी संपदा से बेदखल किया जा रहा है। नव उदारतावाद में बाजारवाद की मुनाफाखोरी पर इतना जोर है कि ये दलितवाद को आसानी से समाज के बाहर फेंक सकते हैं। नव उपनिवेशीकरण की इन तरकीबों पर बौद्धिक वर्ग, चुप क्यों है? इसलिए चुप है कि सत्ता ने उसे खरीद लिया है और जीने और पीने को नशीली चीजें दी हैं। वे काकटेल पार्टी कर रहे हैं, नंग-नृत्यों को देखकर संस्कृति की नई उत्तेजना पा रहे हैं, पुराने से बचने की सलाह दे रहे हैं।

वर्चस्ववाद की नवभोगवादी-आतंकवादी संस्थाएँ अंतर्राष्ट्रीय संरचनाएँ निर्मित कर रही हैं। स्थानीय संस्थानों की स्वायत्तता पर धूल डाली जा रही है—इससे गंभीर संकट पैदा होने का रास्ता साफ हो गया है। भारत में दलितों को एक नए किस्म की पराधीनता में फँसना पड़ सकता है। वे न नवजागरण का अर्थ पा सके न आर्थिक-उदारीकरण का और न ही भूस्वामी वर्ग के नव सामंतवाद की जंजीर को तोड़ सके। विरोध-प्रदर्शनों में उनका संगठन मुँह बाए आज भी खड़ा है-अड़ा है पर नतीजा कुछ नहीं। नव सांस्कृतिक साम्राज्यवाद की वृद्धि के कारण हिंसा, बलात्कार, धर्म-नशा से भरी स्वतंत्रता की खतरनाक संरचनाओं का प्रभुत्व बढ़ा है। भूमंडलीकरण की चौतरफा अंधी मार के कारण दलितों के साथ होने वाले अन्याय की राजनीति को नया अर्थ संदर्भ मिला है। जातिवादी-नस्लवादी, वर्णवादी संघर्ष तो संघर्ष की सच्ची राह से भटककर 'ग्लोबल मैन स्ट्रगल' में गुम होने की तैयारी कर रहा है। पूँजी का प्रचारात्मक चरित्र ही ऐसा है कि भूमंडलीकरण से वह 'अन्य' की अस्मिताओं-

भाषाओं को मिटाता है।...

दरअसल दलित चेतना को केंद्र से हाशिए की ओर धकेलने का काम भूमंडलीकरण जिन हाथों से कर रहा है वे हैं—नवपूँजीवाद, नस्लवाद-रंगभेदवाद, जातिवाद की देशी वर्चस्ववादी संरचनाएँ, सामंतवाद की नई स्थिति, फौजीकरण और देशों की सभ्यता-संस्कृति में अलगाववाद। इस पूरे दौर की ताकत यह है कि दलितों-शोषितों को और तबाह कर देगा। फिर भारत में जाति-प्रथा और जाति-प्रथा के रंगभेदी संदर्भ को हर्बर्ट स्पेंसरी विकास की व्याख्या में 'जैविक संरचना भेद' नहीं कह सकते। न ही इस प्रथा के निर्माण कार्य को आधार बना कर किया गया है। सजातीय विवाह उच्चवर्णीय हिंदुओं की देन है जिसका अनुकरण निचली-पिछड़ी जातियों ने किया और वे सजातीय विवाह को लेकर बँध गए। जाति-प्रथा के दृढ़ होने से पहले व्यक्ति-दक्षता के आधार पर वर्ण (जाति) बदल सकता था। लेकिन जब हिंदू समाज में ब्राह्मण (पुरोहितवाद) दृढ़ हुआ तो इसकी ताकत ने न केवल अपना विशिष्ट स्थान समाज में बनाया बल्कि जाति-प्रथा का सूत्रपात किया। समाज-विभाजन के सिद्धांतों के अनुसार वर्ण अलग-अलग बँट गए। 'वैश्य और शूद्र' वर्ण मौलिक रूप से वे तत्त्व हैं जिनकी जातियों की अनगिनत शाखा-प्रशाखाएँ कालांतर में उभरी हैं। क्योंकि सैनिक व्यवसाय के लोग असंख्य समुदायों में सरलता से विभाजित नहीं हो सकते। इसलिए यह वर्ण सैनिकों और शासकों के लिए सुरक्षित हो गया। (बाबा साहब डॉ. अंबेडकर, खंड-1, पृ. 31) इस तरह के अप्राकृतिक विभाजन ने वर्णों की गतिशीलता को अवरुद्ध कर दिया तथा संकुचित घेरे बनते गए। ब्राह्मणों की नकल ने भी वैश्यों-शूद्रों को नकलची बनाकर थाम लिया। यहाँ अरस्तू का अनुकरण-सिद्धांत रंग लाया। मनुष्य में अनुकरण की जड़ें बहुत गहरी हैं। रही खान-पान की बात। यहाँ खान-पान की भिन्नता प्रतिबंधों के कारण नहीं है बल्कि यह एक धार्मिक व्यवस्था है।

बाबा साहब के सोच का सारांश यह है कि जाति प्रथा की जड़ सजातीय विवाह पर केंद्रित है—भारत में जातिप्रथा का अर्थ है समाज को कृत्रिम हिस्सों में विभाजित करना, जो रीति-रिवाजों और शादी-व्यवहार की भिन्नताओं से बँधे हों। परिणाम स्पष्ट है कि सजातीय विवाह एकमात्र लक्षण है, जो जातिप्रथा की विशेषता है और हम व्यावहारिक रूप से यह साबित कर सकते हैं कि जातियों की उत्पत्ति कैसे हुई और इसका ताना-बाना क्या है?

अब आप भली-भाँति समझ गए होंगे कि मैं सजातीय विवाह को जाति प्रथा की जड़ क्यों मानता हूँ। (वही, पृ. 21, खंड-1) भारत के सभी गोत्र बहिर्गोत्र विवाह में संबंधित हैं। जाति के भीतर गोत्र से बाहर विवाह। इस विधान ने जातिप्रथा को वज्र-सा दृढ़ बनाया। अतः सजातीय विवाह ही जाति-पाँत का एकमात्र कारण है। बाबा साहब ने मार्क्सवाद के वर्ग-सिद्धांत को स्वीकार नहीं किया। सच बात तो यह है कि उन्हांने गाँधीवाद की भाँति मार्क्सवाद को कभी स्वीकार नहीं किया। भारत

के प्रधान विधि निर्माता मनु ने 'मनुस्मृति' नाम से ऐसा विधान बनाया कि उसमें वर्णवाद जड़ दिया और समस्त प्रजा को दास बना डाला। पता करने की बात यह है कि मनु को इतने क्रूर और अन्यायपूर्ण विधि-विधान को बनाने की जरूरत क्यों पड़ी? उस पर बाबा साहब ने कहा भी कि मनु ब्राह्मण-क्षत्रिय धुरी का प्रवक्ता आचार्य था। क्षत्रियों के टुकड़ों पर पला नीच पुरोहित। एक बात मैं आप लोगों को बताना चाहता हूँ कि मनु ने जाति के विधान का निर्माण नहीं किया और न वह ऐसा कर सकता था। जातिप्रथा मनु से पूर्व विद्यमान थी। वह तो उसका पोषक था। इसलिए उसने इसे एक दर्शन का रूप दिया। अतः निश्चित है कि हिंदू समाज का वर्तमान रूप जारी रह सकता। मनु ने तो जातिप्रथा के प्रचलित रूप को ही संहिता का रूप दिया तथा जाति को धर्म में फेंटकर एक ऐसा जहरीला जाति-रसायन तैयार किया जिसने हिंदू धर्म को पैशाचिक रूप दिया। अकेले मनु क्या कर सकता था। जातिप्रथा में जब तक ब्राह्मण धर्म विराट पैमाने पर अपनी मुहर न लगाता। ब्राह्मणों ने ही बुद्धि-बल-वैभव से गैर-ब्राह्मण पर जातिप्रथा थोपी और उन सभी का अपने हितों में उपयोग किया। उसने शास्त्र रचकर उन्हें धर्म में घसीट लिया। इस प्रकार शास्त्र भी जातिप्रथा की प्रणाली में ढलता गया। जातिप्रथा की संरचना में नकल-सिद्धांत की भूमिका भी कम बड़ी नहीं है। निज द्वैतवाद, पवित्रतावाद, धार्मिक यज्ञवाद, नैतिकतावादी धर्मशास्त्र और व्यक्तिवादी, अलगाववादी-सामाजिक संहिताओं ने हिंदू धर्म एवं समाज को घेर लिया।

जातिप्रथा का अध्ययन करने वाले यूरोपीय विद्वान इस अटल विश्वास पर कायम रहे हैं कि जातिप्रथा का मूल आधार रंगभेद पर केंद्रित है। लेकिन बाबा साहब रंगभेद सिद्धांत से सहमत नहीं हैं। उनकी प्रसिद्ध घोषणा है—'भारत के लोगों को इससे कोई सरोकार नहीं रहा है, कि कोई कबीला या कुटुंब आर्य है या द्रविड़। चमड़ी का रंग इस देश में जाति का मानदंड नहीं रहा।' (खंड-1, पृ. 35) आज रजनी कोठारी जैसे लोगों का यह कहना कि गोरी चमड़ी के आकर्षण ने भारत के बहुत से काले लोगों में 'इन्फीरियारिटी कॉम्पलेक्स' को दृढ़ किया है। (दे. आधुनिकता के आईने में दलित—सं. अभय कुमार दुबे) इधर आधुनिक भारत की विडंबना यह है कि उसने रंग-भेद, जाति-प्रथा के सुधार आंदोलनों से पल्लवों को ही तोड़ा। कभी भी इसके मूल को काटने का संगठित प्रयास नहीं किया। गाँधी जी एवं डॉ. लोहिया पल्लव काटते रहे। जड़ पर कुठाराघात करने वाले नहीं कहे जा सकते। गाँधी जी तो बेशर्मी की हद तक वर्ण-व्यवस्था का समर्थन करते रहे। लेकिन लोहिया चतुर थे। हिंदू मानसिकता के शत्रु भाव को जानते हुए भी वह इधर-उधर करते रहे। मूल बात यह है कि बाबा साहब ने न गाँधी जी को आप्त वाक्य कहने वाला महामानव माना न लोहिया को लोकचिंतक घोषित किया।

एक बार पंजाब के जात-पाँत तोड़क मंडल के मंत्री श्री संतराम ने बाबा साहब

को जातिप्रथा उन्मूलन पर भाषण देने को आमंत्रित किया। यह घटना 12 दिसंबर 1935 की है जिसमें (पत्र में) संतराम जी ने कहा था–'आपने जाति समस्या का जितनी गहराई से अध्ययन किया है उतना किसी और ने नहीं किया।' इस पत्र में यह निवेदन भी संतराम जी ने बाबा साहब से किया। ''हमारी प्रबंध कारिणी समिति का आग्रह है कि आप हमारे वार्षिक सम्मेलन का अध्यक्ष बनना स्वीकार करें। हम आपकी सुविधानुसार इस सम्मेलन की तारीखों में परिवर्तन कर सकते हैं। पंजाब के स्वतंत्र विचारों वाले हरिजनों को आप से मिलने और अपनी योजनाओं पर आपसे विचार-विमर्श करने की बड़ी इच्छा है। अतः आप लाहौर आकर सम्मेलन की अध्यक्षता करने की कृपा करें तो दो काम हो जाएँगे।''

इस निमंत्रण पर विचार करने के बाद बाबा साहब ने तय किया, ''मुझे बताया गया था कि 'जातपाँत तोड़क मंडल' सवर्ण हिंदू समाज सुधारकों का एक संगठन है, जिसका एकमात्र उद्देश्य हिंदुओं में जाति प्रथा का उन्मूलन है। सैद्धांतिक रूप से मैं ऐसे किसी आंदोलन में भाग लेना पसंद नहीं करता, जो सवर्ण हिंदुओं द्वारा चलाया गया हो। सामाजिक सुधार के प्रति उनका रवैया मुझसे इतना भिन्न है कि मेरे लिए उनके साथ काम करना कठिन है। वास्तव में, मेरे और उनके विचारों में विभिन्नताओं के कारण मुझे उनके साथ काम करना अनुकूल नहीं लगता।'' (खंड 1, पृ. 42) यह सम्मेलन बाबा साहब के अध्यक्षीय भाषण छप जाने के बाद रद्द किया गया। क्यों रद्द किया गया? ''पंजाब के प्रायः सभी हिंदू आपको इस प्रांत में आमंत्रित किए जाने के विरुद्ध हैं। जात-पाँत तोड़क मंडल की बड़ी तीखी आलोचना हुई है और सभी ओर से झाड़-फटकार मिली है। सभी हिंदू नेताओं ने जिनमें भाई परमानंद, महात्मा हंसराज, डॉ. गोकल चंद नारंग, राजा नरेंद्र नाथ आदि शामिल हैं–मंडल के इस निर्णय से अपने आपको अलग कर लिया है।'' इस संतराम जी के पत्र से बाबा साहब विचलित भी हुए और आहत भी। इसी घटना से उन्होंने हिंदू समाज से अलग होने का मन पक्का किया। भाषण में बाबा साहब ने हिंदू धर्म के विनाश का मुद्दा उठाया था जिसे सवर्ण नेता स्वीकार नहीं कर सके। बाबा साहब ने झल्लाए मन से कहा, ''मैं यह प्रश्न पूछने के लिए बाध्य हूँ कि क्या आपने यह सोचा है कि मैं आपके सम्मेलन की अध्यक्षता करने के खातिर दलित वर्गों द्वारा धर्म-परिवर्तन संबंधी अपने विचारों को छोड़ने या स्थगित करने के लिए सहमत हो जाऊँगा। यदि आपने ऐसा सोचा है तो मैं कहूँगा यह आपकी भूल है।''

बाबा साहब के भाषण में गाँधीजी का उल्लेख 'महात्मा के प्रभुत्व' के रूप में आया है–''मैंने हिंदुओं की आलोचना की है। मैंने महात्मा के प्रभुत्व पर संदेह प्रकट किया है। वे मुझसे घृणा करते हैं। उनके लिए मैं उनके बाग में साँप के समान हूँ।'' (खंड 1, पृ. 54) राजनीतिक मनोवृत्ति के हिंदू बाबा साहब का 'सम्मान' बर्दाश्त नहीं कर सके। हिंदू-धर्म के शास्त्र तीनों वर्णों का गुरु ब्राह्मण को मानते हैं। शास्त्र

किसी भी शूद्र ज्ञानी का सम्मान करने की अनुमति नहीं देते। यह बात महाराष्ट्र के ब्राह्मण संत रामदास ने काफी स्पष्टता से प्रस्तुत भी की है। रामदास का 'दासबोध' शिवाजी को सवर्ण हिंदू राज की प्रेरणा देने वाला धार्मिक प्रबंध काव्य है।

भारत में समाज-सुधार आंदोलनों का ठेका सवर्णों ने ले लिया है। इनमें दो तरह के लोग हैं—(1) राजनीतिक सुधारक, (2) समाजवादी। ये दोनों ही जानते हैं कि कुप्रथाओं, कुप्रवृत्तियों के कारण हिंदू-समाज की कार्यकुशलता समाप्त हो चुकी है। लेकिन वे जाति-प्रथा को समूल उखाड़ने को तैयार नहीं हैं। हालत यह हो गई है कि वे मुँह में राम बगल में छुरी वाला सिद्धांत अपनाए हुए हैं। राजनीतिक सुधार दल कांग्रेस का समर्थन करता है और समाजवादी दल सामाजिक सम्मेलनों की भाषणबाजी पर टिका है। क्रांतिकारी भाषण के बाद टाँय-टाँय फिस्स वाले लोग हैं। इनसे कोई भी उम्मीद करना व्यर्थ है।

संसार के इतिहास पर बाबा साहब ने भारत के धर्म, जाति, संप्रदाय, दर्शन पर गंभीरता से निगाह डाली। इस महान अध्येता ने लगन से अनुसंधान किया। इस अनुसंधान के दौर से यह तथ्य पाया कि राजनीतिक सुधार समाज के पुनर्गठन के अर्थ में सामाजिक सुधार के ऊपर वरीयता प्राप्त नहीं कर सकता। राजनीतिक संविधानों के निर्माताओं को सामाजिक शक्तियों को ध्यान में रखना चाहिए। कार्ल मार्क्स के मित्र और सहकर्मी फर्डिनेंडलेजले जैसे महान चिंतक ने स्वीकार किया कि संवैधानिक प्रश्न सर्वप्रथम अधिकार के प्रश्न न होकर शक्ति के प्रश्न होते हैं। किसी भी देश के वास्तविक संविधान का अस्तित्व उस देश में विद्यमान शक्ति की वास्तविक स्थिति में ही होता है। एशिया के राजनीतिक विधान के साथ उन्हें भारत का संदर्भ याद आया। उन्होंने कहा कि उस सांप्रदायिक अंध निर्णय का क्या महत्त्व है जिसमें विविध जातियों और समुदायों के परिभाषित अनुपातों में राजनीतिक सत्ता का आबंटन हो? मेरे विचार से इसका महत्त्व इस बात में है कि राजनीतिक संविधान को सामाजिक गठन को ध्यान में रखना चाहिए। इस सामाजिक गठन की संरचना के गहन अध्ययन से ही पता चलेगा कि भारत की सामाजिक समस्या का रूप क्या है, क्यों है? सामाजिक-समस्याओं को नकारने का नतीजा होता है सामाजिक-गति को अवरुद्ध करना। आयरलैंड में क्या हुआ और आयरिश होमरूल का इतिहास क्या तथ्य सामने लाता है? सर्वविदित है कि अल्स्टर और दक्षिण आयरलैंड के प्रतिनिधियों ने बातचीत के दौरान कहा कि समस्त आयरलैंड के लिए समान होमरूल संविधान होना चाहिए। अल्स्टर के लोगों ने इस बात को लेकर कहा, "हम अपने ऊपर आपका शासन नहीं चाहते।' जो लोग भारत में सामाजिक न्याय की बात करते हैं, उन्हें सोचना चाहिए कि यदि अल्पसंख्यक वह रवैया अपना लेते हैं जो अल्स्टर ने अपनाया था तो बहुसंख्यकों की राजनीतिक आकांक्षाओं का क्या होगा? अल्स्टरवासियों और आयरलैंड के बीच एक सामाजिक समस्या थी जिसका रूप काफी जटिल था। सोचने की बात है कि

क्या प्रोटेस्टेंटों और कैथालिकों के बीच जाति की समस्या नहीं थी। इसी सामाजिक समस्या ने वहाँ राजनीतिक समस्या का हल नहीं निकलने दिया। यह साम्राज्यवाद की चाल थी। वैसी ही साम्राज्यवादी चालों का शिकार है भारत जिसमें सामाजिक समस्याएँ हैं पर राजनीतिक अड़ंगेबाजी उनका हल नहीं निकलने देती। हमें पता होना चाहिए कि रोम के गणतंत्रवादी संविधान में दो कांसुलों का प्रावधान किया। एक पेट्रिशियन और दूसरा प्लेबियन। ये दोनों स्पष्ट दो जातियाँ थीं। लेकिन उनके संविधान ने दोनों की उपेक्षा नहीं की थी।

कौन नहीं जानता है कि इंग्लैंड ने प्यूरिटनवाद के कारण राजनीतिक स्वतंत्रता की महत्त्व-प्रतिष्ठा की थी। प्यूरिटनवाद ने ही अमरीकी स्वतंत्रता-संग्राम पर विजय प्राप्त की। यह बात भूलने के विरुद्ध है कि प्यूरिटनवाद एक धार्मिक आंदोलन था। क्या यही बात अरबों के लिए भी सच नहीं है कि वे भी राजनीतिक सत्ता बनने से पहले मुहम्मद साहब की धार्मिक क्रांति से गुजरे थे। क्या भारत में राजनीतिक क्रांति से पहले गौतम बुद्ध की सामाजिक-धार्मिक क्रांति नहीं हुई थी? क्या राजनीतिक क्रांति से पहले महाराष्ट्र के संतों ने धार्मिक-सामाजिक क्रांति नहीं की थी? इन सभी तथ्यों से जाहिर है कि राजनीतिक सुधार क्रांति से पहले यहाँ सामाजिक-धार्मिक क्रांति आवश्यक ही नहीं अनिवार्य है। कहना न होगा बाबा साहब इसीलिए सामाजिक-धार्मिक क्रांति की अगुआई कर रहे थे और क्रांति-नायक भी थे।

क्रांति-क्रांति चिल्लानेवाले समाजवादियों पर भी उनका ध्यान गया है। क्या समाजवादी लोग भारत की सामाजिक-धार्मिक समस्या के लंबे इतिहास और संघर्ष को समझते हैं? यदि समझते हैं तो उन्हें समझना-समझाना चाहिए कि भारत की सामाजिक समस्या केवल आर्थिक समस्या नहीं है। वे इस बात का प्रचार करते हैं कि राजनीतिक, सामाजिक सुधार भ्रम है। संपत्ति के समानीकरण द्वारा आर्थिक सुधारों को वरीयता मिलनी चाहिए। समाजवादियों या मार्क्सवादियों का सिद्धांत आर्थिक सुधारों पर केंद्रित है। मार्क्सवाद के इस सिद्धांत से असहमत बाबा साहब ने कहा, "मानव समाज का कोई भी विद्यार्थी इस बात को स्वीकार नहीं कर सकता कि आर्थिक शक्ति ही एकमात्र शक्ति है। किसी व्यक्ति का सामाजिक स्तर ही अक्सर शक्ति का स्रोत बन जाता है। जैसा कि महात्माओं का सामान्य व्यक्ति पर प्रभाव रहता है। भारत में लखपति लोग अकिंचन साधुओं और फकीरों की आज्ञा क्यों मानते हैं? भारत में लाखों दरिद्र अपनी मामूली संपत्ति को बेचकर बनारस और मक्का क्यों जाते हैं? भारत के इतिहास में इस बात का चित्रण है कि धर्म सत्ता का स्रोत है। जहाँ पुजारी को आम व्यक्ति से अधिक महत्त्व प्राप्त है और कभी-कभी तो वह मजिस्ट्रेट से भी अधिक होता है। भारत में हर चीज, यहाँ तक कि हड़ताल और चुनाव पर भी आसानी से धर्म का प्रभाव पड़ता है और वह ऐसी घटनाओं को धार्मिक मोड़ दे देता है।" (खंड 1, पृ. 62) भारत में धर्म एक शक्ति है जिसका उपयोग राजनीतिक

शक्तियाँ करती रही हैं। आज भारत में 'हिंदुत्व' का मुद्दा चुनाव में कैसे भुनाया जाता है। यह हम सभी गुजरात-चुनाव में नरेंद्र मोदी, तोगड़िया कार्ड से जानते हैं। भारत का पूरा राजनीतिक परिदृश्य धर्म जाति से नियंत्रित है। विश्व हिंदू परिषद के प्रवीण तोगड़िया, 'हिंदुत्व' को लेकर क्यों तगड़े पड़ रहे हैं? भारतीय जनता पार्टी क्या नाटक कर रही है 'हिंदुत्व' को परिभाषित करने का। हिंदू धर्माचार्य क्यों प्रधानमंत्री वाजपेयी को डाँट रहे हैं और कह रहे हैं वे कौन होते हैं, 'हिंदुत्व' को परिभाषित करने वाले। वे इस क्षेत्र के अधिकारी नहीं हैं। गुजरात हिंसा के मूल में जो 'धर्म' है वह किसी अन्य धर्मवालों का आक्रमण बर्दाश्त नहीं कर सकता। हिंदुओं को मुसलमानों को उत्तर देने के लिए हिंदू-ब्रिगेडियर-टीम गठित करनी चाहिए। इस्लाम के 'जिहाद' का उत्तर यह हिंदू टीम ही दे सकती है। यहाँ प्रश्न उठता है कि क्या यह नवीन राजनीतिक-सामाजिक संस्कृति का उदय नहीं है? मदरसा और जिहादी लेबोटरीज के लिए हिंदू लेबोटरीज के गठन की आवश्यकता क्या है? नव-नाजीवाद का भारतीय संदर्भों में उदय। इसमें धर्म, जाति, राजनीति तीनों को मिलाकर एक राजनीतिक कॉकटेल तैयार किए जाने की तैयारी साफ है। साथ ही 'हिंदुत्व' और 'इस्लाम' की नवीन आइडियालॉजी का घृणा हिंसा से भरा तर्क है। यह नया तर्क जाल भूमंडलीकरण की एक देन है जिसमें शक्ति के केंद्र बदल रहे हैं।

व्यक्ति एवं समाज के ऊपर धर्म शक्ति का एक उदाहरण रोम के प्लेबियन लोगों का मामला है। प्लेब लोगों ने रोम गणराज्य से युद्ध किया था और प्लेबियन काफी हद तक सफल हुए थे। रोम की जनता में यह धर्म प्रथा मान्य थी कि कोई भी अधिकारी अपने कार्यालय की ड्यूटी तभी सँभाल सकता है जब तब कि डेल्फी का ओरेकल यह घोषित न कर दे कि 'वह देवी को स्वीकार्य' है। डेल्फी के मंदिर के सभी पुजारी पेट्रेशियन थे। यह धर्म तंत्र क्या कहता है? वर्चस्ववादी धार्मिक-सामाजिक शक्ति ही न। जो आर्थिक शक्ति से बड़ी है। बाबा साहब ने लिखा है, "मैं समाजवादियों से पूछना चाहता हूँ कि क्या आप सामाजिक व्यवस्था में सुधार लाए बिना आर्थिक सुधार कर सकते हैं? ऐसा प्रतीत होता है कि भारत के समाजवादियों ने इस प्रश्न पर विचार नहीं किया है।" (खंड-1, पृ. 64) बाबा साहब अपने सुविचारित दृष्टिकोण से मार्क्सवाद का भारत की सामाजिक-समस्याओं पर ध्यान न देने के कारण विरोध करते हैं। भारत में धर्म ही सत्ता-संपत्ति सामाजिक प्रतिष्ठा का स्रोत है। इतनी सी सरल बात मार्क्सवादी नहीं समझ सके। नतीजा हुआ कि मार्क्सवादी बुद्धिवाद जनता के साथ दगा करता रहा। भारत में उच्च वर्ग निम्नवर्ग का दमन करता रहे, उन्हें न मंदिर प्रवेश का अधिकार दे न घी-गूढ़ी खाने का दलितों को अधिकार दे। "एक वर्ग एक व्यवस्था या एक सिद्धांत के रूप में दूसरे वर्ग के साथ दुर्व्यवहार करता रहे। उसका दमन करता रहे और इस तरह अत्याचार और दमन को चलते रहते देखता रहे।" (खंड-1, पृ. 64) बाबा साहब चाहते थे कि सत्ता में दलितों की

भागीदारी बढ़नी चाहिए। कोरी 'क्रांति' के नारे से काम नहीं चल सकता। "क्रांति का नेतृत्व करने वाले किसी समाजवादी का यह आश्वासन कि मैं जाति-प्रथा में विश्वास नहीं रखता, मेरे विचार में काफी नहीं है।" नारों-भाषणों से जातिप्रथा समाप्त नहीं हो सकती। उसकी नींव बहुत पुरानी और गहरी है। मान लीजिए क्रांति हो जाती है और मार्क्सवादी भारत की सत्ता पा जाते हैं, तो क्या उन्हें सामाजिक समस्याओं से नहीं निपटना होगा जो भारत में विशेष सामाजिक व्यवस्था से उत्पन्न हुई हैं। सामाजिक व्यवस्था के सुधार की समस्या ही मूल समस्या है और यह समस्या ही दलित समस्या है, जिसको लेकर अभी तक मार्क्सवादी कोरी लफ्फाजी करते रहे हैं। सहानुभूति दिखलाते रहे हैं। दलितों को आज दया-सहानुभूति नहीं चाहिए। सम्मान से जीने का अधिकार चाहिए। और अधिकार माँगने से नहीं मिलता। उसके लिए शक्ति से छीनने की संगठन कला चाहिए। फिर "चाहे आप किसी भी दिशा में देखें जाति एक ऐसा दैत्य है, जो आपके मार्ग में खड़ा है। आप जब तक इस दैत्य को न मारेंगे तब तक आप न कोई राजनीतिक सुधार कर सकते हैं न आर्थिक सुधार।" (खंड-1, पृ. 66)। इस तरह बाबा साहब भारत के मार्क्सवादियों से न केवल निराश हैं बल्कि उनसे बचकर चलते हैं। वे अपनी स्वतंत्र स्वायत्त विचारधारा निर्मित करते हैं जिसमें न गाँधीवाद के लिए जगह है न मार्क्सवाद के लिए। इधर दलित साहित्य के सौंदर्यशास्त्र को शरण कुमार लिंबाले जैसे लोग मार्क्सवादियों के साथ मिलकर बनाना चाहते हैं। इस चाहत को देखकर साफ हो जाता है कि ये लोग बाबा साहब के चिंतन से न केवल अनभिज्ञ हैं बल्कि उन्हें अँगूठा दिखाने पर आमादा हैं। डॉ. अंबेडकर के चिंतन को नकार कर दलित साहित्य दिशाहीन तो हो ही सकता है, अपनी अलग पहचान भी खो सकता है।

सोचने की बात है कि हिंदू समाज-व्यवस्था के भीतर मार्क्सवाद का विकास क्यों नहीं हो सका? इसलिए नहीं हो सका कि मार्क्सवादी दल ने अस्पृश्यता छुआछूत सिद्धांत के पीछे कार्यरत मानसिकता का गंभीर विवेचन-विश्लेषण नहीं किया। भारतीय समाज की जाति-प्रथा, धर्म-चेतना, धार्मिक-सांस्कृतिक दृष्टि के मूलाधारों को गंभीरता से समझते हुए भारतीय संदर्भ में मार्क्सवाद का विकास नहीं किया। वे द्वंद्वात्मक भौतिकवाद, ऐतिहासिक भौतिकवाद का विदेशी पाठ पढ़ते रहे। लेकिन उसका भारतीय 'पाठ' न बंगला में तैयार किया गया न केरल में न महाराष्ट्र में। वे 'धर्म' को अफीम मानते रहे और वर्ग-सिद्धांत को लेकर लकीर के फकीर रहे। भारतीय समाज में विषमता का आधार जाति-धर्म-वर्ण पर टिका है--वर्ग-सिद्धांत पर बहस कम। इतना ही नहीं हिंदू समाज व्यवस्था बहुत संश्लिष्ट जटिल है जिसे न मार्क्स, लेनिन समझ सकते थे न मार्क्सवाद। यूरोप का आदमी था मार्क्स उसकी अपनी सीमाएँ थीं। वह तो यूरोप के 'रिलीजन' को भारत के 'धर्म' का यथार्थ समझता था यह बड़ी भ्रांति थी। इस भ्रांति को भारतीय मार्क्सवादियों को दूर करना था कि हिंदू धर्म में 'छुआछूत

का आधार क्या है। बाबा साहब जानते हैं कि 'जाति-भेद और छुआछूत' यह दोनों कम्युनिज्म में विचार का मुद्दा या समस्या रूप में नहीं है।' वे यह भी मानते हैं कि मार्क्स और लेनिन यदि भारत में जन्मे होते तो सर्वप्रथम जाति प्रथा की समस्या से जूझे होते धर्म से दो-दो हाथ करते और छुआ-छूत समस्या पर विचार किया होता। वे आर्थिक आधार के ऊपर टिके कला-संस्कृति-दर्शन-साहित्य का भारतीय स्वरूप भी पहचानते। जाति प्रथा 'जाति संस्था केवल श्रम विभाजन नहीं है। वह तो श्रमिकों का भी विभाजन है।' हिंदू समाज में जातियों-उपजातियों के अनेक समूह हैं। ब्राह्मणों के ही न जाने कितने ऊँच नीच भेद हैं। ब्राह्मणों ने शूद्रों-दलितों को गुलाम बनाया है उन्हें इस ढंग से घेरा कि वे मुक्त न हो सकें। बाबा साहब उनकी मुक्ति-संघर्ष का आंदोलन खड़ा करते हैं। मुक्ति के उपाय सोचते हैं। तिलक-गाँधी से टकराते हैं। मार्क्सवाद से चिढ़ते हैं। यह अलग बात है कि आजकल 'मार्क्स और अंबेडकर' चर्चा फैशन में है। नामदेव ढसाल ने 'दलित पैंथर' का जो घोषणा-पत्र जारी किया उसे राजा ढाले ने 'मार्क्सवादी' नकल कहा है। बौद्ध दलित-साहित्य सम्मेलन में भी 'मार्क्सवाद' की चर्चा गरम रहती है। जबकि अंबेडकर के चिंतन में गाँधी-मार्क्स के लिए कोई स्थान नहीं है। असल में कुछ मार्क्सवादी समय की हवा को भाँपकर दलित साहित्य चिंतन के खेमे में कपट मुनि बनकर घुसना चाहते हैं। उन्हें सोवियत रूस के विघटन के बाद अपनी 'प्रगतिशीलता' को कायम रखने का यही राजपथ दिखाई देता है।

दलित लेखकों-समीक्षकों का एक ऐसा बड़ा हिस्सा है जो मार्क्सवाद का विरोध करता है। ये लोग मार्क्सवादी चिंतन और दलित साहित्य चिंतन में 'समन्वय' का समर्थन नहीं करते। इनके विचार से 'समन्वय' का अर्थ कच्ची-पक्की खिचड़ी है जिसमें मिलने वाले अस्तित्वहीन हो जाते हैं। फिर मार्क्सवादी विचार भारतीय सामाजिक विषमता को लेकर अधूरा है। अपर्याप्त है। इसलिए राजा ढाले जैसे लोगों को 'समन्वयवादी भूमिका' का विरोध करना पड़ता है। वे कहते हैं कि हम अछूत हैं इसलिए गरीब हैं। हम गरीब हैं इसलिए अछूत का सिद्धांत उन्हें मान्य नहीं है। इस बात की तह में जाना होगा कि अंतर्जातीय विवाह-संबंध होने पर भी जाति प्रथा कमजोर क्यों नहीं हो रही है? भारत के शिक्षित जन अशिक्षित जनों से ज्यादा जातिवादी-पूँजीवादी चरित्र क्यों रखते हैं? इस तरह के प्रश्नों पर कई कोणों से चिंतन-मनन करने की जरूरत है।

राजा ढाले ने शताब्दी-साहित्य सम्मेलन 18-19 जनवरी, 1992 में दिए गए अपने अध्यक्षीय भाषण में कहा है—'मार्क्स, फुले, अंबेडकर इन तीनों के समन्वय का यह विचार फुले, अंबेडकर के यशस्वी होने की भावना से स्फुरित नहीं हुआ, बल्कि मार्क्स कैसे यशस्वी हों, इस चिंता से स्फुरित हुआ है।' दलितों का संघर्ष सामाजिक विषमता के विरुद्ध है जिसका एक अंग आर्थिक विषमता मिटाना भी है।

दलित-समाज समानता-स्वतंत्रता-न्याय-सम्मान चाहता है—दासता से मुक्ति चाहता है। ताकि वह स्वाधीन होकर जी सके। अर्जुन डांगले, दया पवार और यशवंत मनोहर जैसे दलित रचनाकार मार्क्सवाद का समर्थन करते हैं तो उन पर शक होता है कि वे अंबेडकर का नाम भुनाने की राजनीति करते हैं। लेकिन वैचारिक गुलामी उन्हें मार्क्सवाद की ही स्वीकार्य है। इस बीच राव साहब कसबे ने अंबेडकर और मार्क्स (1985), वि.स. जोग ने 'मार्क्सवाद और दलित साहित्य' (1985), शरद पाटील ने 'अब्राह्मणी साहित्य का सौंदर्य शास्त्र' (1988), सदाकव्हाडे का 'मार्क्सवाद, बुद्धवाद और अंबेडकरवाद' (1992) और शरणकुमार लिंबाले की 'दलित साहित्य का सौंदर्यशास्त्र' (2000) जैसी पुस्तकें 'समन्वय' सिद्धांत की वकालत करने के लिए लिखी गई हैं। दलित साहित्य-चिन्तन को हिंदुत्ववाद बनाम अंबेडकरवाद बनाना नए ढंग से प्राचीन शास्त्रवाद को कूटना-छीलना है जिससे फायदा होनेवाला नहीं है। कभी-कभार गंगाधर पानतावणे जैसे दलित चिंतक 'समरसता मंच' पर डॉ. हेडगेवार और डॉ. अंबेडकर की तुलना में मस्त दिखाई देते हैं लेकिन इस तरह की तुलना का कोई सार्थक रूप नहीं उभरता। हमें डॉ. अंबेडकर के चिंतन की अगुआई करना चाहिए। इसी में दलित साहित्य चिंतन का भविष्य है और इसी चिंतन में सामाजिक विषमता से मुक्ति का रास्ता मिल सकता है। गाँधी-लोहिया और अंबेडकर तो आपसी मतभेदों के साथ मिल सकते हैं लेकिन मार्क्सवाद नहीं। भारत की धार्मिक-सामाजिक चिंतन भूमि में 'धर्म' और 'जाति' की पकड़ बहुत मजबूत है। इस बात को मूल से समझकर ही दलित-साहित्य चिंतन अपनी दिशा तय कर सकता है। भारत के ज्यादातर बौद्धिक 'मार्क्सवादी' अपने को कहते रहे लेकिन ब्राह्मण-क्षत्रिय-बनिया धुरी ने 'भीतर की चोटी की गाँठ' को कभी नहीं खोला। इसी दुहरेपन के 'चरित्र' ने जनता में उन्हें फूलने-फलने नहीं दिया। आज तो वे ठूँठ वृक्ष की तरह हो गए हैं जिनसे कोई भी आशा करना व्यर्थ है।

क्या यह भूमंडलीकरण की महिमा का विस्तार नहीं है कि दलित साहित्य वाले बेचैन हैं कि उनके दलित लेखन को 'ग्लोबल लिटरेचर' में स्थान दिया जाए। जबकि सभी जानते हैं कि दलित साहित्य की प्रतिष्ठा अभी हिंदी में ही कितनी है। दलित साहित्य के नाम पर सच्चा सृजन कम प्रचारवादी सृजन ज्यादा है। सभी अपनी-अपनी आत्मकथा लिखने-कहने में लगे हैं। या फिर मराठी-कन्नड़-तमिल दलित साहित्य आंदोलन की शक्ति का राग आलाप रहे हैं। कुछ ज्यादा महत्त्वाकांक्षी दलित लेखक और समीक्षक दलित साहित्य की विस्तार-परिधि में 'अमेरिकन नीग्रो साहित्य' को घेरने की तिकड़मबाजी कर रहे हैं। इनकी हालत जहाँ देखी तवा-परात वहाँ बिताई सारी रात वाली है। फिर अरमान यह है कि सभी पालाओं में पैर रख सकें। उन्हें यह प्रसाद जी का कथन स्मरण ही नहीं है कि अधिक उछलने में पद स्खलन का भय रहता है। इसलिए पैर जमा-जमा कर धैर्य से चलना चाहिए अपने अस्तित्व और

व्यक्तित्व को तौलते हुए। लेकिन दलित लेखक हैं कि कभी मार्क्सवादियों के साथ भाग पड़ते हैं, कभी नीग्रो साहित्य के साथ लगना चाहते हैं। दलित साहित्य में कुछ ऊले-फुले फिरनेवाले लोग हैं जो अमेरिकन नीग्रो साहित्य और दलित साहित्य की तुलना का चक्कर चला रहे हैं। समझने की बात यह है कि दलित भारत के पुराने निवासी हैं और नीग्रो अफ्रीका से पकड़कर लाए गुलाम जिन्हें सत्रहवीं शताब्दी से खरीदा बेचा जाता था। इसलिए दोनों भिन्न इतिहास-भूगोल-संस्कृति-परंपरा की उपज हैं जिनमें भिन्नता के बिंदु काफी हैं।

अमेरिका का उत्पीड़न तंत्र और शोषण तंत्र जगजाहिर है। श्वेत समाज के अमेरिकी लोगों ने खेती कराने के लिए नीग्रो लोगों को खरीदा। नीग्रो गुलाम लाने का जाल बिछाया और पशुओं की तरह यातनाएँ देकर उन्हें काबू में किया। इन यातनाओं का दर्दनाक वर्णन अलेक्सहेली ने 'दि रूट्स' नामक पुस्तक में किया है। श्वेत अमेरिकनों से अपने से नीग्रो दासों को दूर रखने के लिए अलग नीग्रो बस्तियों का निर्माण किया। ध्यान देने की बात है कि नीग्रो की गुलामी के मूल में आर्थिक समस्या है जबकि दलित के मूल में भारतीय समाज व्यवस्था की जाति-प्रथा है—वर्णवाद है। दलित और नीग्रो शोषण के भिन्न हाशिए हैं और भिन्न इतिहास। 'महाभारत' में मछुआरे जाति की लड़की सत्यवती (मत्स्यगंधा) से शांतनु जैसा राजा विवाह करता है और उसी की संतानें कौरव-पांडव राजवंश का इतिहास रचती हैं। नीति विशारद विदुर दासी के पुत्र हैं। लेकिन भारतीय परंपरा में उनका आदर किसी भी ऋषि से कम नहीं है। शूद्र राजा सुदास के यहाँ वशिष्ठ और विश्वामित्र पुरोहिताई करते हैं। प्राचीन काल में अनेक शूद्र (दलित) राजा हुए। रामायण के राम निषादराज को गले लगाकर 'भरत-सम-भाई' मानते हैं और राम का हृदय विस्तार यह कि वे शबरी के झूठे बेर खाते हैं। इसलिए हमारा दलित इतिहास अमेरिकी नीग्रो इतिहास नहीं है। दलितों को भारतीय समाज में जो उपेक्षा-अपमान-यातना मिली है वह जाति-प्रथा का कलंक है।

आरंभ में नीग्रो-साहित्य ने लोक-साहित्य के माध्यम से अपनी यातनाओं को व्यक्त किया। नीग्रो-साहित्य में लोक-साहित्य के कवियों ने बैलेड, कथा काव्य, नाटक-नृत्य के साथ उपन्यास लिखे। 'अंकल टाम्स केबिन' 1852 को अपार यश मिला। कुछ समय पर श्रीमती स्टोव ने नीग्रो जीवन पर मर्मस्पर्शी उपन्यास लिखा जिसकी लाखों प्रतियाँ हाथोंहाथ बिकीं। फिर सन् 1901 में बुकर टी ने 'अप फ्राम स्लेवरी' पुस्तक लिखकर बड़ा नाम कमाया। श्वेत समाज के प्रति विद्रोह का स्वर डब्ल्यू.ई.बी. ड्युबाईस की 'द सोल ऑफ ब्लैक फोक' पुस्तक ने विश्वभर में फैलाया। लेकिन प्रथम विश्वयुद्ध के बाद नीग्रो लोगों की स्थिति में परिवर्तन आया। वे शिक्षा-साहित्य, कला-राजनीति में सम्मानित रूप में उभरे हैं। एक समय ऐसा भी आया कि हार्लेम शहर नीग्रो का न केवल केंद्र बना बल्कि शक्तिशाली नीग्रो आंदोलन भी

इसी शहर से उठे। सन् 1920 में 'हार्लेम जागरण' (नवजागरण) आंदोलन (Harlem Reniassance) शुरू हुआ, जिसने सांस्कृतिक नवजागरण का साहित्यिक प्रकाश पैदा किया। यही नहीं 1920-30 के दौर में सृजनात्मकता की हवा ऐसी चली कि जीन टूमर, क्लाउडे, मैके, काँऊटी कुलेन, झोरा नील हर्स्टन। रूडलाफ फिशर जैसे कई रचनाकार सक्रिय दिखाई दिए। विशेष बात इस लेखन की यह है कि इसने श्वेत अत्याचारों की निर्भयता से कलई खोल दी। इस संदर्भ में हयुजेस की कृति 'रेशियल रिद्म' का नाम उल्लेखनीय है। सन् 1930 के बाद रॉल्फ एलिसन तथा मार्गरिट बॉकर ने नीग्रो-सृजन चेतना को प्रेरणा से भर दिया। इस काल की नीग्रो कविता का एक अविस्मरणीय इतिहास है। देखते-देखते द्वितीय विश्वयुद्ध के बादल घिरे और युद्ध के बाद की निराशा ने रचनाओं में स्थान पाया। लेकिन इस निराशा का अंत 1960 के बाद हुआ और नीग्रो युवकों ने अपने संघर्ष का प्रतीक 'ब्लैक पैंथर' चुना। यह नारा भी ताकत के साथ फट-फट पड़ा कि 'ब्लैक इज ब्यूटीफल'। नीग्रो युवकों, कलाकारों, रचनाकारों ने अपनी अस्मिता को पहचान दी। पूरे विश्व ने इस अस्मिता का अभिनंदन किया। यह सच है कि श्वेत-अश्वेत लेखन में रंग-भेद कायम रहा और श्वेत लेखन नीग्रो लेखन के प्रति नाक-भौं सिकोड़ता रहा। 'कलर कॉन्सेसनेस' से श्वेत चिढ़ते भी रहे लेकिन काले नीग्रो डटे रहे। और काले गोरों में जो सीधे हिंसक विद्रोह हुए उनमें भी नीग्रो ही विजयी रहे। नीग्रो लेखकों ने इस विचार को बार-बार रेखांकित किया कि 'हमारे अनुभव अन्य लेखक व्यक्त नहीं कर सकते।' कहना न होगा कि भारतीय दलित रचनाकारों ने नीग्रो-साहित्य और चिंतन का व्यापक प्रभाव ग्रहण किया है। यह प्रभाव, प्रभाव की हद तक न रहकर 'नकल' के स्तर तक पहुँचा दृष्टिगत होता है। जैसे दलित ही दलित व्यथा को व्यक्त कर सकता है—गैर-दलित नहीं। दलित आत्मकथा शरणकुमार लिंबाले की 'अक्करमाशी' हो या 'मुझे उद्ध्वस्त होना है' पर चटपटे संभोगवाद का आरोप लग चुका है—'सँभाला होश तो मरने लगे हसीनों पर' का शास्त्र ही रीतिशास्त्र है। विजय सोनवणे ने कहा है कि 'दलित कथा का रुझान विचारों की ओर कम और संभोग का वर्णन करने की ओर अधिक है।' (दलित साहित्य क्यों नहीं, पृ. 21)। प्रश्न उठाया जा रहा है कि 'दलित लेखक अपनी ख्याति के लिए तो देहवादी फार्मूलों का उपयोग नहीं कर रहे हैं? इस प्रश्न का सच यह है कि भूमंडलीकरण के उत्तर-आधुनिकतावादी रुझानों का दलित साहित्य पर असर पड़ना स्वाभाविक है, जिसे 'अश्लीलता' कहा जा रहा है। वह 'अश्लीलता' नहीं है। देहवाद की उपभोक्तावादी संस्कृति का फल है। नीग्रो साहित्य का विद्रोह और दलित साहित्य का विद्रोह एक सा नहीं है। पीड़ा-यातना-अपमान की अभिव्यक्ति करने से ही दोनों तरह के साहित्य तुलनात्मक धरातल पर समान भावभूमि वाले नहीं हो जाते हैं। गंगाधर पानतावणे बराबर कहते रहे हैं कि दलित साहित्य और नीग्रो साहित्य की भिन्नता के सांस्कृतिक-सामाजिक आयाम इतने विषम हैं कि दोनों में बहुत

तुलनात्मक साम्य नहीं खोजा जा सकता। भाऊ साहब आडसूल तो यहाँ तक कहते हैं कि 'नीग्रो साहित्य का आदर्श सामने रखकर दलित साहित्य का निर्माण हुआ है।' हमें याद है कि आधुनिक हिंदी साहित्य के प्रवर्तक भारतेंदु हरिश्चंद्र ने कहा था कि परदेशी माल और परदेशी वस्तु (विचार) पर भरोसा मत करो। अपनी परंपरा और जड़ों से जुड़कर ही सच्चा सृजन यथार्थ व्यक्त किया जा सकता है।

भारतीय दलित साहित्य की अपनी स्वतंत्र अस्मिता है और यह अस्मिता डॉ. अंबेडकर के चिंतन से जुड़कर ही शक्ति पा सकती है, यह कभी नहीं भूलना चाहिए। भूमंडलीकरण का धावा दलित साहित्य हो या अन्य तरह का भारतीय समकालीन साहित्य सभी के ऊपर अपना वर्चस्व कायम कर रहा है। हाशिए पर पड़े लोग केंद्र में आ ही रहे थे कि उत्तर-आधुनिकतावाद ने उन्हें फिर केंद्र से धकेलकर गुमराह कर दिया है और नव पूँजीवाद का जादू हमारे सिर पर चढ़कर बोल रहा है।

# दलित साहित्य की छाती पर सवार नव्य साम्राज्यवादी रीतिवाद

दलित साहित्य और चिंतन को लेकर बड़ा कोलाहल सुनाई दे रहा है। कहा जा रहा है कि दलितों के द्वारा दलितों के पक्ष में लिखा जानेवाला साहित्य ही दलित साहित्य है। जो दलित नहीं हैं और दलित साहित्य लिख रहे हैं, वह तो मात्र 'सहानुभूति' का साहित्य है और इस सहानुभूति का अर्थ है, 'झूठी करुणा का नाटकीय प्रदर्शन।' इसका सीधा अर्थ यही है कि दलितों को गैर-दलितों की जिन्हें 'ब्राह्मणवादी' कहकर कोसा जाता है, उनकी सहानुभूति नहीं चाहिए। सदियों से शोषण और अन्याय के शिकार दलित अपनी व्यथा-कथा कहने में स्वयं समर्थ हैं। यह भी कहा जा रहा है और उत्तर-आधुनिकतावादी चिंतन की आड़ में कहा जा रहा है कि हिंदू धर्म ने दलित के प्रति जो उपेक्षा-अड़चन का रवैया अपनाया हुआ है उसे हिंदू धर्म मान्यता प्रदान करता है। हिंदू धर्म की इन ज्यादतियों से थककर ही दलितों को 'धर्मांतरण' करना पड़ रहा है और इन ज्यादतियों का विरोध ही दलित साहित्य का प्रधान मुद्दा है। इस प्रधान मुद्दे को केंद्र में रखकर ही दलित साहित्य का समाजशास्त्र और सौंदर्यशास्त्र निर्मित किया जा रहा है। इसी के भीतर से दलित काव्यशास्त्र के प्रतिमान निर्मित हो रहे हैं।

दरअसल प्रश्न यह उठ रहा है कि यह दलित चिंतन और काव्यशास्त्र है क्या? फिर हम भारतीयों की तो यह परंपरा रही है कि हम ने काव्यशास्त्र का रसवादी चिंतन हो या रीतिवादी चिंतन इन पर निरंतर बहस की है और इस चिंतन के अंतर्विरोधों, अभावों, न्यूनताओं, वैचारिक प्रत्ययों, कोणों पर शंका उठाते हुए उन्हें कूट-फटककर समझ लिया है। रस, अलंकार, रीति, वक्रोक्ति, ध्वनि, गुण-औचित्य सभी को भीतर से खूब खँगालने के बाद ही कहा है। इस सभी के अपने-अपने राजनीतिक-सामाजिक शक्ति स्रोत हैं। सत्ता के विमर्श हैं जो इन सभी के संकीर्णतावाद को उजागर करते हैं। आज द्विज-चिंतन परंपरा का साहित्य और साहित्यशास्त्र हो या दलित चिंतन

परंपरा का साहित्य और साहित्य शास्त्र हो उस पर हम कई कोणों से घिराव डालकर विचार मंथन करते हैं। तो हम पाते हैं कि दलित साहित्य के साहित्य शास्त्र में चिंतन का कोई दृढ़ आधार ही नहीं है। यह गाँधी-लोहिया चिंतन के विरोध में समस्त हिंदू-चिंतन के विरोध का झंझावात है जिसमें डॉ. भीमराव अंबेडकर की प्रेरणा का विचार आंदोलन गूँज रहा है। यह सच भी कम महत्त्वपूर्ण नहीं है कि डॉ. अंबेडकर भारतीय नव जागरण की नई रोशनी से उत्पन्न बौद्धिकता के प्रतीक थे—उस बौद्धिकता के जो हिंदू समाज की तमाम दमनकारी व्यवस्था के विरुद्ध विद्रोह करने की निर्भय शक्ति रखते थे।

डॉ. अंबेडकर का 'जाति प्रथा उन्मूलन' शीर्षक एक दीर्घ निबंध का यह विचार खंड हमारा ध्यान आकृष्ट किए बिना नहीं रहता है कि 'बुद्धिजीवी वर्ग वह है जो दूरदर्शी होता है, सलाह दे सकता है और नेतृत्व प्रदान कर सकता है। किसी भी देश की अधिकांश जनता विचारशील एवं क्रियाशील जीवन व्यतीत नहीं करती। ऐसे लोग प्रायः बुद्धिजीवी वर्ग का अनुकरण और अनुगमन करते हैं। यह कहने में कोई अतिशयोक्ति नहीं होगी कि देश का संपूर्ण भविष्य उसके बुद्धिजीवी वर्ग पर निर्भर होता है। यदि बुद्धिजीवी वर्ग ईमानदार, स्वतंत्र एवं निष्पक्ष है तो उस पर भरोसा किया जा सकता है कि संकट की घड़ी में वह पहल करेगा। यह ठीक है कि प्रज्ञा अपने आप में कोई गुण नहीं है। यह केवल साधन है और साधन का प्रयोग उस लक्ष्य पर निर्भर है जिसे एक बुद्धिमान व्यक्ति प्राप्त करने का प्रयत्न करता है। बुद्धिमान व्यक्ति भला हो सकता है, लेकिन साथ ही वह दुष्ट भी हो सकता है। उसी प्रकार बुद्धिजीवी वर्ग उच्चविचारों वाले व्यक्तियों का एक दल हो सकता है, जो सहायता करने के लिए तैयार रहता है और पथभ्रष्ट लोगों को सही रास्ते पर लाने के लिए तैयार रहता है।' इस कथन के लेखक बाबा साहब अंबेडकर ने अमेरिका में अर्थशास्त्र, राजनीति, समाजशास्त्र आदि विषयों का अध्ययन किया था और लंदन में जाकर 'लंदन स्कूल ऑफ इकनामिक्स' से अर्थशास्त्र की उच्च उपाधि प्राप्त की थी। उन्होंने भारत की अछूत समस्या का गहराई से अध्ययन किया था। लेकिन उनका लेखन केवल दलितों-अस्पृश्यों के लिए ही न होकर पूरी भारतीय जनता के लिए है। वे दर्शन, इतिहास, अर्थशास्त्र, राजनीति, साहित्य आदि की अनेक समस्याओं पर विचार करते हैं। अपने पूरे चिंतन में वे अंग्रेजी साम्राज्यवाद के लूट तंत्र की ही निंदा नहीं करते। हिंदू समाज और मुस्लिम समाज की आलोचना करने में नहीं चूकते। प्रश्नाकुल भाव में कहते हैं, 'क्या कोई सामाजिक बुराई है जो हिंदुओं में हो और मुसलमानों में न हो।' उदाहरण के लिए सन् 1931 के आँकड़ों के अनुसार बाल-विवाह प्रथा को ही लीजिए। एक हजार लड़कियों में 199 हिंदू लड़कियाँ और 186 मुस्लिम लड़कियाँ बाल-विवाह का शिकार थीं। स्त्रियों की हालत तो मुस्लिम समाज में हिंदू समाज से ज्यादा शोचनीय रही है। सामाजिक-आर्थिक समस्याओं के प्रति उनमें धारधार

बौद्धिकता अद्‌भुत तरह की थी। बाबा साहब के विचारों से यदि दलित साहित्य के सिद्धांत का आधार ग्रहण किया जाएगा तो उसमें परंपरा, संस्कृति, धर्म, दर्शन और इतिहास के मोड़ों के 'विमर्श' को स्थान देना होगा। 'भारत में जातिप्रथा' के स्वरूप, संकट और जटिलता को समझाने के लिए वे स्थानीय, राष्ट्रीय या अंतर्राष्ट्रीय संग्रहालयों, धर्मों की खोज-बीन करते रहे हैं।

डॉ. अंबेडकर का यह कथन-विषय की जटिलता पर प्रकाश डालता है कि "आप जानते हैं कि यह विषय कितना जटिल है, जिसके विषय में मुझे अपने विचार व्यक्त करने हैं। मुझसे ज्यादा योग्य विद्वानों ने जाति के रहस्यों को खोलने का प्रयास किया है। किंतु यह दुःख की बात है कि यह अभी तक व्याख्यायित नहीं हुआ है और लोगों को इसके बारे में अल्प जानकारी है।" सच बात है कि जाति की समस्या सैद्धांतिक और व्यावहारिक रूप से एक विकराल समस्या है। इस समस्या के सैद्धांतिक इंद्रजाल को अगम, अज्ञेय कहकर टाला नहीं जा सकता। क्योंकि यह समस्या पूरे हिंदू-समाज में कोढ़ बनकर व्याप्त है। इस जाति-समस्या की जटिलता पर ध्यान जाते ही उनको इतिहास-समाजशास्त्र का वह पहलू याद आ गया है जिसके शोधपरक निष्कर्ष कहते हैं कि "भारतीय समाज में आर्यों-द्रविड़ों-मंगोलों और शकों का सम्मिश्रण है। ये जातियाँ देश-देश से शताब्दियों पूर्व भारत पहुँचीं और अपने देश की मूल सांस्कृतिक विरासत के साथ यहाँ बस गईं। ये अपने पूर्ववर्तियों को धकेलकर इस देश का अंग बन गए। इनके परस्पर सतत संपर्कों और संबंधों के कारण एक समन्वित संस्कृति का सूत्रपात हुआ। परंतु भारतीय समाज के विषय में यह कहना असंगत है कि यह विभिन्न जातियों का संकलन है।" अपने विचारों की आँख को दूर तक फैलाने के बाद कहा, "इसी आधार पर मेरा कहना है कि इस प्रायद्वीप को छोड़कर संसार का कोई ऐसा देश नहीं है जिसमें इतनी सांस्कृतिक समरसता हो। हम केवल भौगोलिक दृष्टि से ही सुगठित नहीं हैं। बल्कि हमारी सुनिश्चित सांस्कृतिक एकता भी अविच्छिन्न और अटूट है जो देश में चारों दिशाओं में व्याप्त है। इसी सांस्कृतिक एकरूपता के कारण जातिप्रथा इतनी विकराल समस्या बन गई है कि उसकी व्याख्या करना कठिन कार्य है।" समस्या के भीतर समस्या यह है कि हमारे सजातीय समाज में जाति-प्रथा जज्ब है। इसलिए इसकी उत्पत्ति पर विचार करना काफी नहीं है। इसके संक्रमण के 'भाष्य' भी ऐतिहासिक-सामाजिक परिप्रेक्ष्य में करने होंगे। इस तथ्य पर पर्याप्त शोध करनी होगी कि जाति-तंत्र की प्रकृति क्या रही है और क्यों रही है। जाति की प्रकृतिगत व्याख्या के लिए फ्रांसीसी विद्वान श्री सेनार के वंशानुगत सिद्धांत से काम चलनेवाला नहीं है और न ही नेसफील्ड की यह दम है कि वह इस पहेली को खोल सके। सर एच.रिजले की यह खोज भी हमारी मदद नहीं कर पाती। जाति का अर्थ 'परिवार समूहों का संगठन' है। डॉ. केतकर और डॉ. लोहिया के जातिगत लक्षण विश्लेषण भी काफी नहीं हैं कि जाति एक समाज से जुड़ा तंत्र है। ब्राह्मण

और पुरोहितवाद के अपमिश्रण सिद्धांत भी हमारी कोई सहायता नहीं कर पाते। ऊँची जाति और नीची जाति में खान-पान, रोटी-बेटी के मिलन पर प्रतिबंध आर्थिक कारणों से नहीं है। इन सभी के मूल में 'धर्म' की अवधारणा का धार्मिक सिद्धांत मौजूद है। हम इस 'धर्म' को पश्चिम के 'रिलीजन' का पर्याय मानने की भूल करते रहे हैं और पश्चिमी प्रत्यय 'सेक्युलरिज्म' को अलग संदर्भों में भ्रष्ट करते रहे हैं। इसलिए 'धर्म' और धर्मशास्त्र आचार्य शास्त्र की सही दिशा में व्याख्या नहीं हो सकी है। भारत में जाति प्रथा से जुड़े अनेक गोत्र उपगोत्र हैं और गोत्र में विवाह करने का निषेध है। बहिर्गोत्री समाज में विवाह करना सजातीय विधान का पालन है। यह विधान ही जाति-समस्या की जटिलता की जड़ है। कोई समुदाय सजातीय विवाह को ठुकराकर यदि अंतर-जातीय विवाह करता है तो घृणा के साथ हिंसा भड़क उठती है। यह हिंदू समाज की आंतरिक समस्या है जिसका समाधान सरल नहीं है। बाल-विवाह, अनमेल विबाह, विधवा-विवाह, प्रेग-विवाह सभी के भीतर 'धर्मतंत्र' का शिकंजा कसा हुआ है। इस शिकंजे को तोड़ने के लिए डॉ. अंबेडकर ने बौद्ध धर्म को अपनाया। धर्मांतरण किया। कोई बौद्ध, कोई ईसाई, कोई मुसलमान हो गया लेकिन रहे ढाक के वही तीन पात। धर्मांतरण के बाद शोषण का नया चेहरा उभरने लगा। एक खतरनाक-भयावह चेहरा।

जाति प्रथा के स्वरूप-संरचना की व्यथा-कथा को लेकर दलित साहित्य का साँचा और ढाँचा निर्मित किया गया। हिंदी के दलित साहित्य ने इधर के दशकों में मराठी दलित साहित्य से प्रेरणा और सृजन-स्फूर्ति प्राप्त की। हिंदी में दलित चेतना की चर्चा मराठी आदि की दलित साहित्य-चेतना से शुरू हुई। जैसे-तैसे हिंदी साहित्य के भक्तिकाल में कबीर, दादू, रज्जब, रैदास को पकड़ा गया। डॉ. धर्मवीर ने तो 'कबीर' को पकड़कर हिंदी साहित्य के अनेक नामी गरामी आलोचकों को अतार्किक ढंग से पीटना-पछाड़ना शुरू किया। उनकी हिंदी में हिम्मत कबीर के 'बीजक' के नए 'भाष्य' की नहीं पड़ी और न 'पाठ' की अर्थ-बहुलता की ओर गए। अराजक ढंग से 'कबीर के आलोचक' सबके सब प्रतिगामी करार दे दिए गए। वे भूल गए कि कबीर को लोक-परंपरा, ब्राह्मण गुरु रामानंद का शिष्य मानती है और विश्वास करती है कि कबीर के ज्ञान चक्षु, रामानंद ने ही खोले थे। कबीर पर वैष्णव परंपरा की भारी धमक है। अन्य परंपराओं की कम। तकी भी कबीर को अद्वैत वेदांती परंपरा के निर्गुण राम से अलग नहीं कर सके। इसलिए कबीर पर एक धर्मवीर जी क्या हजार धर्मवीर दस हजार पुस्तकें लिखकर बहस को अराजकतावादी विद्रोह में गर्क होकर करते रहें तो भी कुछ होनेवाला नहीं है। यदि धर्मवीर जी भारतीय दर्शन-धर्म-जाति-समाज-संस्कृति के साथ जोड़कर कबीर का भी नया 'पाठ' या भाष्य प्रस्तुत करें तो कुछ बात बन सकती है—अन्यथा नहीं। हिंदी के प्रतिबद्ध आलोचक कबीर कबीर का जाप तो करते रहे लेकिन उनका जाप किसी भिखारी के कटोरे

से ज्यादा फलप्रद नहीं बन सका। कबीर का कवि-चिंतन 'वाद' की जकड़ से बहुत ऊपर है—जनवाद या लोकवाद भी उन्हें छू नहीं सका। उन्हें तो आचार्य हजारीप्रसाद द्विवेदी जैसा लोक और शास्त्र का सुविज्ञ पंडित ही प्रस्तुत करने में समर्थ हो सकता है। अराजक दादुरों की ध्वनि कौन सुनता है। हजार-हजार प्रयत्न कीजिए कबीर दलित साहित्य शास्त्र को अँगूठा दिखाते हैं, चिढ़ाते हैं। कबीर इस अर्थ में उत्तर-आधुनिक हैं कि वे हर तरह के वैचारिक केंद्रवाद को ध्वस्त करके धूल चटा देते हैं।

इधर आधुनिककाल में प्रेमचंद, निराला, सियारामशरण गुप्त, अमृतलाल नागर, नागार्जुन, धूमिल को दलित साहित्य ने पकड़कर जकड़ने की कोशिश की है। प्रेमचंद ने 'सद्गति', निराला ने 'चतुरी चमार', 'जल्द-जल्द पैर बढ़ाओ,' सियारामशरण गुप्त ने 'एक फूल की चाह', अमृतलाल नागर ने 'नाच्यो बहुत गोपाल', नागार्जुन ने 'हरिजन गाथा', जगदीशचंद्र ने 'धरती धन न अपना', गिरिराज किशोर ने 'परिशिष्ट', धूमिल ने 'मोचीराम' जैसी दलित व्यथा कथा से भरी रचनाएँ की हैं। इतना ही नहीं शोषण-अन्याय-अत्याचार पर आधुनिक साहित्य ने साम्राज्यवाद-विरोधी तेज अपनाकर बहुत-सा मूल्यवान सृजन किया। लेकिन इनमें से किसी के भी सृजन को दलित-साहित्य के शास्त्र में नहीं बाँधा जा सकता। कारण, यह साहित्य दलितों के द्वारा दलित के लिए नहीं लिखा गया है। व्यापक जन समाज की जागरूकता के लिए लिखा गया है। फिर इस तरह के सवर्ण रचनाकारों के चिंतन-सृजन से ही दलित काव्यशास्त्र को परहेज है। वह दलित साहित्य की परिभाषा के अंतर्गत व्याख्यायित होने वाला सृजन भी नहीं है। हिंदी में दलितों ने अच्छा दलित साहित्य बहुत कम लिखा है। ओमप्रकाश वाल्मीकि, सुखबीर सिंह, श्यामसिंह 'शशि', शरण कुमार लिंबाले आदि से बात पूरी तरह नहीं बनती। डॉ. अंबेडकर, नारायण गुरु, महात्मा ज्योतिबा फुले और कवि आशान जैसे चिंतकों के विचारों का इसमें खमीर उठना चाहिए। दुःख इस बात का है कि इस तरह का खमीर अभी सृजन में संभावना ही बना हुआ है।

हम सभी को याद है कि दलित-व्यथा की समस्याओं के कारण डॉ. अंबेडकर ने कांग्रेस की माँगों और राष्ट्रीय-स्वाधीनता आंदोलन का विरोध किया। दूसरे महायुद्धों में वे वायसराय की कार्यसमिति के सदस्य रहे और कांग्रेस के भारत-छोड़ो आंदोलन का उन्होंने विरोध किया। और तो और उन्होंने मुस्लिम लीग के दो जातियों के सिद्धांत का समर्थन किया। उसके बाद उनके विचारों में परिवर्तन हुआ तथा कांग्रेसी मंत्रिमंडल में शामिल होने के साथ उन्होंने भारत के संविधान को बनाने में प्रमुख भूमिका अदा की। इतना ही नहीं 16 दिसंबर 1946 की संविधान सभा में अपना वक्तव्य देते हुए कहा, कि मुझे इस महान देश के भविष्य के बारे में जरा भी दुविधा नहीं है। आज हम सामाजिक, राजनीतिक और आर्थिक रूप से विभाजित हैं। हम परस्पर लड़ने वाले शिविरों में बँटे हुए हैं और संभवतः एक ऐसे शिविर का नेता मैं हूँ। इस सबके बावजूद मुझे विश्वास है कि समय बीतने पर और परिस्थितियों के बदलने पर दुनिया

में कोई ताकत इस देश को एक होने से रोक नहीं सकेगी। यह कहते हुए आज छाती भर आती है कि आजाद भारत में धर्म का राजनीतिकीकरण हुआ और सांप्रदायिकता-जातिवाद को सींचा गया। डॉ. अंबेडकर के सपनों को गाँधी-गाँव और अंबेडकर-गाँव की मायावती राजनीति ने चरकर चौपट कर दिया। दलितों-आदिवासियों की निरंतर उपेक्षा ने धर्मांतरण की प्रक्रिया को तेज किया। हिंदू-मुस्लिम दरार इतनी बढ़ती गई कि देश में उभरा गुजरात का हाय-हत्या भरा चेहरा। धर्म और राजनीति का घपला इतने विकृत ढंग से किया गया कि पूरा देश नफरत की राजनीति का 'महाभारत' बन गया। स्त्री और दलित का इतिहास ऐसी राजनीति में फँस गया कि आपसी संवाद ही खंड-खंड होकर गुमराह हो गया। फिर 'सांप्रदायिकता' ने छद्म धर्मनिरपेक्षतावाद को इस ढंग से गह लिया कि राजनीतिक सांप्रदायिकता का पुच्छल तारा चिंतन के आकाश में साफ दिखाई देने लगा। हिंदू राष्ट्र की अवधारणा 'हिंदू राज' में इस चतुराई से बदली है कि देश में नए भेड़ियावाद का भय तनकर खड़ा हो गया है। कमजोर किसान-मजदूरों-दलितों की हत्या करने वाले महलों के साथ हैं और झोंपड़ियों में आग लगाकर तमगा लूट रहे हैं। सवर्ण सामंतों की बर्बरता का एक हत्यारा इतिहास देश में पनपा है। गहराई से विचार करने पर पता चलता है कि सन् 1857 की क्रांति के बाद ही पूँजीपतियों-साम्राज्यवादियों, सामंतों का दल पिछड़ों की छाती पर क्रूरता से सवार होता गया। उसी कट्टरतावाद ने किसान-मजदूर आंदोलनों, छात्र-आंदोलनों, नारी-आंदोलनों तमाम सुधार आंदोलनों की हवा निकाल दी।

आजाद भारत में पूँजीपति-भूस्वामी वर्ग पर केंद्रित राजनीतिक पार्टियाँ निरंतर मुटाती गईं। इसने सांस्कृतिक और राजनीतिक नवजागरण की हवा निकाल दी। डॉ. रामविलास शर्मा ने जिस लोक जागरण की रट लगा रखी थी वह अधूरा अपर्याप्त सिद्ध हुआ। अतः हिंदी-प्रदेशों के नवजागरण और दलित साहित्य को पुनर्भाष्य की नए समाज-संदर्भों में आवश्यकता है। हिंदी-प्रदेशों में उत्तर-आधुनिकतावाद बाजारवाद-उपभोक्तावादी संस्कृति की हवा चल रही है। हिंदी प्रदेश न तो डॉ. अंबेडकर से प्रेरणा ले रहा है न ज्योतिबा फुले से। वह तो अमेरिकावाद की भक्ति-भाव में समर्पित होकर कीर्तन गा रहा है। नव पूँजीवाद सांस्कृतिक साम्राज्यवाद का असली स्थान हिंदी प्रदेश ही है। यहाँ दलित साहित्य का क्या काम है। यहाँ तो नव रीतिवाद का साहित्य सृजन हो रहा है।

कुछ दिन पहले ही एक संगोष्ठी में 'निजीकरण का कमजोर वर्गों पर प्रभाव' विषय को केंद्रित करते हुए वक्ताओं ने आर्थिक-प्रक्रिया के परिणामों को कमजोर वर्गों पर वज्रपात बताया। अधिकांश की धारणा यह थी कि 'विनिवेश और निजीकरण' की प्रक्रिया तो रुकनेवाली नहीं है, किंतु जो राजकीय संस्थान निजी हाथों में बेचे जा रहे हैं, उनमें कमजोरों की भागीदारी निश्चित होनी चाहिए। बेची जा रही राष्ट्रीय संपत्ति के एवज में मिलनेवाले धन में से इन तबकों के हिस्सों की राशि उनके बच्चों

की शिक्षा, रोजगार और विकास के साधनों पर खर्च की जाए ताकि अगड़े और गैर-दलितों के बच्चों के साथ कमजोर वर्ग के बच्चे भी स्पर्धा में टिक सकें सरकार को ऐसी व्यवस्था करनी चाहिए। स्वतंत्रता और लोकतांत्रिक संविधान की आड़ में यह भी विचार उछाला गया कि क्या संविधान इस तरह की आर्थिक व्यवस्था की बात को उठाता है। डॉ. अंबेडकर और महात्मा फुले को भी कई कोणों से टटोला गया। निजीकरण में पिछड़ों-दलितों के आरक्षण के लिए स्थान कहीं नहीं है। सरकारी संस्थाओं को प्राइवेट हाथों में देने का अर्थ है, दलितों के प्रतिनिधित्व को समाप्त करना। जैसे अनेक टी.वी. चैनल प्राइवेट कंपनियाँ खोल रही हैं। पर इनमें दलितों की नियुक्तियों को कोई तवज्जो नहीं दी जा रही है। इस 'अन्याय' को दलित साहित्य में वाणी दी जानी चाहिए ताकि दलित संगठन जागरूक हो सकें। इसी तरह का एक सम्मेलन भोपाल में अंतर्राष्ट्रीय बौद्ध सम्मेलन के नाम से हुआ। ज्यादातर वक्ताओं ने कहा कि 'बौद्ध' और 'दलित' को पर्याय मानना बुनियादी भूल है। बौद्ध-भिक्षुओं ने साफतौर पर कहा कि बौद्ध धर्म अपनाने वाला दलित नहीं रह जाता। उसे दलित कहना उसके धर्म-चिंतन का अपमान है। भिक्षुओं ने कहा हमें दलित साहित्य नहीं चाहिए बौद्ध साहित्य चाहिए। दलित साहित्य मानव को बाँटनेवाला है। अलगाववाद का साहित्य है। जबकि बौद्ध साहित्य मानव-मात्र को एक-दूसरे से जोड़नेवाला व्यापक मनुष्यता का साहित्य है। भगवान बुद्ध ने 'धम्मपद' में कहा है कि बैर से बैर का अंत नहीं होता है। अबैर या प्रेम से ही बैर का अंत किया जा सकता है। सन् 1956 में डॉ. अंबेडकर ने 'बुद्ध और उनका धम्म' पुस्तक लिखी थी। लेकिन ऐसे बहुत से बुद्ध धर्म के महत्त्वपूर्ण मुद्दे हैं जिन्हें उन्होंने छोड़ दिया। प्रश्न उठता है कि क्यों छोड़ दिया? इसका उत्तर भिक्षुओं ने दिया कि वे मुद्दे अंबेडकर के विचार बाण के प्रतिकूल थे। इसलिए बाबा साहब द्वारा की गई बुद्ध धर्म की विमर्श-चेतना अधूरी और एकांगी है। आज हमें आचार्य नरेंद्रदेव की पुस्तक 'बौद्ध धर्म' तथा डॉ. भरतसिंह की पुस्तक 'बौद्ध दर्शन तथा अन्य भारतीय दर्शन' पर ध्यान देने की आवश्यकता है।

बुद्ध, महावीर, गाँधी और लोहिया चूँकि दलित नहीं थे। इसलिए इनके पास न तो दलित-समस्या का समाधान है। न दलित साहित्य के 'केवल-दलित' केंद्रवाद को सहलाने वाली दृष्टि है। फिर हिंदी साहित्य में तो दलित-लेखन कबीर को अगुआ बनाकर अपने सृजन का खुद ही व्याकरण रचना चाहता है। लेकिन इस दलित सृजन के व्याकरण को रचने में सबसे बड़ी बाधा है सूफी काव्य धारा, कृष्ण-भक्ति काव्य धारा और राम-भक्ति काव्य धारा।

विचित्र बात यह भी रही है कि हिंदी प्रदेश के नवजागरणवाद के परिदृश्य से लंबे समय तक डॉ. अंबेडकर, वर्ण, जाति, दलित, दलित साहित्य के प्रश्न उपेक्षा के शिकार रहे। इधर मराठी साहित्य में दलित प्रश्न और दलित साहित्य आंदोलन का बड़ा भारी कोलाहल सुनाई दिया। इस दलित आंदोलन की गूँजें, अनुगूँजें कुछ

दिन हुए हिंदी में भी सुनाई देने लगी हैं। इधर हिंदी में दलित लेखन की शुरुआत हुई है। लेकिन शुरुआत ही है। अभी सृजन में प्रौढ़ता के दर्शन नहीं होते हैं। यह कहना कि जबसे दलित साहित्य हिंदी में लिखना शुरू हुआ तब से एक सवर्णवादी, नवब्राह्मणवादी, संप्रदायवादी तबका उसके विरुद्ध एक माहौल बना रहा है। अपने में गढ़ा हुआ झूठ है–एक ऐसा झूठ जो दलित साहित्य के प्रश्न को राजनीति एवं जातिवाद से उलझाता है। दलितों का एक उपेक्षित तबका अपने सृजन में व्यथा कथा कहने लगा है। अधिकार और न्याय-सम्मान का प्रश्न उठाने लगा है–तो इसे नव्य जागरण का प्रकाश ही कहा जाएगा। क्योंकि दलित साहित्य कुछ भी कहिए साहित्य की अभ्यस्त लीकों को तोड़ने की मानसिकता का नाम है जिसमें संवेदना, भाव विचार-संवेदना, वैचारिकता का नया खमीर उठता दिखाई देता है। यह प्रार्थनापरक, प्रशस्तिपरक, या शृंगारपरक साहित्य परंपरा नहीं है। उस परंपरा के अस्वीकार का, विरोध का साहित्य है। दलितों में इधर एक दुराग्रह पनपा है कि दलित पीड़ा का आख्यान दलित ही लिख सकता है। इस दुराग्रह को दलित चिंतन में विनाश के बीज भाव कहा जा रहा है कि 'अन्य' द्वारा लिखा दलित साहित्य, सच्चा दलित साहित्य नहीं, वह तो मात्र 'सहानुभूति का सृजन' है और दलितों को इस तरह की 'सहानुभूति' से चिढ़ या एलर्जी है। जाहिर है कि दलित लेखन की अपनी राजनीति है जो उसके लिए प्रेरणा भी है और बाधा भी। दलित-राजनीति ने अपने दलित लेखन में मार्क्सवादी पंडितों से परहेज किया है, उन्हें अपना हुक्का तक आदर से नहीं दिया है। इस प्रकार अपनी चौपाल से मार्क्सवादियों को दूर रखा है। बेचारे कभी दूर कभी पास घूरते दिखाई देते हैं, अजीब हालत है।

सन् 1996 में 'प्रेमचंद साहित्य संस्थान' ने 'दलित साहित्य की अवधारणा और प्रेमचंद' विषय पर एक राष्ट्रीय परिसंवाद आयोजित किया। इस दलित परिसंवाद में दलितों और गैर-दलितों ने हिस्सेदारी की। गैर-दलितों में वे लोग थे जो अपने को 'प्रगतिशील' मानते हैं। वे लोग कितने प्रगतिशील हैं और कितने गुटबंदी के शिकार या साहित्यिक माफियावाद के झंडाबरदार हैं। यह अलग बहस का मुद्दा है क्योंकि 'विचारधाराओं के अंत' के युग में उनकी विचारधारा पर स्वयं प्रश्नचिह्न लग गए हैं। फिर भी वे एक विचारधारा की एक लीक को पीटे जा रहे हैं। प्रगतिशील दल मानता है कि प्रेमचंद दलित जीवन को साहित्य के केंद्र में लाने वाले प्रथम रचनाकार हैं। प्रेमचंद का कथा लेखन दलित जीवन की त्रासदी का प्रामाणिक विस्फोट है और वे दलित जीवन की स्थितियों को बदलने की पहल करते हैं। दरअसल, प्रेमचंद न गाँधीवादी हैं न आर्य समाजी न मार्क्सवादी हैं न अंबेडकरवादी। वे तो भारतीय समाज और राजनीति के अत्यंत जागरूक रचनाकार हैं। उन्हें किसी 'वाद' या 'विचारधारा' की हथकड़ी पहनाना ही गलत है। साहित्य-साहित्य के काव्यशास्त्र में न तो ब्राह्मणवाद के लिए जगह है न गाँधीवाद के लिए और न मार्क्सवाद के लिए। वह तो जाति

वर्ण-निरपेक्ष अंबेडकर के बौद्ध चिंतन प्रधान समाजवाद लोकतंत्रवाद को महत्त्व देकर आगे बढ़ा है। अंबेडकर के समाज चिंतन में न वेद-उपनिषद-रामायण-महाभारत-गीता को स्थान है न मनु के धर्म-समाज चिंतन को। बाबा साहब श्रीकृष्ण के गीता-चिंतन में मौजूद 'चतुर्वर्ण' व्यवस्था के समर्थन से बहुत क्षुब्ध रहे हैं। चालाकी से कृष्ण ने ही इस देश में चतुर्वर्ण-व्यवस्था, जातिप्रथा को अमर अटूट बनाया है और इसी चिंतन-परंपरा को गाँधी से समर्थन प्राप्त हुआ है। इसलिए गाँधी जी की हरिजनों-अस्पृश्यों-अछूतों के प्रति सहानुभूति दिखाना मात्र छलावा है, ढोंग है, धोखेबाजी है। भारत में चतुर्वर्ण-व्यवस्था के रहते दलित-उद्धार की बात सोचना ही व्यर्थ है। मार्क्स तो धर्म को अफीम मानते थे लेकिन अंबेडकर धर्म को संजीवनी बूटी कहते हैं। धर्म संगठन के बगैर मानव प्रगति नहीं कर सकता है। इसी तर्क के बल पर अंबेडकर ने बौद्ध धर्म को अपना लिया था। वे बौद्ध धर्म-चिंतन-परंपरा को विश्व की एकमात्र श्रेष्ठ चिंतन परंपरा मानते थे जिसमें समानता, स्वतंत्रता और मनुष्यता के लिए पूरी जगह है। सन् 1916 में लिखित 'कास्ट्स इन इंडिया : देयर मैकेनिज्म, जेनेसिस एंड डेवलपमेंट' से लेकर 'बुद्ध एंड हिज धम्म' (1956) तक के विचार जगत में प्रवृत्त अंबेडकर का लेखन धर्मशास्त्र, समाजशास्त्र को आधार बनाकर वैष्णव-चिंतन परंपरा से पुष्ट हिंदुत्ववाद का खंडन करता है। हीगेल, मार्क्स, गाँधी, लोहिया उन्हें संतोष देने के बदले भड़काते हैं। हाँ, फ्रांसीसी राज्य क्रांति और रूसो के विचारों की बाबा साहब पर धमक अवश्य है। पर वे शिष्य तो भगवान तथागत का ही स्वीकार करते हैं।

स्वाधीनता प्राप्ति के बाद साहित्य के नवजागरण के दो नए आंदोलन हैं—दलित साहित्य आंदोलन और नारी-विमर्श के साहित्य का नव उठान। इन दोनों में यह दलित-शोषित की पीड़ा को वाणी देने का संकल्पबद्ध प्रयास किया जा रहा है। ये दोनों ही नए आंदोलन परंपरा-साहित्य के मूल्य मानों पर प्रश्नचिह्न लगाते हैं और पिछड़ी दबी जातियों के जीवनानुभवों को अभिव्यक्ति देते हैं। सामान्य अर्थ में तो नहीं—लेकिन एक खास अर्थ में दलित साहित्य को 'ब्लैक लिटरेचर' से जोड़ा जा सकता है—रंगभेद के आधार पर। ब्लैक लिटरेचर लैटिन अमरीकी संस्कृति और वहाँ रंगभेद के शिकार लोगों के अस्तित्व और व्यक्तित्व से जुड़े कई महत्त्वपूर्ण मुद्दे उठाता है। भारतीय साहित्य में दलितों ने काव्य-सृजन कम किया है, आत्मकथा लेखन अधिक किया है। प्रायः आत्मकथा लेखन एकांगी हो जाता है। संपूर्ण सत्य को उजागर नहीं कर पाता। जब तक कि व्यक्ति गाँधी जैसा न हो जो अपनी कमजोरियाँ छिपाता नहीं, उजागर कर सकता है। भारतीय भाषाओं में दलित-लेखन 1960 के आसपास शुरू होता है। हालाँकि मलयालम में नारायण गुरु एक ऐसा आंदोलन चलाते हैं जिसकी शक्ति का विस्फोट कुमार आशान् (मछुआरे—के.पी. करुप्पनल) के काव्य में होता है। कन्नड़ में दलित साहित्य का आंदोलन 'बंदियों का प्रस्थान' नाम से चला। इस

आंदोलन के एक बड़े रचनाकार हैं—सिद्धा लिंगप्पा। विशेष बात यह भी है कि कन्नड़ में अगड़े-पिछड़े संघर्ष का एक लंबा इतिहास रहा है। ऐसा ही लंबा इतिहास तमिल-साहित्य में भी मौजूद है। वहाँ ई.बी. रामस्वामी नायकर ने ब्राह्मणवाद के दाँत खट्टे करते हुए दलित साहित्य का सृजन किया। आर्य राम और अनार्य रावण की रामायण ने अर्थापत्ति में नया संदर्भ पाया। रावण की महत्त्व-प्रतिष्ठा ने राम का गौरव धूल में मिला दिया। गुजराती के दलित साहित्य (1980 के आसपास) में उबलती हुई कड़ी में ज्यादा उठान आया। वहाँ जोसफ मेकवान, प्रवीण गढ़वी, जयंत परमार, मोहन परमार, जयंत राजू आदि ने दलितों की चिंताओं और समस्याओं को रचनाओं में केंद्रीयता प्रदान की। यह सब देखकर कहा जा सकता है कि भारतीय साहित्य में दलित आंदोलन अपने नए अर्थ-संदर्भ के साथ फूट-फट पड़ा। मराठी के सवर्ण समुदाय ने ऐसी दृष्टि बना ली थी जिसमें दलित-विरोध उपेक्षा से ज्यादा घृणा स्थायी भाव बनकर उभरी है। इसलिए मराठी दलित साहित्य की अवधारणा में 'शतघूर्णाक्र्त तरंग भंग उठते पहाड़' वाला उत्साह अधिक है। उनका एक नारा है—ब्राह्मणवादी साहित्य को हर कीमत पर पछाड़कर चकनाचूर करना है। इसलिए मराठी के दलित साहित्य में दया पवार हों या अन्य रचनाकर आवेश-आक्रोश बहुत है। संयम कम। यह साहित्य फूला-फूला मिलता है। ठोस सृजन का अहसास कम कराता है। मराठी की देखा-देखी जैसे खरबूजे को देखकर खरबूजा रंग बदलता है वैसे ही हिंदी में ओमप्रकाश वाल्मीकि, मोहनदास नैमिशराय जैसे रचनाकार दलित-व्यथा लिख रहे हैं। फिर भी हिंदी में दलित साहित्य अपनी बहुत स्पष्ट ठोस पहचान नहीं बना पाया है वह एक नई फैशनपरस्ती का बलबलाता मेले का ऊँट है।

कुछ ज्यादा समझदारी के शिकार यह तर्क देते रहे हैं कि हिंदी प्रदेश दलित घृणा के केंद्र रहे हैं। सवर्ण और दलित के नाम तक में वे भेद-भाव दिखाने का यत्न करते हैं। लेकिन वे भूल जाते हैं कि सवर्ण की बेटी का नाम लक्ष्मी होता है तो चमार की बेटी का भी नाम लक्ष्मी या लछमनिया ही होता है। सवर्ण हो या दलित सभी के नाम के साथ प्रायः 'राम' आगे पीछे लगता है। राम, कृष्ण या शिव से कोई नाम कम ही छूट पाता है। प्रेमचंद ने अपने कथा-साहित्य में पिछड़े लोगों के जो नाम तद्भवता में लिए हैं उसके मूल में लोक-भाषा का व्यवहार पक्ष है—घृणा भाव नहीं है।

मार्क्सवादी चिंतन के प्रभाव से हिंदी साहित्य को मोटे दो भेदों में फँसाया गया—(1) रूपवादी, आभिजात्यवादी, व्यक्तिवादी, कलावादी साहित्य, (2) जनवादी, लोकवाणी, लोकमंगलवादी, प्रगतिशील साहित्य। आचार्य रामचंद्र शुक्ल ने साधनावस्था और सिद्धावस्था के साहित्य की दो कोटियाँ बनाई थीं और 'छायावाद के साहित्य' को सिद्धावस्था के साहित्य के भीतर खपा दिया था। लेकिन शुक्लोत्तर आलोचना ने आचार्य शुक्ल की भूल को सुधारते हुए छायावादी-युग के साहित्य को नवजागरण,

लोक जागरण, मुक्ति की प्रेरणा से भरा शक्ति काव्य घोषित किया। डॉ. रामविलास शर्मा ने द्विज साहित्य पर आभिजात्यवादी साहित्य तथा द्विजेतर साहित्य-दलित साहित्य आदि भेदों को अस्वीकार किया है। कारण, साहित्य में इस प्रकार विभाजन केवल भ्रामक है, बल्कि गलत है। लेकिन अब डॉ. रामविलास शर्मा को सुनता कौन है, ज्यादातर दलवादी दाल पका रहे हैं। इस दाल को पकते हुए दलित देख रहे हैं। और वे ताड़ गए हैं कि दाल में कुछ काला है। हिंदी के अनेक सवर्ण प्रगतिशील, आलोचक, दलित साहित्यकारों-चिंतकों के आगे-पीछे घूम रहे हैं। लेकिन उन्हें पूछने वाला नहीं है। अजीब हालत है। हिंदी के दलित साहित्य में नारी लेखकों का अकाल ही कहिए। केवल पुरुष मर्दवाद कायम हुआ है। पुरुषों ने जो लेखन किया है उसमें उत्तेजना व्याप्त है, लपटें हैं। बयानबाजी-विवरण-वर्णन ज्यादा है। सर्जनात्मकता कम है। हो सकता है कि भविष्य में सघन अनुभूतियाँ नवीन अनुभव संपदा के भीतर से निकली अभिव्यक्ति और फिर कथ्य और रूप मिलकर थियरी को स्थायित्व प्रदान करें। दलित लेखन से हिंदी के आलोचक निराश नहीं हैं। वे उसमें सृजन-संभावनाओं के महत्त्वपूर्ण बीज पा रहे हैं। वे बीज भाव जो भविष्य में पनपेंगे। अभी तो दलित साहित्य की अवधारणा पर ही बहस जारी है कि दलितों के द्वारा लिखा गया साहित्य ही दलित साहित्य है या गैर-दलितों द्वारा लिखा गया दलित-पीड़ा का साहित्य दलित साहित्य। डॉ. अंबेडकर के चिंतन का आधार ग्रहण करने वाले दलित कह रहे हैं कि उन्हें सवर्ण लेखकों की 'करुणा' तथा 'सहानुभूति' से परहेज है। दलित लोग समर्थ हैं, उनका अपना विवेक वयस्क सोच है, जो सहानुभूति के मोहताज नहीं हैं। इसलिए यह बहस अब खत्म हो चुकी है कि क्या दलित साहित्य का आधार मार्क्सवाद नहीं हो सकता।

दलित साहित्य का आधार बाबा साहब अंबेडकर, ज्योतिबा फुले, नारायण गुरु जैसे चिंतकों का चिंतन ही हो सकता है। दलित साहित्य, मार्क्सवाद, लोहियावाद जैसे चिंतन के 'समझौता', 'समन्वय', 'सामंजस्य' की थुनकियों पर टिकना नहीं चाहता है। वह अपनी ठोस-वैचारिक जमीन या अंबेडकरवादी भूमि पर ही कायम है और रहना चाहता है। इधर अंबेडकरवादियों ने मार्क्सवादियों-लोहियावादियों को जिस ढंग से डाँट-डपट की है वह डपट उनमें पुट्ठों तक चोट खाए साँड़ का दर्द पैदा कर रही है। मार्क्सवाद और लोहियावाद के चितंन को दरअसल उत्तर-आधुनिकतावाद के चिंतन ने चाट-चाटकर चौपट कर दिया है। सच बात है कि उत्तर-आधुनिकतावाद की अवधारणा के अंतर्गत ही नारी-विमर्श और दलित-विमर्श की शान और शक्ति है। समय आ गया है कि हमें सबाल्टर्न हिस्ट्री के समानांतर रखकर दलित साहित्य पर विचार करना होगा।

हिंदी में सबसे अधिक दलित लेखन हमारे सबसे बड़े कथाकार प्रेमचंद ने किया है। लेकिन दलित साहित्य वाले उन्हें गैर-दलित रचनाकार कहकर बिदक रहे हैं। यही

हालत निराला जी की है। प्रेमचंद ने सन् 1926-27 में 'मंत्र' (-एक) 'सौभाग्य के कीड़े' तथा 'लोकमत का सम्मान' जैसी व्यापक करुणा की कहानियाँ लिखी थीं। यह कहना आज कठिन है कि इन पर गाँधी-विचार की धमक है या अंबेडकर के प्रभाव की अनुगूँज। क्योंकि यह वह समय है जब गाँधी और अंबेडकर दोनों भारतीय राजनीति में सक्रिय हैं और वे वैचारिक स्तर पर टकरा रहे हैं। न गाँधी जी किसी भी विचार बिंदु पर अंबेडकर जी से सहमत हैं और न अंबेडकर जी से सहमत हैं गाँधी जी से। दोनों की आँखें लाल हैं। यहाँ मनु के 'धर्म' से बुद्ध का 'धम्म' युद्ध कर रहा है। पहली परंपरा से जाति धर्म वर्णवालों से 'जाति-वर्ण विहीन' दूसरी परंपरा का यह महासागर हो रहा है जो अपने में एक विचार सागर का मंथन जैसा है।

प्रेमचंद ने सन् 1928-34 के काल में 'मंत्र' दो (1928), 'सद्गति', (1931), 'ठाकुर का कुआँ' (1932) और 'दूध का दाम' (1934) जैसी दलित-जीवन की व्यथा-कथा से भरी महत्त्वपूर्ण कहानियों का सृजन किया। बहुत समय बाद 'कफन' जैसी विवादास्पद कहानी रच डाली। इस कहानी को दलित अपने स्वाभिमान और सामर्थ्य पर प्रहार मान रहे हैं। वे 'कफन' को सामंती-समाज के शोषण की कहानी मानने को किसी भी कीमत पर तैयार नहीं हैं। घीसू और माधव की अकर्मण्यता-आलसीपन-निकम्मापन उन्हें कर्म-सौंदर्य के उपासक दलितों पर कठोर व्यंग्य सा लगता है—क्रूर व्यंग्य-वक्रोक्ति का जहरवाद। इधर 'ब्राह्मण समाज में ज्यों अछूत' कहते हुए गुरु शिष्य खड़े हुए हैं। आचार्य हजारी प्रसाद द्विवेदी और डॉ. नामवर सिंह दोनों ही अपने को 'ब्राह्मण समाज' में कर्मों के कारण 'दलित' कह रहे हैं। अपने-अपने कर्मों के कारण गुरु-शिष्य दलित-द्राक्षासव की तरह बटकर निचोड़े गए हैं या नहीं यह तो अलग विवाद का विषय है। लेकिन यह बात सही है कि दोनों में दलितों के प्रति करुणा सहानुभूति का भाव है। दिलचस्प बात यह है कि इन दोनों को दलित अपनी चिलम पिलाने को तैयार नहीं हैं। हाय रे यहाँ भी तिरस्कार और उपेक्षा। उपेक्षितों के उद्धार करने वालों की उपेक्षितों द्वारा ऐसी अवहेलना। लंबे समय से हाशिए पर पड़े दलित लोग केंद्रवाद वालों को किनारे पर धकेलने के बाद स्वयं केंद्र में आने पर आमादा हैं और अपने पराक्रम से इतिहास-विधाता का रथ हाँकने को संकल्पबद्ध हैं।

हिंदी-साहित्य में जब-तब प्रेमचंद की दलित समस्या से जुड़ी कहानियों पर विचार होता रहा है। यह तथ्य भी कम महत्त्वपूर्ण नहीं है कि दलित समस्या पर लिखनेवाले प्रेमचंद दलित-साहित्यकार नहीं थे। हमें यह नहीं भूलना चाहिए कि प्रेमचंद के सृजन-कर्म और दलित साहित्य की अवधारणा से आज कोई तालमेल नहीं बैठता है। आज दलित साहित्य अपनी अलग स्वायत्तता, स्वतंत्रता और अस्मिता बनाना चाहता है। इस पहल का स्वागत होना चाहिए। दलित-साहित्य-चिंतन में गाँधी-मार्क्स और लोहिया की घपलेबाजी नहीं चलेगी। उसकी प्रेरणा के मूल स्रोत डॉ. अंबेडकर के क्रांतिकारी चिंतन से जुड़े हैं और जुड़े रहने चाहिए। स्वाधीन भारत में गाँधीजी ने नाम को भुनाने के

लिए कई राजनीतिक दूतों ने उनके नाम का जाप तो बहुत किया लेकिन आचरण से दूर रहे। इधर के रचना-कर्म पर गाँधी-चिंतन का प्रभाव बहुत कम पड़ा। हिंदी साहित्य के छठे-सातवें दशक में डॉ. लोहिया का प्रभाव साहित्य की बहुत सी विधाओं पर पड़ा। नए साहित्य के विशेषकर नई कविता, नई कहानी के बहुत से रचनाकारों ने डॉ. लोहिया के चिंतन से प्रेरणा ली। हिंदी में इस तरह का सीधा प्रभाव डॉ. अंबेडकर का नहीं पड़ा। इसका एक कारण यह है कि लंबे समय तक उनका चिंतन उपेक्षित पड़ा रहा। इधर के दशकों में दलित-चेतना और दलित साहित्य का उभार एक राजनीति विशेष के परिप्रेक्ष्य में आया। मराठी दलित साहित्य ने जिस ढंग से महात्मा ज्योतिबा फुले और बाबा साहब अंबेडकर का प्रभाव ग्रहण किया उस ढंग का प्रभाव हिंदी-प्रदेशों पर नहीं पड़ा। इसका प्रधान कारण हिंदी-प्रदेशों के नवजागरण पर सवर्ण वर्चस्ववाद की चमक काफी गहरी रही। हिंदी-प्रदेशों का लोक-साहित्य और लोकनाट्य पर राम, कृष्ण, शिव की पकड़ मजबूत रही है। क्यों मजबूत रही है यह अलग से चिंतन और विवाद का मुद्दा है।

आज इस स्थापना को बहुत दूर तक खींचने की जरूरत नहीं है कि दलितों की शिक्षा में अंग्रेजी शासनकाल का हाथ ज्यादा है। कहना न होगा कि अंग्रेजों का पहला व्यापारिक अड्डा था बंबई। देश में जो 'सभा', 'समाज' का दौर चला था जिसमें 'प्रार्थना समाज' की सक्रिय हिस्सेदारी थी। कहीं रानाडे खड़े दिखाई देते हैं तो कहीं महात्मा फुले। फिर कहीं तिलक जी जागरण का शंख फूँक रहे हैं और कहीं अंबेडकर। सवर्ण गीता-भक्त और गीता भाष्यकार तिलक जी के विचारों से डॉ. अंबेडकर ने जो 'प्रोटेस्टेंट नोट' दिया था वह एक 'इटैलेक्चुअल रिनेसाँ' का बड़ा भावक चाहता है। गीता के 'वर्णवाद' से बाबा साहब बहुत क्षुब्ध हैं, कृष्ण की करतूत का उन्हें भारी मलाल है। फिर 'केसरी' और 'मराठा' का वर्णवाद समर्थक स्वर बाबा साहब को आंतरिक पीड़ा देता है और इस पीड़ा की अभिव्यक्ति वे कई रूपों में करते हैं।

महाराष्ट्र के दलित-आंदोलन ने दलित जनता में सांस्कृतिक चेतना को उद्बुद्ध करने के साथ अंबेडकर के दलित-मुक्ति-आंदोलन को धारदार बनाया। राजनीति में नए संदर्भ पैदा किए और युवा-पीढ़ी को विचार-मशाल ही थमा दी। बौद्ध-चिंतन के 'धम्म' ने दलित संगठन को दृढ़ किया। बुद्ध चिंतन के तर्कवाद के कारण दलितों का मार्क्सवाद से मोहभंग हुआ और मतभेद उभर पड़े। ऐसे मतभेद जिन्हें वाद-विवाद-संवाद से कम नहीं किया जा सका। बौद्धों ने बौद्ध साहित्य और दलित साहित्य को एक नहीं माना और कहा कि दोनों तरह के साहित्य की मूल ध्वनि अलग है। इसलिए बौद्ध साहित्य हो या दलित साहित्य हो वह 'जनवाद' या 'प्रगतिवाद' से दूर रहा इसी तरह 'दलित साहित्य' और 'नीग्रो साहित्य' में कुछ समानता के बिंदु होने पर भी दोनों का बौद्धिक पर्यावरण, सांस्कृतिक बोध भिन्न स्तर अपनाता रहा है। दोनों

को तुलना के बाद पर्याय नहीं माना जा सकता। ईसाई ही ईसाइयों का रंगभेद के आधार पर अलगाव पैदा करते हैं। दमन करते हैं, चरम घृणा को, हिंसा को जन्म देते हैं। भारत में भी हिंदू ही हिंदू को सताता-कोसता लूटता कूटता रहा है और यह हमारी जाति व्यवस्था की एक जटिल किंतु दर्दनाक कहानी है। ऊपर से देखने पर हिंदू धर्म में व्यापक करुणा, सहनशीलता दिखाई देती है। लेकिन भीतर जहरीले साँपों के दाँत गढ़े हैं। इस सामाजिक जहरवाद को शास्त्र एवं धर्म ने दूध पिलाकर पाला है। बाबा साहब ठीक कहते हैं कि हिंदू धर्म में दलित के लिए समता, स्वतंत्रता के लिए जगह ही नहीं है।

हिंदी-प्रदेशों का अपना इतिहास मराठी इतिहास, संस्कृति से अलग रहा है। राम-कृष्ण-बुद्ध की इस जन्मभूमि में सुधारवादी-धार्मिक-सांस्कृतिक-आंदोलनों की धूम रहती है लेकिन 'क्रांति-धारा' का मराठी तूफान नहीं उठता। मराठी में जब दलित आंदोलन स्वाभिमान और शिक्षा के लिए पूरे दमखम से संघर्ष कर रहा था तब हिंदी-प्रदेश ब्रह्म समाज, प्रार्थना समाज, आर्य समाज तथा भारतेंदु के तदीय समाज के सुधारवादी नवजागरण में डूबे हुए थे। इन सुधार आंदोलनों की आवाज ही साहित्यिक स्तर पर अभिव्यक्ति पाती रही। फिर इन प्रदेशों ने नारी-नैतिकता का भी एक बीड़ा उठाया हुआ था जिसकी आड़ में उच्च वर्गीय नारियों का रानीवाद पनप रहा था। सामंतवाद, पुरोहितवाद की भारी धमक इस समाज पर थी और यह अंग्रेजी शिक्षा से बदल तो रहा था लेकिन अपनी शर्तों पर। ज्यादातर सवर्णवाद ही उच्च शिक्षा की ओर प्रवृत्त था, दलित तो मजदूरी-किसानी-अशिक्षा पर ही जीता रहा। प्रेमचंद के कथा-साहित्य में अछूत तबका थमा हुआ है और तबाही भोग रहा है। इसका एक रूप 'सद्‌गति' और 'ठाकुर का कुआँ' जैसी कहानियाँ उजागर करती हैं। इतना ही नहीं हिंदी प्रदेश में स्वाधीनता-संग्राम के दिनों में दादाभाई नौरोजी, तिलक, रानाडे, अरविंद, विवेकानंद, गोखले, गाँधी, पटेल, नेहरू, लोहिया, जयप्रकाश नारायण को अपनाया, उस ढंग से अंबेडकर को नहीं। इसका कारण है कि डॉ. अंबेडकर ने राष्ट्रीय स्वाधीनता संग्राम से अपना हाथ खींच लिया था। उनके स्वाधीनता संग्राम में सीधी हिस्सेदारी से बचने के कारण कई तरह के भाष्य किए जाते हैं। कई कोणों से उन्हें 'अंग्रेज भक्त' कहा जाता है। अंबेडकर का तिलक-गाँधी विरोध कई तरह के प्रश्न उठाता है और इन प्रश्नों का उत्तर देना सरल नहीं है। समय-समाज, धर्म-राजनीति के प्रश्न गहरा विश्लेषण चाहते हैं, उन्हें मनमाने ढंग से टाला नहीं जा सकता। यह कहना कि स्वाधीनता आंदोलन में सवर्ण, मनुवादी, ब्राह्मणवादी, वर्चस्ववादी तबका अगुआई कर रहा था और शेष तबके की उपेक्षा की जा रही थी—सरलीकरण है—राजनीति के समाजशास्त्र के साथ धोखा है। इस स्वाधीनता आंदोलन में अंबेडकर क्यों अकेले पड़ गए थे? क्यों उन्हें संदेह से देखा गया? क्यों वे अंग्रेज और मुसलमानों की ओर झुकाव रखते थे? क्यों अंग्रेज वाइसराय के सामने अपने दलित-हित की एकांत राजनीति करते

थे? यह बहुत से सवाल हैं जो उनको लेकर उठते हैं और जिनका उत्तर बौद्ध धम्म-चिंतन भी नहीं देखता। यह भी सच है कि उन्नीसवीं शताब्दी में बाबा साहब से पहले स्वामी अछूतानंद 'आदि हिंदू आंदोलन' चलाते हैं। उधर पंजाब में स्वामी दयानंद का 'आर्य समाज' आंदोलन धड़क रहा था और सिक्ख आंदोलनों में कूका-आंदोलन तथा निहंग सिक्ख अछूत अस्पृश्य का भेद मिटा रहे थे। गुरुद्वारा में सभी की समानता का रंग था। पर रोटी बेटी की दूरी सिक्ख-समुदाय में भी थी। पंजाब में संतराम जी का 'जाति-पाँति तोड़ो' आंदोलन भी चला पर हिंदू धर्म चेता नहीं। जातिवाद पर प्रहार करने वाला प्रवचन हो या साहित्य हो—हिंदू घड़े की तरह चिकना होता है। वह न तो कबीर की सुनता है न सुंदरदास की। उसकी एक अलग जीवन लय है जिस पर रामायण-महाभारत की प्रभाव ध्वनि है। शंकरानंद जी का भजन 'मनुजी तैंने वर्ण बनाए चार', कबीर के कथनों का 'परिशिष्ट' मात्र है—वही ढंग पर कबीराई ठसक नहीं है। सन् 1928 में बाबा साहब अपने आदरणीय नेता अछूतानंद जी से मिले थे। वे दलित आंदोलन की घोषणा भी कर चुके थे, पर हिंदी प्रदेश यह सब झेलकर भी झटके से दूर रहा। स्वामी दयानंद जी के अछूतोद्धार आंदोलन को हिंदी प्रदेश ने लील लिया और ब्राह्मण शूद्र-संघर्ष कम नहीं हुआ। बाबा जी ने मनुस्मृति दहन आंदोलन चलाया। यह भी पानी में लाठी मारने जैसा सिद्ध हुआ। फिर कबीर, रैदास, नानक भी तो सुधार आंदोलनों की ही देन थे, वे क्यों खप गए। हिंदू-समाज ने दर्द सहकर उन्हें झेल लिया।

हिंदी-प्रदेशों का सामंतवादी-पुरोहितवादी-वर्णवादी समाज जातिप्रथा के वर्चस्ववाद का अनुभवी समाज था। वह मनु और बुद्ध दोनों को टरका चुका था, झाँसा दे चुका था केवल मनुवादी-समाज नहीं था जैसा भूले-भ्रमे बहुत से दलित साहित्य और चिंतन से जुड़े लोग कहते रहे थे। हमें इस तथ्य से मुँह नहीं चुराना चाहिए कि दलित साहित्य में नए चिंतन का आरंभ हिंदी प्रदेशों में आजादी के कई दशकों बाद हुआ। कभी-कभार हिंदी पत्र-पत्रिकाएँ जैसे 'आजकल' में रामखोड़ावाल की रचनाएँ छपती रहीं। शंकराचार्य का 'अंतर्द्वंद्व', 'विश्वामित्र' या 'पुत्रहन्ता', भगवानदास का 'अछूत का बेटा', देवीदयाल सैम का 'मानव की परख' आदि। लेकिन यह छोटे-मोटे प्रयास कोई साहित्यिक माहौल नहीं बना पाए। हिंदी-प्रदेशों में दलितों का अपना ताकतवर संगठन था ही नहीं। इन प्रदेशों में तो दलित-चेतना को दलित-राजनीति ने सन् 1980 के बाद विकसित किया। लेकिन हिंदी में दलित साहित्य तो अभी भी 'शोर' है—'सृजन वास्तविकता' कम। आ. रामचंद्र शुक्ल, आ. महावीर प्रसाद द्विवेदी, आ. हजारीप्रसाद द्विवेदी आदि के सामने जो साहित्य था उसमें विभाजन न था। द्विज-साहित्य और द्विजेतर साहित्य, दलित साहित्य जैसा साहित्य का विभाजन न डॉ. रामविलास शर्मा ने स्वीकार किया न विजयदेव नारायण साही, लक्ष्मीकांत वर्मा और न रामस्वरूप चतुर्वेदी ने। यह कहना कि ये सभी ब्राह्मणवादी आलोचक हैं—दलितों के खिलाफ हैं—हिंदी-प्रदेशों में एक

गलत दलित राजनीति करना है जिससे घृणा और अलगाव तो पनप सकता है, साहित्य और आलोचना नहीं।

दक्षिण-भारत के दलित साहित्य विशेषकर मराठी के दलित साहित्य की देखा-देखी हिंदी में दलित साहित्य का धूम धड़ाका मचा है। भारतेंदु युग और द्विवेदी युग का हिंदी साहित्य ब्रिटिश साम्राज्यवाद से मुक्ति का साहित्य है। सितंबर 1914 की 'सरस्वती' पत्रिका में आ. महावीर प्रसाद द्विवेदी ने पटना के हीरा डोम की एक कविता प्रकाशित की है जिसका शीर्षक है—'अछूत की शिकायत'। जिस 'सरस्वती' में छपने के लिए अच्छे-अच्छे तरसते थे उसमें हीरा डोम की कविता का छपना आचार्य द्विवेदी की उदारता का वह इतिहास है जिसे दलित झुठलाना चाहते हैं। सवर्ण आ. द्विवेदी मन से संत थे, लोकमंगलवादी। उन्हें हिंदू-सवर्ण-नैतिकता, पवित्रता से नहीं समझा जा सकता। हीरा डोम की कविता में जो दर्द है वह आचार्य के लिए हिला देनेवाला था। डॉ. रामविलास शर्मा ने 'महावीर प्रसाद द्विवेदी और हिंदी नवजागरण' (पृ. 357) पुस्तक में लिखा है—"यह भोजपुरी में है और संभवतः उस भाषा में लिखी हुई यह एकमात्र कविता है जो द्विवेदी जी की 'सरस्वती' में प्रकाशित हुई थी। यह कविता उनके पास भेजी गई थी क्योंकि कविता के ऊपर कोष्ठकों में छपा है—'प्राप्त'। हिंदी में इससे पहले (और बाद को भी) किसी डोम-बंधु की लिखी कविता मेरे देखने में नहीं आई।" कविता इस प्रकार है—

**हमनी के राति दिन दुखवा भोगत बानी,**
**हमनी के सहेबे से मिलती सुनाइबि।**
**हमनी के दुख भगवनओं न देखताजे**
**हमनी के कबले कलेसवा उठाइबि।**
**पदरी सहेब के कचहरी में जाइबिजां**
**बेधरम होके रंगरेज बीन जाइबि।**
**हाय राम! धरम न छोड़त बनज बाजे,**
**बे-धरम होके कैसे मुँहवा देखाइबि॥1॥**
**खंभवा के फारि पहलाद के बंचवले जाँ,**
**ग्राह के मुंहे से गजरात के बचवले।**
**धोतीं जुरजोधना कै भइया छोरत रहै,**
**परगट होके तहाँ कपड़ा बढ़वले।**
**कहवां सुतल बाटे सुनत न बाटे अब,**
**डोम जानि हमनी के छुए से डेरलले।**
**मरले खनवां के पलले भभिखना के,**
**कानी अंगुरी पै धैके पथरा उठवले॥2॥**

हमनी के रातदिन मेहनत करीले जां,
दुइगो रुपयवा दरमहा में पाइबि।
ठकुरे के सुखसेत घर में सुतल बानीं,
हमनी के जोति-जोति खेतिया कमाइबि।
हकिमे कैलसकारि उतरल बानीं,
जेत उहओं बेगरिया में पकर ले जाइबि।
मुंह बान्हि ऐसन नोकरिया करत बानी,
हे कुले खबारे सरकार के सुनाइबि॥3॥
बभने के लेखे हम भिखिया न मांगबजां
ठकुरे के लेखे नहि लउरि चलाइबि।
सहुआ के लेखे नहि डांडी हम मारबजां,
अहिरा के लेखे नहि गइया चोराइबि।
भंटऊ के लेखे न कीवत्त हम जोरबजां
पगड़ी न बान्हि के कचहरी में जाइबि।
अपने पसिनवा कै पइसा कमाइ बजां,
घर भर मिलि जुलि बांटि चोटि खाइबि॥4॥
हड़वा मुसइया कै देहियां है हमनी कै,
औकरै के देहियां बभनओं कै बानी।
ओकरा कै घरे घरे पुजवा होखत बाजे
सगरै इलकवा भइलैं जजमानी।
हमनीं के इनरा के निगिचे न जाइलेजां,
पाँके में से भरि भरि पिअतानी पानी।
पनहीं से पिटि पिटि हाथ गोड़ तुरि दैलैं,
हमनी के एंतनी काही के हलकानी?॥5॥

अन्याय और शोषण को लेकर सियारामशरण गुप्त ने एक लंबी कविता लिखी—'एक फूल की चाह'। इस कविता में एक हरिजन-कन्या, फूल का प्रतीक है और उस बालिका की चाह मंदिर से देवी का फूल प्राप्त करने की है। कथा इस प्रकार है कि गाँव में चेचक माता का रोग फैल गया है। बच्चे तेज बीमारी के साथ चेचक से ग्रस्त होकर मर रहे हैं। एक अछूत की कन्या सुखिया के चेचक तेज बुखार के साथ निकली है। गाँव में विश्वास का रूप यह है कि माता नाराज हो गई हैं उनकी पूजा करो। सवर्ण तो मंदिर में प्रवेश पाने के अधिकारी हैं, लेकिन अछूत (हरिजन) तो मंदिर में प्रवेश नहीं कर सकता। अतः हरिजन मंदिर में जाकर देवी पूजा का फूल कैसे प्राप्त करे। बेटी की जिद पकड़ने पर हरिजन पिता मंदिर गया और सवर्णों

से पिटा। फिर जेल भेजा गया। सात दिन बाद छूटा। तब तक बेटी सुखिया मर गई। इस लंबी कविता की बड़ी ही करुण-कथा है—सामाजिक ट्रेजेडी।

मैं अछूत ही मुझे कौन हा मंदिर में जाने देगा।
देवी का प्रसाद भी मुझको कौन वहाँ पाने देगा।
बार-बार फिर फिर तेरा हठ पूरा हाय करूँ कैसे।
किससे कहूँ कौन समझाए धीरज हाय धरूँ कैसे।

सिंह पौर पर भी मंदिर में नहीं पहुँचने मैं पाया।
सहसा यह सुन पड़ा कि कैसे यह अछूत भीतर आया।
पापी ने मंदिर में घुसकर किया अनथ बड़ा भारी।
कलुषित कर दी है मंदिर की चिरकालिक शुचिता सारी।

न्यायालय ले गए मुझे वे सात दिवस का दंड विधान।
मुझसे हुआ हुआ था मुझसे देवी का महान अपमान।
कैदी कहते अरे मूर्ख क्यों ममता थी मंदिर पर ही।
पास वहीं मस्जिद भी तो थी दूर न था गिरजाघर भी।

दंड भोगकर जब मैं छूटा पैर न उठते थे घर को।
पीछे ठेल रहा था कोई भय जर्जर तन पिंजर को।
पहले की सी लेने मुझको नहीं दौड़कर आई वह।
उलझी हुई खेल में ही हा अबकी दी न दिखाई वह।

बुझी पड़ी थी चिता वहाँ पर छाती धधक उठी मेरी।
हाय फूल सी कोमल बच्ची हुई राख की थी ढेरी।
अंतिम बार गोद में बेटी तुझको ले न सका मैं हा।
एक फूल माँ के प्रसाद का तुझको दे न सका मैं हा।
यही चिता पर धर दूँगा मैं कोई सुनो अरे वर दो।
मुझको देवी के प्रसाद का एक फूल तो लाकर दो।

अछूतों पर अमानवीय अत्याचार की यह कविता एक ऐसा प्रतीक है जिसमें पूरी सवर्ण ताकतवर सामंतवादी व्यवस्था का क्रूर और भयावह चेहरा झाँक रहा है। इसी क्रूर चेहरे से थककर डॉ. अंबेडकर ने हिंदू धर्म त्याग देने का निर्णय लिया था। वे हिंदू धर्म को 'पैशाचिक' हिंदू धर्म कहते हैं जिसमें दलितों को कभी भी समानता की आशा नहीं करनी चाहिए। बबूल में तो काँटे ही मिलेंगे। आमों की बात करना

ही व्यर्थ है।

पूरा द्विवेदी युग, छायावादी युग दलित-अछूत व्यथा से भरा हुआ है। किंतु इस साहित्य सृजन के प्रेरणा-स्रोत हैं—महात्मा गाँधी। अछूत समस्या-हरिजन-उद्धार आंदोलन, मंदिर प्रवेश आंदोलन, तरह-तरह के सुधार आंदोलन चले पर हिंदू समाज का सवर्णवाद सुधरा नहीं। कोरी सहानुभूति से काम क्या चलता जो गाँधी जी देते थे, वामपंथी देते थे, समाजवादी देते थे, कांग्रेस-आंदोलन देता था। पूरा नाटक मुखौटा-नाटक था। सवर्णों की नीयत में खोट थी। इसलिए डॉ. अंबेडकर ने हाथी के खाने के दाँत और दिखाने के दाँत और का अंतर्भाष्य किया और पाया कि धर्म-परिवर्तन ही एक मात्र रास्ता है। बाबा साहब के साथ लाखों लोगों ने बौद्ध-धम्म ग्रहण किया। क्या हिंदू समाज है जिसके अपने पापों-कुकृत्यों से थककर पिछड़ी जातियों के कारीगर, श्रमिक, किसान, चरवाहे, गिरिजन, हरिजन, डोम आदि ने कभी इस्लाम अपनाया, कभी ईसाई हुए और कभी बौद्ध धम्म में जाने को विवश हुए। आज भी आदिवासी समाज धर्म-परिवर्तन की राह ले रहा है और राजनीतिक धर्म-सांप्रदायिकता-जातिवाद को उभार कर चुनाव जीत रहे हैं। हिंदू और हिंदुत्व शब्द देखते-देखते कितने मलिन हो गए हैं। गाँधी के हिंदू और अटल बिहारी वाजपेयी के युग का 'हिंदू' तुलना करने पर ही समझ में आता है कि उसका रूप कितना विकृत और घिनौना हुआ है। सभी हिंदू प्रतीक विकृत किए गए हैं—'रथ' हो 'राम' हो और कुछ हो। इस राजनीति के खेल में 'बुद्धिजीवी' कायरता के गाल में समा गए। 'हाय राम हम झेले अपनी लज्जा उनका खेल'। मायावती-मुलायम नाटक, कांशीराम की तमाचा मार राजनीति, लालू की लट्ठमार राजनीति। जिस दल को देखो, वही जूता लिए खड़ा है। गरीब-दलित की चाँद गंजी करने पर आमादा है।

दरअसल, प्रेमचंद के कथा साहित्य का सारा विचार-तंत्र द्विवेदी युग से जुड़ा हुआ है। हालाँकि उनके महत्त्वपूर्ण उपन्यास रंगभूमि, कर्मभूमि, गोदान तब लिखे गए। जब छायावाद की तूती बोल रही थी और पुराने रीतिवाद को सिर के बल खड़े होने की सजा मिल रही थी। बुद्धिवाद-उपयोगितावाद-नैतिकतावाद का अर्थ था द्विवेदी युगीन सृजन चेतना। छायावाद का अर्थ था लोक-जागरण—प्रसाद, निराला, पंत, महादेवी का सृजन कर्म अर्थात् सृजन की शक्तिधारा। इसी धारा का एक नया क्रांति बोध हम नवीन, माखनलाल चतुर्वेदी, दिनकर, नरेन्द्र शर्मा और भगवतीचरण वर्मा में पाते हैं। प्रेमचंद तो प्रगतिशील संघ में चले गए। लेकिन ये सभी उन्मुक्त भाव से प्रगतिशील यथार्थ-धारा का भरण-पोषण करते रहे। 'गोदान' में पंडित दातादीन के पुत्र मातादीन सिलिया चमारिन के साथ फँसे हैं। चमार लोग उन्हें पकड़कर पीटते हैं। उनके मुँह में हड्डी डाल देते हैं। लेकिन 1936 की यह ब्राह्मण-पिटाई की घटना विश्वास नहीं होता। चमारों में इतनी हिम्मत कहाँ थी कि पंडित की ढंग से छराई कर सकें। मेरा मन कहता है कि प्रेमचंद को यह जीवनानुभव का यथार्थ कहीं-न-कहीं

मिला जरूर होगा। यह कोरी गप नहीं हो सकती।

प्रेमचंद उपनिवेशवादी-साम्राज्यवादी मार से भारतीय जनता की मुक्ति चाहते थे। थोड़े से लोगों की नहीं, सबकी मुक्ति। सवर्ण के साथ दलित की मुक्ति। प्रेमचंद ने कहा है—'मेरी कोई बहुत बड़ी आकांक्षा नहीं है। सबसे बड़ी आकांक्षा है—स्वराज्य। हम आजाद हों और वह स्वराज्य मुट्ठी भर लोगों का न हो, बल्कि वह स्वराज्य भारत की सारी जनता के लिए स्वराज्य हो, खुशहाली लेकर के आए उनका जीवन बेहतर हो।' इन शब्दों से प्रेमचंद की पूरी मनोभूमिका को समझा जा सकता है। इसी मनोभूमिका की महिमा ने हिंदी कथा साहित्य के इतिहास में प्रथम बार जाति से चमार, व्यवसाय से भिखारी, तन से दुर्बल, आँखों से अंधा, दलित-पीड़ित-उपेक्षित को नायक बनाया है। 'रंगभूमि' का नायक सूरदास। सूरदास एक प्रतीक है। गाँधीवाद की अटूट आत्म शक्ति का प्रतीक। धीरोदात्त नायक का ढाँचा निराला जी 'राम की शक्तिपूजा' में तोड़ते हैं। प्रसाद जी 'कामायनी' में। किंतु जिस ढंग से धीरोदात का ढाँचा प्रेमचंद ने 'रंगभूमि' में तोड़ा है, वह बहुत ही क्रांतिकारी कदम है। ठाकुर-ब्राह्मण को छोड़कर चमार को एक महाकाव्यात्मक उपन्यास का नायक बनाने के लिए कलेजा चाहिए था और वह कलेजा कायस्थ-प्रेमचंद के पास था। जबकि रंगभूमि हरिजन अछूत-समस्या की अंतर्वस्तु से बुना उपन्यास नहीं है। सूरदास नाम का यह किसान जमीन के लिए पूँजीपति से लड़ाई लड़ता है। गाँधीवादी ढंग से असहयोग आंदोलनवाली लड़ाई जिसे दलितों के आंदोलन या दलितोद्धार की लड़ाई नहीं कहा जा सकता। 'रंगभूमि' के सृजन-काल में बाबा साहब दलित-आंदोलन की लड़ाई लड़ रहे थे। लेकिन वह कांग्रेस आंदोलन के कार्यक्रम से बाहर था। भारतीय नेताओं ने इस समय तक यह समझ अवश्य हासिल कर ली थी कि भारतीय जन की भक्ति होनी चाहिए। यह मुक्ति तभी संभव है जब मंदिरों में चमार भजन कीर्तन करे और सहभोज में बाभन-ठाकुर चमारों के साथ एक साथ बैठकर भोजन करें। रंगभूमि में सूरदास की मृत्यु पर ऐसा ही सहभोज आयोजित होता है। सन् 1931 और 1932 में बाबा साहब ने दलितों के अलग निर्वाचन और प्रतिनिधित्व की माँग की थी। इस माँग से गाँधी और नेता हिल गए थे। यरवदा जेल में गाँधी का आमरण अनशन और गाँधीजी के प्राणों की रक्षा के लिए बाबा साहब का हस्ताक्षर अभियान को खुला समर्थन।

'कर्मभूमि' में काशी के विश्वनाथ मंदिर पर ध्यान गया। वहाँ जूता लेकर दलितों की पिटाई स्वयं पुजारी करता है। इसी विषय-वस्तु पर सियारामशरण लिखते हैं लंबी कविता और प्रेमचंद इस सत्य को कर्मभूमि के भीतर स्थान देते हैं। दलितों के मारे जाने के बाद मंदिर का द्वार खोला गया—मंदिरों में दलितों के प्रवेश की घोषणा अमरकांत के पिता श्री समरकांत करते हैं। लेकिन दलितोद्धार का जो दिखावा कांग्रेस-आंदोलन कर रहा था, वह झूठा नाटक था। कांग्रेस ने दलितों के सामाजिक-आर्थिक उत्थान पर ध्यान तक नहीं दिया। वे दमन और दरिद्रता के, अन्याय-शोषण के शिकार होते

रहे। प्रेमचंद हिंदू-धर्म की मक्कारी से बहुत गहरे तक परिचित थे और नास्तिक थे। 'धर्म' का ढोंग उनसे छिपा न था। हिंदू धर्म की वर्ण-व्यवस्था के वे विरोधी थे और इस क्षेत्र में गाँधी जी से उनका विचार अलग था।

यह बात अद्‌भुत है कि प्रेमचंद के उपन्यासों से ज्यादा कहानियों में दलित जीवन की व्यथा का मार्मिक चित्रण है। उनके उपन्यासों में जीवन का विशाल फलक, विचारधारा और नैरेटिव–सब मिलकर दलित-चेतना को कम स्थान दे पाते हैं जबकि कहानियाँ घटना स्थिति-विशेष को लेकर दलित-केंद्रित हैं और ऐसी व्यथा से भरी हुई कि छाती भर आती है। सन् 1931 में 'सद्‌गति' कहानी लिखी जिसमें पुरोहित के अत्याचार का ऐसा बिंब उभरता है कि झेल पाना कठिन है। एक लकड़ी की गाँठ चीरते हुए वह मर जाता है। वह 'गाँठ' प्रतीक है, हिंदू-जाति व्यवस्था की। इस गाँठ को चीर पाना चुनौती है। इस गाँठ में वह व्यंग्य निहित है जो हिंदू धर्म का कलंक है। 'ठाकुर का कुआँ' 1932 में लिखी कहानी है और राजपूत के अत्याचार की आँख खोलने वाली घटना पर केंद्रित है। दलित कुएँ से पानी नहीं भर सकता। दरवाजा खुलते ही हाथ से घड़ा छूटता है–कुएँ में गिरता है। प्रेमचंद ने लिखा है कि गंगी का पति जोखू सड़ा पानी पी रहा था। उसने कहा कि मैं साफ पानी लाती हूँ और गंगी लौटती है तो वही सड़ा पानी पीता जोखू। यहाँ पानी सड़ा है–या हिंदू समाज की सड़ाँध–निर्णय कर पाना कठिन है। बचा क्या है, झूठी सत्यानाशी जाति व्यवस्था के बाद समाज की 'सड़ाँध' और 'कीचड़'।

ऊँची समझी जाने वाली जातियाँ–अत्याचार-अमानवीयता की शेखी का घूरा बन गई हैं। तीसरी कहानी है–'दूध का दाम' 1934, एक नए यथार्थ का उद्‌घाटन। एक जमींदार साहब के कन्याओं के बाद फिर कन्याएँ पैदा होती जाती हैं और बड़ी प्रार्थना के बाद बेटा हुआ। नार काटने के लिए 'भंगिन' को बुलाया गया। माँ के स्तनों में दूध नहीं उतरा तो भंगिन को ही दूध पिलाना पड़ा। भंगिन का अपना बेटा दूध के अभाव में मरियल-कमजोर लेकिन वह मालकिन के बेटे मंगल को पालती रही। मर गई और उसका बेटा मँगरू मालकिन के घर के टुकड़ों पर पलता रहा। फिर एक दिन मँगरू को निकाल दिया गया। मँगरू का साथी कोई नहीं है, साथी है, कुत्ता टॉमी। कहानी के अंत का सत्य। कहानी की व्यंजना में ध्वनित है कि जमींदारों के सुपुत्र जिन भंगिनों का दूध पीकर बड़े होते हैं और उन्हीं को अछूत-अस्पृश्य कहकर घृणा करते हैं। एक ऐसा कहानी में व्यंग्य है कि आँखें फटी रह जाती हैं। जाति-धर्म का शुद्धतावाद ढोंग है, शुद्ध है तो मनुष्य जीवन का भाव-विस्तार। प्रश्न उठता है कि क्या कोई दूध का दाम चुका सकता है?

दलित जीवन पर गैर दलित प्रेमचंद की मार्मिक कहानियाँ। क्या इन कहानियों का सृजन-यथार्थ झूठा है–गप्प है। गैर-दलित प्रेमचंद दलितों से तादात्म्य कैसे स्थापित कर पाते हैं। क्योंकि यह कोरी 'सहानुभूति' दिखाने वाली कहानियाँ नहीं हैं। जिया-भोगा

यथार्थ चाहे इनमें न हो, किंतु जीवन की भीतरी सच्चाई को अभिव्यक्ति करने का माद्दा क्या कहता है? रचनाकार 'अन्य' को लिखता है—परकाय प्रवेश की ताकत रखता है। भावयोगी होता है। इसलिए दलित-जीवन पर लिखी गैरदलित रचनाकारों के सृजन पर चाहे वे प्रेमचंद हों या सूर्यकांत त्रिपाठी निराला, अमृतलाल नागर हों या शिवप्रसाद सिंह—इन सभी के सृजन-कर्म पर गंभीरता से विचार किया जाना चाहिए और 'भोगे हुए यथार्थ' के नारे से बचते हुए विचार किया जाना चाहिए।

इस मुद्दे पर करारी बहस होनी चाहिए कि प्रेमचंद जैसे गैर-दलित लेखकों की रचनाओं को दलित साहित्य में रखा जाए या नहीं। हिंदी में गैर-दलितों के दलित साहित्य से परहेज करने का नतीजा क्या हो सकता है? क्योंकि अब तक दलित-जीवन पर जो गैर-दलितों ने सृजन किया है वह अपने महत्त्व में बेजोड़ है। यदि दलित साहित्य के झंडाबरदारों का यह तर्क मान लिया जाए कि दलित ही दलित की व्यथा को लिख सकता है, गैर दलित नहीं। तो हिंदी के दलित-साहित्य में बचता क्या है? आज दलित साहित्य-सृजन का अधिकार क्या केवल दलितों को ही है—गैर-दलितों को नहीं? साहित्य के लोकतंत्र का क्या होगा जो कहता रहा है कि साहित्य 'रिप्रेजेंटेशन' मात्र नहीं है। वह सभी से तादात्मीकरण है—निर्वैयक्तिकीकरण की प्रक्रिया है। अपने-पराये की भेद बुद्धि से मुक्त होकर ही साधारणीकरण संभव है और यह साधारणीकरण मात्र, हिंदू शास्त्र का सिद्धांत नहीं है। साहित्य के अध्ययन का एक मूल्यवान हिस्सा है संप्रेषण-व्यापार। प्रश्न उठता है कि क्या भेद बुद्धि से कोई भी पाठक दलित साहित्य से तादात्म्य स्थापित कर सकता है। समानुभूति (एम्पैथी) न सही जीवनानुभूति के यथार्थ की निर्वैयक्तिक अनुभूति का साक्षात्कार कर सकता है जिसे टी.एस. इलियट ने 'इम्परशनलाइजेशन' का नाम दिया है।

आज का दलित साहित्य जिस दलित काव्यशास्त्र की स्वायत्त-स्वतंत्र स्थिति की बात कर रहा है या जिसे दलित साहित्य का सौंदर्यशास्त्र, समाजशास्त्र नाम दिया जा रहा है, वह क्या भेद बुद्धि का अलगाव-शास्त्र नहीं है जिसमें अपने-पराये की मारकाट मची हुई है—घृणा और तिरस्कार का भाव-वितान तना है। विचार करने की बात है कि मार्क्सवादी साहित्य के पैर हिंदी में क्यों टूट गए हैं? दलितों को मार्क्सवादियों से सबक लेना चाहिए कि क्यों वे शरणार्थी हो गए हैं? 'विचारधाराओं के अंत' का उत्तर-आधुनिकतावादी अर्थ-संदर्भ प्रधानरूप से इतना ही है कि संसार में वामपंथी विचारधाराओं का अंत हो गया है और नई स्थितियाँ, नए संदर्भ उभर रहे हैं। राजनीति में 'धर्म' की केंद्रीयता बढ़ी है और हेडिंग्टन 'दि क्लेश ऑफ सिविलीजेशन्स' में यह महत्वपूर्ण स्थापना कर रहे हैं कि अगला युद्ध दो संस्कृतियों-सभ्यताओं का युद्ध होगा।

# अंबेडकर, गाँधी और प्रेमचंद

यह मात्र संयोग नहीं है कि डॉ. अंबेडकर ने स्वाधीनता आंदोलन के दिनों में गाँधी की विचारधारा का न केवल विरोध किया, बल्कि गाँधी-युग को 'अंधकार-युग' और गाँधी जी को 'पतित-व्यक्ति' कहा है। प्रश्न उठता है कि स्वाधीनता आंदोलन के गाँधी युग को जिसे प्रायः 'नवजागरण का युग' या फिर 'सुधारवाद का प्रकाशयुग' नाम दिया जाता है—उसे बाबा साहब अंबेडकर 'अंधकार युग' क्यों कहते हैं? उनका 'अंधकार युग' कहने के पीछे तर्क क्या है—क्यों है और जो तर्क है—वह सही अर्थ-संदर्भों में तर्क है या कुतर्क? या बाबा साहब के गुस्सा से उपजा करकता-कसकता दुःखता संवेदन या क्रोधजन्य भावात्मक आस्फालन। यह बात भूलने के विरुद्ध है कि बाबा साहब जीवन भर कभी भी गाँधी जी से सहमत नहीं हो सके। क्यों सहमत नहीं हो सके? गाँधी जी का वर्णाश्रम धर्म समर्थन और इस समर्थन की आड़ में अगड़े लोगों के हितों की रक्षा और पिछड़े वर्ग के लोगों की गंभीर समस्याओं के प्रति नकारवादी दृष्टिकोण। वैदिक-पौराणिक परंपराओं की रक्षा तथा हिंदुत्व की जड़तावादी-विचार व्यवस्था का पोषण। बाबा साहब खूब सोच-विचार करने के बाद इस निर्णय पर पहुँचे थे कि आजादी के आंदोलन से देश आजाद हुआ तो उसका लाभ अगड़े वर्ग के कुलीन तंत्र को मिलेगा—पिछड़ा वर्ग उसी अन्याय-शोषण-उपेक्षा के अंधकार में गर्क बना रहेगा जिसके कारण उसकी स्थिति शोचनीय है। यही शोचनीय स्थिति 'अंधकार युग' की संपूर्ण व्यंजना है। अंधकार युग को बनाए रखने में गाँधी की इस भूमिका के कारण ही अंबेडकर न गाँधी को 'महात्मा' मानते हैं न 'संत' न 'राष्ट्रपिता' न 'लोकमंगलकारी चिंतक'। गाँधी-युग में साहित्यकार प्रेमचंद ने गाँधी के विचारों का साथ दिया। इसलिए अंबेडकर का चिंतन गाँधी और प्रेमचंद दोनों का विरोधी है। गाँधी प्रेमचंद दोनों का अछूत प्रेम, अछूत-उद्धार आंदोलन दिखावा है, छलावा है, भ्रांति है, गुमराह करने वाला नाटक है, तमाशा है।

बाबा साहब ने अपने अनेक लेखों में यह विचार व्यक्त किया है कि वे भारत से प्रेम करते हैं और एक राष्ट्रवादी की सच्ची निष्ठा से उनकी मानसिकता का निर्माण

हुआ है। लेकिन वे हिंदुत्व के मसीहा गाँधी से प्रेम नहीं करते। अंबेडकर स्वयं कहते रहे हैं कि उनकी निंदा इसलिए की जाती है कि उन्होंने गाँधी और श्री जिन्ना की उस गड़बड़ी के लिए आलोचना की, जो उन्होंने भारतीय राजनीति में फैलाई। (बाबा साहब डॉ. अंबेडकर संपूर्ण वाङ्मय भाग-1, पृ. 250) बाबा साहब ने अपनी विचारधारा के संघर्ष-विरोध सिद्धांत को स्पष्ट करते हुए कहा, "मैं अन्याय, अत्याचार, आडंबर और अनर्थ से घृणा करता हूँ और मेरी घृणा उन सब लोगों के प्रति है जो इसे करते हैं। अतः गाँधी तथा जिन्ना की मैंने जो आलोचना की है, उसके लिए मैं कोई क्षमा-याचना या खेद प्रकट नहीं करता, क्योंकि इन दोनों महानुभावों ने भारत की राजनीतिक प्रगति को ठप्प कर दिया है। x x x मेरे किसी भी कार्य से कांग्रेसी पत्र प्रसन्न नहीं होते। यदि मैं कहूँ कि मेरे प्रति कांग्रेसी पत्रों का यह द्वेष व बैर-भाव अछूतों के प्रति सवर्ण हिंदुओं के घृणा-भाव की अभिव्यक्ति ही है तो अनुचित नहीं होगा।' (वही, पृ. 250) फिर अंबेडकर की निगाह में गाँधी 'प्रसिद्ध व्यक्ति' हैं। 'महान व्यक्ति' नहीं। नायक या महापुरुष नहीं हैं। दुष्ट राजनीति से प्रेरित बहके-भटके व्यक्ति हैं। उनमें हिंदू धर्म सनातन धर्म के अचक्रत्व का अहं उफन रहा है। अंबेडकर को गाँधी जी से वाद-विवाद, संवाद के दौरों से यह विश्वास हो गया था, जो रवैया पोप का धर्म के प्रति था। कुछ-कुछ वैसा ही रवैया गाँधी और जिन्ना का धर्म को लेकर है। गाँधी की राजनीति ने राजनीति और धर्म को भ्रष्ट किया है और बड़े व्यापारिक घराने से जुड़कर गाँधी ने धनकुबेरों के हित साधन का कार्य किया है। 'हमारे देश में पैसा पहली बार संगठित शक्ति के रूप में मैदान में उतरा है।' और इन संगठित शक्तियों का साथ दे रहे हैं गाँधी जी। इस स्थिति से यह प्रश्न उठा है कि सार्वजनिक पदों पर कौन आसीन होगा—देशभक्त या पूँजीवादी गुटों के सामंती दास? गाँधी के प्रभाव के कारण आजादी के आंदोलन का हिंदू-वंश न केवल अध्यात्म में डूबा है बल्कि भ्रष्ट धन लोलुप होकर पतित हो गया है। 'राजनीति' तो असह्य गंदगी और मलवाले गंदे नाले जैसी बन गई है। राजनीति में भाग लेने और गंदी नाली साफ करने में कोई भेद नहीं रह गया है। गाँधी और जिन्ना की राजनीति में अंबेडकर 'दयनीय खोखलापन' और 'दिवालियापन' पाते थे। भारत में 'नायक पूजा' की निंदा करते थे तथा कहते थे कि हमें महापुरुषों और नायकों की पूजा से सचेत रहना चाहिए क्योंकि वे झूठे और निकम्मे होते हैं। इसी दृष्टि ने हम सभी को बाबा साहब का निबंध 'जाति प्रथा उन्मूलन और महात्मा गाँधी को दिया गया उत्तर,' एक बार अवश्य पढ़ना चाहिए। बाबा साहब ने गाँधी-विचार दर्शन पर तर्क किए और उनकी दासता से मुक्ति का प्रयास किया। गाँधी जी ने 'हरिजन' में दो लेख लिखे। इन लेखों का उत्तर भी अंबेडकर ने दिया। उत्तर इसलिए दिया कि अनेक हिंदुओं की दृष्टि में गाँधी आप्त पुरुष हैं और इतने महान महात्मा कि सब बहस खत्म हो जानी चाहिए। लेकिन संसार ऐसे विद्रोहियों का कृतज्ञ है जिन्होंने नायकों, महात्माओं,

धर्म-गुरुओं-संतों-महंतों के कथनों की विकृतियों की धज्जियाँ उड़ाकर दम लिया है। अपने समय में ऐसे ही विद्रोही थे अंबेडकर।

गाँधीजी का जादू सिर चढ़कर ऐसा बोला कि हिंदी के सब से बड़े कथाकार उनके प्रभाव में आकर अछूत समस्या की ओर उन्मुख हुए। पत्रकार प्रेमचंद ने 'हंस' और साप्ताहिक 'जागरण' में अछूत समस्या के अनेक पहलुओं पर विचार मंथन किया। 'विविध-प्रसंग-2' में प्रेमचंद ने 'छूत-अछूत' की जटिल समस्या को देखने-समझने का प्रयास किया। दरअसल, 'छूत-अछूत' समस्या पर पूरा देश उस समय सजग हुआ जब यरवदा जेल में गाँधी जी ने आमरण-अनशन शुरू किया। साम्राज्यवादी-उपनिवेशवादी-पूँजीवादी शक्तियों ने 'फूट डालो और राज करो' का तिरुप का पत्ता चला और अछूतों को हिंदुओं की परिधि से बाहर निकालने का मन बनाया। सन् 1891, 1901, 1911, 1921 और 1931 में जनगणना का चक्कर इसी षड्यंत्र का हिस्सा था और जनगणना में कहा गया कि देश में अछूतों की जनसंख्या 5,01,96000 है और यह जनसंख्या यदि गाँधी, कांग्रेस, और स्वाधीनता आंदोलन का साथ छोड़ दे तो इन सभी की हवा निकल जाए। इसी सोच का परिणाम यह हुआ—फिरंगी सरकार ने अछूतों के लिए 'पृथक-निर्वाचन' का राजनीतिक चक्र चलाया । यह राजनीतिक-चक्र क्या चला देशभर में अछूत समस्या को लेकर सिर भन्ना देने वाला कोलाहल उभरा। प्रेमचंद भारतीय जनता के साम्राज्यवाद विरोधी मुक्ति संघर्ष से गहरे जुड़े थे। इसलिए अछूत समस्या पर कलम उठाने का अरमान प्रबल हुआ। फिर अंग्रेजों ने मार्क्स के शब्दों में "देशी बस्तियों को उजाड़कर, देशी उद्योग-धंधों को तबाहकर और देशी समाज के भीतर जो भी महान और उदात्त था उसको धूल-धूसरित करके भारतीय सभ्यता को नष्ट कर दिया।" इस देश की पुनर्रचना के लिए जो व्यक्ति उठे उनमें तिलक-गाँधी प्रमुख थे। 'विविध प्रसंग' की टिप्पणियों का आज हम नया भाष्य करें तो पाते हैं कि प्रेमचंद इस पुनर्रचना में गाँधी के बहुत पास थे। सन् 1920 से 1936 तक की राष्ट्रीय-आंदोलन की चेतना प्रेमचंद को (कहानी-उपन्यास में) गाँधी-हिलोर में निमग्न किए हुए हैं। अपनी देश-प्रेम-भावना और मुक्ति-चेतना से आप्लावित प्रेमचंद ने 'हंस' के अंक (अक्टूबर) में कहा, "भारतीय बनकर संयुक्त उन्नति की ओर अग्रसर हों अन्यथा हिंदू-मुसलमान, अछूत और सिक्ख सब रसातल को चले जाएँगे।"

गाँधीजी ने फिरंगी सरकार की कुटिल नीति को समझते हुए अछूतों के पृथक निर्वाचन का विरोध किया और कहा, "और अल्पसंख्यक लोग यदि पृथक निर्वाचन की माँग करें तो मैं कुछ हद तक उनकी बात समझ भी सकता हूँ। पर अछूतों की ओर से यह जो माँग की जा रही है उसका मुझे अत्यंत दुःख है।" इस दुःख को लेकर गाँधीजी अछूतों के पृथक निर्वाचन क्षेत्र को लेकर उसके विरोध में भीष्म प्रतिज्ञा के साथ डट गए। 11 मार्च 1931 में सैम्युअल होर को गाँधीजी ने लिखा, "पृथक निर्वाचन अछूतों के लिए भी नुकसानदेह है और हिंदू धर्म के लिए भी शुद्ध राजनीतिक

नजरिए से चाहे यह फायदेमंद ही क्यों न साबित होता हो। x x x पृथक निर्वाचन हिंदू धर्म को तार-तार कर देगा। इन वर्गों का सवाल मेरे लिए एक नैतिक और धार्मिक सवाल है।'' इसलिए जब साम्राज्यवादी, लूटवादी शक्तियों ने अछूतों के लिए पृथक निर्वाचन की व्यवस्था कर दी तो गाँधीजी को आमरण अनशन करना पड़ा और कहा, ''हिंदू धर्म ने अपने अछूत भाइयों के बारे में इतने पाप किए हैं कि उन पापों के परिमार्जन के लिए यदि मुझ जैसे सौ आदमी भी प्राण दे दें तो भी दुःख की बात नहीं है।'' गाँधीजी के इस आमरण अनशन पर भरे हृदय से प्रेमचंद ने संपादकीय (विविध प्रसंग-2) लिखा, ''धन्य हो महात्मा। राष्ट्र की सेवा में तुम पहले ही अपना सर्वस्व अर्पण कर चुके थे। एक प्राण रह गया था। उसे भी राष्ट्र की ही भेंट करने जा रहे हो।'' गाँधीजी ने यह अनशन 20 सितंबर 1932 में शुरू किया। उससे लगभग दो-तीन सप्ताह पूर्व ही प्रेमचंद ने 'जागरण' के संपादकीय में लिखा—''सांप्रदायिक आधार ही आपत्तिजनक है।'' क्योंकि वह तोड़ता है जोड़ता नहीं और हिंदू समाज में फूट डालना चाहता है। यरवदा जेल में गाँधी ने प्राणों की बाजी लगा दी तो प्रेमचंद ने 'जागरण' के संपादकीय में 'महान तप' शीर्षक से लिखा और गाँधीजी के विचारों का मुग्धमन से स्तवन और समर्थन किया। लेकिन गाँधी जी के इस आमरण अनशन से अंबेडकर न केवल असहमत थे बल्कि इसे वे गाँधी की कपट-लीला का प्रदर्शन मानते थे। क्या विडंबना है अंबेडकर के समझाने पर ही गाँधी ने यह अनशन तोड़ा। लेकिन प्रेमचंद ने बाबा साहब के कार्य पर चुप्पी साध ली। उनकी महानता पर कोई संपादकीय नहीं लिखा। गाँधीजी के आमरण अनशन पर पूरे देश के नेता पूना पहुँचे। हिंदू, कांग्रेस और अछूत नेताओं के बीच यहाँ भारी महाभारत हुआ और फिर समझौता। हिंदुओं की ओर से मदनमोहन मालवीय तथा अन्य नेताओं ने हस्ताक्षर किए तथा अछूतों की ओर से कुन्हन राजा और डॉ. अंबेडकर ने। फिर मुंबई पहुँचकर नेताओं ने एक सम्मेलन किया और पूना समझौते की पुष्टि की। इस समझौते से अछूतों पर लगे बहुत से सामाजिक बंधन समाप्त कर दिए गए। जैसे मंदिर प्रवेश की छूट। इधर प्रेमचंद ने गाँधीजी की तारीफ के पुल बाँध दिए, ''उस महान आत्मा की तपस्या ने, ब्रिटेन के महान राजनीतिज्ञों के द्वारा तैयार की हुई उस सुदृढ़ दीवार को, जो हिंदू अछूतों को अलग करने के लिए बड़े गहन कौटिल्य के सीमेंट से तैयार की गई थी, विध्वस्त कर दिया।'' गाँधी ने अछूत उद्धार कार्य में तेजी लाने का कार्य शुरू किया तथा घनश्यामदास बिड़ला ने गाँधी की प्रेरणा से 'हरिजन सेवक संघ' की स्थापना की। 11 फरवरी 1933 को गाँधी ने 'हरिजन' का पहला अंक पूना से निकाला। गाँधी ने अंबेडकर से पत्र के लिए लेखकीय सहयोग माँगा। लेकिन अंबेडकर ने मना कर दिया और कहा कि जाति प्रथा के रहते अछूत प्रथा के उन्मूलन की कल्पना ही गलत है। जाति-प्रथा की नींव पर राष्ट्र का निर्माण नहीं किया जा सकता। जातिप्रथा की नींव पर जो निर्माण होगा, वह चटक जाएगा

और अधूरा अपर्याप्त सिद्ध रहेगा।

अछूत समस्या पर अंबेडकर, गाँधी और प्रेमचंद के विचारों पर आज 'नए पाठ' की जरूरत है। लेकिन इस वैचारिक संघर्ष को समझने के लिए उस युग की पूरी एपेस्टोमोलॉजी को कई कोणों से 'जानना' होगा। प्रेमचंद ने निरंतर गाँधीजी के अछूतोद्धार कार्यक्रम का समर्थन और प्रचार 1932 के 'जागरण' में किया और संपादकीय लिखा—'हमारा कर्त्तव्य'। देश के प्रत्येक समझदार व्यक्ति का कर्त्तव्य है, गाँधी का साथ देना। नवंबर 1932 में काशी के सनातनधर्मी नेताओं ने अछूतों के मंदिर प्रवेश के विरुद्ध जुलूस निकाला तो प्रेमचंद आगबबूला हो गए। उन्होंने 21 नवंबर 1932 के अंक में शंकराचार्य के नेतृत्व में निकलनेवाले इस जुलूस को 'जाति के दलित और पीड़ित अंग को ठोकरें मारने' वालों की संज्ञा दी। बहुत झल्लाए स्वर में कहा, "जो समाज में ऊँच-नीच, पवित्र-अपवित्र के भेद को बढ़ाता है वह पंडित होकर भी मूर्ख है।" फिर प्रेमचंद 'धर्म भेद नहीं सिखाता' उपशीर्षक से गाँधी के अनेक कथनों को उद्धृत करते हैं और अलग 'मंदिर प्रवेश ही इस समस्या को हल करेगा' जैसे संपादकीय लिखते हैं। यहाँ पहली बार प्रेमचंद अछूत समस्या के आर्थिक पक्ष पर विचार करते हैं, कारण 'समस्या की आर्थिक बाधाएँ धार्मिक बाधाओं से कहीं कठोर हैं। असल समस्या तो आर्थिक है।' यहाँ प्रेमचंद एक ओर तो गाँधीजी का पल्ला गहे हैं, दूसरी ओर आर्थिक समस्या को असली समस्या कहते हैं। अजीब स्थिति है। जबकि वे यह भी जानते हैं कि अछूतों के पास पैसा होगा तो ब्राह्मण-क्षत्रिय उनको अछूत मानने की हिम्मत न करेंगे। हाय रे, टका तेरी अपार महिमा है। 'जागरण' के संपादकीय लेखों में चाहे वह 'मंदिर प्रवेशाधिकार' बिल पेश होने की बात हो या अछूत प्रथा शास्त्रानुकूल नहीं है या 'अस्पृश्यों की महत्त्वाकांक्षा' या 'साहित्य की प्रगति' या 'सत्याग्रह' सभी लेखों में गाँधी-महिमा गान किया है। जैसे "जो गाँधी नेतृत्व के विरोधी हैं, वे भूल रहे हैं कि इस समय भारत का नेता वही बूढ़ा हो सकता है।" गाँधी के नेतृत्व का विरोध कौन कर रहा था—डॉ. अंबेडकर। प्रेमचंद 'साहित्य और कला में घृणा की उपयोगिता' की महिमा स्थापित करते हैं तो गाँधी याद आते हैं, "महात्मा गाँधी इसीलिए अछूतपन को मिटाने के लिए अपने जीवन का बलिदान कर रहे हैं कि उन्हें अछूतपन से घृणा है।" हिंदू जाति को पंडों-पुरोहितों-पुजारियों, धार्मिक रंगों के सियारों से गाँधी जी मुक्त करना चाहते थे। लेकिन अंबेडकर इसी व्यवस्था को उलटकर नई व्यवस्था स्थापित करने की हाँक लगाते थे। वे गाँधी से भी बिदकते हैं और मार्क्स से भी। जबकि प्रेमचंद दोनों के भीतर पैठकर लिखते हैं, चाहे 'सद्‌गति' कहानी हो या 'दूध का मोल' फिर श्रमिकों, किसानों के साम्राज्य की कल्पना गाँधी नहीं, मार्क्स करते हैं। ऐसी कल्पना अंबेडकर नहीं करते।

अंबेडकरवादी साहित्य और राजनीति में गाँधी और प्रेमचंद का मुखर होकर विरोध करते हैं। इस विरोध को कई कोणों से समझना होगा। साहित्य में प्रेमचंद

की जो क्रांतिकारी विद्रोही छवि बनी हुई है उस पर नए सिरे से विचार करने की–उसे डीकांस्ट्रक्ट करने की जरूरत है। लेकिन यह काम गाँधी और प्रेमचंद की नायक पूजावाली छवि से मुक्त होकर ही किया जा सकता है। यह गाँधी या प्रेमचंद को छोटा करने या महिमा विहीन करने का प्रयास नहीं है। यह एक ऐसा प्रयास है, जो अंबेडकर द्वारा उठाए गए प्रश्नों को समझने में सहायक होगा और गाँधी विरोध की अंबेडकर दृष्टि को युग-परिवेश में उजागर करेगा। हो सकता है इससे साहित्य में प्रेमचंद का नया भाष्य शुरू हो जो भगवा और लाल लंगोट वालों से एकदम अलग हो।

यह सच है कि प्रेमचंद जिस परिवेश में जीवित थे, उसमें उनकी मनोभूमिका का निर्माण दलित समस्या ने किया। बचपन से ही प्रेमचंद ने देखा समझा कि ऊँची जातिवाले लोग, चाहे जमींदार साहूकार या अन्य संपन्न वर्ग का व्यक्ति हो, वह अपनी काम-पिपासा की प्यास दलित-स्त्रियों से बुझाता है। गाँव का समाज ऐसा है कि वह कभी-कभार पंडितों-साहूकारों-कायस्थों के प्रति विद्रोह कर देता है, पीट देता है, हाय-हुल्लड़ करता है। कई बार संपन्न लोग रंगे हाथों पकड़े जाते हैं और उनकी मारपीट होती है। यही वह घटना है जो प्रेमचंद को 'गोदान' में याद आई। याद क्या आई बचपन की स्मृति का तीव्र विस्फोट। पंडित दातादीन का पुत्र पंडित मातादीन सिलिया चमारिन के साथ प्रेम-संबंध रखता है। कामकेलि करता है। उन्हें पकड़कर चमार उसके मुँह में हड्डी डाल देते हैं और मरम्मत करते हैं। दलितों का ऐसा साहस करना सन् 1935-36 में वास्तविक था या काल्पनिक, यह एक लंबी बहस चाहता है। क्योंकि दलित समस्या पर विचार करना प्रेमचंद का यहाँ उद्देश्य नहीं है, प्रेमचंद जीवन भर गाँधी से गहरे प्रभावित रहे और स्वाधीनता आंदोलन की चेतना का स्थायी भाव उनमें सक्रिय रहा। वे 'स्वराज्य' की आकांक्षा से भरे थे और सभी के लिए स्वराज्य चाहते थे थोड़े से लोगों को ही स्वराज्य न मिले सभी को मिले। दरअसल, उस दौरान प्रेमचंद की पूरी मनोभूमिका में उपनिवेशवाद-साम्राज्यवाद से मुक्ति की पुकार थी। प्रेमचंद-निराला-महादेवी माखनलाल चतुर्वेदी में मुक्ति की आकांक्षा का यह रूप साम्राज्यवादी मुक्ति से जुड़ा है।

दलितों-उपेक्षितों के प्रति गहरा लगाव प्रेमचंद से ज्यादा शायद ही किसी अन्य लेखक में उस युग में हो। प्रेमचंद का पूरा अंतर्मन खौला हुआ है। इसी खौल में 'कर्मभूमि' जन्मा और उसका विशाल बिंब 'रंगभूमि' बन गया। रावियों से चला आता नायक का धीरोदात्त वाला ढाँचा जिसमें देवता-राजा, कुलीन-व्यक्ति नायक होता था, टूट रहा है। न 'कामायनी' के मनु धीरोदात्त नायक हैं, न 'राम की शक्तिपूजा' के राम, न बच्चन की 'मधुशाला' का मधुपायी, न 'चित्रलेखा' का बीजगुप्त, न प्रेमचंद के उपन्यास 'रंगभूमि' का नायक। साहित्य के केंद्र में साधारण आदमी आ रहा था–लघु महत्, यथार्थ आदर्श के संघर्ष के साथ। 'रंगभूमि' का सूरदास उसकी ही छवि से

निर्मित नायक है। साधारण में असाधारण की शक्ति विस्फोट करने वाला गाँधी-विचार-दर्शन वाला नायक। जाति से चमार, धन से रहित, विपन्न। हिंदी साहित्य के इतिहास का यह अविस्मरणीय स्मृति-बिंब किसी महाकाव्यात्मक उपन्यास का नायक दलित जाति का चमार बनता है और वह भी अमोघ-प्राण शक्ति के साथ। एक तरह से सूरदास में गाँधी-शक्ति के अपार दर्शन होते हैं। बनिया गाँधी ने हरिजनों-अस्पृश्यों के सुधार आंदोलनों को चलाया था और इन आंदोलनों की गहरी धमक प्रेमचंद के मानस पर थी। प्रेसचंद चाहते तो 'रंगभूमि' का नायक किसी बनिया या ठाकुर को बना सकते थे, किंतु उन्होंने खूब विचार कर नायक एक दलित को बनाया।

नायक तो दलित सूरदास को बनाया। लेकिन 'रंगभूमि' की असली अंतर्वस्तु अछूतों की समस्या पर केंद्रित नहीं है। स्पष्ट तौर पर 'रंगभूमि' का नायक एक किसान है—उसके पास जमीन है। हाँ, जाति से चमार है। उसकी पूरी लड़ाई में किसान की जमीन की लड़ाई है। यह लड़ाई एक बहुत ही व्यंजनात्मक प्रतीक है। किसान अपनी जमीन न बेचना चाहता है न किसी पूँजीपति का कारखाना खड़ा करवाना चाहता है। आज का पाठक जब 'रंगभूमि' की विषयवस्तु की अंतर्यात्रा करता है, तो पाता है कि 'रंगभूमि' की असली समस्या दलित समस्या या दलितोद्धार की समाज या दलित चेतना की समस्या नहीं है। चूँकि समस्या दलित-मुक्ति की नहीं है—समस्या किसान के पास जो जमीन है, उस पर लगी पूँजीवादी की निगाह को लेकर है। सन् 1920 के बाद भारतीय राजनीति में गाँधी के प्रवेश से अचानक तेजी का चक्रवात उठा। इस चक्रवात से देश हिल उठा और सामाजिक-राजनीतिक समस्याओं पर जनता और नेताओं का ध्यान गया। यह सब होते हुए भी दलित मुक्ति आंदोलन 1924-25 तक अपना कोई नक्शा नहीं बना सका था। राष्ट्रीय आंदोलन का मूल स्वर असहयोग आंदोलन का था, दलित आंदोलन का नहीं। देश में जो राजनीति चक्र घूमा था, वह किसानों को लेकर था, जैसे बाबा रामचंद्र का अवध-किसान आंदोलन या फिर चौरी-चौरा की घटना। इन घटनाओं में किसान आंदोलन था, दलित आंदोलन कहीं नहीं था। यह सच है कि बाबा साहब अंबेडकर, उस समय गाँधीजी से पूरी ताकत से टकरा रहे थे और दोनों के बीच विचारों की खाई चौड़ी होती जा रही थी। अंबेडकर ने गाँधी के 'महात्मा' रूप पर प्रश्नचिह्न लगा दिया था और गाँधी की वर्णाश्रम व्यवस्था वाली नीति से वे बेहद क्षुब्ध थे।

कितनी विचित्र बात थी कि कांग्रेस अपने आंदोलन में न बाबा साहब अंबेडकर को प्रवेश करने दे रही थी न उनके द्वारा चलाए जाने वाले दलित सुधार-आंदोलनों को। मंदिर-प्रवेश आंदोलन की राजनीति में जहर अधिक था, अमृत कम। अगड़े-पिछड़ों में समझौता हुआ लेकिन दिखावा भर रहा समझौता। दरार बढ़ी और उससे एक घृणा की राजनीति ने निष्पत्ति पाई। उसका सर्जनात्मक परिदृश्य गायब रहा। पंडा-पुरोहितों के साथ दलितों का उठना-बैठना तो होता है, जैसा कि 'रंगभूमि' से स्पष्ट है, लेकिन

हृदयसंवाद दूर है। केवल रस्मी समाज संवाद है। राष्ट्रीय संग्राम में मुक्ति की चेतना को संघर्ष के जिस विचार से प्रेमचंद ने आगे बढ़ाया है, वह भी कितना यथार्थ है, कहना कठिन है। भैरों पासी और सूरदास मंदिर में बैठकर भजन-कीर्तन करते हैं—अगड़े-पिछड़े सभी का एक भक्ति-समाज जुड़ता है। और भक्ति तथा भक्ति-समाज के प्रति प्रेमचंद में आदर बहुत कम था—शायद नहीं था। इसका प्रमाण यह है कि वे भक्ति-साहित्य को 'गया गुजरा', 'रिएक्शनरी-साहित्य' वामपंथी हवा के लग जाने से मानने लगे थे। इस घटना और विचार-चेतना का विस्तृत ब्यौरा जैनेंद्र कुमार ने 'मेरे भटकाव' शीर्षक पुस्तक में दिया है। जैनेन्द्र और प्रेमचंद में भक्ति साहित्य को लेकर विरोधी विचार मिलते हैं। दोनों में टकराहट होती है और अंततः प्रेमचंद के मनाने पर जैनेन्द्र मैनिफेस्टो पर हस्ताक्षर तो कर देते हैं लेकिन खून खौलता रहता है अपने इस कर्म पर। प्रेमचंद का समझौतावाद भक्ति साहित्य को प्रतिक्रियागामी मान सकता है पर जैनेंद्र का निर्भयतावाद ऐसा करने की अनुमति नहीं देता। क्यों नहीं देता? जैनेंद्र के ऊपर महात्मा भगवानदीन का प्रभाव, गाँधी का प्रभाव, अरबिंद-विवेकानंद-तिलक का प्रभाव। जब कि इस प्रभाव से प्रेमचंद काफी हद तक मुक्त थे। प्रेमचंद न प्रतिबद्ध मार्क्सवादी हैं न प्रतिबद्ध गाँधीवादी हैं, प्रभावित दोनों से हैं और अपनी वैचारिक शर्तों के साथ प्रभावित हैं। इसलिए भैरों के साथ सूरदास का भजन कीर्तन ग्रामीण समाज की एक सह-अनुभूति का हिस्सा भर है। पांडेपुर भारत का एक औसत गाँव है और जात-पाँत के विचारों में एकदम खुला। उत्तरी भारत का गाँव जिसका ढाँचा दक्षिणी भारत के गाँवों से भिन्न है।

तब भारत के गाँवों में दलितों की हालत बेहत चिंताजनक थी और उनके साथ की अमानवीयता का 'झाड़ लेकर' चलने वाला एक विचित्र पीड़ादायक इतिहास रहा है। उत्तरी भारत में दलितों के साथ शोषण अन्याय था लेकिन अत्याचार की मात्रा वह न थी जो दक्षिण भारत में थी। इसलिए पांडेपुर गाँव का व्यवहार खुला और भिन्न है। इस गाँव में छूत-अछूत एक साथ बैठकर भजते-रमते हैं गाते-बजाते, कीर्तन करते हैं। कबीर की चेतना का गाँव, जहाँ थोड़ा मेल-मिलाप शेष बचा है। सभी को अपने पेशे से शिकायत है और सभी अपने पेशे को दूसरे के पेशे से कम नहीं समझते। लेकिन गाँव की जमीन-जायदाद को लेकर सबकी राय एक है, जिसे ऊँच-नीच वाला जातिवाद अलग नहीं कर पाता। उपन्यास का एक दुष्ट पात्र भैरोंताड़ी की दुकान चलाता है और मंदिर भी जाता है सूरदास की तरह। इसी मंदिर में पाँचों प्रमुख पात्र एक-दूसरे पर जाति को लेकर व्यंग्य बाणों का महाभारत रचते हैं।

ठाकुरदीन—मालूम नहीं, हाथ-पैर भी धोए हैं, या वहाँ सीधे ठाकुर जी के मंदिर में चले आए। अब सफाई तो कहीं रह ही नहीं गई।

भैरों—क्या मेरी देह में ताड़ी पुती हुई है?

ठाकुरदीन—भगवान के दरबार में इस तरह न आना चाहिए। जात चाहे ऊँची

हो या नीची, पर सफाई चाहिए जरूर।

भैरों—तुम यहाँ नित्य नहाकर आते हो?

ठाकुरदीन—पान बेचना कोई नीच काम नहीं है।

भैरों—जैसा पान वैसा ताड़ी। पान बेचना कोई ऊँचा काम नहीं है।

ठाकुरदीन—पान भगवान के भोग के लिए रखा जाता है। बड़े-बड़े जनेऊधारी मेरे हाथ का पान खाते हैं। तुम्हारे हाथ का तो कोई पानी नहीं पीता।

नायकराम—ठाकुरदीन यह बात तो तुमने बड़ी खरी कही। सच तो है। पासी से कोई घड़ा तक नहीं छुआता।

भैरों—हमारी दुकान पर एक दिन आकर बैठ जाओ, तो दिखा दूँ कि कैसे धर्मात्मा और तिलकधारी आते हैं। जोगी जती लोगों को भी किसी ने पान खाते देखा है? ताड़ी, चरस, गाँजा पीते चाहे जब देख लो।

इस वाद-विवाद-संवाद का दिलचस्प पहलू यह है कि इसमें सभी जातियों की हज़ामत की जाती है—पंडा से लेकर दूध में पानी मिलाने वाला अहीर कोई भी तो नहीं बचता। भैरों की बात की 'टोन' से मंदिर का महंत दयागिर चिढ़ता है और कहता है—"भैरों तुम सचमुच झगड़ालू हो।" भैरों से यहाँ तक कहता तुम मंदिर में मत आया करो। लेकिन भैरों की कतरनी सी चलती जीभ कहती है, "क्यों न आया करें? मंदिर तुम्हारा बनवाया नहीं है। मंदिर भगवान का है, तुम किसी को भगवान के मंदिर में आने से रोक दोगे।" प्रेमचंद के समय को लेकर यह 'वाद-विवाद संवाद' अजीब है। 1920-1925 तक मंदिर-आंदोलन बहुत कम ताकतवर था। फिर इस पांडेपुर के तो भैरों और सूरदास एक साथ भजन-कीर्तन करते हैं तथा मंदिर का महंत उन्हें मंदिर से बाहर निकालने की हिम्मत नहीं रखता। केवल जीभ की लपालप भर कर सकता है। तभी तो उग्र से उग्र वाद-विवाद हास्य-व्यंग्य में खो जाता है। गाँव की जिंदगी की समग्र लय को यह उग्रवाद विवाद खंडित नहीं करता। फिर व्यंग्य में विष नहीं, रस रहता है—'संखिया मरकर रस हो जाती है।' एक दिन भैरों का नालायकपन सूरदास के भतीजे मिठुआ पर उतरता है। मिठुआ को पीट देता है। इस पर सूरदास शिकायत करता है कि उसे जब सभी बच्चे चिढ़ाते हैं तो इसी बेबाप के बच्चे को क्यों पीटा? एक दिन क्या गजब हुआ कि भैरों की मार-पीट से तंग आकर उसकी सुंदरी पत्नी सुभगी सूरदास की शरण में आ जाती है। सूरदास का उदात्त मानव उसे शरण देता है। भैरों का अविश्वास बढ़ता है—पासी चमार मेल असंभव नहीं, दोनों दलित-अछूत-जातियाँ। भैरों का अफसोस देखिए। हाय राम, 'अभागी गई तो चमार के साथ'। अर्थात् जाती तो किसी ब्राह्मण-ठाकुर के साथ जाती—शर्म तब कम आती या आती ही नहीं। भैरों की निगाह में चमार सूरदास 'कपटी' निकला। यह तो भैरों का गुस्सा-पुराण है जिसका अलग से 'रंगभूमि' में भाष्य है। मूल बात यह कि इस गाँव में छुआछूत नहीं है। पाँच रुपए की शर्त जीतने

के लिए खोंचेवाला जगधर चमार से कुश्ती लड़ता है। कोई ऊँच-नीच का चक्कर नहीं है। इस उपन्यास में काशी का पंडा अछूत चमार को हाथ पकड़कर फिटन पर बैठा लेता है। यहाँ न शास्त्र आड़े आया है न समाज। सब चलता है—गाँव में। कोई कह रहा है—'तुम इस समय भिखारी सूरदास नहीं, जमींदार सूरदास हो।' प्रश्न उठता है कि क्या जमीन होने से गाँव में चमार चमार नहीं रहता? हमारे संस्कार और मूल्य अवसरवादी चरित्र रखते हैं। मतलबी लचीलापन। मतलब के लिए गधे को बाप बनाने का भारतीय गुण। नायक राम और सूरदास के संवाद में गाँव का यही पुराना समाज शास्त्र मौजूद है—मतलब के लिए कोई धुनिया चमार नहीं है। यहाँ मुंशी ताहिर अली हैं जो जान सेवक के चमड़े के गोदाम के मुंशी। हर समय चमारों से काम पड़ता है। चमार उनके सभी काम करते हैं—पानी भरते हैं, साग-भाजी काटते हैं। चमारों से बेगारी ली जाती है। पर ताहिर अली का व्यवहार बुरा नहीं है। लठैत अहीर बजरंगी की लाठी उठती है तो चमार ही साथ देते हैं।

जानसेवक, राजा महेन्द्रकुमार का झगड़ा सूरदास से जमीन को लेकर है। प्रेमचंद 'रंगभूमि' में यह विचार बहुत विस्तार से प्रस्तुत करते हैं कि जिन्हें हमारा समाज पिछड़ा अछूत समझता है, वे कुलीनों से बेहतर हैं। उनमें अभी मनुष्यता शेष है। उनके भीतर का मनुष्य छोटा नहीं है। वे अभी भी दया-धर्म से वंचित नहीं हैं।

अछूत समस्या का 'रंगभूमि' में वैचारिक नक्शा नहीं है। सूरदास के जीवन का अंतिम दृश्य "रानी जाह्नवी ने आगे बढ़कर भक्ति-विह्वल होकर, सूरदास के पैरों पर सिर रख दिया और फूट-फूटकर रोने लगी। सूरदास के पैर अश्रुजल से भीग गए। कुँअर साहब ने आँखों पर रूमाल डाल लिया और खड़े-खड़े रोने लगे।" रानी को ख्याल तक न आया कि वह चमार के चरणों पर अपना सिर रख रही है। मूल अर्थ-संदर्भ का ध्वन्यर्थ यह कि सूरदास भारतीय सामंतों से लोहा लेनेवाली जनता की संघर्ष शक्ति का प्रतीक है। वह एक ऐसा भाव संपन्न राष्ट्रीय-सांस्कृतिक का उदात्त-नायक है जिसकी जाति नहीं देखी जाती। कर्म देखा जाता है। प्रेमचंद की मानसिकता का मनोभाव साम्राज्यवाद, सामंतवाद विरोध है। अछूत समस्या दलित समस्या नहीं। भारतीय स्वाधीनता संग्राम का एक सर्जनात्मक पहलू था—साम्राज्यवादी-उपनिवेशवादी शक्तियों के चंगुल से छूटने के लिए संघर्ष। सूरदास की मृत्यु पर होने वाला प्रीतिभोज एक बड़ा अर्थ लिए है। गाँव-धर्म-जाति, भाषा में टूटे थे नहीं, उन्हें राजनीति ने तोड़ा और अलगाव पैदा किया। जातिवाद को बर्बर बनाया, ऊँच-नीच का खून-खराबा कराया। एक करुण त्रासदी भरी राजनीति। सूरदास की मौत पर प्रीतिभोज "संध्या समय प्रीतिभोज हुआ, सूत और अछूत साथ बैठकर एक ही पंक्ति में खा रहे थे। यह सूरदास की सबसे बड़ी विजय थी।" पता नहीं सूरदास की विजय का क्या अर्थ? अस्पष्ट भाष्य है और पूरी विचारधारा या 'ऐपेस्टोमोलॉजी' का धुँधलका, केवल गाँधी-विचार-दर्शन की धूप खिली है। प्रेमचंद का संदेश गाँधी-विचार-दर्शन का

संदेश है कि ऊँच-नीच की समस्या राष्ट्रीय आंदोलन में प्रेम ही सुलझा सकता है आपसी बैर-भाव नहीं।

प्रेमचंद ने सवर्ण जातियों के मस्तक को सूरदासों के चरणों में झुका दिया। आदर्शवाद के लिए तो ठीक है लेकिन यह भारतीय समाज का यथार्थ नहीं है। दलितों के कसकते-दुःखते अनुभवों की दवाई असल बात यह है कि गाँधी के पास थी ही नहीं। इसीलिए इस देश में गाँधीवाद दलित-आंदोलन को दिशा दृष्टि नहीं दे सका। आज भी इस आंदोलन को अंबेडकर, नारायण गुरु, महात्मा फुले से ही आशा रखनी चाहिए।

# दलित साहित्य में कुमारन् आशान के होने का अर्थ

कुछ समय पहले की बात है। साहित्य अकादमी के विचार-मंच से यू.आर. अनंतमूर्ति बड़े दुःख के साथ कह रहे थे कि भारतीय साहित्य में आपसी संवाद-सेतु खंडित है। एक भाषा का साहित्यकार दूसरी भाषा के साहित्यकार को न जानता है, न उसे पढ़ता है। ज्यादातर भारतीय अंग्रेजी साहित्य के पीछे पागल हैं—उसे विश्व ज्ञान की खिड़की मानकर उसी में ताक-झाँक कर रहे हैं। उसके उत्तर-औपनिवेशिक मानस पर अंग्रेजी साहित्य की दासता इस ढंग से स्थायी भाव बन गई है कि अपने भारतीय-साहित्य में झाँकना तक उसे गवारा नहीं है। आज हमारा पूरा सांस्कृतिक मानस खतरे में है और जातीय स्मृति पर हर तरफ से जोरदार विदेशी हमला है। हम अपने उन भारतीय रचनाकारों की उपेक्षा कर रहे हैं जो हमारे जातीय स्वाभिमान को शक्ति देते हैं और हमें जाति-धर्म की संकीर्णताओं से ऊपर उठाकर सच्ची मनुष्यता का विकास करते हैं। लेकिन हम कुमारन् आशान जैसे दलित साहित्य के महान रचनाकारों पर ध्यान तक नहीं देते। ये वे हमारी परंपरा के महान कवि हैं जिनमें ठेठ देसी भारतीय अस्मिता की बाँसुरी सुनाई देती है।

हिंदी के दलित साहित्य और दलित अस्मिता आंदोलन में कुमारन् आशान की चर्चा नहीं होती? क्यों नहीं होती? हमने मलयालम के इस महान कवि-पत्रकार, शिक्षक, चिंतक को पढ़ा ही नहीं है। हम केवल मराठी-गुजराती के दलित-साहित्य को लेकर हिंदी में धमा-चौकड़ी मचाए रहे हैं। विशेषकर मराठी साहित्य का दलित लेखन और बाबा साहब अंबेडकर हमारी प्रेरणा रहे हैं। बहुत हुआ तो ज्योतिबा फुले पर बोल-बतिया लिए। दया पवार पर रीझे-खीझे बस। इसलिए दलित साहित्य के भारतीय परिदृश्य पर उस ढंग से उतना विचार ही नहीं किया जिस ढंग से करना चाहिए। कभी-कभार पश्चिम के अश्वेत-लेखन ब्लैक लिटरेचर, दलित-पैंथर्स के व्यथा की आल्हा गाते रहे और इसे दलित-व्यथा तथा मार्क्सवाद से जोड़कर ज्ञान की भेड़िया भूख में अनेक

आदर्शों की जुगाली करते रहे। फिर दलित-चिंतन आंदोलन और साहित्य पर उपभोक्तावादी संस्कृति का मस्तवाद लुप्पन-कल्चर के रूप में टूट पड़ा। पापुलर लिटरेचर या पॉप कल्चर ने दलित साहित्य के विस्तार एवं प्रसार को दबोच लिया। हिंदी में दलित साहित्य को लेकर 'स्वानुभूति' तथा 'सहानुभूति' वाली वैचारिक छेड़छाड़ जमकर बहस का मुद्दा बनी। इस सतही, केंद्र-विहीन उत्तर-आधुनिक बहस में 'गंभीर दलित साहित्य' किनारे पर पड़ गया। हमने हिंदी प्रदेश में महान दलित-चिंतक नारायण गुप्त और महान दलित रचनाकार कुमारन् आशान पर बहुत कम ध्यान दिया। ...ध्यान दिया होता तो इस तरह की राजनीति की महान भूलों से बच जाते। सच बात तो यह है कि हमने भारतीय रचनाकारों पर विशेषकर दलित साहित्य के रचनाकारों पर ध्यान ही नहीं दिया। इसलिए हम उनकी मूलभूत विशेषताओं से वंचित रह गए। आज इस ओर ध्यान जाता है तो इस भूल पर हृदय में शूल चुभते हैं।

हिंदी दलित साहित्य और चिंतन पर काम करनेवालों के लिए अभी भी समय है कि आधुनिक भारतीय साहित्य के महान दलित साहित्यकार कुमारन् आशान पर हमारा ध्यान केंद्रित हो। क्योंकि उनके रचना कर्म और वैचारिक सरोकारों को 'पाठ' बनाकर ही दलित साहित्य का काव्यशास्त्र, दलित साहित्य का सौंदर्यशास्त्र निर्मित किया जा सकता है। कुमारन् आशान को पढ़ने का अर्थ है भारतीय जाति व्यवस्था के रूढ़िवाद को समझने की भीतरी तैयारी करना। भारतीय जाति व्यवस्था के भीतर से ही अनेक तरह की विकृतियों का जन्म हुआ है और उन्हें पालने वाले सामंत, पंडे-पुरोहित, पादरी, खलीफा सभी की काली करतूतों का कच्चा चिट्ठा दलित 'टैक्स्ट' में खोला जा सकता है। लेकिन यह मानकर चलना होगा कि दलित साहित्य के 'टैक्स्ट' की प्रत्येक रीडिंग अनिवार्यतः मिसरीडिंग है और उसे 'डी-मिस्टीफाई' करने की जरूरत है। कुमारन् आशान के रचनाकर्म का 'पाठ' आज नए सिरे से डीकांस्ट्रक्ट या विनिर्मित करना होगा। पिछड़ी जातियों पर अगड़ी जातियों के अत्याचार की व्यथा-कथा कुमारन् आशान के बिना अधूरी है। आशान की दलित-व्यथा के स्रोत पर हाथ रखकर ही उस यातनाभरी धड़कन को जाना समझा जा सकेगा जिसने भारतीय दलितों पर अत्याचार की एक परंपरा ही बना रखी है।

कुमारन् आशान भारतीय सांस्कृतिक-नवजागरण के अग्रदूत दलित रचनाकार हैं और उनकी विचारधारा पर बुद्ध और विवेकानंद के विचारों का बहुत गहरा असर है। योगी विवेकानंद ने दलितों की, वंचितों की यातना को पहचानकर ही यह कहा था कि आगे आनेवाला समय दलितों का होगा। सत्ता और राजनीति का पूरा खेल दलित ही खेलेंगे और अगड़ों को झुकना-सुधरना पड़ेगा। कुमारन् आशान पर विवेकानंद के विचार इस तरह रंग लाए कि उन्होंने अपने तमाम साधनों को जुटाकर 'विवेकोदयम्' मासिक पत्र निकाला। उन्होंने शिव-गणेश-हनुमान को विवेकानंद के चिंतन में खोजा। इसी चिंतन भूमि से मलयालम में भक्ति पूर्ण कविताओं का सृजन किया। इन कविताओं

में 'सुब्रह्मण्य शतकम्' तथा 'भक्त-विलायम' विशेष उल्लेखनीय हैं। चौथी शताब्दी से लेकर नवीं शताब्दी तक भक्ति-आंदोलन का प्रमुख स्रोत रहा। आलवार संतों की वाणी ऊँची क्या हुई पूरा भारत लगभग एक हजार वर्ष से भी ज्यादा समय तक जनता के मुरझाये मनों को भक्ति-गंगा-कृष्ण-कावेरी से सींचता रहा। जाति-पाँति को तोड़कर भक्ति आंदोलन आगे बढ़ा और अनेक जर्जरित रूढ़ियों को बहाकर दूर ले गया। भारतीय भक्ति आंदोलन की इसी विस्मयकारी संत भक्त कवि परंपरा में कुमारन् आशान का नाम अविस्मरणीय है। आशान ने पिछड़ी जाति में जन्म लेकर भारतीय जनता को एकता के सूत्र में बाँधने का जो कार्य अपने गुरु नारायण गुरु से प्रेरणा पाकर किया उसका मूल्य आँक पाना आज संभव नहीं है। आधुनिक भारतीय साहित्य को आशान ने दलित पीड़ा के प्रति न केवल जगाया बल्कि चेताया भी।

कुमारन् आशान का जन्म (12 अप्रैल, 1873, मृत्यु 16 जनवरी, 1924) अछूत जाति में हुआ था। निकृष्ट और अपावन समझी जाने वाली अछूत जातियाँ और उपजातियाँ और उन उपजातियों के भीतर भी अधम अछूत समझे जाने वाली जातियाँ। इन्हीं जातियों में अधम अछूत ईषवा (जिसे तिया भी कहा जाता है) जाति। यह ईषवा जाति केरल में एक प्रमुख वर्ग है और बेहद पिछड़ी अपमानित। इसी ईषवा जाति में तिरुवन्तपुरम से 30 मील दूर कायिक्करा गाँव में कुमारन् आशान जन्मे। इस गाँव का एक छोर समुद्र से खेलता है और दूसरा भाग अंचु तेंगु नामक झील से। बालू का नारियलों से हँसता किनारा सफेद बालू से भरा। प्रकृति-पार्वती का अनोखा समुद्र क्षेत्र। यह गाँव कुमारन् आशान से इतनी प्रसिद्धि पा गया कि इस महाकवि के सम्मान में यहाँ प्रतिवर्ष साहित्यिक समारोह का आयोजन होता है और जनता ने उनका स्मारक निर्मित करवाया है। कुमारन् के पिता का पेशा नारियल की रस्सी, सूखी गिरी रहा। आशान की माँ कालियम्मा, कथा-पुराणों से भरी शक्ति। इसी शक्ति ने कुमारन् को शिव-भक्त बनाया और आख्यानों के प्रति सजग। माँ ने कुमारन् को ग्रामीण पाठशाला (कुटिपल्लिककुडम) में भेजा। यहाँ बच्चे वर्णमाला के अक्षर या तो ताड़पत्र पर लिखते थे या फिर बालू पर अंगुलियों से। कुमारन् ने संस्कृत के विद्वान आचार्य कोच्युरामन वैथर से शिक्षा पाई और 'अमरकोष', 'सिद्धरूप', 'कृष्णविलास' तथा 'रघुवंश' आदि का अध्ययन किया। माधव का 'शिशुपालवध' पढ़कर तो वे अभिभूत हो गए और इसी बीच औषधियों का ज्ञान प्राप्त किया। चौदह वर्ष की अवस्था में गाँव की पाठशाला ने कुमारन् को शिक्षक अर्थात् आशान नियुक्त कर लिया। इस तरह उनका नाम हो गया—कुमारन् आशान। कुमारन् आशान ने संस्कृत और तमिल पर अधिकार किया तथा बड़े श्रम से बांग्ला तथा अंग्रेजी सीखी। संस्कृत-तमिल के इस अध्यापक को अंग्रेजी सीखने में कितना संघर्ष करना पड़ा होगा इसका आज तो अनुमान ही किया जा सकता है। ईषवा युवा ने संस्कृत सीखनी चाही तो एड़ी-चोटी का जोर लगाना पड़ा। शूद्र कैसे पढ़ सकता है संस्कृत। संस्कृत में शास्त्र पढ़ने का अधिकार तो केवल

ब्राह्मण को है। बड़े विकट सामाजिक संग्राम के बाद कुमारन् आशान को संस्कृत कॉलेज में प्रवेश मिला। उन्होंने मित्र को लिखे पत्र में कहा है, "इस संस्था में मैं ही एकमात्र अब्राह्मण हूँ। मेरे यहाँ पर पढ़ने के संबंध में बहुतों का विरोध है।" इस कथन की मूल ध्वनि 'बहुतों का विरोध है' का विस्तार से 'भाष्य' (डिस्कोर्स) करना पड़ेगा ताकि दमित अर्थ को उभारा जा सके। ज्ञान पर शक्ति और सत्ता वालों का अधिकार। बड़े संघर्ष से कुमारन् 'नीलकाण्ठयम' और 'रामायण' को पढ़ पाया।

पेट क्या नहीं कराता। परिवार के पालन के लिए कुमारन् आशान ने कुछ दिन क्लर्की की। इस काम से थककर पिता के विरुद्ध विद्रोह किया और घर छोड़कर बाबा के साथ चले गए। फिर अचानक पलटे और 'विज्ञान संदायनी' नामक नई संस्कृत पाठशाला में भर्ती हो गए। शिष्य की लगन को देखकर आचार्य ने उन्हें बिना कोई फीस लिए पढ़ाया। कुमारन् ने प्रसिद्ध कवि मुल्लूर पद्मनाम पणिक्कर द्वारा रचित 'कवि रामायण' के 'पाठ' से बहुत पाया। फिर कुञ्जिकुट्टन तंपुरान का 'कवि भारतम्' ने उनका जीवन-दर्शन ही बदल दिया। इसी प्रेरणा से कुमारन् आशान ने 'कवि रामायण' की रचना में अपना 'पाठ' उठाया। उनकी आंतरिक लगन का ही नतीजा था कि उन्होंने 'नैषधम्', 'शाकुंतलम्' तथा 'कुवलयानंद' जैसे ग्रंथों का अध्ययन किया। इन कृतियों की प्रेरणा से भरकर आशान ने 'वल्ली विवाहम्' तथा 'उषा कल्याणम्' की रचना की।

केरल में ईषवाओं की स्थिति बड़ी खराब थी। दाने-दाने का मुँहताज। सरकारी नौकरियों पर सवर्णों का एकाधिकार। इसी स्थिति से थककर सार्वजनिक सेवाओं में प्रवेश पाने के लिए 1300 ईषवाओं ने त्रावणकोर के महाराजा को हस्ताक्षरित प्रार्थना पत्र (1896 ई.) दिया। यह प्रार्थना पत्र यह कहकर लौटा दिया कि सरकारी नौकरियाँ हैं कहाँ? ईषवाओं को अपने परंपरागत पेशों पर ही ध्यान देना होगा। इसी समय महान स्वतंत्रता सेनानी श्री नारायण गुरु (1856-1928) भारतीय राजनीति में आशा का सूर्य बनकर चमके। नारायण गुरु की विचारधारा सामाजिक क्रांति पर केंद्रित थी और वे जातिवादी जड़ताओं को तोड़ने का संघर्ष कर रहे थे। हिंदू शास्त्रों ने शूद्रों की कमर तोड़ दी थी और उन शास्त्रों का आदेश था कि शूद्र को संन्यासी बनने का अधिकार नहीं है। सामाजिक अन्याय और विषमताओं को ठीक से समझने के बाद नारायण गुरु ने ईषवाओं के उद्धार के आंदोलन चलाए। उन्होंने केरल के विभिन्न भागों में ईषवाओं की पूजा के लिए देव-मूर्तियाँ बनवाईं और मंदिरों की स्थापना की। इन मंदिरों में निचली श्रेणी की जातियाँ पूजा कर सकती थीं। जिन रूढ़िवादी पंडितों ने शिव मंदिर में मूर्ति रखने के अधिकार को चुनौती दी उन्हें नारायण गुरु ने मुँहतोड़ जवाब दिया और कहा यह 'ईषवा शिव' की स्थापना है। 'ब्राह्मण शिव' की नहीं। नारायण गुरु ने सभी जाति के लोगों के लिए 'एक धर्म, एक ईश्वर, एक जाति' का मंत्र या नारा दिया। इस मूल मंत्र ने बहुत बड़ी सामाजिक क्रांति को आधार

भूमि प्रदान की। इतना ही नहीं नारायण गुरु ने समाज में व्याप्त अनेक बुराइयों के खिलाफ जन संघर्ष का शंख फूँक दिया। जनता में उनका इतना मान-सम्मान बढ़ा कि उन्हें 'स्वामी' नाम से संबोधित किया जाने लगा।

स्वामी नारायण गुरु की प्रेरणा से 1903 में 'श्री नारायण धर्म परिपालन योगम्' नामक संगठन की स्थापना की गई। आज संगठन को एस.एन.डी.पी. योगम् के रूप में जाना जाता है। इस संगठन ने ईषवाओं को अंधकार से निकालकर प्रकाश की ओर जाने का साहस दिया। नारायण गुरु ने रचनाकार कुमारन् आशान को अपना शिष्य बनाया। ऐसे जैसे रामकृष्ण ने विवेकानंद को नया जीवन दिया। स्वामी ने कुमारन् से कहा कि शृंगारिक रचनाओं से हटो और मानव कल्याण की शक्ति से परिपूर्ण रचनाओं का सृजन करो। जीवनभर आशान ने नारायण गुरु के आदेश का पालन अपने रचना कर्म में किया। क्रांतिकारी भावों से भरा काव्य, 'शिव-स्रोत माला' को रच डाला। आज उनका संपूर्ण लेखन तीन भागों में प्रकाशित है जिसे हिंदी में लाने की आवश्यकता है। इस साहित्य में हिंदी के दलित साहित्य और चिंतन को पुनर्नवा रूप देने की प्रेरणा शक्ति है।

नारायण गुरु की प्रेरणा के कारण ही कुमारन् आशान ने 'ज्ञान-शक्ति' की महिमा को पहचाना और उसका सामाजिक अर्थ क्रांतिधारा के कोणों को ध्यान में रखकर किया। कोरी 'आध्यात्मिकता' से वे बचकर निकलते रहे। क्योंकि आध्यात्मिकता क्रांति के कारकों को कमजोर करती है। दक्षिण भारत में मंदिर का संदर्भ बहुत व्यापक है। मंदिर में पाठशाला, कला-कर्म, ज्ञापन-वादन, धर्म-वेदांत, कोषाध्यक्ष, धन, धरती, संपन्न वर्ग सब जुड़े रहे हैं। मंदिर पूरी संस्कृति हैं, परंपरा है। इसलिए क्रांति के लिए इनका उपयोग आवश्यक है। इसी दृष्टि से कुमारन् आशान ने मंदिरवाद का समर्थन किया। ईषवा समुदाय के एक महान व्यक्तित्व थे—डॉ. पल्पू। नारायण गुरु और आशान से डॉ. पल्पू का मिलन दलित आंदोलन की चेतना में एक बहुत व्यापक सामाजिक संदर्भ रखता है। आशान भारत-भ्रमण को निकले और नया विजन पाया। वे कलकत्ता गए और टैगोर के जादू में बँध गए। कलकत्ता से लौटकर उन्होंने 'श्री नारायण धर्म पारिपालन योगम्' के कार्य में अपने को झोंक दिया। वे 'योगम्' के जनरल सेक्रेटरी के पद पर रहे और उनके प्रयासों से 'योगम्' का दफ्तर तिरवनन्तपुरम में स्थापित किया गया। 'योगम्' की शाखाओं को दक्षिण में कन्याकुमारी और उत्तर में मंगलौर तक फैलाया गया। 'योगम्' के प्रयत्नों से दलितों को मंदिरों में पूजा-उपासना-शिक्षा-कला कर्म का अधिकार मिला। अस्पृश्यता भाग खड़ी हुई और ईषवाओं को सामाजिक सम्मान मिलने से आत्म सम्मान का अनुभव। 'योगम्' की प्रधान विचार वाणी को सामने लाने के लिए आशान ने 'विवेकोदयम्' पत्रिका का वर्षों तक संपादन किया।

कवि-कर्म ने अनुभव अनुभूति से 'ओरुवीणपूव' अर्थात् 'एक झरा हुआ फूल'

1908 में नया संवेदना-शिल्प पाया। इस रचना से पहले वे 'सौंदर्य-लहरी' 1901, 'मेघ संदेशम्' (अधूरा अनुवाद-1902), 'प्रबोध-चंद्रोदय' (अनुवाद), 'विचित्र-विजयम्' से गुजर चुके थे। आशान ने सुप्रसिद्ध संस्कृत नाटकों तथा भक्ति स्रोतों के आधार पर 'विचित्र विजयम्' नाटक की रचना की थी। आशान को महाकवि केरल वर्मा, आलोचक मरकोत्त कुमारन् तथा संपादक सी.एस. सुब्रह्मण्यम पोट्टी का समर्थन मिला। इस कविता को कवि उल्लूर एस. परमेश्वर अय्यर ने बहुत सराहा और अनेक प्रकार के पाठकों का ध्यान इसकी ओर खींचा। कहना न होगा कि आशान की कविता 'एक झरा हुआ फूल' ने आधुनिक मलयालम काव्य में नए युग का सूत्रपात किया।

आशान ने 1911 ई. में 'नलिनी' कविता का प्रकाशन किया। मलयालम में नलिनी-नलिनम् का अर्थ है—कमल से उद्‌भूत। यहाँ 'वीणा पूवु' के फूल ने कमल-समूह के रूप में प्रकट किया। कमल का प्रेमी है सूर्य। कुमारन् की रचनाओं का केंद्र है नारी सौंदर्य। रोमानी कवि आशान का मन 'नलिनी' से 'लीला' में बदल गया। लेकिन है यह भी एक झरा हुआ फूल ही। पैंतालीस वर्षीय आशान ने सत्रह साल की कन्या से विवाह किया और हिंदी के कवि बालकृष्ण शर्मा नवीन की तरह कष्ट झेले। आशान ने 'कुमिल' तथा 'पुरोदनम्' जैसी संताप से भरी कविताएँ लिखीं। पूरी काव्यात्मक मुद्रा पर व्यथा का वास है। अंग्रेजी के कवि शैले के 'एडोनेस' जैसा भाव है। अनेक तरह की चिंताओं-समस्याओं से चकनाचूर आशान ने 'सीता' (चिंता विपटयाय सीता) चिंतामग्न सीता को अपने काव्य का विषय बनाया। कहा जाता है कि 'सीता' उनकी सर्जनात्मक प्रतिभा का चरम शिखर है। यह कृति भारतीय रामकाव्य-परंपरा की अद्‌भुत उपलब्धि है।

आशान की सामाजिक कविताओं का एक नया इतिहास है। इनमें 'दुरवस्था' और 'चांडाल भिक्षुण' की चर्चा आलोचकों ने बार-बार की है। 'दुरवस्था' 1921 कविता मालाबार में मुस्लिम-विद्रोह की कथा पर आधारित है। हिंदू-मुस्लिम दंगों में नष्ट परिवार की व्यथा-कथा है। एक नम्पूतिरी स्त्री पुलया (शूद्र) जाति के युवक की झोंपड़ी में शरण पाती है। और प्रेम में मिलते हैं तो बंधन विहीन मिलते हैं। कवि का कथन है—कपोत-कपोती उन्मुक्त प्रेम करते हैं—जाति-पाँति के कारण वे दुखी नहीं होते। उनमें यह भेदभाव न होता है, न देखा है। हिंदू शास्त्रों को बदलने की कवि ने सलाह दी है—'तुम अपने बंधन स्वयं बदलो। अन्यथा यह नियम बदल डालेंगे तुम को।' यह कविता अन्याय-विषमता के विरुद्ध 'प्रोटेस्ट' है। 'चांडाल भिक्षुणी' कविता भी जातिवाद के अलगाव पर प्रहार है। कहानी का ढाँचा बौद्ध कथाओं से निर्मित किया गया है। बुद्ध के शिष्य आनंद एक अछूत जाति की स्त्री के हाथ का पानी पीते हैं। वह स्त्री प्रेम से भरकर बुद्ध के विहार में जाती है और शिष्या बन जाती है। लेकिन उच्च जाति के लोग नाराज हो जाते हैं और राजा के पास जाते हैं। लेकिन राजा का मन बदल जाता है और प्रेम की विजय होती है। पूरी कविता में नए

बिंबों-प्रतीकों ने गहन काव्यात्मकता की निष्पत्ति की है और ध्वनि उठती है—राजन् प्रेम ही जीवन है और मृत्यु है उसका अस्वीकार।

सामाजिक और भक्तिपरक-रचनाओं के साथ आशान ने गीतात्मक कविताओं की जीवनभर सृष्टि की है। उनके तीन संग्रहों में 'पुष्पवाटि', 'मणिमाला' तथा 'वनमाला' का नाम उल्लेखनीय है। इन गीतों में प्रकृतिलय का कालिदासीय सौंदर्य विराजमान है। प्रकृति-लय में प्रमुख स्वर है—उन्मुक्तता और स्वतंत्रता। 'ओस उद्बोधनम्' कविता में भारतीय स्वाधीनता आंदोलन की सीधी अंतर्ध्वनि है। 'सिंहनादम्' का जागो-जागो स्वर सूर्यकांत त्रिपाठी निराला के जागरण स्वर की स्मृति दिलाता है। कहना चाहिए उनकी पूरी कविता 'स्वतंत्र गाथा' है। आशान सामाजिक उद्धार आंदोलनों में सक्रिय थे और विवेकानंद की प्रेरणा से प्रेरित विचारक। कितनी बड़ी बात है कि कवि आशान ने सुप्रसिद्ध महाकाव्यों का विवेचन-विश्लेषण किया। वे तीन महाकाव्य हैं—बल्लतोल का 'चित्रयोगम्', उल्लूर परमेश्वर अय्यर का 'उमाकेरलम्' तथा केरल वर्मा का 'रुक्मांगचरित्रम्'। आशान ने बड़ा प्रश्न संस्कृत काव्यशास्त्र के लक्षणों के आधार पर महाकाव्य लिखने की रूढ़ि पर लगाया। स्वयं उन्होंने रूढ़ियों का पालन नहीं किया और एक नई स्वच्छंदतावादी लहर को आदर दिया। हिंदी में आ. रामचंद्र शुक्ल ने एडविन आर्नोल्ड की कृति 'लाइट ऑफ एशिया' का 'बुद्धचरित' नाम से अनुवाद किया है। वैसे ही आशान ने 'लाइट ऑफ एशिया' का पद्यानुवाद किया। बौद्ध दर्शन में आशान की गहन आस्था के कारण भी यह अनुवाद बहुत सर्जनात्मक बन पड़ा है। 'वाल्मीकि रामायण' पर आधारित कृति 'बाल-रामायण' छायानुवाद में आकर्षक है। यहाँ कवि ने तीन सर्गों का ही छायानुवाद किया—बालकांड, अयोध्याकांड और अरण्यकांड। दिलचस्प बात यह है कि आशान ने अपार श्रम से अंग्रेजी में दक्षता हासिल की और अंग्रेजी साहित्य का अध्ययन किया। जेम्स एलेन का 'एज ए मेन थिकेंथ' का अनुवाद मलयालम में किया 'मनम पोले मांगल्यम्'। बाद में इस नाम को बदलकर नया नाम दिया—'मनः शक्ति'। उन्होंने विवेकानंद की तत्संबंधी कृतियाँ जो 'राजयोगम्', 'पातंजलियोग सूत्र' पर आधारित थीं का मनोरम अनुवाद किया। यह अनुवाद 1908 में संस्कृत के कुछ श्लोकों के साथ स्वामी जी को समर्पित किया गया था। फिर मीडोज टेलर का उपन्यास 'तारा' का 'दैविक माप प्रतिकारम्' नाम से अनुवाद किया। कालिदास के 'मेघदूत' (अधूरा) तथा शंकर की 'सौंदर्य-लहरी' का मलयालम में अनुवाद धूम मचाने वाला था। सच बात यह कि आशान ने अनुवाद-कला से भारतीय साहित्य के पाठकों को चकित किया है।

आशान की अंतिम महत्त्वपूर्ण कृति 'करुणा' के अनगिनत प्रशंसक रहे हैं। इस कविता में वासवदत्त तथा उपगुप्त की कथा है। कथा की प्रेरणा में रवीन्द्रनाथ की कृति 'अभिसार' है। फिर असफल प्रेम वर्णन आशान को पूरी तरह खींचता है और उसमें वे नवीन प्रकरण-वक्रताओं को जन्म देते हैं। आशान ने रवीन्द्रनाथ टैगोर

को न केवल पूरे मनोयोग से पढ़ा था—बल्कि उनके पूरे सृजन पर सबसे ज्यादा धमक टैगोर की ही है। टैगोर के प्रति अपनी आंतरिक श्रद्धा व्यक्त करने के लिए वे इस तरह विवश हुए कि 'दिव्य कोकिलम्' कविता की रचना की है। टैगोर जब केरल आए—1922 में तो आशान ने 'दिव्य कोकिलम्' उनके सम्मान में पढ़कर सुनाई। साथ ही 'स्वागत पंचकम्' (स्वागत में रचित पाँच पद्य) नामक संस्कृत में रचित कविता को भेंट किया।

आज आशान की रचना-यात्रा से गुजरने पर पाठक पाता है कि वे भारतीय सांस्कृतिक नवजागरण की मानसिकता से निर्मित स्वच्छंदतावादी कविता है। उनकी मनोभूमिका का निर्माण रामायण, महाभारत, बुद्ध और विवेकानंद ने किया है। भारतीय दलितों की पीड़ा और यातना को अभिव्यक्ति देने वाले वे आधुनिक भारतीय कविता के थोड़े से कवियों में एक मूर्धन्य कवि और चिंतक हैं, जो नारायण गुरु की प्रेरणा से दलित-साहित्य रचते हैं और दलित अस्मिता को सामने लाने के लिए संघर्ष करते हैं। एक नाव दुर्घटना में इक्यावन वर्ष की अवस्था में उनकी जीवन लीला समाप्त हो गई। लेकिन उनकी प्रेरणा स्मृति से आज भी भारतीय साहित्य आंदोलित है। उन पर हम सभी का ध्यान जाना चाहिए ताकि दलित-साहित्य और दलित-आंदोलन में उनकी क्रांतिकारी भूमिका पर 'विमर्श' किया जा सके।

# प्रगति का फल

# खाते-पीते सूअरों की शताब्दी

कई महीनों से सिर चक्कर खा रहा है। 'मिलीनियम ईयर' का भूत मेरे ऊपर सवार है। यह कौन है जो हर जगह हर अवसर पर मुझे अकेला पाकर पकड़ लेता है और फिर कहता है—सुनो हजरत! इक्कीसवीं शताब्दी खाते-पीते सूअरों की शताब्दी होगी। इस शताब्दी में आदमी की 'आदमियत' का कोई अर्थ नहीं बचेगा। केवल भोगवाद रह जाएगा। प्रगति का फल—उपभोक्तावाद। आदमी का सूअर की जीवन-पद्धति से जीना—मुक्त यौनवाद को गह लेगा। सद्-असद् का विवेक नष्ट होकर जीवन नवीन दिशा का चुनाव करेगा।

हजारों वर्षों से मानव ने 'मनुष्यता' के जो मूल्य कमाए थे—उन्हें बीसवीं शताब्दी के अंतिम पचास वर्षों में गँवा दिया। उत्तर-औपनिवेशिक समाज पर दो विश्व युद्धों की छूत और छाया। उत्तर-औद्योगिक समाज पर होड़ फोड़ दर्दभरे व्यक्तिवाद की काली मजबूत परत। हर तरफ 'ग्लोबलाइजेशन' के नाम पर आर्थिक नव-साम्राज्यवादी हमला। नवअमरीकावाद का वर्चस्व।

प्रकृति के अपार-संहार से रिश्ते-घावों का मवाद। 'धर्म' के नाम से देशों की बर्बादी और विभाजन।

'मनुष्य की जय यात्रा' का नारा लगाने वालों के नाम पर 'मनुष्यता' के गालों पर तमाचा। कला-साहित्य-संगीत में आदमी की रुचि का क्षरण। बेंजामिन का आत्महत्या दर्शन-अकेलापन अवसाद। नाजीवाद-नवनाजीवाद, मार्क्सवाद-नवमार्क्सवाद, सांस्कृतिक-साम्राज्यवाद, नव-सांस्कृतिक साम्राज्यवाद। 'मनुष्यता' को अपरिभाषित छोड़कर रचा जाता हुआ गुलामी का शब्द शास्त्र।

उत्तर-आधुनिकतावाद ने 'केंद्रवाद' को ध्वस्त करके हर तरह के खुले-वीरान में मानव को भटकने के लिए छोड़ दिया। रचना तथा जीवन एक 'पाठ'। हर 'पाठ' का अनिश्चित अर्थ (फ्रेजाइल)। विचारधाराओं का अंतवाद। नव-पूँजीवाद का उदय—डिजिटल ऐज-इनफार्मेशन ऐज।

सूचना-संचार-क्रांति का ड्रैगन अपना शरीर फुला रहा है और तीसरी दुनिया

के बच्चों को अपनी जीभ में लपेटकर अमेरिकीवाद की गोद में फेंक रहा है।

सभी विश्वभाषाओं को रौंदते हुए अंग्रेजी भाषा के साम्राज्यवाद का नया युग। कंप्यूटर टेक्नॉलोजी में अंग्रेजी की महिमा अपरंपार। अंग्रेजी से जुड़ा मानव-भविष्य। उत्तर-आधुनिकवाद बनाम विश्ववाद बनाम अंग्रेजीवाद की जय-यात्रा।

नव्य अर्थशास्त्र की निकलती हवा। इक्कीसवीं शताब्दी का उमड़ता अँधेरा। कुछ हाथों में भारी पूँजी का संचय-शेष अनगिनत हाथों की लाचारी-गरीबी का इतिहास-भूगोल। चेहरा विहीन राजनीति के पेट से नव-अधिनायकवाद का जन्म। 'स्नेक ईयर' से नागों की प्रवृत्ति का विस्तार। धार्मिक जहरवाद में तड़पता एशिया—मिडिल ईस्ट।

शांतिवार्ताओं के नाम पर धींगामस्ती। साम्यवाद-पूँजीवाद का विस्तार किसानी-संस्कृति को नष्ट करते हुए 'परंपरा' का गला काट देगा। मानव स्मृति को मिटाने का चौतरफा षड्यंत्र। स्वामी-दास संबंधों के अर्थतंत्र में कसा नस्लवाद। परंपरागत शिक्षा-पद्धतियों को नष्ट कर नवशिक्षा व्यवस्था का उदय जिसमें साहित्य कलादर्शन को स्थान नहीं। केवल एम.सी.ए. कल्चर का बोलबाला।

नारीवाद फेमनिज्म, गे-कल्चर, मुक्त-यौनवाद—सभी को स्वीकृति। इनकी महत्त्व-महिमा का कीर्तन। समानतावाद के भीतर से उभरता नारी वर्चस्ववाद। साहित्य पढ़ने-रचने का जमाना ही नहीं रहा। होमर-मिल्टन-शेक्सपियर-गेटे-कालिदास भवभूति-व्यास को पढ़नेवाले 'पागल' दिखाई देने लगे। आखिरकार क्यों? विश्व साहित्यशास्त्र ने ठर्रा शराब पीकर आत्महत्या कर ली। क्लासिकल नाटकों-नृत्यों, संगीतों का पतन-घृणा उबकाई। 'ईश्वर' भागकर छिप गया—मानव की सत्ता में दखल नहीं रहा। जीवन का एक ही ध्येय—पैसावाद-भोगवाद-यौनवादी अध्यात्मवाद के कीड़ों पर भिनभिनाती मक्खियाँ।

सचमुच बीसवीं शताब्दी की कोख से जन्मी इक्कीसवीं शताब्दी का आरंभ निराशाजनक और मानव भविष्य की चिंताओं का पुलिंदा।

मेरा कोई मित्र नहीं है—ईश्वर भी नहीं। मुझे अपने साथ अकेले रहना है। खूब पहचानकर-समझकर मैं उसके साथ निर्भय रह सकता हूँ। नारी-स्वप्नो, कल्पनाओ मुझसे विदा हो जाओ। मुझे पिता नहीं बनना है—'अकेला आदमी' बनकर जीने का अर्थ खोजना है।

इक्कीसवीं शताब्दी एक स्वप्न नगरी है—लुटी-पिटी अंग्रेजी शराब की दुकान पर खड़ी छोकरी। शराब में धुत्त युवकों के लड़खड़ाते पैर कह रहे हैं—'घर' था अब कहीं नहीं है। 'घर' अब हो नहीं सकता। होना नहीं चाहिए। औरत को 'घर' नहीं नौकरी चाहिए और मुझे भी 'घर' डराता है। मरते हुए जानवर की तरह साँस लेता—'घर।'

जिस दिन मैं अपने अकेलेपन का सामना पूरे साहस से कर पाऊँगा—मर्द बन

जाऊँगा। पर अभी जनानापन मेरे साथ लगा हुआ है। अवचेतन की चुड़ैल।

मेरे भीतर जो लोग रहते थे उनका साथ छोड़ दिया है। वे मुझे नैतिक-अनैतिक मूल्यों पर भाषण देते थे। माँ-बाप, अध्यापक, समाज की याद दिलाते थे। उनकी याद से मुक्त होने की तैयारी कर रहा हूँ, पर छूटता नहीं हूँ।

आज मैंने बॉल्टर बेंजामिन की मास्को डायरी में खोपड़ी क्यों झोंक दी। बेंजामिन की बुरी आदत है हर चीज के सूक्ष्मतम ब्यौरों पर लग जाना—मेरा समय बर्बाद करता है। चीजों के प्रति रागमयी अंतर्दृष्टि मुझे नहीं चाहिए। 'इंटरप्रेटेशनों', व्याख्याओं, भाष्यों की चिंता मैं नहीं करता। मैं खुद 'पाठ' की निर्मित कर सकता हूँ। यही कारण है कि मुझे मास्को की गैलरी में सिजाँ के चित्र का बेंजामिन भाष्य निरर्थक लगता है। डायरी में बेंजामिन 'प्रेमी-प्रेमिका' के विषय में अनमोल बातें कहते हैं। पर हमारी आराधना के तीरों से 'प्रेम' मर गया है। वासना दहाड़ रही है।

सोवियत-समाज में 'भाषा के विनाश' पर बेंजामिन का रोदन। 'प्रगति' और 'विकास' के पश्चिमी मॉडल की कीमत कौन अदा करेगा। उदास चेहरे से भरी बेंजामिन की डायरी एक शोक-गीत की उठान भर है। कुछ माह पहले मैंने डारोथी डे की आत्मकथा पढ़ी थी—'लंबा अकेलापन' शीर्षक था। वे कम्युनिस्ट पार्टी से निराश होकर कैथोलिक धर्म की ओर मुड़ी थीं और अमेरिका में रेडिकल कैथोलिक मजदूर आंदोलन का शिलान्यास किया। लेकिन इस आत्मकथा को पढ़ते हुए मैंने कैथोलिक धर्म में 'धर्म' का रूप निकट से जाना।

मेरे जैसे हिंदू के लिए क्या किसी विदेशी धर्म-संप्रदाय को ठीक से समझना संभव है? कारण, मेरी और उनकी 'धर्म' की व्याख्या में जमीन-आसमान का फासला है। बुद्ध-शंकराचार्य-गाँधी, लोहिया की व्याख्याओं से बना मेरा मानस 'रिलीजन' के घातक अर्थ से घबराता है और कहता है 'धर्म' के अर्थ चक्कर में मत पड़ो—'सत्तूनपिव देवदत्त'। देवदत्त सत्तू पियो और जियो। प्रगतिशील मार्क्सवादी मुझे गाली दे रहे हैं—'सेक्युलरिज्म' का शत्रु घोषित कर रहे हैं। उनकी परेशानी का कारण आखिरकार यही है न कि मैं हिंदू हूँ।

लेकिन उन्हें मेरे हिंदू होने से घृणा क्यों? मैं नहीं जानता।

# जापानी-भाषा-संस्कृति कैलीग्राफी को लेकर चिंता

'ग्लोबलाइजेशन' या भूमंडलीकरण की सूचना संचार क्रांति ने जापान में ही नहीं संसार भर में चौंकानेवाले परिवर्तनों को विशेष हवा दी है लेकिन जापान में अभी कैलीग्राफी तथा अन्य कलाओं से जुड़े ऐसे कुछ लोग हैं जो टेक्नॉलोजी की क्रांति को जापानी संस्कृति के परंपरागत मूल्यों के लिए खतरा मानते हैं। आज के उत्तर-आधुनिक, उत्तर-पूँजीवाद के समाज को इस तरह के कुछ लोगों का चिंतन बहुत पिछड़ा लग सकता है। क्योंकि टेक्नॉलोजी की विजय यात्रा को अब रोकना असंभव है। मेरा ध्यान अचानक तोक्यो में होनेवाली एक प्रदर्शनी पर गया। वहाँ कैलीग्राफर (जापानी लेखन-कला की प्रसिद्धि की पद्धति कैलीग्राफी) क्यूयोयू ईशीकावा ने जापानी के प्रसिद्ध रूपकालीन कवि गोजो योशीयात्सु के रचना संसार पर अपना भाष्य या पाठ देते हुए कहा कि जापान की समकालीन पीढ़ी बच्चे और प्रौढ़ दोनों ही पर्सनल कम्प्यूटर्स और सेलुलर फोन्स के चक्कर में पागलपन की हद तक पहुँच गए हैं। टेक्नॉलोजी के इस पागलपन ने उनके अपने मौलिक सोच और सृजनात्मक क्षमता को बहुत दूर तक क्षत-विक्षत करने का माहौल निर्मित कर दिया है। ईशीकावा के विचार से यह बहुत ही पीड़ादायक और खतरनाक स्थिति है जिसमें जापानी-संस्कृति के पिस जाने का खटका उत्पन्न हो गया है। दिन-प्रतिदिन युवा पीढ़ी तथा बुजुर्ग पीढ़ी दोनों ही टेक्नॉलोजी की गुलामी के कारण बहके दिखाई देने लगे हैं।

टेक्नॉलोजी की युक्तियों (Devices) को अंधे होकर ग्रहण करने का जापानी समाज संस्कृति में नतीजा यह हुआ है कि पूरा समाज अपनी भाषायी अभिव्यक्ति क्षमता में अपंग होता जा रहा है। उनकी कथन-भंगिमाओं-वक्रोक्तियों और शब्द-व्यंजनाओं की सृजनात्मकता में बंजरमन फैल रहा है। जापानी लोग भूल रहे हैं कि शब्द केवल भाव या विचार के संप्रेषण का माध्यम ही नहीं होता है। वह पूरी संस्कृति होता है—कथ्य होता है—संस्कार की अनुगूँज होता है—विचार होता है—कथ्यपरक जीवन

होता है। 'शब्दार्थ' ही अनुभूति-अभिव्यक्ति का अखंड व्यापार होता है—कथ्य, संवेदना को 'रूप' से अलग नहीं किया जा सकता। जातीय अस्मिता, जातीय-संवेदना ही शब्द में अर्थ-व्यंजना निष्पन्न करती है। इसलिए जातीय-संस्कृति की बनावट में शब्द की अभिव्यक्ति-भंगिमा की महिमा सर्वोपरि होती है। शब्द-संपदा में अभिव्यक्ति-क्षमता का निरंतर संस्कार परिष्कार जीवंत संस्कृति में नई ऊर्जा को जन्म देता है। भाषा की अभिव्यक्ति क्षमता के संस्कार स्रोत दुर्बल पड़ते ही संस्कृति कुम्हलाने लगती है। संस्कृति के कुम्हलाने का संकट आज के जापानी समाज के सामने उपस्थित हो गया है और 'परंपरा' अपनी मूल-चिंतन भूमि से विच्छिन्न होने की तैयारी कर रही है। वह 'परंपरा' जिसे जापानी समाज ने हजारों वर्षों तक वीणा की तरह अपने भीतर पूरी ताजगी से सुना और गुना है। सुनने से भी ज्यादा 'गुना' है जैसे 'प्रकृति-प्रेम' की जापानी अंतर्दृष्टि।

क्योतो सेइका यूनिवर्सिटी में प्रोफेसर ईशीकावा अपने स्वर में बहुत बेचैनी व्यक्त करते हुए कहते हैं—व्यापार तथा व्यापार से जुड़े क्षेत्रों में कम्प्यूटरों, वर्ड्स प्रोसेसरों, सेलुलर फोनों का डटकर उपयोग तो अपना औचित्य रखता है उससे क्लैरिकल वर्क की क्षमता में भी वृद्धि होती है। किंतु इन टूल्स या साधनों को शिक्षा के क्षेत्र से, घर के निजी जीवन से यथासंभव दूर रखना ही उचित होगा। घर जहाँ हमारी आत्मा निवास करती है जहाँ हमारी अनेक तरह की आंतरिक बाह्य क्षमताओं कलाओं का विकास परिष्कार होता है और शिक्षा जिसमें मन-मस्तिष्क गढ़ा जाता है—व्यक्तित्व आकार ग्रहण करता है उसमें टेक्नॉलोजी का टाँग अड़ाना असंगत है—सही तरह की जापानी-संस्कृति-परंपरा के विकास के लिए प्राणघातक। दरअसल 'घर' बहुत व्यापक अर्थ-ध्वनियों को सृजित करने वाला प्रतीकार्थ है—अनेकार्थी प्रतीक। 'घर' के साथ ही ईशीकावा जोड़ते हैं कि 'अभिव्यक्ति के अन्य स्थानों पर' कम्प्यूटरों-फोनों का 'प्रवेश निषेध' होना चाहिए। 'अभिव्यक्ति के अन्य स्थानों पर' से तात्पर्य है—काव्य-कलाओं-दर्शनों तथा अन्य अनेक रचनात्मकता-सृजनात्मकता से जुड़े स्थान।

ईशीकावा ने अपने जीवन का उदाहरण देते हुए कहा कि छप्पन वर्ष की आयु पूरी कर चुका हूँ और "आज तक मैंने पर्सनल कम्प्यूटर, वर्ड प्रोसेसर या मोबाइल फोन का कभी उपयोग नहीं किया है। इन सबके विपरीत मैंने ब्रश तथा ख़ुशख़त (Calligraphy) लेखन-कला के प्रति पाँच वर्ष की अवस्था से ही समर्पित रहा हूँ।" कैलीग्राफी की निरंतर साधना ने ही मुझे अच्छा-बुरा 'कैलीग्राफर' बनाया है। मूल बात है इस कला की साधना, निरंतर अभ्यास—'करत-करत अभ्यास के जड़मति होत सुजान' वाली लोक कहावत। भारतीय काव्यशास्त्रियों ने 'काव्य-हेतुओं' या 'काव्य कारणों' की चर्चा करते हुए प्रतिभा-व्युत्पत्ति (बहुज्ञता) अभ्यास तीनों को काव्य हेतु कहा है। किसी-किसी ने 'प्रतिभा या शक्ति' को काव्य का प्रधान हेतु और व्युत्पत्ति अभ्यास को काव्य का संस्कारक हेतु कहा है। लेकिन मंगल नामक एक ऐसे आचार्य

हैं जो काव्य का प्रधान हेतु 'अभ्यास' या निरंतर साधना को मानते हैं तथा प्रतिभा और व्युत्पत्ति को उसका उपसंस्कारक हेतु। अभ्यास ही 'तप' है और तप ही 'विष्णु बल' है। 'नारद-बल' है। भारत में तप की बड़ी महिमा है। बच्चे बचपन से ही काव्य कलाओं का अभ्यास सीखते हैं-सीखते रहे हैं। मुझे स्मरण है कि प्राइमरी-पाठशाला में हमारे अध्यापक सुलेख लिखाने का कक्षा में अभ्यास कराते थे। पट्टी-बुदिक्का सेठे की कलम घर से ले जाते थे। बुदिक्का में काली और सफेद स्याही रखते थे। काली स्याही को पहले लकड़ी की पट्टी पर लगाते थे। स्याही सूख जाने के बाद पट्टी को काँच के घुट्टा से घोंटते थे। कभी-कभार पट्टी पर बहुत चमकदार घुटाई करने के लिए काली पट्टी पर गेंदे की पत्तियाँ रगड़ते थे। पत्तियों का रस पट्टी पर सूख जाने के बाद पट्टी को घुट्टे से घोंट-घोंटकर चिकना करते थे। अच्छी बनी नोकदार कलम में खड़िया लगाकर पट्टी पर सुंदर-सुंदर अक्षरों को बनाकर 'खुशखत' लिखने का अभ्यास करते थे। जो बच्चा खराब अक्षर बनाता था, अध्यापक उसे पीटते थे, 'मुर्गा' बनाते थे—कोई-न-कोई दंड देते थे और कह देते थे कि कल पट्टी ठीक से चिकनी घोंट कर लाना तथा सुंदर लिखावट का अभ्यास करना। सुंदर लिखावट का प्रतिदिन अभ्यास होता था और इसकी कला में अध्यापक गण बहुत रुचि लेते थे। धीरे-धीरे पूरे मन से सुंदर लिखावट एक उपलब्धि थी। एकाग्र-भाव से सुंदर अक्षर बनाना सिखाया था जिससे अब स्कूलों ने मुक्ति पा ली है। पट्टी बुदिक्का खड़िया कलम का पुराना संसार ही नष्ट हो गया है और बच्चा कॉपी पर पेन-बॉलपेन-पेंसिल से अक्षर लिखना सीखता है। 'खुशखत' का उसे अभ्यास नंहीं कराया जाता। नतीजा यह हुआ कि लिखावट का सत्यानाश।

जापान तो अपनी कैलीग्राफी के लिए जगत प्रसिद्ध है। यहाँ के साधकों की यह 'साधना' रही है। अक्षर बनाना—कलात्मक ढंग से अक्षर बनाना—यहाँ बचपन से ही सिखाया जाता रहा है। साँस साधकर जापान में 'कैलीग्राफी' की साधना की जाती है। इनकी लिपि-चित्र लिपि है। बहुत एकाग्रता तथा अभ्यास चाहती है। बहुत धीरे-धीरे लिखी जाती है। हर अक्षर एक सुंदर चित्र का आभास देता है। ब्रश में स्याही लगाकर साँस रोककर साधक लकड़ी-कपड़े तथा कागज पर अक्षर लिखते हैं। अक्षरों से कागज या लकड़ी पर लिखते समय यदि साधक की साँस टूट जाए तो लिखा गया भाव-मंत्र खंडित माना जाता है। एक साँस में भाव-मंत्र लिखने की साधना का यहाँ बड़ा आदर है। लेखन कला को जापान में 'जन-साधना-पद्धति' का अंग समझा जाता है। जापानी प्रोफेसर नागरा जी यहाँ विश्वविद्यालय में संस्कृत भाषा सिखाते हैं। उन्होंने मुझे 'कैलीग्राफी' में लिखी किताबें दी हैं तथा 'कैलीग्राफी' की कला-साधना पर विस्तार से बताया है। इसलिए जापान के कैलीग्राफर प्रोफेसर ईशीकावा पर मेरा ध्यान एकदम एकाग्र भाव से गया कि "पाँच की अवस्था से मेंने कैलीग्राफी का अभ्यास किया है।" सचमुच उनके प्रति मेरे मन में आदर है।

ईशीकावा-साँ सन् 1966 तक क्योतो विश्वविद्यालय में जापानी-साहित्य, जापानी-कैलीग्राफी के विद्यार्थी रहे। उनके अध्ययन का क्षेत्र 'ईस्ट एशिया' की कला-संस्कृति का इतिहास भी रहा जिसमें 'इंडो-ग्राफिक कैंजी' (Kanji) , चीन के अक्षरों का उपयोग–लिखना–लिखने से भी ज्यादा बोलने की कला सीखना। इस पूरे अनुभव से गुजरने के बाद उनका विश्वास दृढ़ हो गया है कि ''सांस्कृतिक-विकास में भाषा ही एकमात्र भूमिका या निर्णायक भूमिका अदा करती है।'' भाषा से ही संस्कृति बनती है और संस्कृति से सांस्कृतिक मनुष्य।

साहित्य और इतिहास की समस्या, बहुत जटिल समस्या है। बार-बार अनेक कोणों से यह प्रश्न कई रूपों और ध्वनियों में उठाया गया है कि क्या भाषा-साहित्य (सृजनात्मकता) इतिहास-निरपेक्ष हो सकती है? यदि 'भाषा', 'साहित्य' को इतिहास से बाहर नहीं माना जा सकता तो यह कहना कहाँ तक संगत है कि 'साहित्य', 'स्वायत्त' होता है, 'आत्मनिर्भर' होता है। भाषा तथा साहित्य की स्वायत्तता का प्रश्न क्या है, क्यों है? आर्थिक-सांस्कृतिक इतिहास की तरह साहित्य भी मानव-इतिहास का अंग है। लेकिन साहित्य की प्रकृति में एक विशेष बात है कि वह अपने साहित्यिक-पाठ में इतिहास से भिन्न है। इसलिए स्वायत्त एवं आत्मनिर्भर है। साहित्यिक पाठ के अध्ययन में साहित्य-सिद्धांतों की मदद लेनी चाहिए। ऐतिहासिक-राजनीतिक सिद्धांतों की या बाहरी सिद्धांतों की मदद नहीं या कम से कम इधर मार्क्सवादियों का विरोध आलोचना में इसलिए हो रहा है कि वे साहित्य पर इतिहास को लाद देते हैं। मार्क्सवादी आलोचक अमरीकी रूपवादी या 'नई समीक्षा' का विरोध इसलिए करते हैं कि उसमें सामाजिकता या संस्कृति के लिए कोई स्थान नहीं है। पश्चिम में आधुनिकतावाद और नई समीक्षा (न्यू क्रिटिसिज्म) का नाभि-नाल संबंध रहा है। इसीलिए आधुनिकतावाद के पतन काल में 'नई समीक्षा' के कान मरोड़े गए इससे पहले नहीं। फिर कहा गया कि रचनाकार का मानस और बोध दोनों संस्कृति (इतिहास) से जुड़े होते हैं। इसलिए इतिहास-राजनीति के सिद्धांतों को साहित्यिक अध्ययनों से बाहर नहीं निकाला जा सकता। अतः भाषा और साहित्य दोनों का सही वस्तुनिष्ठ अध्ययन केवल साहित्य-सिद्धांतों, अंतर्वर्ती मूल्यों के आधार पर नहीं किया जा सकता। क्योंकि भाषा साहित्य दोनों ही संस्कृति जन्य हैं और ध्यान देने की विशेष बात यह है कि साहित्य ही संस्कृति का निर्माण करता है। साहित्य एक सांस्कृतिक प्रक्रिया है। संरचनावादी कहते रहे कि भाषा में संस्कृति की आत्मा बोलती है और भाषा संस्कृति के भीतर है। नव इतिहासवाद के उत्तर-संरचनावादियों ने कहा साहित्य न केवल सांस्कृतिक प्रक्रिया है वरन वह सांस्कृतिक रीतियों, आचारों, व्यवहारों, मूल्यों को उत्पन्न भी करता है। इस प्रकार भाषा तथा संस्कृति की 'सृजनात्मकता' उसकी अपनी संस्कृति से उद्भूत और पोषित होती है। जापानी साहित्य-कला-संस्कृति के विशेषज्ञ ईशीकावा का ध्यान 'संस्कृति' के इसी सृजनात्मक पहलू की ओर है। जापानी बच्चे शब्दों का खेल खेलते

हैं और वे अपना एक शाब्दिक संसार रच लेते हैं। हस्तलिखित शब्दों के द्वारा निर्मित संसार बच्चों की कल्पनाशीलता का विस्तार करता है। उनकी स्वाधीन-कल्पना नया बिंब लोक रचती है। जापानी जनमानस की विशेषता है कि यहाँ के लोग कल्पना से सौंदर्यानुभवों को चित्रलिपि में सृजित करते हैं और प्रकृत भाव सौंदर्य को रूप-रंग। अक्षरों को बहुत सुंदरता से उभारते हैं। इसलिए कंप्यूटरों, वर्ड्स प्रोसेसरों के चक्कर में हाथ से लिखने की हस्तकला के कम होने का अर्थ है अपनी शब्द संपदा की कमाई से हाथ धो बैठना। इस शब्दकला को खो देना अंततः जापानी संस्कृति को ही खो देना है। ईशीकावा ने यह भी कहा कि पश्चिम के देशों पर कंप्यूटरों, टाइपराइटरों का उनकी संस्कृति पर कम प्रभाव दबाव पड़ा है। इसका कारण है कि उनकी भाषा, अर्थ-ध्वनियों से विकसित हुई है। इसलिए लेखन और वाचन एक-दूसरे के काफी नजदीक रहे हैं। जबकि जापानी-भाषा की मूल-प्रकृति में ऐसा नहीं है।

इस विश्वास के बल पर कि जापानी लोग हस्तलेखन कला की शक्ति से अपनी अभिव्यक्ति क्षमता को माँजते हैं, शब्दों की आत्मा में प्रवेश कर उन्हें पारदर्शी बनाते हैं, ईशीकावा ने सन् 1979 में 'कैलीग्राफी स्कूल' की व्यवस्था की। इस स्कूल में क्योतोनागोया तथा तोक्यो से आए लगभग सौ विद्यार्थी शिक्षा ग्रहण कर रहे हैं। इस बीच ईशीकावा ने कैलीग्राफी के उद्भव विकास के इतिहास के साथ समकालीन ज्वलंत प्रश्नों पर सामाजिक लेख लिखे हैं और उन्हें प्रकाशित कराया है।

ईशीकावा का कहना है कि इनफार्मेशन टेक्नॉलोजी और उपभोक्तावादी संस्कृति की माँग को पूरा करने वाली वस्तुओं से बाजार पट गया है। बाजारवाद की शक्तियों ने विश्व में शक्ति के केंद्रों को बदला है और नए शक्ति के केंद्र सांस्कृतिक साम्राज्यवाद की चादर में सभी देशों को लपेट रहे हैं। इससे बहुत संदेशों की संस्कृति को खतरा उत्पन्न हो गया है। बहुत-सी भाषाएँ समाप्त हो रही हैं। उनके बोलने वाले अपनी सांस्कृतिक जड़ों से उखड़कर अपनी जातीय पहचान खो रहे हैं। इसलिए सूचना-संचार-क्रांति की आँधी से बचने की सलाह ईशीकावा दे रहे हैं। जिस पर बहुत से लोग हँस रहे हैं, इसे पिछड़ा सोच कह रहे हैं। जापान सरकार स्कूलों तथा कॉलेजों में इनफार्मेशन टेक्नॉलोजी की शिक्षा को अधिक समय तथा महत्त्व देकर बढ़ावा दे रही है। जापान इनफार्मेशन टेक्नॉलोजी के क्षेत्र में किसी भी कीमत पर पिछड़ना नहीं चाहता। वह भारत तथा अन्य देशों से कंप्यूटर इंजीनियरों को बुला रहा है। ताकि इस क्षेत्र का विकास हो। जापान का युवा वर्ग इंटरनेट और ई-मेल सेवा को पूरी गति से अपनाकर बढ़ावा दे रहा है। अधिकाधिक लोग सेलुलर फोन तथा डिजिटल कैमरा जैसी मशीनों की ओर दौड़ पड़े हैं। बच्चे टेलीविजन से चिपके रहते हैं या सेलुलर फोन करने में हर समय व्यस्त रहते हैं। माता-पिता से उनकी बातचीत, पड़ोस से उनकी बातचीत बहुत कम होती है। उनकी 'सामाजिकता' का डिजिटल ऐज मानो संहार कर रहा है—यह चिंता की बात है। ऐसी स्थिति में जापानी भाषा कला-संस्कृति का क्या होगा?

अपनी भाषा-संस्कृति की जड़ों से कटे जापानी युवकों-युवतियों में अपराध भावना का विस्तार हुआ है। वे अपने जीवन की रिक्तताओं-अभावों की पूर्ति कंप्यूटर खेलों और मोबाइल फोनों से कर रहे हैं। उनके जीवन में अतिशय आरामतलबी और सुविधावादिता ने उन्हें जीवन की मूल संघर्ष शक्ति से काट दिया है। वे एड़ी-चोटी का पसीना नहीं बहाते। जिसे बहाकर जापान ने अपने को समृद्ध बनाया है। जापान की पीढ़ी यह पुराना पाठ भूल रही है कि संघर्ष में शक्ति है। साधना में शक्ति है। शक्ति पाने के लिए शक्ति की आराधना करनी पड़ती है।

जापानी जीवन में आनंद की साधना उसकी परंपरागत जीवन-शैली को अपनाकर ही की जा सकती है। खाना बनाने, बाजार से संबंधित घरेलू कामकाज करने, मित्रों-संबंधियों को हाथ से पत्र लिखने, आमने-सामने होकर लड़ने-झगड़ने, प्रणय-कलह करने—अर्थात् जीवन की विविधताओं-विचित्रताओं-कुरूपताओं को भरपूर जीने की कोशिश करने की कला हमें सीखनी चाहिए। जापानी संस्कृति पर्वों, त्योहारों, उत्सवों-सामूहिक आयोजनों की बृहत्तर सामाजिकता पर केंद्रित रही है। लेकिन आज कल वह अपने केंद्र को छोड़कर परिधि की ओर बढ़ रही है। माता-पिता से बच्चों का अलगाव बढ़ रहा है और वे सेलुलर फोन संवाद पर ही टिक रहे हैं। यह कोई संवाद नहीं है। वास्तविकता यह है कि टेक्नॉलोजी विशेषकर इनफार्मेशन टेक्नॉलोजी ने जापानी-संस्कृति की मूल पटरियों को उखाड़ना शुरू कर दिया है। इस कठिन समय में ईशीकावा जापानी भाषा-संस्कृति, इतिहास, दर्शन कैलीग्राफी की ओर जापानी जनता का ध्यान आकृष्ट करना चाहते हैं। ताकि जापानी संस्कृति की मूल्यवान धरोहर को बचाया जा सके। उनका इस वर्ष इरादा यह है कि वे जापानी कविता-कला-कैलीग्राफी से संबंधित एक रिसर्च सेंटर क्योतो-सेइका में खोल सकें। अंधकार में मशाल जलाने का साहस कम महत्त्व नहीं रखता है।

ईशीकावा मानते हैं कि भाषा में हम अपना यथार्थ गढ़ते हैं। अपने को उसी में रचते और परिभाषित करते हैं। कुछ भी कहिए आदमी 'निर्मित माल' (फिनिश्ड प्रॉडक्ट) नहीं है। तह अपनी छवि स्वयं बनाता है, स्वयं उसे नष्ट करता है। फिर नई छवि बनाता है। संहार में सृजन खोजता है। अपने पाने के लिए अपने को गोड़ता-खोदता है। फिर उसमें से उगता है। अपने को भाषा में तलाशता है। यह शक्ति केवल उसके पास है, पशुओं के पास नहीं है। भाषा में अतीत वर्तमान से संवाद करता रहता है। भाषा स्मृतियों का भंडार है, जिसकी ताकत से संस्कृति शक्ति पाती है। जापानी भाषा के पास विपुल जातीय स्मृतियों की धरोहर है। ईशीकावा की चिंता यह है कि जापानी संस्कृति को बचाने के लिए जापानी भाषा साहित्य को बचाना जरूरी है।

जापानी जनता को यह समझना पड़ेगा कि भाषा, मिथक और स्मृति का एक अंतस्संबंध ही एक समूह के लोगों को एक सामूहिक अस्मिता के अंतःसूत्र में बाँधे

रहता है। इस अंतस्संबंध के विच्छिन्न होते ही सामूहिक अस्मिता अपनी पहचान की धुरियों से उतर जाती है। मिथक अपनी सृजन-शक्ति खोकर ठाकुर जी से रहित मंदिर जैसे उजाड़ हो जाते हैं—आभा-विहीन। आदिम-स्मृति (आर्किटाइपल मेमोरी) मिथक-भाषा ही है। बोलने वालों में वह अपनी अनुगूँजें छोड़ती है। कविता इन अनुगूँजों को रक्षित रखकर वर्तमान को देती है। कवियों-कलाकारों का संस्कृति की बुनावट-बनावट में बड़ा हाथ होता है। जापानी-भाषा, जापानी जाति की अस्मिता, चारित्रिक विशिष्टताओं को निर्धारित करती है। सामूहिक अनुभवों-संस्कारों के रूपकों को निर्मित करती है—शिन्तों और बौद्धों से मिलकर यह संस्कृति पनपी है। इसलिए जापानी संस्कृति को हर तरह के प्रदूषणों से बचाना है।

ईशीकावा के इन विचारों से हम भारतीयों को भी सबक लेना चाहिए। भारतीय-संस्कृति भी उत्तर-आधुनिकतावाद की मार से ही क्षत-विक्षत हो रही है। पहले उपनिवेशवाद साम्राज्यवाद की मार अब उत्तर-आधुनिकतावादी इनफार्मेशन टेक्नॉलोजी की मार।

# नव्य सांस्कृतिक साम्राज्यवाद

अंग्रेजी का विश्व की सभी भाषाओं पर सार्वभौमिक प्रभुत्व। उत्तर-आधुनिकतावाद का नया हमला।

इक्कीसवीं शताब्दी में अंग्रेजी का नव सांस्कृतिक साम्राज्यवाद स्थापित होने जा रहा है।

अंतर्राष्ट्रीय फर्मों-निगमों-कंपनियों में अंग्रेजी बोलनेवालों की खुली माँग बढ़ रही है।

इलेक्ट्रानिक टेक्नॉलोजी ऐज में 'ओनली इंगलिश' का नारा सुनाई क्या गूँज रहा है।

जापान के कारपोरेट रैट रेस में अंग्रेजी की 'फ्लूअन्सी' एक नया 'हर्डल' बन रही है।

केइजी मोरी अभी तक मानते रहे थे कि जापानियों के लिए जापानी भाषा पर्याप्त है। लेकिन अब उनको 'ग्लोबलाइजेशन' की संस्कृति में ढलने के लिए अंग्रेजी भाषा का 'टेस्ट' पास करना अनिवार्य होगा। 'टेस्ट' में सफलता पाने पर ही उन्हें 'प्रोमोशन' मिलेगा—अन्यथा नहीं।

मुझे ध्यान है जो हालत आज से ढाई सौ वर्ष पहले के हिंदुस्तान में अंग्रेजी को लेकर पैदा हुई थी, वही हालत अब पूरी दुनिया में अंग्रेजी को लेकर पैदा हो रही है।

'दि टेस्ट ऑफ इंगलिश फार इंटरनेशनल कम्यूनिटी' यहाँ जिसे 'तोयक' (Toeic) कहा जाता है उसे बहुत जल्दी निगमों, फर्मों आदि में नौकरी करने वालों पर थोपे जाने की तैयारी हो रही है। जो अधिकारी या मैनेजर यह 'तोयक' टेस्ट पास नहीं करेगा उसको भविष्य में उन्नति (प्रोमोशन) नहीं मिलेगी।

जापानी कंपनियों की एक बड़ी तादाद ने 'इंगलिश प्रोफीसेन्सी टेस्ट्स' के परिणामों पर ध्यान देना शुरू कर दिया है। अगर आपको 'प्रोमोशन' पाना है या अधिक पैसा (पे राइजिज) नौकरी में बढ़वाना है, तो 'तोयक' पास कीजिए। हालत

यहाँ तक पहुँच गई है कि बहुत-सी कंपनियाँ अंग्रेजी को अपनी 'ऑफिशियल इन हाउस लैंग्विज' घोषित कर रही हैं।

केइजी मोरी का ही उदाहरण ले लीजिए। तीस वर्षीय मोरी ने एक (इलेक्ट्रिकल) बिजली से संबंधित सामान बनाने वाली कंपनी में लगभग दस वर्ष नौकरी की है। उनका कहना है कि जब एक अधिकारी की हैसियत से उन्होंने यहाँ काम शुरू किया था तब यह सोचा तक नहीं था कि एक दिन अंग्रेजी-सीखने के चक्कर में पड़ना पड़ेगा। और वह भी 'प्रोमोशन' पाने के लिए।

'समय कितनी तेजी से बदल गया है' वे कहते हैं और उदास होकर आसमान की ओर ताकते हैं।

मेरी चेतना में उन्नीसवीं शताब्दी के भारत में मैकालेवाद धड़क रहा है। मैकालेवाद क्या इस बार जापान की भाषा और सांस्कृतिक अस्मिता पर धावा बोल रहा है।

मोरी कह रहे हैं कि किसी भी भाषा को आनन-फानन में सीख लेना सरल काम नहीं है। पिछले बसंत में उन्होंने 'तोयक' की परीक्षा दी थी। नंबर इतने कम आए कि लुढ़क गए। वे आजकल इतने डरे हुए हैं कि प्रायः प्रत्येक रात को इंटरनेट पर अंग्रेजी का पाठ सीखते हैं।

अंग्रेजी को लेकर जापान में चारों ओर ऐसी हलचल है कि कह पाना मुश्किल है। ज्यादातर कंपनियों, फर्मों आदि में काम करने वाले मैनेजर या अधिकारी अंग्रेजी में दक्षता प्राप्त करने के प्रयत्न में लग गए हैं। अंग्रेजी से संबंधित ऊँची योग्यता प्राप्त करने तथा संयुक्त राष्ट्र अमेरिका से 'पब्लिक एकाउंटेट' का प्रमाण पत्र पाने को लालायित हैं। ताकि कम होती ऊँची प्राइवेट नौकरियों में उनका 'बाजार' बना रहे।

अंग्रेजी-ज्ञान में दक्षता का दबाव इतना बढ़ गया है कि ज्यादा से ज्यादा लोग ऊँची स्थिति पाने के लिए और अपनी योग्यता के लिए एड़ी-चोटी का जोर लगा रहे हैं। उनका कहना है कि नौकरी में प्रतियोगिता के कारण तनाव संघर्ष बढ़ गया है। हर समय शरीर में चिंता का बुखार रहता है। असहनीय, अनकही व्यथा को निगमों-कंपनियों ने पहले तो पैदा किया और अब एकदम आगे बढ़कर अंग्रेजी के प्रेत को पेल दिया। व्यापार का अंतर्राष्ट्रीयकरण हम लोगों की जान के पीछे पड़ गया है।

जापानी समाज की इन चिंताओं और आवश्यताओं को समझते हुए प्राइवेट स्कूलों में संयुक्त राष्ट्र अमेरिका के प्रमाण पत्र 'सीपीए' की व्यवस्था की है। इंटरनेट के व्यापक प्रसार और जापानी कंपनियों के विश्व की अन्य कंपनियों से 'मर्जर' तालमेल हो जाने के कारण 'कारपोरेट एक्टीविटी' में 'ग्लोबलाइजेशन' का वर्चस्व हो गया है। इस स्थिति के कारण अंग्रेजी का महत्त्व जापान जैसे व्यापारी देश में अजगर

की तरह शरीर फैला रहा है। फर्मों ने उच्चस्तरीय अंग्रेजी ज्ञान की माँग शुरू कर दी है और देश तथा विदेश दोनों में 'अंग्रेजी अंतर्राष्ट्रीयतावाद' का नगाड़ा जोर से बजाना शुरू कर दिया है।

हालत यहाँ तक पहुँच गई है कि समाज के इस दबाव के सामने जापानी सरकार को अंग्रेजी को दूसरी 'ऑफिशियल लैंग्वेज' बनाने के प्रश्न को लेकर एक कमीशन गठन करना पड़ा है। जापान के प्रधानमंत्री ने अंग्रेजी के प्रश्न पर विचार करने के लिए जनवरी में एक राष्ट्रीय बहस का आयोजन किया है जिसमें बहस के बाद यह निर्णय लिया जा सके कि क्या हमें अंग्रेजी को जापान की सेकेंड ऑफिशियल लैंग्वेज बना देना चाहिए?

यहाँ अंग्रेजी के विरोधी बहुत हैं फिर भी कहा जा रहा है कि हमें अंग्रेजी में अपनी बात कहने और समझने की क्षमता को विकसित करना है। व्यापार-वाणिज्य तथा कंप्यूटर टेक्नॉलोजी के बहुत से क्षेत्रों में अंग्रेजी ज्ञान की कमी से जापान पिछड़ रहा है। अमेरिका आगे बढ़ रहा है। भारतीयों के अंग्रेजी ज्ञान का लाभ उठा रहा है। अमेरिका की देखादेखी जापान भी भारतीय कंप्यूटर विशेषज्ञों को अपने देश में अनेक सुविधाओं के साथ लाने को आतुर है।

एक कपड़ा बनाने वाली मेजर टेक्सटाइल तेनजिन लिमिटेड (Tenjin Ltd) के मैनेजर फ्यूजिमिओ का कहना है 'तोयक' में 990 अंकों में 500 अंक पाने वाले व्यक्ति को ही मैनेजर पद दिया जा सकता है। कमजोर अंग्रेजी जानने वाले आदमी से अब काम ही नहीं चलता। यह इसलिए भी हुआ कि कंपनी को विदेशी कंपनियों के साथ 'एलाइंस' करना पड़ रहा है। 1999 के बाद तो यह स्थिति पूरी तरह बन चुकी है।

इस बार की अंग्रेजी-ज्ञान परीक्षा में ज्यादातर लोग 500 अंक तक पाने में असमर्थ रहे। इसमें रोज-मर्रा की बातचीत में दक्षता का प्रश्न ही केंद्रीय मुद्दा था।

तेनजिन कंपनी के मालिकों ने इस स्थिति को देखते हुए तत्काल यह निर्णय लिया कि 'प्रोमोशनों पर प्रतिबंध।'

व्यापक स्तर पर मशीनरी उत्पादक कंपनी कोमात्सु लिमिटेड ने भी इसी तरह की 'प्रोमोशन-नीति' को अपनाया है जिसमें 'तोयक' में पास होना जरूरी कर दिया है। इस कंपनी ने पत्राचार द्वारा अंग्रेजी शिक्षा को भी बढ़ावा दिया है।

यही स्थिति 'एसएमके कारपोरेशन' की है। इलेक्ट्रॉनिक्स के पुर्जे बनाने वाला यह कार्पोरेशन ऐसी योजना बना रहा है कि अंग्रेजी भाषा को अप्रैल 2001 से प्रथम ऑफिशियल लैंग्वेज बना दिया जाए।

जापान तथा अन्य ओवरसीज ऑफिसों में टेली-कान्फ्रेंसिंग केवल अंग्रेजी में हो रही है। 'इन हाउस डाक्यूमेंट्स' भी अंग्रेजी में ही छपते हैं।

अंग्रेजी को लेकर निगमों-कंपनियों ने शोर मचाना शुरू कर दिया है कि उसके

बिना उनका काम चल ही नहीं सकता। 'इंटरनेशनलिज्म' का संदर्भ 'अंग्रेजी' है। एक नया ब्रिटेन-अमरीकीवाद। कंपनी कल्चर अंग्रेजी में ही पनपा है और पनप सकता है। विश्व की अन्य भाषाओं को अंग्रेजी के नीचे आना ही पड़ेगा। तोक्यो-शिजुंकु वार्ड में यू.एस.ए. एजूकेशन के स्कूल खोले जा रहे हैं।

इन स्कूलों में दाखिला पाने के लिए भीड़ उमड़ रही है। 'नेटिव इंगलिश टीचर' आजकल भगवान से कुछ ही नीचे रह गया है।

नया मैकालेवाद कह रहा है कि हम जापान में पश्चिमी संस्कृति-सभ्यता का प्रभुत्व तब तक स्थापित नहीं कर पाएँगे जब तक जापानी-शिक्षा पद्धति तथा कंपनी कल्चर से जापानी भाषा को पूरी तरह निष्कासित नहीं कर देते।

मुझे पता है कि एक भाषा दूसरी भाषा से ध्वनि संकेतों में भिन्न होती है।

# जापानी-भाषा-संस्कृति के बहाने साहित्य की सत्ता से जुड़े प्रश्न

भूमंडलीकरण या ग्लोबलाइजेशन के दौर में हुई सूचना संचार क्रांति ने जापान में ही नहीं—संसार भर में चौंकाने वाले परिवर्तनों को विशेष हवा दी है। लेकिन जापान एक ऐसा अजीब समृद्ध देश है जो सूचना संचार क्रांति के युग में भी परंपरा और परंपरागत अनुभवों को छोड़ने के लिए तैयार नहीं है। जापान आधुनिक हुआ लेकिन अपनी परंपरा भाषा, संस्कृति-साहित्य-दर्शन की बलि देकर नहीं। जापान के इस 'स्वभाव' पर पश्चिमी देशों को बहुत आश्चर्य करते हुए पाया जा सकता है। वह कौन-सी बात है कि जापानी आज भी कैलीग्राफी, हाइकू कला, नोह और काबुकी, गेइसा कला सौंदर्य तथा सभी कलाओं में जैन-बौद्ध-दर्शन की जड़ों से जुड़ा हुआ है। आज भी जापानी पश्चिमी टेक्नॉलोजी, डिजिटल ऐज, इलेक्ट्रॉनिक मीडिया को जापानी संस्कृति के परंपरागत मूल्यों के लिए सबसे बड़ा खतरा मानता है। जापानी स्कूलों में बच्चे प्रतिदिन कक्षा में कविता लिखने का अभ्यास करते हैं और बगीचे या पार्क में पेड़-पौधों, फूलों को ध्यान से देखते-समझते हैं। अमरीकी उत्तर-आधुनिक, उत्तर-पूँजीवादी समाज को यह बहुत पिछड़ापन लिए दिखाई देता है। जापानी को पिछड़ेपन से न परहेज है न आत्मधिक्कार वाला भारतीय भाव है। वह पश्चिमी ढंग का आत्मनिर्वासित, आत्मकेंद्रित, आधुनिक मानव बनना ही नहीं चाहता। जबकि वह जानता है कि टेक्नॉलोजी की इस विजय यात्रा को अब रोकना असंभव है।

बीसवीं शताब्दी का सबसे भयंकर विनाश जापान झेल चुका है। विज्ञान की अभूतपूर्व प्रगति, औद्योगिकी और प्राविधिक यंत्रों की चमक-दमक के पीछे सक्रिय मानव-यातना का इतिहास उससे अच्छा कौन जानता है। पश्चिमी चिंताओं, बेचैनियों से लगभग विक्षिप्त साहित्यकार एजरापाउंड तोक्यो जापान में रहे थे और जैन-दर्शन के अध्ययन ने ही उनके अकुलाते-दुःखते चित्त को शांत किया था। इस दौर के एजरा पाउंड ने बहुत हाइकू लिखे जिनका असर अज्ञेय जी तक पर दिखाई देता है। हालाँकि

अज्ञेय जी को लेकर इस ओर ध्यान बहुत कम दिया गया है। केवल कविवर बाशो की ही अज्ञेय जी के साथ चर्चा की गई है। रवींद्रनाथ भी जापानी कला के साथ हाइकू लाए थे और अज्ञेय भी। शायद रघुवीर सहाय भी इसी ओर बढ़े थे। ध्यान देने की बात यह है कि दो सौ वर्षों की इतिहास की विचारधाराओं ने जो परिवर्तन किए थे वह दिशा एक अंधकार में जाकर विलीन हो जाती है। घटनाएँ, यातनाएँ, युद्ध, कंप्यूटर, टेक्नॉलोजी और बाजारवाद मानव-विवेक दृष्टि पर सवारी करने लगती हैं। सामाजिक मानव पहले तो 'आर्थिक मानव' बना फिर 'राजनीतिक पशुमानव' और अब 'यंत्र मानव'। इस यंत्र मानव को वे तमाम अमूर्त्त शक्तियाँ निर्धारित करती हैं। जिन पर उसका कोई वश नहीं। मंत्र की अमूर्त शक्तियों के सामने खड़ा असहाय निरीह मानव।

वह तो लघुमानववाद का मानव भी नहीं रहा। इस मानव को हम किसी भी ओर से न परिभाषित कर सकते हैं न अखंडमानव के रूप में उसकी जातीय अस्मिता की कोई ठीक-ठीक पहचान ही निश्चित कर सकते हैं। आप मानें या न मानें यह भूमंडलीकरण के दुर्वासा शाप हैं। एक समय था समाजवाद, समानता, स्वतंत्रता, शोषण मुक्त विश्व-मानव की बात करता था लेकिन वह स्वप्न ही बूढ़ी बीसवीं शताब्दी के अंतिम दौर में जल गया। कहते हैं कि पत्रकार वैंडल विल्की ने दूसरे विश्व युद्ध के दौरान एक छोटी सारगर्भित पुस्तक लिखी थी—'वन वर्ल्ड'। इस संसार में एक-दूसरे के साथ रहना ही है—हम चाहें न चाहें। और कोई विकल्प नहीं है। मनुष्य पूरी ताकत से प्रकृति को दुहले, दासी बना ले उसे अनुकूल रूपांतरित कर ले। लेकिन क्या वह विजयी होने का दंभ पाल सकता है। उस संसार में जहाँ सचमुच पूरा विश्व 'एक गाँव' है और इस गाँव पर अमेरिकी संस्कृति का वर्चस्व है, दबदबा है। इस अमेरिकी-संस्कृति से उत्पन्न बाजारवाद उपभोक्तावाद में भोग का अनंत-स्वर्ग है। फिर भी मानव आत्म-निर्वासित महसूस करता है। अकेला पाता है। ऊबकर आत्महत्या करता है। उसका 'मैं' किसी 'अन्य' से दिल नहीं खोलता। भूमंडलीकरण ने उसकी क्या दशा कर दी है। पश्चिमी सभ्यता की आचार संहिता और मूल्य चेतना का 'मॉडल' अमेरिकावाद। एशिया का देश जापान हो या भारत, सभी के लिए 'पश्चिमवाद' की अवधारणा में निहित अर्थ है—अमेरिकावाद। अमेरिकावाद की इस स्थिति के 'पाठ' अनेक हैं और अनंत अर्थ संभावनाओं वाले 'भाष्य' हैं। अमेरिकावाद के 'सेक्युलर मानव' और 'सेक्युलरिज्म' के भी बहुत से भाष्य जापान में किए जा रहे हैं जिसकी अर्थ-ध्वनि यह है कि यह सब विनाश का लीला दर्शन है जिसे हिंदी में निर्मल वर्मा ने 'मानववाद की छलनाएँ' कहा है। यह पश्चिमवाद का सच्चा यथार्थ है। जापान और भारत में ऐसे बुद्धिजीवियों की आज कमी नहीं है जो प्रश्नाकुल मुद्रा में पूछ रहे हैं कि एशिया पर भूमंडलीकरण की परंपराओं, मूल्यों, आदर्शों को थोप देने का क्या अर्थ। जबकि जापान अपनी जातीय अस्मिता या ऐथेनिक आइडेंटिटी पर गर्व

करता है। वह भारत की तरह पश्चिमी संस्कृति की नकल करने के चक्कर में अपनी बात को घला-मला नहीं करता। आ. रामचंद्र को लगता था कि भारतीय संस्कृति का मूल चरित्र है 'विरुद्धों का सामंजस्य'। आज यह 'चरित्र' भी संदेह के घेरे में आ गया है क्योंकि हम पश्चिमवाद के पीछे अंधे होकर भाग रहे हैं। प्रसाद जी ने कामायनी में कहा था कि 'अंधकार में दौड़ लग रही मतवाला यह सब समाज है।'

पश्चिमवाद की नकल को लेकर मेरे जैसे तीसरी दुनिया के मानव का ध्यान तोक्यो-जापान में होने वाली विश्व प्रसिद्ध कला-प्रदर्शनी पर अचानक गया। वहाँ प्रख्यात कैलीग्राफर (जापान लेखन कला की प्रसिद्ध पद्धति कैलीग्राफी) क्यूयोयू ईशीकावा ने जापानी के बहुचर्चित समकालीन कवि गोजो योशी मात्सु के रचना संसार को प्रदर्शित किया था। वहाँ कलाकारों-रचनाकारों-बौद्धिकों के बीच उन्होंने एक भाषण भी दिया। अपने भाषण में उन्होंने कवि गोजो योशी मात्सु के रचनाकर्म को विचार का केंद्रीय मुद्दा बनाकर रचनाओं का अर्थबहुल 'भाष्य' प्रस्तुत किया। यह भाष्य इतने कोणों से किया गया कि रचना के 'पाठ' में सोए हुए अनेक अर्थ-संदर्भ जाग उठे। एक अर्थ-संदर्भ 'पाठ' के अँधेरे से निकलकर अपनी अर्थ-व्यंजना में कह उठा कि जापान की समकालीन पीढ़ी जिसमें बच्चे बूढ़े सभी शामिल हैं—दोनों ही पर्सनल कम्प्यूटर्स और सेलुलर फोंस के चक्कर में पागलपन की हद तक पहुँच गए हैं। टेक्नॉलोजी के इस पागलपन ने उनके मौलिक सोच और सृजनात्मक क्षमता, सृजनात्मक कल्पना को बहुत दूर तक क्षत-विक्षत करने का माहौल निर्मित कर दिया है। ईशीकावा के विचार से यह बहुत ही खतरनाक और पीड़ादायक स्थिति है जिसमें जापानी संस्कृति, दर्शन-कला-साहित्य के पिसकर बर्बाद होने की स्थिति के बीज मौजूद हैं। दिन-प्रतिदिन युवा पीढ़ी और बुजुर्ग पीढ़ी के लोग दोनों ही 'साके' (जापानी शराब) पीते हैं और टेक्नॉलोजी की गुलामी का फंदा गले में कसते जा रहे हैं।

गोजो योशी मात्सु की रचनाओं से एक अर्थ स्फोट यह भी हुआ कि टेक्नॉलोजी की युक्तियों (Devices) को बौडगगन से ग्रहण करने का जापानी भाषा संस्कृति में नतीजा यह हुआ है कि पूरा जापानी समाज अपनी भाषायी अभिव्यक्ति क्षमता में अपंग होता जा रहा है। उनकी कथन-भंगिगाओं, भाव-वक्रताओं, बिंबों-प्रतीकों, मिथकों, और शब्द केंद्रित व्यंजनाओं की सृजनात्मकता के भीतर बंजरपन फैल रहा है। जापानी समाज अपने चिंतन का वह सत्य ही भूल रहा है कि शब्द केवल भाव-विचार के संप्रेषण का माध्यम मात्र नहीं होता। वह तो पूरी संस्कृति होता है। शब्द में ही पूरी परंपरा साँस लेती है। शब्द पूरा मनुष्य होता है। इतिहास होता है, स्मृति होता है। जातीय स्मृति के सभी देवी-देवता उसी में वास करते हैं। इसलिए संस्कृति विशेषकर जातीय स्मृति की बनावट में शब्द की महिमा सर्वोपरि है। जैन-दर्शन शब्द की इसी सत्ता-महत्ता की संस्कृति का जापानी संस्कार है। यदि जापानियों ने कंप्यूटर युग के नशे में धुत्त होकर जापानी शब्द संस्कार की परंपरा को दुर्बल होने दिया तो संस्कृति

के स्रोत सूख सकते हैं।

संस्कृति के शब्द स्रोतों के सूखने का अर्थ होगा संस्कृति का कुम्हला जाना। मूल बात यह कि आज संस्कृति के कुम्हलाने का संकट, सृजनात्मकता का संकट जापानी समाज के सामने उपस्थित है और 'परंपरा' अपनी मूल चिंतन धुरियों से उतरने की तैयारी कर रही है। वह परंपरा जिसे जापानी समाज ने हजारों वर्षों तक अपने भीतर वीणा की तरह बजाया है। तथा नया जीवन राग पाया है। क्या संयोग है कि चीन कोरिया-जापान के वीणावादक की लोक कथा को लेकर ही अज्ञेय जी ने हिंदी में 'असाध्य वीणा' जैसी अनुपम लंबी कविता लिखी है। कविता सुनना भीतर ही भीतर गुनना है। बोलना सब सुनना है। प्रकृति और मानव को तदाकार भाव से पाना है। सृष्टि के अखंड राग में लय होना। आज सृष्टि का यह अखंड राग ही टेक्नॉलोजी ने क्षत-विक्षत कर दिया है।

क्योतो सेइका यूनीवर्सिटी में प्रोफेसर ईशीकावा अपने स्वर में बहुत बेचैनी व्यक्त करते रहे। गोजो की कविताओं का भाष्य छूट गया। लेकिन वे कहते रहे—व्यापार-बाजार, बाजार-व्यापार से जुड़े क्षेत्रों में कंप्यूटरों, वर्ड्स प्रोसेसरों, सेलुलर फोनों का डटकर उपयोग तो अपना औचित्य रखता है। उससे क्लैरिकल वर्क की क्षमताओं में भी वृद्धि होती है। किंतु इन टूल्स या साधनों को शिक्षा के क्षेत्र से, घर के निजी जीवन से यथासंभव दूर रखना ही उचित होगा। 'घर' जहाँ हमारी और हमारे पूर्वजों की पवित्र आत्मा निवास करती है। यही जापानी शिन्तो जीवन पद्धति का सार सर्वस्व है। यह जीवन पद्धति जापानी-संस्कृति के आदिकाल से मानती चली आ रही है कि घर की आंतरिक क्षमताओं के भीतर ही सृजनात्मकता का विकास परिष्कार होता है। लेकिन आज की टेक्नॉलोजी हमारा 'घर' उजाड़ रही है। उसका सबसे घातक आक्रमण हमारे 'घर' पर हुआ है और 'घर' की पवित्रता नष्ट हो जाने के कारण ही पूरी पीढ़ी बाजारवाद के घातक घेरे में घिरी हुई है। इस घेरे को तोड़ पाना, इस बाजारवाद से मुक्त हो पाना ही आज की सबसे बड़ी चुनौती है। इस चुनौती ने जापान को ही क्यों पूरी एशिया को ड्रेगन (एक तरह का सर्प) की तरह जकड़ लिया है। सेलुलर फोनों पर बाजार व्यापार की बातों से बहुत ज्यादा बातचीत 'रति-क्रीड़ा' से संबंधित कार्यक्रमों की होती है। अपराध योजनाओं की होती है। 'सेक्स वर्कर' के स्थानों तक पहुँचने की होती है। 'सेक्स टॉक' की होती है। जापान में तो हालत यह है कि हर विज्ञापन के साथ सेक्स-गृहों के विज्ञापन के टेलीफोन नंबर दिए जाते हैं। खुला देह व्यापार चलता है। नाइट क्लबों में 'गेइसाओ' (जापानी गणिकाओं) की धूम रहती है और यह गेइसाएँ टॉप के अफसरों, राजनीतिज्ञों, व्यापारियों, कलाकारों, पत्रकारों, संपादकों, फैक्ट्री मालिकों, इंजीनियरों, बिजनेस इक्जूक्यूटिवों को अपने प्रेम-जाल में रिझाती हैं। जापानी नव रीतिकाल की यह अद्भुत दुनिया है। अथाह वैभव की यह दुनिया विलक्षण विलासिता की दुनिया है। इस दुनिया में

टेक्नॉलोजी की भूमिका बहुत बड़ी है। 'घर' को अनेक अर्थों का प्रतीक कहते हुए ईशीकावा यह कहना नहीं भूलते कि 'अभिव्यक्ति के अन्य स्थानों पर' कंप्यूटरों-सेलुलर फोनों का प्रवेश वर्जित होना चाहिए। जापान के वैज्ञानिकों का एक वर्ग कह रहा है कि सेलुलर फोनों से ऐसी घातक किरणें निकलती हैं जिनसे दिमागी कैंसर का रोग हो जाता है। अतः सार्वजनिक स्थानों पर इनके उपयोग पर प्रतिबंध लगाना चाहिए।

सभी श्रोताओं ने ईशीकावा से प्रश्न किया कि क्या आप जापान में पर्सनल कंप्यूटर और सेलुलर फोन का उपयोग नहीं कर रहे हैं? इस प्रश्न को सुनकर वे बहुत गंभीर हो गए। काफी देर तक चुप रहने के बाद बोले, ''आज तक मैंने पर्सनल कंप्यूटर, वर्ड प्रोसेसर या मोबाइल फोन का उपयोग नहीं किया। इन सबके विपरीत मैंने ब्रश तथा कैलीग्राफी (Calligraphy) के प्रति पाँच वर्ष की अवस्था से ही समर्थक भाव रखा है। कैलीग्राफी या खुशखत लेखन कला की निरंतर साधना ने ही मुझे एक भला-बुरा कैलीग्राफर बनाया है। मूल बात यह कि कला निरंतर समर्पण, एकाग्रता, चित्त समाधि का अभ्यास चाहती है। जापान की जैन-साधना पद्धति में ऐसी कोई जापानी कला नहीं है जिसने अपना स्थान न बनाया हो। सोचने की बात है कि जापानी रचनाकारों ने महाकाव्यों की रचना नहीं की। उन्होंने निचिरेन भाव-दर्शन से ताका-वाका-हाइकू जैसे लघुकाव्य रचे हैं। इन सभी में 'अमित अरथ अति आखर थोरे' की कला का कमाल है। इसी कला ने बाशो, इस्सा तथा बासोन को संसार भर में शब्दों के जादू का कवि बनाया है। ब्रिटेन, अमेरिका, फ्रांस के कवि इस हाइकू कला में नए प्रयोग कर रहे हैं। यही हाल जापानी-संगीत कला, चित्रकला और नाट्यकला का है। ईशीकावा के विचारों को सुनकर मुझे ध्यान आया कि भारतीय काव्यशास्त्र में काव्य हेतुओं या काव्य कला कारणों को 'काव्यमाता' कहा गया है। प्रतिभा, व्युत्पत्ति और अभ्यास तीनों को काव्य हेतु। किसी-किसी आचार्य ने प्रतिभा या शक्ति को काव्य का प्रधान हेतु और व्युत्पत्ति (बहुज्ञता) और अभ्यास को काव्य का संस्कारक हेतु कहा है। लेकिन हमारी चिंतन परंपरा में आचार्य मंगल जैसे विद्वान भी हैं जो निरंतर अभ्यास या साधना को ही काव्य का प्रधान हेतु मानते हैं। प्रतिभा (स्मृति, मतिप्रज्ञा) तो बहुतों में होती है। बहुत लोग बहुज्ञ भी होते हैं। लेकिन निरंतर अभ्यास या तप साधना न होने पर उनकी प्रतिभा बिखर जाती है। इस प्रकार अभ्यास ही 'तप' है और इस तप से ही 'विष्णु बल' की प्राप्ति होती है।

हमारे यहाँ भी गुरु शिष्य परंपरा में बच्चे बचपन से ही कलाओं का अभ्यास करते रहे हैं। संस्कृत भाषा और काव्य को पढ़ने और गाने का एक विशेष ढंग बचपन से ही प्राप्त संस्कारों के साथ निर्मित हुआ। वाचिक परंपरा में 'श्रुति' का अर्थ-संदर्भ हम भारतीयों का बहुत पुराना अनुभव है। प्राइमरी कक्षा के अध्यापक कविता का कई बार स्वयं 'पाठ' करते थे और कई बार बच्चों से 'पाठ' कराते थे। कविता का

बार-बार पाठ करने से अर्थ खुलता था, कंठ-स्वर मँजता था और शब्द-संगीत अनायास लुभाता था। हमने इस 'पाठ' पद्धति को पाठशालाओं से बाहर कर दिया पश्चिम के अनुकरण पर। आज जब 'पाठ' की उत्तर-संरचनावादी पद्धति में धूम उठी तो हम सब 'पाठ' केंद्रित अर्थ-बहुलता, पाठ केंद्रित आलोचना की ओर भाग खड़े हुए। क्या विडंबना है कि 'पाठ' और 'अंतर्पाठ' 'भाष्य' और 'विमर्श-सिद्धांत' हमें विदेशी अध्ययन-क्षेत्रों से ग्रहण करने पड़ रहे हैं। कठिन-से-कठिन पश्चिमी अवधारणाओं, प्रत्ययों के साथ। लुसाई गोल्डमान कह रहे हैं कि 'पाठ' वैयक्तिक मेधा का उत्पाद नहीं है। पाठ तो उन अंतर्वैयक्तिक मानसिक संरचनाओं से उत्पन्न होता है जिन्हें समाज विशेष पोषित करता है। ध्यान में रखने की बात यह है कि ये सामाजिक संरचनाएँ परिवर्तित होती रहती हैं और गतिशील यथार्थ के प्रति विश्व दृष्टि बदलती रहती है। अर्थ प्रक्रिया कोई स्थिर प्रक्रिया नहीं है। समाज-सापेक्ष्य गतिशील प्रक्रिया है। इसी प्रक्रिया से हम 'कामायनी' या 'उर्वशी' या 'असाध्य वीणा' का उपभोक्तावादी संस्कृति-समाज से उत्पन्न अर्थ कर सकते हैं। गोल्डमान ने अपनी प्रसिद्ध पुस्तक 'दि हिडिन गॉड' 1956 में पास्कल के दर्शन, फ्रांस के धार्मिक आंदोलन, जॉजिनिज्म, रसीन के त्रासद नाटकों का तुलनात्मक अध्ययन किया। उन्होंने इस अध्ययन से यह सिद्ध किया कि 'रूप' ही 'अंतर्वस्तु' का निर्धारण करता है तथा इन चारों की मानसिक संरचनाओं में संगति पाई जाती है। गोल्डमान ने अपनी इसी सोच का विस्तार 'टू वर्ड्स सोसिऑलोजी ऑफ नावेल' में किया। इतना ही नहीं उन्होंने साहित्य को समाजशास्त्र 'सोसियॉलोजी ऑफ लिटरेचर' नाम से एक नया डिसिप्लिन ही चला दिया। साहित्य के समाजशास्त्र को 'जेनिटिक स्ट्रक्चरलिज्म' अर्थात् उत्पत्तिपरक संरचनावाद कहते हैं। गोल्डमान के इस सिद्धांत और पद्धति को लेकर पूरी एशिया में धूम मची है। हम सभी जानते हैं कि गोल्डमान पर लुकाच के चिंतन की 'सोल एंड द फार्म्स', 'थियरी ऑफ नावेल' और 'हिस्ट्री एंड क्लास कांशसनेस' की धमक है। उनकी पहली पुस्तक 'हिडन गॉड' में सत्रहवीं शताब्दी का अध्ययन इस दृष्टि से किया है कि कैसे एक सामंती समाज, पूँजीवादी समाज में बदलता है। इस बदलाव का कारण सत्ता और शक्ति के चरित्र में खोजा जा सकता है। ऐसे ही किसी भी समाज का फार्म क्या बना है और उसमें जन्म लेने वाली साहित्यिक रचना का फार्म क्या है। इन दोनों के रिलेशनशिप को देखना-परखना चाहिए। अर्थात् साहित्य में देखने-परखने की चीज 'कंटेंट' नहीं है—स्ट्रक्चर है। कृति का 'मेंटल स्ट्रक्चर' सोशल पॉलिटिकल, इकोनॉमिक स्ट्रक्चर से जुड़ा होता है। गोल्डमान की इस दृष्टि से साहित्यिक अध्ययन के क्षेत्र का एक नया अध्याय शुरू हुआ है।

एक समय था भारतीय बच्चे प्राइमरी पाठशालाओं में पट्टी-बुदक्का-सेंठे की कलम से लेखन का अभ्यास करते थे। प्राइमरी स्कूलों में सुंदर लेखन का अभ्यास रोज कराया जाता था। खुशखत लेखन एक मेंटल फार्म निर्मित करता था। आज

वह संसार ही नष्ट हो गया है। कापी पेन का रिश्ता बना है जिसमें अक्षर लिखना सीखना है। सुंदर लिखावट का अर्थ ही नहीं रहा। फिर आ गया टाइप और कंप्यूटर। हाथ से लिखना ही छूट रहा है। वाक्य के गठन में जो कल्पना, मानसिकता सक्रिय रहती थी उसकी बधिया बैठ गई है। कंप्यूटर पर कविता लिखी जा रही है जिसमें शब्द हैं, पर काव्यार्थ गायब है। हम भारतीय तो बदल रहे हैं क्योंकि पश्चिम के साथ रहने में ही हमें अपना भविष्य दिखाई देता है। लेकिन जापान अभी 'कैलीग्राफी' पर कायम है। वह अपने लेखन की इस साधना को छोड़ना नहीं चाहता। साँस साध कर बच्चे सुंदर लिखावट 'कैलीग्राफी' की साधना करते हैं। इसकी लिपि चित्रलिपि है, जो बहुत एकाग्रता और अभ्यास चाहती है। पाँच वर्ष की उम्र होते ही बच्चा अक्षराभ्यास के साथ चित्रांकन का अभ्यास करने लगता है। फिर चित्रकला तो जापानी बच्चे की घुट्टी में मिली कला है। जापानी भाषा में चित्रकारी और लिखने के लिए एक ही शब्द है–'काकू' जापानी अक्षरों की लिखावट। इन अक्षरों को लिखते-लिखते बच्चे फूल, पेड़, पशु-पक्षी, नदी-पहाड़ को आलेखित करना सीख लेते हैं। जापानी भाषा में शब्द को 'कोतोबा' कहते हैं। अर्थात् 'विचार का पल्लव'। इस प्रकार प्रकृति-पूजा, पितर-पूजा जापानियों को शिन्तो धर्म से मिलती है। हमारे बच्चे इस ढंग की न तो शब्द-साधना करते हैं, न चित्रकला का एकाग्र भाव से अभ्यास। उन्हें न तो जेन साधना पद्धति की कोई कैलीग्राफी परंपरा मिली है न साँस रोककर मंत्र भाव पद्धति का अक्षरालोक। संस्कृत भाषा और देवनागरी लिपि तो हम रो-धोकर ढो रहे हैं। उसके प्रति आदर का भाव नहीं है। हम तो रोमन लिपि तथा अंग्रेजी भाषा साहित्य के स्कॉलर बनने का अरमान रखते हैं। हिंदी दिवस, हिंदी भाषा साहित्य प्रेम सब कोरा दिखावा है। जब ज्ञान-मंदिर के देवता के प्रति आस्था का भाव ही नहीं रहा तो देवता पत्थर हो गया।

जापान में ईशीकावा साँ जैसे विश्वविद्यालय के प्रोफेसर जापानी भाषा-साहित्य के प्रति जीवन समर्पित किए बैठे हैं। उनके अध्ययन का क्षेत्र ईस्ट-वेस्ट-नॉर्थ-साउथ एशिया के धर्म, दर्शन, कला-संस्कृति का इतिहास है। लेकिन हमारे प्रोफेसर देरीदा, लुकाच, गोल्डमान के पीछे पागल हैं। मजा यह है कि अभी तक हम कोई भी साहित्य समीक्षा की पद्धति ढंग से विकसित नहीं कर पाए हैं। केवल पश्चिमी समीक्षा की पद्धतियों का पल्लवग्राही ज्ञान लिए फिरते हैं। जैसा पतन हम राजनीति में देख रहे हैं वैसा ही पतन साहित्य के क्षेत्र में। साहित्य के पवित्र क्षेत्र को रचनाकारों-आलोचकों ने राजनीति का कुरुक्षेत्र बनाकर दम लिया है। इस लड़ाई का नतीजा यह हुआ है कि हमारे हाथों में टूटी हुई तलवारों की मूँठें रह गई हैं। आकुलि-किलात जो हमें 'कामायनी' में मिले थे, मरे नहीं हैं। वे अभी भी 'मुझे एक राक्षस जानो जी' वाला मस्त राग गा रहे हैं। यह पूरा विनाश इसलिए हो रहा है कि सांस्कृतिक विकास में भाषा और साहित्य की जो सृजनात्मक भूमिका होती है, उसे हमने भुला दिया है।

हमारे समय में भाषा-साहित्य और इतिहास की समस्या बहुत जटिल समस्या है। फ्रांसिस फूकोयामा उत्तर-आधुनिकतावादी विचारकों में एक अकेले तरह के विचारक हैं, जो 'दि इंड ऑफ दि हिस्ट्री एण्ड दि लास्ट मैन' शीर्षक अपनी प्रसिद्ध पुस्तक में मानते हैं कि 'इतिहास का अंत' हो गया है। 'विचारधाराओं के अंत' की घोषणा डेनिल बैल पहले ही कर चुके हैं और रोलां बार्थ 'लेखक की मृत्यु' घोषित कर चुके हैं। अब विचार यह बना है कि इतिहास हो या साहित्य सब कुछ गप्प है। पाठ है, इस पाठ का हमें भाष्य करना है। भाष्य करना है तो भाषा का सहारा लेना पड़ता है और 'भाषा' में संस्कृति-मिथक, परंपरा, दर्शन, स्मृति सभी कुछ समाविष्ट रहते हैं। फिर जब कोई देश अपनी सांस्कृतिक-धार्मिक-नैतिक जड़ों से उन्मूलित होने लगता है तो सबसे पहले उस संकट को भाषा ही व्यक्त करती है। भाषा का आंदोलन टूटता है तो जातीय स्मृति विनाश की ओर चल पड़ती है। जापान और फ्रांस इस बात को खूब अच्छी तरह से समझते हैं। इसलिए वे अपनी भाषा की आँख की पुतली की तरह रक्षा करते हैं। वे अंग्रेजी को विश्व भाषा कहकर ग्रहण नहीं करते हैं और बाजार-व्यापार-साहित्य-दर्शन, शासन-सत्ता के सभी कार्य जापानी में करते हैं। जापानियों में जापानी भाषा के प्रति अद्भुत राग है। इसी जापानी भाषा प्रेम के कारण उनकी संस्कृति-परंपरा-दर्शन की भूमि बची हुई है। उस पर अंग्रेजी के सांस्कृतिक नव साम्राज्यवाद का भूत सवार नहीं है। संचार सूचना क्रांति का युग जापान जैसे देश में भी अंग्रेजी की पकड़ मजबूत करने के नए-नए उपाय सोच रहा है। लेकिन जापान उनकी चालों को नाकाम कर रहा है। उन्हें अपने अनुभव से पता है कि विचारों के व्यापार में, बाजारवाद में शब्दों की करेंसी की केंद्रीय भूमिका है। फिर वे न तो 'रिलीजन' के पश्चिम शब्द जाल में फँसते हैं न 'सेक्युलरिज्म' के न 'नेशनलिज्म' के। उन्हें हिंदी के नकलची बौद्धिक समाज की तरह 'राष्ट्रवाद, सांप्रदायिकता और हिंदी उपन्यास' जैसे विषयों पर किसी सुधीर चिंतन की जरूरत नहीं है। भारत में सांप्रदायिकता का जहर 'धर्म' ने नहीं, राजनीति ने घोला है। कभी मंडल-कमंडल के नाम पर कभी मंदिर-मस्जिद की राजनीति के नाम पर। राजनीति ही शायर वली के मजार पर आग लगवा रही है। राजनीति ही भाषा संस्कार को भ्रष्ट कर रही है—धर्म नहीं।

अनेक कोणों से हर बार यह प्रश्न कई रूपों और संकेत ध्वनियों से उठाया जाता रहा है कि क्या भाषा-साहित्य या सृजनात्मकता इतिहास निरपेक्ष हो सकती है। यदि भाषा और साहित्य को इतिहास से बाहर नहीं माना जा सकता तो यह कहना कहाँ तक उचित है कि साहित्य की एक स्वायत्त सत्ता होती है। आर्थिक-सांस्कृतिक इतिहास की तरह साहित्य मानव इतिहास का एक अंग है। लेकिन साहित्य की प्रकृति में एक विशेष बात यह है कि वह अपने 'पाठ' और 'विमर्श' में इतिहास से भिन्न है। इसलिए न केवल आत्मनिर्भर है अपितु भिन्न है। साहित्यिक पाठ के अध्ययन

में साहित्य-सिद्धांतों की भी कम-से-कम मदद लेनी चाहिए। राजनीतिक-ऐतिहासिक मतवादों-सिद्धांतों की तो बिल्कुल नहीं। राजनीतिक सिद्धांत रचना के साथ न्याय नहीं कर पाते। उसका विनाश ही करते हैं। पश्चिम में आधुनिकतावाद से प्रभावित 'न्यू क्रिटिसिज्म' नई समीक्षा ने जब आलोचना की सभी ऐतिहासिक पद्धतियों का विरोध करते हुए 'कलाकृति' पर केंद्रित आलोचना की महत्त्व प्रतिष्ठा करनी चाही तब एक भयंकर वाद-विवाद का जन्म हुआ। आधुनिकतावाद के पतनकाल में उत्तर-संरचनावादियों ने रोलां बार्थ से लेकर मिशेल फूको, पाल डि मान आदि ने सबसे ज्यादा कान खिंचाई 'नई समीक्षा' की ही की है। इन सभी का विचार है कि भाषा, साहित्य एक संस्कृति विशेष की उपज होती है। अतः उन पर विचार, संस्कृति केंद्रित दृष्टि से ही होना चाहिए। आरोपित बाहरी सिद्धांतों से नहीं।

संरचनावादी चिंतक सदैव एक स्वर में कहते रहे हैं कि भाषा में संस्कृति की आत्मा बोलती है। इसलिए भाषा और संस्कृति को अलग नहीं किया जा सकता। उसे अलग करने का प्रयास जल से लहर को अलग करने जैसा प्रयास है। नव-इतिहासवाद के उत्तर-संरचनावादी विद्वानों ने एक कदम और आगे बढ़कर कहा कि साहित्य सृजन न केवल सांस्कृतिक-प्रक्रिया है वरन् वह सांस्कृतिक बोधों, आचारों, व्यवहारों-रीतियों-मूल्यों को भी उत्पन्न करता है। इस प्रकार भाषा तथा साहित्य की सृजनात्मकता उसकी अपनी सांस्कृतिक कोख से ही पैदा होती है। जापानी कला-मर्मज्ञ तो शुरू से ही 'संस्कृति' के इस सृजनात्मक पहलू पर शिन्तों और जेन साधना पद्धतियों के आधार पर विचार करते रहे हैं। जापान में सृजन का जोर रहा आलोचना का कम और साहित्य सिद्धांतों के निर्माण का तो उससे भी कम। उनकी निगाह में 'सृजन' मौन में भाषित होना चाहिए और जो भाषित है, उसका स्थान भी मौन ही है।

इनफार्मेशन टेक्नॉलोजी, इलेक्ट्रॉनिक मीडिया, कंप्यूटर प्रणाली, साइबरस्पेस, डिजिटल रियल्टी, इंटरनेट, सुपर हाइवे ने बहुलतावादी संस्कृतियों की चूलें हिला दी हैं। जो परिवर्तन हुए हैं, उनका साहित्य, कला, भाषा, संस्कृति पर क्या प्रभाव पड़ेगा। कोई ठीक से नहीं जानता। राष्ट्रीय, क्षेत्रीय, स्थानीय, जातीय, कबीलाई, नारीवादी, दलित साहित्य का 'अंतनाद' कहाँ है? कैसे कहा जा सकता है, मैटा नैरेटिय के खंडित हो जाने के बाद साहित्य केवल हाशिए की चीज रह गया है। साहित्य का न केवल पाठक बदला है उसके पढ़ने का तरीका और सलीका बदल गया है। रेट्रो-रिवाइवल वाले अतीत की नई व्याख्याएँ कर रहे हैं और सबाल्टर्न हिस्ट्रीवाले इतिहास की पुरानी पटरियाँ उखाड़कर नई मेट्रो लाइन बिछा रहे हैं, जिसमें जन है, जन-विश्वास हैं, लोक-किंवदंतियाँ हैं, लेकिन मार्क्सवादी जनवाद नहीं है। फिर उत्तर-संरचनावाद ने जो थियरी ऑफ रीडिंग पैदा की है उसमें सब-टेक्स्ट या अंतर्पाठ का अपना सौंदर्य शास्त्र है। इसने तो साहित्य से ज्यादा संस्कृति-डिस्कोर्स को केंद्रीय स्थान दिया है और साहित्य को साहित्यिक अध्ययन की तरह न पढ़कर सांस्कृतिक अध्ययनों के

दायरे में पढ़ा जाने लगा है। आलोचना पाठक केंद्रित आलोचना हो गई है और साहित्यिक सोच एक नया ग्लोबल मॉडल।

साहित्य और आलोचना के 'विश्व गाँव' में बहुलतावाद को तो आदर का स्थान मिला हुआ है लेकिन आइडियालॉजी केंद्रित तानाशाही को कहीं भी जगह नसीब नहीं है। साहित्य किसी भी शास्त्र का उपनिवेश नहीं है उसकी अपनी स्वायत्तता है। 'प्रतिबद्धता' और 'सामाजिकता' तो उन धूर्त्तों की नारा रहा है जो साहित्य को अपने मतवाद की रखैल बनाकर नष्ट करते रहे हैं। आज तो उपस्थित प्रश्न यही है कि हम साहित्य पढ़ें ही क्यों?

# राम-मंदिर का मसला पार्टी के लिए चेक था

कुछ दिन पहले की ही बात है जिसे सुनकर छाती ही फटी जा रही थी। जब दूरदर्शन पर 'आजतक' में भाजपा की देवी जी सुषमा स्वराज कह रही थीं कि राम मंदिर का मसला पार्टी के लिए चेक था जिसे एक बार 'कैश' कर लिया। अब उस 'चेक' को दुबारा 'कैश' नहीं किया जा सकता। इसलिए सोच-समझकर पार्टी ने अब 'राम-मंदिर' को चुनावी मुद्दा न बनाने का फैसला किया है। पार्टी कोई नया मुद्दा खोजेगी। प्रश्न उठता है कि पार्टी के लिए दुधारू 'हिंदुत्व' का क्या होगा? क्या बेचारा 'हिंदुत्व' अब उन्हीं के द्वारा बेसहारा हो जाएगा। जिन हाथों ने उसे खूब दुहा और अब दूध न देने पर बूढ़ी गाय की तरह खूँटे से खोलकर हाँक देने की तैयारी की जा रही है। बूढ़ी गाय को कसाई काट डालते हैं इतनी बेरहमी 'हिंदुत्व' और राम-मंदिर के साथ। पेट में घुसकर मार मारी और 'हिंदुत्व' की गलत दिशा को खोला। उसकी विरुद्धों में सामंजस्य पैदा करने वाली 'आंतरिक लय' को सुना तक नहीं। ठीक है कि हिंदुत्व में हर संकट एक गाय होता है। कवि कथन झूठ थोड़े ही है कि पुट्ठों तक चोट खाई गाय का दर्द उसने पार्टी के हाथों झेला। भाजपा इस दर्द को ठीक से न समझ सकी कि गुजरात गया अब उत्तर प्रदेश भी निकला जा रहा है—'लागत अवध भयावह भारी' की स्थिति किसने पैदा की है? सत्ता के पागलपन ने न। यह चिल्ला-चिल्ला कर छाती पीटने से क्या फायदा कि भैंसा-पार्टियों के लोग गाय-पार्टी के लोगों पर रहम नहीं कर रहे हैं।

रहम क्यों करें? राजनीति में रहम नाम की कोई चीज ही नहीं है। सिद्धांत पर आधारित राजनीति तो गाँधी-लोहिया, जयप्रकाश आदि के साथ ही विदा हो गई। फिर कांग्रेसी संस्कृति के चौधरियों ने राजनीति में हाथ से जूता घुमाया। संस्कृति की चाँद तो नेहरू-युग ने ही पीट डाली। बाहरी आधुनिकता का सड़ा माल ट्रकों बाहर से आया और खपाया गया। इतना कि दिमाग कूड़े से पाट दिया गया। 'भारतीय संस्कृति' की सर्जनात्मकता को झाड़ू मारा गया और लोकतंत्र के लड्डू बाँटे जाने लगे। फलतः जनता की भारतीय संस्कृति और राजनीति की भारतीय संस्कृति दो अलग-अलग

संस्कृतियाँ बन गईं। पहली परंपरा को पीटकर भाजपा ने दूसरी संस्कृति पर कब्जा जमाया। फिर खो-खो के खेल के लिए कोड़े की खोज की गई। इस खोज में 'राम' नाम मिल गया। 'राम नाम लड्डू' ठीक से समझ में आ गया। 'राम' के साथ 'सीता' तप की त्याग की परंपरा मिल गई। हनुमान मिल गए। इस खोज में न जाने क्या-क्या मिला। फिर तो 'राम' को 'ब्रांड' बनाकर रथ-यात्राएँ चल पड़ीं। विधर्मियों-आक्रमणकारियों से संस्कृति को बचाना है—यह अफवाह जनता में फैला दी गई। 'राम' के नाम से जनता का संत संस्कारी मन उमड़ पड़ा। संतों-महंतों की सभा-गोष्ठियाँ चल पड़ीं। रामानंद रपटकर भाजपा की झोली में गिर पड़े। 'आरति श्री हनुमान लला' के रचनाकार रामानंद भारतीय मध्यकालीन संस्कृति के मेरुदंड रहे हैं। रामानंद का दंड-कमंडल लेकर ही भक्ति-आंदोलन का प्रवाह पूरे भारत में प्रवहित हुआ। रामानंद और तुलसीदास की प्रेरणा से ही पूरे भारत में मारुति मंदिर बनवाए गए। 'तुम रघुकुल गौरव रामचंद्र मैं सीता अचला-भक्ति' का अद्वैत-वेदांत जनता के पास वाचिक-परंपरा में न जाने कब से मौजूद था। इसलिए 'भाजपा' ने हिंदू 'परंपरा' और 'संस्कृति' पर सत्ता हथियाने का चक्कर चलाया।

'राम-मंदिर' का मामला क्या पुराना हो गया है, नहीं आस्था का भाव ही खो गया है। ध्यान कीजिए अभी थोड़े दिन पहले ही गणेश जी दूध पीकर मुटियाये हैं, तगड़े हैं। उनकी ताकत का जायजा ले लिया जाए। उनकी तोंद भी कम हो जाएगी और उन्हें 'रिद्धि-सिद्धि' का आशीर्वाद भी मिल जाएगा। विघ्न विनाशक चूहे की सवारी पर निकल पड़ेंगे और चूहे सभी राजनीतिक पार्टियों को कुतर डालेंगे। भाजपा मोटे मूसटों को लोहियावादी भंडार में उतार देगी। तब भी क्या उनके लौह-कपाट कट पाएँगे। राजनीति का पक्वान्न-स्वाद रस रसशास्त्र-सौंदर्यशास्त्र रचेगा। भाजपा को पता चल गया है कि इस बार रथ-यात्रा सोमनाथ के मंदिर से नहीं करेंगे। उधर गाँधी जी की प्रेतात्मा अभिशाप दे देती है। गाँधी जी के 'हिंदुत्व' में सभी को जगह है। पर भाजपा के 'हिंदुत्व' में 'हिंदू' भी ठीक से नहीं समा रहा है। इसलिए इस बार रथ-यात्रा मथुरा-काशी पुरी कहीं से शुरू करेंगे ताकि वोट की बरसा हो। भक्ति नहीं चाहिए। राम-मंदिर भक्ति से क्या मिला? एक बंजर-निराशा। भाजपा कह रही है रामजी तुम्हें देख लेंगे। तुमने ठीक नहीं किया। सत्ता का मुकुट पहनाकर मुकुट उतरवा लिया। देखना तुम्हारी सीता को रावण के यहाँ गिरवी रख देंगे। छुड़ाने में ताकत की आजमाइश हो जाएगी। बालकों की तरह कौतूहल वश जो राम-नाम की नाव जन-समुद्र में छोड़ दी उसका चापल्य के सिवाय कोई कारण नहीं हो सकता है।

'हिंदू-परंपरा' एक मोहक शब्द है। इस परंपरा से आर्य-अनार्य-द्रविड़-कौल-श्रमण, ब्राह्मण कोई भी तो बाहर नहीं है। इसीलिए यह शब्द भ्रामक है। फिर 'हिंदू-परंपरा' को भारत में तर्क बुद्धि का दम भरने वाले मार्क्सवादी कभी भी समझ नहीं पाए

हैं। पश्चिम की शर्तों पर, मानदंडों पर वे 'हिंदू-परंपरा' को समझाने में लगे रहे। उनका पूरा चिंतन गलत हो गया। भारतीय जाति-वर्ण, धर्म, दर्शन-मिथक, प्रतीक, संप्रदाय किसी को भी वे समझा नहीं पाए। दरिद्र-तपस्वी ब्राह्मण की पीड़ा को 'ब्राह्मणवाद' नहीं समझा सका। 'ब्राह्मणवाद' के चिंतन को भारतीय शर्तों पर ही समझना पड़ेगा, ऐसा न करने पर पूरा आधार ही गायब हो जाएगा। राम-कथा को ब्राह्मण क्षत्रिय परंपरा के संघर्ष से जोड़ने की कोशिश भी कुछ साम्राज्यवादी इतिहासकारों ने की है। लेकिन नतीजा क्या निकला है—जाति वर्ण और वर्ग की व्याख्या में झोल पड़ गई है। कारण, राम का संघर्ष, झोंपड़ियों की ताकत लेकर महलों को ललकारने का संघर्ष बनकर उभरता रहा है। रामकथा धरती के मानव द्वारा किए गए सांस्कृतिक-सामाजिक, साम्राज्यवाद के विजय की रूपकात्मक कहानी है। धरती अपनी बेटी सीता को लेकर उठ खड़ी होती है और राम से जवाब माँगती है। 'सीता' हमारी संस्कृति का वह मन है जिसके तप त्याग के आगे धरती के सब लांछन लाचार हैं। मूल बात यह है कि राम-सीता किसी भी पार्टी के लिए राजनीति का तमाशा नहीं बनाए जा सकते, जो बनाते रहे हैं, उन्हें भी जन-धिक्कार ही अब मिल रही है।

'सीता' में खेतिहर या कृषिजीवी संस्कृति की वह ताकत है कि पूँजीवादी उपभोक्तावादी रावण उसे भोगने में लाचार रहा है। राम उस संस्कृति के विद्रोही नायक हैं जो सामंतवाद अधिनायकवाद को चौपट करके दम लेते हैं। मार्क्सवादी रामकथा की व्याख्या करते हुए भूल जाते हैं कि रामकथा अपने ढंग से आदिम साम्यवाद की कहानी का आद्य-बिंब है। यह कथा सीधे-सीधे धार्मिक कथा नहीं है। जैसा कि भाजपाई समझते रहे हैं, मूलतः यह अग्नि-गाथा है। रामायण पर लिखी गई 'रूसी-भूमिका' धोखा है क्योंकि 'धर्म' का व्यापक अर्थ ही उसमें गायब है। 'धर्म' का निहायत संकुचित सिरफिरा अर्थ लेकर मार्क्सवादी जब भाजपाइयों को ललकारते हैं तो हँसी आती है। यहाँ अंधा अंधे को ठेलता मिलता है। अगर आप रामकथा की अंबेडकरवादी व्याख्या करेंगे तो राम का नायकत्व उन्हें वहाँ ले जाकर खड़ा कर देगा कि आप राम को दलित संघ का सभापति बनाने को अधीर हो जाएँगे। शबरी-केवट-निषादराज तो राम को न छोड़ सकेंगे। इस 'हिंदुत्व' का 'राम-रसायन' अद्भुत लगेगा। रामकथा की यदि 'फेमनिस्ट' चौखटे में व्याख्या करेंगे तो तुलसी तक को आप नारी-विरोधी सिद्ध नहीं कर पाएँगे। तुलसी के राम अहल्या का उद्धार करते हैं। शबरी को मातावत मानते हैं। कैकेयी का अपराध क्षमा कर देते हैं। ग्रामीण नारियों के द्वारा सीता से हास-परिहास करने पर मुदित होते हैं और अयोध्या लौटने पर नारियों के द्वारा सर्वाधिक स्वागत पाते हैं। रामरूपी चंद्रमा को देखकर नारियाँ समुद्र की तरह उमड़ती हैं। वह जमाना गया जब 'ढोल गँवार शूद्र पशु नारी' का पासा फेंककर तुलसी को नारी निंदक कहा जाता था। ऐसी स्थिति के कारण नारीवादी आंदोलन के लिए भी रामकथा की अपनी शक्ति कम नहीं है। राम-परंपरा में 'मधुरोपासना' करने वाले राम को 'अष्टयाम'

में पूजने-पानेवाले अयोध्या के संत-महंत राम-नाम का कीर्तन करते हैं। मानव के भीतर का 'शिव' तभी उदित होगा जब आप 'राम' के साथ होंगे। लेकिन अगर आप राम को वैष्णवों का प्रतीक मानकर उन्हें द्रविड़-संस्कृति पर धावा बोलने वाले सिद्ध करने पर तुल जाओगे तो 'राम' भाव ही भ्रष्ट एवं विकृत हो जाएगा। ऐसे लोग 'राम' का चित्र जलाते रहे हैं। उनकी पूजा जूता-चप्पल से करते रहे हैं। पर वे यह सब नाटक करने पर टिक न पाए क्योंकि राम ही गरीब नेवाज हैं। वे नस्लवाद-भेदभाव-रंगवाद से दूर सभी को अपनाते हैं। इसीलिए 'राम' को 'शिव-शक्ति' ने अपनाया है। 'शिव' के साथ होने का अर्थ है—भारतीय जन-संस्कृति के साथ होना। शिव के साथ होने का अर्थ है अपने हृदय को लोक-हृदय में मिला देना—हृदय की मुक्तावस्था को प्राप्त होना। ऐसे शिव जानते हैं कि 'राम' को 'कैश' नहीं किया जा सकता। 'भाजपा' न जाने 'कैश' करने की बात कैसे सोच रही है। राम धन तो कभी घटता ही नहीं, खर्च करने पर विद्या की तरह बढ़ता है। पर 'कपट मुनियों' को वह घटता मिलता है। भाजपाई 'कपट-मुनि' यह बात काफी देर में समझे हैं। चलो समझे तो।

समझ में नहीं आता है कि ऐसी कौन-सी भारत में राजनीतिक पार्टी है जिसका काम 'रामराज्य' की कल्पना के बिना चलता हो। सभी राम-कथा के मूल्यों की बात कहती हैं यह अलग बात है कि उन पर आचरण नहीं करतीं। इसीलिए राजनीति का संकट 'चरित्र' का संकट है और इसी संकट ने हमें 'घोटाला ऊँचा रहे हमारा। विजयी विश्व लफंगा प्यारा' गीत दे दिया है। भाजपा राम को उछालती है। पर कांग्रेस भी कम 'हिंदुत्व' वादी पार्टी नहीं है। समाजवादी पार्टीवाले राम-कृष्ण और शिव के बिना कहाँ जी पाते हैं। भारतीय मार्क्सवादी आजकल 'हनुमान' और 'दुर्गापूजा' में भक्ति-भाव से डूबे हैं। उनके लिए न 'धर्म' अफीम है न ईश्वर त्याज्य। सभी कहीं न कहीं बाहर या भीतर रामनामी तिलक लगाए हुए हैं। लाल रंगवाले हनुमान के तलुवे चाट रहे हैं पर हनुमान ही उनकी नीयत टटोलकर टालमटोल कर रहे हैं। पीले रंग वाले 'धरे धनु सायक' के पीछे हैं पर राम हैं कि उनसे चिढ़ गए हैं और उन्हें सत्ता से नीचे पटक रहे हैं। बसपा के लोग अंबेडकर के पास और अंबेडकर महात्मा बुद्ध के पास और बुद्ध हैं कि पिछले जन्म में राम होने की कथा अपने शिष्य आनंद को सुना रहे हैं। हिंदुस्तान के मुसलमान, ईसाई, सिक्ख, भाई सभी सर्व-धर्म समभाव की 'सेक्युलर' माला जप रहे हैं। पूरे भारत में उत्तर-आधुनिकतावाद की लपट उठी हुई है। इस लपट में राजनीति का नया 'पाठ' गढ़ा जा रहा है और 'अमेरिकावाद' की आल्विन टाफलर 'फ्यूचर शॉक' कहकर नई व्याख्याएँ कर रहे हैं। ये व्याख्याएँ हर पार्टी को पसंद आ गई हैं क्या? अज्ञेय जी की एक कविता कह रही है, 'छिछली उथली घनी चौंध से अंध घूमते हैं हम। अपने रचे हुए मायावी उजियाले में।' यह मायावी उजियाला क्या है? राम-संस्कृति के मूल्यों से पलायन कर पश्चिम के संपन्न

समाजों के नरक में स्थान पाना। यह नयी 'शैतानी सभ्यता' की उपज है जिसे गाँधी विचार यात्रा ने अनेक कोणों से विश्लेषित किया है। गाँधी-चिंतन का 'राम' भाजपा के राम से अलग क्यों पड़ जाता है? भाजपा राम के साथ तदाकार नहीं है—वह 'राम' को एक ब्रांड बनाकर भुनाने की जालसाजी करती रही है। अब समय ने या कहिए इतिहास विधाता ने उनके ढोंग की पोल खोल दी है। परिस्थिति से उत्पन्न चुनौती का सर्जनात्मक उत्तर गाँधी के 'राम' हैं। यह आज का कौन प्रबुद्ध व्यक्ति नहीं जानता है। गाँधी साध्य और साधन दोनों की पवित्रता एवं एकत्व में दृढ़ आस्था रखते थे। वे कहते थे कि 'मेरी पक्की राय है कि हिंदुस्तान अंग्रेजों से नहीं बल्कि आजकल की सभ्यता से कुचला जा रहा है। उसकी चपेट में वह फँस गया है। उसमें से बचने का अभी भी उपाय है। लेकिन दिन-ब-दिन समय बीतता जा रहा है। मुझे तो धर्म प्यारा है, इसलिए पहला दुःख मुझे यह है कि हिंदुस्तान धर्म भ्रष्ट होता जा रहा है। धर्म का अर्थ मैं यहाँ हिंदू-मुस्लिम या जरथोस्ती धर्म नहीं करता। लेकिन इन सब धर्मों के अंदर जो 'धर्म' है, वह हिंदुस्तान से जा रहा है। हम ईश्वर से विमुख हो रहे हैं।' भारत में आधुनिकतावादी सभ्यता ने जो बर्बादी की थी उससे राहत पाने का एक विकल्प भाजपा सुझाती प्रतीत होती थी। पर वे सत्ता-लोभ में ऐसे फिसले कि जनता की आशाओं पर पानी फिर गया।

सच्चाई यह है कि आधुनिक भारतीय राजनीति की दिशा ने 'शक्ति के नियम' को आधार बनाया। ऐसी स्थिति के कारण यह स्वाभाविक था कि वे अपनी प्रक्रिया और प्रविधि में अधिकाधिक 'हिंसक' रूप धारण करें। देखते-देखते बाबरी मस्जिद का ढहा देना इसी शक्ति-सिद्धांत का परिणाम है। यह मात्र हिंदू-मुस्लिम मानसिकता का संघर्ष नहीं है। शक्ति के काले नाग की फुफकार है। जहरीली सांप्रदायिकता है, अलगाववाद की अधिनायकवादी राजनीति है। इसलिए 'राम' के राजनीति में 'कई पाठ' हैं और अनेक व्याख्याएँ। हिंदू मानस को राम-नाम का लोभ दिखाकर खींचने का पाठ उस पाठ से अपना हित साध लेने का षड्यंत्र और उस फरेबवाद को 'गुप्त' दलों से चलाने की राजनीति। संप्रदायवाद के नाम पर 'हिंदुत्व' को बचाने की नारेबाजी किस कदर दगाबाजी सिद्ध हुई है कि घृणा से जनता का मन दहक उठा है।

भारतीय संस्कृति में 'राम-परंपरा' संस्कृति का वह भाग रही है जिसमें अतीत से वर्तमान और वर्तमान से अतीत तक की निरंतरता है। परंपरा अतीत होती हुई भी व्यतीत नहीं है। वह स्मृति में निरंतर कौंधती रही है। फिर परंपरा में धार्मिक विश्वास धीमी गति से अपना स्वरूप बदलते हैं। धार्मिक मिथक अपना बीज भाव नहीं छोड़ते। मिथक ऐसा करने के लिए अपनी प्रकृति से विवश हैं। संस्कृति यदि मानव चित्त की खेती है तो उसे मानव व्यवहार सींच-सींच कर हरा-भरा रखते हैं। कहा भी जाता है कि संस्कृति का पूरा ढाँचा सामाजिक-नैतिक-दार्शनिक और ऐतिहासिक संदर्भों से निर्मित होता है। रचनाकार उसमें मूल्य पिरोने के लिए नई डिजाइन ढालता

है। इन मूल्यों की जड़ें आद्य-बिंबों से जीवन शक्ति पाती हैं क्योंकि जातीय स्मृति और व्यावहारिक चेतना में जो इतिहास रचा जाता है वह 'सामूहिक अवचेतन' मन का हिस्सा बनता है। रामकथा इसी अर्थ में जातीय भाव कथा है, मूल्य कथा है, संस्कृति की मूल्य गाथा है, हिंदू चेतना का शिखर है जिसमें धार्मिक, नैतिक, दार्शनिक तत्त्व इस कदर घुलमिल गए हैं कि इनकी व्याख्या अनिश्चित और उलझन भरी हो गई है। रथ पर धनुषधारी राम को देखकर हिंदू उमड़ पड़ता है, रोक नहीं पाता। क्योंकि यह तर्क का नहीं भावनात्मक संकल्प का विषय है। इस संकल्प का जब राजनीतिकरण हो जाता है तब भी जनता बेखबर रहती है। परंपरा-संस्कृति जातीय भावना इन तीनों के विषय में यह स्मरण रखना आवश्यक है कि ये सभी मानसिक भावनात्मक पुनर्रचनाएँ हैं। नए संदर्भ इन्हें नया मोड़ देते हैं और विशेष स्थिति-परिस्थिति के टकराव में उनके अर्थ बदल जाते हैं। पुनर्रचना की प्रक्रिया सामाजिक संदर्भ और ऐतिहासिक यथार्थ में ढलती है तो मिथक-प्रतीक दोनों करवट बदलकर जोश में आ जाते हैं। इस जोश का राजनीतिज्ञ उपयोग कर लेता है। पर इस स्थिति की उपेक्षा जनता को खतरनाक स्थिति में पहुँचा देती है।

भाजपा ने राम मंदिर के बहाने राम का यही खतरनाक उपयोग किया है। राम का आधार शास्त्र भी है, लोक भी है। दोनों को भ्रम के भँवर में डाल दिया है। इसलिए भाजपा की देवी जी का यह कहना कि हमने राम-मंदिर के चेक को 'कैश' कर लिया हम सभी को चौकन्ना बनाता है। जनता का यह आगे दायित्व बनता है कि वह संकल्प लेकर राम-कृष्ण-शिव का ऐसा खतरनाक, शर्मनाक उपयोग न होने दे।

# खतरनाक संकेत है–'सामाजिक संस्कृति का देहवाद'

इन दिनों 'भारत दैट इज इंडिया' में पश्चिमीकरण की तेज हवा से नव-अस्तित्ववाद का प्रसार आश्चर्यजनक ढंग से हो रहा है। अस्तित्ववाद मानव को चुनाव की स्वतंत्रता देता है और हर तरह के बंधन को चुनौती देकर अस्वीकार का साहस रखता है। इसमें एक कदम और आगे बढ़कर 'नव-अस्तित्ववाद' किसी भी संस्कृति सभ्यता के सभी संदर्भों को अस्थिर करते हुए 'नव-फ्रायडवाद' के जॉन लकाँ मूलक चिंतन को देह मंदिर के पुजारी की पवित्रता घोषित कर देता है। अब न 'आत्मा' का कोई अर्थ शेष बचा है न 'ईश्वर' का और न उस 'आध्यात्मिकता' का जिसके भँवर में मानव-पीढ़ियाँ डूबती-उतराती रही हैं। भौतिकवाद, यथार्थवाद, प्रकृतिवाद, प्रकृतवाद का सत् निचोड़ने पर मानव पाता है देह केलि-क्रीड़ा का विलास अर्थात् उपभोक्तावादी संस्कृति का देह-रस-रंग-रासलीला-दर्शन। हालत यह है कि संभोग से समाधि वाला रजनीशी-विचार उबाल इस नव-फ्रायडवाद के आगे पानी भरता है। 'कारपोरेट कल्चर' ने इस अमरीकी उपभोक्तावादी देहवाद को सींच कर लहलहाया है। नीरद चौधरी कहते रहे हैं कि अमरीकी-संस्कृति के प्रसार ने परंपरागत, यूरोपीय अंग्रेजी संस्कृति का तो सत्यानाश किया ही है तमाम देशों के सांस्कृतिक पर्यावरण को विकृत और प्रदूषित कर दिया है। पश्चिमी अपसंस्कृति के प्रचार-प्रसार की समस्या भारत जैसे देश के लिए ही नहीं है स्वयं पश्चिम इस समस्या को लेकर बेहद बेचैन है। नव-सांस्कृतिक, साम्राज्यवाद का आक्रमण राजनेताओं पर ही नहीं होता है उद्योगपति, बड़े अफसर, नामी माफिया के अपराधी, समाज में असर रखनेवाले, वैज्ञानिक, इंजीनियर, डॉक्टर, प्रोफेसर, सभी उसकी चपेट में होते हैं। भारत में धर्म, नैतिकता, पवित्रता, संस्कृति, सभ्यता इन पदों का प्रयोग बहुत होता है। विशेषकर तब और अधिक जब पश्चिम से तुलना की जाती है। इधर राजनीति में भी इन पदों ने नाक में दम कर रखी है और हर कोने से एक आवाज आ रही है कि भारतीय संस्कृति

का बेड़ा गर्क हुआ जा रहा है। भारत में संस्कृति का केंद्र है—नारी। उसे 'सीता-सावित्री' के विचार-दर्शन से घबराहट हो रही है। नारी-विमर्श में उसे 'सड़ा हुआ विचार प्रत्यय' कहकर उससे मुक्ति के उपाय खोजे जा रहे हैं।

भारत की महानगरी-संस्कृति में 'बहनजी संस्कृति' को रौंदकर 'आधुनिका' का जो खमीर उठा था, उसने बड़ा गजब ढाया। आज निम्न और उच्च मध्य वर्ग की अंग्रेजीदाँ चुस्त-दुरुस्त फैशनपरस्त मॉड आधुनिकाएँ बदलाव की उस मंजिल पर पहुँच गई हैं, कि उन्हें नए दौर की 'सामाजिकाएँ' या 'सोशलाइट वूमन' अवधारणा के अंतर्गत पहचाना जा रहा है या पहचाना जा सकता है। इन 'सामाजिकाओं' के पास देह-दर्शन की संरचना है। इस संरचना का पाठ है, भाष्य है, विरचना है, अर्थ-ध्वनियों की नव अर्थ व्यंजनाएँ हैं—अर्थ-बहुलता का असीमित अनंत अर्थ विस्तार है। इस अर्थ-बहुलतावाद का देश और काल भारत में इसलिए भी 'विशिष्ट संदर्भवाद' बन जाता है, क्योंकि इंद्र का अधिनायकवादी साम्राज्यवाद, वशिष्ठी-विश्वामित्री तप परंपरा को नष्ट करने के लिए अभी भी मेनका, उर्वशी-सी अप्सराओं का सहारा लेता है। ज्ञानी-ध्यानी नारद अभी भी कामांध घूम रहे हैं। 'हे विधि मिलै कबन विधि बाला'। अब सूचना का शुभ मंगलाचरण यह है कि नारदों को बालाओं के लिए भटकना नहीं है। बालाएँ स्वयं नारदों के लिए या नव धनाढ्यों के लिए सेज सँवार कर इंतजार कर रही हैं। थ्री-डब्ल्यू, वेल्थ (धन), वूमन (बाला), वाइन (शराब-सत्ता, शक्ति का नशा) की साधना हो रही है। लोकमंगल की साधनावस्था का युग ही चला गया। महानगरों का नव-यथार्थ या जटिल यथार्थ का भाव बोध इस रेखागणित-अंकगणित के गुणा-भाग पर केंद्रित हो गया है कि माता-पिता अपनी 'लाडली बिटिया' को कॉरपोरेट कल्चर में डालकर उसकी कीमत वसूलने लगे हैं। जो सीढ़ियाँ माँ नहीं चढ़ पाई आज वे सीढ़ियाँ बेटी चढ़ती हैं, तो उनकी बाँछें खिल जाती हैं। माँ को इस बात पर नाज है कि उसने बेटी को 'स्वतंत्र' छोड़ दिया है। क्या रखा है दकियानूसी संकीर्ण मानसिकता में और बेटी को इस बात का अहसास है कि 'बाजारवाद की संस्कृति' में वह कीमती बिकाऊ माल है।

भारत की इन 'सामाजिकाओं' के तौर-तरीकों को देखकर आपकी स्मृति में जापानी-कला-विदग्धा 'गेइसाएँ' सहसा ही आती हैं। दोनों में सांस्कृतिक भिन्नता के बावजूद गहरी समानताएँ हैं। जापान में 'गेइसा-कल्चर' की बालाओं को आप 'वेश्या' का नया रूप नहीं कह सकते। वहाँ वे नाइट क्लबों में राजनीतिज्ञों, अफसरों, पूँजीपतियों के साथ केवल शराब के गुलछर्रे ही नहीं उड़ाती हैं व्यापार में, जासूसी में, प्रेमपूर्ण परिवेश की निर्मिति में महत्त्वपूर्ण भूमिका रखती हैं। भारत में एक दौर 'विष कन्याओं' का था, फिर सामंतों के दरबारों में काम लुब्धा नारी का, फिर 'सोशल वर्कर' का जमाना भी रंगत खो बैठा। अब तो 'सोशलाइट वूमन' का जमाना है। इसलिए ये 'सोशलाइट वूमन' अपनी पूर्ववर्ती परंपरा से न केवल भिन्न हैं, बल्कि ज्यादा सतर्क,

स्मार्ट, तेज-चारु-चपला भी। इनके 'बाजार' में हर ऐरे-गैरे का प्रवेश नहीं है—केवल सत्ता-शक्ति की समर्थ संपन्नतावाले अभिजात्य के लिए ही इनका 'हाट' लगता है। इन नव सामाजिकाओं ने अपने धंधे का पूरा इतिहास, भूगोल अर्थशास्त्र ही बदल दिया है। इनका हाट-बाजार, विशिष्ट क्लबों, फार्म हाउसों, पिकनिक स्थलों, बड़े तीर्थों, विशिष्ट अतिथि गृहों, पंचसितारा होटलों में रंगीन इंद्रधनुषी करामातों के साथ झूमता मिलता है। ये वे हसीन हसरत भरी लड़कियाँ हैं जो अपनी मांसल देह और छबीली मृगनयनी हरकतों से 'बहुत कुछ पा लेने की तमन्ना' रखती हैं, उद्योगपतियों, नौकरशाहों, राजनेताओं, भूमाफियाओं, कुलपतियों पुलिस अफसरों और टॉप के अपराधियों से। उन्हीं के लिए ये नर्म कालीन सी बिछती हैं और इत्र की शीशी सी छलकती हैं। फूलों भरी लता-सी लहकती हैं। दिनकर जी के शब्दों में 'सहज ही रहता नहीं यह ध्यान तुम कविता, कुसुम या कामिनी' हो।

दरअसल इन सामाजिकाओं का 'देह-दर्शन' एक कला का सौंदर्य-शास्त्र है, जिसमें ऐसा सौंदर्य बोधीय जगत् निर्मित किया जाता है कि 'हाई-फाई' शैली से नफासत-नजाकत और शराफत का मधु टपकता है। इसलिए पार्टी में मिलना तो खरीदने-बेचने का गुलदस्ता जश्न भर है। आम आदमी तो इस संसार में झाँकने-ताकने तक का हौसला नहीं कर सकता। ये 'कोठेवाली' लड़कियाँ नहीं हैं। भारत की गुलाबी संस्कृति की उड़न तश्तरियाँ हैं, प्रेम-परियाँ हैं, जिनका आवास शक्ति-संपन्नता की चाहों में है। ये स्वयं संपन्न होती हैं, सुरक्षित होती हैं और अपनी देह-लय के रस-राग से नए शक्ति-तंत्र पर अधिकार का अरमान रखती हैं। इन्हें अपनी 'नारी-देह' की कीमत पता है। देह का बाजारवाद है यह जिसमें सत्ता-तंत्र, अर्थ-तंत्र के बादशाह ही खरीदने का काम कर सकते हैं।

इन 'सामाजिकाओं' की ताकत का अहसास, आप इस बात से लगा सकते हैं कि फिल्म से लेकर फैशन तक, मॉडलिंग से लेकर विश्व सुंदरी प्रतियोगिताओं तक, कामशास्त्र से लेकर कॉमिक्स तक, कला-साहित्य के विज्ञापन से लेकर लोकप्रिय संस्कृति तक, मीडिया-मडोना से लेकर गोगासन तंत्र की प्रयोगशाला तक इनकी अभिव्यक्ति का कला-कौशल तंत्र फैला हुआ है। कोई भी घटना इनके लिए ऑल्विन टॉफलर का न तो 'फ्यूचर शॉक' है न 'दि थर्ड वेव' सब कुछ 'पॉवर शिफ्ट' का दौर है, मधुशाला पिलाती मेहँदी रंजित हथेली में मधु के प्याले का कमाल है। बच्चन जी की 'अंगूरी अवगुंठन डाले स्वर्ण-वर्ण साकी बाला' का सौंदर्य लोक यही है। ऐसा लगता है कि उमर खैयाम की मस्ती के हजार-हजार हाव हेला-मुद्राओं की अदा जवान हो रही है। फ्रांसिस फूकोयामा के शब्दों में यह एक इतिहास का अंत है और आखिरी आदमी की समाप्ति। लेकिन इसके भीतर से एक नया इतिहास आरंभ ले रहा है—आदि-अंत-आरंभ। इतिहास का एक दौर वह था—1968 के आसपास कि पेरिस के छात्र अपने 'कमरों में लड़कियों के आने की इजाजत होनी चाहिए' के लिए क्रांति

करते थे। एक समय वह कि यूरोप, ब्रिटेन के स्कूलों में 'फ्री कंडोम' बाँटे जा रहे हैं। ज्यां पाल सार्त्र ने इस तरह की माँगों को 'अस्तित्ववादी स्वतंत्रता की परिकल्पना' कहा था, जिसे नारी मुक्ति आंदोलन ने हौसले से पाया है। नारी मुक्ति आंदोलन से जुड़ा नारी शक्ति के विमर्श का यह अरमान ही 'सामाजिकाओं' का अरमान-अभिमान बना है। नव-अस्तित्ववाद क्या जन्मा मार्क्सवाद मिट गया और मनोविश्लेषण, नवफ्रायडवाद, नारी मुक्ति आंदोलन, यौन-क्रीड़ावाद, देहवादी प्रतीकवाद एक ही पंक्ति में खड़े हो गए बाँहों की अर्गला बनाकर। भौतिकतावाद पूँजीवाद में नारी का सब कुछ 'डिमिस्टीफाई' होकर यौनपरक स्वच्छंद खेल का मैदान मिल गया। उदार मानववाद, नैतिक मूल्य, पवित्र पूजा-भाव और उदात्त भाव संस्कृति का हीरामन ही पद्मावती को छोड़कर उड़ गया। अब वही हीरामन फार्म हाउसों में रूप नारियों की कहानियाँ सुना रहा है और नए राजा रत्नसेन उसे सुनकर अपनी नागमतियों को छोड़ रहे हैं। समाज टूट रहा है। अप-संस्कृति का अंधकार घिर रहा है।

कितनी दर्दनाक सच्चाई है कि ये 'सामाजिकाएँ' तनावों, अभावों की जिंदगी से निकली फूल सी सुकुमारियाँ हैं जो 'सेक्स' के बाजार में खरीददार की खोज में निकल पड़ी हैं। ऐसे खरीददार की जो उन्हें संपन्नता से भरा कैरियर दे। फिर इनकी जटिल देहवादी दर्शन की भूमिका बड़ी चतुर-चाल की शतरंज है। ये 'सामाजिकाएँ' रात्रि-पार्टियों में केवल शराब नहीं परोसतीं देह की पूरी ध्वनियों, वक्रताओं, भंगिमाओं, अलंकरणों और लालित्यों की अर्थापत्ति करती हैं। यही है देह राग का जेसिका लाल भाष्य। कभी-कभार ये सामाजिकाएँ अपने मालिक-मालकिन के लिए 'शिकार' करती हैं और फिर मालिक से उसकी कीमत वसूलती हैं। इन इंद्रलोक की पार्टियों में 'बड़े नाम काम' वाले न्यौते जाते हैं। वे जो हुस्न का हुक्का गुड़गुड़ाने के बाद 'खुश' करनेवाला तोहफा देने की स्थिति में हों। यहाँ ऐसे लोगों के नाम गिनाने की जरूरत नहीं है, वे प्रतीक हैं। हमारी नव्य पूँजीवादी व्यवस्था के प्रतीक। ये वामाएँ सत्ता के गलियारों में घुसकर सूचना प्राप्त कर लेती हैं। इसलिए कंपनी के मैनेजरों को नौकरशाहों के चक्कर नहीं काटने पड़ते।

भारत दैट इज इंडिया के इन नव धनवानों ने काले धन से फार्महाउस-संस्कृति को जन्म दिया है। इन फार्महाउसों को देहवाद के उन्मुक्त 'अभ्यारण्य' कहना ज्यादा सार्थक है। ऐसे अभ्यारण्य जिनमें स्थापित प्रेम-प्रतिमानों को तोड़कर बूढ़ा हो या जवान 'आदि मानव' का जीवन जीता है। अपनी वासना संस्कृति की जड़ों को तलाश कर देह उन्मोचन करता है। देह-से-देह का सीदा संवाद यति-गति-राग-लय-मूर्छना-ठसक, मसक एक पूरी आदिम संगीतात्मक काव्यात्मकता का चरमोत्कर्ष। इन फार्महाउसों के मालिक इतने ताकतवर प्रभावशाली होते हैं कि कोई अफसर उधर शनिवार रविवार की रातों में जाने का हौसला नहीं रखता। और भारत के महानगरों को तो छोड़िए केवल दिल्ली में ही कितने फार्महाउसों के रंगालय कामलोक हैं। अकेले नजफगढ़

इलाके में लगभग 465 और वसंतकुंज के क्षेत्र में 533 फार्महाउस हैं। बहुत कम ऐसे फार्महाउस हैं जिनमें उनके मालिक सपरिवार रहते हैं। ज्यादातर फार्महाउस नौकरों की देखभाल में हैं। कभी-कभार इनमें विवाह-मंडप भी तनते हैं। लेकिन प्रायः ये खाली पड़े रहते हैं जिनमें मालिक 'मुझे चाँद चाहिए' की आकांक्षा वाली छोकरियों को लेकर आते हैं और उस रात 'गीत गाया दीवारों' की धुन पर यौवन का ज्वार-भाटा आता है। हफ्ते भर कमाने के बाद नव धनवानों की मित्र-मंडली शनिवार को इन फार्महाउसों का लुत्फ लेने आती है। हल्की रंगीन रोशनी में शराब का झरना। इस निर्झर में नहाते-अघाते अभिजन और उनसे तदाकार सामाजिकाएँ। 'म्यूजिकल ग्रुप' के नाम पर आई सेक्सी बालाएँ। यही हैं इंद्रसभा की वे अप्सरियाँ जिनकी छलनाओं को नया नाम दिया गया है—'सोशलाइट वूमन।'

समय-समय पर जो नेतागण-नौकरशाह दिल्ली को देश की संपन्न-सांस्कृतिक नगरी बनाने का नारा लगाते हैं, क्या उन्हें पता नहीं कारपोरेट कल्चर से नाभि-नाल संबंध रखने वाली फार्महाउस संस्कृति में 'क्या हो रहा है'। कौन हैं वे लोग जिनके ये फार्महाउस हैं और कौन-सा वह तंत्र है जो देहवाद के नव कामशास्त्र को 'प्रयोगों' में ढाल रहा है। कामशास्त्र के इस 'तारसप्तक' की लगाम क्यों नहीं कसी जाती? एडवर्ड सईद की यहाँ अचानक याद आती है जो 'ओरिएंटलिज्म' के मुखबंध में उद्धरण देते हैं—वे अपनी बात नहीं कह सकते, किसी को उनकी बात कहनी होगी। सामाजिक सरोकारों से जुड़े जागरूक बुद्धिजीवियों, संस्कृति-कर्मियों, कलाकारों को समूह में होकर 'सामाजिक-संस्कृति' का विरोध करना होगा। समाज की ओर से जागरूक व्यक्तियों को कहना ही होगा कि ज्ञान-विज्ञान के प्राच्यवाद में इस देहवाद की संस्कृति को बर्दाश्त नहीं किया जा सकता। वैभव के इन रंगमहलों को ध्वस्त करना ही पड़ेगा। आज नहीं तो कल।

# आलोचना-दृष्टियों पर गहराता संकट

बीसवीं शताब्दी के उत्तरार्द्ध से ही आलोचना और आलोचना-दृष्टियों को लेकर यह प्रश्न अनेक कोणों से उठाया जाता रहा है कि आलोचना का उद्देश्य क्या है। उस आलोचना का जो स्वयं रचना केंद्रित होती है और रचना को चिंतन का विषय बनाती है। क्या आलोचना ऐसी विधा या शास्त्र है जिसकी विशिष्ट पहचान बनाई जा सके? यह प्रश्न आज उत्तर-आधुनिक बौद्धिकों के बीच इतना विवादास्पद, कलह-कपटी, उत्तेजक और महत्त्वपूर्ण है कि इसका सही उत्तर पाने के लिए चौतरफा बहस हो रही है। इस बहस का केंद्रीय मुद्दा है कि रचना तो बहुलार्थक एवं स्वायत्त होती है। रचना का सच रचना के भीतर ही होता है जिसे खींचकर आलोचक बाहर निकालने में असमर्थ रहता है। खींचने में आलोचक रचना तितली के या कोमल पक्षी के पंख तोड़ देता है तो उसमें उड़ने का सौंदर्य कहाँ रह पाता है। फिर रचना हर पाठक और आलोचक के लिए एक-सा अर्थ नहीं रखती। हर पाठक उसके 'पाठ' को 'पाठ के भीतर पाठ' को नया अर्थ-संदर्भ देता है। रचना का टैक्स्ट हर पाठक को बदलता है और पाठ के साथ बदलता है। इसलिए पाठक ही रचना के 'पाठ' का निर्माता बन जाता है। चूँकि रचना आत्म-संदर्भित होती है इसलिए उसके सभी संदर्भों-अर्थों को खोल पाना 'असंभव कार्य' है। रचना की अर्थगत अस्मिता संदिग्ध है। इसलिए रचना का मूल्यांकन भ्रामक, आरोपित, अराजक, निरर्थक है। अतः रचना, आलोचना का विषय उसी सीमा तक है जहाँ तक वह सिद्धांत को विकसित करने में मदद कर सके। आज हम इस 'सिद्धांत' को 'आलोचना' नहीं कहते, 'थियरी' नाम देते हैं।

कोई भी कैसी भी 'आइडियालॉजी' क्यों न हो—वह रचना के 'स्पेस' आकाश को दुर्दिन के बादलों की भाँति ढँक लेती है, घेर लेती है और उसकी स्वायत्त गरिमा का नाश करती है। रचना के स्पेस पर आज 'थियरी' का घिराव है जो एक नई समस्या को जन्म दे रहा है, क्योंकि 'थियरी' भी आरोपित तो की ही जाती है। प्रश्न है स्वायत्त रचना पर 'थियरी' के आरोपण के आलोचक कैसे बच सके? इसलिए

रचना और आलोचना के बीच जो द्वंद्वात्मक तनावपूर्ण संबंध चला आ रहा था वह ढीला पड़ गया है। यह समस्या भी सामने आती है कि रचना का समाज से कितना सापेक्ष संबंध रह गया है। पाठक रचना को कब पढ़े, कैसे पढ़े, कितना पढ़े और क्यों पढ़े? फिर रचना पाठक और आलोचक के बीच का संवाद सेतु ही टूट गया है। अब अरस्तू, अभिनवगुप्त, मैथ्यु आर्नाल्ड, आचार्य रामचंद्र शुक्ल, आ. हजारीप्रसाद द्विवेदी का जमाना तो रहा नहीं जिसमें रचना पाठक आलोचना के बीच हृदय संवाद की प्रमुख भूमिका थी। रचना के नैतिक-धार्मिक, दार्शनिक, मिथकीय, जनपदीय-जातीय, संस्कारों-स्मृतियों में प्राचीन काव्य हो या मध्ययुग का साहित्य, समाज की भारी भागेदारी रहती थी। अब तो साहित्य में उत्तर-संरचनावाद का युग है जिसमें लेखक की गृत्यु हो चुकी है और रचना को नकारकर आलोचक 'पाठ' का अधिनायक बन गया है। रचना को कलात्मक, सौंदर्यात्मक एवं सर्जनात्मक प्रक्रिया से दूर ठेलकर साहित्यिक थियरी और आलोचना पद्धति को मूल्य मानों से अलग कर दिया गया है। अब तो सब कुछ 'पाठ' है। साहित्य नाम की कोई चीज नहीं है। और जो 'पाठ' की समस्या है यह 'पाठ' रीडिंग की नहीं 'मिसरीडिंग' है। आज संप्रेषण का संकट है क्या आखिरकार? लेखक-रचना-पाठक के बीच संवादहीनता की स्थिति। इस स्थिति-परिस्थिति के भीतर से ही यह जटिल प्रश्न पैदा हुआ है कि आज आलोचना-कर्म की जरूरत क्या है? अब नव सांस्कृतिक साम्राज्यवाद का तगड़ा वर्चस्ववाद है और कलाकृति या रचना क्रय-विक्रय की वस्तु है, उत्पाद है, उसका बाजार है। दूर की बात क्यों करें अपने भारत को ही देखिए जो संस्कृति, सभ्यता, दर्शन हमारी महान कृतियों, महाकाव्यों से संवेदना की संजीवनी शक्ति पाता था उसे राजनीतिक तंत्र, व्यवसायवाद, संप्रदायवाद ने इस कदर भ्रष्ट, विकृत और दिशाहीन कर दिया है कि हृदय में पीड़ा होती है, एक हूक उठती है, भीतर से कि पश्चिमवाद, आधुनिकतावाद, उत्तर-आधुनिकतावाद की अंधी नकल के चक्कर में यह सब क्या हुआ। क्या कालिदास-कबीर-निराला को 'सेक्युलर पोयट' कहा जा सकता है? पश्चिम की 'सेक्युलर क्रिटिसिज्म' को हम अपना भी लें तो बनेगा क्या?

साहित्य के अध्ययन में समाजशास्त्र, अर्थशास्त्र, राजनीतिशास्त्र, नृतत्त्वशास्त्र, मनोविश्लेषणवाद, मार्क्सवाद, आदि को प्रतिबद्ध होकर लानेवालों के सामने यह प्रश्न उपस्थित है कि क्या रचना और आलोचना अन्य शास्त्रों का उपनिवेश भर हैं। उसकी अपनी अलग स्वायत्त हैसियत क्या है ही नहीं। शास्त्रीय चिंतन और रचना में मौजूद चिंतन को कैसे करें अलग और क्यों करें अलग। इस कष्टदायक विचार की ओर भी एकाग्रचित्त से सोचना चाहिए। पश्चिम की विचारधाराएँ, प्रकृतियाँ, आंदोलन ही हमारे ऊपर हावी क्यों हैं। क्या मौलिक ढंग से स्वतंत्र चिंतन की हमारी क्षमता, आलोचना दृष्टि को लकवा मार गया है? क्यों हमारे सभी प्रतिमान साहित्यिक,

गैर-साहित्यिक पश्चिम की नकल या अनुकरण भर हैं? समीक्षा आलोचना के जो बीज और बीज शब्द ध्वनि-वक्रोक्ति आदि पहले से ही मौजूद हैं उनका उपयोग नए अर्थ-संदर्भों में कैसे किया जा सकता है। क्या पूर्व और पश्चिम के साहित्य-सिद्धांतों के मेल से कोई सार्थक आलोचना-दृष्टि की निष्पत्ति संभव है? क्या आलोचना को अन्य शास्त्रों के उपनिवेश न बनने देने का कोई फलप्रद नतीजा निकल सकता है? क्योंकि अभी तक तो रचना और आलोचना दोनों ने समाजशास्त्र, मनोविश्लेषणशास्त्र, सौंदर्यशास्त्र आदि शास्त्रों का सत्व लेकर ही अपने को पुष्ट किया है। वह हीगेल, फ्रायड, कार्ल मार्क्स, बर्गसां, युंग-एडलर, हेडेगर-किर्केगार्द आदि की विचार-छाया में पली-परिपक्व हुई है। किंतु इधर के वर्षों में रचना की अंतर्वस्तु, भाषा-संरचना आदि को लेकर विटगेंस्टाइन, चाम्स्की, रोलां बार्थ, नार्थप फ्राइ, लेवीस्ट्रास, देरीदा, पाल डि मान, मिशेल फूको के लेखन से जो नए मोड़ आए हैं उसने परंपरागत आलोचना की रीढ़ तोड़ दी है। सभी पारंपरिक अवधारणाओं का भंजन और 'पाठ' की बहुलार्थकता की महत्त्व प्रतिष्ठा। वस्तुओं और परिस्थितियों की स्वीकृत अवधारणा अर्थात् डाक्सा को रोलां बार्थ किसी तरह नहीं झेल सकते थे। साहित्य-आलोचना-संस्कृति-धर्म-इतिहास के डाक्सा को खत्म करना वे जरूरी समझते हैं। 'दि प्लेजर ऑफ दि टेक्स्ट' (1973) पुस्तक में वे कहते हैं, चरम निमग्नता का आनंद ही 'पाठ' का आनंद है, एक प्रकार का मैथुनिक सुख, अहं का पूर्ण विलय। लेकिन आज के सूचना-संचार-क्रांति युग ने, भूमंडलीकरण की राजनीति ने, बाजारवादी-अर्थतंत्र की उपभोक्तावादी संस्कृति ने हम सभी का चैन ही नहीं छीना है मानसिक घाव देकर बधिया कर दिया है। हम इस सत्य का अर्थ ही भूल गए हैं कि लेखक लिखता है, साहित्यकार नहीं। रोलां बार्थ ने अमरीकी 'न्यू क्रिटिसिज्म' की 'व्यक्तिपरकता' पर इतना जोरदार आक्रमण किया कि वह मैदान छोड़कर गायब हो गई।

इधर की आलोचना में जान लकाँ की 'नवफ्रायडवादी' आलोचना की प्रवृत्तियाँ एक भारी चकाचौंध के साथ उभरी हैं। इस आलोचना-प्रवृत्ति ने देरीदा के विरचनावाद-डी-कांस्ट्रक्शन-थियरी से पाठकों का ध्यान हटाया है। नवफ्रायडवाद ने न केवल मनुष्य की अवधारणा बदली है आलोचना की प्रकृति और अभिव्यक्तिगत धारणा को भी बदल दिया है। उत्तर-संरचनावादी चिंतन में आलोचना की एक प्रवृत्ति फूको के 'विमर्श-सिद्धांत' में मिलती है। इस सिद्धांत का कहना है कि पाठात्मकता, 'टैक्स्टुअलिटी' ही 'सब कुछ नहीं' है। विश्व शक्ति के खेल में 'विमर्श' की प्रधान भूमिका है न कि 'पाठ' की। फूको साफ कहते हैं कि शक्ति-सत्ता से भरे लोग ही निर्धारित करते हैं कि क्या कहना है? क्या सोचना है, क्या न कहना है न सोचना। फिर इतिहास कभी भी विज्ञानपरक नहीं हो सकता। उसका वस्तुपरक ज्ञान तो असंभव है। मूलतः विरचनावाद 'पाठ केंद्रित' आलोचना थी जिसके खिलाफ विद्रोह हुआ और

साहित्यिक आलोचना की एक नई पद्धति सामने आई, जिसे नवइतिहासवाद के नाम से जाना जाता है, ब्रिटेन में इस पद्धति को 'सांस्कृतिक अध्ययन' नाम दिया जा रहा है। कैलिफोर्निया विश्वविद्यालय के प्रोफेसर स्टीफन ग्रीनब्लैट की कृतियों से इस आलोचना का प्रवर्त्तन हुआ है। समकालीन भारतीय समीक्षा आलोचना भी इन नवीन आलोचना प्रवृत्तियों से प्रभावित हुई है।

# मानव के सामने है सभ्यताओं-संस्कृतियों का संघर्ष

हम एक ऐसे चुनौती भरे समय में जीवित हैं जिसमें सभ्यता, संस्कृति, धर्म, राजनीति, जातीय अस्मिता की तलाश जैसी जटिल अवधारणाओं का प्रयोग जरूरत से ज्यादा हो रहा है। समकालीन राजनीति की चर्चा में इनका क्षेत्र विस्तार इतना बढ़ गया है कि ज्ञान का पूरा समाजशास्त्र इन अवधारणाओं में अंतर्निहित विवादों से जूझ रहा है। नवीन संचार-माध्यम और उत्तर-आधुनिकतावादी गतिविधियों ने 'फ्यूचर शॉक' भविष्य को लेकर 'आघात' की चिंताओं को 'अनंत' बना दिया है। संस्कृति और सभ्यताओं के संघर्ष खुलकर सामने आ गए हैं। संस्कृतियों, सभ्यताओं के इस संघर्ष को पिछले दिनों विश्व के प्रसिद्ध चिंतक, सैमुएल पी. हंटिंग्टन ने अपनी पुस्तक 'दि क्लेश ऑफ सिविलजेशंस एंड दि रिमार्किंग ऑफ वर्ल्ड ऑर्डर' में गहन विचार-विमर्श के साथ प्रस्तुत किया है। सभ्यता और संस्कृति के बीच उभरता द्वंद्व दिन-दिन भीषण रूप धारण कर रहा है। प्रायः सभ्यताएँ अहंकार स्फीत होने के कारण 'सामूहिक अहं' का विस्फोटक रूप धारण किए होती हैं और संस्कृति? जातीय सामूहिक अहं के थिराने की प्रक्रिया। सभ्यता और संस्कृति एक-दूसरे से नाभि-नाल संबंध रखने पर भी परिस्थितिवश विपरीत दिशाओं में अंतर्यात्रा करती है। इस अंतर्यात्रा से एक नया 'अंतर्पाठ' तैयार होता है जिसका समय-समय पर 'भाष्य' अनिवार्य हो जाता है। हंटिंग्टन की यह पुस्तक परिस्थितिजन्य अनिवार्यता की उपज है। विशेष बात यह है कि इस अमरीकी विज्ञान की पुस्तक ने विश्व भर के बौद्धिकों में एक तूफान मचा रखा है।

सभ्यताएँ इतिहास के प्रकरण में 'व्यापकता' का अर्थ-संदर्भ रखती हैं और संस्कृतियाँ 'गहराई' में दार्शनिक 'विमर्श' पर आधारित उपक्रम। प्रतिष्ठित जर्नल 'फॉरेन अफेयर्स' के ग्रीष्म 1993 अंक में हंटिंग्टन का बहुचर्चित आलेख छपा 'सभ्यताओं का संघर्ष?' दि क्लेश ऑफ सिविलिजेशंस?' यह आलेख क्या छपा—चिंतकों, राजनेताओं

में महाभारत छिड़ गया। इस महाभारत के घमासान को सहते-देखते हंटिंग्टन ने एक पूरी पुस्तक ही लिख डाली। हंटिंग्टन को विद्वानों के वाद-विवादों, संवादों, टिप्पणियों से महसूस हुआ कि सभ्यता-संस्कृति के बुनियादी और व्यापक प्रश्न अब दर्शन, धर्म, कला, साहित्य, इतिहास आदि की सीमाओं से निकलकर विश्व राजनीति की ओर उन्मुख हो गए हैं। ध्यान देने की बात यह भी है कि हंटिंग्टन हार्वर्ड विश्वविद्यालय में प्रोफेसर होने के साथ 'इंस्टीट्यूट ऑफ स्ट्रेटेजिक स्टडीज' के निदेशक और 'एकेडेमी फॉर इंटरनेशनल एंड एरिया स्टडीज' के चेयरमैन हैं। इतना ही नहीं वे वर्षों तक 'सिक्योरिटी प्लानिंग फॉर सिक्योरिटी काउंसिल' के चेयरमैन तथा 'फॉरेन पालिसी' के उप-संपादक तथा संस्थापक रहे हैं। इस अनुभव राशि को उन्होंने अपनी पुस्तक 'दि क्लेश ऑफ सिविलिजेशंस' में गहन अंतर्दृष्टि, शक्तिशाली विश्लेषण से प्रस्तुत किया है। उनके विचार की केंद्रीयता में उन शक्तियों-धाराओं का विवेचन रहा जो भूमंडलीय राजनीति 'ग्लोबल पॉलिटिक्स' का भविष्य परक नक्शा तैयार कर रही है।

प्रश्नाकुलताओं के साथ इस पुस्तक में यह विचार किया गया है कि क्या भविष्य में भूमंडलीय राजनीति में विश्व-सभ्यताओं के जटिल और भयानक संघर्ष निर्णायक भूमिका अदा करेंगे? इस पुस्तक में उनका जवाब है कि विश्व शांति के लिए सबसे बड़ा खतरा सभ्यताओं-संस्कृतियों के परस्पर संघर्ष से है। सभ्यताओं के भीतर पनपने वाली धर्म की राजनीति नए युद्धों को जन्म देगी। ऐसे अणुबमों पर आधारित युद्ध जिनमें नरसंहार की कल्पना थर्रा देने वाली होगी। विश्व में यह प्रवृत्ति बढ़ रही है कि ज्यादातर लोग अपनी प्राचीन धरोहर, पूर्वज, वाणी, धर्म, भाषा, रीति-रिवाज, मिथक, इतिहास के प्रति सजग-सतर्क और निष्ठावान होते जा रहे हैं। शीत-युद्ध की समाप्ति के बाद का युग विचारधारात्मक, आर्थिक, धार्मिक, सांस्कृतिक, मूल्य मानों के बीच विभेद की खाई सुरसा-सा मुँह फैला रही है। सभ्यताओं के हिडिम्ब पूरी मक्कारी के साथ भूमंडलीय राजनीति में 'कल्चरल लाइन' ले रहे हैं जिसमें नए से नए पैटर्नों के संघर्ष गुँथे हुए हैं।

हंटिंग्टन इस व्याख्या को पुस्तक में विस्तार देते हैं कि कौन-सी शक्तियाँ पश्चिम के वर्चस्ववाद को ललकार रही हैं। कैसे मुस्लिम देशों में होने वाला जनसंख्या का विस्फोट और पूर्व एशिया की आर्थिक शक्ति का उभार भूमंडलीय राजनीति को बदल रहा है। यूरोप-अमरीका के देशों से मुस्लिम देशों की टकराहट निरंतर बढ़ रही है। इस्लाम धर्म के देश अपनी सभ्यता-संस्कृति-धर्म की मूल्य दृष्टि के लिए पश्चिमी सभ्यता-संस्कृति की मूल्य-दृष्टि को न केवल इस्लाम विरोधी दृष्टि बल्कि अपनी जातीय अस्मिता के लिए सबसे बड़ा खतरा मान रहे हैं। पश्चिम के नव सांस्कृतिक साम्राज्यवाद, नव उपनिवेशवाद की राजनीति को वे स्वीकार करने को तैयार नहीं हैं। चाहे इसके लिए उन्हें कोई कीमत चुकानी पड़े। अभी तक कई देशों में जहाँ-जहाँ सामरिक संघर्ष होते रहे, फिर धीरे-धीरे आर्थिक संघर्ष प्रबल हुए हैं। इधर स्थिति-परिस्थिति का अध्ययन

यह ठोस संकेत देता है कि भविष्य की लड़ाई न तो सामरिक होगी न आर्थिक—यह लड़ाई सभ्यताओं के बीच एक विराट फलक पर होगी। यही विचार का वह प्रस्थान-बिंदु है जहाँ से हमें सभ्यताओं-संस्कृतियों-धर्मों की अवधारणाओं पर विवश होकर पुनर्विचार करना होगा। इस अवधारणा के भीतर विश्व सभ्यताओं के सार्वभौमिक आयामों को भी पुनः परखना पड़ेगा और शक्ति सत्ता के साथ राजनीति के व्याकरण पर भी दिमाग लगाना पड़ेगा कि क्यों और कैसे सभ्यताओं के बीच शक्ति सत्ता का असंतुलन पनप रहा है। सभ्यताओं के पेट में जो रोग का कीड़ा चिपका हुआ है उस पर सभी पुरानी दवाइयाँ बेअसर हो गई हैं। पूरा विश्व पश्चिमी और गैर-पश्चिमी समाजों में बँट गया है और सभ्यताओं की संरचना ऐसी बन रही है कि पश्चिमवाद-आधुनिकतावाद को मुस्लिम मिलीटेन्सी और चीन की ताकत का उभार ही रोक सकता है। पश्चिमवाद के रोगों से मुक्ति की दवा अब मुस्लिम देशों के ही पास है। इसलिए विश्व सभ्यताओं का भविष्य मुस्लिम देश ही निर्धारित करेंगे।

इस पुस्तक के भीतर से गुजरते हुए पाठक को यह बात ध्यान में रखनी पड़ती है कि यह समाज-विज्ञान की पुस्तक नहीं है। इस पुस्तक की सभी व्याख्याओं का एक ही उद्देश्य है—भूमंडलीय राजनीति से जुड़े आंदोलनों-विचार-प्रत्ययों की ओर पाठक के ध्यान को एकाग्र करना। विश्व भर की राजनीति में इतिहास-विधाता की गति जो भीतरी-बाहरी परिवर्तन चक्र चला रही है उसके आंतरिक जटिल खतरनाक प्रतिमानों के नक्शों को पढ़ना। क्योंकि इक्कीसवीं शताब्दी की देहरी पर धर्म युद्धों, सभ्यताओं के युद्धों के शंख फूँके जा रहे हैं। यही कारण है कि हंटिंग्टन यूनाइटेड स्टेट्स के साथ अर्जेंटीना, बेल्जियम, चीन, फ्रांस, जर्मनी, ब्रिटेन, कोरिया, जापान, लक्समवर्ग, रूस, साउदी अरब, सिंगापुर, दक्षिण अफ्रीका, स्पेन, स्वीडन, स्विट्ज़रलैंड और ताइवान जैसे देशों पर गहन चर्चा करते हैं। वे हिंदू सभ्यता पर विचार-व्याख्या नहीं करते जबकि विश्व की सात-आठ प्रमुख सभ्यताओं में वे हिंदू-सभ्यता की गणना करते हैं। प्रश्न उठता है कि उन्होंने हिंदू सभ्यता पर निगाह क्यों नहीं डाली? इसका उत्तर शायद यही हो सकता है कि हिंदू सभ्यता के इतिहास सागर में मौजूद मगरमच्छ इतने बेकाबू हैं कि उन्हें सँभालना कठिन था। हिंदू सभ्यता में शैवों, शाक्तों, बौद्धों जैनों, तुर्कों, मंगोलों-हूणों, मुगलों, सिक्खों, पारसियों आदि न जाने कितनों का घालमेल है। यह अकेली 'विरोधों के सामंजस्य' की सभ्यता है। इसे तो कोई कुमार स्वामी, विवेकानंद या गाँधी ही समझा जा सकता है। कोई टॉयन्वी या मैक्समूलर नहीं। फिर हिंदू सभ्यता धर्म पोथियों, धर्म संस्थाओं पर केंद्रित सभ्यता नहीं है।

यहाँ प्रसिद्ध दार्शनिक टॉयन्वी की याद हंटिंग्टन को आती है क्योंकि उसने पूरे विश्व में इक्कीस सभ्यताओं की मौजूदगी स्वीकार की है। इनमें से सात-आठ तो बहुत धड़कती-फड़कती सभ्यताएँ हैं। विश्व-इतिहास के अगले चरण में इन सभ्यताओं में भी भीषण संघर्ष के 'बीज' मौजूद हैं। लेकिन पश्चिम जो आधुनिक

सभ्यता का विश्व प्रतिमान है उससे असली संघर्ष इस्लाम का ही हो सकता है। इतना ही नहीं इस संघर्ष में कन्फ्यूशियाई सभ्यता (चीनी सभ्यता) इस्लाम की मददगार हो सकती है। समकालीन विश्व राजनीति के दंगल 'गल्फ-युद्ध', वोसनिया का युद्ध, न्यूयार्क स्थित 'वर्ल्ड ट्रेड सेंटर' को विस्फोटक से उड़ाने का प्रयत्न (आखिर उसे उड़ा ही दिया), इस्लामी आतंकवाद, उग्रवाद की ताकत, इजराइल, फिलीस्तीन युद्ध, भारत-पाक युद्धों का इतिहास, सभ्यताओं के संघर्ष का ही इतिहास है। अमेरिका की नाक बना विश्व व्यापार केंद्र पर हमला एक प्रतीक है। पश्चिमी नव सांस्कृतिक-साम्राज्यवादी सभ्यता पर (मुस्लिम) इस्लाम का सीधा-सीधा आक्रमण। एक ऐसा हमला जिसने अमेरिकी चौधरीवाद को धूल में मिला दिया।

हंटिंग्टन ने पूरी पुस्तक को पाँच खंडों में वर्गीकृत किया है—(1) ए वर्ल्ड ऑफ सिविलिजेशंस, (2) दि शिफ्टिंग बैलेन्स ऑफ सिविलिजेशंस, (3) दि इमर्जिंग ऑर्डर ऑफ सिविलिजेशंस, (4) क्लेशिस ऑफ सिविलिजेशंस तथा (5) दि फ्यूचर ऑफ सिविलिजेशंस। प्रथम खंड में भूमंडलीय राजनीति के नवयुग पर दृष्टिपात करते हुए झंडे तथा सांस्कृतिक अस्मिता से जुड़े प्रश्न, मल्टीपोलर तथा बहुल सभ्यतामूलक विश्व तथा अन्य दुनियाएँ, संसार के यथार्थवाद की तुलना, पार्सीमोनी तथा 'भविष्य अनुमान' पर विचार किया है। आज के इतिहास में सभ्यताएँ, सभ्यताओं की प्रकृति, सभ्यताओं के आपसी रिश्तों पर करारी बहस की गई है। क्या सार्वभौमिक सभ्यता हो सकती है? आधुनिकीकरण तथा पश्चिमीकरण के संदर्भ में सार्वभौमिक सभ्यता के अर्थ, सार्वभौमिक सभ्यता के स्रोत, पश्चिम और आधुनिकीकरण के स्वप्न को कई कोणों से टटोला गया है। दूसरे खंड में पश्चिमी सत्ता की शक्ति, संस्कृति, अमेरिकीकरण की बात उठाते हुए पश्चिमी वर्चस्ववाद के कमजोर हो जाने के कारणों पर विचार किया गया है। पश्चिमी संस्कृतियों से अलग संस्कृतियों में विरोध का भाव क्यों पनप रहा है—वे पश्चिमी मानववाद को, अर्थतंत्र को चुनौती क्यों दे रहे हैं। तीसरे खंड में भूमंडलीय राजनीति के अंतर्गत 'अस्मिताओं की पहचान' का मुद्दा प्रमुखता से उठाया गया है। और कहा गया है कि ग्रेटर चीन के साथ सह-संबंध रखने वाले देश इस्लाम की चेतना में अपने को श्रेष्ठ समझने का अहंकार ही ईसाई यहूदी धर्म तंत्र को कुचलने की सोच रहा है। चौथे खंड में सभ्यताओं के संघर्ष? पश्चिम का सार्वभौमिकतावाद, हथियारों की शक्ति का संचय, मानवाधिकारों और प्रजातंत्र तथा विस्थापन की समस्या। सभ्यताओं की भूमंडलीय राजनीति, कोरस्टेट और फाल्ट लाइन संघर्ष, इस्लाम और पश्चिम, एशिया, चीन और अमेरिका तथा सभ्यताओं के बीच बढ़ती दरार युद्ध के ज्वालामुखी का रूप ले सकती हैं। ट्रांजीसन युद्ध तथा फाल्ट लाइन युद्ध की बात—अफगानिस्तान तथा गल्फ युद्ध, फाल्ट युद्ध की विशिष्टताएँ, इस्लामी खूनी जिहाद की राजनीति, इतिहास, जन सांख्यिकी, तथा सभ्यताओं की चेतना में जन जागृति के रूप-स्वरूप पर बहस की गई है। अंतिम खंड 'सभ्यताओं के भविष्य' में पश्चिम, सभ्यताएँ और सभ्यता, पश्चिम का नवीन कायाकल्प

(टेक्नॉलोजिकल, कंप्यूटर डिजिटल युग) पश्चिम की विश्व में मौजूदगी तथा सभ्यताओं के युद्ध को धर्म तंत्र से जोड़कर 'विमर्श' है। पाठक का हंटिंग्टन की सभी मान्यताओं से सहमत-असहमत होना जरूरी नहीं है। लेकिन इतना सच जरूर है कि इक्कीसवीं शताब्दी के बुनियादी प्रश्नों पर इस पुस्तक में गंभीर चर्चा की गई है। इस दृष्टि से यह विचार-विश्लेषण हमारी समझ का विस्तार करता है।

हिंदी क्षेत्र में डॉ. रामस्वरूप चतुर्वेदी ने 'संस्कृति और सभ्यताओं का संघर्ष : भारत की भूमिका' निबंध में हंटिंग्टन की चर्चा की है। उनका यह निबंध 'भारत और पश्चिम : संस्कृति के अस्थिर संदर्भ' पुस्तक में दिया गया है। वे यह मानते हैं कि बुनियादी तौर पर यह संघर्ष मानवीय इतिहास के पिछले दो हजार सालों से होता चला आ रहा है। और जैसा परिवार की बनावट में बहुत बार होता है यह टकराहट तीन भ्रातृ-सभ्यताओं के बीच चली है। ये तीन भ्रातृ-सभ्यताएँ हैं—यहूदी, ईसाई, तथा इस्लाम की, जिन्हें सामान्यतः 'किताब के लोग' (पीपुल ऑफ द बुक) की संज्ञा दी जाती है। प्रथम दौर यहूदी-ईसाई संघर्ष का है, जिसमें ईसा मसीह को यहूदियों ने सूली पर चढ़ा दिया। फिर पूरे यूरोप में यहूदियों की यातना का अविस्मरणीय दौर। संसार भर के यहूदी कलाकार-रचनाकार-दार्शनिक-वैज्ञानिक अमरीका में शरणार्थी बनकर रहे। फिर ईसाई, इस्लाम संघर्ष का लंबा सिलसिला चला। अरब एशिया यूरोप के धर्म युद्धों में धरती खून से भर गई। संघर्ष का एक दौर यहूदी, इस्लाम युद्ध, इस्लाम ईसाई युद्ध में गर्क है। धर्म युद्धों के अनुभवी अंग्रेजी ने हिंदू-इस्लाम युद्ध की नींव को पक्का किया। आज अमेरिका विश्व भर में भूमंडलीय राजनीति कर रहा है। सन् 1980 में साम्यवादी संसार के पतन के बाद विश्वव्यापी शीतयुद्ध तो इतिहास की वस्तु हो गया और शीतयुद्ध के बाद के विश्व में 'आइडियालॉजिकल' आर्थिक-राजनीतिक विश्वयुद्धों का अंत हो गया। 'इतिहास का अंत' इसे ही फूकोयामा कहते हैं और अब संस्कृतियों का युद्ध सामने है। सभी देशों के लोग पूछ रहे हैं कि 'हम कौन हैं?' हमारी जातीय राष्ट्रीय पहचान क्या है? हमारी सभ्यता संस्कृति की जड़ें कहाँ हैं। सभी देशों के लोग अपनी जड़ों की तलाश में अपने वंशजों-पूर्वजों, धर्म, भाषा, इतिहास, मूल्य, रीति-रिवाज, संस्था तंत्र आदि को पुनर्भाषित, पुनर्व्याख्यायित कर रहे हैं। वे अपने को सांस्कृतिक समूहों, जनजातियों, ऐथनिक समूहों, धार्मिक सामूहिकताओं और राष्ट्रों की जातीय अस्मिताओं में खोजने का प्रयास कर रहे हैं। जाहिर है राजनीति का उपयोग वे अपनी 'अस्मिता की खोज' में कर रहे हैं।

सार-संक्षेप यह कि यह पुस्तक हमारे समय-समाज, राजनीति, धर्म, इतिहास, सभ्यता-संस्कृति का एक नया प्रखर भाष्य प्रस्तुत करती है। इसके भीतर से गुजरना एक बड़ी उपलब्धि है।

□□□